杨人楩 著

20世纪史学名著丛书

非洲通史简编
——从远古至一九一八年

中国文史出版社

图书在版编目（CIP）数据

非洲通史简编 / 杨人楩著 . -- 北京 : 中国文史出版社 , 2025. 1.
-- ISBN 978-7-5205-4977-6

Ⅰ . K400

中国国家版本馆 CIP 数据核字第 2025XV2194 号

出 品 人：彭远国
责任编辑：秦千里　　方云虎

出版发行：中国文史出版社
社　　址：北京市海淀区西八里庄路 69 号院　邮编：100142
电　　话：010-81136606　81136602　81136603（发行部）
传　　真：010-81136655
印　　装：廊坊市海涛印刷有限公司
经　　销：全国新华书店
开　　本：16 开
印　　张：28.75
字　　数：485 千字
版　　次：2025 年 3 月北京第 1 版
印　　次：2025 年 3 月第 1 次印刷
定　　价：88.00 元

出版说明

杨人楩（1903—1973），湖南醴陵人，字萝曼（洛漫），号骆迈，著名历史学家。1926 年毕业于北京师范大学英语系。1934—1937 年，公费留学于英国牛津大学奥里尔学院，师从法国革命史专家汤普森，获得文学硕士学位。抗战后归国，相继任教于四川大学、西北联合大学、乐山武汉大学。1946 年后一直执教于北京大学历史系，1973 年 9 月 15 日病逝。

杨人楩是中国世界史研究的代表性学者，尤以法国大革命史和非洲史见长。在法国史研究方面，他撰写过学位论文《圣鞠斯特》，翻译了克鲁泡特金的《法国大革命史》、马迪厄的《法国革命史》、戈特沙尔克的《法国革命时代史》，并和吴绪共同编译《十八世纪末法国资产阶级革命》。曹聚仁称其"用得上精通与宏博的考语"，端木正称赞"像杨人楩先生这样高水平译者继起乏人"。

新中国成立后，杨人楩提出建立世界历史研究所、组织世界历史协会、创办世界历史杂志等意见。他主编了对世界史学科具有资料建设意义的《世界史资料丛刊初集》。

1958 年，杨人楩转向非洲史研究。

杨人楩从事非洲史研究跟时局有关。1951—1952 年学校开展思想改造运动，杨人楩被定为北大历史系的重点批判对象。批评者认为，他政治自由主义立场是反共的；法国革命史课程为资产阶级史学，是充斥历史唯心主义观点的。杨人楩尽管表示与"资产阶级腐朽思想作斗争"，却"陷于多次检讨不能通过的窘境"（周清澍：《学史与史学杂谈和回忆》）。他的法国革命史学研究被迫中断。1955 年的万隆会议，1956 年的中埃建交，开启了中国与非洲国家外交关系的新时代。中非的密切交流合作，引起我国政府对非洲现状和历史的重视，非洲史研究被提上议程。1958 年北京大学历史学系亚洲史教研室扩充为亚非史教研室，开始筹备讲授亚非近现代史课程。当时我国关于非洲史研究几乎一片空白，"从1897 至 1949 年的 53 年中，我国只出版 8 本非洲史的著作和译著，而且几乎全是埃及史的译著"（郑家馨：《我国法国革命史和非洲史研究的拓荒者杨人楩》）。杨人楩自告奋勇，担负起国内非洲史拓荒的重任。

他带领几名助教和研究生组成"非洲史小组",购买英、法、俄文版的非洲史书籍,订阅非洲史杂志,"杨先生帮助购买的四卷本唐南编辑的《奴隶贸易文献》、穆迪《有关南非土著部落的官方文件档案》等均属国内孤本。英国剑桥大学主编的《非洲历史杂志》,从1960年试刊号起,北大史系资料室就开始预订"(郑家馨),即使在"文革"期间被迫中断,仍托戴乃迭女士从英国补够了所缺全部期数。

1962年,杨人楩在我国第一次开设非洲通史课程,培养非洲史研究生。1965年杨人楩编写了《非洲史纲要》初稿,后因"文革",原稿几乎丧失殆尽,直到1971年才恢复非洲史的研究。垂暮之年他为肺气肿所困,研究工作时断时续,但直到去世的前一天,他仍在修改西非史。

1984年1月,杨人楩的遗稿《非洲史纲要》经整理、补充,命名为《非洲通史简编》,由人民出版社出版。

这是由中国学者撰写的第一部非洲通史。

《非洲通史简编》出版后,广受好评。郑家馨高度肯定杨人楩对非洲史研究的巨大贡献:"这是由中国学者撰写的第一部非洲通史,填补了空白。出版后颇受读者欢迎。中国的非洲史研究队伍从无到有,到逐渐成长为一支颇具实力的队伍,是同杨人楩先生筚路蓝缕开拓之功分不开的。"

杨人楩不仅是一位学者,而且是具有社会责任感的知识分子。

民国时期,杨人楩信仰自由主义,是知识界著名的社会活动家。北伐战争时期,他参加过大革命;"九一八"事变后,他积极支持爱国学生的请愿运动;留学英国期间,他与钱锺书、杨宪益、吕叔湘、向达等组成"留英学圈"进行抗日救亡宣传;抗战全面爆发后,他毅然回国,撰文谴责日本帝国主义的侵略战争,呼吁世界和平;抗战胜利后,针对战后如何建设新中国的问题,他参与发起成立九三学社;解放战争时期,他明确反对内战,对北平和平解放作出过贡献。

杨人楩胸怀天下,敏于时局,一直活跃于公共舆论界。他在《民铎杂志》《北新》《教育》《青年界》《前线日报》《客观》《自由论坛》《观察》等几十种报刊发表文章,笔锋犀利,文风晓畅。代表性的文章有:《上帝造剩下来的女人:从上海的野鸡谈到革命》《教育漫谈:从智识阶级的剩余来分析现代中国教育》《论士大夫阶级的低级趣味》《从这一代的学潮看这一代的教育》《科学的精神与民主的态度》《教育的滥用》，等等。

　　杨人楩说："我们读史的目的，只在它告诉我们如何做一个人。换句话说，就是拿历史观念来应付我们的现代社会。"

　　著名作家曹聚仁写道："对史学有真实工夫的，我独推杨人楩兄，可谓此中权威……"但杨人楩长期声名不显，与其学术建树和崇高的学术地位严重不符，希望本书的出版有助于读者对杨人楩多一分了解。[1]

---

　　[1]　本说明参考了尤元燕《杨人楩史学思想研究》。

前　言

这部非洲史终于和读者见面。能够实现作者的遗愿，我觉得可以告慰于逝者了。作者原来计划写的《非洲史纲要》在他生前没有修改完毕。现在经北京大学历史系同志们整理，改名为《非洲通史简编——从远古至一九一八年》。

作者数十年来一直从事世界史的教学和科研工作，着重研究法国革命史。作者对非洲史的探讨是从1958年开始的。在北大历史系讨论世界史学科建设时，很多同志认为一些领域需要填补空白，非洲史的教学和研究尤其如此。作者当时虽已年近花甲，但他主动要求承担这一任务。为了集中精力，他毅然搁下正拟着手撰写的法国革命史专题——巴贝夫传，开始了非洲史研究的拓荒工作。

当作者刚给非洲史勾画出一个粗浅的线条时，有关方面为编写《非洲手册》，约他参加该书《小史》部分的写作。《小史》初稿（没有保存下来）是《非洲通史简编》的最早设想和轮廓。在编写过程中，根据各方面的意见，《小史》不收入手册，增加篇幅，单独出版。于是世界知识出版社正式约作者编写《非洲史纲要》。所以，在六十年代前半期，他在讲授非洲史课和指导非洲史研究生及青年教师的同时，着手写作《非洲史纲要》。

根据偶然保存下来的一份材料（估计是1964—1965年间为初稿征集意见时写的说明、体例和内容目录），了解到编写非洲史的来龙去脉和作者本人对进一步修改的设想。《非洲史纲要》初稿分三编：第一编是古代和中世纪的非洲，共四章；第二编是近代史第一时期的非洲，共七章；第三编是近代史第二时期的非洲，共九章。作者在说明中提出拟增加两个内容：一、序言，包括两部分，（甲）目前各国有关非洲史著作的出版情况，列举作者、书名、内容并略加评语，（乙）《初稿》写作原则（体例）；二、绪论，包括三目，（甲）非洲地理——说明其自然环境与变迁，（乙）非洲的居民——说明其种族的分布与迁徙情况，（丙）非洲史的先史时期——说明非洲各地的史前文化和近代的考古成绩。作者拟增加的两个内容，除《体例》外，目录上用红笔注明"暂缺"。全稿共计二十章。作者在说明中还指出，古代、中世纪部分分量太少，近代部分太多，将来出版时，古代、中世纪暂不增加，近代部分则拟删节。

根据征集到的意见，作者在1965年开始修改。可是这一工作到1966年夏被迫停止，原稿也散失殆尽。1971—1973年，作者在幸存下来的几包抄稿的基础上抱病断续增补和修改，直到1973年秋作者逝世为止。

最近两三年，对这部稿子进行了认真的整理。幸存下来的稿子颇多残缺，作者在抄稿上加的脚注，有的部分已无法辨认或查对。作者本人的大量笔记、摘录等也荡然无存。这给整理的同志们带来了困难。幸而他们都曾听过作者讲授的非洲通史课程，而且也是最早从事非洲史探讨的同志。经过他们的辛勤劳动，整理时改正了一些错误，补充了残缺部分和必须增补的材料，润饰了文字，才使这部稿子能够比较完整地问世。

关于本书的内容和结构，作者在1965—1966年开始修改时已作了较大的调整和补充。1966—1971年间，尽管作者无法从事修改工作，但对全书的结构有过进一步的考虑。所以1971—1973年间，作者抱病重新执笔修改时，曾多次同非洲史小组的同志们（也就是这次整理该稿的同志们）商讨修改事宜。分编和章节就是那时定下来的，整理《简编》的同志们基本上照此进行修改。

经整理的《非洲通史简编》共十七章。绪论。这是作者在1971—1973年间补写，又经同志们修改的。内容是作者为《非洲史纲要》征求意见时提出要增加的《绪论》。第一编：非洲古代史，共五章，比初稿增加一章，是按地区写的，从北非古文化开始，然后是北非阿拉伯国家、东非、西非、中部和南部非洲。这一编利用了当时能搜集到的材料，追溯非洲人民的渊源和早期历史。第二编：西方殖民主义对非洲的侵略和瓜分，共三章，写资本主义上升时期西方殖民主义对非洲的侵略，西方殖民主义者在非洲贩卖奴隶的罪行和帝国主义的分割非洲。该编采用了综合阐述，跟第一编和第三编的处理不同。这是为了帮助读者掌握非洲近代历史发展的基本线索。第三编：非洲各国近代史，共九章，是按地区写的，从东北非开始，接着是马格里布、西非、刚果河流域、东非、安哥拉和莫桑比克、南部非洲（分上、下两章）、马达加斯加。在整理此稿时，近代部分（包括综合性的三章）改为十二章，比初稿少两章，这是由于近代史部分打通，不分第一、第二时期的缘故。

作者编写非洲史时，力图用马克思列宁主义、毛泽东思想为指导，尊重非洲学者的观点，批判地吸收当代西方学者的研究成果，对非洲历史作综合叙述和分析，也提出了自己的见解。在内容的处理上也有他自己的看法，如埃及史在世界史著作中阐述较详，所以在《非洲通史简编》中所占篇幅稍有压缩。对非洲各区的历史，尽量给予一定的地位。作者在写非洲史时曾对奴隶贸易、中非文化交流、西非古国的社会性质、伊斯兰教在非洲的传播、南部非洲津巴布韦古代文明等进行了一定的钻研。这些问题都在书中有所阐述。但这部稿子基本上是 1966 年前写的，所以只能说，是我国非洲史研究初创阶段的著作。当时国内这方面的参考书寥寥可数，所以拓荒工作异常艰辛。可是作者一旦承担这一写作任务，开始工作，就终日孜孜不倦，有时达到废寝忘食的地步。即使作者在 1973 年夏季、秋季连续发病时，仍在阅读新出版的非洲史著作，还想对稿子作补充。

本书能够整理出版，应当感谢北京大学历史系党总支和系领导的关怀，亚非拉史教研室梁志明和罗荣渠同志的支持。在整理《简编》时，郑家馨、陆庭恩、何芳川同志付出了辛勤的劳动。郑家馨同志还负责定稿和收集、整理地图和插图的工作。

本书在写作过程中，得到了北京大学历史系向达先生、周一良先生和吕遵锷、周怡天、马克垚、赵思训、张广达，经济系厉以宁和北京图书馆黄全、世界史研究所彭坤元等同志的关怀和帮助。在搜集资料、参考书等方面得到世界知识出版社、北京图书馆、北京大学图书馆等单位提供许多方便。在订购国外图书杂志方面承蒙外文出版局杨宪益先生和夫人戴乃迭女士、巴黎的左景权先生大力帮助。此外，作者的亲属欧翎、张以成同志对稿子的保存也作出了努力。一并在此表示衷心的感谢！

张蓉初写于北京大学历史系

1982 年 3 月 1 日

目　录

绪　论

非洲的名称和自然环境

"非洲"是"阿非利加洲"的简称，用这个名称来称整个非洲大陆是很晚的事。古代希腊文献称埃及以外的北非为"利比亚"，或作"利未亚"。随着对非洲地理知识的扩大，"利未亚"所指的范围也跟着扩大。古罗马文献中的"阿非利加地方"（Africa Terra）是指迦太基，即今突尼斯北部。后来这个名称所指的范围逐渐扩大到整个非洲。不过，明末来华的耶稣会士艾儒略在其《职方外纪》（1623年）一书中仍用"利未亚"一名来称整个非洲；可见即使在"地理大发现"以后，欧洲地理著作中仍然不曾普遍采用"阿非利加"一名。一般认为"阿非利加"一词是从北非柏柏尔人的一个名叫"阿非利"或"阿非利克"（Afri 或 Afarik）的部落名称转变而来的，也有人认为是从腓尼基文 frk 一字（按腓尼基文无母音）转变来的，它的意思是"新城"，即指腓尼基人在北非建立的迦太基。

非洲是世界第二大洲。非洲大陆加上马达加斯加岛以及其他沿海岛屿，总面积共 30,200,000 平方公里，几乎等于三个欧洲的面积。大陆南北最长为 8,000 公里，东西最宽为 7,500 公里。大陆的海岸线比较平直，缺少半岛和深入内地的海湾，故海岸线只有 30,500 公里 ①，平均 1,000 平方公里才有 1 公里海岸线，全大陆有 20% 以上的地区离海岸在 1,000 公里以上。由于缺少港湾和起中途站作用的岛屿，所以除地中海及东西沿岸以外，非洲其他地区在 15 世纪以前几乎不曾利用海上交通来与外界接触。

---

① 欧洲面积只有 11,609,000 平方公里，却有 38,000 公里的海岸线，平均每 300 平方公里有 1 公里的海岸线。

非洲的地形比较单调。它的东南部主要是高达 1,000 米以上的山岳地带，最高的乞力马扎罗山高达 6,000 米以上。西北部比较平坦，高达 1,000 米以上的山区和高原只有阿特拉斯山，阿哈加尔高原，提贝斯提高原和其他少数山区。非洲的湖泊除乍得湖外，几乎是集中在东部的高山裂谷地区。非洲虽有几条大河，如尼罗河、尼日尔河、刚果河（现又叫扎伊尔河）、赞比西河等，但都是由于水流湍急多滩，没有一条河流可以全部通航。这些河流自古以来却都是交通要道。湖泊利于航行，对非洲人民的自由迁徙并无阻碍。

非洲是世界上最热的大陆。赤道将它一分为二，使它的面积有 3/4 是热带地区，此外则属亚热带；惟少数高山地区有温带气候。沙漠几占全非面积的三分之一。北部撒哈拉沙漠约 9,450,000 平方公里，为世界最大沙漠，气温最高，平均达摄氏 35°。撒哈拉沙漠以南是苏丹地带[①]。苏丹横亘非洲，地区辽阔，通常以乍得湖为界，分称东、西苏丹；有时亦分称东、中、西苏丹，但并没有明确的分界。非洲地域主要是由热带森林、稀树草原和沙漠构成的；此外，在东半部有几个高原温带地区，北部及南端沿海则属地中海气候。雨量以赤道为最多，特别是热带森林一带。愈向南北两端，雨量愈少。草原气候是夏季潮湿而冬季干燥，地中海气候则恰恰相反，是冬季多雨而夏季干旱。

非洲有丰富的地上和地下资源。单就水力而论，据估计全非水力相当于 190,000,000 匹马力，等于欧洲水力的 3 倍[②]。赞比西河上的维多利亚瀑布为世界闻名大瀑布，落差 122 米。图盖拉河上的图盖拉大瀑布，落差达 853 米，是世界第二大瀑布。水力发电，潜力极大。非洲的矿藏量，更是难以估计。黄金、铀、金钢石、铜、铝土矿和磷酸盐等都在世界上居重要地位。

非洲的居民及其语言

关于非洲居民的种族分类，历来有两种方法：人类学家以人体型态为标准，语言学家则以居民语言为标准。由于非洲各族人民的长期迁徙和互相融合，用这两种方法都有缺点。例如，东非的丁卡人属于世界上最高的人种，但是其中却有比皮格迈人还矮的人。语言学家强调部落方言的差异，越分越细，单是扎伊尔的班图语就可列出 500 多种。其实，班图各种方言的语法和词汇彼此是很

---

① 这里的"苏丹"是一个地理名词，不是指苏丹共和国。

② 黑利勋爵《非洲概览》1957 年英文版第 973 页。

接近的。有些资产阶级人类学家和语言学家所用的方法虽不同，然而都是为殖民主义服务的：前者强调种族差异来为种族主义辩护；后者则过分强调语言的细微差别来否定非洲各民族的存在。现在我们根据多数人接受的研究成果，粗略地说明一下非洲各人种和语言的分布情况。

非洲居民的分布

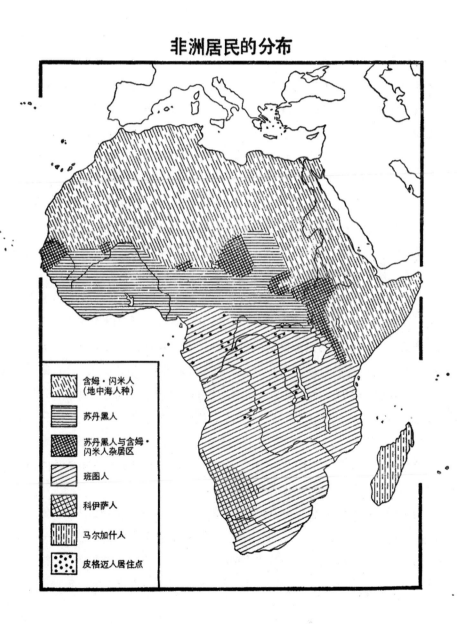

含姆·闪米人（地中海人种）

苏丹黑人

苏丹黑人与含姆·闪米人杂居区

班图人

科伊萨人

马尔加什人

皮格迈人居住点

按人体形态特征来看，非洲居民分别属于下列五大人种。一、非洲北部和东北部、包括撒哈拉的一部分居民，属地中海人种，亦称高加索人种。二、分布在撒哈拉以南的广大热带非洲和南非的居民为尼格罗人种，即黑人。三、住在南非西南部的为科伊萨人种。四、平均身高只有 1.4 米的皮格迈人种（矮人），为数最少，他们的居住点分散在刚果河流域的森林中。五、马达加斯加岛的主要居民属蒙古利亚种，即马来·印尼人，称马尔加什人。这就是今天非洲居民分布的大致情况。

非洲各大语系和主要人种的分布是大致吻合的。地中海人种属含闪语系，故又称含姆·闪米人。含姆语是非洲原有的，说这种语言的含姆族包括柏尔人、古埃及人和非洲东北部的居民。东北非语言为含姆语的东支，称库希特语。闪米语包括古布匿语（迦太基语）、阿拉伯语和今埃塞俄比亚北部居民的语言。含姆语和闪米语很近似，所以一般总称含闪语系。西苏丹的豪萨语也属这一语系。

黑人的语言虽很复杂，但大致可以分为东苏丹、西苏丹和班图三大语系。一般认为说西苏丹语的是肤色最黑的黑人纯种。这个语系包括许多语族，其中最主要的是大西洋语族（从塞内加尔河口到利比里亚沿岸）、几内亚语族（从利比里亚到尼日利亚沿岸）和曼丁哥语族（西苏丹内地草原）。东苏丹语系分布在尼罗河上游以迄东非湖区一带；在北部的为尼洛特语族，在湖区地带的为尼洛—含姆语族。班图语系产生较晚，但分布很广；赤道以南的非洲广大地区除西南角外，均属班图语地区。由班图语派生出来的斯瓦希里语已成为今日东非的主要语言。我们习惯上所使用的"西苏丹黑人""尼洛特人""班图人"等名称都是根据语言区别而来的，但是不能因此把他们看作彼此不同的人种。

"科伊萨"一词是由科伊萨语而来。说这种语言的有萨恩人（布什曼人）和科伊人（霍屯督人），他们的语言是属同一语系。分散在刚果河流域森林中的皮格迈人，采用了其相邻的班图人各族的语言，不曾形成一个单独的语系。马达加斯加岛的居民说马尔加什语。

美国语言学家格林伯格在 50 年代提出了非洲语言的新分类法 [1]。他把非洲大陆上的语言分为 12 个语系，其中最主要的有 4 个语系即 1. "尼日尔—刚果语系"——它包括西非黑人的多数语言以及班图语。2. "亚非语系"——格林伯格把含闪语称为"亚非语系"，包括闪米语、柏柏尔语、古埃及语、乍得语（包含

---

[1]　约瑟夫·H.格林伯格《非洲语言分类研究》纽黑文 1955 年英文版。

豪萨语）和库希特语。3.“大苏丹语系”——他把中苏丹和东苏丹的黑人语言都列入“大苏丹语系”，其南支包括尼洛特语和“大湖地区语”。4.“科伊萨语系”——他把科伊萨语列为鼓舌语（吸气音）的三支之一，另外，在坦噶尼喀还有两个人数不多的部落操鼓舌语。

这一新的分类法受到了各国学者广泛的注意，因为格林伯格提出了一些新的论点。他把一般认为独立于西非黑人语系之外的班图语列入尼日尔—刚果语系；把一般认为属于西苏丹语系的桑海语列为一个单独的语系；把一般认为属于含姆语的富尔贝语归入尼日尔—刚果语系中的西大西洋语支；把尼洛—含姆语改称“大湖地区语”，并与尼洛特语一起列入同一语支（大苏丹语的南支）。这些都是颇有见地的分法。

格林伯格的新论点使历史学者和人类学者需要重新考虑一些历史问题：首先是班图人的发源地问题。以前，学术界历来认为班图人是从大湖地区向南迁徙的。格林伯格根据自己的独立研究，首先，将班图语与西非黑人语列为同一语系（尼日尔—刚果语系），因而提出了喀麦隆高原是班图人的发源地的主张，接着更精确地肯定贝努埃河中游是班图人的故乡。其次，既然语言学资料证明富尔贝语属于尼日尔—刚果语系，就不能认为富尔贝人是来自东方的。最后，哈姆语对黑人语言的影响问题。以往有些学者受高加索人种比尼格罗人种优越的种族主义理论的影响，错误地认为属于高加索人种的含姆人是拥有牲畜的游牧民，是征服者；而征服者的语言必然影响被征服者的语言，从而断定含姆语对黑人语言的影响很大[①]。格林伯格从语言学角度反驳了所谓含姆人比黑人优越的观点；因为属于尼日尔—刚果语系的富尔贝人也是游牧民，却征服了属于含姆语系的豪萨人；他认为，尼洛—含姆语并非尼洛特语的含姆化，它与尼洛特语是同源的两个分支，只是因为靠近含姆语（库希特语）地区而借用了含姆语的一些词汇。因此，他采用“大湖地区语”一词来代替“尼洛—含姆语”。他还进一步指出，讲“大湖地区语”和班图语的黑人以及属于亚非语系的库希特人（含姆人）同为游牧民。因此，他断言根据任何“文化条件”来“论证”高加索人种比尼格罗人种为优越的理论都是必须抛弃的[②]。

---

① W. 菲兹杰腊《非洲地理》英文版和 C.G. 塞利格曼《非洲的人种》（1957 年英文版）均持此说。
② 格林伯格《非洲语言分类研究》第 51—55 页。

　　格林伯格的分类法受到学者们的重视，同时也引起了一些争论①。但他的观点可能有助于澄清某些非洲历史问题，不致受一般旧说的拘束。

非洲语言的分布

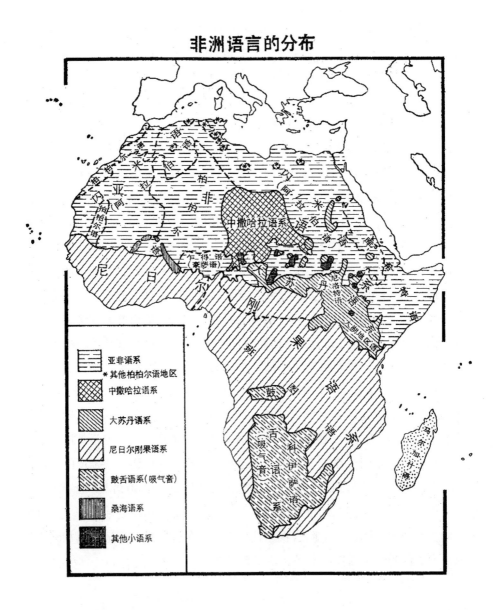

亚非语系
*其他柏柏尔语地区
中撒哈拉语系
大苏丹语系
尼日尔刚果语系
鼓舌语系(吸气音)
桑海语系
其他小语系

---

　　① 参看《非洲历史杂志》1962 年第 2 期所载 C. 里利和 M. 古斯利的文章。

非洲人类的出现及其石器时代

上述这些种族都是非洲历史的主人，其中绝大多数自远古以来就是在非洲土地上生息劳动。一些资产阶级学者曾散布过非洲地中海人种来自亚洲，柏柏尔人源于欧洲诺的克族，黑人很晚（公元前 1500 年时）才来到非洲等谬论；甚至还有原法属西非黑人与高卢人同源的奇谈。科学研究的成果早已完全驳斥了这些谬论。

近几十年来，在非洲一些地区不断有古猿和古人类骨骼的化石和石器出土，为研究人类在非洲的发展提供了十分丰富的资料。尽管有许多问题尚未取得一致的结论，但是可以肯定非洲大陆的基本居民大部分是在非洲发展起来的。有些学者认为，非洲可能是人类的发源地[①]。从猿到人的发展须经过若干中间环节，在非洲能够找到几乎所有这些环节的遗迹，能够看到这一发展的连续性。这是与非洲远古的自然条件有关的。有些学者认为，非洲地域辽阔，地形多变，有热带雨林，有稀树草原，有半荒漠地带，有高山，也有大裂谷，这对高等灵长类的分化和不同生活方式的形成能起促进作用，是人类起源的理想地区。而且，赤道横贯非洲，使非洲基本上不曾受到冰川期的影响。在北半球，冰川覆盖时要消灭不少的人类和生物，而在非洲，与冰期和间冰期相应的，则是雨期和间雨期的交替，雨期过后气候温热湿润，所以远古非洲的气候可能更有利于人类的诞生和发展。

1924 年在南非的开普省发现古猿化石（所谓"塔翁幼儿"）后，接着在德兰士瓦各地陆续有所发现。古生物学家断定这些古猿已能直立行走，甚至能使用

---

① 1978 年 5 月，在瑞典召开了"早期人类的现代论证"的诺贝尔学术讨论会。会上对人类起源于非洲还是亚洲的问题进行了讨论。由于非洲地区发现了极其丰富的化石材料，其中有 15,000,000 年前可能是人类最早祖先的腊玛古猿，有其后的南方古猿，以及更后的能人、直立人等，是较完整的整个人科系列的化石材料；因而参加非洲古人类学工作的学者认为非洲最有可能是人类的诞生地。主张亚洲起源说的学者也提出了有力的论断。在会上发言的我国学者吴汝康认为，从 1871 年达尔文在《人类起源》一书中提出人类起源于非洲的论点后，一个世纪以来，学术界对这个问题的看法已几经反复。根据现有的证据，可以说非洲和亚洲南部的广大地区都可能是人类的起源地。究竟在非洲或亚洲哪里的可能更大些，还有待于更多的化石材料的出土和深入的分析研究。1980 年底，在我国云南禄丰县石灰坝发现了一个距今大约 8,000,000 年前的腊玛古猿头骨化石，它被认为是当前古人类学上最重要的成果之一。如果通过对禄丰腊玛古猿头骨的颅底结构的特点和颅底枕骨大孔的研究，能够确定它的行动方式是两足直立行走，那么便可确定它是属于人的系统。根据已知的腊玛古猿化石地点以亚洲为最多，如果腊玛古猿确是属于人的系统，那么人类的诞生地很可能主要是在亚洲。

工具。但在这些化石出土的地方起先没有发现工具，所以不能断定其为猿人，而称之为"南方古猿"。后来在古猿的洞穴中发现了工具，因而又有人主张要把"南方古猿"列入人的系统，定为猿人。这一看法由于东非引人注目的新发现而得到了完全的证实。

1959 年利基夫妇在今坦桑尼亚的奥杜维峡谷发现了南方古猿的头骨化石，利基最初把它命名为"东非人"（或译"僧祇人"），经深入研究，它与南方古猿的粗壮种没有本质差别，遂改名为"南方古猿鲍氏种"。在头骨地层附近还发现许多粗糙的石器，经鉴定，命名为"奥杜维文化"。化石地层的绝对年代为 1,750,000 年。1961 年利基夫妇在同一地区又发现另一种人科化石，他们称之为"前东非人"，年代距今 1,900,000 年。"前东非人"也能直立行走，可能是"东非人"的祖先。1960 年和 1963 年，在奥杜维发现形态上更像人、比"东非人"更进步的"能人"，地层年代距今约 1,800,000 年。1974—1975 年这里又发现属于人科化石的一块下颌骨，年代约 3,500,000 年前，被认为是世界上已发现的最早的人属材料。

1972 年利基之子理查德·利基又在肯尼亚的图尔卡纳湖东岸发现一个头骨（编号为 1470），肢骨基本上与现代人相似，表明已能直立行走。年代至少距今 280 万年。到 1978 年止，在图尔卡纳湖地区已找到 200 多个个体的人科化石材料，包括一些完整的头骨，这个地区遂成为可与奥杜维媲美的非洲另一个人类化石的宝库。

近年来，在埃塞俄比亚与肯尼亚毗邻的奥莫盆地已有 70 个地点发现了大批人骨化石和石器。70 年代在哈达地区找到一具保存百分之四十的南方古猿骨架，被命名为"露西少女"，生存年代距今 350 万年。这具珍贵的化石提供了远古人类身体结构的真实情况，特别是上肢与下肢的长短比例。经测算，其上下肢比例仅比现代人稍高，而大大低于现代猿类。

非洲大批重要的人类化石的出土，为人类起源的研究提供了十分丰富的资料，经过深入研究，已把人类开始制造工具的历史提前到近两百万年。南方古猿（除了最早期的以外）已经会制造工具，许多学者主张应把"猿人"名称用来称呼会制造工具的"南方古猿"，而把原来被称为"猿人"的爪哇人和北京人改称为"直立人"。不过，也有学者主张二者都叫"猿人"，一称"早期猿人"，一称"晚期猿人"。

在早期石器时代，非洲人的文化是领先的。非洲出土的旧石器十分丰富。

非洲早期石器时代的最早文化是奥杜维文化。在东非，能看到从砾石工具文化到手斧文化发展的连续性[①]。其中有从正反两个方向打击加工制成的砾石工具，有对砾石四周各边施加两面加工的"两面器"，这种两面器已形成手斧文化的萌芽；当最后过渡到使用两面加工的斧状石器时，手斧文化便代替了砾石工具文化。虽然在亚、非、欧洲许多地方都出土过手斧，但以奥杜维为最多。因此，有的学者认为手斧文化是 500,000—1,000,000 年前起源于非洲的，而后来由人属的早期代表带到欧洲和东南亚。

一般认为非洲尼安德特型人（早期智人）的出现要早于欧洲[②]，因为非洲的气候适宜，而欧洲受到了冰川的影响。从摩洛哥到开普都有早期智人化石出现，有赞比亚的布罗肯山（1921 年）和南非的萨尔达纳（1953 年）出土的头骨。早期智人文化主要有南非的斯特尔拜和东非的肯尼亚—莫斯特文化。

非洲晚期智人化石主要有阿尔及利亚的阿尔法卢人（1828—1929 年），马里的阿塞拉人（1927 年）以及南非的弗洛里斯巴人（1932 年）和博斯科普人（1913 年）。西非和南非的化石已接近黑人，晚期智人文化重要的有津巴布韦的斯特尔拜文化和南非的彼得斯堡文化。

在现代人出现以前，非洲最发达的人类已由手斧进展到使用尖状工具；已有墓葬、穴居，过着采集和渔猎的生活，并已有氏族制的萌芽。属于晚期猿人的"北京人"已知用火，但奥杜维文化中却不曾发现用火的痕迹，非洲从更新世晚期开始（约 50,000 年前）才有确定的用火证据。

在非洲，现代人是在什么时候出现的，也是一个有争论的问题。一般认为是在 50,000 年以前，比欧洲早 20,000 年。这时期的非洲现代人的文化称卡普西安文化（因在突尼斯的加夫萨出土而得名）。属于卡普西安文化的现代人，在马格里布和东非几乎是同时出现的，都是在旧石器时代晚期。东非出土的卡普西安文化现代人骨骼，比较马格里布出土的为多；在奥杜维（1913 年）以及肯尼亚的纳维沙（1940 年）和甘布尔洞（1927—1929 年）都有发现。这些骨骼的某些特征类似地中海人种，接近今日东北非的含姆人，由此可见非洲的地中海人种并非来自外部。利基称他们为原含姆人，在年代上，一般估计在公元前 11,000 年

---

① 参见 R. 奥利弗和 J.D. 费奇《非洲简史》1962 年英文版。

② H. 阿里曼《非洲史前史》1955 年英文版第 347 页。

前^①。卡普西安文化的特征是：人类已不用笨重的"手斧"而用石刀、石凿等小石器，装有木柄的石矛或投掷器。此外，还有用兽的皮、筋、角、骨等做成的工具，有针线和弓箭。他们已是处于母系氏族社会的半游牧猎人，穴居，在岩壁上作绘画。可以肯定，一切与卡普西安文化联系起来的人都已经是现代人^②。

在非洲，10,000年前，是一个适宜于人类发展的湿润时期。这一时期的人类遗迹，在马格里布、埃及、肯尼亚、东苏丹、西苏丹和南非各地都有发现。这些颅骨或骨骼化石都是属于现代人的，他们仍然停留在旧石器时代晚期（在埃及，则已接近新石器时代）。其中的博斯科普（在德兰士瓦）人的颅骨与萨恩人（布什曼人）很相近，一般断定博斯科普人就是萨恩人的祖先^③。值得注意的是，在东、西苏丹都有黑人骨骼化石出土，这在科学上否定了黑人是来自东南亚或在非洲出现得很晚的说法。在西苏丹阿塞拉发现的人类骨骼化石（1927年）的脑量、前臂与上臂的长度比例、小腿与大腿的长度比例、头颅各径、牙齿大小和形状均与今日班图人一致。在喀土穆附近又发现了更多的黑人骨骼（1944—1945年）。这两处相距虽很远，但几乎是在同一纬度，同属于旧石器晚期文化；经鉴定，他们就是黑人的祖先^④。有人研究了在上埃及和努比亚出土的属于埃及王朝时期以前（约公元前3000年以前）的800个颅骨，肯定其中有三分之一是属于黑人人种，三分之一是属于地中海人种；可见在5,000多年以前，尼罗河中上游一带的居民中，黑人数目与地中海人数目几乎是相等的。皮格迈人也是很早就出现了，许多学者认为他们是单独的一个人种，在最近10,000年中经历过了一个逐渐变矮小的过程。

综上所述，可以肯定地说：即使非洲不是人类的发源地，也是人类在其最初形成时期的主要活动地区之一。非洲大陆的多数基本居民都是从古远的史前时代就在非洲生息、繁衍和发展起来的。在10,000年以前，即旧石器时代晚期，非洲的四个基本人种科伊萨人、皮格迈人、地中海人和黑人都已出现了。东非维多利亚湖以东地区可能是他们的发源地，他们从这里开始向各个方面迁徙。旧石器时代迁往非洲南半部的是萨恩人（科伊萨人），皮格迈人则向东走。地中海族

---

① 参看罗·科内万《非洲史》1962年法文版第1卷第23—24页。

② H.阿里曼《非洲史前史》第340页。

③ 参看H.阿里曼《非洲史前史》第345页。

④ R奥利弗和J.D.费奇《非洲简史》第20—21页。

北迁，其中迁往西亚的一支——闪米人后来又转而移入非洲。黑人则满布于撒哈拉、东西苏丹和西非沿岸；从中分出的班图人则向非洲南半部分布。进入新石器时代以后，非洲各族居民的分布大致就已经是这种状况。前面提到的格林伯格的非洲语言分类的分布形势与上述考古的科学发现和分析是基本符合的。

标志着新石器时代的特征是定居的农业和畜牧业，磨光石器和陶器，母系氏族制已很发达，艺术已能反映新的生活内容。非洲人进入新石器时代，在北非要比欧洲为早，特别是埃及，在公元前 6000 年即已进入新石器时代，比欧洲早3,000 年。人们长期以来一直认为，埃及的新石器文化、特别是农业是由西亚传入的。然而新近的考古学研究表明：埃及的新石器文化是独立发展起来的，具有典型的非洲性质，栽培物种类也不同于西亚。东非和南非的居民则比较长期地停留在旧石器时代的各个不同阶段。

新石器文化可能自埃及向南传播，但是由埃及西向传入西非的传统说法现已为考古学的新发现所动摇。西非黑人的新石器文化是独立发展的。今加纳北部已有典型的新石器文物出土[1]。在尼日利亚中部包奇高原所发现的有名的诺克文化，表明当地居民曾经历了人类从旧石器时代早期的"手斧"文化时期、新石器时期直至使用金属器的各个发展阶段。当地出土器物，有些经科学测定其年代为距今 39,000 年[2]。西非黑人的农业也是独立发展的，不过在时间上略迟，有始于公元前 4000 年和 1500 年等不同的说法[3]。近来还有人指出东非和埃塞俄比亚的农业也是独立发展的[4]。同样，铁由赫梯人发明而传入非洲的说法，也越来越被考古学者否认。现在许多人认为非洲黑人是由石器时代直接过渡到铁器时代的；他们最先知道用铁而后用铜。甚至有人认为非洲人用铁还早于赫梯人[5]。尼日利亚的考古发掘显示出诺克文化由石器过渡到铁器的过程，它是非洲铸雕艺术的最早发源地[6]。由此看来，西非黑人在新石器时代中也是居于先进地位的。他们之所以能在撒哈拉沙漠以南起着主导的作用，人口繁殖，分布范围日广，是有其经济基础的。

---

①　见琼斯编《非洲历史与考古》1959 年英文版第 25—27 页。

②　同上。

③　D.L. 威德纳《非洲史》英文版第 15—16 页。

④　R. 波尔戴尔《非洲大陆的原始农业发源地》，载《非洲历史杂志》1962 年第 2 期第 195—210 页。

⑤　J.H. 富兰克林《从奴隶到自由》英文版第 27 页。

⑥　琼斯《非洲历史与考古》英文版第 30 页。

大概在公元 1 世纪前后，班图人从喀麦隆高原开始向南迁徙。而这一非洲历史上极为重要的迁徙活动，正是在那里已有了农业和使用铁器以后才发生的。他们不像游牧民那样逐水草而居，而是每到一地砍伐森林，种植作物，定居一段时间后又继续迁徙。这是一个漫长的迁移过程。班图人的迁徙逐渐压迫着皮格迈人退入森林，迫使科伊萨人南迁，有时又与科伊萨人混合。关于他们的迁徙的分布情况留待后述。

非洲的岩壁画

非洲的岩壁画是我们了解非洲人原始社会史的重要资料。这类岩壁艺术品遍布于非洲各地，而集中在撒哈拉与南非两大地区。坦噶尼喀的岩壁画属于南非一类，埃塞俄比亚的则接近于撒哈拉一类。岩壁艺术品可以分为绘画和刻画两种。单色的画是用赭色画的，也有许多两色和多色的画。刻画是在岩壁上刻出很深的条纹组成的，也有些是无明显的轮廓线条而用锥子凿成的画面。属于图案式的简单示意的刻画为数不多，多半集中在安哥拉东北部到莫桑比克北部一带。绝大部分的绘画与刻画是属于不同程度的写实主义画风，如实地塑造了人与物。这些艺术品有的刻画在露天的岩壁上，有的刻画或绘画在人类居住的洞穴里面的岩壁上。各时代的人往往在同一岩壁面上作画，结果是画上再画，有时重叠到十六层之多，这就增加了鉴定作品年代的困难。各个时代的作品反映了当时的生活现实，反映了非洲人原始社会发展的不同阶段。

南非岩壁画分布很广，自赞比亚到"南非共和国"的开普省，各地均有。刻画较少，比较集中在德兰士瓦和奥兰治的高原地区，多半是刻在露天的岩石上，甚至刻在今日人迹罕到的悬崖绝壁上。刻画中出现有象、犀牛、河马、长颈鹿、水牛等。象、河马和水牛这些动物的生活区是需要大量雨水的；由此可以推定其为旧石器晚期——约 10,000 年以前的作品。从附近出土的石器来判断，亦不晚于公元前 6000 年以前。绘画则常见于洞穴内，多半是在湿润的山区。所绘题材有出猎、战争、日常生活、信仰仪式等。在年代估计上争论虽很多，但是根据科学方法对出土文物的测定，可以断定某些地方的绘画为公元前 4500 年和公元前 1500 年时代之作品。① 这些岩壁画的绝大部分是萨恩人的作品。有些

---

① 均见阿里曼《非洲史前史》第 315、381、395 页。

刻画显然是用金属工具刻的，这可能是班图人的作品①。东非的岩壁艺术虽然接近南非的类型，但水平较低。在时间上有些作品可能较南非为早，利基认为坦噶尼喀的早期岩壁画属于旧石器时代晚期②。

　　撒哈拉的岩壁画占有最重要的地位，因其提供了使我们能窥见远古非洲人民的迁徙和原始社会的发展情况的资料。今天的撒哈拉大沙漠，在古代曾是雨水充沛、气候温暖湿润、林木草原遍布和河流纵横的地方。在今日的地形地图上，我们仍可以看到一些早已干涸的河道。这里原来宜农、宜牧，是一个适宜于人类生存和发展的地方，撒哈拉的大量岩壁画和无数石器证明了这一点。沙漠形成的年代，尚无定论。一般认为沙漠化的加速，大约始于公元前2500年时；到公元前1000年时，才接近今天这个样子。在罗马帝国初期（公元前1世纪时），撒哈拉仍然能牧马，公元后4世纪时才广泛地使用骆驼。到今天，沙漠的范围仍在继续扩大。公元前2500—500年的两千年中，沙漠的扩大迫使当地居民向西北、西南和东部迁徙。撒哈拉的古代居民留下的石器，各处都有，有时甚至出现在沙漠的表面。他们留下的岩壁画遍布于整个撒哈拉，西起大西洋沿岸，东达上埃及和苏丹民主共和国。岩壁画以刻画为多，绘画较少；主要是不同程度的写实主义画风，图案型的不多。

　　上埃及的岩壁画，可分为四个时期：最早的是原始猎人的作品。其次是山区牧民的作品，有家畜和船只，时间约在公元前4000年以前。第三时期作品出现了图案型而表现出西亚的影响，船只也接近美索不达米亚型。最后是沿尼罗河定居居民的作品，画中已无大象，多为野牛和家畜。由此可见埃及在进入王朝时期时，上埃及居民已进入定居的农业生活。

　　上埃及以外的撒哈拉地区的岩壁画，早在一百多年前就被人注意到了，但是认真进行研究却是最近几十年的事。法国学者洛特的研究成果，特别是他对塔西里山区壁画的研究成果，使我们宛若看到一个藏有丰富艺术品的大“博物馆”③。在塔西里，从两个相距300米地点发现的牧牛人时期的工具，分别为公元前3500年和2500年以前的器物。由此可以推断这些岩壁画至少是公元前

　　① 有些画的风格很突出，绘有欧洲人形象，从而发生更多的争论；其实，这些作品是很晚的，可能是17—18世纪时的作品，当时南非的非洲人和欧洲人已有接触。

　　② 均见阿里曼《非洲史前史》第315、381、395页。

　　③ 参看H.洛特《塔西里壁画之发现》1958年法文版。

5000—4000 年以前之作。

洛特把这些岩壁画分为四个时期。第一时期称为牧牛人以前的时期，亦称"圆头人时期"（因为这个时期的绘画有一个共同点，即人物的头都是圆的）。这时期作品分布地区不很广，大约都是在北纬 24° 以北和费赞以西。刻画的动物体型很大，长颈鹿高达 8.5 米，象和河马亦高达 4.5 米。绘画中的人像多，刻画中的人像较少。从所发现的石器来看，可以假定圆头人时期的岩壁画可能始于旧石器晚期，不会迟于公元前 7000 年。洛特认为这时期的艺术品是黑人创造的。这时期的画风并未受到外来影响，不是模仿而是黑人的独立创造。前面说过，阿塞拉和喀土穆附近都有黑人骨骼出土，这就进一步证实撒哈拉曾经是黑人居住的地方，由于撒哈拉的沙漠化才迫使他们向南迁徙。今日撒哈拉沙漠中仍有极少数的黑人部落，如费赞的都达人和塔西里附近伊林里尔绿洲的居民；他们可能是因为当地地理条件尚适于生存而不曾迁徙的古代黑人的后裔。

第二时期是牧牛人时期，大约始于公元前 4000 年。这时期的岩壁画反映当时的经济生活是以放牧为主，但仍有狩猎。塔西里山区是牧牛人的绘画中心，所绘动物以牛为最多，多达 6,000 多头，并有不同种类；此外，还有羚羊和狗等家畜。野生动物和前一时期相同，可见撒哈拉当时仍然是水草丰富、相当湿润的地方。绘画反映了当时已有农业，妇女在田间工作；画中有使用弓箭和投枪等的猎人，还有舞蹈、祈祷等场面。从人物的体态和服饰来看，当时塔西里已住着不同的民族；从发式上看，有些人像今日西非的富尔贝人。洛特早在 1940 年已提出富尔贝人是新石器时代牧牛人的后裔，这一论点今已为多数学者所承认。牧牛人时期的刻画则分布很广，自尼罗河到大西洋沿岸的各高地岩壁上均有；作为牧牛人绘画中心的塔西里反而没有刻画。绘画虽然是较进步的居民的作品，但刻画却具有更大的历史意义，因其分布广，表明牧牛人的足迹几乎遍及整个撒哈拉地带。东撒哈拉的刻画表明牧牛人在公元前 4000 年时已从东方西迁，因为这类刻画散见于费赞、提贝斯提、埃及、苏丹，甚至远及索马里。这些牧民大概原居于尼罗河东岸，分别向南、向西迁徙；西迁到塔西里的则与当地的猎人混合。

岩壁画只见于高原地区。在平原地区发现的石器工具表明平原地区同样有狩猎和畜牧，也有渔业与农业。在乍得湖和尼日尔河之间，当时不仅河流纵横，并且还有小湖泊，在公元前 3200 年时，这里是渔业、农业地带。综上所述，可见在新石器时代中，撒哈拉是人口颇为稠密的地区，沙漠化才使他们迁移。大抵西北部的猎人是柏柏尔人的祖先，东部牧牛人是埃塞俄比亚人的祖先，圆头人时期艺术品的创造者和撒哈拉南部的大部分渔民和农民是今日黑人的祖先。牧牛人时期的作品有明显的埃及影响，但亦有其独自的特点；因此，不能肯定撒哈拉西部新石器时代的文化是由埃及西传的，在很大程度上可能是交互影响。这样，它们在宗教信仰和语言上彼此有若干类似之处，也就不足为奇了。

　　第三时期可称牧马时期。自来认为马是希克索斯人侵入埃及时带到非洲的，根据1959年英国考古学家埃默里在努比亚发现的马的骨骼来看，马在非洲出现的时间可能要更早一些。撒哈拉岩壁画上所表现的马和两轮或四轮战车等画面，经断定为公元前1000年时的作品。这时撒哈拉沙漠虽和今天的情形相差不多，但仍有水草可供牧马之用。如果我们把有马拉战车画（主要是刻画）的那些地方联结起来，可以看出两条主要的车道。东边的一条通过撒哈拉中部和费赞。它从加奥向东北经塔西里高地而分为二，一则北经加达迈斯而抵突尼斯，一则东经费赞的泽尔马绿洲而北抵的黎波里；另一分支则南到比耳马。这一条车道的壁画的艺术水平很高，马作飞奔状，车辆显得轻巧，车上人物除执有投枪和圆形盾外，并配有短刀和饰有"利比亚羽"。古希腊历史学家希罗多德曾记载在今利比亚内地有加拉曼特人驾着四匹马拉的战车行猎。考古学家认为今日绿洲泽尔马村即当年加拉曼特人的"首都"，在罗马帝国时曾是一个繁荣的城市。在那里发现的墓葬达45,000处。加拉曼特人同迦太基人、罗马人及西苏丹黑人进行贸易，这条车道可能就是他们的商路。加拉曼特人究竟是黑人、柏柏尔人或是从地中海迁入的"海上人"，尚无定论；他们所留下的铭文还不曾辨认出来。在这条车道所经过的撒哈拉中部，今日的基本居民是图阿雷格人，有人假定他们就是加拉曼特人的后裔。西边一条车道南起今廷巴克图附近的滚达姆西向经今阿塔尔转而东北向迄于今济纳加。这些岩壁画的水平较低，有些近于图案型，武士不饰"利比亚羽"，无短刀。这一带中北部的居民，当时已是柏柏尔人。两大车道的壁画表明在公元前的一千年中，马在苏丹地区已广泛使用；地中海沿岸的迦太基人和西苏丹有经常的商业来往。车道南端的加奥和廷巴克图就在西苏丹的心脏。由此可见，西苏丹黑人自古即已面向东北，和外界有频繁的交往。

　　绘有骆驼的岩壁画属于第四时期。骆驼之广泛使用于撒哈拉是公元后4世纪时的事；因此，这些岩壁画的完成的时间是很晚的。由于这时已有文献记载，这些岩壁画对于我们了解当时撒哈拉历史发展的帮助不大。

第一编　非洲古代史

第一章　北非的古代文化

第一节　古代埃及的文明

古代埃及的"王朝时期"

古代埃及的历史在非洲乃至整个世界的古代史上，占有十分重要的地位。一般通史著作中均有较详尽的阐述。因此，我们在这里只予以扼要的概括。埃及出土的墓葬骸骨表明：古代埃及的文明主要是由当时居住在东北非的各部族和来自西亚的某些部族在相互融合的过程中共同创造的。其中黑人不占很大的比重。在公元前 5000 年以前，埃及居民沿尼罗河下游定居下来，发展了农业，逐渐形成了一些称为"州"的国家，继而合并为上、下埃及两个王国。公元前 3200 年，这两个王国统一为一个奴隶制国家，古埃及祭司马涅托把统一以后到亚历山大征服时（公元前 332 年）的 3,000 年中埃及统治者，包括埃及境外的一些部族入侵后所建立的王朝在内，排列为三十一个王朝。因而史家把埃及古史的这一时期称为"王朝时期"，在这以前则为王朝前时期。关于王朝时期的分期，意见很不一致。我们采用现代埃及史学家的看法，[①] 所标年代较晚于一般史学家所推算的年代。

在早期王国时期和古王国时期（约公元前 3200—2300 年），埃及的统一逐渐巩固而发展为奴隶制集权国家，都孟斐斯。第四王朝正是大量建筑金字塔的时候（约公元前 2700—2600 年）。当时人们已知道铁，但是铁并未具有生产意义，埃及仍处在铜石并用时期。调节人工灌溉是促使埃及集权国家发达的因素[②]，同时也是埃及村社形成和长期存在的主要因素。这时，农业和手工业

---

① 参看阿·费克里《埃及古代史》1956 年北京科学出版社。

② 参阅马克思《不列颠在印度的统治》《马克思恩格斯全集》第 9 卷第 145—146 页。

的分工已相当发展，在墓画中可以看见各种作坊，有铜匠、金匠、木匠和石匠等等。经过了第一个"动乱时期"（约公元前2300—2100年）以后，进入中王国时期（约公元前2100—1700年），第十二王朝（约公元前1991—1778年）是它的繁荣时期。这时期的水利工程已进展到修建人工湖的阶段，耕地面积大为扩大。奴隶已较广泛地使用在生产上，出现了大规模的奴隶起义。对外贸易已相当发达，与努比亚（苏丹）及蓬特（索马里）进行着频繁的贸易。在第二"动乱时期"（约公元前1700—1570年）中，国内阶级斗争加剧，希克索斯人从亚洲乘机侵入并统治埃及约一百年。上埃及人民以底比斯为中心，坚持进行了长达50年之久的抵抗斗争，才把他们赶走，由此开始了新王国时期（约公元前1580—1090年）。建立新王国（或称帝国）的第十八王朝（约公元前1580—1320年）是古埃及武力扩张最鼎盛时期。公元前15世纪中叶出现了空前的埃及大帝国——东北取叙利亚，西则包括了利比亚东部，南侵库什而扩张到尼罗河的第四滩（瀑布）。此时，埃及已进入青铜器时期。铁已由赫梯人从小亚细亚运进埃及。在法老墓中还发掘出一些铁器。不过，这时铁器仍被当作贵重金属[1]。已有马和战车，壁画中已经出现了称为"沙漠之舟"的骆驼。建筑以寺院为主，并发展了雕刻。新王国时期以后的700余年，一般称为"后期"，也就是衰落时期（约公元前1090—332年）。在这个时期中，国内阶级斗争尖锐，外族不断侵入：库什人摆脱了埃及的统治，并侵入埃及，建立了埃及史上的黑人王朝（第二十五王朝，公元前751—663年）；继而是亚述人的征服（公元前674—663年）；埃及人在赶走了亚述人以后建立的第二十六王朝（公元前663—525年），是"后期"中的复兴时期。这时埃及已广泛地使用了铁器，冶铁术很发达。对外贸易频繁，出现了铸币。第二十六王朝为入侵的波斯人所推翻。从此到亚历山大征服埃及时为止，基本上是波斯统治时期（公元前525—332年），埃及变为波斯的一个行省；虽然在这时期中，埃及人曾一再反抗波斯的统治，并且建立了自己的王朝（公元前404—342年）。

"王朝时期"的社会发展和文化

古代希腊的作家曾说过一句名言："埃及是尼罗河的恩赐物"。尼罗河对于她的儿女是慷慨的，但并不溺爱。古代埃及人民为了创建自己古代的文明，在

---

[1] 有的学者认为此时埃及可能已用铁制武器。参见罗·科内万《非洲史》1962年巴黎第1卷第830页。但一般认为埃及进入铁器时期还是在纪元前第一千纪。

长期生产斗争中付出了十分艰辛的劳动。治服和调节尼罗河泛滥的灌溉系统始终是埃及社会发展的一个重要因素，自原始公社时期以来所发展的村社就是与这一灌溉系统密切相连的。国家形成以后，村社的管理机构成为行使阶级压迫的基层工具。随着埃及国家的形成和巩固，埃及王权观念日益发展，在古王国时期，国王"法老"已具有不可亵渎的神性。金字塔表明这一王权的力量，同时也表现了生产力的发展——只有在农民能够生产出三倍于人民需要的农产品时，才能进行这样巨大的工程。国王掌握全国的灌溉系统，他是全国土地的最高所有者，他把土地赐给贵族和祭司。农民虽还不是奴隶，但处境已和奴隶差不多，他们负担着沉重的租税和徭役——从事水利工程和陵墓等的建筑。他们被束缚在土地上，没有人身自由。在古王国时期，各生产部门已广泛地使用奴隶；到了中王国时期，除战俘外，又出现了债奴——因负债而沦为奴隶的人。新王国时期的征服，使奴隶数量大增：有一次远征曾俘虏十万一千人。被征服地区有时要用奴隶纳贡。国王把奴隶赐给寺庙和贵族，因而国王、祭司和贵族同时也是大奴隶主。农民的地位日益降低，他们和奴隶形成了社会的最下层。在城市中也出现了显著的阶级分化：从考古发掘的文物中，可以看出城市中贵族和贫民住宅区的明显划分。在墓画中，可以看出劳动人民受剥削和上层社会奢侈生活的鲜明对比。

所谓"动乱时期"实际上就是阶级斗争最尖锐的时期。第五王朝以后，金字塔越造越小，这说明国王的专制权力，越来越多地遭到人民的反抗。第一动乱时期是人民普遍起义的时期，贵族陵墓和住宅遭到焚毁，水利系统也废弃了。中王国时期的文献常有镇压人民起义的记载。约在公元前1750年爆发的奴隶和农民起义，有城市贫民参加，用抗税、烧毁税册、打死官吏、破坏或分享财产等方式来打击剥削阶级。此起彼伏的阶级斗争，动摇了中央权力。于是一方面地方势力坐大，另一方面外敌则乘机侵入。在长达3,000年的王朝时期中，中央权力很稳固的时间是不多的。古王国初期法老的主要任务就是巩固国家的统一。中王国时期前半期的法老始终要与割据的各州州长进行斗争；到十二王朝时，中央权力方占优势。在新王国时期，这一统治阶级的内部斗争则以"宗教改革"的形式出现。自中王国以来，底比斯的阿蒙神已取代太阳神而为全国的最高神祇，历代国王赠予神庙的土地与奴隶日多，因而祭司集团的势力不断膨胀，日久就必然威胁着王权。公元前十四世纪初，国王阿蒙霍捷普四世为了打击底比斯阿蒙神庙祭司集团的势力，重振王权，进行了一场大规模的宗教改革。

他宣布恢复太阳神阿吞独一无二的崇高地位，借以贬斥对阿蒙神的崇拜。他还采取了迁都、大修阿吞神庙、创作歌颂阿吞神的诗歌等一系列措施，并积极扶植支持他的改革事业的新贵族集团。但是，这场"宗教改革"只有利于支持他的新贵族，对于人民生活并无改善；祭司集团利用了人民的不满，破坏了"宗教改革"。内部斗争的激化动摇了中央的统治权力，同时也削弱了国防力量。常常是在这样一个时期，埃及就遭受外族的侵入。外族入侵者在征服埃及以后，一般则又通过与埃及大奴隶主的妥协来统治埃及人民；希克索斯人、波斯人和以后的希腊人都是如此。

王朝时期的埃及是人类文明的摇篮之一，高度发展的农业、完整的灌溉系统、王权神授及其一套国家机构、复杂的宗教思想等等，都是这一文明的主要内容。从生产实践中，埃及人民很早就知道使用相当正确的太阳历；一般推算是始于公元前4245—4238年之间，也有人认为要晚得多。进入王朝时期起，埃及人就有了象形文字（约公元前3200年）；后来发展为使用音符的世俗体，但它始终不曾发展为拼音文字。科普特语就是由这种文字演变而来的。法国埃及学家商坡良因为懂得科普特文，方能认读出埃及象形文字（1822年）。从这以后，各国埃及学的专家们才得以利用大量的古埃及文献来研究古埃及史。金字塔及其他陵墓和寺庙等，不但体现了当时的建筑水平，其内部的壁画和浮雕，还都是反映当时实际生活的宝贵资料。太阳历、金字塔、狮身人面像和神庙、土地的测量以及木乃伊等分别标志着古埃及人在天文学、几何学、医学和艺术上所达到的水平。

王朝时期的埃及文化是非洲人民所创造的。当时它主要传布到乍得湖区，并通过利比亚而影响马格里布和撒哈拉。这都是陆上交往。古埃及人的海上活动并不很突出，虽然他们很早就在地中海和红海中航行。古希腊史家希罗多德曾记载国王尼科（约公元前600年）派遣三艘腓尼基人船只绕行"利比亚"（非洲）。据说他们航行了三年，在绕过了"利比亚"南端时，看见太阳从右边出来，最后沿西非海岸经地中海而回到埃及。希罗多德是得之传闻，他自己说，他并不相信这回事。许多人根据太阳从右边出来这一点，认为这是确有其事的，可是并无任何其他史料记明这一事实之可信。近人莫尼认为摩洛哥西岸经常刮东北风，吹向西南，洋流也是南向；因此，当时的航海技术无力沿岸北航，也不能远离海岸来绕过这股风力①。由此看来，当时环绕全非洲航行的可能性是不大的。

托勒密王朝（公元前305—30年）

亚历山大大帝死后，他的部将托勒密于公元前305年在埃及正式称王，从此开始了埃及史上的托勒密王朝。托勒密王朝初期，一方面要与塞琉古王国争夺巴勒斯坦与叙利亚一带，一方面发展航海事业，使埃及面向地中海。这时埃及的南部疆界只超过第一滩（瀑布）不远，与麦罗埃王国为邻。西方资产阶级学者把亚历山大继承人所建立的各王国，概括为"希腊化世界"，认为埃及是它的一个组成部分；从而把埃及史的这一时期称为"希腊化时期"。这种说法是不正确的。

托勒密王朝虽然是一个以希腊—马其顿人为统治核心的王朝，然而这并不意味着埃及的希腊化。恰恰相反，希腊统治阶级反而日益埃及化。公元前7世纪时，希腊人已在尼罗河三角洲建立了一个希腊城市诺克拉底斯作为与埃及人贸易的中心。亚历山大始建亚历山大里亚港后，贸易中心即转移到亚历山大里亚。此外，除托勒密王朝初期在上埃及建立了托勒美斯城外，再没有希腊城市。在其他城市中，希腊影响也是很微小的。亚历山大和托勒密王朝的君主们都自称是埃及法老的继承者，他们基本上保存了埃及原有的国家机构。在宗教上，他们是和埃及的固有信仰妥协的。希腊征服者为了统治埃及人民，必须与埃及奴隶主妥协，必须取得并利用埃及祭司阶层的支持，所以他们同以往的历代法老们一样，继续给予神庙大量的捐赠。埃及奴隶主自始就可充任托勒密王朝的地方行政官吏，并且日益打入上层统治集团。军队虽掌握在希腊人手中，但是不得不靠埃及人来补充兵员，需要靠埃及人的支持才能取得胜利。希腊文是官书文字，然而不是唯一的官书文字。埃及农村基本上没有受到希腊的影响；农民仍然保存他们原有的经营方式、社会结构、宗教信仰和语言。与此同时，希腊人埃及化的程度日益加深。据当时希腊史家波利比乌斯的记载：作为首都的亚历山大里亚已经没有纯粹的希腊人，希腊人都已埃及化。王室除仍保全马其顿人血统外，也已埃及化，并自命为埃及人。

托勒密王朝时期虽然不是希腊化时期，然而在这三百年中，希腊文化对于埃及的经济和文化的进一步发展，还是有影响的。托勒密王朝时期埃及的对外

---

① 参见罗·科内万《黑非洲各族人民史》第160页。

贸易发达，成为东西交通的要冲。以亚历山大里亚港为贸易中心，各国商船麇集于此，港口的巨大灯塔成为"世界七大奇观"之一。公元前3世纪初，完成了尼罗河—红海运河的开凿工程，使船只能从地中海直航印度洋，埃及的商船曾远航印度。陆路则经叙利亚、美索不达米亚而通往中亚。中国的丝绸就是经过这条"丝绸之路"到达埃及的。由东方输入的商品大半是奢侈品，如丝绸、香料和宝石等。埃及输出品则以谷物、织物、纸草、玻璃及其他手工业品为大宗。这一国际贸易有一部分是转口贸易。大量谷物及农产物的出口，说明当时农业有了进一步的发展。手工业也达到空前发达的水平，尤其是造船业。亚历山大里亚同时也是文化中心。它的博物园实际上是一个庞大的研究机构：包括有图书馆、动物园和其他科学研究设备。这是第一个由国家维持的科学研究机关，它吸引了"希腊化世界"的有名学者，如欧几里得、阿基米德等；其中史学家马涅托是埃及人。图书馆不但藏有丰富的手稿，它还办理"出版事业"——抄书和译书。

托勒密王朝的繁荣，主要是靠剥削广大劳动群众。它沿用埃及原有的国家对土地的权力，把最好的土地归王室经管，或分赐贵族和寺庙。各级官吏和希腊士兵也成为小土地占有者。这还不是土地私有制，经营和转让都受到政府的限制，只有寺庙及上层贵族所受的控制较小。王朝初期私有制的土地只限于次要的土地，到了后期，因为财政困难，才将王室管辖的土地出卖。埃及农民身受希腊统治者和地主的双重压迫。村社仍然保存，一般是由村社领种土地，农民仍然附着于土地。工、商业也受政府的严密控制，有的则由王室垄断，如榨油业。统治阶级的剥削是通过以中小官吏和包税人为中间人来进行的。开荒和水利建设使用农民的劳役，建筑工程、工场和矿山则使用奴隶。农民的斗争形式最初是怠工，继而是逃亡，并发展为有组织的逃亡。结果，土地荒芜，收成减少，所以起初农民在斗争中能取得一定的胜利。士兵所得份地很小，退伍的埃及士兵生活更无保障，他们也加入农民斗争的行列。公元前217年，斗争已发展为武装起义，起义席卷下埃及达数十年，直到公元前183年才为雇佣兵所镇压。同时，底比斯也发生了农民起义（公元前20年）。公元前165—164年，亚历山大里亚发生了市民起义，得到士兵的支持。此外宫廷的阴谋政变也日益加剧，统治阶级的内部斗争与阶级斗争交织起来。公元前88—86年爆发了以底比斯为中心的人民大起义，席卷了整个上埃及，底比斯古城濒于毁灭。此后起义更趋频繁，宫廷争夺王位的斗争也更趋激烈；罗马的武力乘机侵入埃及。女王克娄巴特拉（公元前69—30年）费尽心机，也无力保全埃及的独立，此后开始了罗马人对埃及的统治时期。

第二节　罗马入侵前的马格里布

柏柏尔人

马格里布不是一个国家的名称。阿拉伯人把埃及以西的北非地区叫作马格里布，包括今日的利比亚、突尼斯、阿尔及利亚和摩洛哥（有时不包括摩洛哥，而另称之曰"极西"）。古埃及人和希腊人称之为"利比业"。马格里布是位于地中海和撒哈拉"旱海"间的一片狭长大陆。"旱海"上的交通不如地中海上的便利，因此马格里布的历史是以面向地中海为主。自公元前第二千纪开始柏柏尔人就在这里居住、生息。"柏柏尔人"也是阿拉伯人称呼他们的名称。欧洲人后来称这一带为"巴巴里"，可能是由"柏柏尔"一词转来的，也可能是源于希腊人之所谓"野蛮人"一词。柏柏尔人自称为"伊马齐恒人"，意即"自由人"，属于地中海族的含姆人北支。

在新石器时代，柏柏尔人已是马格里布的主人。公元前3300年的埃及文献已有关于利比亚人的记载。埃及人从利比亚掠取奴隶，利比亚人也曾侵入埃及。埃及古史的第二十二王朝（公元前941—821年）就是利比亚人建立的。埃及文献还有赶走自西入侵的努米底人（公元前1227年）的记载。利比亚人和努米底人都是指柏柏尔人。埃及文献不曾提供有关柏柏尔人社会组织的材料。

柏柏尔人不完全是游牧人。根据阿拉伯史学家伊本·哈尔敦的记载，柏柏尔人分为三大支：一、马斯穆达人。他们住在摩洛哥的里夫和阿特拉斯山区，大半是定居的农民。二、桑哈贾人。他们最为分散，住在卡比里的大半是农民，住在摩洛哥东南部的为半游牧民，住在撒哈拉的是游牧民。三、扎纳塔人。他们是牧民或半牧民，分布在北非从东到西的草原。柏柏尔语，虽有方言的差别，但有相对的一致性。柏柏尔人的社会组织是以父系大家族为单位的部落，有时发展为部落联盟，但是部落联盟对于各部落的内部事务很少过问。在突尼斯南部发现有属于新石器时代的黑人骨骼，可见柏柏尔人与黑人早有交往；撒哈拉沙漠化的扩大才中断了他们和黑人的关系。

迦太基

公元前 12 世纪时，地中海东岸属于闪米特族的腓尼基各城邦，开始在马格里布沿岸建立了许多殖民地和商站，其中以乌提卡为最早，以迦太基为最大。腓尼基奴隶制城邦各自向海上发展，它们所经营的商务是与海盗劫掠分不开的，奴隶贸易占很大比重。腓尼基城邦以推罗最为强大，迦太基就是这个城邦的上层商人建立的（公元前 845 年，也有说是公元前 814 年）。迦太基自己又建立了一些殖民地。推罗衰落后，它便成为地中海各腓尼基殖民地的盟主，与希腊人争夺地中海上的霸权达三百余年（公元前 7—4 世纪）。希腊人也在马格里布沿岸东部建立了若干殖民地，以昔兰（公元前 63 年）为最大。大概雷普提斯以西的沿岸地区是腓尼基—迦太基的殖民地，以东是希腊人的活动地带；故西部受腓尼基文化的影响，东部受希腊文化的影响。与资本主义时期的殖民地不同，这些所谓殖民地原只是些人数不多的商站；虽然都已发展为城邦，但它们的活动是在海上。除迦太基外，一般都不曾向内地扩张。

迦太基是一个奴隶制的贵族共和国。构成统治阶级的是一个大商人贵族集团（包括商人、船主和大地主）。他们操纵了参议院和两名执政官，用野蛮的统治手段对付下层人民和柏柏尔人。迦太基发展迅速，需要扩大粮食耕地，所以自公元前 6 世纪起便逐渐向平原地区扩张，侵占了今突尼斯的大部及其相邻的地区。迦太基大地主用奴隶劳动来经营大地产农业。迦太基的农业十分发达，农作物以小麦为主，罗马人学习了他们的农业经营方法。迦太基人对内地的柏柏尔人部落采取了联盟政策，与柏柏尔部落上层通婚。迦太基的军队主要是由柏柏尔人组成的雇佣兵。迦太基的大地主用暴力赶走牧民，或迫使他们从事农业。城郊土地由地主直接经营，其余则由柏柏尔农民耕种，但须缴纳繁重的地租。在残酷的剥削和兵役等压迫之下，柏柏尔人经常爆发起义，其中以公元前 396、397 年两次为最大。迦太基遭受罗马威胁时，柏柏尔人的反抗更为激烈。

公元前 6 世纪后，迦太基的海上势力向地中海以外扩张。据说它的舰队曾经到达不列颠沿岸。如上所述，埃及国王尼科派遣腓尼基船只绕行非洲的说法，还只是一种传说，但迦太基人韩诺率舰队向西非北部远航一事却是有文献证据可考的。这一远航也同样见于希罗多德的记载。韩诺在回航后曾立铜柱以记其行；原柱已毁，但留下有希腊文译本。后来的争论只在于对译文的解释，即此一航程的远近问题。大概在公元前 500—480 年时，韩诺的舰队西出地中海沿岸向南航行，在今摩洛哥沿岸建立了一些商站。有人认为他最远只到达今摩洛哥南界沿岸；有人则认为他可能到达科纳克里和塞拉利昂，甚至到达喀麦隆。在地中海内迦太基使希腊的势力局限于地中海东半部。它自己则控制了地中海西半部，它的殖民地更满布于西西里岛、撒丁岛、科西嘉岛、巴利阿里群岛和西班牙南部。迦太基人与撒哈拉内地有经常的贸易关系。从雷普提斯出发，商队经过三十天可以到达费赞。希罗多德所载迦太基人和黑人进行的"哑市贸易"[①]是完全可以相信的，这种贸易方法在黑人地区长期推行。可能就是这种贸易关系才促成韩诺远航，希望找到从黑人那里得到大量黄金的捷径。我们在"绪论"中所提到的撒哈拉车道，已说明了这一内地贸易的重要性。

迦太基的衰亡

公元前三世纪时，罗马势力日益强大，对迦太基发动了有名的布匿战争。战争延长百余年，共计三次：第一次（公元前264—241年）使迦太基丧失了西西里岛。在第二次（公元前218—202年）战争中，迦太基虽有名将汉尼拔从西班牙深入意大利，但终为罗马所败；丧失了西班牙，并接受了屈辱的条约。在最后一次（公元前149—146年）战争中，战败不屈的迦太基人，在迦太基城与罗马人进行了六天的巷战，迦太基城卒为罗马人所摧毁。

腓尼基—迦太基文化（也称"布匿文化"）对马格里布的影响，并未因迦太基的灭亡而消失。这首先表现在生产力的提高。使用奴隶劳动的大地产农业经营，不但供应了日益发展的城市人口的粮食，并且有大量谷物出口。城市手工业和畜牧业有相应的发展。海上商务促进了内地市集的繁荣，开始出现通过撒哈拉沙漠的商道。布匿文化跟着向内地传布，使柏柏尔部落的物质生活和宗教信仰都起了变化。迦太基灭亡后，曾支持罗马的城市如乌提卡等仍然存在，继续成为布匿文化中心。布匿语一直流行到公元后3世纪，在阿尔及利亚东部保持到五世纪，当时的基督教的重要人物圣奥古斯丁主张在这些地区任命懂布匿语的主教。

迦太基的战败并不单纯是由于罗马武力的强大。各城邦之间的对立（例如乌提卡就支持罗马）和统治阶级内部的矛盾（如大地主和大商人集团的矛盾）

---

① 古代的一种贸易方式。由于贸易双方语言不通，一方先将自己要售的货物放在交换的地点，然后由另一方在这些货物旁边放上一定数量的金属、贝壳或其他商品，直到双方都对交换的数量满意，大家才把货物和交换物取走。

都是战败的重要的原因；而国内阶级斗争的尖锐和柏柏尔人王国的兴起，更起了决定性作用。在第一次战争以后，迦太基境内爆发了持续三年之久（公元前241—238年）的大起义。起义首先由雇佣军发起，柏柏尔农民和奴隶立即响应，并得到其他城邦市民的支持。起义军一度集结了 70,000 人来威胁迦太基城。只是在调集了大批军队和经过激烈的战斗之后，统治阶级才最后捕获了起义军领袖马托。起义平服了，但是与此同时柏柏尔人王国努米底亚却日益强大起来。

努米底亚国家

由于有些柏柏尔人始终保存了部落组织，一些西方学者就认为柏柏尔人进步迟缓，未曾建立强大的国家。这与马格里布历史的真实不符。事实上，早在公元前 4—3 世纪时，在今摩洛哥北部就出现了他们所建立的毛里塔尼亚国家①，同时，在今阿尔及利亚北部也建立了努米底亚国家。

努米底亚原分东西两王国：东为马西尔人王国，西为马塞西尔人王国。在公元前四世纪末，它们可能是处于部落联盟阶段。在第一次布匿战争后，迦太基联西王国以制罗马；西王国乘机吞并东王国，东王国国王马西尼萨（公元前201—148年）南逃。第二次布匿战争时，马西尼萨联罗马，占领了西王国的首都塞尔塔（今君士坦丁）。战后，马西尼萨统一东西王国，"努米底亚"便成为这个国家的名称。统一后的努米底亚国势强盛，继续从迦太基夺回柏柏尔人所失去的土地。公元前 150 年，两国间爆发了战争，当时努米底亚本有占领迦太基的可能，只是由于次年爆发了第三次布匿战争，结果使迦太基变成了罗马的一个行省。

马西尼萨统治时期的努米底亚发展迅速。在经济上，农业代替了游牧，今日有许多水利工程的遗址就是努米底亚留下的，而西方一些学者却硬要把一切全部归功于罗马的统治。努米底亚对外对内贸易都很发达，自铸货币，在西班牙、法国和意大利，均发现有这种货币。地中海沿岸诸国的货币也流入马格里布市场。商品输出以小麦、羊毛、马匹、象牙、宝石为大宗，此外也有奴隶。商业的发展促成了城市的兴起，除塞尔塔和锡加（Siga）两大城市外，今日的舍尔舍勒、布日伊等城市都是在古努米底亚的城市故址上发展起来的。据古典作家记载，仅塞尔塔及其郊区就可提供骑步兵 30,000 人，由此看来它当时可能是一

---

① 它与今天的毛里塔尼亚无关，不可混为一谈。

个拥有 10 多万人口的城市。布匿文化对努米底亚的经济发展和城市生活有很大的影响，但这种文化已经不是外来的文化，而是经过柏柏尔人的吸收与发展，变成本土文化。为了加强王权，马西尼萨在经济上掌握大量的土地和其他资源，征收实物税，王室还是主要的商人。国王掌握的军队经常有 50,000 人，此外还有外国雇佣军，并可征集各部落的战士。

在灭亡迦太基以后，罗马害怕北非存在着这样一个统一而强大的柏柏尔王国。它不断干涉努米底亚的内政，利用柏柏尔人部落领袖间的矛盾来制造分裂。马西尼萨的孙子朱古达在位时（公元前 118—104 年），不顾罗马的干涉，决心要统一努米底亚。他在和罗马进行的七年战争中（公元前 110—104 年），屡挫罗马大军。古罗马史家撒路斯提对他的勇敢和军事才能给予高度的评价。战败后，他投奔他的岳父毛里塔尼亚国王，后因其岳父的叛卖，他被囚往罗马处死。罗马把努米底亚的西部分给毛里塔尼亚，东部则建立两个听命于罗马的附庸国。不久，毛里塔尼亚亦被分裂为东西两个王国。朱古达的失败标志着古代阿尔及利亚统一的结束。

第三节　罗马在北非的统治及其衰落

罗马帝国的北非领土

罗马对北非各国的征服是和罗马共和国末期的内战交织在一起的。"非洲省"远离罗马，罗马内战中的失败者一再逃亡到这里企图恢复，北非各国遂被卷入这种战争。为了追逐失败者庞培，恺撒率军侵入北非（公元前 49—46 年），把努米底亚东部正式并入"非洲省"。屋大维追击安东尼（公元前 31—30 年）的战争在埃及导致了托勒密王朝的灭亡；在马格里布则导致东、西毛里塔尼亚的合并。公元后 40 年，毛里塔尼亚国王托勒密被罗马皇帝派人在里昂杀死，毛里塔尼亚亡。从此，整个北非诸国为罗马帝国所征服。

罗马帝国在北非的领土东起红海，西达大西洋，包括所有北非沿岸地带。3 世纪中叶是它的非洲领土最广大的时期。

由于柏柏尔人的抵抗和沙漠的阻隔，罗马势力在马格里布不曾深入内地，几乎没有超过昔日迦太基的范围。在埃及也只止于尼罗河的第一滩，往南则遭到努比亚人的反击。罗马武力偶尔也到达第二滩、费赞和撒哈拉西部等地。帝国

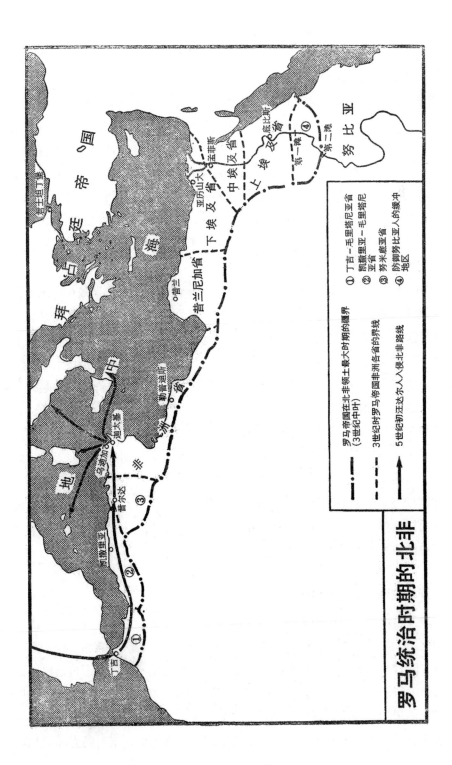

罗马统治时期的北非

在非洲的南疆是以防御为主，防御线的位置时有变更。防御线是由一线壕堑构成的，在重要的地点筑有大小、形式不同的堡垒、望塔和墙垣。驻军虽有罗马兵团和由非罗马公民组成的辅助兵团之别，但在公元150年以后，在马格里布主要是依靠辅助兵团，实际上就是用"罗马化的"柏柏尔人来镇慑柏柏尔人。

"非洲省"——阿非利加——只包括今突尼斯的大部分和阿尔及利亚的东部，不可与"罗马非洲"混为一谈。罗马把它的非洲征服地分为若干行省，省的数目和疆界时有变迁。依照罗马统治阶级的分赃办法，这些省分别属于皇帝和元老院统治：前者由皇帝派遣总督，收入归皇室；后者由元老院派遣总督，收入归罗马国库，实际上由罗马贵族所分享。一般称"罗马非洲"是指马格里布，不包括埃及。埃及处于一个特殊地位，等于是罗马皇帝的私产，皇帝自称是法老的继承人。

19世纪中，西方资产阶级史学家对罗马非洲很感兴趣，特别是在法国侵占阿尔及利亚以后，许多法国史学家着重研究了"罗马非洲"。他们以"罗马和平"为由，强调罗马统治的进步作用，借以为近代殖民主义辩护。诚然，在罗马帝国统治下，埃及和北非一带改善了灌溉系统，扩大了耕地面积，粮食生产有较大发展，手工业和商业也很兴盛。但是，应该看到，罗马在非洲的统治是为了养肥罗马的上层和依赖非洲人而过着寄生生活的"罗马公民"。就非洲而论，"罗马和平"实质上就是罗马凭借武力镇压，对非洲人进行的掠夺。学者们所强调的罗马古建筑遗迹和"罗马化"恰恰说明了这一点。道路是为了便于用兵而修筑的；新城市是由屯兵而发展起来的，在这些城市中看不到手工艺的发展；水道和剧场等是为了城市特权阶级的享受而修建的；灌溉系统只是为了便于向罗马居民提供粮食。"罗马化"是表面的，只影响了柏柏尔人的特权阶级。罗马统治不曾给非洲人民带来繁荣，只使他们遭受掠夺和奴役。

罗马统治下的北非各国

埃及是由罗马皇帝所派的总督统治，罗马人代替了希腊人成为埃及的上层统治集团；但是托勒密王朝的国家及各级行政组织并未瓦解，希腊语仍然是官方语言。除官书文献外，很少使用拉丁语。罗马在埃及不曾建立市自治组织，各大城市的行政工作在很大程度上仍依靠希腊人或城市的上层居民管理。亚历山大里亚港仍然是经济和文化中心。随着罗马帝国势力的扩大，它的对外贸易范围也跟着扩大：北通欧洲的高卢和莱茵地区，东通印度，南与阿克苏姆和苏丹有经常的陆上贸易。埃及城市的手工业品如做工精细的金银镶嵌物品、玻璃、草纸、织品仍为出口大宗。工商业操在罗马人和希腊人的手中。罗马统治者重视埃及农业，埃及每年需要供应罗马城3个月的粮食。埃及的水利设施继续得到维护和改善，农业生产有所提高。托勒密王朝时期已经开始的土地私有化过程由于罗马人的征服与掠夺而更进一步发展了。不仅罗马上层变为大地主，就连城市商人和罗马的退伍军人也拥有土地。村社公有地逐渐被剥夺，繁重的税收迫使农民日益变为农奴。农民不堪剥削，相率逃亡，农村人口不断减少。在罗马统治的400年中，埃及变为罗马皇帝个人的私产，收入解往罗马，给埃及带来了很大的灾难。

罗马在昔兰尼加统治的基层官员也是依靠希腊人。在罗马统治时期，昔兰尼加省受害最大。它本来就不是一个富庶的地区，也不曾有过发达的国家组织，在遭受罗马官吏与商人的无情榨取后，农业与商业严重衰退。

在马格里布，罗马征服者通过"城市化"过程来推行拓殖政策。这里的城市本来就很多。由于罗马屯军基地的建立而推行市自治组织，罗马士兵后来变成市民，使城市增加得更多，特别是在非洲省和努米底亚省。迦太基仍为政治、经济、文化中心。城市生活和农业的扩大，排挤了游牧部落，柏柏尔游牧人丧失了土地被迫向内地迁移。罗马的征服和内战，又导致了对北非人民土地的没收、掠夺与兼并。迦太基原是以大地产著称的，罗马时期又因土地兼并而出现了更庞大的地产；非洲省的半数肥沃土地被六个大地主所占有。大地主住在罗马。在马格里布的罗马上层只是那些流动性很大的商人、官吏和军人。失去土地的大量雇农和隶农几乎都是柏柏尔人，他们开始遭受封建剥削。罗马城9个月的粮食主要靠马格里布供应，所以罗马人颇重视沿岸可耕地的农业。主要作物是小麦，到了2世纪时，也开始种植葡萄和橄榄等果木。城市虽多，政府并不奖励工艺。出口物以农牧产品为主，此外就是从内地运来的金砂、象牙、宝石、奴隶以至供应罗马竞技用的猛兽。这一切都是为了罗马统治阶级的享受。

城市化是促成罗马化的手段，接受罗马化的只限于柏柏尔人的上层以及少数退役的柏柏尔军人。体现罗马化的那些罗马式的建筑物如城市中的宫殿、剧场、水道、浴室、记功碑等，以及为城市服务的渠道、要塞和道路，都是由奴隶劳动完成的。驻屯军在修筑道路和灌溉系统上也起了重要作用，这些军队后来基本上是由柏柏尔人组成的，他们退伍后即变为隶农。罗马化在文化生活方面的标志是拉丁语。拉丁文是官书文字，在柏柏尔的特权阶级中颇为流行，所以马格里布出了不少的拉丁古典作家和政治家。基督教初期的重要人物如圣奥古斯丁等就是非洲省人,罗马的一个重要皇帝塞维鲁（146—221年）也可能是柏柏尔人。柏柏尔人坚持保存其固有的柏柏尔语或布匿语,不曾拉丁化。有些西方学者夸大罗马化在马格里布的影响。其实,它所影响的范围远不如布匿文化广泛,而持续的时间也不如布匿文化长。阿拉伯人来到北非以后,罗马文化所留下的不过是些古建筑遗址而已。

北非居民反罗马统治的斗争

罗马在北非的统治始终需要靠武力维持。托勒密王朝灭亡后,埃及人民没有停止反罗马的斗争。罗马皇帝派去的第一任总督加鲁斯（公元前30—26年）使用武力平服了上下埃及的起义。埃及农民没有丝毫政治权利,被罗马人视为劳动的动物。他们通常用逃亡来反抗剥削,在适当的时机就拿起武器进行反抗。犹太国灭亡后曾有不少的犹太人逃到北非,逃到埃及和昔兰尼加的犹太人遭受罗马人和希腊人的歧视。公元115年,这两地的犹太人先后举事,波及其他一些犹太人居住区。在埃及,不只是犹太人,被压在最底层的埃及农民也起来了,起义蔓延到上埃及。犹太人的反抗很快就被镇压了,而罗马镇压埃及农民起义的军事行动困难重重,因为由埃及农民组成的地方民团不愿打埃及人,必须调动罗马的正规军团。埃及农民进行了长期的游击战。有的逃亡到亚历山大港以东沼泽地带。从事游牧生活的农民,在公元172—174年间,又爆发了"牧民起义",进逼亚历山大里亚。公元215年,他们再度起义,得到这个城市下层人民的支持[①]。

马格里布诸王国是在经过顽强斗争后才被罗马征服的。在罗马统治期间,柏柏尔人反罗马统治的斗争一直在此起彼伏地进行着。努米底亚被罗马灭亡后不久,塔克法里纳斯领导了坚持7年（公元17—24年）的反罗马斗争。他是努比亚人,曾在罗马军队中服役,后来逃出,组织起义。奥雷斯山区各部落首先响应了他的起义号召（阿尔及利亚人民反抗外敌的斗争常常是在奥雷斯山区发动的）,东南部各部落也相率加入,最后又得到毛里塔尼亚人的支持。塔克法里纳斯是一个出色的领袖,善于团结各部落。他懂得罗马人的战术,仿照罗马军队的组织来建立起义队伍。初次战败以后,他了解到不能和罗马人打硬仗,遂采取

---

① 关于埃及农民反罗马统治的斗争,参见 V. 沙波《罗马世界》法文版第279—284页。

了飘忽不定的游击战术，不攻坚，只攻打孤立的据点，经常是突然袭击，占领罗马统治下的农、牧区，有时也进攻城市。公元21年，他送信给皇帝提比略，要求罗马无条件地归还土地，当被拒绝后，他宣称要进行"无休止的战争"。他四次挫败了罗马的大军。罗马人用不断缩小包围圈的方法，最后把他困在阿尔及尔东南的奥西亚①。塔克法里纳斯抱着"宁死也不做俘虏"的大无畏精神，英勇搏斗，力战而死。

毛里塔尼亚合并后，当地居民立即爆发了坚持6年之久（40—45年）的反罗马起义。由于他们的顽强反抗，罗马的"毛里塔尼亚省"始终只局限于今摩洛哥的北部。118年，马格里布爆发了从阿特拉斯山区到奥雷斯山区的起义，虽经皇帝哈德良亲征，起义仍持续多年。138年，起义再次爆发，其势极为迅猛，迫使罗马人不得不从叙利亚等地调来了正规兵团。但是此起彼伏的起义一直延续到2世纪末。253年，在卡比利亚爆发了以法拉克辛为领导的起义，起义蔓延到努米底亚和毛里塔尼亚各省，持续了10年之久（253—262年）。上述这些规模大小不同的起义，正是发生在罗马帝国的极盛时期，可见罗马帝国在当时也只不过是貌似强大而已。它在非洲的南疆，经常遭受柏柏尔人部落的袭击，特别是在柏柏尔人广泛使用骆驼以后。罗马武力始终未能侵入摩洛哥的里夫山区。

到了奴隶制危机的帝国晚期，马格里布出现了由部落、奴隶、隶农联合的普遍起义。这些起义几乎贯穿着整个4世纪，一直到5世纪初。起义的矛头主要是指向大田庄主和拼命搜括的罗马官吏。斗争是在基督教外衣的掩盖下进行的。以民族矛盾形式出现的阶级斗争日益广泛。在整个罗马帝国境内，马格里布是反罗马统治最顽强的地区，几乎每一个罗马皇帝都要对它用兵，因此，有人把这一时期马格里布的历史归结为"四百年的起义史"。②

基督教的传布

原始的基督教抨击罗马贵族的富有。它有平等的社会组织，它反对皇帝崇拜，反对为罗马服军役。这是它在深受罗马压迫的北非人民中得到广泛、迅速传播的根本原因。基督教在北非的传布比在意大利半岛的传布要早得多，快得

---

① 过去有一种说法认为塔西佗所说的奥西亚城堡位于奥马耳，这是缺乏可靠根据的，其位置可能更加偏东。

② G.哈尔迪《非洲史概论》法文版第28页。

多。1世纪中叶即已传入埃及，2世纪时，教会组织已遍及马格里布。2、3世纪是罗马皇帝迫害基督教徒的时期，这种迫害反而加速基督教在非洲的传播。4世纪初，罗马皇帝利用基督教作为统治工具，要求统一基督教的信仰和仪式。可是非洲的基督教徒仍然保持其反抗精神，不受正教的控制，并走向"异端"，参加人民起义。

基督教在埃及人民中迅速传播。埃及人民利用这一信仰来团结自己以便对罗马统治进行反抗。在罗马统治者的迫害下，信徒们得不到信仰自由，有些人逃到沙漠地区去清修。自3世纪起，埃及教徒展开了寺院清修运动。这原是一个群众性的运动。在参加清修的男女信徒中，最初并无亚历山大里亚等城市的富庶居民。埃及人民通过这一消极手段追求自由，逃避奴役。在寺院制的僧侣、修女形成为一支有组织、有力量的精神队伍以后，寺院制才被统治阶级利用为麻醉人民的工具。中世纪时盛行于西欧的寺院制度就是从埃及传去的。为了符合广大信徒的要求，埃及寺院不用希腊文、拉丁文，只用希腊字母来拼写埃及语，这比埃及原有的象形文字容易得多。这就是后来的科普特语。埃及教徒被称为科普特派基督教徒。罗马皇帝停止迫害（313年）以后，基督教会内部的分裂开始了。最早影响又最大的"异端"阿里乌斯教派是亚历山大里亚港长老阿里乌斯所创。这一派被宣布为"异端"（325年）以后，在埃及失势，但后来在日耳曼人中得到广泛的传播。科普特教派在教义上和拜占廷的正教（后来的希腊正教）原是没有很大区别的。5世纪中叶（451年）科普特教派与正教正式分裂。这一分裂表面上是由于教义的分歧：科普特派奉一性论而正教持两性论；实质上是由于政治的原因。罗马帝国分为东、西以后，埃及受东罗马帝国的控制。亚历山大里亚港自来是文化中心，在它的主教中出了不少著名人物，具有很高的威望，科普特教派已经是埃及人的宗教，教徒不甘受制于长期剥削他们的希腊人。这一宗教上的分裂是埃及反抗东罗马帝国统治的表现。亚历山大里亚教长不但是埃及基督教徒的首脑，并且是埃塞俄比亚、昔兰尼加和努比亚基督教徒的首脑。①

马格里布各省的基督教仍然保有着原始基督教的群众性和革命性。"非洲省"的拉丁教会比罗马城的拉丁教会成立得还早，非洲出现了拉丁教会的最初一批著名人物；其中有被视为异端的多那图斯，也有为统治阶级服务的大神学家圣

---

① 保存科普特语的人在今日还有 1,500,000 人，约占埃及人口的 1/12。

奥古斯丁。他们都使用拉丁语。基督教变成罗马帝国的国教以后，罗马教廷成为国家机器中的一个重要部分。马格里布的教徒不承认罗马主教有自称教皇的特殊地位。他们轻视财产，抨击穷奢极侈的罗马贵族，坚持反抗异族统治，主张各地的教会地位平等，牧师和教职应由信徒选举产生，不应受制于教皇。他们严厉谴责那些不能经受迫害的考验而改变信仰的人。在反抗精神的传统基础上，4世纪初出现了富有斗争性的多那图斯教派（因创建者多那图斯而得名）。多那图斯派不屈服于罗马正教，得到努米底亚和毛里塔尼亚教徒的支持。在4世纪阶级斗争最激烈的时候，他们投身于反罗马大奴隶主的斗争，多那图斯本人就是这个运动的领袖之一。

这一斗争以努米底亚为中心。289—297年间，柏柏尔人爆发了大起义，遭到残酷的镇压。起义失败后，贫困的农、牧民群起支持多那图斯派，与利用正教的罗马的残酷迫害进行斗争达十三年之久（335—347年）。卡比利亚的柏柏尔王公费尔姆为争取独立，联合多那图斯派，占领了大城市恺撒里亚（今舍尔沙勒），抵抗罗马大军2年多时间（373—375年）。接着王公吉耳多又利用罗马帝国的分裂，脱离西罗马帝国，停止向罗马输送谷物（396年）。罗马统治者除了在柏柏尔人统治者中制造分裂以外，也利用神学家圣奥古斯丁来打击"异端"。圣奥古斯丁主张用政治权力来遏止教会的分裂，从神学上来动摇多那图斯派的地位。405年，罗马教会正式宣布多那图斯派为不受法律保护的"异端"，对他们施行了残暴镇压；但是这个教派仍然为一部分柏柏尔人所接受，一直残存到7世纪初。

马格里布的基督教会采用拉丁语，未使用柏柏尔—布匿语。在北非，基督教传播只限于罗马势力所及地区，并未被南部山区牧民所接受。马格里布的基督教不如埃及科普特教派传播得广和持续得久，也是它不久就趋于完全消灭的原因之一。

汪达尔人的入侵与拜占廷统治

正当罗马统治摇摇欲坠的时候，汪达尔人由西班牙侵入摩洛哥（429年），在不到十年之内，他们摧毁了罗马的统治，占据迦太基，建立汪达尔王国（439—533年）。他们的人数只有80,000，战士不过20,000；只是由于北非西部各省阶级斗争的尖锐化已动摇了罗马统治的基础，才便利了他们的征服。他们沉重地打击了罗马的统治阶级。他们信奉已被视为"异端"的阿里乌斯派的基督教，并与当地的多那图斯教派联合打击罗马正教，赶走了正教主教，没收其财产。他们也夺取了罗马大地主的地产，但没有触动当地居民的土地。汪达尔人是在欧洲大陆上经过长期迁徙才侵入北非的，侵入以后，其力量向海上发展，在陆上所占的地区只限于今日突尼斯的北部和阿尔及利亚的东北部沿海地带，所以他们与柏柏尔人的冲突不大。他们进行海盗式的劫掠，先后占领了地中海西部诸岛，一度大掠罗马城（455 年）。北非经过了汪达尔人一百年的统治，罗马化的痕迹被抹去了一大半。正是由于汪达尔人这样严重地打击了罗马统治，所以西方历史学家把他们描写得很坏，贬责颇多。

舒适的定居生活使汪达尔人逐渐丧失了能征惯战的气质，上层人物受了奢侈享受的腐蚀。长时期内他们的人口没有增加，武力逐渐衰弱。他们禁止本族与土著通婚，在一定程度上与土著居民隔绝，所以汪达尔人对马格里布居民的影响不大。但在当地居民心目中他们毕竟是征服者，5、6 世纪之交，柏柏尔人看到汪达尔人武力日益衰弱，先后爆发了起义，建立了一些独立王国。在这一时期，柏柏尔游牧民已大量使用骆驼，这是一件具有重大影响的事情，骆驼大大便利了柏柏尔人在沙漠地区的活动，从此他们与撒哈拉以南的黑人国家发生了日益频繁的联系。

汪达尔人的衰落使拜占廷皇帝查士丁尼（527—565 年）得以实现其"收复"罗马帝国西部一部分地区的夙愿。经过几度战役（533—534 年）后，拜占廷消灭了汪达尔王国。拜占廷在马格里布的统治也只限于突尼斯和阿尔及利亚东部，无力恢复昔日罗马帝国的辽阔疆界。拜占廷统治仍然意味着大地主的剥削和官吏的搜括，再加上对"异端"的迫害，促使更多的柏柏尔人起来反抗。546年柏柏尔人的普遍起义被镇压后，北非也只保持暂短的和平（548—563 年）。接着又爆发了以王公加尔木耳为首的柏柏尔人起义。加尔木耳三败拜占廷大军。拜占廷只是在使用离间和收买手段之后才将其捕获。除了柏柏尔人的不断反抗以外，还有帝国军队的哗变和汪达尔人的骚动。拜占廷在马格里布的统治是非常脆弱的。在拜占廷统治的后期，马格里布又出现了一些柏柏尔人的国家。其中值得提出的是杰达尔王国。[①] 关于这个王国的历史现在知道得还不多，大概它是以今日的提阿雷特为首都，国土可能包括自今瓦赫兰到奥雷斯山一带。其他柏柏尔人部落则正处于部落联盟开始走向集权国家的阶段，可是，阿拉伯人的

---

① 参看 Y. 拉科斯特等《阿尔及利亚的过去和现在》法文版第 95 页。

入侵中断了它们的发展。

埃及在拜占廷统治下的四百多年中，日趋衰落。亚历山大里亚不复是商业和文化的中心，它的昔日地位已为君士坦丁堡所代替。原来供应罗马城的谷物，现在转输而供应君士坦丁堡。农民的处境更加悲惨；他们遭受拜占廷官吏和地主的双重勒索，同时还遭受业已侵入上埃及的贝都因牧人的侵袭。农民毫无保障，不得不托庇于大地主，从而使埃及的封建制度进一步发展。拜占廷的权力在埃及也同样难于维持。边境各部落的侵犯，大城市的骚乱，各省的零星起义，"异端"和犹太人的反迫害骚动，这一切都在动摇拜占廷的统治。波斯人的再度侵入（619—627年）表明拜占廷已无保全埃及的力量。于是，正在开始扩张的伊斯兰教阿拉伯人便轻而易举地进占埃及。

第二章　北非阿拉伯国家

第一节　阿拉伯北非的形成（7—11 世纪）

阿拉伯帝国的建立与北非

公元 632 年，穆罕默德死后不久，信奉伊斯兰教的阿拉伯人就开始征服北非。他们最先征服埃及（639—642 年）；除了在围攻巴比伦堡时花了七个月时间以外，在其他地区都不曾遇到激烈的抵抗。亚历山大里亚的陷落，是由于城内居民的内应。这也说明了拜占廷力量的衰弱。但阿拉伯人继续向西征服所遇到的却是另一种情况。他们虽然很快地推翻了拜占廷的统治，但是要挫败柏柏尔人的反抗，却需花上数十年时间，较之征服波斯、埃及和西班牙都困难得多。第一次征服止于的黎波里（647 年），二十年后才征服伊非里基亚（阿拉伯人称罗马的非洲省为伊非里基亚），建凯鲁万城为据点。阿拉伯人在马格里布中部遭到最激烈的抵抗，因为这里已出现了柏柏尔人的王国，能够组织力量抵抗征服者以保全它们的独立。在 685—698 年间，这里出现了两个反抗阿拉伯入侵的领袖：一个是屡次挫败阿拉伯人、一度进占凯鲁万的库塞拉，他可能就是杰达尔王国的国王；[①]一个是在奥雷斯山区抵抗阿拉伯人达三年之久的卡希娜（Kahina——女占卜者），她可能是一位部落联盟的大酋长。不断增援的阿拉伯人于 702 年占领整个马格里布沿海地区，但柏柏尔部落的反抗并未完全停止。有些柏柏尔部落接受了伊斯兰教，阿拉伯人吸收他们参加军队。皈依伊斯兰教的塔里克率领 13,000 柏柏尔人充当征服西班牙（711—714 年）的先驱。在他们侵入高卢（今法国）以后，图尔一役（732 年）为法兰克人所败，阿拉伯人侵入欧洲腹地之势被阻，退保西班牙。

---

① 参看 Y. 拉科斯特等：《阿尔及利亚的过去和现在》第 98 页。

8世纪上半期是大一统的阿拉伯帝国的极盛时期。它是一个封建神权国家，中国史书上称它为大食。穆罕默德的继承人称哈里发，他是帝国的政治、军事、宗教首脑。倭马亚朝哈里发（661—749年）以大马士革为首都，中国史书称它为白衣大食。北非各省由哈里发任命总督来实行军事统治。在阿拉伯帝国中，北非有其特殊作用：埃及提供了丰富的农产物；马格里布提供了大量的战士，并且通过南面的西苏丹获得了大量黄金。当时居住在北非的阿拉伯人人数不多，主要是文武官吏、士兵、宣教师和经常身兼宣教师的商人。因此，阿拉伯帝国统治北非必须依靠当地居民的上层。阿拉伯人统治初期税率多少比以前减轻，北非居民仍然保存了自己的财产和宗教信仰。阿拉伯帝国赋税的繁重和宗教的迫害，是较晚的事。

伊斯兰教的传布和阿拉伯化

"信仰伊斯兰教"和"阿拉伯化"几乎是同义语。阿拉伯化是通过使用阿拉伯语的伊斯兰教的传播来进行的。北非基督教的势力原来是很大的，阿拉伯人到来以后，基督教势力迅速被伊斯兰教所代替。马格里布的基督教会到8世纪末基本上已不存在，只有些小集团勉强挣扎到11、12世纪。埃及的科普特教派维持得比较久，但是今天残存的科普特人与其说是一个基督教派，不如说是埃及居民的一个组成部分。

伊斯兰教为什么传播得这样快呢？这是一个值得探讨的问题。有一种说法认为阿拉伯人自始就用宝剑强迫被征服者改奉伊斯兰教，这是不符合事实的，至少在北非不是如此。保存原有信仰的被征服的居民，不免受到歧视，后来又受到迫害，这当然是迫使居民改奉伊斯兰教的原因之一，但不能忽视其他的原因。阿拉伯统治者用免税的办法，鼓励当地居民皈依伊斯兰教，就是一个重要原因。最初，信奉伊斯兰教的人是免税的。后来由于信仰者日多，大大影响了帝国的税收，同时也加重了异教徒的负担；于是从八世纪初始，改为只免人头税，仍须缴纳土地税。此外伊斯兰教是统治阶级的宗教，也是促使一部分居民去信奉它的因素之一。在北非的统治集团中逐渐出现了一个土著穆斯林阶层。

当然，阿拉伯语的广泛流传，也给伊斯兰教的传播提供了一个有利的条件。7世纪时，埃及并没有一种通行全国的语言，而是希腊语（官方和知识界用语），科普特语（基督教会用语）与各种方言（人民用语）并行的。在宣布以阿拉伯语为官书文字（706年）以后，科普特人就被排斥于公务之外。而阿拉伯人散居各地，阿拉伯文又是官书文字，这就促使居民有了解、掌握阿拉伯语的必要[①]。这样，随着阿拉伯语的推广，就为阿拉伯化，亦即穆斯林化铺平了道路。

阿拉伯语对伊斯兰教在马格里布的迅速传布，也起了同样的作用。久已影响柏柏尔语的布匿语很接近阿拉伯语。马格里布还有更便于伊斯兰教传布的社会条件：恩格斯指出，"伊斯兰这种宗教是适合于东方人的，特别是适合于阿拉伯人的，也就是说，一方面适合于从事贸易和手工业的市民，另一方面也适合于贝都英游牧民族"。[②]正是在这方面，柏柏尔人和阿拉伯人的部落组织是很相近的，有共同的经济条件与生活习惯。阿拉伯人不像罗马帝国殖民者那样和当地居民对立，他们和柏柏尔人通婚，彼此逐渐融合。伊斯兰教很早就分裂为若干宗派，其中被目为"异端"的哈瓦利吉派，最易为酷爱自由、生活纯朴的柏柏尔游牧人所接受。这个教派认为教徒都是平等的，教徒应当俭朴、禁欲、清修，哈里发应当由选举产生。因此，它对于身受倭马亚朝统治阶级剥削的柏柏尔来说，是一面反抗的旗帜。它团结了柏柏尔人的下层人民进行反阶级压迫的起义。起义最初爆发于今摩洛哥北部（739年），不久席卷到马格里布中部，威胁着凯鲁万城（742年）。起义一直延续到8世纪末。哈瓦利吉派起义结束了哈里发在马格里布的大一统局面，同时促进了伊斯兰教的进一步传播。

阿拉伯化过程在埃及进展较快，因为埃及邻近阿拉伯半岛，阿拉伯人迁来较多。在马格里布则较缓慢，因为阿拉伯人在当地居民中所占比重不大。无论在埃及或马格里布，到了8世纪中叶，阿拉伯化的过程基本上已告一段落。

阿拉伯帝国分裂后的北非和法提玛哈里发的建立

阿拉伯帝国并没有自己的经济基础。它的统治核心只是一个依靠神权与军事的部落上层的暂时联合。穆罕默德死后，这一联合即暴露出明显的分裂。教派的分歧最初原是政治上的分裂，以后才加上神学的内容：逊尼派之所以成为正统派，只是因为它拥护穆罕默德死后被推选出来的哈里发；十叶派则认为只有穆罕默德的女婿阿里一系才能继承哈里发。此外还有其他一些教派，如前面所提到过的哈瓦利吉派。在穆斯林国家里，特别是在非洲的穆斯林国家里，教派的领袖常

---

① 在埃及，保全了古阿拉伯语的特征，今天埃及的阿拉伯语较之阿拉伯半岛的阿拉伯语更接近古典的阿拉伯语。

② 《马克思恩格斯全集》第 22 卷第 526 页注 1。

常在"马赫迪"（Mahdi——救世主）或其他名义下，领导贫苦的农牧民起义。在纯洁信仰的号召下他们反抗或推翻业已腐化的穆斯林统治阶级。在论及非洲的这些宗教起义时，恩格斯曾指出："所有这些在宗教的外衣下进行的运动都是由经济原因引起的；可是这些运动即使在获得胜利的情况下，也把原有的经济条件原封不动地保留下来。这样，一切又都照旧，冲突就成为周期性的了。"[①] 在非洲穆斯林各国中，我们将一再看见在这一宗教外衣掩盖下进行的阶级斗争；某些教派的领导集团窃取农、牧民斗争的果实来建立自己的统治或王朝。8 世纪中，帝国各地区人民的不断起义，为教派之争提供了机会，遂使帝国的分裂成为不可避免。逊尼派倭马亚朝被推翻后，代之而起的是阿拔斯朝（750—1258年），迁都巴格达，初尊十叶，后奉逊尼，中国史书上称之为黑衣大食。它已不是全帝国的首脑。白衣大食倭马亚朝的后人辗转迁入西班牙（755 年），建都科尔多瓦。10 世纪中，在北非又出现了法提玛朝（909—1171 年）——我国史书上称之为绿衣大食。阿拉伯帝国遂分裂为三大哈里发鼎立的局面。

在法提玛朝建立以前和在镇压伊非里基亚的哈瓦利吉派起义（761 年）以后，巴格达的阿拔斯朝在北非的势力仅到伊非里基亚为止，而以埃及为核心。它在埃及的统治也是不很稳固的。科普特人不断爆发起义，831—832 年他们在尼罗河三角洲地带爆发的起义遭到最残酷的镇压，男子多遭杀害，妇孺则没为奴隶。这是科普特人最后的一次起义，从此他们多数改奉伊斯兰教，驻在亚历山大里亚的科普特教派教长在外国还有相当的影响，但在埃及已不具有任何政治力量。阿拔斯朝对埃及也只要求缴纳贡赋而保全形式上的臣属关系，遂使埃及总督图伦一度建立独立的图伦王朝（868—904 年），与阿拔斯朝争夺叙利亚地带。图伦王朝不过是军事领袖的割据势力，得不到埃及人民的支持，不久为阿拔斯朝哈里发所摧毁。

在马格里布出现了一些以柏柏尔人为主的部落联盟，其中形成了三个比较强大的独立国家：（1）摩洛哥北部的牧民受哈瓦利吉派影响，8 世纪时一再起义；逃亡到这里的阿里的后人伊德里斯利用人民起义而创建了伊德里斯朝（788—985 年），以非斯为首都（809 年）。这个国家成为西班牙和伊非里基亚的被迫害者的避难所，知识界人士迁来日多，逐渐成为一个文化中心。（2）在阿尔及利亚则有伊本·罗斯图姆所建的罗斯图姆朝（776—908 年）。他原是伊

---

① 《马克思恩格斯全集》第 22 卷第 526 页注 1。

非里基亚哈瓦利吉派起义的领袖，为阿拔斯朝武力所逼西逃到这里建国，以塔赫尔特为首都。塔赫尔特是当时哈瓦利吉教派的中心，地当北通地中海诸国和南扼西苏丹的黄金商道，在经济上地位很重要。（3）在伊里里基亚则有由本·阿格拉布建立的阿格拉比王朝（800—909年）。他原是阿拔斯朝的总督，利用人民起义而独立，建都凯鲁万。这一王朝的海上势力很盛，经常袭击南欧沿岸，占领西西里岛（859年）。这些王国的统治阶级都是利用农民、牧民的起义而建立自己的政权的，他们不久又成为人民反抗的对象。

自称为阿里后裔的法提玛王朝也是因窃取农、牧民起义的胜利果实而建立的。它的发祥地是小卡比利亚，得到定居的桑哈贾人的支持，才占领了伊非里基亚为根据地（902—909年），把哈瓦利吉派的扎纳塔游牧人赶往西部（911年），建都马赫迪亚（921年）。接着并吞了马格里布的其他国家。法提玛朝最初用反对不符合可兰经的税收作为幌子而取得人民群众的支持，但是它对人民的剥削并未减轻，立即引起了哈瓦利吉派的最后一次大起义。起义是由"骑驴人"雅齐德（以其骑驴宣教而得名，故又称"骑驴人起义"）领导的，以奥雷斯山区为中心，围攻马赫迪亚前后延续十余年。947年才最后为法提玛王朝所镇压。自913年以来，法提玛王朝即与阿拔斯朝争夺埃及，前后达50余年，最后占有埃及（969年），迁都开喜拉（今开罗，973年）。十世纪末期，法提玛朝的领土包括穆斯林北非的大部分、阿拉伯半岛的红海沿岸与叙利亚，成为版图最大的穆斯林帝国。

法提玛哈里发也无法维持大帝国的统一，它是依靠桑哈贾人的支持才强大起来的，迁都开罗以后，以桑哈贾人领袖波洛金·伊本·齐里为伊非里基亚总督。齐里一再击败扎纳塔人，扩张辖地，逐渐形成为独立的"齐里王朝"，1048年始与法提玛朝分裂。11世纪上半期是它的极盛时期，也是突尼斯的伟大历史时期之一。11世纪初，波洛金·伊本·齐里又命其子哈穆德统治边远地区，结果，后者又在今阿尔及利亚东北部建立了"哈穆德王朝"统治的独立国家，建都布日伊城。为了惩罚这些柏柏尔人的反抗，法提玛朝在1050年怂恿10世纪时已迁徙到上埃及的阿拉伯人班努·希拉勒部落和班努·苏莱姆部落西侵进入伊非里基亚的南疆。这就是所谓阿拉伯人的第二次入侵。有人估计他们的人数为20万，这可能是一个夸大的数字。他们"好比一群蝗虫"（史家伊本·哈尔敦语），所过劫掠一空，摧毁了凯鲁万等城市，破坏了业已定居的农业生活，使这些地区的居民又退回到游牧的部落生活。多数学者认为他们没有起促进穆斯林化的作用，因为北非穆斯林化的过程这时已经完成。但是这

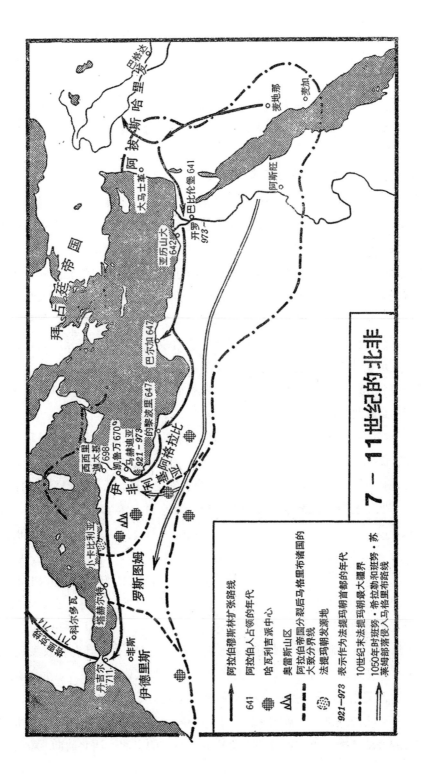

7—11世纪的北非

阿拉伯穆斯林扩张路线

641　阿拉伯人占领的年代

哈瓦利吉派中心

奥雷斯山区

阿拉伯帝国分裂后马格里布诸国的大致分界线

法提玛朝发源地

921—973　表示作为法提玛朝首都的年代

10世纪末法提玛朝衰大疆界

1050年时班努·希拉勒和班努·苏莱姆部落侵入马格里布路线

些人数众多的阿拉伯人部落在马格里布定居以后，对于马格里布居民的进一步阿拉伯化，不可能不发生影响。经过他们的蹂躏以后，马格里布东部（利比亚和突尼斯）不如以前那样重要，重心逐渐移到西部，撒哈拉商路的重心也跟着西移。许多柏柏尔人部落为了逃避他们的劫掠，向西南迁徙到加纳国以西。于是在塞内加尔河下游出现了桑哈贾人各部落，成为阿尔摩拉维人的主体。

7—11世纪时穆斯林北非的社会发展

在7—11世纪的400年中，北非各国都在向封建制度转化。在马格里布，封建关系出现以后，阶级斗争显得更加尖锐。以商业贵族和地主为主的城市居民同由牧民、农民组成的部落的对立，是这一阶段中的主要矛盾。农、牧民部落往往在宗教的外衣下，发动起义来反对封建主和富有市民的剥削和腐化。但是，这些起义的胜利果实却往往为部落上层所窃取。他们在胜利后又迅速向自身的反面转化，由起义的领导者变成新的封建统治集团，残酷地剥削和榨取人民，过着骄奢淫逸的生活。于是很快又有新的领导者起来，率领广大农、牧民进行新的反抗斗争。如此不断反复、循环下去。加之，在马格里布的广大地区内经济成分比较复杂，或农或牧，各地发展很不平衡，因此这里不易出现强大而稳固的封建集权国家。

埃及在阿拉伯人入侵以前早已向封建关系转化。阿拉伯统治阶级利用原有的封建官僚机构来建立他们的封建集权统治。在十一世纪以前，绝大部分土地为国有。法提玛朝是一个埃及王朝，为埃及取得独立，从此不再向巴格达纳贡。统治阶级掌握着复杂的灌溉系统，他们是国有土地和清真寺地产的管理人。他们还控制着过境贸易税的巨额收入。因此，法提玛朝有巩固封建集权统治的经济基础。为了缓和下层穆斯林居民对王朝剥削的不满并转移他们的视线，哈里发放弃了信仰自由政策。10世纪时开始了对基督教和犹太教的迫害，没收其教会与寺院的土地，破坏教堂，这些做法在穆斯林居民中收到蛊惑人心的效果。埃及基督教徒遭到沉重的打击。和其他阿拉伯国家一样，埃及和马格里布的封建制度中还保存着奴隶制因素，使用奴隶（黑奴和白奴）劳动，还存在奴隶贩卖。

阿拉伯文化是在西方古典文化已经衰落的时候兴盛起来的。11世纪是它的极盛时期，文化水平远远超出当时西欧的任何地区。阿拉伯文化是在继承和汇合已往各文化的基础上发展起来的。北非的阿拉伯文化也是如此，它是北非各族人民的劳动产物。当时阿拉伯人垄断了东西方的交通：西北通向北欧诸国，东则远达中国和朝鲜沿岸；阿拉伯人和东非沿岸也有定期的航运；他们还控制着撒哈拉商路，与西苏丹诸国进行频繁的贸易。在这广阔的商业活动范围中，北非占显著的重要地位。北非沿海各城市的对外贸易都很发达。开罗是东、西海路和陆路的转运中心，当时已经是一座拥有两万座住宅的城市。它是阿拉伯文化中心之一，在它的许多重要的穆斯林建筑中，值得特别提出的是爱资哈尔大寺（970 年）。这个大寺也是阿拉伯世界中一所最著名的大学，1,000 年来为全世界穆斯林培养出不少的学者。

自法提玛朝丧失对马格里布的统治权以后，我们将分别考察埃及和马格里布的历史。

第二节　11—15 世纪的埃及

法提玛王朝的灭亡，阿尤比王朝（1171—1252 年）和马木路克统治时期（1252—1517 年）

马格里布诸国独立后，法提玛朝事实上只是一个埃及王朝。它的武力已经不再由柏柏尔人组成，而主要是由土耳其人和黑人雇佣兵组成。军队的叛变和宫廷争位阴谋彼此交织起来，国家又遭受连年的饥荒，1072—1073 年的一次灾荒最为严重。这时塞尔柱土耳其人已取代阿拉伯人而统治着小亚细亚和美索不达米亚，南向与法提玛朝争夺叙利亚，这就便利了欧洲十字军的东侵。十字军攻陷了耶路撒冷并在叙利亚和巴勒斯坦一带建立了一些拉丁王国（1099—1187 年）。他们在非洲则侵占了的黎波里（1109 年），直接威胁埃及。武力已趋衰落的法提玛朝，不得不求助于塞尔柱土耳其人，叙利亚的土耳其将领萨拉丁乘机推翻了法提玛朝，自称素丹（1171—1193 年），创立了埃及史上的阿尤比王朝——以其先人阿尤布而得名。

萨拉丁是个出色的军事家和帝国组织者，一再挫败十字军，收复了耶路撒冷（1187 年）；其领土西部包括巴尔卡，东北到达美索不达米亚。埃及遂成为当时对抗欧洲十字军的一个主要力量。由法王路易九世率领的第七次十字军（1248—1252 年）的目的就是侵略埃及，但是遭到了惨败，路易九世本人也当了埃及人的俘虏，付出了一大笔赎金才被释放（1250 年）。

阿尤比朝的素丹们虽然能够对抗十字军，但是他们在埃及的统治并不巩固。

除了统治者和被统治者的矛盾以外，更突出的是统治阶级内部的矛盾。这个王朝是靠武力维持的，武力的核心却是马木路克。"马木路克"一词的原意是"奴隶"。阿拔斯朝哈里发的近卫军原是由来自不同地区的奴隶组成的。阿尤比朝更创"奴隶军团"，其成员主要是高加索人和希腊人。他们在 13 世纪来到埃及，为数约 12,000 人。以后又经过特殊训练，骁勇善战。其中上层军官的势力日大，逐渐参与宫廷政变。在打败第七次十字军以后，一个马木路克的首领推翻了阿尤比王朝而自称素丹，开始了马木路克统治时期（1252—1517 年）。

埃及史上的"马木路克王朝"（或译"奴隶王朝"）不是一个一系相承的王朝。在这时期，马木路克已经不再是奴隶军，而是埃及的统治阶级。它的上层人物是世袭的军事封建主。埃及的素丹是由这些军事寡头推举出来的。素丹职位的争夺是很激烈的，往往诉诸阴谋与暗杀。在马木路克统治时期，每个素丹在位时间平均不到五年。马木路克的上层分了垄断了国家所有的重要职务；埃及居民连同穆斯林在内，都是毫无权力的。

在这些马木路克素丹中，出现了不少杰出的军事家和政治家。埃及当时不但要对付欧洲的十字军，还要抵御更强大的蒙古人的入侵。旭烈兀陷巴格达（1258 年）后，命令怯的不花侵叙利亚，为马木路克军队所败（1260 年）。马木路克将领贝巴尔斯（1260—1277 年）就是在战胜路易九世和怯的不花以后，用暗杀手段取得素丹职位的。他是马木路克素丹中最杰出的人物，在军事上打退了蒙古人，占领了叙利亚。他派军南向远征努比亚诸国，直抵栋古拉。从此伊斯兰教才在那里开始传播。埃及的再度繁荣是从贝巴尔斯开始的。他理解到要用神权来加强他的统治，于是接待了一名自称从巴格达逃出来的阿拔斯家族的人，尊之为哈里发，于是埃及出现了同时既有哈里发又有素丹的局面，分掌宗教和世俗事务。这就使埃及成为当时伊斯兰教的中心，因为西班牙哈里发国家这时已经瓦解了。另一位杰出的马木路克素丹是卡伦（1279—1290 年）。他继续对十字军和蒙古人进行斗争，恢复了陷落在十字军手中已 180 年的的黎波里（1289 年）。在马木路克统治埃及时期，只有他这一家族能统治百余年之久，一直传位到 1382 年。14 世纪是马木路克统治埃及的极盛时期，在非洲的领土包括有利比亚和努比亚的一部分；在非洲以外则远达美索不达米亚，海上拥有塞浦路斯岛。

11—15 世纪埃及的社会发展

埃及的封建制度在这时期有了更进一步的发展。在法提玛朝的末期，国家分给领主的土地已经变成了世袭采邑。13世纪以后，埃及出现了各种封建土地所有制：素丹的领地、马木路克大小领主的采邑及其他封建地主土地、寺产等。封建采邑土地的面积更加扩大了，这些采邑的世袭继承权已经是不可动摇的。马木路克成为一个地主阶级，为了保持这个阶级的利益，他们把世袭的马木路克封建主的数目限制在四千左右。国家仍然掌握着灌溉系统。农民被固定在村社的土地上不能自由迁徙，遭受繁重的剥削。阶级矛盾显然是很尖锐的。尽管这方面的资料和研究都很缺乏，但我们仍然知道在马木路克统治初期，爆发了阿拉伯牧民起义（1253年）；14世纪中叶，在上埃及又爆发规模颇大的农民起义。此外，逃亡也是埃及农民在这一时期进行反抗的一个重要手段。农民大量逃亡的结果迫使虽有大量俘虏的马木路克封建主也不得不经常从国外购买奴隶以弥补劳动力的不足。

在这一时期中，政治上虽然不稳定，生产力却有一定的发展，否则埃及不可能有足够的物质力量来打败十字军和蒙古人。马木路克封建主为了增加国家和他们自己的收入，曾大力维修水利工程，发展农业。15世纪时才出现农业衰退现象。埃及的物质力量在很大程度上是依靠过境贸易。在十字军时期以及蒙古人攻陷巴格达以后，东西方的贸易就不得不取道红海和埃及。亚历山大里亚和开罗城更加繁荣起来，吸引了各国商人、尤其是意大利和法国诸城市的商人前来贸易。据说，开罗是当时世界上最美而人口最多的城市，"比巴黎大六倍"[1]。直到葡萄牙人控制了东通印度的航路，埃及的过境贸易才遭到致命的打击。

这一经济繁荣也体现在文化方面，特别是建筑艺术。阿尤比王朝的建筑物主要是军事城堡。马木路克时期建筑和扩大的一些清真寺，达到了穆斯林建筑艺术的最高峰。在这方面，前来避难的东方建筑家发挥了很大的作用。埃及是伊斯兰教的中心，宗教的势力虽阻碍了科学的发展，但这个时期的埃及学者在医学、天文学和光学等方面仍达到很高的水平。在文史方面，更有光辉的成就：用阿拉伯文写出的大量史籍，为我们留下了许多极有价值的文献。著名史学家伊本·哈尔敦受到马木路克素丹的重视，在埃及度过了他的最后20年。"天方夜谭"虽然是几百年前已在波斯和印度开始形成，但是这部名著的最后形式却是15世纪末在开罗完成的。它的内容有很多反映了当时开罗的情况。

---

① 见罗·科内万《非洲史》第1卷第317页。

第三节 11—15 世纪的马格里布

阿尔摩拉维朝（约 1061—1147 年）与阿尔摩哈朝（1147—1268 年）

在 11 世纪下半期以后的两百余年中，摩洛哥在马格里布历史上起了重大的作用。阿拉伯人的第二次入侵，不曾影响摩洛哥，因为这时摩洛哥已出现了强大的阿尔摩拉维朝。在 11 世纪末，西班牙科尔多瓦哈里发国家开始瓦解为二十几个穆斯林小邦，抵挡不住正在形成中的基督教民族国家。只是由于摩洛哥的干涉才使穆斯林势力在西班牙南半部继续维持两百多年。阿尔摩拉维朝和它以后的阿尔摩哈朝都是在恢复纯朴的伊斯兰教的圣战外衣下凭武力扩张建立起来的。

阿尔摩拉维朝起源于撒哈拉西部尼日尔河上游的累姆图纳部落，它原是黑人加纳王国的附庸。这个部落在 10 世纪时已信奉伊斯兰教，宣教师伊本·雅辛宣扬以纯朴与纪律为主的伊斯兰教，号召对"异端"发动圣战，在塞内加尔河口的小岛上建立有军事设防的寺院。"阿尔摩拉维"[1] 意即"寺院战士"。他们的力量强大以后，在宗教狂热的鼓动下出征。东南向的一支，一度征服了加纳（1076—1087 年）从而开始了伊斯兰教在西苏丹黑人诸国中的传播。更重要的是北向的一支，由伊本·塔什芬（1061—1106 年）率领，侵入摩洛哥，建马拉喀什（1062 年）为首都。他在短短 20 年内，占领了整个摩洛哥，东迄阿尔及尔（1082 年）。接着又应西班牙穆斯林各小邦统治者的要求，侵入西班牙（1084 年），在扎拉卡大败基督教军（1086 年），从而统治西班牙东南部和巴利阿里群岛。无论是在西班牙或马格里布，阿尔摩拉维的统治都被视为外来特权阶级的统治；它只维持当地的封建贵族与上层僧侣的反动势力，未能改善人民生活。统治阶级生活逐渐腐化。维持不过百年，就为阿尔摩哈人所推翻。

阿尔摩拉维朝在马格里布的扩张，东向止于阿尔及尔。在阿尔及尔以东，则为齐里王国和哈穆德王国。经过阿拉伯人第二次入侵以后，齐里王朝迁都马赫迪亚（1057 年），转向海上发展。这时诺曼人已侵入地中海，占有西西里（1061—1090 年），与齐里王朝展开海盗式的斗争。1148 年，诺曼人灭齐里王国，占领马赫迪亚及伊非利基亚的其他一些城市。与齐里王朝相反，12 世纪却是哈穆德王国的极盛时期，首都布日伊为北非当时最重要的城市，全城有十万居民，工商业及近郊农业发达。布日伊城附近多木材，有铁矿，故造船业很兴

---

① 为 Al-Murabitun 之异译，中国古籍中的"木兰皮"就是它的对音。

盛。哈穆德王国虽能抗拒阿尔摩拉维朝的侵略，但终因国力衰弱，于1151年为阿尔摩哈朝所灭。

　　阿尔摩哈朝起源于阿特拉斯山区的马斯穆达部落。自称马赫迪（救世主）的伊本·图马尔特宣扬原始的伊斯兰教，领导这个部落起义反抗阿尔摩拉维王朝的统治。教徒称"阿尔摩哈"意即"唯一真神的信徒"。伊斯兰教的宗教用语原是阿拉伯语，他却决定用柏柏尔语传教，这一创举使他更易于取得当地人民的支持。他的门徒阿布德尔·穆敏（1128—1163年）率军占领马拉喀什（1146年），征服全摩洛哥（1147年），接着又征服了阿尔摩拉维朝在西班牙及在马格里布中部的领土（1160年）。12世纪40、50年代期间占领了突尼斯和的黎波里沿海城市的诺曼人，也先后被阿尔摩哈朝赶走（1160年）。阿尔摩哈朝把的黎波里塔尼亚收入版图，与埃及阿尤比王朝国土相接。曼索尔（1184—1199年）在位时是阿尔摩哈朝的极盛时代。他在西班牙大败基督教军（1195年）；使摩洛哥舰队称雄于地中海西部，建立了版图最大的柏柏尔人帝国。但是促使阿尔摩拉维王朝崩溃的因素也同样促使阿尔摩哈王朝的衰亡。13世纪初，它在西班牙遭到惨败（1212年）以后，不仅丧失了对西班牙的统治，连马格里布亦分裂为三国，它的最后偏安之局终于不保。

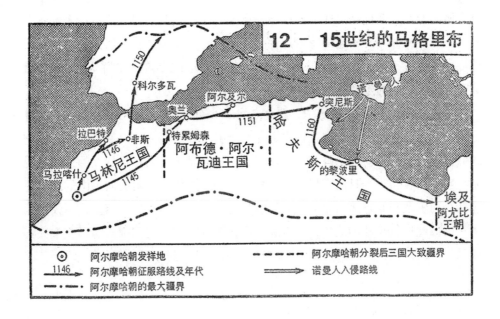

在这两个王朝统治的二百余年中，马格里布的经济没有显著的发展。游牧部落与城市封建上层的矛盾仍然是这一时期的主要矛盾。这两个王朝的统治阶级自视为征服者，对于被征服地区的农牧民课以重税，引起人民的普遍不满。阿尔摩哈朝之所以能够迅速推翻阿尔摩拉维朝，就是由于利用了这种不满。阿尔摩哈朝统一马格里布后，巴利阿里群岛的阿尔摩拉维朝总督伊本·加尼亚又联合不满的被压迫者，三次劫掠伊非利基亚各地（1184，1207—1209，1226—1236年），削弱了阿尔摩哈朝的统治。这些反压迫的斗争往往使阿拉伯人和柏柏尔人并肩作战，从而进一步加速了民族融合的进程。

马格里布的分裂

在13世纪以前，马格里布多少是朝着统一的方向发展的。自13世纪上半期以后，马格里布各国日益走向各自独立发展的道路。

阿尔摩哈朝衰落以后，马格里布先后出现了三个独立的国家。伊非利基亚的总督扎卡里亚首先不受节制（1228年），继而正式独立（1236年），建哈夫斯[①]王国，都突尼斯。这个国家维持了250年，为三国中最发达的一个。曾在埃及被俘的法王路易九世这时又发动最后一次十字军，进攻突尼斯（1270年），因大疫而死于此。自此以后，哈夫斯朝与欧洲基督教国家保持正常的商业关系。在今阿尔及利亚西部则出现了阿布德—阿尔—瓦迪（原扎纳塔人的一个部落名称）国家（1236年），建都特累姆森。在摩洛哥则出现了扎纳塔人的马林部落建立的马林尼王国（1248年），都非斯。这个王国于1268年攻陷马拉喀什，最后消灭了偏安的阿尔摩哈王朝。

上述三国在14、15世纪中，彼此之间战事连绵不绝，疆界变动很大。马林尼王国武力较强，曾不断进攻特累姆森，一度将其占领（1337—1359年）；它还数度远征突尼斯。在土耳其人入侵以前，三国基本上是各自独立的；大致说来，它们已相当于今日的突尼斯、阿尔及利亚和摩洛哥。哈夫斯王国的领土还包括今阿尔及利亚东部和的黎波里。14世纪中叶，三国相继衰落。这不仅是因为三国彼此进行长期的战争，还有其他更根本的原因：三国都未能形成中央集权制的国家，在这些国家内部，"原有的经济条件原封不动地保留下来"[②]，因

---

① 以其先人哈夫斯而得名。
② 《马克思恩格斯全集》第22卷第526页注1。

而原有的主要社会矛盾也沿袭下来。封建统治的残酷剥削造成社会经济的萧条和人民的贫困。结果，政府势力所达不到的地区反而更繁荣些[①]。这样，政府的收入更加主要依靠对外贸易和关税，特别是来自西苏丹的黄金等物品。每次下层人民起义又都把沿海城市作为主要的攻击目标，给对外贸易带来不利影响。恰好在13世纪中，马木路克消灭了努比亚的基督教黑人王国，东苏丹迅速穆斯林化。因而西苏丹的对外贸易便多半改道向东，经达尔福尔，沿尼罗河而下。14世纪中在亚历山大港的欧洲商人已超过马格里布诸港。商路重心的东移，使马格里布三国的外贸和关税收入剧减。三国政府财力日绌，无力支付地方官吏与雇佣兵的薪饷，只得允许地方官吏分区自行征税来取得补偿。加之各国不断发生激烈的王位之争，争夺各方都要争取地方统治者和部落的支持，故而更加增强了地方割据势力和部落的举足轻重的地位。地方势力的坐大，又反过来使商路更加不靖，外贸日减。如此恶性循环，国力日衰，内不能制止伊斯兰教各宗派借国家分裂状态大肆活动，外无力抵抗业已形成民族国家的葡萄牙、西班牙的侵略。

但是，这一时期却是马格里布各国文化高涨和民族融合进展时期。马格里布的文化高涨在一定程度上得力于西班牙穆斯林的贡献。在阿尔摩拉维朝和阿尔摩哈朝统治西班牙时期中，马格里布和西班牙之间的交流频繁；西班牙诸基督教国强大以后，穆斯林家族相率到马格里布诸城市避难。我们曾提到的出生于突尼斯的阿拉伯大史学家伊本·哈尔敦（1332—1406年）就是出身于这样的一个家庭。避难者中有不少艺术家，他们使马格里布的许多清真寺具有西班牙的建筑风格。阿拉伯的最大旅行家伊本·巴图塔（1304—1377年）就是摩洛哥人，他是第一个旅行到中国而又留下了记载的阿拉伯作家。马格里布的阿拉伯化加深了。这不仅是因为作为政治、宗教、商业用语的阿拉伯语有进一步的推广，而且阿拉伯部落也日益西迁；阿尔摩哈王朝因为兵员不足曾招募东部阿拉伯部落，而阿布德—阿尔—瓦迪国家在后期则日益依靠阿拉伯部落。

---

① Y.拉科斯特等《阿尔及利亚的过去和现在》第130页。

第四节 16—17世纪的北非

土耳其统治下的埃及

16世纪初是奥斯曼土耳其帝国的极盛时期。1516年土军进攻当时属于埃及的叙利亚，遭受马木路克压迫的叙利亚人民乘机起义。土耳其军配备有火器和大炮，迅速地占领了叙利亚。1517年土军占领开罗，从此埃及变为土耳其的一省。土耳其素丹迫使驻在埃及的哈里发放弃宗教领导权，土耳其素丹兼为伊斯兰教领袖。

土耳其素丹在埃及设置了帕夏（总督）。马木路克的统治被打垮了，但是他们的社会势力仍然保存下来。土耳其还需要依靠他们的力量来压迫埃及人民，同时也想利用他们来制约帕夏的权力，免其坐大。因此，土耳其统治不但没有触动马木路克上层的土地所有权，并且还任命他们充任地方行政长官，予以"贝伊"的称号，使他们帮助土耳其素丹来压迫和榨取埃及人民。土耳其素丹利用这类地方封建势力和军事头目的互相牵制来实行远距离操纵，帕夏的权力日益缩小。不久，他就只成为君士坦丁堡与埃及地方封建主的中介人。他的主要任务就是代土耳其素丹榨取贡赋。到了17世纪末，帕夏已经是一个无足轻重的人物，马木路克"贝伊"重新成为实际统治埃及的主人。

在土耳其统治时期，埃及的社会制度基本上没有改变。封建制度进一步得到了法律的肯定，在名义上，一切灌溉区土地属国有，实际上却是封建主的私产。封建地主中，除原有马木路克上层和阿拉伯贵族（教长和宗教法官）外，再加上一批土耳其的军事头目。在埃及原已通行的地租包征制度，现在成为固定的制度，包税人称为"穆尔塔津"（Multezim），其中以马木路克上层为最多。他们把所包征的土地或则分租给村社农民使用，或归自己经营；他们实际上变为这类土地的地主。土地虽有素丹领地、封建主领地、军事头目领地和寺院领地之分，但农民所遭受的剥削却是一样的。他们负担着经法律确认下来的高额地租与繁重徭役，成为固定在土地上的农奴。

土耳其统治的三百年是埃及史上的最黑暗的时期。统治阶级利用原有的村社组织来榨取农民。自16世纪起，灌溉系统经年失修，堤坝不时倒塌，尼罗河畔的村庄常遭洪水淹没。不断的内战与残酷的剥削造成了严重的破坏，农业生产力普遍下降。新航路发现以后，埃及又丧失了它在国际贸易上的中介地位，过境贸易锐减。土耳其军征服埃及时，曾大掠城市，掳走了不少工匠。加以旅途不靖，国内贸易日益停滞；城市衰落，发达的手工业趋于破产。饥荒不断发生，疫疠尤为猖獗，1619 年的一次大疫曾死 630,000 人。人口日见减少。这种衰退趋势一直持续到 18 世纪下半期才有转机。

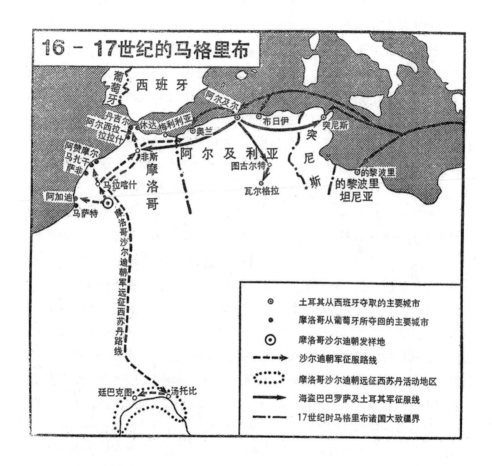

土耳其统治下的马格里布

土耳其的侵略与统治也扩展到马格里布，但这不是征服埃及的继续。16 世纪初，马格里布遭受西班牙的侵略。西班牙人在消灭了西班牙半岛上最后一个穆斯林国家格拉纳达（1492 年）以后，继续向非洲扩张，占领了梅利利亚（1497年）。当时马格里布的分裂局面便利了西班牙人的侵略。在 1510 年以前，西班牙人先后在北非占领了默斯—哀—克彬、奥兰、布日伊、的黎波里等城市，并且要夺取阿尔及尔。这一侵略遭到诸国人民的抵抗，同时也导致了土耳其人的侵入，因为土耳其正在建立地跨欧、亚、非三洲的大帝国从而控制地中海。

阿尔及尔城市的商业贵族和地主自知无力抗拒西班牙的侵略，乃乞援于爱琴海的海盗首领巴巴罗萨兄弟。他们于1516年占领了阿尔及尔，比土耳其军进入开罗还早一年。接着他们摧毁了阿布德—阿尔—瓦迪王朝，继续向西扩张。他们自揣力量不敌西班牙人和难于镇压马格里布人民的反抗，于是归附土耳其而作为土耳其的附庸。土耳其不断派近卫军前来支援，土耳其人与西班牙人展开了争夺地中海霸权的战争。土耳其和西班牙的斗争延长达60年。双方争夺突尼斯，反复易手，相持40年（1534—1174年）。当土耳其最后占领突尼斯时，西班牙在摩洛哥以东所占有的城市除奥兰外，已全部丧失。同时，土耳其消灭了突尼斯的哈非斯朝，占领了的黎波里，镇压了北非某些部落的反抗。土耳其人以阿尔及尔为中心，向东、南、西三方面扩张，南则深入瓦格拉。西侵摩洛哥，遭到摩洛哥人的抵抗。摩洛哥始终不曾为土耳其所征服。

对西班牙人的斗争促进了马格里布的海盗活动。海盗活动是以阿尔及尔、突尼斯、的黎波里等港与摩洛哥的一些港口为根据地，阿尔及尔最为重要。16、17世纪是海盗活动的猖獗时期，18世纪已趋衰落。他们活动的范围主要是地中海。他们在宗教外衣掩护之下，对西方基督教国家的船只进行劫掠，俘虏其船上人员作为奴隶出卖或诈取赎金。17世纪中，阿尔及尔有白奴35,000人，占全城居民25%。土耳其统治阶级不愿让当地柏柏尔人和阿拉伯人加入驻军，所以规定基督教白奴如改奉伊斯兰教，可以得到自由，并可加入近卫军。到18世纪上半期，这样改教的人在阿尔及利亚全体穆斯林中占30%[1]。海盗有同业公会的组织。船只是由私人装备的。他们的活动得到政府的支持，政府的收入大部分是靠瓜分他们掳掠所得。海盗活动打击了西方国家在地中海的势力，所以西欧史家把"巴巴利海盗"描写得非常黑暗。其实，巴巴利海盗的活动并不是一个特殊现象。当时的海上贸易和海盗活动是密切相关的，诺曼人就是倚靠海盗活动进入地中海的。16、17世纪时西欧诸国的海军与海盗是难以区分的。近代英国海军的前身就是海盗，受封为爵士的德拉克就是一个大海盗。直到18世纪初，马耳他岛还是基督教国的海盗中心。1720年时，那里囚禁着穆斯林奴

---

① 参看 Y. 拉科斯特等《阿尔及利亚的过去和现在》第173页；N.R. 贝内特《18世纪北非的奴隶制》，载《非洲历史杂志》1961年第1期第65—82页。

隶达 10,000 人；拿破仑·波拿巴占领马耳他时（1798 年），还释放了 2,000 奴隶。马格里布诸港海盗活动的主要打击对象是有选择的。16 世纪时的主要敌人是西班牙；法国反而和阿尔及利亚联合共同对付西班牙。法国最先在阿尔及尔设有领事（1581 年）；自 17 世纪末以后，两国的正常外交关系一直保持到 1830 年。

土耳其统治下的马格里布并未构成一个统一的行政区，而是分为阿尔及利亚、突尼斯、的黎波里达尼亚三个帕夏管区（1587 年）。它们的疆界大致与今日的相同，各有由土耳其素丹任命的帕夏代行统治，实际的权力是操在由海盗和近卫军的上层所构成的集团手中。17 世纪中，它们除向土耳其素丹缴纳贡赋外，已无异是三个独立国家。它们有时也深入内地，但一般不干涉内地居民的生活，保全内地固有的封建阶级的特权。

在土耳其统治时期，促成城市繁荣的重要因素是海盗活动，国际贸易只有次要的作用。因此，商人贵族的作用削弱了，他们逐渐转变为封建地主，从而加强了封建关系。土耳其人的军事、行政上层也是封建主的组成部分。他们占有沿海平原的土地，迫使农、牧民转化为农奴，从他们身上榨取大量农牧业产品作为出口的大宗。农、牧民向山区或内地逃亡，是当时阶级斗争的一种形式。统治阶级不关心内地居民的经济生活，国内市场缩小，经济发展处于停滞状态。

葡、土夹攻中的摩洛哥

摩洛哥是北非唯一免于土耳其征服的国家。摩洛哥虽然面临着土耳其人从阿尔及利亚入侵的威胁，但最严重的威胁却是来自西、葡，尤其是葡萄牙。葡人最早占领休达（1415 年），1417 年占领丹吉尔、阿尔西拉及拉拉什。西班牙半岛上最后一个穆斯林国家格拉纳达被消灭以后，在 1497—1514 年间，西班牙便占领了摩洛哥北岸的梅利利亚和其他一些岛屿；葡萄牙又相继占领了阿泽穆尔、马扎干、萨非、阿古兹和阿加迪尔。葡萄牙企图建立一个包括摩洛哥在内的东通印度的殖民帝国，所以它不满足于只占领沿海的一些据点而要侵入摩洛哥内地。

葡萄牙人的入侵激起了摩洛哥人保卫祖国和保卫宗教的热情。这时的马林尼王朝不但早已分裂，而且亦为瓦达西王朝（1465 年）所代替。瓦达西王朝的势力也只限于非斯地区，为了挽救其统治，它竟不惜与葡人勾结。人民迫切要求有一个力量领导他们对侵略者进行"圣战"。小清真寺里的一些与人民接近的伊斯兰教圣徒，一再起来团结人民，抗击敌人；但是他们不能组织全国的力量给予敌人有效的打击。这一抗敌任务最后落到自称为"圣裔"的萨阿迪朝（1554—1659年）身上。他们原是久已住在摩洛哥南部德拉高原的柏柏尔化的阿拉伯贵族，被视为是穆罕默德的后裔。他们企图夺回阿加迪尔，失败（1511年）以后，先统一了摩洛哥南部，占领马拉喀什（1525年）并以此为首都。1541年打败了葡萄牙人，夺回了阿加迪尔，同时又收回萨非和阿古兹，威望日高，得到人民的支持。萨阿迪朝利用这一有利形势北上统一摩洛哥，两度占领非斯（1549, 1554年），打退了支持瓦达西朝而侵入摩洛哥的土耳其人，最终消灭了瓦达西朝（1554年）。

1578年，在艾尔克扎尔·基维尔发生了有名的"三王之战"：葡萄牙国王利用他所扶植的摩洛哥傀儡大举入侵，在这里与萨阿迪素丹进行了决定性战役。在这次战役中，拥有2万人和36尊大炮的葡萄牙人遭到惨败。摩洛哥素丹艾哈迈德·曼苏尔，利用这一胜利，巩固了萨阿迪王朝，开始其有名的统治时期（1578—1603年）。他用恐怖手段镇压封建主的反叛和人民起义。他改组了国家的政治机构，实行中央集权，由中央派遣官吏到各部落征收贡赋。为了保证中央集权，他建立了常备军。

格拉纳达国家灭亡以后，西班牙人曾大举驱逐"摩尔人"（1609—1611年）。"摩尔人"多数来到摩洛哥。摩洛哥的海盗主要是由他们组成的，海盗中心拉巴特和萨累港俨然形成为一小王国。他们在大西洋沿岸打击西、葡的海上势力。艾哈迈德·曼苏尔以这些西班牙穆斯林为主力组成军队，侵略西苏丹。先是夺取图阿特（Tuat）产矿区（1581年），接着以大军远征桑海帝国（1590年）。远征没有达到原定的目的——占领产金区，并且因为增援困难而无法控制它所侵占的地区；但却带回了大量的掳获物，特别是黄金，摩洛哥顿然成为一个暂时富有的国家。

萨阿迪王朝不曾改变摩洛哥原有的经济条件。封建集权统治加强了。但是山岳和草原地区仍然保持着部落组织，经常反抗中央。艾哈迈德·曼苏尔死后，接着又是长时期的内争与分裂，直到这个王朝最后一个素丹被暗杀（1659年）为止。继之而起的是阿拉维王朝（1660年）。它起源于南部的塔菲拉勒，故又称塔菲拉勒朝，继承直到今日。这个王朝的穆莱·伊斯梅尔（1672—1727年）素丹，以严峻的手段对付反对者和人民来安定秩序。他依靠一支由黑人组成而完全效忠于他的军队。黑人儿童十三岁时即由国家集中训练，十六岁入伍。18世纪初，这支军队成为政府军的主力，到18世纪末才最后解散。他继续一度中止了的收复失地的工作，从英国手中^①夺回了丹吉尔（1684年），从西班牙手中夺回拉拉什（1689年）和阿尔西拉（1691年），同时还继续对土斗争。在他死后，接着又是一个长期混乱和内争的时期，西欧殖民主义乘机侵入。

16、17世纪的摩洛哥，在民族的构成上增加了新的因素。除西班牙穆斯林外，黑人的数量也在增加。西非黑人早就随着阿尔摩拉维朝来到了摩洛哥；伊斯梅尔用黑人当兵以后，他们的影响更为增大。自阿尔摩哈朝以来，又有阿拉伯部落迁移到摩洛哥。柏柏尔人大部分已阿拉伯化，而阿拉伯部落也受到柏柏尔人的影响。摩洛哥近代民族形成虽然是晚近的事，但构成它的各个因素在这一时期中已基本具备，并已开始它的融合过程。

---

① 丹吉尔于1661年转入英国手中。

第三章　古代东部非洲诸国

第一节　库什—努比亚

库什国家及其与埃及的关系

"东部非洲"是指今苏丹共和国、埃塞俄比亚、索马里及其以南的东非沿海诸国，范围较一般所称"东非"为广，故不用"东非"一词。首先让我们来考察苏丹的古文化——"库什文化"。它位于尼罗河上游第二滩与第六滩之间。经过现代考古学的研究，证以古埃及的文献，我们对于这一文化的发展已有初步的了解。

古埃及人称这一广大地区为库什。古埃及人和古希腊人称当地居民——甚至连同中、西苏丹的黑人——为"埃塞俄比亚"人（意为"晒黑的面庞"），这和今日的埃塞俄比亚人不是一回事。库什的居民是以黑人为主的、若干不同种族的部落混合形成的。远在公元前3000年时，他们就已定居在这一带。当埃及古王国时期，他们在第二滩以南地区建立了库什国家。这是一个有史可考的最早的黑人国家，它的历史构成今日苏丹共和国古代史的重要内容。

埃及进入古王国时期以后，就从库什获得象牙和其他贵重物品。公元前2300年左右，阿斯旺的墓画中记载着：埃及法老曾四次派人南行，最后一次带回了300头骡子，满载着香料、乌木、象牙和皮张等；此外还带回一个矮人。近代骨者认为在这几次旅行中，埃及人曾一度远抵达尔富尔。中王国时期的埃及向南扩张，在尼罗河第二滩附近的塞姆纳立有界柱，限制黑人北迁，"惟经营商务及负有任命者除外"[1]。考古学家在第三滩以南的克尔马发现有埃及十二王朝时所建立的屯军堡垒遗址。大概二、三滩之间是当时两国争夺的地带。在克尔马出

---

① R. 奥利弗和 J.D. 费奇《非洲简史》第38页。

土的墓葬中，有不同于埃及型的国王墓葬；墓中殉葬童男童女多达200人，并有陶器、铜器及其他金属饰物。

当时库什王国的国土，一度曾北达塞姆纳，南到第四滩以南。这一带土地肥沃，宜于耕种，又是一个盛产黄金地区。在19世纪以前，这里可能是世界最大的产金地。埃及新王国的第十八王朝征服了这个国家。为了镇压库什人民的起义，埃及人在这里建立了一些设防小镇，久之就发展为城市；政治上建立了埃及的官僚系统。库什人除遭受掠夺和服兵役以外，还接受了埃及的阿蒙神的宗教信仰。哲北尔—巴卡尔的阿蒙神庙大概是在公元前14世纪末建立的。纳巴塔是宗教中心，由底比斯派祭司到这里来主持。这时期的埃及式建筑物很多，特别是神庙。这些建筑的遗址表明当时库什的生产力水平是很高的。

埃及进入"衰微时期"以后，库什乘机摆脱了它的控制获得独立，以纳巴塔为首都，故亦称纳巴塔王国。它具有上述的优越经济条件，国势日强。公元前8世纪初，开始干涉埃及的内政。库什国王借维护埃及的固有宗教和习惯的名义对埃及进行征服，库什国王皮昂基（公元前751—716年）当时在哲北尔—巴卡尔立碑，记载围攻孟菲斯的战绩。公元前715年，其弟沙巴卡（公元前715—701年）推翻了埃及的第二十四王朝而建立了埃及史上的第二十五王朝。这个王朝统治埃及的时期虽不长（公元前715—654年），但在塔哈卡大帝在位时期（公元前689—663年）它的势力一度溯尼罗河而上，伸展到今散纳尔。它使库什进一步接受埃及文化，在纳巴塔一带，建立了许多神庙和其他建筑物。著名的麦罗埃冶铁业可能就是这一时期发展起来的。由于亚述人侵入埃及，库什人才逐渐退出埃及。

库什独立发展时期——麦罗埃王国

在公元前654年以前，库什的历史几乎是与埃及史密不可分的。在退出埃及后的1000年中（公元前654—公元后350年），库什的历史则得到独立发展。公元前530年左右，王国的首都由纳巴塔迁到另外一个重要城市麦罗埃，故又称"麦罗埃王国"。关于迁都的原因，史家有各种不同的解释：可能是为了避免从埃及来的压迫；可能是由于撒哈拉沙漠的扩大，耕地牧场缩小；也可能是为了便于利用阿特巴拉河以缩短东通红海的陆程；还可能是为了便于发展铁工业。库什北部有铁矿而缺少燃料，麦罗埃附近则两者兼备。目前只在公元前362年的陵墓中发现了铁器，但库什人知道用铁肯定更早，有人估计在公元前7世纪。

公元前 2—1 世纪中，麦罗埃已有很发达的冶铁业，有大宗的铁制品输出。在考察了至今犹存的堆积如山的铁渣以后，考古学家肯定麦罗埃是当时地中海沿岸以南非洲最大的炼铁中心，同时又是向非洲内地传布铁器和铁工艺的中心。

麦罗埃王国是一个强大而富庶的国家。在纳巴塔和麦罗埃的故址上，留存了不少的金字塔——国王陵墓：最初的陵墓中有精琢石棺和用古埃及文写的铭文；继而无石棺但有古麦罗埃文的铭文；最后只有砖造的小墓，无铭文。葬在纳巴塔的诸王名字历历可考，但葬在麦罗埃的诸王的名字有些尚未能考出。除墓葬外，还有其他古建筑物如神庙、住宅等。古建筑物的废墟散布很广，远及今善迪城以北 3 公里处，可见麦罗埃当时是一个很大的城市。在麦罗埃以南约 50 公里的穆萨瓦拉特，存留有大型神庙的墙壁与石柱，有很大的蓄水池和一些住宅的遗址。在再往西南约 40 公里的纳加，有保存得最好的"狮庙"的石雕。这是个最有名的古石雕文物，它是由 3 个狮头和 4 臂人身组成的，雕刻具有埃及风格。据推断，这个庙是国王纳达卡马尼（公元前 20—公元 15 年）时修复的。考古学家收集了 850 多件用古麦罗埃文书写的碑铭。目前专家们仅知道如何读法，还不能认识这种文字的意思，因而尚无法利用这些文献来进行历史研究。

根据已有的资料来看，麦罗埃王国是一个奴隶制国家。农业，特别是采矿业，已广泛地使用奴隶。它的富庶除有以肥沃地区的农业为基础外，对外贸易的发达也是一个重要因素。它和托勒密王朝的埃及保持正常的贸易关系。今日东通苏丹港的铁路路线，大致就是当时东出红海的陆路路线；较晚则沿阿特巴拉河而通阿杜利斯港。输出品除铁器外，以黄金、象牙、皮张、乌木为大宗；此外还有奴隶。由于有铁制武器，它的武力是强大的。达尔富尔可能已是王国的一部分。王国的影响沿白尼罗河而深入今马拉卡尔一带。麦罗埃国国势强盛，声威远播，它的某些国王或女王的名字曾见于希腊、罗马古典著作和《新约》中。罗马征服埃及后，南侵麦罗埃王国，劫掠纳巴塔（公元前 23 年），但是遭到顽强的抵抗，终于不得不与麦罗埃的干达塞（女王）① 媾和。"新约"中所提到的干达塞② 就是她的女儿。但当时基督教尚未传入。罗马武力虽不过第二滩，但是罗马和麦罗埃的商业交往似乎是不少的；因为在麦罗埃城一带，发现有罗

---

① 这位女王（Candace）名叫阿玛妮沙凯特。

② 见《新约》的《使徒行传》第 8 章第 27 节。《官话本新约》作：埃提阿伯女王干大基。

马式建筑的小庙和澡堂。

公元 1 世纪以后，麦罗埃王国已趋衰落。目前尚难肯定它衰落的原因。这可能与自然条件的改变有关——许多土地日渐干燥变为沙漠；同时有外族的不断侵入；最后在 325 年前不久为阿克苏姆国家所灭，库什文化遭到严重的破坏。库什文化是一个以黑人为主而深受埃及影响的古文化，它赓续发展近 4,000 年，是苏丹共和国古代史中的一个重要时期。当埃及遭受亚述人、波斯人、希腊人和罗马人的统治时，库什仍在继续独立发展。学者们认为，王权神性的概念和冶铁的方法，都是由麦罗埃向南传布的。麦罗埃王国灭亡后，它的统治阶级离开尼罗河流域西迁，把埃及—库什文化和制作铁器的知识，经达尔富尔传到乍得湖及其周围地区。

麦罗埃灭亡后的努比亚诸王国

据阿克苏姆的国王厄查纳约在 325 年留下的碑铭记载，他曾一再侵袭麦罗埃王国。当时住在麦罗埃王国的诺巴人侵扰阿克苏姆国的边界，厄查纳国王曾四次打败他们。最后一次穷追了 23 天，远抵麦罗埃城，大肆掳掠，并焚其城。在摧毁了麦罗埃王国以后，阿克苏姆并未占领它。厄查纳王远征的目的不在于领土而只是为了劫掠。麦罗埃灭亡后，在努比亚，（这个地理名词可能是从 Noba 一词变来的；一般用它来泛指今苏丹共和国北部。）先后兴起了三个黑人王国。

在尼罗河第一与第三滩之间是诺巴王国，亦称诺巴西亚。诺巴人大概是从科尔多凡迁来的游牧人。他们从麦罗埃王国得到铁器，在 3 世纪中已游牧在一、三滩之间，后越过尼罗河而向东迁徙。麦罗埃王室西迁后，他们就在这里建立王国，以法拉斯为首都。在第三与第五滩之间为马库拉王国，以栋古拉（在今栋古拉以南）为首都，故亦称栋古拉王国。这也是诺巴人建立的国家，惟他们的肤色较浅，称"红诺巴人"。在第六滩及其以南地带是纯黑人的阿勒瓦王国，以索巴为首都。

6 世纪中，这三个国家先后接受了基督教。基督教是从拜占廷传入的，教会用希腊文。这三个基督教黑人国家抗拒自埃及来的阿拉伯人侵袭，遏制伊斯兰教在努比亚的传播达 700 年。它们有时联合起来抵抗，也曾主动进攻，在 8 世纪和 10 世纪中叶曾侵入上埃及。在 700 年的对抗中，埃及居于优势，迫使三国一再缔和纳贡。652 年，阿拉伯人自埃及侵入，南至栋古拉。阿尤比王朝建立时，萨拉丁曾派军占领努比亚北部（1170 年）。马木路克的素丹们曾多次派兵侵入努

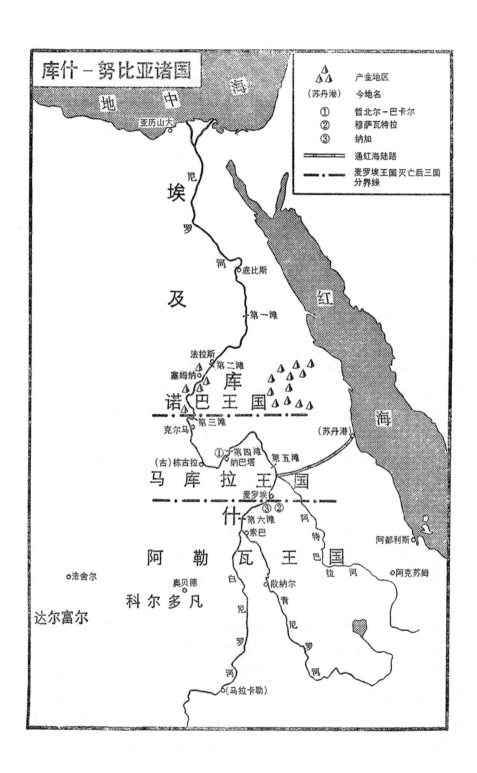

比亚，利用马库拉王国统治阶级的内部矛盾，一再扶植傀儡，干涉内政，迫其纳贡。但是，在 18 世纪以前，始终不曾占领努比亚。这是由于马木路克素丹们同时要对付欧洲十字军、蒙古人和土耳其人的进攻和镇压国内的人民起义，不可能派遣足够的军队来侵略努比亚。栋古拉的基督教王国，一直维持到 1315 年才最后为穆斯林君主所代替。阿勒瓦基督教王国则坚持到 16 世纪初最后被消灭。

关于这三个王国的经济、政治和社会发展情况，史学家知道得不多。它们既能长期抗拒穆斯林国家的侵略和留下许多基督教建筑物遗迹，可见它们已有相当高的生产水平；可能是颇为发达的奴隶制国家。10 世纪时的阿拉伯作家都说努比亚只有马库拉和阿勒瓦两个王国；北部的诺巴王国已因遭受埃及来的侵袭而不复存在了。根据马苏迪的记载，10 世纪中叶的阿勒瓦国是马库拉王国的附庸。但根据 10 世纪末的伊本·塞利姆的说法，阿勒瓦国较马库拉国更富强，是一个独立国家。伊本·塞利姆说：阿勒瓦国的首都索巴有很多构造很好的住宅、大寺院和装有金饰的教堂。这个国家的战士和骑兵都比马库拉国多；土地也很肥沃，农产品丰富。居民奉基督教，但在首都的一个郊区则住着穆斯林，可见在 10 世纪时伊斯兰教已传到这里。[1] 据 13 世纪的阿拉伯作家说，"索巴有一所非常庞大的主教礼拜堂，全国有 400 所教堂和无数修道院"。[2] 阿拉伯作家们的记载彼此存在矛盾，有时也不免夸大，但是大致是有根据的。在今日的苏丹共和国，仍留下了 200 多处基督教教堂及寺院遗址。考古学家的进一步研究，必定会使我们对穆斯林化以前的努比亚知道得更多。

东苏丹的穆斯林化

"东苏丹"是一个地理名词，它所指的范围要比今日苏丹共和国稍微大一些。努比亚（东苏丹的北半部）的三个黑人基督教国虽曾抗拒伊斯兰教的传播达 700 年，可是并不能够完全阻止阿拉伯人部落的迁入和伊斯兰教的传播。东苏丹的穆斯林化经历一个长期而缓慢的过程，三个黑人基督教王国就是在这一过程中被消灭的。促使东苏丹穆斯林化的主要力量来自埃及，但是阿拉伯人也从东、西两个方向迁入东苏丹。东苏丹和阿拉伯半岛只相隔一个红海，在伊斯兰教兴起以前，有些阿拉伯部落已渡海迁入。伊斯兰教兴起以后，在宗教外衣掩

---

① 罗·科内万《非洲史》法文版第 1 卷第 289 页。

② 参看罗·科内万《黑非洲各族人民史》第 515 页。

盖下进行的各派斗争，迫使某些失败的阿拉伯部落外迁，其中有些迁到东苏丹北部。750 年倭马亚朝被推翻后，部落的迁入更为频繁。尽管这些迁入的阿拉伯人和努比亚人难免发生一些冲突，但他们毕竟不是以征服者的姿态迁入的。他们与努比亚人通婚，推广阿拉伯语和伊斯兰教。穆斯林势力向东南方向青尼罗河发展，阻碍了努比亚基督教国家与埃塞俄比亚基督教国的联系；阿拉伯部落的继续西来，又迫使他们更向西南迁徙。这就不难理解为什么在 10 世纪中会有不少穆斯林住在阿勒瓦王国首都索巴的郊区。尽管如此，东苏丹西南部的阿拉伯人主要是从马格里布迁徙来的；在撒哈拉商路重心东移时，移民更多。十四世纪中，他们已深入到达尔富尔。东苏丹黑人部落和阿拉伯人部落的文化差距是不大的，因为努比亚有着悠久的库什文化，经济生活也很接近。除沿河地区适于农业外，其他地区是以畜牧为主。随着阿拉伯人在东苏丹广大地区的分布，阿拉伯语和伊斯兰教也日益得到推广和传布。到 16 世纪初，这一穆斯林化过程基本告一段落。东苏丹居民说阿拉伯语的占半数以上，大部分分散在北部；南部的一些不说阿拉伯语的部落，也多少懂得并能讲不很准确的阿拉伯语。可是，在采用了阿拉伯语的黑人部落中，有些同时保存了他们的原有语言。就是在接受了伊斯兰教以后，他们也还保存了他们原有信仰中的一些东西。在生活方式上，阿拉伯人却在逐渐非洲化，特别是在那些阿拉伯人占少数的地方，就更是如此。共同的经济活动和长期的彼此交往，使东苏丹各族人民趋于融合；南部和北部后来之所以形成对立，主要是英国殖民统治分而治之的政策所造成的。

15—16 世纪之交，在东苏丹南部出现了三个穆斯林国家：芳吉王国、科尔多凡王国和达尔富尔王国。芳吉人的起源至今尚无定论。大概他们是一个混合的黑人部落，原为游牧人，后来才定居在以散纳尔为首都的沿青尼罗河地带①。1504 年，他们灭了最后一个黑人基督教国阿勒瓦。1522 年，有一个到过这一带的犹太人鲁伯尼说，"国王阿马拉是一个黑人，他的权力统治着黑人和白人。"自 1504 年到 18 世纪末，这个王国的历代国王和主要事迹，都历历可考。②16 世纪的散纳尔有居民 10 万，文化发达，曾吸引开罗和巴格达的学者前来讲学。17 世纪是散纳尔王国的极盛时期，它的势力一度北抵栋古拉，屡侵科尔多凡。18 世纪后半期，科尔多凡终于成为这个王国的一个重要组成部分。

① 参看 P.M. 霍尔特《芳吉之源》，载《非洲历史杂志》1963 年第 1 期第 39—55 页。
② 罗·科内万《黑非洲各族人民史》第 518—519 页。

三国之中，科尔多凡国势最弱。它处于两强之间，时受它们的侵袭。全境有半数地区为沙漠，经济以畜牧为主，比较贫乏。这个国家的统治阶级原是达尔富尔国内战中的失败者；他们于17世纪初逃避到科尔多凡建国，维持了一百余年才被芳吉王国所灭（1748年）。芳吉国王几乎经常亲自去镇压科尔多凡的反抗。1782年，科尔多凡再度获得独立，建都奥贝德。可是达尔富尔跟着侵入，经过10年的战争，科尔多凡终于变成了达尔富尔国的一省（1795年）。

达尔富尔位于尼罗河与乍得湖之间。有人认为达尔富尔曾经是麦罗埃王国的一部分；麦罗埃遭受阿克苏姆国的摧毁后，王室西迁至此。这只是一个没有得到具体证明的假设。不过，我们认为，从当地古建筑废墟和文化遗迹看，这一假设是可以成立的。达尔富尔的最初居民是富尔人。他们是黑人，曾奉基督教。阿拉伯人自东北和西北两方迁入后，13世纪时才开始穆斯林化过程，17世纪中这一过程已基本完成。达尔富尔居民从事畜牧业与农业，并且有冶铁业。撒哈拉商路重心东移以后，达尔富尔处于商路网中比较重要的位置，有频繁的过境贸易。达尔富尔穆斯林国家建立于14世纪，17、18世纪是它的极盛时期，都法舍尔，东向与芳吉王国争夺科尔多凡。

这三个国家都是保存奴隶制的封建国家。它们从南方掠取奴隶，一半当作商品出卖。在穆罕默德·阿里统治埃及时，芳吉和科尔多凡先后为埃及吞并。达尔富尔在英国殖民主义者开始统治时期，仍保持半独立状态。

第二节　埃塞俄比亚

埃塞俄比亚的起源，阿克苏姆国家

今天的埃塞俄比亚几乎自古以来就是当地各族人民汇合之地。在公元前1、2千年以前，阿克苏姆高原地区的最早居民有一部分是黑人，一部分为含姆族。[①]他们已进入以巨石建筑为特征的新石器时代。从公元前1000年开始，以后的几个世纪中阿拉伯半岛西南部的闪米族不断渡过红海西来和他们杂居。

欧洲人一直把这个国家叫做"阿比西尼亚"。据说这个名字是源于阿拉伯文的"阿伯什"（Habashat 或 Habesh），它大概是阿拉伯半岛西南部的一个部落的

---

① 让·多列士《埃塞俄比亚》第20页。

名称。经过葡萄牙人在发音上的改变就成了"阿比西尼亚"。埃塞俄比亚人认为这个字有"混杂"的意义，故于 1941 年确定他们的国名为"埃塞俄比亚"。

据埃塞俄比亚编年史的记载，它的王室的祖先是古代以色列国王的后裔——萨巴的女王和以色列王所罗门所生的儿子孟尼利克。"萨巴"可能是源于阿拉伯半岛也门附近的古代萨巴人部落，这个部落以其首府萨巴（Saba）而得名。《旧约》曾一再提到它的女王觐见所罗门的故事。13 世纪时"所罗门王朝复辟"以后，这个所罗门后裔的传统更为统治阶级所重视。当国内发生内战或外敌入侵之时，这一传统在维护国家统一和团结对敌方面起了一定的作用，因为它已为埃塞俄比亚的广大人民所接受。

自来认为埃塞俄比亚的历史是始于公元后 1 世纪。近来考古学家在阿克苏姆发现有公元前 6 世纪时的萨巴铭文①，因而它的历史可以追溯到公元前 6 世纪以前。与布匿语一样，萨巴语也是只有子首，是由闪术人传入的。埃塞俄比亚最初是以阿克苏姆国的名字出现在历史上的，因首都阿克苏姆而得名。考古学家在阿克苏姆附近还发现王室人物雕像，亦为公元前 6 世纪物。埃塞俄比亚不曾遭受过外国侵略者的长期统治，有它自己的民族语文，这在非洲各国中是一个突出的例外。阿克苏姆国的语文是格尔茨语，它源于萨巴文，故学者们根据格尔茨语来认识在也门一带发现的古代碑铭。阿克苏姆国家包括今埃塞俄比亚的北部和厄立特里亚。在公元后的最初几个世纪中，它已经是一个奴隶制国家，广泛地使用奴隶劳动，农牧业很发达。它有繁荣的国内外贸易，铸造了金银货币。红海沿岸的阿杜利斯，（在今马萨瓦以南）是它的主要港口，同时也是国际贸易的一个中心。罗马帝国丧失对波斯湾的控制以后，这个港口更形重要。阿克苏姆国通过红海与叙利亚、希腊、埃及进行贸易；接触了埃及、希腊文化。东则沿阿特巴拉河而与麦罗埃国家联系，现在的阿克苏姆城是一个富有古代建筑遗迹的城市，有不少的寺庙与宫殿，最突出的是那些巨石圆头碑。据古籍记载，阿克苏姆共有 58 个，目前经考古学家发现的已有 130 个。每个碑都是用一块巨石制成的。其中最高的一个超过埃及的方尖碑，高 37 公尺，今已毁。现存最高的一个仍有 21 公尺高，碑上有饰刻，但无文字。关于这些巨石圆头碑的研究至今尚无结论，有些还不能肯定其年代；也难于断定其作用，可能是与宗教或帝王陵墓有关的标志。这些巨石圆头碑与阿拉伯半岛的萨巴文化无关，与埃

---

① 参看 D.H.琼斯编《非洲的历史与考古》英文版第 13 页。

及方尖碑的风格也不一样；可以肯定这是古代埃塞俄比亚劳动人民独创的。阿克苏姆国的国王已被称为"万王之王"，这意味着它已征服了或臣服了其他一些小国或部落，而形成为一个统一的国家。

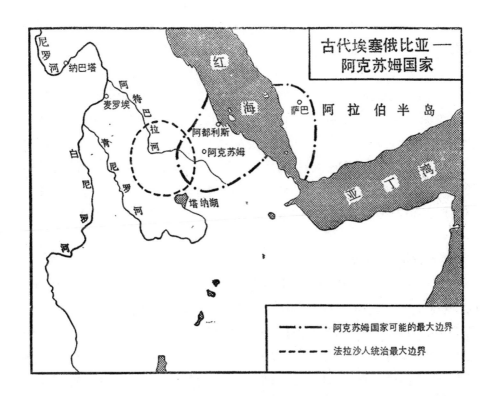

阿克苏姆最重要的一个国王是 4 世纪上半期在位的厄查纳。他是一个杰出的政治家和军事家，有若干碑铭记载他的活动，特别是他的武功。据一个格尔茨文的碑铭记载，他西侵尼罗河流域，灭麦罗埃国，远抵纳巴塔。他的军队的掠夺是很厉害的，破坏的后果严重，但不曾占领这些地区。他东向征服了阿拉伯半岛的西南角。基督教是他在位时通过叙利亚商人传入的。在这以前，已有犹太人因为避难经红海而来到埃塞俄比亚。当时的圣书是从叙利亚文翻译的。因此，埃塞俄比亚的基督教，在教义和仪式上都具有犹太教的因素，自始就不同于西方的基督教，而与埃及的基督教相近，同奉一性论。埃及科普特教会与拜占廷教会分裂以后，埃塞俄比亚的教会隶属于埃及教会，埃塞俄比亚的总主教，由埃及亚历山大里亚的大教长任命。格尔茨文因基督教的传入而更发展；厄

查纳王时进行了文字改革，在子音之外加上母音，把格尔茨文定为官书文字，用来翻译圣书。格尔茨语后来虽为南部的阿姆哈拉语（今埃塞俄比亚的国语）所代替，但它仍然是宗教用语。阿姆哈拉文是在它的基础上发展起来的。

5、6世纪时是阿克苏姆王国的极盛时期。6世纪中，它的疆土最大；与东罗马及波斯帝国同为当时世界大国。525—575年间，它最后一次征服萨巴地区，接着就丧失了在阿拉伯半岛上的领土。伊斯兰教兴起以后，阿克苏姆国日益为穆斯林势力所包围。红海和印度洋的商务为阿拉伯人所垄断。8世纪时，阿杜利斯港亦为他们所毁。红海沿岸各地先后丧失以后，阿克苏姆国不能通过海路与外界联系。同时，北有游牧部落的侵入，东边法拉沙人的势力正在扩张。法拉沙人的起源不可知，他们虽有"黑犹太人"之称，然而不是犹太人。他们住在塔纳湖以北的山区，奉犹太教，用格尔茨文本的《旧约》。8—9世纪时，他们侵入阿克苏姆国。他们的侵袭迫使阿克苏姆国逐渐向南迁徙，迄于今绍阿省。南部原已有若干国家或部落；向南迁徙就意味着一连串的战争和民族的融合。

埃塞俄比亚帝国的形成

关于9—13世纪的埃塞俄比亚的历史，现在知道得还不多。大概在10世纪时，阿克苏姆王国已不存在了。根据传说和阿拉伯人的记载，10世纪时阿克苏姆国王被法拉沙人女王埃赛特所推翻，王室遭到屠杀，所罗门世系中断，直到1270年才恢复。埃赛特的统治不久又为扎格维王朝所代替（1135或1137年）。扎格维王朝是含姆族的阿古人建立的，他们自称是摩西的后人，也信奉基督教，曾反对闪米族的上层阶级的统治。在这个王朝统治的133年中（1137—1270年），基督教在继续传播，教会势力继续增长。13世纪初，国王拉利贝拉在拉斯塔省建新都拉利贝拉。他笃信基督教，大建教堂和寺院。有些建筑物是用当地岩石凿成的巨型独石建筑。最大的一个教堂叫梅德哈尼阿莱姆，意为救世主。它是一座红色的大建筑物，长110英尺，宽77英尺，高36英尺。[①]上层的小窗子形状像阿克苏姆石碑的顶部，屋顶也是石碑形。修建这类建筑物是非常艰难的。首先要从原有岩石凿出它的外形，留出周围的空隙。在雕饰外表的同时，要挖空内部。然后在里面凿通窗户，最后才是内部的装饰。在教堂内的雕刻中，有浅浮雕，是埃塞俄比亚艺术中所不常见的。这类建筑物虽有其独特的风格，但

---

① 理查德·格林菲尔德《埃塞俄比亚新政治史》中译本第71页。

仍体现了阿克苏姆艺术的特征，是它的最高发展，至今仍吸引着专家们的注意和欣赏。[①]扎格维王朝灭亡后，文献遭到新王朝的毁坏，使我们难于了解这一时期的社会发展。但是，这些独石建筑物不仅体现了当时的艺术水平，同时也体现了当时的生产力水平和阶级关系。显然只有在相当高的生产水平情况下，才有余力来从事这类艰难的工程；只有严酷的阶级压迫，才会迫使人民担负这样辛苦的劳动。

1270 年（一作 1268 年）标志着埃塞俄比亚帝国的开端。从这以后，有官方的年代记和其他文献可考。在这一年，皇帝叶库诺·阿姆拉克（1270—1285 年）推翻了扎格维王朝而恢复所罗门王朝。他建都于绍阿省的安姆柯柏尔，但阿克苏姆城仍为皇帝加冕之所。在此后的 250 年中，在欧洲人到来以前，帝国一方面与穆斯林诸国进行不断的斗争，一方面扩大了版图而形成了封建制的埃塞俄比亚帝国。它当时的边界颇难确定，大致已包括今天的绍阿省及其以北地区；而对其南边的哈拉尔和北部的提格雷省的控制则不很巩固。绍阿省是帝国中心，但在居民中占优势的却是北部的阿姆哈拉人。皇帝仍称"涅古斯"——"万王之王"，这表明帝国是由若干王国组成的。各王国变为帝国的行政区，王公们为皇帝提供军队并代征贡赋。皇帝令各国王进献公主以维持臣属关系。帝国虽然有固定的首都，但是皇帝经常巡行各省。巡行队伍除皇室和中央的各级官吏以外，还有封建上层和他们所统率的兵员，总数经常为两三万人，有的著作曾说多达 150,000 人。[②]皇帝所在的营帐，等于是一个大城市。因此，有人认为当时帝国并无固定的首都。中央政府的巡行虽无固定的方向，然而还是有计划、有组织的。在这个山国里，交通困难，不便于贡赋的运输；巡行一方面有就食的意义，一方面借此经常保持帝国的团结，以巩固封建中央政权。全国可耕地大概 1/3 归皇室，1/3 归寺院，1/3 归世俗领主。领主和寺院的土地在原则上是可以剥夺的。虽然已进入封建农奴制，却仍然保存了奴隶制度。农奴除缴纳贡赋和服徭役外，还必须为领主服兵役。地租和贡赋概用实物。大概是由于国内市场不发达和对外贸易衰退的缘故，原有的货币关系反而消失了。俸给、交换也用实物。工业不发达，统治阶级和教会所需要的贵重日用品，由穆斯林商人或科普特商人贩运入境。商务主要操在穆斯林手中，集中在绍阿省和哈拉尔。

---

① 多列士《埃塞俄比亚》第 95 页。
② 杰斯曼《埃塞俄比亚奇说》英文版第 46 页。

在这个封建帝国里，科普特派基督教会起着很重要的作用。帝国的扩张与基督教的传播是并行的，传教活动由寺院主持。教会中的等级制和皇室权力有密切联系，政教关系是密不可分的，教会的势力可以左右政治。教堂和寺院不仅很大，在数量上比同一时期的欧洲还要多。它们的主持人就是大封建主，教会的地产不断增加，僧侣的数目也随之日益扩大，有增无减的地产仍不足以供养日益增多的僧侣和教士。他们大半出身于阿姆哈拉和绍阿两省的统治阶级。寺院生活很活跃，宗教节日和宗教仪式也跟着增加，这就更增加了教会对人民的影响。总主教称"阿布纳"，自451年以来，概由埃及亚历山大里亚大教长任命。总主教不但可以管理僧侣和教徒，甚至皇帝的手谕也要经他签署。教会上层构成统治阶级的一个组成部分，他们可以干预帝位的继承，可以借口宗教上的分歧来发动封建内战。文化事业完全操在教会手中。13世纪以后埃塞俄比亚进入一个文学复兴时期，大量翻译全书，其次为文学和史学著作。

以上就是葡萄牙人到达前埃塞俄比亚帝国的基本情况。关于这时期的生产力和阶级斗争情况，目前还缺少研究。皇帝巡行的大队人马和全国为数日多的僧侣的巨大糜费，都是需要农牧民来供养的。此外，统治阶级用以交换奢侈品——特别是教堂、寺院的装饰品，也需要大量的物资。由此不难设想，生产已发展到相当高水平，而对人民的剥削是颇重的。编年史上虽常常透露农民反抗封建压迫的起义和骚动，但是缺少具体说明这些阶级斗争的材料。埃塞俄比亚还不是一个中央权力强大的集权国家；频繁的封建内战经常使国家四分五裂，封建主能够利用农民的不满来发动战争。皇帝们同时还要应付穆斯林国家的挑战。

帝国和穆斯林诸国，盖拉人及欧洲人的关系

自红海为阿拉伯人所控制以后，伊斯兰教就随着阿拉伯商人由沿岸向内地迅速传播开来。在达纳基尔和自今索马里北部到绍阿省边沿一带，出现了一些大大小小的穆斯林国家。它们与信奉基督教的埃塞俄比亚帝国不断发生战争。这些战争不能单纯地解释为宗教战争，尽管双方都在利用宗教信仰作为号召来集结他们的力量。穆斯林国家的统治阶级主要是富有的商人，他们已经控制了埃塞俄比亚帝国的对外贸易。他们想利用这个帝国的内部分裂来控制其国内商业，扩大贸易范围。

在这些穆斯林国家中，先后成为埃塞俄比亚的劲敌的，有伊法特和阿达勒两国。伊法特国家在11世纪中即已形成，它深入内地山区，13—14世纪时和埃塞俄比亚进行一连串的战争。埃塞俄比亚的安姆达·息昂"大帝"（1314—1344年）曾一度将其征服，但是直到 15 世纪初才最后消灭。北濒亚丁湾而扼红海出口的阿达勒国家（它的一部分领土在今索马里东北部），自 12 世纪以后不断与埃塞俄比亚发生战争。伊法特国家衰落后，阿达勒成为埃塞俄比亚的主要敌人。它的首都达卡尔位于哈拉尔东南。哈拉尔在 14 世纪时已是穆斯林商业和文化的中心，不久脱离了埃塞俄比亚而成为阿达勒国的一部分。埃塞俄比亚拥有内线作战的有利条件，而穆斯林诸国又不能团结一致，所以埃塞俄比亚军队能屡败他们。但军事胜利却不能够阻止伊斯兰教在国内的传播。到了 16 世纪初，奥斯曼土耳其的势力伸入红海，联合了这些穆斯林国家，严重威胁着埃塞俄比亚。埃塞俄比亚遂想在欧洲基督教诸国中寻求支援。

自 12 世纪十字军高潮时期以来，欧洲流行着东方有所谓"约翰长老"的基督教大国的传说。罗马教廷和西欧各国都想联合这个"大国"来夹攻塞尔柱土耳其人。欧洲的十字军失败后，通好"约翰长老"的企图并未放弃。罗马教廷、法国和阿拉图（西班牙）都派遣使者东来。这些企图都失败了。大约在 13 世纪中，法人亚丹曾到达索科特拉岛，了解到当地居民信奉基督教，然而他并未深入埃塞俄比亚。在 15、16 世纪之交，埃塞俄比亚曾一再派人到欧洲去联系，也不曾得到具体结果。第一个到达埃塞俄比亚的欧洲人是葡萄牙人柯威兰。他是 1457 年从欧洲出发的，大约到 1490 年时才辗转亚丁湾抵达埃塞俄比亚，为皇帝艾斯康德尔（1478—1494 年）所留。欧洲教会认为埃塞俄比亚就是"约翰长老"的大国。葡萄牙人发现新航路和侵入印度以后，很长时期埃塞俄比亚和欧洲诸国的关系，主要是与葡萄牙的关系。1520 年，葡萄牙派出的第一个正式使团到达埃塞俄比亚，开始了西方殖民主义渗入埃塞俄比亚的前奏。这个使团是由海道到达的，在埃塞俄比亚住了 6 年（1520—1527 年）。使团的牧师阿尔瓦雷兹在这里遇到了柯威兰。阿尔瓦雷兹归国后发表了《出使埃塞俄比亚记》（1540年），真实地反映了当时埃塞俄比亚情形。我们对于 15—16 世纪埃塞俄比亚的情况知道得比较具体些，就是得之于这一著作。

埃塞俄比亚和葡萄牙的关系引起了穆斯林国家的注视。葡萄牙使团离开以后不久，阿达勒国就发动了对埃塞俄比亚的进攻。这次战争是在艾哈迈德·格兰①指挥下进行的。他是阿达勒的统治者，称"伊马姆"。他的军队在土耳其人

---

① 他原名艾阿哈迈德·加齐，格兰是他的绰号，意即"左撇子"。

及其火器的支持下，蹂躏埃塞俄比亚达16年之久（1527—1542年）。他攻占了帝国的南部，迫使居民改奉伊斯兰教；进而焚毁了阿克苏姆城（1535年），劫掠了戈贾姆省。皇帝求援于葡萄牙。1541年，葡萄牙舰队驶达马萨瓦，以450人入援，被得到土耳其人支援的格兰军队所败。皇帝盖拉德乌（1540—1559年）得到人民的支持，重新结集他的队伍，利用残存的少数葡军及其火器，在塔纳湖畔大败入侵敌人。格兰战死。穆斯林军失去了领袖后，立即败溃下来。盖拉德乌收复失地，赶走敌人。但是，土耳其人仍占领着马萨瓦港一带，继续侵蚀埃塞俄比亚土地。埃塞俄比亚经过长期的战争蹂躏以后，国家元气大伤。寺院财富被劫掠一空，建筑受到破坏；居民遭受屠杀，大量被俘为奴，人口锐减。在重建帝国的过程中，埃塞俄比亚又遇到两个阻力：一为南边游牧民族盖拉人的侵袭，一为葡萄牙人的干涉内政和制造内战。

盖拉人的起源，至今未能确定。他们是属于含姆族。多数学者认为，他们住在索马里南部，远在索马里人之前，就游牧在埃塞俄比亚高原与索马里平原之间。1522年，盖拉人即已进入埃塞俄比亚。艾哈迈德·格兰的入侵使埃塞俄比亚的南部更为空虚，盖拉人乘虚而入，侵袭的范围日益扩大。埃塞俄比亚虽然屡败盖拉人，但是未能完全遏止盖拉人的侵袭。盖拉人是善于骑射的游牧人，进退迅速，难于歼灭。但他们只是个别部落的入侵，缺乏统一的国家组织，不曾采取大规模的共同行动。因此，他们虽长期侵扰埃塞俄比亚帝国，却不能动摇帝国的存在基础。他们也不断侵袭阿达勒国家，促使它最后衰亡（1567年），这无异于替埃塞俄比亚消除了东北部的一大威胁。

在盖拉人侵袭的同时，葡萄牙人在帝国内制造分裂与内战。所剩无几的葡萄牙军队一直留驻埃塞俄比亚。他们的后裔信奉天主教，享受特殊待遇，形成一个特殊集团。葡萄牙人迁来日多，尤其是耶稣会教士，其中有些是西班牙人或其他国家的人。成立不久的耶稣会（1534年成立），自始就是西方殖民主义的工具。他们干涉埃塞俄比亚人的信仰，制造宗教和政治上的矛盾。甚至有的教士要求葡萄牙政府派遣军队来征服这个国家。教长奥维多在埃塞俄比亚20年（1557—1577年）的活动，都是干的这一类勾当。教长门德斯居心叵测地提出一些埃塞俄比亚人难以接受的措施：全体教徒须重新受洗，所有教堂须重新命名，在祈祷时用拉丁语代格尔茨语，不承认埃塞俄比亚已有的"圣人"，挖掘他们的坟墓。①他们的目的在于搅乱埃塞俄比亚人的信仰和生活习惯，通过天主教的传播来征服埃塞俄比亚。耶稣会教士多半是些能言善辩的神职人员，有时竟能说服某些怀有野心的封建主甚至皇帝改奉天主教。在宗教外衣的掩盖下，帝国统治阶级内部矛盾越发复杂，阶级矛盾也更趋尖锐。封建贵族借口皇帝改变信仰，要求国教的天主教解除他们效忠皇帝的誓言，兴兵作乱。统治阶级利用宗教来进行内战，被压迫的农民也利用宗教来反抗剥削与压迫。这就造成长达 70 余年（1560—1632 年）的内战；封建内战和人民群众的起义交织在一起。后来皇帝苏斯尼约斯②（1607—1632 年）改信天主教，推行所谓"宗教改革"，更加剧了封建内战，扩大了人民起义的规模。皇帝的武力手段未能得到预期的结果，最后被迫让位给他的儿子，这就是有名的法西利达斯（1632—1667 年）皇帝。

法西利达斯决心结束长期内战局面。他曾对内战的热衷者说"你们看到的这些躺倒在地上的死人既不是异教徒，也不是穆斯林……他们是你们自己的臣民，你们的同胞，有些还是你们的亲人……我们赢得的并不是一次胜利"。③他在结束了内战后，决定禁止天主教，驱逐耶稣会教士，没收他们的武器。他禁止所有欧洲人——当时统称为"法兰克人"——入境。在对抗天主教这点上，他和土耳其人是一致的；所以他和据有萨瓦金和马萨瓦的土耳其帕夏订约，禁止西方教士在那里登陆。这些措施收到了预期的效果，除个别例外以外，一直到 18 世纪末才有欧洲人再到埃塞俄比亚来；从而阻止了西方殖民主义的侵入达两百年。被逐的耶稣会教士留下了不少的记载，这些记载与百余年前阿尔瓦雷兹的态度就完全不同了。他们肆意诋毁，把埃塞俄比亚人说成是"野蛮人"，把法西利达斯描写为残暴的君主。法西利达斯显然是一位有远见的、有决断的政治家。他怕因宗教问题而造成无休止的内战，他担心由此招致外国的武力干涉。他的这种看法后来得到了证实；被驱逐的耶稣会教士在到达印度以后，曾一再敦促葡属印度总督派兵去占领萨瓦金和马萨瓦，进而征服埃塞俄比亚。当时的埃塞俄比亚正需要社会秩序与和平环境来恢复国家的元气。他的停止内战，抵御葡萄牙殖民者侵略的政策符合了人民的意愿，具有进步意义。埃塞俄比亚暂时再度进入一个与外界隔绝的"孤立时期"。

---

① 让·多列士《埃塞俄比亚》第 158 页。

② 加冕后称梅勒克·塞吉德三世。

③ 多列士：《埃塞俄比亚》第 159 页，引文略有校正。

冈达尔时期的埃塞俄比亚

自 1633 年驱逐葡萄牙人到 19 世纪 40 年代的 200 多年是埃塞俄比亚历史上的再度"孤立时期"。法西利达斯定都塔纳湖附近的冈达尔，故称冈达尔时期。这一时期的埃塞俄比亚并不像某些西方史家所描写的那样始终是一团混乱和黑暗。在法西利达斯在位（1633—1667 年）及其以后的 40 年（1667—1706 年）中，埃塞俄比亚不仅医治了外患与内战所造成的创伤，经济上还有一定的发展，给当时西通苏丹和东通红海的商路带来了繁荣。冈达尔及其附近出现了几十所修道院和教堂，这些遗留至今的建筑物及其文物表明了当时生产发展的水平。冈达尔是当时最重要的城市，设有各种学校，是帝国的文化中心和政治中心。后来随着封建割据形势的发展，它逐渐趋于衰落。

埃塞俄比亚把首都固定在冈达尔以后，废除了长期以来皇帝巡行全国的制度。所以采取这项措施可能是因为经过长期战乱，各地难以供应庞大的巡行队伍。可是巡行制度的废除也使中央政权丧失了控制地方封建主的手段，与此同时它又未能建立一套管理全国的行政系统。从此，在这个封建帝国里封建割据的局面更趋严重。地方封建主逐渐坐大，不受中央节制。在这个山国中，交通困难，用兵不便，在 6—10 月的暴雨季节更是寸步难行。封建主能够凭险固守抗拒统一，有时还联合起来反抗中央。自 1706 年以后，冈达尔宫廷又不断发生帝位之争，阴谋和暗杀相继，更削弱了中央的权力。冈达尔虽是首都，但是皇帝的权力和财力往往比不上地方大封建主。18—19 世纪之交，局势最为混乱，皇帝已不是"万王之王"，不复有中央权力。1800 年左右，国内同时有六个皇帝并立。在这些对立的封建势力中，以中部的阿姆哈拉，北部的提格雷，较南的绍阿和西北部的戈贾姆四邦最为强大，互争雄长。小封建主的数目不可胜数，有些是自封的。教会也是封建割据的势力。僧侣的数目有增无已，平均每五个成年男丁中就有一名僧侣。寺院掌握了全国 1/3 以上的可耕地以养活这个庞大的寄生阶层。农民的生活非常困苦，他们除遭受教会和世俗地主的剥削以外，还被征发参加封建主间的战争，罹遭战祸。社会秩序混乱，盗匪遍地。有些匪首实际上就是封建主。这种封建割据局面一直延续到 19 世纪中叶西方殖民主义再度侵入的时候。为了抵抗外敌的侵入必须统一全国，这就是此后几代皇帝所面临的双重任务。

在冈达尔时期中，盖拉人的入侵并未停止。皇帝和地方封建主对他们已不能进行有效的抵抗。皇帝巴卡法（1721—1730 年）鉴于不可能赶走他们，遂采用利用他们的政策，正如罗马皇帝利用日耳曼人一样。他曾在盖拉人中避难，通其语言。其他封建主也采取了类似的措施。埃塞俄比亚文化对盖拉人起了自然的同化作用，使他们定居下来，接受基督教或伊斯兰教。封建贵族有时也与盖拉人的上层通婚。结果，盖拉人逐渐变成了埃塞俄比亚居民的一个重要组成部分；他们分布的地区与今日大致相同。盖拉部落也参加埃塞俄比亚的封建内战；在 18 世纪中叶，他们的望族还能影响中央政权。

第三节　东非的僧祇城邦

僧祇城邦的形成

公元七世纪开始出现和逐渐繁荣起来的僧祇城邦，分布在自索马里南部到莫桑比克的东非沿岸。它们在这一带兴起，有着很深的历史渊源。早在公元前 1500 年以前，索马里沿岸一带就已出现了蓬特国家。从古埃及的文献和神庙浮雕中，我们知道埃及在十八王朝时即与蓬特通商。派遣商队通蓬特是埃及女王哈特舍普苏特（约当公元前 1490—1468 年）在位时的一件大事。那时，从蓬特输入黄金、象牙、香料和乌木等。古希腊文献把索马里及其以南地区称为阿扎尼亚，称其居民为阿扎尼亚人。这不可能是指班图人，因为班图人迁徙到东非沿岸是较晚的事。阿扎尼亚人可能是指由北部迁来的属于库希特语的部落。1 世纪时的《红海回航记》，只说这一带的居民身材魁伟，并不曾提到他们的肤色[1]。直到很晚以后，10 世纪的阿拉伯作家马苏迪才说朱巴河一带的居民是黑人；他和 12 世纪的伊德里西都提到"僧祇人"。他们所指的僧祇人即东非班图人。阿拉伯人早已使用"僧祇人"这一名称。"僧祇"一词源于波斯文，经拉丁化以后，它有 Zendj、Zanj、Zenj 等不同拼法；中国古籍早已译作"僧祇"，对音最为相近，所以本书也采用这一译法。"僧祇"的原意是黑，即指黑人；"桑给巴尔"（Zanjibar）这个名称就是由这个词转变来的，意即"黑人海岸"，不是专指桑给巴尔一岛。"僧祇人"不是一个种族名称，可以理解为东非沿海黑色居民的通称，也可以广义地理解为包括亚洲移民在内的东非沿海居民的通称。西方史学

---

① 以下所引用《红海回航记》，马苏迪、伊德里西、托勒密、伊本·巴图塔诸人及葡萄牙人的著作和《基尔瓦史稿》的材料，是引自弗里曼－格伦维尔：《东非沿岸：从公元初至 19 世纪文献选编》1962 年英文版第 1—64 页和戴维逊：《昔日非洲》1964 年英文版第 103—138 页。

家常用"僧祇帝国"一词来指非洲人和亚洲移民在东非沿岸所共同创造的城市文化。它的范围包括今天索马里南部、肯尼亚、坦桑尼亚和莫桑比克的沿海地带及岛屿。不过"僧祇帝国"一词是不科学的,这只是滥用"帝国"一词来概括这样一些属于同一类型的城邦;这些城邦始终不曾形成为一个统一体,所以我们改用"僧祇城邦"一词。①

东非原有居民已知道用铁。这可能是库什人传入的;也可能是班图人自己独立发展的,因为斯瓦希里文中的"铁"字源于班图语。5世纪时,东非人民已进入铁器时代。到了12世纪,东非的铁器铸造业已达到高度水平。马苏迪提到僧祇人普遍用铁的事实;伊德里西更述说了马林迪、蒙巴萨、索法拉等地的僧祇人民开采铁矿和输出铁器的情况。其中,索法拉出产的铁器曾远渡重洋,畅销印度。因为索法拉的铁无论就数量质量或可锻性而论,都要比印度铁强。正是进入高度发达的铁器时代,才出现了僧祇城邦的繁荣时期。僧祇城邦是随着印度洋贸易的发展而繁荣起来的。东非居民很早就和外界有贸易来往,埃及和蓬特的关系主要是贸易关系。腓尼基人、希腊人和罗马人都曾通过红海沿着海岸南来贸易。亚洲的波斯人,印度人特别是阿拉伯人,则横渡大海前来。《红海回航记》是罗马帝国时期一位埃及亚历山大里亚港或其他港口的航海家所留下的一本用希腊文写的著作,其中有关东非沿岸的记载都是根据他的目击,并非得之传闻。他说,阿拉伯商人常来经商,输入矛、斧、刀等武器,还有各种各样的小玻璃器皿;他们熟知当地情况和语言,和当地居民通婚。当地居民实行部落酋长制,输出则以象牙、犀角和玳瑁为大宗,此外亦有奴隶。书中所记东非各港和岛屿,直到鲁菲季河为止。由此可见,早在1世纪以前,已有阿拉伯商人定居在东非沿岸。亚洲商人之所以能够经常往返于东非沿岸,是得力于印度洋上的季风——每年冬季刮东北风,吹向西南;夏季刮西南风,吹向东北。《红海回航记》表明古罗马航海家就已知道利用这种季风。②不过要到阿拉伯人海上贸易发达时才尽量利用它来与东非进行定期航行。他们的商船最南只能到达索法拉以南不远之处。再往南,船只就不易回航北返。因为这里的风向主要是东南风而不是西南风,印度洋的暖流又是沿着莫桑比克海岸自北而南。只有离开海岸很远,才能利用东南风和来自东南的洋流沿马达加斯加岛北航,这也要在

---

① 坦桑尼亚史学家也认为"僧祇帝国""没有任何现实的根据",希望此后再也不去提它。

② 古代阿拉伯的赛伯伊人在罗马人之前就已掌握了阿拉伯海的季风的"秘密"。

航海技术更为发达的时代才能做到。因此僧祇城邦的影响最南只到达索法拉以南不远之处。阿拉伯人的贸易范围扩大以后，印度洋的贸易大半控制在他们手中，从而把东非地区卷入穆斯林贸易世界。

定居在东非沿岸的阿拉伯人并不限于商人。由于阿拉伯半岛各部落间的斗争和内部阶级矛盾，早有不少的阿拉伯人避居东非。伊斯兰教兴起以后，阿拉伯半岛的阶级斗争和部落之争在宗教的外衣下表现得更尖锐、更频繁。斗争中的失败者有些就迁移到东非沿岸，有的是整个部落迁来的。最初来的一批是信奉十叶派的来自阿曼的部落，7世纪末，他们到达桑给巴尔岛，最后定居在大陆沿岸的拉木一带。继而是来自也门的部落。公元8世纪他们定居在摩加迪沙和蒙巴萨一带。据说在10世纪初，住在哈萨的阿拉伯人七兄弟来到摩加迪沙，战胜了先他们而来的阿拉伯人，并将其势力扩展到蒙巴萨一带。摩加迪沙的商人远航到索法拉。据《基尔瓦史稿》说，基尔瓦是来自设拉子的波斯人建立的：约在975年时，设拉子素丹和他的六个儿子来到东非；除基尔瓦外，他们还移殖到蒙巴萨、奔巴、马菲亚和科摩罗群岛等处，而以基尔瓦为中心。所谓"七兄弟"和"父子七人"大概是代表七个氏族或大家族。以上只是一些见于记载的迁徙。由于避难或经商的关系，阿拉伯人和波斯人不断地迁到东非沿岸定居。他们来到东非沿岸以后，一般选择近海的岛屿作为他们的居留地，因其既易于占领，又易于设防自卫。基尔瓦原是与大陆相连的，他们来到以后，开凿一条运河，把它和大陆隔开。他们的经济活动本以海上贸易为主，在定居下来以后，也发展起农业和畜牧业；其目的只是为了自给，而不是为了生产出口商品。居留地逐渐发展为城市。这些城市的建立虽多半见于文献记载，却颇难肯定其建立的时期，大概到12世纪时，这些城邦都已先后形成了；13—15世纪时是它们的极盛时期。这些城邦分布在今索马里南部、肯尼亚、坦桑尼亚和莫桑比克沿岸。在索马里境内的主要城市有泽拉、柏培拉、摩加迪沙、布腊瓦等；在肯尼亚境内的有帕塔、拉木、马林迪、蒙巴萨等；在坦桑尼亚境内的有奔巴、桑给巴尔、马菲亚、基尔瓦等；在莫桑比克境内的有莫桑比克、索法拉等。僧祇城邦的历史是东非诸国古代史的一个重要组成部分。

僧祇城邦的社会经济发展

为了制造"古已有之"的理论替近代西方殖民主义辩护，有些西方学者把僧祇城邦说成是阿拉伯人和波斯人的"殖民地"。其实，这些城邦不只是亚洲人的

"居留地"，而且是亚洲移民和东非原有居民在长期的民族融合过程中所共同建立的城邦组织，其影响远达非洲内地。有些西方学者经过对东非历史的初步研究，已放弃上述的歪曲提法。其中突出的例子是马修博士。他原来认为这些城市是阿拉伯人和波斯人的"殖民地"；后来，"他和寇克曼开始倾向于认为这些城市是通过波斯与阿拉伯商人的出现而逐渐伊斯兰化的非洲社会。"① 马修曾指出，所有中世纪的地理学家都认为僧祇地区就是黑人地区。② 马苏迪在《黄金草原》里指出，僧祇地带南止于索法拉。至于北起何处，他没有说清楚。但是他说，沿海村落延绵 700 "帕拉珊"③。伊德里西说，僧祇居民肤色黑。伊本·巴图塔说，离亚丁航行 4 日抵泽拉，"它是柏培拉的首都，居民为黑人"。索马里的原有居民是说库希特语的索马里人，他们与亚洲移民混合，至迟在 9 世纪时已接受伊斯兰教，并建立了一些穆斯林国家。自 10 世纪以后，肯尼亚及其以南的沿海黑人已经是班图人。

在大多数僧祇城邦中，阿拉伯商人和船主们构成统治阶级。阿拉伯人带来了阿拉伯文化。他们与非洲人通婚，在日常生活中深受非洲人的影响，所以他们是非洲化了的阿拉伯人。在有些城市中如基尔瓦等，波斯商人也曾居于统治阶级的地位。在现代考古学家考察过的那些石建废墟中，只有桑给巴尔的一个清真寺和基尔瓦的一个宫殿是具有波斯风格的建筑。此外 16 世纪中被盖拉人摧毁的格底城可能也是波斯人兴建的。由此可见，迁到东非的波斯人要比阿拉伯人少得多；进入 15 世纪以后，他们已与阿拉伯人混同起来了。在这些城市中，有不少印度人，他们不属于统治阶级，但是他们在金融方面具有相当的势力。此外，还有一些马来·印尼人，因为他们长期经由东非沿岸及岛屿而迁往马达加斯加，只有很少一部分留住东非。这些城市中的基本居民仍然是非洲人。其中操斯瓦希里语的称斯瓦希里人。他们是非洲人和亚洲人通婚产生的混合种，信奉伊斯兰教，采取阿拉伯人的生活方式。斯瓦希里语是一种以班图语为基础而经阿拉伯语化的语言，是因商业关系而发展起来的。它的语法是纯班图语型，但有不少阿拉伯语词汇，使用阿拉伯字母书写，19 世纪中才改用拉丁字母。10 世纪时的阿拉伯文献已提到了斯瓦希里人，13 世纪时斯瓦希里语即已完全形成，

---

① 琼斯主编《非洲的历史和考古》第 14 页。

② 奥利弗主编《非洲历史的黎明》1961 年英文版第 52 页。

③ Parasang，帕拉珊为波斯长度名，约合 6 公里。

并且出现斯瓦希里文的文学作品。它已成为肯尼亚和坦桑尼亚的通行语言，并流行今扎伊尔东部及马达加斯加岛。东非这些城市中的最下层居民是从非洲内地掠来的奴隶，他们担负农、牧业和工业的生产，采矿和操持家务。有许多城市还用黑奴当兵，布腊瓦在对抗葡萄牙人进攻时，曾使用六千名奴隶组成的军队参加作战。

这些城市各自形成为独立的城邦，彼此竞争激烈，它们从来没有统一为一个帝国。像摩加迪沙、奔巴、蒙巴萨、桑给巴尔等城邦都曾一度称霸于附近地区。其中最强大的城邦是基尔瓦，在12世纪中叶它夺得控制索法拉的贸易权。控制索法拉是基尔瓦能够长期称霸的一个主要原因，因为莫诺莫塔帕国家的黄金和加丹加的铜都是经由索法拉出口，此外该地区还拥有大宗象牙。[①]由于贸易发达和市场扩大，基尔瓦在13世纪时即就已自铸钱币，稍后，摩加迪沙和桑给巴尔等城邦也自铸钱币。马林迪和蒙巴萨至迟自12世纪起，已大量开采铁矿，铸造和输出铁器。摩加迪沙以纺织业著称，所产粗棉布和骆驼毛布销行于埃及市场。然而这些工艺品，在东非出口贸易的总值中并不占重要的比重。

僧祇城邦的繁荣主要是靠贸易，特别是海外贸易。僧祇诸城邦的商人垄断了东非内地与外界的贸易。在阿拉伯人所控制的印度洋贸易网中，僧祇城邦地位相当重要。印度的卡利卡特和坎贝诸港就是由于对东非的贸易而繁荣起来的。当时的东非诸港，交易活跃，吞吐可观。从中国贩运来的货物有丝绸、瓷器、漆器、药物（如大黄）等；从印度运来的有棉布、宝石、珠子和贝壳等物；从西亚和东南亚地区运来的有胡椒、豆蔻、丁香（当时东非不产丁香）等香料和铁器等。从东非输出的主要货物，有龙涎香、乳香、肉桂等香料；黄金、象牙、犀角、豹皮、玳瑁、琥珀、蜜、蜡等物。当时欧洲正需要黄金、象牙和香料。15世纪是从东非输出黄金量最大的时期，主要是通过索法拉港输出的。当时虽有奴隶输往东方国家，但为数是很少的，中世纪文献中很少提到奴隶的输出。从亚洲输入的货物，一部分用来交换东非内地的货物，一部分则转口输往欧洲。在内地贸易中，斯瓦希里人起了重大的作用；阿拉伯商人通过他们在内地建立商站，与非洲内地各部落进行正常的贸易。当时东非内地的商路与19世纪中为获得奴隶而开辟的商路不同，并未通向北部大湖地区。内地贸易范围只限于赞

---

① 葡萄牙人侵占东非以后，1515年时，索法拉的一个葡萄牙商人每年还可从该地区收购到51,000磅象牙。

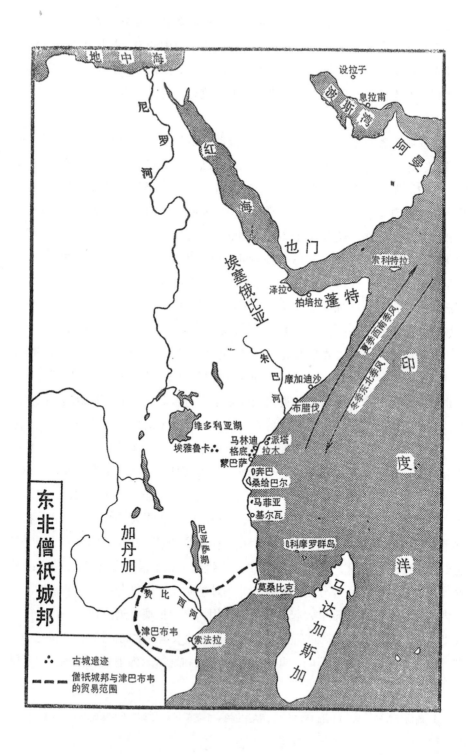

比西河以南通往津巴布韦和加丹加一带。内陆商路基本上是由非洲人开辟的。他们从遥远的内地把货物运到便于出海的商站来进行交易。通过贸易的关系，僧祇文明的影响传入内地。伊斯兰教通过贸易关系缓慢地传布开来，但一般只限于赞比西河以北的沿海和沿海岛屿。长期的贸易接触，不能不影响非洲人的社会发展，近海的某些部落已发展为国家。伊本·巴图塔认为这些黑人国的制度，与他在撒哈拉南部所看到的黑人国家相类似。葡萄牙人初来时，也发现有穆斯林黑人国王的城市。这就说明僧祇城邦的影响并不限于沿海城市。

僧祇城邦曾产生了高度的物质文明。马苏迪说，索法拉是一个盛产黄金及其他异物的港口。伊德里西说，马林迪、蒙巴萨和索法拉都是冶铁业中心。伊本·巴图塔曾目击东非城邦的繁荣景象：摩加迪沙这个大城市每天要宰杀几百头骆驼；基尔瓦是"世界上最美丽而又建筑得最好的城市之一"。葡萄牙人初到东非时，看到这些城市的高度文明深感惊讶：蒙巴萨港口停泊着无数的船舶；摩加迪沙的房屋高达数层，城的四角有望塔；基尔瓦的房屋与西班牙的房屋相类似，居民的衣着是用质地优良的棉布和丝绸做的。可惜这些城邦不久就遭受葡萄牙人的劫掠而被摧毁，许多城市变成了废墟，基尔瓦这样繁华的城市满目荒凉，降为一个村落。依靠现代考古学家的努力我们才得再度认识这一文明的面貌。考古学家已在东非沿岸找到一百几十个旧城遗址。这一研究工作还在进行中。对于已进行过一些研究的废墟，也还不能作出最后的结论，例如初步估计拥有 6,300 余所住宅而远离海岸四百多公里的埃雅鲁卡，至今仍然是一个被人们了解得很少的遗址。我们还无法断定它与僧祇城邦的关系。在这些旧城遗址中，发现有大量的古代希腊、罗马、拜占廷、埃及、波斯和印度等的钱币，还有更多的早到七世纪时的中国钱币。津巴布韦出土的中国瓷器显然是经由这些城邦运去的。津巴布韦出土的串珠品种，有 80% 都能在基尔瓦找到。这就有力地证明津巴布韦一带已通过这些城邦而与东亚和南亚诸国进行了经常的贸易。在这些废墟中，有许多穆斯林建筑遗址，以清真寺和坟墓为最多。在基尔瓦——今基尔瓦·基西瓦尼、松加·姆纳拉、马菲亚等岛上所发现的石建宫殿有些是非常壮丽宏伟的。松加·姆纳拉还有石建的渠道。根据现有的考古材料和历史文献，我们可以得出这样的结论：僧祇城邦已创造了高度的物质文明，它是随着范围广阔的海外贸易的兴盛而发展起来的。它的中心是在东非沿海城市，它的影响则已深入东非内地，远及津巴布韦。僧祇文化不是单纯的阿拉伯文化，而是阿拉伯化的非洲文化。僧祇城邦的伊斯兰教也有它自己的特征；在这里，城邦之争并不体现为教派之争。非洲化的亚洲移民和非洲人共同创造了这一文化。他们有共同的命运，为了捍卫他们的共同国土，他们并肩对抗葡萄牙人的殖民侵略。

第四节　古代中非关系

15 世纪以前中国与非洲的历史关系

中国与非洲有悠久的贸易关系。这种贸易关系可以追溯到汉代。西方汉学家认为中国汉代的"犁轩"或"犁鞬"就是埃及的亚历山大里亚；有的更断言"黄支"就是"阿比西尼亚"。这都是从对音得出的假定，并无文献可证。我们还不能因此断言当叶中国与埃及或埃塞俄比亚已有交往。但是可以肯定，中非之间的间接贸易关系在中国两汉时期业已开始。张骞出使西域（公元前 122—115年），通康居、大夏诸国，其副使曾通安息。康居、大夏和安息等国当时正是在亚历山大帝国（公元前 336—322 年）以后的"希腊化世界"的范围之内，而"希腊化世界"却是以埃及为经济文化中心的。甘英使大秦（公元后 97 年），经安息，抵条支，至大海而还。条支介于埃及与安息之间，也在"希腊化世界"范围之内。所谓"大海"，多数学者认定为波斯湾。大秦即罗马。当时的罗马帝国版图已包括北非的马格里布和埃及，并达条支的西部。中国和非洲虽尚无直接的交往，但可以肯定已通过西亚诸国而与北非有经常的间接贸易关系。中国的丝绸早就通过这一贸易关系输入欧洲和北非，西方文献称这些交通大道为"丝绸之路"。"希腊化时代"的希腊著作称中国为赛里斯（Serice），意即"产丝之国"，称中国人为赛里斯人（Seres）。2 世纪时，埃及地理学家托勒密所著《地理志》已提到赛里斯和有关这一通商要道的情况。他的知识是得之传闻，这表明当时已有埃及商人辗转通过条支、安息、大夏诸国而与中国商人发生了间接的贸易关系。166 年，大秦王安敦遣使由"日南徼外献象牙、犀角、瑇瑁于汉"；这大概是商人冒充使臣名义来进行贸易的。值得注意的是：他们是从海道来的，带来的物品可能是来自非洲。汉衰，中国与西方的政治交往中断，但是通过海、陆两线进行的民间贸易关系并未终止。西亚诸国，特别是波斯（安息），就是中非关系的中介人；中国与非洲诸国通过这样的贸易而发生了间接联系。

中国与非洲的直接联系始于唐代，从此一直到葡人侵入东非，历 800 余年而未间断。这时期的中非关系，主要是中国与东非的关系，这完全是一种友好的贸易关系。中国唐王朝兴起以后，接着在西方出现了阿拉伯帝国（大食），不久又开始形成东非的僧祇城邦。唐时，除通过中亚及西亚而与非洲进行了陆上交往以外，通过印度洋的海上贸易更加发达；到了宋代，几乎是以海上贸易为主。中国商人肯定已参加了这一印度洋贸易，但是我们还不能估计他们在这一贸易中所占的比重。在印度洋贸易中起主导作用的是波斯人和阿拉伯人。阿拉伯人灭波斯萨珊王朝（651年）后，印度洋的贸易绝大部分为阿拉伯人所操纵。唐、宋、元诸朝先后在广州、泉州、杭州、明州（今宁波）、上海等处设市舶使或市舶司，管理税收和其他对外贸易事务。波斯和阿拉伯商人不但大量出现于这些港口，并有不少留居中国内地，特别是在首都，如唐之长安（西安）、宋之汴京（开封）和临安（杭州）、元之大都（北京）。这些商人中，有些是来自北非诸国和东非僧祇城邦。这样就建立了中国与僧祇城邦的经常贸易关系。到了宋代，特别是在11—12世纪时，海上贸易达于极盛，当时也正是僧祇城邦的兴起时期。从东非输入中国的货物，以象牙、犀角、香料等物为大宗；中国输往东非的有丝绢、瓷器、药物、漆器和谷物等，此外还有金银和钱币。1888年在桑给巴尔、1898年在摩加迪沙先后发现中国古代钱币；此后在各地发现的钱币，为数日多。1944年在桑给巴尔岛南端的卡真格瓦，有人找到一堆埋在地下的中国钱币，共约250枚；其中有早到唐初和晚到南宋的钱币。12世纪中，宋代严禁钱币出口；虽然未能禁绝，但从此中国的出口物以瓷器为多。有人考察了东非各地出土的405枚外币，指出中国钱币占233枚，其中绝大部分为宋币。其余的172枚外币则分别来自欧亚各国和埃及，以拜占廷币为多，但也只有48枚。[①]在东非各地出土的中国瓷器和瓷器碎片，日益增多。单是在坦噶尼喀，1955年以前已在四十六处古城遗址中发现了中国瓷器。在坦噶尼喀考古的惠勒看到中国瓷器的碎片可以整铲整铲地铲起来，不能不感概地说："在事实上我想应当这样说：就中世纪而论，自10世纪以来坦噶尼喀地下埋藏史已体现在中国的瓷器上面。"[②]由此可见中非贸易关系的频繁。

波斯和阿拉伯商人也把黑人奴隶运到中国，唐代称之曰昆仑奴或僧祇奴。在

---

① 参见弗里曼 - 格伦维尔《东非的钱币发现及其意义》，载《非洲历史杂志》1960年第1期第30—43页。

② 引自戴维逊《古老非洲的再发现》英文版第132页。

中国唐、宋人的著作中、特别是在唐人著作中，关于昆仑奴的记载是很多的。诸家所记昆仑奴的特征，不外是肤黑、唇红齿白、鬈发等。但有些马来人亦具此特征。昆仑一词可指马来群岛的某一地区，而唐代史籍所载僧祇奴或者来自"室利佛逝"（三佛齐，724 年），或者来自"诃陵国"（爪哇，813 年）。因此，有些学者认为昆仑奴是指马来人。然而我们认为，其中肯定也包括东非黑人，不过他们有些人是经东南亚诸国辗转来到中国的。昆仑国究竟在何地，现在尚无定论；经多数学者考证，肯定不是指昆仑山，而是指东南亚海中的某一岛屿，有人认为是指马达加斯加岛。宋人著作《岭外代答》和《诸蕃志》均有"昆仑层期"条，即指马达加斯加岛。"僧祇奴"就是指东非黑人奴隶。宋史（卷 490）大食传中提到太平兴国二年（977 年）大食使者来，"其从者目深体黑，谓之昆仑奴"，大抵有些非洲黑人是作为阿拉伯商人或使者的助手前来中国的。阿拉伯商人曾把非洲黑奴带到东方佛教国家。印度商人也曾参加东非的对外贸易。因此，非洲黑人的形象，有可能体现在中国佛教艺术上面。敦煌壁画中即有黑人的形象，如文殊的狮奴和普贤的象奴。在《维摩诘经变》之一部的"西域人"中（194 窟），我们可以看出非洲黑人形象。在中国古籍中，我们不曾看到利用昆仑奴从事商品生产的记载；因为中国已经不是一个剥削奴隶劳动的国家，不可能有大量奴隶输入中国。在唐人小说中，昆仑奴往往是些神奇豪侠的人物；这是大概因为输入的黑人不多，又全为富贵之家所得，稀少而引人注意，从而容易转化为小说中的虚构人物。

通过中非之间频繁的直接贸易关系，中国人关于非洲的知识、特别是关于东非的知识，日益丰富起来。这类知识除散见于正史者外，私人记载尤足珍贵。唐人杜环《经行记》（762 年？）中提到的摩邻国，有人认为是指摩洛哥，有人认为是指马林迪，均非定论。[1] 唐人段成式（？—863 年）所著《酉阳杂俎》卷四有"拨拔力国"条。"拨拔力"即柏培拉之对音，是泛指索马里而非专指柏培拉一城。他说：这个国家出产象牙及阿末香（龙涎香），自古不属外国，有步兵 20 万；波斯商人前来贸易，结队数千人；大食频讨袭之。卷 10 有"勿斯离国"，即《诸蕃志》的"勿斯里国"。卷 16 云："悉怛国……出好马"，有人认为"悉怛"即今之苏丹，证据虽嫌不足，但可聊备一说。宋人记述非洲情况的著作当推周去非的《岭外代答》（1178 年）和赵汝适的《诸蕃志》（1225 年）最为

---

① 参看张一纯：《经行记笺注》1963 年中华书局第 19—20 页。

详尽。《诸蕃志》是赵汝适任福建提举市舶使（驻泉州）时所撰。它的材料除采自前人著述如《岭外代答》等书外，大部分是"询诸贾胡"，故更为详备。这部书颇受中外学者的重视。他们的研究成果，使我们能够更好地理解书中有关非洲诸国的记载。①《诸蕃志》书分两卷，上卷志国，属于非洲的国家计有九条：大食国、层拔国、弼琶啰国、中理国、勿斯里国、木兰皮国、遏根陀国、昆仑层期国、默伽猎国。唐宋人著作中的"大食国"，往往是泛指亚非相邻地带的穆斯林诸国，《诸蕃志》亦然。《大食国》条中说："国都号密徐篱"，"密徐篱"即"勿斯里国"之异译，均指埃及。这两个译名（《岭外代答》作"勿斯篱"）均为 misr 之对音，意即都城，阿拉伯人称开罗为 Misral-Kahirah，而我国译音则仅取 misr 一字。著者不知有尼罗河之名，但对于这条河的定期泛滥及其与农作物之关系，却有正确的叙述②。"遏根陀国"即指亚历山大里亚港，著者称其为"勿斯里之属也"。木兰皮国与默伽猎国均指马格里布西部。"默伽猎"为马格里布的对音。木兰皮为 al-Murabitun 之对音，可能是指以摩洛哥为中心的阿尔摩拉维朝（按 almoravids 即 al-Murabitun 之拉丁化译法）。《诸蕃志》的"木兰皮国"条综合了《岭外代答》中《木兰皮》和《木兰舟》两条的内容，着重说明了木兰皮国船只的巨大。以上都是指北非诸国。其余四国，均在东非。其中只有《昆仑层期国》条本于《岭外代答》。"层期"当为"僧祇"之异译，但上面冠以"昆仑"二字，书中又另有《层拔国》条，则"昆仑层期"可能是指马达加斯加岛。"层拔"即"僧祇拔儿"之简称，非指桑给巴尔一岛，而是泛指位于今肯尼亚和坦桑尼亚的僧祇诸城邦。《层拔国》条云，其国"西接大山"，即指乞力马扎罗山。弼琶啰国即《酉阳杂俎》中的"拨拔力国"，惟所记更详。述及其国"有四州"。《中理国》条所记风俗、物产和地理位置，表明它是指今索马里南部和索科特拉岛。本条云，"国有山，与弼琶啰国隔界"，可见中理国不专指索科特拉岛，而是兼指索马里南部。《诸蕃志》有关非洲诸国的记载，虽然个别地方不免混淆、错误甚至荒诞，但其有关居民、宗教、风俗、物产、地理等记载，基本上是正确的。《诸蕃志》卷下志物中所列当时中国进口的主要货物，

---

① 冯承钧曾利用外国学者对此书的注释，并"正其讹误，补其阙佚"，撰《诸蕃志校注》。我们在这里所引用的有关《诸蕃志》的材料，就是采自《诸蕃志校注》（中华书局出版）的有关各条和注释。

② 《诸蕃志》大食国条关于这方面的记载，原文如下："农民耕种无水旱之忧，有溪涧之水足以灌溉，其源不知从出。当农隙时，其水止平两岸，及农务将兴，渐渐泛溢，日增一日。差官一员，视水候至，广行劝集。齐时耕种，足用之后，水退如初。"

如乳香、没药、血竭、檀香、没石子、芦荟、珊瑚树、龙涎、瑇瑁、象牙、黄蜡、犀角、腽肭脐、生金等，有的明言来自非洲诸国，有的见于卷上非洲各国条，有的经人考定其来自非洲。由此可见当时中国与北非、东非诸国贸易关系的密切；而中国人对于非洲东海岸一带的了解实超出同时期的欧洲人。此外，我们还要提一下宋末陈元靓编的《事林广记》。此书前集卷五"方国类"中有大食弼琶啰国、昆仑层期国、勿斯里国、默伽腊国、拨拔力国等条。各条所记虽然都是采自前人著作，然而这是一部为民间日用而编的类书，说明当时我国民间已有了解非洲的需要。

蒙古人西侵和建立四大汗国以后，中国元代与西方在政治、经济和文化各方面的关系，更臻密切。《马可·波罗游记》（卷3，第33章）①谓忽必烈尝遣使到马达加斯加岛，此事不见于中国史籍。当时的海上贸易仍然是掌握在阿拉伯人手中。伊儿汗国的建立促进了中国与波斯的贸易，从而也扩大了中国与东非的贸易，中国对非洲的知识也跟着扩大，这一情况在《马可·波罗游记》里也得到反映。《游记》的第3卷有4章分别叙述索科特拉（第32章）、马达加斯加（第33章）、桑给巴尔（第34章）和埃塞俄比亚（第35章）。马可·波罗没有到过这些地方，所记不免有颠倒混淆之处，然而他的叙述基本上是正确的，甚至有些是前人所未曾提到的。他说，索科特拉岛的居民是基督教徒，马达加斯加岛的居民是撒拉森人（阿拉伯人），桑给巴尔居民是黑人，这些都是基本符合事实的。关于索科特拉的物产和当地巫师能够转变风向的巫术的记载，与《诸蕃志》《中理国》条所记类似。亨利·玉尔认为马可·波罗是在欧亚文献中提到马达加斯加岛的第一人。关于岛上所产其大无比的巨鸟，在《岭外代答》的《昆仑层期》条和《诸蕃志》的《弼琶啰国》条，都有类似的记载。他提到马达加斯加岛、莫桑比克海峡的海流南向，故船不易北返，这是完全正确的。桑给巴尔物产的记载与《诸蕃志》中《层拔》条所记相同。他称埃塞俄比亚为"阿巴什"，说它是一个信奉基督教的国家，国人骁勇善战，常与亚丁及努比亚人战争；这些正与我们新知道的埃塞俄比亚古代史符合。不过他把"阿巴什"列为印度的一个国家，当系传闻之误。马可·波罗（1254—1324年）是从陆路来到中国、由海道经波斯湾而回到威尼斯（1295年）的，居中国达17年（1275—1292年），

---

① 关于《马可·波罗游记》有关非洲的记载，参看亨利·玉尔译注的英译本（经科迪埃修订）《马可·波罗游记》1929年第3版有关各章。

他曾旅行非洲，他的有关非洲的知识，其中可能有一部分是从中国得到的。这些知识在一定程度上反映了当时中国人对于非洲诸国的了解；由此可见元代中国与东非诸国的关系又有了进一步的发展。特别值得注意的是马可·波罗关于马达加斯加岛和埃塞俄比亚的叙述，因为这些知识并不见于宋人著作。

在叙述元代的中非关系时，有必要提一下我们已一再提过的伊本·巴图塔（1304—1377 年）。这位摩洛哥的大旅行家在其《游记》中，说他曾从印度取海道来到中国，远抵北京，时间大约在 1342—1394 年之间。与《马可·波罗游记》一样，他的《游记》也是事后通过口述经人笔录而成的。《游记》中关于中国的记述有部分不符合事实，于是有些汉学家就武断地根本否认他曾到过中国。但是从《游记》的内容来看，可以肯定他到过中国南部沿海地区，最北可能到过杭州。由于他逗留中国的时期较短，既不通中国语言，又事后回忆，难免有许多错误。这部游记把中国的情况介绍给非洲，使非洲阿拉伯国家人民对中国开始有更多的了解。他在《游记》中提到他遇到了在中国安家立业的埃及商人奥斯曼的后人，遇见了他的同胞休达城大商人阿尔·布什里。他一再提到他所遇到的其他北非商人，他们都是伊斯兰教徒。贸易关系促进了伊斯兰教在中国的传播，伊斯兰教在中国的传播又进而密切了中国与非洲穆斯林国家的交往。中非人民的友好关系随着贸易和宗教关系的发展而不断发展。

元末汪大渊著《岛夷志略》（1349 年）中有《层摇罗》和《哩伽塔》两条。按"层摇罗"应作"层拔罗"，即指桑给巴尔一带；"哩伽塔"为"默伽猎"之讹，指马格里布。汪大渊曾"附舶以浮于海"。当然会听到一些有关东非的事。至于他是否旅行到非洲，尚无法断定，他的上述两条记述的内容还远不及前人记载的详确[1]。近人福克斯认为我国 14 世纪初朱思本所绘《舆图》中已把非洲绘成三角形，引证殊嫌不足，不能为定论[2]。

中国船队的直航东非

在明代以前，中国古籍中有关非洲的知识一部分是得自波斯和阿拉伯商人；

---

[1]　参看藤田丰八《岛夷志略校注》第 156 及 162 页。《知服斋丛书》中所收《岛夷志略》中，有张翥及吴鉴序和汪大渊的后序，都说汪大渊曾"附舶以浮于海"，"非亲见不书。"肯定他曾到过"东西洋"的许多国家，但无法肯定他到过非洲，所记多有"传闻之误"，关于非洲的两条表明他并非得之于目击。

[2]　见福克斯《广舆图版本考》1946 年辅仁大学出版英文本第 14 页及附图第 44 页。

但是不能否认，中国商人对此也有一些贡献。中国航海事业，唐宋时已很发达。宋代已能造长达三十余丈的大船；当时外国商人甚至宁肯搭乘中国船。元代造船业更为发达，《马可·波罗游记》有一章特别谈到中国的船只（第3卷第1章）。玉尔在这一章的注释中引用诸家记载，肯定中国当时出海船只显然大过欧洲的海船。中国当时的海船载人一般可以逾千，大者有十二桅，无风则用橹，每橹需十五人，船上有房间一百多，甲板多达四层，并有防风暴、防船底浸水及防海盗等设备。宋人朱彧的《萍洲可谈》（1119年）云："华人诣大食，至三佛齐修船，转易货物"；并云已用指南针。中国船只西航远达波斯湾；马可·波罗最后返国的船队即在波斯湾登陆。稍后，1307年海运千户杨枢曾护送合赞使臣那怀返国，亦在忽鲁谟思（霍尔木思）登陆。[①]阿拉伯旅行家的记载则提得更早：9世纪时阿拉伯商人苏里曼游记（851年）曾述当时波斯湾北岸之西拉夫（Syraf或Sinaf，中国古籍译作"撒邮威"）港曾有甚多中国海舶到达；[②]马苏迪的《黄金草原》亦云中国商船曾直航到西拉夫和阿曼。近人皮尔斯甚至说，中国船队曾于1270年到达东非。[③]可以肯定，在9—14世纪初之间，中国船只就已一再到达波斯湾。波斯湾是东非和远东之间海程的中途站。阿拉伯人既然能够利用季风经常航行东非，那么，能够远航到波斯湾的中国海舶应该同样有条件和可能航抵东非。可是我们还缺乏根据可靠的文献来证明在郑和下西洋前一定已有中国船队到过东非。

关于郑和下西洋的一些问题现在基本上已弄清楚了。《刘家港天妃官石刻通番事迹记》和《长乐南山寺天妃之神灵应记》（以下简称"事迹记"与"灵应记"）两个碑文和随同郑和出使人员所留下的著作：如马欢的《瀛涯胜览》，费信的《星槎胜览》和巩珍的《西洋蕃国志》给我们提供了许多可靠的资料。郑和的舰队七下西洋（1405—1433年），可以肯定其最后三次都到过东非：第五次在1417年1月—1419年8月，第六次在1421年3月—1422年9月，第七次在1431年1月—1433年7月。[④]一般都是在春季放洋，秋季返国；第五、六两次经一年半，第七次经两年半。郑和舰队规模巨大。《事迹记》云："每统领官

① 见元人黄谱、黄金华文集卷35载《松江嘉定等处海运千户杨君墓志铭》。
② 见沙畹著（冯承钧译）《中国之旅行家》第41页。
③ 皮尔斯《桑给巴尔》1920年英文版第344页。
④ 参看朱偰著《郑和》第59—63页。

兵数万人，海船百余艘"；《灵应记》亦有类似记述。第七次的"宝船"数目大约在 61—63 艘，全部人员达 22,750 人[①]。船之大者长达 44 丈，阔 18 丈，可容千余人；"篷、帆、锚、舵，非二三百人莫能举"[②]。这是当时世界上最大的一支舰队。欧洲的海上先驱葡萄牙人这时才开始用三桅船，直到 1588 年有名的西班牙无畏舰队平均每艘也只有 528 吨，英船只有 177 吨，而中国船在 15 世纪初早已超过 700 吨[③]。明史郑和传云，他所率领的舰队曾到过 37 国。整个舰队不可能在一两年中遍历这些国家，有些是"分䑸"（支队）前往的，而且分䑸同时不止一队。冯承钧认为分䑸出发之地有五，其中有锡兰之别罗里，由此分䑸经溜山国（今马尔代夫群岛）西航东非卜剌哇（今布拉瓦）；有小葛兰（今魁朗），由此分䑸航抵木骨都束（今摩加迪沙）；有古里（今科泽科德，即卡利卡特），由此分䑸往波斯湾和阿拉伯半岛南岸[④]。郑和船队第五、六次下西洋时，大概就是从别罗里和小葛兰分䑸前往东非的。从古里经阿丹（今亚丁）再沿非洲东岸南行的航线见于《郑和航海图》，这大概就是郑和第七次下西洋时航抵东非的路线[⑤]。郑和舰队三次航行东非所到达的地区之见于记载的有速古答剌（今索科特拉）、葛儿得风（今瓜达富伊角）、哈甫尼（今哈丰角）、木骨都束、卜剌哇、竹步（今朱巴河口）、麻林地（今马林迪）和慢八散（今蒙巴萨）等处。《郑和航海图》上的航线几乎绕行今索马里国的整个海岸，图中尚列有其他一些地名[⑥]尚难肯定为何地。郑和传所列举的 30 余国中位于非洲的，只有木骨都束、麻林（麻林地）、比剌（卜剌哇）、竹步；而《郑和航海图》则另列有慢八撒，可见最后一次所到之处最远。中国船队一再到达东非的上述地区，已确定无疑；但郑和本人是否到过这些地方，尚难肯定。据明史记载，可以理解为郑和曾到过这些地方；但是不能根据这些记载而作出这样的定论。《事迹记》和《灵应记》两碑都只说第五次出使时，木骨都束和卜剌哇曾进宝物，并未明言"大䑸宝船"到达过这些地方。"大䑸宝船"系指"正使所驾之大队船舶"。祝允明

① 见向达校著《西洋蕃国志》第 16 页注及 56 页附录。

② 一九五七年在南京下关三汊河附近中保村（原宝船厂故址）发掘出一个巨型舵杆。舵杆有三四层楼高，全长 11.07 公尺，用铁力木制成，估计是一种大型海船上的升降舵。

③ 戴维逊《古老非洲的再发现》英文版第 163 页。

④ 冯承钧：《瀛涯胜览校注》（序）第 15—16 页。

⑤ 以下所引《郑和航海图》，均引自向达整理《郑和航海图》1961 年中华版。

⑥ 见《郑和航海图》第 57—58 页。

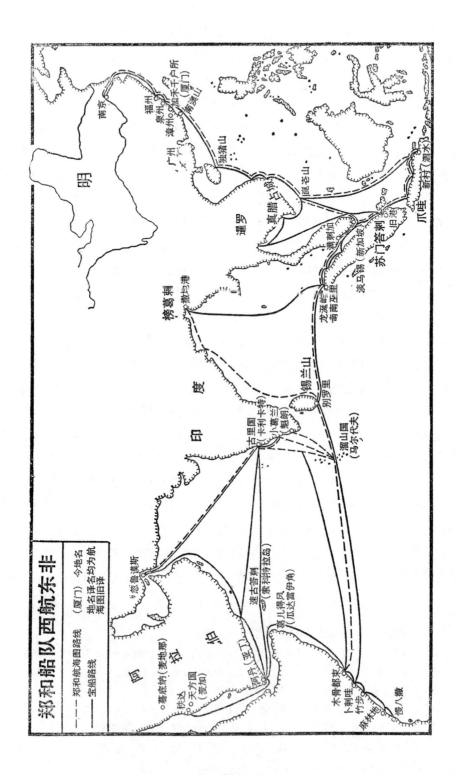

《前闻记》所载下西洋的里程大概就是第七次"大綜宝船"的里程，其中最远只提到达忽鲁谟斯，未列东非地名。马欢等三人的著作，惟费信的《星槎胜览》中列有竹步、木骨都束、卜剌哇等国条；他把这三国列入后集，序中说明"后集者，采辑传译之所实也"。由此可见，费信等三人都不曾参加前往东非的"分綜"。

郑和船队三次到达东非的历史意义是很大的。不论郑和本人是否到过东非，中国船队早在 1417 年即已到达东非，以后又去了两次，这是无可争辩的。葡萄牙人瓦斯科·达·伽马 1497 年到达东非，比中国船队迟了 80 年。郑和以后，中国官方组织大队船只西航的事已终止，但是中国与东非诸国的民间直接贸易关系并未中断；只是在葡萄牙殖民主义者垄断了印度洋贸易以后，中国人民与东非人民的来往才趋于中断。从此，西方殖民主义统治成为中非人民交往的一大阻力。不论明代统治阶级派遣船队下西洋的真实意图如何，贸易肯定是其中的一个主要因素，所以所有船队都载运大量金银及其他交换品，以期换得各国"宝物"（因而此类船只亦称"宝船"）。在这些宝物中，奇禽异兽为重要项目之一，其中长颈鹿被认为是中国素来视为祥瑞的麒麟。索马里语长颈鹿名 giri，与麒麟音相近。西方汉学家根据 1414、1415 年榜葛剌国及麻林已先后"进麒麟"的事，遂假定郑和第五次下西洋是为了寻求麒麟，[①] 这显然是一种臆说。麒麟固然是中国封建帝王所想望的东西，但在中国宫宛中已一现再现，似不必再花大力去寻求。何况中国之知有长颈鹿并不始于明代，《诸蕃志》中《弼琶啰国》条已有说明。郑和最后三次的西航，只能理解为已往四次的继续；因为与外国的来往日益频繁，各国"使臣"来者日多，西航也就一次比一次走得更远。东非各国"使臣"之来到中国，并不是在中国船队到达东非以后而是在这之前，因为郑和第五次西航即已负有遣送东非"使臣"返国的任务。关于东非诸国的"贡使"和"贡方物"，明代史籍有不少的记载。所谓"方物"即指各国的特产，"贡方物"实际上是一种对等的国际贸易关系，明史有时"贡""市"连称，大抵外国商人与中国政府的贸易曰"贡"，与中国民间的贸易曰"市"。外国商人不仅可以得到等价的报偿，同时还可受到中国官方的礼遇，使他们在进行民间贸易时得到很多方便。郑和西航船只之从事贸易，马欢诸人著作中都有记载。《瀛涯胜览》和《西洋蕃国志》两书的古里、溜山、阿丹、天方等国条中，都谈到中国船只与这

① 戴文达《中国对非洲的发现》英文版第 32—35 页。

些国家贸易的情形。《星槎胜览》除有类似记载外，在东非各条中，都提到这些国家的特产如奇禽异兽、没药、乳香、龙涎香、象牙之类。每条之末又有"货用土珠、色段、色绢、金银、瓷器、胡椒、米谷之属"一类的话，这些就是中国船只用以购买货物的等价物，此外还有钱币。与以侵略为目的的西方殖民主义国家的舰队不同，中国船队与东非国家始终不曾发生过武装冲突，这种友好关系正是今日中非人民所珍视的历史传统。中国船队西航东非，既然密切了中非的联系，也就促进了中非人民的相互了解。我们还不能根据非洲人的记载来说明东非人民当时对中国的了解情况，但是在中国方面，我们却有具体材料来说明中国人对东非又有了更进一步的了解。《郑和航海图》是中国航海家实践的产物，虽然它把慢八撒和麻林地的位置弄颠倒了，但它不失为一个相当准确的科学（地理学）记录；对于西航东非，有实际的导航作用。《星槎胜览》中有关竹步、木骨都束和卜剌哇的记载，并不见于前人著作。作者自云是得之"传译"，但他所记三地的位置、居民、风俗和产物都相当准确。比起同时期的欧洲人来，中国人当时的有关东非的知识水平要高一些。直到 150 年后，欧洲耶稣会教士利玛窦带来了《万国舆图》（1602 年）、艾儒略刊行《职方外纪》（1623 年），才更丰富了中国人对非洲的了解。《职方外纪》仍称非洲为"利末亚洲"，当时还不曾用"非洲"或"阿非利加"一词来概括整个非洲。《职方外纪》一书的水平标志着当时中国人的、同时也就是欧洲人的有关非洲知识的水平。这一水平几乎保持达两百余年。我们从它所附的"利末亚图"上，不难看出那些地方是比较正确的，那些地方是完全错误的。同样，《职方外纪》有关阨入多（埃及）、亚毗心域（埃塞俄比亚）和工鄂（刚果）等国的记述有些是符合事实，有些则属传闻臆断。16 世纪以后中非人民的直接贸易关系因西方殖民主义之侵入而中断，所以耶稣会教士所带来的这些关于非洲的知识在促进中非关系上就不曾起过什么作用。

第四章 古代西非诸国

第一节 西非的古代社会和撒哈拉商路

西非历史发展的概貌

从习惯用法来看，"西非"和"东非"所包括的范围并不是完全对称的。"东非"包括了赤道以南的坦桑尼亚，甚至包括莫桑比克在内；而"西非"甚至不包括赤道以北的喀麦隆及其以南的沿海诸国。本章所叙述的"西非"是指撒哈拉南部以至几内亚湾沿岸和东到乍得湖的广大地区。西非的南部沿海是热带雨林，森林密茂，运输困难，主要靠人来头顶运送。愈往北，森林愈稀，一直到撒哈拉沙漠南部边沿是一大片稀树草原。从西部沿海一直到乍得湖区，都是如此，地理条件没有显著的差异。这一广大地区最便于人类迁徙，是古代西非人类历史活动的范围。我们通常把西非分为西苏丹、中苏丹和几内亚湾沿海三大地带。

西非古文化主要是黑人文化。在绪论里，我们已说明黑人是怎样从撒哈拉迁徙到西非的。撒哈拉西部的远古文化，就是西非黑人的远古文化。西非新石器时代的遗物很多。西非许多地区很早就有相当发达的农牧业，这很可能是撒哈拉湿润时期农牧业的继续发展。西非人民在什么时候开始用铁？冶炼技术是从外界传入的，还是独自发展的？至今尚无定论。有人认为炼铁技术是从麦罗埃传入的。但也有学者否定麦罗埃与西苏丹的古代联系[①]。从尼日利亚的诺克文化看中苏丹进入铁器时期并不一定晚于东苏丹。可以肯定：西非人民在公元前的若干世纪中已进入铁器时期，因为1世纪左右开始迁徙的班图人，在开辟耕地时已使用铁器。西苏丹诸帝国的建立，只有在使用铁器以后才有可能。一般

---

① 参阅奥耳德罗格《15—19世纪的西苏丹》俄文版第二章。

认为西非进入铁器时期以前，不曾经过一个过渡的铜器时期。

西非文化是独立发展的。但是，与其他任何文化一样它必然会受到外来文化的影响。西非的西面和南面临海，但在欧洲殖民主义者侵入以前，西非基本上不曾通过航海而与外界交往。古代西非是面向北方与东方的。撒哈拉沙漠虽然是交通的障碍，然而不是绝对不可逾越的。撒哈拉岩壁画上的车道表明，在古代，西非早已与北非有正常的商业联系。后来，沙漠化的加深才中断了这一联系；等到骆驼广泛使用以后，又出现了联系南北的撒哈拉商路网。迦太基人和罗马人曾压迫一些柏柏尔人部落向南迁徙，有些柏柏尔部落定居在中苏丹和西苏丹北部，变成了当地的土著而与西非黑人混合。继柏柏尔人而来的是阿拉伯人。在北非诸国穆斯林化以后撒哈拉商路网的商业更为发达，穆斯林文化日益影响了西非诸国的社会发展。

我们对于西非的古代史知道得还不够多。但是我们已有足够的资料来说明西非黑人早已进入阶级社会，产生了国家组织，文化也有高度的发展。除了考古学材料外，西非的历史传说也提供了比较多的可供参考的资料。在西非诸国中，有一种职业，法国人称之为 Griot。他们与中世纪欧洲的行吟诗人一样，是诗人、音乐家和历史家，用歌唱来叙述王国或部落的历史。西非的历史有文献记载可考。自 9 世纪以后，阿拉伯作家提供了不少有关西非诸国的记载，其中经常被学者引用的有贝克里的《北非志》（1067 年）、伊本·巴图塔的《苏丹纪行》和利奥·阿非利卡诺斯的《非洲志》（1526 年）。后两人都是亲自到过西非的。在 17 世纪中，廷巴克图的学者完成的两部历史著作——卡迪的《研究者编年史》和萨迪的《苏丹史》——为研究西苏丹诸帝国、特别是桑海帝国的历史提供了不少资料。这些记载涉及西苏丹诸帝国的比较多，因而我们对于西苏丹诸帝国的历史就能叙述得比较具体些。

撒哈拉商路网

我们已一再提到西非人民与北非的贸易关系。撒哈拉岩壁画的车道表明这种关系可能始于公元前 1000 年。车道的路线及其南端终点与后来的骆驼队商路线及其南端终点大致差不多。撒哈拉沙漠不能通行马车以后，贸易关系并未完全中止。在公元前 2 世纪时，西非人民曾通过加拉曼特人与北非进行经常的贸易。他们所走的就是的黎波里——费赞——中苏丹路线。这在撒哈拉商路网中，可能是最早的一条路线，也是最东的一条干线。①从公元5世纪广泛使用骆驼以后，撒哈拉商路网开始形成。到了10世纪时，撒哈拉出现了一个纵横交错的商路网。以沟通南北为主，有四条主要干线。上述最早的一条干线并不是最重要的一条，最重要的是靠西边两条，特别是最西边的一条。它们联系着西苏丹诸帝国的主要城市。西苏丹及西非沿海的丰富物产通过这些城市而北运。最西的一条干线发展得较早。西吉尔马扎城建于公元757年，是这条干线北端的集中点。这条干线所经的特加扎和陶德尼都是产盐区，南端的瓦拉塔通过支线联系着西苏丹的产金区。16世纪末以后，西部两条干线都失去原有的重要性；曾经极为繁盛的廷巴克图和加奥，也因而变成了荒凉的城市。最主要的原因有两个：一、1590年摩洛哥军摧毁了桑海帝国，接着又是无休止的战争，整个西苏丹地区处于长期混乱状态，商路没有安全保障。二、欧洲殖民主义者侵入西非沿海地带，海运逐渐代替了一部分陆运。随着西部干线的衰落，东部干线逐渐繁荣起来，特别是加达米斯——加特——卡诺干线日臻繁荣。这条干线的南端是豪萨诸城邦，这里人口密度大，物产多。19世纪的探险家巴尔特曾称赞这一地区的手工业，并说这一干线的运输在当时仍很重要。向东通往尼罗河流域的路线有两条。北边经锡瓦通向开罗的一条，早已存在；这条路线经过开罗联系着西苏丹和麦加。南边经过达尔富尔通向开罗和红海的一线，直到14世纪——东苏丹黑人基督教王国灭亡和穆斯林化以后——才开始繁盛起来。自然，东部干线的繁盛又反过来促成西部干线的进一步衰落。

西非内地诸国不产盐，当地居民只能从植物灰中提取少量的盐。大量的盐必须从外面输入。西非南部沿海的盐，因密林阻隔，运输困难，不易输入；而从北部产盐区输入盐要容易得多。西非盛产黄金，自迦太基以来，北非诸国都希望从西苏丹得到黄金。盐和黄金成了南北主要的交换品。除盐以外，输入西苏丹、中苏丹的货物还有武器、铜、贝壳、织物、珠子及其他饰品和少数奢侈品。输出品除黄金外，还有北方牧民需要的纺织品、谷物和其他农产品，以及象牙、树胶、乌木、皮张、鸵鸟羽、可拉果等。此外，还有奴隶，以中苏丹输出为较多。西苏丹是北非黄金的主要供给者，这些黄金通过北非城市而流入欧洲，其数量是无法估计的。它们对于欧洲的发展，特别是对于西欧原始资本的积累，有着重要意义。10—16世纪是撒哈拉商路贸易的极盛时期。贸易的规模

---

① 参看博恩：《19世纪的商队贸易》，载《非洲历史杂志》1962年第2期第349—359页。

是很惊人的。阿拉伯作家伊本·霍卡尔在 10 世纪旅行到奥达戈斯特，他看见那里的商人把一张票值为 42,000 第纳尔（阿拉伯金币）的期票开给摩洛哥商人。伊本·巴图塔于 1352 年到达马里，他说，马里每年都有定期的骆驼商队到开罗，骆驼多达 12,000 头。

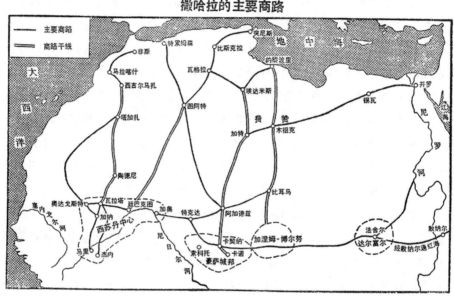

撒哈拉的主要商路

撒哈拉商路的贸易主要是由北非城市商人组织的。最初由柏柏尔人经营，自北非穆斯林化以后，这一贸易主要控制在阿拉伯商人手中。大型的商队是由若干个体商人组成的。他们集合在主要干线北端的某些起点，如马拉喀什、西吉尔马扎，瓦格拉、图阿特、埃达米斯或的黎波里等。这些集合点先后发展为重要城市。在商队的组织行程计划和安全保障等方面，商人们已积累了丰富的经验。尽管商人们经常往来于这些商路，但是商队仍需雇佣定居在沙漠绿洲的居民做向导，因为只有他们了解并且负责保护沿途的水井。直接经营长途贸易的是北非城市的穆斯林商人。欧洲商人只能在这些城市与他们进行贸易，通过他们获得西非内地的商品。穆斯林商人始终不让欧洲商人深入内地，在 17 世纪以前，欧洲商人对于撒哈拉商路和中、西苏丹的贸易情况几乎是毫无所知的。

由于撒哈拉商路的畅通，在沙漠南缘和草原连接地带兴起了若干城市。这些城市最初只是贸易中心，后来逐渐发展为政治中心。有些城市甚至发展为国家的首都，如加纳、马里、加奥、豪萨诸城。在西苏丹诸国中，贸易特别是黄金贸易操纵在统治阶级手中，只有他们才能掌握大量黄金和以贡赋形式而收集的其他物资。撒哈拉商路贸易促进了这些国家的繁荣。占有这些城市的国家就拥有较雄厚的经济力量，统治阶级可以用贸易或远征的方式从南边获得他们所需要的货物。某一国家的衰落往往成为一条商路失去重要性的主要原因。这些城市也是文化中心。穆斯林商人带来了伊斯兰教。在西苏丹，阿尔摩拉维人的入侵加纳，加速了伊斯兰教的传播。伊斯兰教主要是由柏柏尔穆斯林传的。在中苏丹，则是由阿拉伯人从北非传入的。伊斯兰教传入西苏丹始于11世纪，传入豪萨城邦则已晚至14世纪中叶。伊斯兰教的传播意味着阿拉伯文化的推广，它使西非诸国的政治组织得到进一步的发展，廷巴克图等城市不久就成为穆斯林世界的文化中心。西非诸国的统治阶级络绎不绝前往麦加朝圣，更加密切了西非和东方文化的关系。

第二节　加纳、马里和桑海诸国

加纳

在8—16世纪间，西苏丹相继出现了加纳、马里和桑海三个国家。史家称它们为"帝国"，是因为它们长期把西苏丹诸部落或王国统一在一个政治整体之内。它们都是以黑人为主的国家。加纳和马里都是由曼迪人（也称曼丁哥人）建立的：加纳是由其中的索宁凯族（也称索拉柯尔族）所建，马里则是其中的马林凯族所建。

早在3世纪时，加纳国家已开始形成。据说，在790年以前，这个国家是由肤色白的人统治的；大概统治阶级是从北边来的柏柏尔人部落。据《苏丹史》云，在北方人统治时期中，在黑蚩拉（622年）以前已有22君，以后又有22君，共历44君，才被黑人索宁凯族所推翻。被推翻的统治阶级西迁特克鲁尔建国；他们与当地的黑人混合，形成了后来的图库列尔人。黑人建立的加纳国，到了10—11世纪中，进入极盛时期。东北部的柏柏尔人部落，包括奥达戈斯特王国在内，先后成为它的附庸。加纳国土北抵沙漠边界，东至尼日尔河，廷巴克图成为它的极东商业中心，南向伸入塞内加尔河上游。

9世纪末，阿拉伯作家屡次提到加纳是产金之国。伊本·霍卡尔是第一个到过这个黑人国家的阿拉伯作家。他说，奥达戈斯特王国离加纳首都以南有十天路程。当时西非盛产黄金的地方是班布克和万加腊，两地都不在加纳境内，但是加纳控制了黄金贸易的孔道，境内也产少量黄金，故以"黄金之国"著称于世。加纳首都位于撒哈拉商路最西面的一条干线的南端，它的富庶闻名遐迩，早就吸引了北非许多穆斯林商人。

"加纳"原是国王的称号，意即"战时统帅"，国王又称卡雅·马甘（Kaya Maghan），据《研究者编年史》的著者卡迪的解释，意即"黄金之王"。阿拉伯作家误以"加纳"名其首都，进而沿用为国家的名称，流传至今。这个国家的原来名称可能是瓦加杜①。阿拉伯作家贝克里的《北非志》记载加纳国家的情形颇为详细。据他说：加纳是国王的称号，这个国家的名称是奥加尔（Aoukar）。他的首都是由两个城市构成的，一个是穆斯林商人所居的城市，其中有清真寺12所；另一个是王室和政府所在地。两城相距约10公里，其间有居民住宅连接起来。房屋是用石和木建筑的。加纳国王能调动200,000战士，其中有40,000弓箭手。国王亲理民政，临朝时，鸣鼓为号。鼓是用中间挖空的树干做成的，名曰"德巴"。最佳的产金地离首都有18天的路程。各金矿所产的金块属国王，金砂可以私有。关税也是王室的一项主要财源，一头驴所驮的盐，入境纳税1第纳尔，出境则加倍。贝克里的记载是得之传闻，但是一般认为比较确实可靠。近代学者已经肯定今日的昆比·萨利赫村就是这个首都的穆斯林城。它位于北纬15°40'，西经8°5'，南距巴马科约300公里。考古发掘表明它曾经是一个拥有30,000居民的城市，除清真寺外，还有面积大到66×42英尺的房屋遗址。房屋为石建，墙上有三角形的壁龛。城外有几处大墓。出土文物中，有许多铁器。

阿尔摩拉维人在北上征服摩洛哥之前，已先东向侵入加纳。阿尔摩拉维人与特克鲁尔结盟（1040年），继而干涉并侵入奥达戈斯特王国（1054年），使这两个国家接受了伊斯兰教。而后又于1061年开始进攻加纳，15年后，征服了加纳（1076年）。他们在加纳的统治只有11年，1087年就被加纳人赶走。阿尔摩拉维人的入侵产生了两个后果。一是加速业已传入的伊斯兰教的传播，首先是加纳统治阶级接受了伊斯兰教。这时的阿拉伯文化已达到很高的水平，它

---

① 参看 D.T.尼阿内和 J.徐雷·卡纳尔《西非史》法文版第23页。

不仅影响了西苏丹人的信仰，而且影响了他们的文化生活与政治生活。另一后果是加纳国家元气大伤，虽又复国，但已无力维系庞大的帝国。加纳原来就没有建立起中央集权的统一国家，构成帝国的各个部落或王国只不过是些附庸或藩属，都保持有很大的独立性。阿尔摩拉维人入侵后，它们先后摆脱了加纳的控制各自独立。其中以南边的苏苏国最为强大。这是当阿尔摩拉维人侵入加纳时，许多索宁凯族的部落逃到南边的卡尼阿加地区建立的国家，故又称卡尼阿加王国。根据传说，在1078—1180年间，该国已有过七个君主。国王苏曼古鲁（1200—1235年）在位时，国势极盛，1203年一度攻占加纳。古代的加纳国家是何时灭亡的，现尚难肯定。一般认为它是在1240年为马里所灭。可是有人认为它可能一直维持到14世纪。加纳一再遭到侵略和破坏以后，商人和学者多逃往东北的瓦拉塔；后者遂取代加纳成为撒哈拉商路南端的商业中心。

马里

继加纳而称雄西苏丹的是马里帝国。马里原是马林凯族在尼日尔河上游康加巴地区建立的一个小国，11世纪时成为加纳的附庸。马里统治阶级在当时已信奉了伊斯兰教。苏苏王国强盛时，马里曾被其王苏曼古鲁征服（1230年）。后来，马里王子松迪亚塔起而复国，得到各部落酋长的支持，于1230年在契里纳（在今库利柯罗附近）的有名战役中，大败苏苏人。苏苏国从此一蹶不振。松迪亚塔（1230—1255年）是马里帝国的建立者，他的武功很盛，曾攻毁加纳（1240年）进军瓦拉塔。他把康加巴故地分属十二个附庸管理，建尼阿尼为首都，即马里城（"马里"意即"国王所居之地"，因为一再迁都，所以有好几个马里城）。西向远征冈比亚河流域，把塞内加尔河上游的产金区收入马里版图。他注意农业，奖励种植棉花，当时已出现了纺织手工业。1285年，马里的王位一度为早已获得自由身份的原宫廷奴隶萨库拉所夺。他在前往麦加朝圣的归途中，被刺身死（1300年）。在他的短期统治时期中，马里的势力继续扩张，西抵大西洋。有些学者认为马里当时曾用那种称为Pirogue的独木舟试航远洋。曼萨·穆萨的前人巴卡利二世曾于14世纪远航海上。第一次派出的船队失败以后，他又亲率由两百艘船只组成的舰队西航，但未见回航。阿拉伯文献也曾提起过这次远航，因而有些学者假定当时西非黑人已到达美洲。多数学者认为这在当时是不可能的，关于这个问题的结论只有等待专家们的进一步考证。[①]

曼萨·穆萨[②]在位时期（1307—1332年或1337年）是马里帝国的极盛时代。这时帝国的版图最为辽阔，东向占领了加奥，并扩张到塔德默克特。北部深入撒哈拉沙漠，占领了陶德尼产盐区。当时西苏丹的重要城市除杰内外，几乎都包括在马里帝国境内。东南边的莫西人诸国始终保全独立。1324—1326年曼萨·穆萨的麦加朝圣是西苏丹古代史上最引人注意的事件之一。这次朝圣的规模远远超过以前的君主，他是取道瓦拉塔、图阿特，经开罗前往麦加的，归途则由开罗经埃达米斯干线而抵加奥。他带了大量人员——眷属、官吏、士兵，据说共达6万人。这肯定是有夸大之处，因为在沙漠中旅行，在当时条件下要供应这样多的人的饮食是极困难的。队伍中有500名奴隶，每人拿着一根重约两公斤的金杖。有80头骆驼驮着大量黄金。他挥金如土，到处施舍，此行在开罗留下了很深刻的印象，据12年后在开罗的奥马里所留下的记载：曼萨·穆萨在朝圣途经开罗时，他起初拒绝去拜会埃及的素丹，后来在拜会时坚持用平等

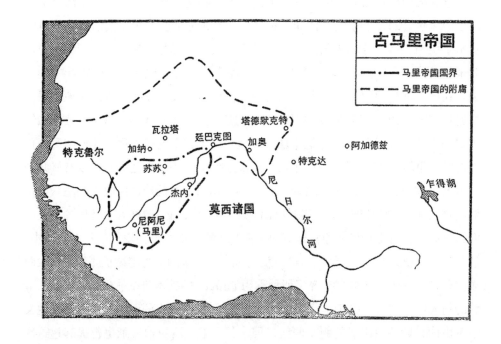

---

① 参看罗·科内万《非洲史》第1卷第352页；路易斯·C.D.朱斯《黑非洲简史》法文版第39—40页。

② "曼萨"为称号，意即"皇帝"。

的礼节，他与埃及素丹进行了长时间的谈话。开罗的官员们都从他手里得到黄金。黄金充斥于市，使开罗金价大落，一直到奥马里记述此事时，金价还未恢复。从此，马里的富庶轰动遐迩，消息传到了欧洲，当时欧洲的地图上把马里皇帝称为"金矿之王"。曼萨·穆萨在朝圣时邀请了一些穆斯林学者到马里。其中有格拉纳达的诗人兼建筑师萨希利，他为马里的建筑物设计，使西苏丹的建筑进入一个具有马格里布风格的时期。马里各城市逐渐发展为学术中心，其中以廷巴克图最为突出。那里的桑科勒清真寺已是一所名驰穆斯林世界的大学。埃及和摩洛哥的学者前来讲学，培养出不少黑人学者。廷巴克图的图书馆藏有大量的书籍、文献和手稿。

马里在其所征服的地区设置行政长官，称"斐尔巴"；城市则派有市长，称"莫赫里夫"，农村地区则由称为"柯伊"的部落酋长负行政责任。有时，在同一个地方例如在廷巴克图，既有中央任命的"菲尔巴"，又有传统的"柯伊"。由于交通不便，运输困难，故宫廷及中央人员经常就食各地。据奥马里云，皇帝经常购买阿拉伯马，组成骑兵；全国有军队 100,000,骑兵占 1/10[①]。在境内可以通航的河流上如尼日尔河等，还有水军。可以设想，马里的造船业已相当发达。

曼萨·穆萨曾通好摩洛哥。当摩洛哥的马林尼朝征服特累姆森时（1337年），曼萨·穆萨曾遣使往贺；因而可以推知在 1337 年时，他仍然在位[②]。当马林尼朝使臣到达马里时，已是曼萨·苏勒曼（1341—1360 年）在位时期。正是在这个时期，摩洛哥的大旅行家伊本·巴图塔到了马里。他于 1353 年来到马里首都，逗留了 8 个月。上文已提到他在马里所目击的埃及骆驼商队的规模。商务的发达与马里的社会秩序是有联系的。据伊本·巴图塔记载，马里境内商贾安全，黑人公道无欺，痛恨骗诈；白人（指穆斯林商人）一旦死去，他的财产不虞损失，无论财产有多少，都会保存起来交给合法的继承人。马里人且笃信伊斯兰教，如期祈祷，熟知可兰经。国家官吏遵守纪律，财政情况良好，宫廷仪节豪华庄严，司法判决和君主权力均受到尊重。

马里的极盛时期维持了 100 多年，14 世纪末已趋衰落，15 世纪中，国内统治阶级内讧，政变迭起，外敌又相继侵入，疆土日蹙。始终不接受伊斯兰教的

---

① 这个兵员数字只及古加纳的一半；可能是指皇帝直属的部队，皇帝还可以调动各附庸的军队。
② 见莱维特奇昂：《13 和 14 世纪马里诸王》，载《非洲历史杂志》1963 年第 3 期第 341—353 页。

莫西人自南侵入，沙漠中的图阿列格人占领了廷巴克图和瓦拉塔，东面的桑海人正西向与马里争夺尼日尔河流域，终于进占马里首都（1546 年）。在桑海帝国称雄时期，马里尚未灭亡，不过已成为一个无足轻重的小国；甚至在桑海被摩洛哥人摧毁以后，它仍然维持了一个时期，最后在 1660 年（一作 1670 年）才被班巴拉人的塞古国所灭。

桑海（加奥）

桑海人的起源，现在还没有完全研究清楚。桑海人的语言在西非语言中是独特的，与其他语言没有联系，所以格林伯格把它单独列为一个语系。桑海人认为他们的发源地是登迪。7 世纪（或作 9 世纪）时可能一度受柏柏尔人部落的征服。桑海最初的国王称"迪亚"，以库里亚为首都，库里亚距加奥约 150 公里。桑海人从那里溯尼日尔河而上，占有加奥（890 年）。据《苏丹史》称，1009 年迪亚·柯索伊始奉伊斯兰教，迁都加奥，故又称加奥帝国。1325 年，桑海曾一度为马里征服，沦为后者的附庸，国王被迫以二子留马里官廷为质。不久，二子逃回桑海，号召国人起义，赶走马里驻军，恢复独立。长兄阿里·柯伦于 1336 年即位，废"迪亚"称号而改称"桑尼"。当时马里国势正盛，但无力东顾，故而桑海得保其独立。当最后一个"桑尼"——桑尼·阿里在位时（1465—1492 年），桑海已强大到足以与马里对峙。桑尼·阿里是一位出色的军事家，他在约 30 年的征战中，建立了桑海大帝国。他从图阿列格人手中夺取廷巴克图（1468 年）。马里长期未能征服杰内，据史籍记载，经桑尼·阿里围攻 7 年 7 个月零七天才将其攻陷（1476 年）。这时莫西人的武力向北侵掠，先后攻入瓦拉塔（1480 年）和廷巴克图（1483 年），但为桑尼·阿里所败。他又击败了一直在马西纳地区保全独立的富尔贝人。他虽然是一个伊斯兰教徒，但在攻陷廷巴克图时，却屠杀了许多穆斯林学者。许多学者出走。因此，在穆斯林史家的笔下，他是一个残暴的君主。

桑尼·阿里死后，帝位为穆罕默德·杜尔所夺，不称"桑尼"，改称"阿斯基亚"。他是索宁凯人，原系桑尼·阿里的一位最得力的部将，篡位时年已五十。史学家认为他是桑海国的最杰出的君主。1495—1497 年，他前往麦加朝圣，这次朝圣的规模和排场虽不如曼萨·穆萨显赫，但具有更大的政治意义。他只带 1,000 步兵和 500 骑兵，所携黄金也只有曼萨·穆萨的五分之一。他也慷慨好施，由于花钱太多在归途中欠下埃及商人一笔巨债。他随带学者和官吏同往，利用朝觐机会学习东方，以改革行政、制定法律、发展工商业和提高文化。他从麦加大教长那里得到"哈里发"的称号。在伊斯兰教业已普遍传播的西苏丹，他力图利用神权来巩固帝国的统治。他在位时（1493—1528 年），桑海帝国版图达到最大规模：西至塞内加尔河域，北部深入撒哈拉沙漠，控制了塔加扎产盐区，东抵阿加德兹，控制了通往北非和埃及的重要商道，并包括豪萨城邦的一部分。只是对莫西人的征战受挫。阿斯基亚·穆罕默德不仅是一个军事家，同时也是一位政治家，是帝国组织者。与桑尼·阿里不同，他不满足于只让被征服国称臣纳贡，而尽力将其纳入帝国行政系统，直接受中央控制。他把全国划分为四大行政区，下设许多小行政区；各区和各大城市的行政长官均由中央任命。他把战俘和奴隶编为常备军，并设置水军。在尼日尔河上游，开运河以济航运，修渠道以发展农业。他统一度量衡制度，便利商贾，并保证商旅行人的安全。加奥、廷巴克图、杰内成为当时西非的最大的中心市场，吸引了不少

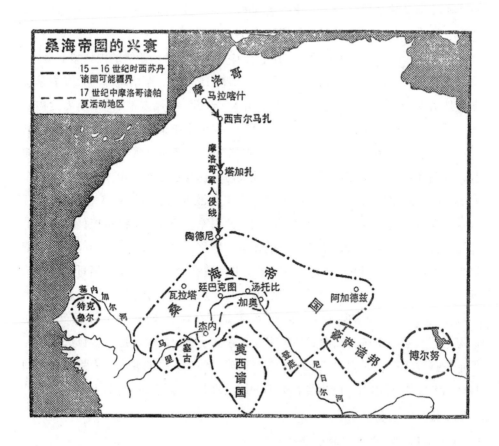

的北非商人。他奖励学术，招徕原已逃散的学人，桑海学术的发达超过了马里称雄时期。各城市都设立了许多学校，据说廷巴克图拥有学校150所，与开罗、巴格达同为穆斯林世界的文化中心。桑科勒清真寺已成为一所著名的大学。上述《非洲志》的作者利奥·阿非利加诺斯正是在这时随同摩洛哥使团来到桑海帝国的。他说，廷巴克图的居民很富有，为数众多的法官、医生和宣教师都从"阿斯基亚"那里得到报酬。他又说，桑海的学术很发达，书籍是作为商品而输入的，其利润高出其他商品。他的记载是符合当时情况的。桑海时期不仅各大城市都有公立图书馆，许多私人也拥有大量藏书，后来被摩洛哥军俘走的一位廷巴克图的学者曾对摩洛哥素丹说："我的私人藏书是朋辈中最少的，你的兵士从我那里拿走1,600本书。"[①]廷巴克图的学者留下了不少著作和珍贵史料，可惜这些手稿后来都毁于战火。在残留不多的著作中，卡迪的《研究者的编年史》是其中之一。《苏丹史》虽是在摩洛哥军灭亡桑海帝国以后写成的，但这部著作颇为真实地体现了桑海帝国文化所达到的水平。据《苏丹史》说，桑海全国有7,077个村庄，鸡犬之声相闻，足见人口相当稠密。

桑海称雄时间也仅历百余年。16世纪中叶，桑海统治阶级的内讧愈演愈烈，摩洛哥素丹伺机实现其蓄谋已久的入侵。早在1539年，摩洛哥即与桑海争夺盐矿重地塔加扎。塔加扎的盐矿历来由柏柏尔人经营，使用奴隶生产，所需食物从摩洛哥运来。摩洛哥素丹不仅要占领盐矿，并想染指桑海的黄金产区。陶德尼盐矿产量远不如塔加扎，故桑海力图控制塔加扎。1584年摩洛哥派军占领塔加扎，无功而还。1590年摩洛哥再次远征桑海，这支远征军是由3,000人（亦作4,000人）组成的，其中有许多西班牙人及其他欧洲国家的穆斯林。他们配备有火器，在汤托比一役（1591年3月）大败桑海军。桑海人继续抵抗，摩洛哥不断派遣援军，1594年最后消灭桑海的抵抗。摩洛哥军大掠廷巴克图等城市，把掠得的财富和学者们解往非斯，许多文物书籍遭受毁坏。不过，摩洛哥军无法长期占领西苏丹，因为沙漠交通极端困难，西苏丹人民不断进行反抗，最后不得不放弃其统治西苏丹的野心（1612年）。但是留在西苏丹的军队并没有撤回，他们在沿尼日尔河中游自杰内到加奥之间，建立了自己的统治地区，自选帕夏。但他们孤立无援，时起内讧，又经常遭到苏丹各族人民的袭击，力量渐弱。到1660年时，尼日尔河上已不复有他们的统治地带，他们逐渐与黑人混合起来，

---

① 见沃德《非洲史》英文版第1卷第70页。

他们的后人形成称为"阿尔马"的军人贵族阶层。桑海的"奴隶"利用摩洛哥入侵的时机，爆发了声势浩大的起义，一度攻克廷巴克图（1591 年 10 月）。他们和图阿列格人联合起来，进占加奥和杰内，1652 年为摩洛哥军所平。桑海霸权覆没以后，在西苏丹地区出现了摩洛哥军、柏柏尔各部落、莫西人、富尔贝人、班巴拉人等的混战局面。从此直到西方帝国主义侵入西非腹地时，西苏丹地区再不曾出现大一统的国家。长期的混战局面阻遏了西苏丹的社会发展。生产遭受破坏，社会秩序混乱，商业衰退，西苏丹诸城市在撒哈拉商路网中的作用也逐渐消失。到欧洲殖民主义探险者进入西苏丹内地时，曾经驰名欧亚的廷巴克图，已是一座荒凉的城市。

西苏丹诸国社会发展初探

有关上述西苏丹诸国的文献，提到当时的社会结构和阶级关系的不多；目前对这方面的研究成果也很少。现在我们只能根据已有的资料，对这些国家的社会发展进行初步的探讨。

从加纳的黑人王朝时算起，到桑海灭亡为止，共历 800 余年。在这 800 余年中，加纳、马里、桑海三国并不像我国历史上各个王朝交替那样一个接着一个。它们虽然大致先后有序，但是每一个国家都有它的长期存在的历史。彼此有时是同时并存的，一国称雄，他国则偏安一隅。在这三个大帝国相继称雄期间，还有其他一些强盛一时的国家，例如苏苏。这三个国家称雄的时期都不过百余年：加纳是在 10—11 世纪时，马里是在 13—14 世纪时，桑海是在 15—16 世纪。没有一个帝国能够在西苏丹长期维持大一统的局面。

为什么会出现这样的情况呢？根本的原因是生产力发展缓慢，没有能够形成巩固中央集权国家的经济基础。三大帝国都是靠武力征服建立起来的，一旦武力衰落和嗣位君主缺乏军事才能，中央便不能巩固其统治。帝国内部存在着不同的矛盾。在没有明确了解其社会性质是奴隶制或封建制以前，我们无法肯定其主要矛盾是奴隶和奴隶主或农民和封建主的矛盾。征服者占有土地，随之出现了奴役或消灭被征服者的现象。古文献极少叙述下层人民群众的贫困生活和被剥削的情况。西方殖民主义者入侵后的文献表明，在西非，与黑非洲的其他地区一样，在很多时期中，阶级矛盾可能是以民族矛盾的形式出现。被征服的民族或国家又往往能够保全其臣属和纳贡的附庸地位。但是，他们又不甘处于附庸地位，总在伺机而起。西苏丹是大片稀树草原，缺乏自然边界和天然屏障,易受侵袭。马队是诸帝国武力的重要组成部分。马队的使用使征服战争易于扩大。国家的疆界时有变动,难于确定。西苏丹的交通运输是困难的。在撒哈拉岩壁画中已有战车,但是我们还不知道为什么西苏丹一直不曾使用车辆。在水上运输方面也只有尼日尔河河曲一段可以通航。不能充分利用船只和车辆,运输受到很大的限制。所以在辽阔的国土上,君主要经常率领大批人马巡行,一则是为了巩固对各地的统治,同时也为了就食。西苏丹的君主常常前往麦加朝圣,除宗教意义外,实际上也具有耀武扬威的政治作用。每当武力衰微、国内阶级斗争尖锐而又有争位内讧的时候,帝国鞭长莫及,强大的附庸和新兴的民族便乘机崛起互争雄长。桑海就是这样兴起的。

我们一再提到西苏丹三国的"富有",其实,这只是以王族为中心的统治阶级的富有。他们的财富是通过黄金、象牙、土产等货物甚至包括奴隶的出口而取得的,是通过对商路的控制,大量过境税的征收而取得的,是通过战争掠夺而取得的。关于农、牧民的生活及其生产情况,我们所知甚少。看来生产水平是不高的。农业虽发展甚早,但是从留下的遗址和记载来看,灌溉系统是不发达的。西苏丹农民的生产大致可以自给自足,似乎没有大量生产出口作物。由运费昂贵的骆驼商队来运输大量这类农作物或粮食是无利可图的。在输出货物中,只有产于森林地带的可拉果是农林产物,所占的比重也不大。由此可见,对外贸易的发达,并不是建立在高水平的农牧业生产基础上的。国内商品交换的规模还是很小的,也不曾因对外贸易的发达而形成国内市场。广大人民群众并没有直接参加对外贸易的活动。在输入品中,只有食盐与人民大众的日常需要有关。至于串珠、小饰物和布块等物虽与人民生活有关,却不是必需品,数量有限。货币关系不发达是国内市场不曾形成的一个明显标志。直到桑海帝国时期,西苏丹没有统一的币制;铜片、布块和贝壳都可充当等价货币。贝壳是由阿拉伯商人从印度输入的,最迟在11世纪时已作为货币流通,一直通行到18世纪。西苏丹虽盛产黄金,却始终不曾把黄金铸成货币。君主们朝圣时在东方使用了金币,却一直没有在国内用黄金自铸货币,可能就是由于没有这种需要。国内市场既不曾形成,帝国境内就不能形成为一个经济整体。所以我们认为,这三个帝国生产力的发展是缓慢的,都没有具备长期维持大一统局面的经济基础。

那么,生产关系又是怎样的呢?三国的社会性质是什么呢?被征服的民族中除保全附庸地位的那些部落外,是否有些部落沦为奴隶呢?国家形成,就说明已有阶级;有城市,就有城乡差别。在因对外贸易而繁荣起来的城市居民中,除外来的穆斯林商人外，主要是本国的统治阶级、军事上层人物、贵族以及为他们服务的人民群众。桑海末期"奴隶大起义"是反映阶级斗争尖锐化的最突出的一个例子。我们是否能根据这次"奴隶大起义"来判断直到桑海帝国时期仍然是奴隶社会呢？封建制度是何时开始的呢？关于这些问题，学者们有不同的意见。徐雷·卡纳尔认为桑海帝国的社会仍然是不成熟的封建社会，只能称之曰"原始的封建制度"，实际上就是封建制度的最初阶段。戴维逊则认为早在加纳帝国时期即已进入封建社会，并强调它与欧洲中世纪封建制度的共同点，而称之为"非洲型的封建制度"或"部落封建制度"。苏联学者对此也有不同的看法，苏联科学院 10 卷本《世界通史》则认为这些帝国的社会是属于封建类型，兼有奴隶制而保存有原始公社的残余[①]。这三大帝国都有最高的君主，其下有层次分明的附庸而形成了金字塔式的等级差别，最基层群众是农民和牧民。许多学者根据这一等级差别而肯定加纳帝国是封建社会，这样的推论是颇成问题的。

加纳国家显然已经不是一个部落联盟，原始公社的因素在生产关系上已不起主导作用，因为它已经进入明显的阶级社会，加纳已利用奴隶劳动，并将奴隶作为输出商品。但是，尽管奴隶已作为一个被剥削阶级而存在，加纳却不曾形成像希腊、罗马那样的典型奴隶制社会。马里帝国也是如此。伊本·巴图塔说，马里到处都可以看见奴隶。马里禁止奴隶与自由人结婚，可见阶级的界限十分森严。可是奴隶又可以获得自由，甚至宫廷中获得自由的奴隶能够夺得帝位。到了桑海时期，关于奴隶的记载较多。奴隶劳动已广泛使用，有人监视他们工作；他们不仅从事农业，同时也从事手工业，如造船、锻铁等。前面提到的那次"奴隶起义"是一次持续几十年的阶级斗争。但是，这也并不能证明：桑海帝国时期的社会仍然是奴隶社会，因为世代相传的奴隶与农奴是难于区别的。既然二者同样附着于土地，君主可以把土地连同奴隶或农奴一起封赠给大臣。他们同样要以实物交税并服徭役，这显然是封建剥削，而不是单纯的奴隶制剥削。从土地关系看，国王控制了全国的土地，用封土的方法来保持中央与附庸的关系。据《苏丹史》所载，桑海国家已出现了大地主，16 世纪末廷巴克图附近有个大地主，拥有 290 户农奴，分住在 6 个村子里，每年缴纳谷物共达 3 吨，此外还有其他的贡赋。这样看来，在桑海帝国时期大概已不是奴隶社会，而是已经进入封建社会。

---

① 见苏联科学院编《世界通史》第 4 卷第 2 章。

封建社会的主要特征决不是臣属关系的等级制。封建社会的主要矛盾是农民阶级和地主阶级的矛盾。这是由于地主阶级拥有绝大部分的土地，对农民进行残酷剥削，封建君主把地主阶级作为封建统治的基础。西苏丹的土地关系又如何呢？在殖民主义统治企图掠夺西非人民的土地时，比较客观的资产阶级学者们如德拉福斯等早已作出结论：西非的土地是属于部落共同所有，每一个部落成员都保证有土地使用权。君主可能把大片土地作为采邑分赠给臣属，但是任何人、包括君主在内，对于土地都无绝对所有权。在西非，和在黑非洲的其他许多地区一样，当时不存在对土地取得所有权的地主。他们对于领有的土地没有出卖和转让的权利，甚至没有世袭的权利。农民使用土地是在村社中定期分配的。分配土地的权力操在部落上层手中，他们可以把较好的土地分配给酋长、贵族上层和神职人员，但是他们不能拒绝农民使用份地的权利。农民使用份地要向国家缴纳贡赋，酋长也可以向他们征收一部分实物或徭役，然而这不是地租。前面所引《苏丹史》所说的桑海帝国时期那个廷巴克图的"大地主"，他的290户农奴每年共缴纳三吨谷物，平均每户每年只缴纳谷物十多公斤，这个数量是不大的。这个所谓拥有290户农奴的"大地主"，事实上可能就是一个掌握分配土地权的酋长。在以畜牧为主的地区，因为牲畜私有，牧民中间的两极分化更为显著，但是牧场却是公有的。在西方殖民主义侵入西非以前，西非的土地关系就是如此。19世纪中富尔贝人征服西苏丹的某些地区以后，也不曾摧毁这种土地关系。农、牧民为了取得良好的份地或使用牧场，不免要向酋长缴纳实物或服力役，这是封建剥削，但还不是固定的地租，而且不存在人身依附关系。

根据以上的论证，我们姑且作出如下的初步假设[①]：西苏丹地区三大国家这800余年的历史是由部落联盟进入封建社会的历史。与我国封建制度延续3000年一样，这800余年的历史发展也是相当迟缓的。马里和桑海都在加强国家机器而向中央集权发展，但是由于缺乏经济基础，故帝国领土的扩大常常超出了它所能管辖的范围。在这一发展过程中，加纳已由部落联盟而进入奴隶制社会。马里处在奴隶制社会相对比较发展时期，然而还不是典型的奴隶社会，因奴隶主要并不是用于生产性劳动。马里占有产金区，我们还不了解黄金的生产情况，是否使用了奴隶。在马里社会中，奴隶是最受剥削的一个阶级，是可以买卖的；

---

① 杨人楩先生生前根据当时所掌握的材料对三帝国的社会性质，作了初步的设想。他自己认为是极不成熟的意见，聊备一说，仅供参考。——整理者注

但是他们又是家族的成员，家生奴隶有一定的人身自由，甚至可以获得完全自由。封建剥削可能始于马里称雄时期，到桑海时期才臻于发达。在桑海，奴隶和农奴是难于区分的，"奴隶大起义"肯定是有大批农牧民参加。他们的劫掠城市的行为，表明城乡间阶级矛盾的尖锐化。如果没有遭受外力的严重打击，西苏丹诸国是可以按照自身的历史发展规律而逐渐建成封建集权国家的。可是，摩洛哥军的入侵给西苏丹地区造成很大的破坏，特别是从 16 世纪以后西方殖民主义势力开始入侵西非，后来又深入内地，殖民主义者长期从事奴隶贸易一方面促使西苏丹分裂为无数相互劫掠奴隶的小国，一方面破坏了西苏丹的生产力，这就完全中断了西苏丹地区社会发展的正常进程。没有集权的民族国家就难于对殖民主义的侵略进行有效的抵抗，殖民主义一旦侵入以后就更不会容许西苏丹形成为集权的民族国家。这就是 16 世纪以后，西苏丹不容易再建立大一统国家的原因。

第三节　中苏丹诸国

加涅姆·博尔努国家

中苏丹地处非洲的十字路口，许多民族在迁徙中都经过该地区，故当地人种比较混杂。来自东部或北部的游牧人部落，先后在这里定居。尼日利亚北部的重要部落，差不多都有其祖先来自东部的传说。这些游牧人起初是受外族压迫南迁的柏柏尔人，继而是非洲化了的阿拉伯人。2000 年以前，这一带的居民原是黑人，他们较多地受东来文化的影响。麦罗埃王国灭亡后，它的王室是否如有些学者所认为西迁到乍得湖地区，西迁到这里后又是否建立国家，都是尚未解决的问题。但是，可以肯定中苏丹曾受麦罗埃文化的影响，有人认为中苏丹的铁器和锻铁技术是从麦罗埃传入的。

加涅姆·博尔努国家位于乍得湖周围广大地区，以加涅姆和博尔努两地而得名。在 7 世纪以前，黑人中的索族（So）住在乍得湖以东地区。7 世纪以后，柏柏尔人和阿拉伯人的游牧部落先后来到这里，与黑人混合起来而形成加涅姆布人，在 8 世纪中建立王国。据说，这个王国的建立者塞夫是阿拉伯人，王朝一直传到 19 世纪中叶。关于这个王朝的起源，有来自麦加、也门和巴格达等不同的说法。大概塞夫是阿拉伯部落名称，他们迁徙到这里后与黑人和柏柏尔人混合，但是他们成为这个国家的统治阶级。[①] 当时这个国家只占有加涅姆，以恩吉米为首都。

11世纪时，这个国家的统治阶级接受了伊斯兰教，国王称"马伊"。作为统治阶级信奉的宗教，伊斯兰教对加涅姆国家的政治、文化等诸方面有着重要影响。不过，据贝克里说，加涅姆是一个崇拜偶像的国家，可见伊斯兰教并未普及民间。加涅姆国家有由12名上层贵族组成的国务会议，有比较强大的军队。13世纪是加涅姆国家的极盛时期，在国王迪巴拉米（1221—1259年）执政时，除步兵外，有骑兵30,000。博尔努是它的一个行省。北起费赞，西到豪萨诸邦，东至瓦兑，南向有时伸展到迪科阿。在这一广大地区内的小国或部落，都是臣服于它的附庸。它和突尼斯有直接的外交关系，1257年曾遣使突尼斯。14—15世纪是它的衰落时期。首先是统治阶级内部的不断内讧，继而是各附庸的独立战争，最后又遭受布拉拉人的侵袭。布拉拉人也是一个以黑人为主的混合民族，住在加涅姆的东南部。14世纪中，他们侵袭加涅姆前后达70余年，迫使加涅姆王室西迁到博尔努。在12世纪时，加涅姆布人向博尔努的迁徙业已开始，但主要的迁徙是在14—15世纪。他们迁入后，与当地居民混合而形成了说卡努里语的卡努里人。利奥·阿非利卡诺斯在《非洲志》中说：当时（16世纪初）西非黑人三大国，以博尔努为最弱。

进入16世纪以后，博尔努国再度强盛起来，伊德里斯·阿娄马三世（1571—1603）在位[②]时，国势极盛。除收复加涅姆外，他东征瓦兑，西掠卡诺等豪萨城邦，并与土耳其素丹保持外交关系。博尔努军队除拥有马队外，还使用火器。火器是从土耳其经过的黎波里等港输入的，由家内奴隶组织火枪队，聘土耳其人为教官。伊德里斯三世也是政治组织者，他几次前往麦加朝圣，从埃及学习许多管理国家的知识，采用穆斯林法典，设立宗教法官。此时，伊斯兰教已渐为中苏丹人民所接受；加涅姆·博尔努已成为穆斯林国家，国内到处有用砖石建立的清真寺。由于武功鼎盛，国内出现了一个武士阶层。对于被征服地区，他仍利用当地大小酋长继续统治，只要求他们纳贡，列为藩属。在他死后，国家仍保持一个时期的繁荣。17世纪末，国势渐衰，但仍能维持到19世

---

① 参看 Y. 玉尔罗瓦《博尔努史》法文版第 136—142 页
② 关于伊德里斯·阿娄马在位时间，另一说为大约 1575—1610 年。见费奇《西非简史》第 68 页。

纪中叶。19 世纪初，富尔贝人势力强大向东扩张时，也未能将其征服。

关于这个国家在 15 世纪以前的社会发展情况，我们知道得很少。利奥·阿非利卡诺斯说，这个国家的平原地区，盛产谷物，山区居民为牧民。商业颇发达，有来自马格里布和埃及的商人。加涅姆·博尔努很早就通过撒哈拉商路与北非及东方国家贸易，与突尼斯的贸易关系最为密切。19 世纪中到博尔努探险的巴尔特指出，当时通北非的主要干线是经过加特和埃达米斯，而不是经过比尔马和木祖克一线。后一条干线不如前一条方便，只是由于政治的原因，如朝圣和巡行才加以利用。中苏丹从北非输入的主要是马匹、武器、丝棉织品等。输出品有象牙、鸵鸟羽、干鱼及其他物产，并不如有些学者所说那样以奴隶为主；此外，还有来自豪萨诸邦的棉织品、皮张和可拉果等。其中有许多是转口货物，博尔努是撒哈拉商路的转运中心。在输出品中，还有本国的手工艺品；它的棉织品，特别是棉带，驰名于东、西苏丹。

加涅姆·博尔努是一个前后维持一千年的国家，在非洲历史上，这是一个很值得注意的事实。可惜我们对于它的社会发展情况知道得甚少。玉尔罗瓦说："在中世纪时，正如继承加纳的马里之于西苏丹一样，加涅姆也是中苏丹的文化中心。正是在这两个中心形成了今天的苏丹文化——既不同于阿拉伯的又不同于南方纯黑人的一种文化"[①]。今天的尼日尔和乍得两国及尼日利亚和喀麦隆的北部，都受这一文化的影响。

豪萨诸城邦

中苏丹的西部是豪萨诸城邦，它们可能在 11 世纪时即已建国，有的可以追溯到 8 世纪。13 世纪时始见于阿拉伯记载，卡诺邦则保存有它自己的编年史。建立最早的一个城邦是道腊邦，根据传说，在 11 世纪初，道腊女王（在她以前已有九位女王）嫁给一位来自北方或东方的打猎的"白人"阿布·亚济德（因其曾打死一个危害人民的怪兽）。他们的儿子巴沃有 6 个儿子，一起建立并分治 7 个城邦。各邦有分工：道腊和卡齐纳以商业为主；卡诺和腊诺以纺织为主；戈比尔尚武，司保卫之责；最南的扎里亚专司南向掠取奴隶。关于比腊姆的专业，没有说明。这一传说反映了当时各城邦都以一定的专业见长，并有高度发展的农牧业，否则无从养活这些城市居民。大概是来自东北的肤色稍白的人的部落

---

① 玉尔罗瓦《博尔努史》第 48 页。

和当地黑人居民混合起来，建立了这些城邦。较晚迁来的这种"白人"部落则迁徙得更南一些，也与黑人混合起来建立了另外一些城邦：克比、扎姆法拉、约里、格瓦里、努普、瓜拉拉法、伊洛林等。这些后起的城邦被视为"非正统豪萨"，以别于传说中所建立的七个城邦。豪萨城邦的数目时有增减，分布于今尼日利亚北部和尼日尔南部。它们彼此时有战争，始终不曾发展为一个统一的国家；只有在大敌当前时才偶而形成联盟形式的结合。

16 世纪初，西边强大的桑海帝国向东扩张，卡齐纳、扎里亚、卡诺诸邦成为它的藩属。16 世纪中，克比邦一度直接统治过若干城邦。东部诸邦则常受博尔努国的威胁，并有若干邦曾沦为它的附庸。尽管时常处于强邻的夹攻之中，豪萨诸邦却常能摆脱敌人的统治，保全它们的独立，一直到富尔贝人入侵为止。它们之所以能长期保全独立的原因之一，是因为它们已发展了一套比较完整的行政系统。城邦的君主不具备神性，是由统治阶级上层选举产生的，他们也可以被罢黜，在这一套复杂的行政组织中，最重要的职位是"宫相"。有专管马匹、奴隶、文书、警务、司法、财政及商业的部门，从而建立了有效的财政、行政、司法制度，甚至还有专司天文的官职。军队以骑兵为主。

豪萨人不是一个种族。他们没有部落组织，是由共同的豪萨语联系起来的。豪萨语是西非的重要语言之一。利奥·阿非里卡诺斯曾旅行到豪萨诸邦，称豪萨语为"戈比尔语"，说它通行于由戈比尔到卡诺一带，可见它在 15 世纪末已通行很广。豪萨城邦处于撒哈拉商路的要冲，豪萨人又善于经商，豪萨语遂变为中苏丹市场的公共语言，流行甚广，至今仍通行于加纳北部到喀麦隆之间地带。格林伯格称之为"乍得语"，把它列入亚非语系。它大概是西非唯一有文字的语言，文字是用阿拉伯字母书写的。豪萨诸邦之所以能够长期存在的另一重要因素是，它们有较好的物质条件，他们的生产力发展水平可能比西苏丹高。豪萨人是能干熟练的农牧民，豪萨地区土地肥沃。他们又熟谙工艺。腊诺和卡诺附近有丰富的铁矿，铁矿工业发达。豪萨城邦也盛产铜制品、染色的毛织品、皮革制品。他们的织物不但销行苏丹地带，并且远及北非和欧洲。欧洲所用的"摩洛哥皮"，实际上是产于豪萨城邦经摩洛哥而传入欧洲的。豪萨人以善于经商闻名遐迩。豪萨城邦位于撒哈拉东部商路的南端，与摩洛哥、突尼斯、的黎波里和埃及都有直接的贸易关系。桑海衰亡后，它们在商路网中的地位更形重要，其中以卡齐纳和卡诺的地位为最优越。卡诺是中苏丹最大的城市，也是文化中心。这些城市周围围绕着的高高的城墙在抵御外族侵入时起了很大的作用。据《卡诺编年史》说，卡诺的城墙完成于 12 世纪中。15 世纪里木法在位时（1463—1490年），国势极盛，他重修城垣，城墙有七门，城内修建宫殿和清真寺。据 19 世纪探险家巴尔特的记载，卡诺的商业仍很繁盛，在 15、16 世纪时肯定是更为繁荣。早在 11 世纪时，伊斯兰教已传入北部诸邦，14 世纪时，始传入卡诺。当时伊斯兰教只传播于统治阶级，并未深入一般人民；直到卡诺被富尔贝人征服后，伊斯兰教才广泛地流传起来。富尔贝在征服豪萨城邦时，毁坏了许多文献，《卡诺编年史》是幸存下来的少数文献之一。

第四节 其他西非诸国

贝宁王国

在沿几内亚湾的西非南岸有些重要国家，贝宁王国是其中之一。其他诸国的历史虽然也与贝宁一样可以追溯得很早，但它们的地位在欧洲殖民主义者侵入以后才显得重要，所以留在第三编中来追述。

1897 年英国征服贝宁时，曾炮轰贝宁，大肆劫掠，抢去了大批铜质铸雕艺术品。这批艺术珍品的造型和浮雕达到了很高的水平，超过了欧洲中世纪的同类作品，可与世界上第一流的艺术品媲美。英帝国主义者诬蔑贝宁是一个以人作为牺牲的野蛮国家，从而武断贝宁人不可能产生这样高度水平的艺术品。一些资产阶级学者也提出了种种没有根据的假设来说明这些艺术品的产生，借以证明西非人民的"一贯落后"。可是，考古的发现和科学的研究把这些荒诞假设一一驳倒了。

现代考古学证明，贝宁的铜质铸雕艺术是与古代诺克文化一脉相承的[①]。诺克文化是以诺克村而得名，位于卓斯高原（也作包契高原）卓斯城的西南。卓斯高原是尼日利亚的锡矿区，因采矿而发现了新石器时期的陶器，接着进行了系统的考古发掘。自 1944 年后，史学家对于这一文化有了日益增多的了解。诺克文化的显著特征是烧陶人像和动物，人像表现出各种生动的形态和多样装饰。其范围广布于尼日尔河和贝努埃河以北，宽达 300 英里，纵深达 100 英里的广

---

① 关于诺克文化及其与贝宁铜制艺术品的关系可参看戴维逊《昔日非洲》英文版第 65—67 页；罗·科内万《黑非洲各族人民史》第 228—232 页。

大地区。这些烧陶人像和动物为公元前 900 —公元后 200 年的作品；用碳 ^{14} 方法测定同时出土的其他器物的年代则可追溯到公元前 4000 多年，诺克文化的极盛时期是在公元前第一千纪的后 500 年中，当时已知用铁，说明已处于由石器过渡到金属的时期。现在虽然还不能具体说明由诺克文化过渡到贝宁铜质铸雕品的发展各个阶段，但可肯定铜质铸雕艺术品是上承诺克烧陶作品发展而来的，从而驳斥了贝宁铜质铸雕艺术的起源是来自外地的种种臆说。

贝宁的铜制艺术是从伊费传入的，正确地说，应称为"伊费 - 贝宁艺术"。沿几内亚湾各地都发现有雕刻艺术品，其中铜制艺术品以贝宁为中心。可能在10 世纪时，这一艺术已传入贝宁，至迟不晚于 12 世纪。15—16 世纪是这一艺术发展的极盛时期，此后，逐渐衰落，但仍以世传手工业方式流传下来，只是艺术水平和作品的多样性已不如以前。[①] 西方学者如沃尔德等认为尼日利亚缺乏铜矿，以此否定尼日利业人民的艺术的创造性。其实，当地人民通过膏萨商人充分获得特克达所产的铜，这一事实是早已见诸阿拉伯人的记载。这些艺术品的制作工艺过程是，利用模中涂蜡遇热即化的原理，先用黄铜把蜡模灌铸成粗坯，再经细致加工雕琢而成。非洲的雕刻品一般富于象征意味而缺乏写实的表现，而贝宁的铜质艺术品都具有高度的写实主义手法。作品大部分是神祇、国王、王后和大臣们的头像。此外则为鸡、蛇等物，显然是作为宗教的供物而创作的。这类艺术是为统治阶级服务的，只有社会发展已达相当高度的国家，才能做到这一步。

贝宁的历史可以追溯到 9 世纪。据说，传 31 君后，才接受伊费的统治。大约在 1170 年，贝宁人推翻了他们所痛恨的国王，要求伊费国王派人来治理国家。伊费国王派了他的儿子来统治，建立了贝宁国。15 世纪时贝宁逐渐强大，脱离伊费而独立。西方殖民主义侵入后，从欧洲人那里输入了火器，贝宁更加强大起来。伊费仍然是宗教的中心，它是贝宁和约罗巴国家的圣城。贝宁不是一个很大的国家，在其极盛时期，它的版图也只限于今天尼日利亚的东南角，东界尼日尔河，东北不超出森林地带，西部包括拉各斯，一度远到巴达格

---

① 威廉·法格在 50—60 年代提出的关于贝宁铜雕艺术品的新分期法，目前已得到比较广泛的采纳。根据他的意见，铜雕艺术传入贝宁的时间约在 14 世纪前后。公元 1500 年之前为第一时期，带有较多的伊费铜雕的风格。16 世纪中叶至 17 世纪为中期，摆脱了伊费的风格，具备了自己的风格。从 17 世纪末进入晚期，其头像的雕铸，则流于因袭模仿。参见《非洲历史杂志》1977 年第 2 期第 193—216 页。

里。贝宁国家有由 7 名上层贵族组成的国务会议，他们不但处理日常政务，并有选择王位继承人的权力。7 人中以军事首长为最重要，他在一天之内可以召集 20,000 名武装良好的军队。在 13 世纪中叶正式设置了监狱，修建了贝宁城。同时传入了铜制铸雕艺术、牙雕和木雕艺术。15 世纪时的宫廷艺术家阿哈马吉瓦，改进了铜制铸雕艺术。1486 年葡人初到贝宁，不久，在贝宁河岸的乌加瓦托设站进行贸易。葡王派遣传教士前来，诱使国王命上层贵族改信天主教，建筑教堂。据当时葡人的记载，贝宁城是个工艺发达的城市，城周围长达 3 英里；贝宁人彬彬有礼，派往葡萄牙的使节"善辩而多智"。17 世纪中到达贝宁的荷兰人说，贝宁当时很繁荣，是一个秩序井然的国家；贝宁城街道宽阔，房屋鳞次栉比，王宫宏伟。17 世纪末到过贝宁的英国人也说，贝宁为一大城，有三十几条大街，都是宽而且长的。当时的贸易主要操在政府手中。出口物以胡椒为主，此外有贝宁布、玉石、皮革和象牙等，奴隶只占少数，完全是女奴。西方殖民主义者在非洲进行奴隶贩卖以后，才促使贝宁成为一个以输出奴隶为主的国家。

莫西诸国

莫西诸国亦称莫西·达干巴诸国，位于西苏丹南部沃尔特河的上游，即今上沃尔特和加纳的北部；是由当地原有居民和来自东北部的各族混合而建立的国家，其历史可以追溯到 11 世纪。其时当地居民已知用铁，但仍处于母系氏族制阶段。根据传说，有位来自东方的红肤色猎人托哈吉为民除害，娶当地一位曼丁果族女王，他们的子孙分建莫西、曼普路西和达干巴三国。大概"红色人"是指肤色较浅的黑人，他们由内陆地区迁徙到这里，与当地居民通婚并采取了当地居民的生活习惯。

新来的部族是统治阶级，他们拥有马队和更好的武器，他们是征服者，他们带来了王政制，通过武力征服而建立了王国。最初的中心是今日加纳北部的干巴加，继而分建上述三国。瓦加杜古原是莫西国的首都；向北扩张后，莫西国分为瓦加杜古和雅登加两国。在它们的西边，又建立了古尔马国。达干巴处于最南，扩展到森林地带，但在西向扩张时受阻于甘扎人。这些国家的疆界，虽时有变迁，但活动的地区自 13 世纪直到 18 世纪，大致就固定在这一带。它们曾长期拒绝接受伊斯兰教。马里和桑海在强盛时期都不曾征服它们，相反，莫西人却曾经一度占领廷巴克图（1333—1334 年），侵入桑海帝国并北上大掠瓦拉塔（1477—1480 年）。南边的达干巴国的势力也不断扩大，只是到了 18 世纪中叶，阿散蒂国因输入了火器才战胜了达干巴，每年向它索取 200 名奴隶作为贡赋。

这些国家之所以能抵抗外来势力而长期维持其独立是有其社会经济基础的，可惜我们对于其社会发展情况知道得很少。这些国家远离撒哈拉商路中心，商业不占重要地位；然而它们的商人却是长途贸易的居间人，森林地带的可拉果、黄金、象牙和奴隶是通过他们之手北运的。我们无法断言它们的社会性质是否奴隶社会，但可以肯定奴隶仍是重要劳动力，雅登加和瓦加杜古城都有奴隶市场。经济以农业为主，农民知道施肥和利用地下水源[1]；此外还有畜牧业。食物可以自给，但需输入食盐。与相邻的部落比较，它们具有较完整的政治组织。国王称"莫合诺巴"，意即"国家之长"，具有神性。中央设有分掌马队、步兵、道路、宫廷事务、王陵、奴隶和司鼓的大臣。省长即世袭的酋长，他们在宫廷中也有职位。各国都有其自己的历史传说，都能列出王位继承的世系。国王担心贵族势力过分强大，有时从奴隶中选拔官吏。这些国家虽然没有统一为一个大帝国，但是它们有很强的自卫能力，所以在欧洲殖民主义者贩运奴隶时期，这里是西非受猎奴之害最小的地区之一。

---

① 参看沃德《加纳史》第 131—132 页。

第五章　古代中部和南部非洲诸国

第一节　非洲人在中南非洲的迁徙

科伊萨人的迁徙及其社会发展

中南非洲是指赤道及其以南的非洲地区，这一广大地区的主要居民是班图人。在他们迁徙到这里以前，原有居民是属于科伊萨语系的萨恩人（布什曼人）和科伊人（霍屯托人）。有的学者认为科伊萨人来自东非的非洲人类发源地。他们的迁徙最初只是为了寻找更适于生存的地方，继而是由于受了其他民族南迁的压力。这一迁徙过程一直延续到19世纪。不过，现在越来越多的学者认为讲科伊萨语的人发源于博茨瓦纳或其附近地区，而不是遥远的北非或东非。科伊人的祖先是南非的猎人，他们不是入侵的牧人。荷兰人初到南非时，科伊人占有南非整个西南沿岸地区，萨恩人住在内陆。

当欧洲人入侵时，萨恩人还停留在石器时代。他们用的铁器是外来的，没有陶器，靠狩猎和采集为生，除狗外无其他家畜。他们还没有发达的部落组织，只有共同生活的狩猎集团，人数通常只有几十人。然而他们是南非岩壁画艺术品的创造者，他们的岩壁画有8000年前的作品，分布在赞比西河以南到奥兰治河一带。早期画大部分是狩猎图景，表明他们当时过着平静的生活。中期画风已受外来人——科伊人和班图人——的影响，表明萨恩人和新来各族人民的混合。这一期的画大概是公元后1000年中的作品。以后的作品看来已经不是萨恩人所作，大概他们已经离开这些地区。欧洲人侵入后，又压迫他们退到卡拉哈里沙漠，过着更艰苦的生活。由于欧洲殖民者的压迫和屠杀，他们的人口迅速减少，一般估计只剩7,000人左右。但是近人研究，认为不止此数，因为除在博茨瓦纳和"南非共和国"以外，在安哥拉、纳米比亚和赞比亚也分布着萨恩人，为数约 50,000 人。在欧洲人侵入以前，可能达 100,000 人[1]。

科伊人的社会发展水平比萨恩人高得多。他们已进入铁器时代，能自制铁器与铜器；手工业方面有木制器皿和各种编织物。经济以畜牧为主。他们有固定的居住村落，已联合为部落，对欧洲人的侵略能够进行有组织的抵抗。

班图人的迁徙和分布

根据已为多数学者所接受的美国学者格林伯格的观点，从公元后 1 世纪时起，班图人就开始一浪推一浪地向赤道及其以南地区迁徙；一直到 19 世纪初，这一迁徙过程尚未完毕。关于这一迁徙的具体经过，目前尚难作出详确的说明。他们不是一次迁徙的。在各次迁徙中，时间的早晚或部落的大小彼此不同。有时，后来的一股压迫其前驱再往前进；有时，他们彼此混合起来形成新的部落；有时，后来的一股越过他们的前驱而前进。班图人的迁徙压力使矮小的皮格迈人迁入丛林，使科伊萨人向非洲西南端迁徙；但是班图人——例如恩戈尼人——也与科伊萨人通婚。

班图人各次迁徙的途径也是很难确定的。西方有些学者根据语言和文化的某些差异而把班图人分列为无数"种族"，其目的在于强调非洲人民的分裂状况。[2] 苏联学者也不免如此。[3] 事实上，彻底弄清楚这个头绪烦杂的问题，既很困难，又无必要。从历史的角度来看，我们只需找出主要的班图各族迁徙时所经历的途径。在他们所经的地区，有些部落住下了，有些部落则赓续前进。班图人先后从喀麦隆高原出发，大约可分三大支：（一）西边的一大支主要分布在刚果河下游，以刚果人为主，东南是隆达人，在今安哥拉境内的是恩戈拉人。（二）东向的一大支包括今日赤道非洲中部和东非的班图人，湖区班图人，吉库尤人和斯瓦希里人；他们在 10 世纪时到达东非沿岸。（三）居中向南迁徙的一大支又分三支。西南支以赫雷罗人为主，至晚 17 世纪时，已到达今西南非的北部。在所有的班图人中，只有他们放弃了农业而专从事畜牧业。中南支在 2、3 世纪时已越过了赞比西河。其中，偏西的一支是以苏陀人为主。他们越过林波

---

[1] 罗·科内万《黑非洲各族人民史》第 110 页。

[2] 例如 C.G.塞利格曼《非洲的种族》中译本与詹姆斯·乔治·弗雷格尔《非洲和马达加斯加的土著诸族》英文版。G.P.默多克在其《非洲各族人民及其文化史》英文版中附有详尽的人种分布图。

[3] 安德里安诺夫《非洲的居民》中译本书末附有详尽的"非洲民族分布图"。

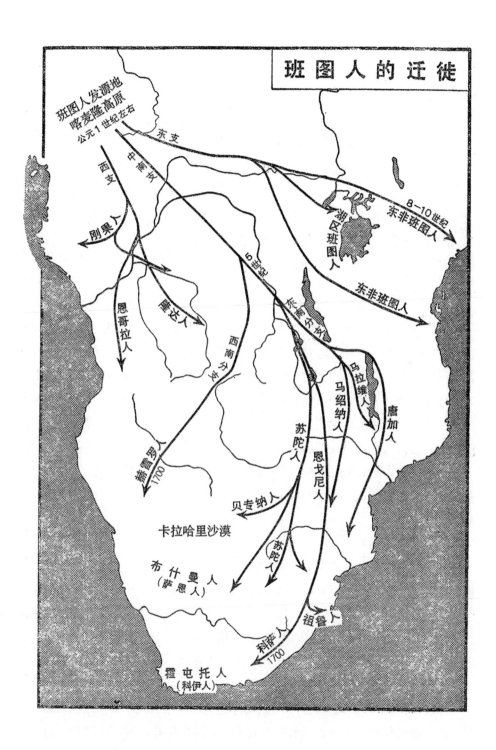

班图人的迁徙

班图人发源地
喀麦隆高原
公元1世纪左右

东支

西支

中南支

刚果人

隆达人

恩哥拉人

8—10世纪
东非班图人

湖区
班图人

东非班图人

5世纪

东埃尔的

西南分支

马拉维人

马绍纳人

唐加人

苏陀人

赫雷罗
1700

恩戈尼人

贝专纳人

苏陀人

卡拉哈里沙漠

布什曼人
（萨恩人）

科萨人

祖鲁人

科萨人
1700

霍屯托人
（科伊人）

波河后，分为若干分支。最西的分支是贝专纳人。15世纪中，苏陀人已分布在德拉肯斯堡山脉西北的广大地区。东南支在第一千纪上半期时已越过索法拉及其以西一线。在这一支中，较早的一股是唐加人和马绍纳人；唐加族定居在莫桑比克南部。可能是居住在莫桑比克的班图人最早渡过林波波河进入现今南非境内，后来继续居住在南罗得西亚的班图人也渡河南下。他们分布在现今德兰士瓦和纳塔尔北部。较迟的然而是最重要的一股是恩戈尼人，他们是到达南非最南端的班图人。他们从纳塔尔继续南下，深入今开普省东部。他们又分南北两支，南支以科萨人为主，渡过凯河以后继续南迁，至晚在17、18世纪之交已出现在大鱼河畔。北支以祖鲁人为主，分布在今纳塔尔一带。由此可见，荷兰人初到南非时（1652），班图人早已是赞比西河和林波波河流域及其以南直到大鱼河地区的主人。18世纪，在今"南非共和国"的东半部，人口最稠密的班图人（恩戈尼人，茨瓦纳—苏陀人）地区恰好形成一个马蹄形。南非白人统治阶级，特别是布尔地主的代言人却厚颜无耻地说：他们是与班图人同时来到南非的。他们散布这种论调的目的在于为自己的侵略辩护，似乎班图人与他们一样，是很晚才到达南非的"外来人"。荷兰人和英国人所侵入的南非，自古就是非洲人居住的土地，班图人早已定居在林波波河以南直到大鱼河一带。班图人的迁徙与欧洲人的入侵，在本质上是完全不同的。世界上任何地区，都有过民族迁徙，其最后结果是民族融合。班图人在非洲南半部的迁徙也是如此。而欧洲人之侵入南非正是在西欧资本主义向外殖民侵略时期，是欧洲殖民者对南非发动的一场纯粹的殖民侵略。南非白人种族主义者编造的"理论"，是对于南非历史的别有用心的歪曲。

班图各族人民的社会发展

分布在中南非洲的班图人各族的社会发展是很不平衡的。在第三章中，我们已提到东非班图人的国家。在这里，我们还要考察：（一）以刚果国为中心的刚果河流域诸国。（二）以津巴布韦文化为主的赞比西河流域和林波波河流域古代文化。（三）湖间地区班图人诸国。我们将在以下各节中分述它们的历史，借以驳斥资产阶级学者所谓"班图人无历史"的谰言。在这里，先概括地介绍一下其他班图人的社会经济发展情况。

除赫雷罗族外，班图人的经济多半是农业与牧业相结合，而辅之以采集和狩猎。他们都有相当发达的冶铁和编织技术。能制作陶器，但不用陶轮。能编织日用品。耕种、采集、编织和制作陶器等都是妇女的工作，男子则从事放牧、狩猎、冶铁和开辟土地。还不曾形成国家的班图人各族分别属于大小不同的部落，部落的规模由数千人到数万人不等。在未曾形成国家和部落联盟的地区，部落是最高的组织形式，各有其一定的名称和地段，彼此是独立的。部落之间已出现了依附关系，较弱的部落要向较大的部落纳贡。部落内部多为父系家族制，但有些部落仍然保存母系制。部落酋长是从几个家族或一个家族中选举产生的。酋长是军事和宗教的首脑。部落的土地是公有的，由酋长管理，定期分配。他们无权转让土地。部落之间已有交换行为，由酋长垄断。部落内部已有贫富之分，因为牲畜是私有的。不过，由于耕地和牧场的严格公有，推迟了对抗性的阶级关系的形成。班图人的部落组织是很牢固、严密的。这一纽带，使他们在西方殖民者入侵面前比科伊桑人有远为强大的抵抗力量。虽然一再遭受欧洲殖民主义者的屠杀，但是他们的社会组织，不是日趋消失，而是愈战愈强，人口并未减少。

比起西非诸国来，中南非班图人的社会发展是缓慢的，这可能与他们的长期迁徙有关。一方面，自然环境的生态的破坏可能促使他们迁徙，而赤道以南的非洲，又有广阔地区供他们自由迁徙。另一方面，生活的需要和受其他部落的压力促使他们不断迁徙，不能长期定居下来。为了不断适应新的环境而必须不断改变生活方式。他们每迁到一处，或者给当地带来了先进的文化（铁器时代文化）；或者受到当地更加先进文化的影响；但是往往也会摧毁当地的原有文化，津巴布韦文化是一支班图人创造的，而被另一支迁徙来的班图人所毁灭，便是一个突出的例子。在迁徙中，往往要发生一些部落战争。在这种不断迁徙情况下，生产力发展缓慢，因而不容易突破原有的生产关系。虽然有了交换行为，但在迁徙中却难于产生正常的商业关系，所以迟迟未曾出现一个商人阶层。虽然使用了奴隶劳动，但迁徙的不稳定的生活却使他们无法过分地剥削奴隶。家族是部落组织的基层单位。各氏族都有其共同的祖先，祖先崇拜是普遍的，虽然同时还崇拜不同的神祇。牢固的家族关系和原始的宗教信仰使他们不易接受外来的影响，在长期的迁徙中更成为团结家族成员的纽带。有些班图人与阿拉伯人早有接触，但他们不像西非人那样迅速接受伊斯兰教。阿拉伯人称不接受伊斯兰教的班图人为卡弗尔人，意即"不信教者"。酋长和联盟大酋长（君主）虽然是从某一家族中产生，然而通常不一定是由长子继承，而是由部落群众（实际上逐渐由某些显赫家族）从这一家族的成员中选举。非当权家族的成员一般不可能被推选为酋长。酋长和君主通常要受由部落上层组成的会议的制约，后者的势力很大，使王权得不到进一步的发展，因此，部落联盟往往是很松懈的，难于过渡到强大的国家。原始社会残余在西苏丹诸国中已不起主导作用，但在班图人部落联盟里却发挥了很大的作用。这可能是班图人已向阶级社会过渡而阶级矛盾又不显著的原因之一。

中南非洲班图人的社会发展虽不平衡，但一般都是按照历史发展规律在向前发展着。15世纪欧洲人到达非洲时，除住在中非森林地区的皮格迈人和南非的萨恩人以及若干岛屿上的居民以外，仍然停留在石器时代的非洲居民是极少的。各民族发展不平衡的现象在亚、欧两洲也是同样存在的。在班图人中，除已产生高度的僧祇文化外，还有著称于世的刚果国家和津巴布韦文化。只是由于西方殖民主义者的侵略，阻碍了非洲各族人民的正常发展，班图人的历史前进的步伐才缓慢下来。

第二节 刚果河流域诸国

刚果王国

在刚果河（亦名扎伊尔河）流域的班图人诸国中，以刚果王国最为重要。这个古刚果国家的大部分在今安哥拉西北部，另外还包括今扎伊尔和刚果两国的西部一小部分。这一地区原来就有一些班图人建立的小国家。大约在14世纪或更早一些的时候，又出现了统一这片广大地区的刚果王国。关于刚果王国统治部落的来源，有两种不同的说法：旧说认为他们来自宽果河以东，新说则认为来自刚果河以东；新说似较可信。[①] 他们属于班图人的西支，而且是较晚迁徙的一股。15世纪时，刚果国家达到它的极盛时期。全国有6个省（可能就是原有的6个小国）。此外北部的罗安达和卡刚果，南部的恩哥拉和马坦巴等都是它的附庸国。当时，刚果势力所及，西至于海，东界宽果河，北抵尼阿底河，南迄宽扎河。

刚果王国有一套比较发达而完整的行政组织和赋税制度。国内6个省均由国王任命省长进行治理。省之下又辖县、村，其行政官吏就是酋长和头人。他

---

① J.万济纳《关于刚果王国起源诸说》，见《非洲历史杂志》1963年第1期第33—38页。

们的任务主要是征集兵员、赋税和维持社会治安。为了加强对各省的控制，省长每三年须到宫廷举行一次效忠仪式，新国王即位时更要重新分配一次。在中央，设有各部大臣，分掌军事、贸易、税收和外交等国务，大臣有时也由省长兼任。据记载：刚果国王随时可以征集 80,000 大军，各属国的军队尚不在内（17世纪时，葡人记载谓全国分为 18 省，可能是把大小属国都包括在内）。刚果国王被认为具有神性，近于专制君主，但又受到上层贵族组织的会议制约。国王兼领司法，国内有习惯的法律，死刑往往由国王裁决。各省赋税大半是实物，有时用贝壳；此外还征收贸易税和罚金。由于盛产作为货币的贝壳的罗安达岛恰位于王国境内，采集这种贝壳又是王室的专利，故而王室格外富有。此外，刚果王国还有良好的驿站网，消息传递迅速。

在经济方面，早在刚果国家建国以前，这里已进入铁器时代。铁匠同时兼为祭司，可见其社会地位之高。刚果王国的经济以农业为主，以畜牧、渔猎、采集为辅。有织物，是用一种名叫拉非阿的棕科树叶纤维织成的。国内贸易主要是实物交换，有时也用贝壳作为货币；但是不曾形成国内市场。鉴于葡萄牙人入侵后从刚果及其属国运走的奴隶数目之巨，可以推断刚果曾是一个人口稠密的国家。

关于古代刚果国家的社会性质，还有待进一步研究。目前，可以肯定地说：刚果国家已不是部落联盟，而是一个有阶级的国家。因为国王在 1665 年号召全国抵抗葡人侵略的谕令中，有全国人民"不分等级、贵贱与贫富"共起卫国之语。刚果国家存在着奴隶制，因为已用奴隶作为贡品和犯罪罚金的标准；而且在国王送给葡王的礼品和给予葡人传教士的津贴中，都包含有奴隶。然而，由于还不了解奴隶用于生产上的情况，因此不能断定它是否典型的奴隶社会。至于有的西方学者如戴维逊一方面认为刚果是一个封建国家，一方面又说刚果"私有财产观念极其模糊"[①]，也是难以令人信服的。

1482—1484 年，葡人迪亚哥·卡奥在西非沿岸探险时，曾两度到刚果河口，从此开始了葡人对刚果的侵略。当时刚果正处在极盛时期，葡萄牙只能在"平等友好"的幌子下借传教活动和"帮助"为名，来进行渗透。天主教开始在刚果统治阶级中传播。刚果建国后的第五君恩津加·恩库瓦受洗后改称约翰，他的继承人恩津加·姆奔巴受洗后改称阿方索一世。葡萄牙派来了一些教士和修建

---

① 见《黑母亲》中译本 130 页。

教堂的工匠，运来了工具、教堂用具和其他礼品。刚果则派遣贵族子弟到葡修道院学习，阿方索一世的儿子亨利便是其中突出的一个。阿方索一世在位较久（1506—1543年）。他笃信天主教，希望通过欧化，利用葡萄牙人的技术和知识来改革他的国家。然而葡萄牙殖民者所想的则完全是另一套。这一点，在葡王颁布的《1512年训令》中可以看得十分清楚。《训令》虽然洋洋32条，但是大致可以概括为两大类：一是表面上冠冕堂皇的宣言。如葡人"帮助"刚果改良战术，司法，建筑教堂和住宅，建议刚果国王采用葡之封爵（亲王、公、侯、伯爵等）制度；葡人应避免与刚果发生争执，不守清规的神父应遣送回国，罪犯由葡方处分等等。一是暴露了他们殖民强盗的狼子野心。如刚果须廉价供应葡人商品——奴隶、铜和象牙等，葡在刚果设驻扎官，他除备国王谘询外，并须了解刚果的政治、资源、人口、军事情况。这就是当时葡萄牙的殖民政策：通过传教来控制刚果上层，利用"帮助"刚果的外文官来刺探刚果情况。

葡萄牙殖民主义强盗面目很快就暴露无遗。它根本不想派遣技术人员帮助这个国家取得进步，传教士生活腐化而又从事奴隶贩卖。刚果不产金银，以奴隶贩卖为主的"贸易"引起刚果朝野的日益不满。在1512—1540年间，阿方索向葡王写了许多信件；从现在业已发表的24封信中[1]，可以看出他的要求、不满和愤怒。最使他愤怒的就是奴隶贩卖。1490年葡人占领的圣多美岛是他们在这一带贩运奴隶的中心，又是对刚果进行贸易的必经之地。那里的奴隶贩子甚至把刚果派往葡萄牙和罗马的使团人员或贵族子弟也掠为奴隶。阿方索起初要求葡王只运来教堂用品，并请其派两名医师：一名外科医师，一名药剂师，然而也未得到满足。为了不受制于圣多美岛的商人，他要求葡王给他一艘商船，继而要求把圣多美岛划归刚果，这些要求也都未得到满足。奴隶贩卖使他的国内人口迅速减少，他不得不采取强硬的对策。他成立了一个三人委员会来鉴别运走的奴隶是否有自由人，同时在致葡王的信里着重说："我们希望在这个王国中，不应有任何奴隶贸易，也不应有奴隶输出。"这些抗议并没有产生效果。他的儿子亨利留居欧洲13年，教皇给了他一个"乌迪加主教"的空衔；1521年始归国，任刚果主教，1535年死。亨利的死亡使这位年老的阿方索更感失望。他希望得到葡萄牙的平等合作和帮助来使自己国家进步的梦想，都完全破灭。

刚果王位由王族继承，继位国王由会议选举产生。刚果经常发生争夺王位

---

① 参看戴维逊《昔日非洲》第191—194页；《黑母亲》第5编3、4两节。

的内战。自阿方索去世到贾加人入侵（1567 年）时止，国内两度发生争位的内战。葡萄牙教士一直未停止对刚果的渗透。1548 年第一批耶稣会士来到刚果，大肆施洗活动，兴建了 3 所教堂。其中一所是专奉救世主的，称圣·萨尔瓦多教堂；首都姆班扎也跟着改名为圣·萨尔瓦多。1553 年来了第二批耶稣会士，都是一些道德败坏、猖狂进行贩奴活动的家伙，同样得不到王室的支持。贾加人是住在宽果河上游的尚武部落，他们的入侵迫使刚果王室及上层避居海岛，最后借葡军的援助才赶走贾加人。从此，葡商及教士从事奴隶贩卖更为猖獗。西班牙合并葡萄牙（1580 年）以后，刚果国王向马德里和罗马控诉，也不能制止奴隶贩子的暴行。接着就是葡人对刚果的武装侵略，到了 16 世纪末，备受摧残的古刚果已是一个衰落而分裂的国家。在刚果的葡萄牙人数甚少，始终未超过 200 人。17 世纪初，基督教生活的迹象大半已经消失，白人非死即逃，只留下一些混血儿。到了 17 世纪末，曾有 100,000 人口的首都已是人烟寥落的荒村，12 所教堂和其他建筑物只留下一堆堆的废墟。这就是后文要谈到的奴隶饭卖和葡人武装侵略的结果。

其他国家

在基萨尔莱湖附近刚果河发源地的沿岸，考古学家发现长达数公里的墓葬。墓中有容器、饰品、带子、针、铜铁器和十字形铜币。这证明当地早已有相当高度的文化和对外贸易。这就是卢巴·隆达文化，它的范围大致是东起坦噶尼喀湖，西至宽果河，南达赞比西河上游。在这一广大地区，从 14、15 世纪起，班图各族人民已分别处于原始社会末期、早期阶级社会到国家组织产生的各个阶段。

在 10—12 世纪中，卢巴人已迁徙到刚果盆地，以卢阿拉巴河（刚果河）和洛马米河之间地区为中心。15 世纪末，他们还只是一个部落联盟，到 1585 年，才出现卢巴王国。卢巴人的经济以农业为主，以狩猎为辅；除少数山羊外，没有驯养其他牲畜。16 世纪可能是卢巴王国的极盛时期，其版图大致相当于今日扎伊尔的东南部。这个国家常因王位继承问题发生内战，这使得它的发展反而不如卢巴人分支在隆达所建的国家。

关于隆达人的起源，有各种不同的传说。这些传说有一个共同点：他们是来自卢巴人地区或与卢巴人同源。他们的祖先自称本古人，曾住在布什梅河和鲁比拉希河之间的河间地带，正处在卢巴王国境内。本古人可能是卢巴人的一个部落和氏族。传说中的第一个君主为姆瓦库，当时正是16世纪初。经数年传到女王鲁韦吉（约当1590—1610年），与其兄弟们争位。鲁韦吉嫁给一个卢巴猎人伊伦加，得到他的帮助才战胜她的兄弟们。从此以后，这一部落才称为隆达人。由此看来，卢巴人和隆达人是属于同一部落；可能卢巴人的本古氏族就是隆达人的统治阶级。鲁韦吉女王的孙子纳末吉（1660—1675年）自称"姆瓦达·雅姆沃"意即"财富之主人"。这时正是隆达王国的扩张时期。他自己经营北方，同时派出若干支军队向东、南、西面扩张。结果，隆达王国的势力所达到的范围西边离海只数百公里，南达赞比西河上游，西界卢阿普拉河；国土包括今日扎伊尔的南部、安哥拉东北部和赞比亚北部。

隆达人的经济生活和卢巴人相同。隆达国家组织较卢巴更严密。国王被赋予神性，由王族继承，但须经四大贵族组成的会议选举产生。各省大小酋长由国王任命，纳木古派出去的军队首长，一般就充当征服地的大酋长。大酋长向国王纳贡，贡物以象牙、铜、盐和奴隶为主。但拥有很大的独立性。隆达王国的首都称为"穆森巴"（意即营地）；国王常选择他自己的营地，故国无常都。

自16世纪以来，葡萄牙人就和卢巴和隆达国家有接触。18、19世纪间，葡人溯赞比西河而上，侵入内地，企图与隆达国家"通商"。他们当时到达的地方只是一个名为卡曾贝的隆达的附庸国。这个小国是18世纪初隆达人东向越过卢

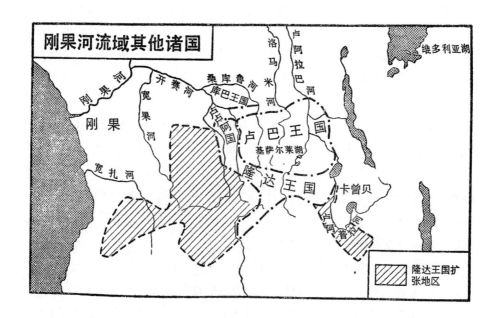

阿普拉河，1740 年征服河东地区，才形成的，直到 1870 年仍为隆达王国的附庸。卡曾贝原是国王的称号，葡人以之名其国。

班图人在刚果河流域所建的诸国中，还有一个颇为重要的库巴小王国。它位于开赛河上游的桑库鲁河与卢卢阿河之间。库巴人来自刚果河下游，以渔、猎为主，经过了 300 年的迁徙与征战，于 16 世纪下半期建国。17 世纪是它的极盛时期。布尚哥族是它的统治阶级。根据传说，王室的世系可以追溯到 5 世纪末，已传 121 君。8 世纪末已知用铁，1515 年时的一位君主米埃勒，以善于用铁铸造人体及动物形象著称。国王世袭，被赋予神性。军队由布尚哥族组成，人数虽不多，但是一支能征惯战的军队。该国因战争征服而拥有大量的奴隶，建立了专供奴隶居住的村庄，由国家管理。大概库巴王国已进入奴隶制社会。农业发达，冶铁、编织、雕刻亦有相当高度发展，有些学者认为他们的雕刻水平可与贝宁的作品媲美。

第三节　湖间地区诸国

湖间班图人诸国

湖间地区是指坦噶尼喀湖以北诸湖之间的地区，它包括今日乌干达的中南部、卢旺达、布隆迪和坦桑尼亚的维多利亚湖以西部分。这一地区的班图人称"湖间班图人"，他们在 7、8 世纪，或者更早一些的时候迁徙到这里。湖间地区最早的居民是皮格迈人。在公元前一千纪中，属于库什语系的一些部落南下，其东支入肯尼亚，西支入湖间地区。他们赶走了北部的皮格迈人，但是他们并未深入南部，所以卢旺达和布隆迪至今仍有皮格迈人。班图人迁来后，在经济生活方面接受了库什语族的许多东西，因而产生他们是"含姆族化班图人"的说法。这种说法是不正确的。因为在其他许多方面，包括语言在内，都是班图人同化了库什语系的部落，因为班图人人数占绝对优势。自 10 世纪以后的 3、4 个世纪中，尼罗特人相继自北渗入乌干达西部，一直深入到布隆迪。西方有的学者根据游牧民族征服农业民族的理论，认为他们是湖间地区的征服者；他们的后人——在乌干达称希马族，在卢旺达和布隆迪称图西族——是统治阶级。其实，他们并不是入侵者，他们是一小股一小股地迁入的。他们拥有大量的牲畜。在班图人中，牲畜就是财富，所以他们受到班图统治阶级的尊重而取得了特殊地位，特别是在南部诸国中。①他们逐渐和班图人混合起来，采用了班图语；但是他们仍从事畜牧业，在体型上也保存了瘦长的特征。

在今乌干达中部，考古学家已发现了古代居民遗址：有长2公里和宽800米的古代居民区；有深达4—6米的壕沟组成的防御线；有灌溉系统和采矿遗迹，还有古库什语族留下的陶器。我们对于湖间地区的古代史所知还不多，但可肯定在13世纪时、或者更早一些，今乌干达境内已出现了契特瓦拉国家。它位于阿尔伯特湖、基奥加湖和维多利亚湖之间。考古出土文物证明它已进入铁器时代。这个国家可能还只是一个部落联盟，它一直维持到16世纪才为布尼奥罗国家所取代。

在乌干达境内，除布尼奥罗外，先后还出现了布干达、托罗、安科耳和其他一些小国。尼罗特牧人是经西部南下的，所以希马人在这些国家中较多。在布尼奥罗国，他们大概是统治阶级。因为国王称"奥姆卡马"，意即"牛奶主人"，支配着牲畜，国王死后则宣称"牛奶倒出了"。②这些国家彼此常有战争：在17世纪以前是布尼奥罗国强盛时期，进入18世纪以后，则由布干达称雄。它们的经济情况和政治组织都很相似，以布干达为最发达，最具有代表性。

卢旺达和布隆迪两国也是在16世纪时建国的，但是发展较慢，比不上布干达等国家。它们地处山区，交通困难，当时还不能出现集权的国家组织，可能还是处于部落联盟阶段，没有固定的首都。它们保存了有关君主世系的传说。据说卢旺达的国王原来是铁匠，在遇到隆重节日举行仪式时，国王要用其祖先传留下的铁鎚锤铁。这表明它在建国时即已进入铁器时代。卢旺达与布隆迪之间、以及它们与其他国家之间，时有战争。卢旺达的势力一度伸展到安科累国。在这两国中居民的社会地位的差别是比较显著的。居于统治地位的居民是图西族，他们人数不多，与当地居民胡图族通婚。布隆迪的图西族的血统较纯，然而也同样班图化了。胡图族占绝对多数，从事农业。地位最低、最落后的是属于矮人人种的特瓦人，他们靠狩猎采集为生。图西族不一定是征服者，他们之所以能够维持其统治阶级的地位，不是只靠武力而是靠他们所掌握的经济条件。卢旺达和布隆迪位于山区，农业产量不高。图西族掌握着牲畜，特别是长角牛，在经济上处于优势。通过对牲畜的支配权，他们建立了等级制的从属关系。他

---

① 参看默多克《非洲各族人民及其文化史》英文版第350—351页。

② 罗·科内万《黑非洲各族人民史》第546—547页。

们把牲畜分给胡图族使用，以此剥削胡图族农民。图西族无须从事艰苦的农业劳动，他们的青年有时间去接受军事训练，组成统治阶级的武装，在阶级冲突中能够长期保持优势。[①] 由于交通困难，在1876年以前，欧洲人尚未渗入这两个国家，就是阿拉伯人的猎奴活动也很少深入这个地区。

第四节　赞比西河和林波波河之间的班图诸国

马拉维

马拉维人[②]是若干部族的总称，它包括契瓦族、尼扬扎族、恩森加族等。他们都说属于班图语系的尼扬扎语。他们之所以称为马拉维人，因为说这一语言的各族人民都是马拉维国家的分支。其中以契瓦人的人口为最多，故亦称契瓦人，不过契瓦一词要在19世纪初始见于葡人文献记载。[③] 在15世纪初，他们是经刚果河盆地沿坦噶尼喀湖向南迁徙的；15世纪末，他们定居在尼亚萨湖（今马拉维湖）的西南沿岸和赞比西河下游的北岸地区。他们可能是迁徙时走在卢巴人前面的一股班图人，因为在他们的传说中经常提到姆瓦达·雅姆沃（参阅第173页）。

他们的经济以农业为主，也饲养羊。在他们到来以前，这一带的居民早已知道用铁，他们到达以后，冶铁手工业更为发达。英国著名旅行家戴维·李文斯敦一再提到马拉维人，说他们善于冶铁，当地有良好铁矿，并有露天煤矿。在赞比西河北岸，土地肥沃，农产物丰富，有一种称为Buaze的类似亚麻的植物，可以用作编织原料。他曾提到马拉维人屡次抵抗葡萄牙人的侵略，惯于夜袭，但是不曾叙述他们的社会组织。[④]

根据葡萄牙人的零星记载，我们知道马拉维人在17世纪初即以勇武见称。大概当时即已形成部落联盟，到了17世纪中叶，这个联盟已经是一个很强大的

---

① 奥顿伯格等主编：《非洲的文化和社会》英文版第312页。

② 马拉维人 Malawi 葡记载作 Maravi 或 Maraves。

③ 关于葡人有关马拉维人的记载和契瓦人的向西迁徙，参看马威克：《从北罗得西亚契瓦人的观点来看中东非的历史和传说》，载《非洲历史杂志》1963年第3期第375—390页。

④ 戴维·李文斯顿《在南非的传教和调查》英文版第510—519、543页。

组织。君主称卡朗加，他的辖地很广，占有今马拉维湖、赞比西河和卢安瓜河之间的三角地带。他们已与葡萄牙人及莫诺莫塔帕国家通商。葡人企图深入内地，屡次遇到他们的抵抗，葡人留下的记载说他们是个勇武的民族，是一个不可征服的国家。大概在 18 世纪中，马拉维部落联盟已开始衰落，其中的契瓦族向西北迁徙，分布甚广。渡过卢安瓜河的一支称恩森加人。19 世纪上半期中，一方面由于部落联盟内部的分裂，内讧不已，一方面由于阿拉伯奴隶贩子的袭击和部分祖鲁人 [1] 北迁（1835 年）的侵扰，马拉维部落联盟瓦解了。帝国主义列强分割非洲时，把契瓦族所居住地区分割为三，分别属于尼亚萨兰、北罗得西亚和莫桑比克。尼亚萨兰独立后（1964 年）才恢复马拉维这个名称。

津巴布韦文化

津巴布韦文化是非洲历史中最引起争论的问题之一。津巴布韦位于南罗得西亚的东南部，那里有一群大型古代石建筑物。这一古迹是德国人莫赫在 1871 年到达后才引起人们的注意。早在 16 世纪中叶，它已见于葡人的地图上，当时称之为"非人力所及，而为神功鬼斧之作"。"Zimbabwe"一词源于 mabwe，意即"石头"，接头词 Zi 即"大"之意，合称"大石建"。10 世纪时，阿拉伯旅行家马苏迪曾提到它。[2] 它的主要建筑物有二。一个是建在约 700 米高的山顶上的卫城，有高达 15 米的堡垒，厚达 4—5 米和高达 10 米的围墙。另一个是在它下面的"庙"或称"椭圆形建筑物"。它是一个由略呈弯曲的石墙围起来的大椭圆形结构，墙高有的达 9 米。围墙占地约有 900 米宽，700 米长，中有两座高达 10 米的圆锥形塔。在这两大建筑物之间，还有一些石屋遗址。这些建筑都是用当地花岗石块堆砌而成，不施灰浆。这是一种具有高度技术水平的建筑，必须经过周密的设计和复杂的劳动组织才能完成的。在当地考古出土的器物中，有各种陶器、石瓶、骨牙制品、熔炉、金饰品、铜铁制用品和武器等，并且发现有铸造十字形铜币的泥模。此外还有 14—15 世纪的中国瓷器和印度的串珠等。这一切表明了这里曾有过很发达的国家组织，这个国家已和印度洋贸易发生联系。当 19 世纪英国人侵入时，住在这一带的马塔贝勒人和马绍纳人仍然停留在部落和部落联盟阶段，未发展为强大的国家。西方有些学者最初不相信班图人

---

① 实际上是南班图的北恩戈尼人。参阅《剑桥非洲史》英文版第 5 卷第 319—352 页。

② 黑利《非洲概览》第 42—43 页。

能够建造这样高度水平的建筑物，曾提出过这是埃及人、腓尼基人、阿拉伯人或印度人建造的种种说法，甚至把这些建筑和古代所罗门王国联系起来。这些臆说现在已经完全被推翻了。科学研究业已肯定这一文化正是班图人的产物，它可以追溯到 4 世纪。津巴布韦两大石建工程从 9 世纪起就已开始，然而不是在一个时期内完成的，一直到 17 世纪还在继续。

根据考古发掘与研究，我们知道津巴布韦石建并不是孤立的，它只不过是代表这一类型文化中的最大的一个，故亦称"大津巴布韦"。从南罗得西亚东部到安哥拉广大地区都曾发现这类石建遗迹，其中以在南罗得西亚境内为最多。研究得比较清楚的地方，除津巴布韦外，还有哈米、德赫洛—德赫洛以及东部山区的英扬加等地。在这几处，同样有金饰品和铜铁器物出土。在以南罗得西亚为中心的许多地区都发现有开采过的矿坑，也发现有熔炉和矿渣遗迹。这些发现说明这一地区曾经有很发达的采矿业，金矿开采尤为突出。索法拉之所以成为一个重要港口，就是因为它控制了这一地区黄金的出口。同时，在南罗得西亚东部山区还发现了台地和人工灌溉系统的遗迹，包括有水井和渠道。由此可见，这里曾经有很发达的农牧业，能够生产剩余的食品来供应矿工，有工农业的分工。铸币在古代黑非洲原是很少见的，这里发现有铸币的泥模，说明必然存在过需用铸币的商业关系。出土器物（瓷器、串珠）表明这一地区与印度洋贸易有经常的接触，甚至在居民日常生活中可能已使用中国的瓷器。

南罗得西亚居民很早就进入铁器时代，铁器遗物的分布甚广。[①] 在哈米发现有风炉、铁刀和铁镯，在英扬加发现有铁制箭头和矛头，在德赫洛—德赫洛发现有铁匠使用的工具。津巴布韦地区除发现上述铁制品外，还有铁锄。它的铁制品达到了高度技术水平，铁锄曾行销外地。专家们把这一铁器时代分为两大时期：第一时期始于公元后 1 世纪左右，第二时期始于 10 世纪。第二时期开始后，第一时期仍在继续发展，这两大时期的冶铁技术是由不同的班图部落带来的。在第一时期的出土物中有陶器、陶俑和本地产的珠子，铁器不多，无输入物品。这一时期修建的石墙不高，建筑艺术较第二时期为低，但金、铜、锡等矿业开采已很发达。金矿采掘一般只取表层，偶有深入 30 余公尺的。今天在南

---

① 关于南罗得西亚和赞比亚铁器时代研究总结，可参看萨默：《南罗得西亚的铁器时代》载《非洲历史杂志》1961 年第 1 期第 1—13 页和费根：《中非尤其是北罗得西亚在欧洲人到来以前的铁器制作》，载《非洲历史杂志》1961 年第 2 期第 199—210 页。

罗得西亚开采的金矿，所有各矿都有经他们采掘过的遗迹，可见他们已有丰富的矿藏勘探知识。这一时期的基本居民是谁，尚无定论，多数学者认为是苏陀（巴苏陀）人。属于第二时期的出土物中，有不同于前一时期的陶器，铁制武器较多，但无陶俑。从东非沿岸来的输入品渐多。这一时期的居民继续了前一时期的采矿业，金矿最为发达。同时，他们开始了大型的石建工程，津巴布韦的大石建筑已经开始。15 世纪中叶更为进步，18 世纪始衰。在英扬加发展了台地农作，用石头垒成的台地达 300 平方英里，伐木烧林，从事农业。一般认为第二时期的居民是说绍纳语的班图人，即今马绍纳人的祖先。

津巴布韦文化可能追溯到公元前 6、7 世纪，它进入铁器时代是在公元后 1 世纪。苏陀人大概是 11 世纪以前津巴布韦文化的主人，马绍纳人迁入以后，在 13 世纪时建立了莫诺莫塔帕王国，大津巴布韦就是它的首都：卫城是王宫，椭圆形建筑物是神庙。

莫诺莫塔帕国家

莫诺莫塔帕是马绍纳人所建立的国家。马绍纳人在 13 世纪以前已由刚果盆地迁徙到南罗得西亚。他们从早已来到这里的苏陀人学习采矿和冶金技术，并与后者通婚而混合起来。"莫诺莫塔帕"一词意即"矿山之主"，原是国王的称号，首见于阿拉伯文献，作 Múānomutāpah，葡人转为 Manomutapa，并把它用作国家的名称。葡人称这个国家的居民为马卡伦加族，至今马绍纳人中仍有马卡伦加族。大津巴布韦就是这个国家的首都。许多学者认为马卡伦加人是以津巴布韦为中心的莫诺莫塔帕国家的建立者，属于马绍纳人的第一支。15 世纪中，马绍纳人的第二支罗茨维族侵入，迫使莫诺莫塔帕北迁到赞比西河南岸，即今南罗得西亚东北部和莫桑比克西部地区。莫诺莫塔帕南部广大地区，连同大津巴布韦在内则属于罗茨维族所建立的昌加米尔国。但是，近人亚伯拉罕却提出了完全不同的说法。[①] 他认为尚武的罗茨维族原是马卡伦加人中的统治阶层，是莫诺莫塔帕国家的建立者，而不是较晚才迁入的部族。约在 1440 年时，属于罗茨维族的莫诺莫塔帕国王穆托塔（Mutota）进行武力扩张，企图建立一个东至于海的大帝国。促使扩张的原因可能是由于国内缺盐，更可能是为了要控制对外

---

① 关于莫诺莫塔帕国家的历史，参看亚伯拉罕《葡人记载和口头传说的综合运用》，载《非洲历史杂志》1961 年第 2 期第 211—215 页；戴维逊《昔日非洲》第 141—169 页。

贸易；因为南罗得西亚和东非沿岸城邦的贸易这时至少已进行了 200 余年。广泛地开采黄金就是为了交换输入物品。阿拉伯人已深入内地，据云 16 世纪初在莫诺莫塔帕各省的阿拉伯人已有 10,000 人之多。阿拉伯人的影响，可能促使国王穆托塔力图建立大帝国。经过 10 年的征战，这个国家已占领了今南罗得西亚西北的大部分，北抵赞比西河。东向扩张的计划由他的儿子马托佩（1450—1480年）继续执行，他的势力沿赞比西河南岸发展，东向已接近印度洋沿岸，但并未触动阿拉伯人所建立的商站。这时是莫诺莫塔帕王国的极盛时期，它不仅控制了广大的产金区，并且控制了黄金的出口。王国没有建立巩固的中央集权的制度，它的大一统局面维持不久，马托佩不得不把原有的领土分给他的亲属昌加等去统治，从而使南部的发祥地反而变为他的附庸国。他把东部新得各地也同样分给亲属去治理，自己则直接统治东北部。国家的政治中心北移。在这些附庸国中，以昌加为最强大，后来，它企图独立。马托佩死后，昌加就采纳阿拉伯人的建议而称阿米尔，因而有昌加米尔国称号。1506 年时，昌加米尔正式脱离莫诺莫塔帕，以林加为中心，并开始反过来蚕食它原先的主人莫诺莫塔帕

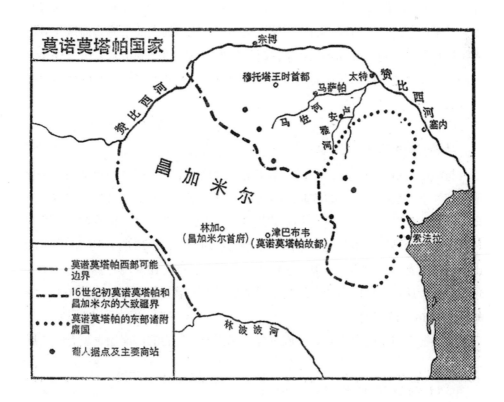

的领土，同时又鼓动莫诺莫塔帕东部诸附庸先后独立。这样莫诺莫塔帕国家的疆域就逐渐缩小到今赞比西河南岸的山区，即今莫桑比克西端地带。葡人侵占索法拉时（1505年），昔日威震四方的莫诺莫塔帕国家已经成为一个位于今莫桑比克境内的衰弱的小国。

葡人初到东非时，惑于莫诺莫塔帕盛产黄金之名，企图侵入马卡伦加族诸国。他们沿赞比西河深入内地，1575年才与莫诺莫塔帕签订了第一个条约。他们借通商与传教为名，一度介入莫诺莫塔帕内部事务，助国王平定内乱（1607年）。1575—1666年间葡人攫得许多有利的条约，使他们能够排挤并赶走阿拉伯人，取得了采矿权，建立以马萨帕为中心的商站网。葡人的侵略，促使莫诺莫塔帕国家进一步衰微，但是葡人未能获得他们所渴望的大量黄金。[①] 莫诺莫塔帕的国土日益缩小，境内虽仍有金矿，但都是深矿难以开采。17—18世纪之交，莫诺莫塔帕已偏安于东部卢安雅河流域，成为一个无足轻重的小部落。

昌加米尔继承了莫诺莫塔帕国土的绝大部分，在其存在的300年中，继续发展原有的巨石建筑。津巴布韦的大建筑是在这一时期最后完成的。17世纪中叶以后，葡人企图渗入昌加米尔。1693—1695年，昌加米尔挫败了葡人的侵略以后，不许他们在境内设立商站。葡人只能以赞比西河上的宗博为前站与昌加米尔进行贸易。到了19世纪30年代时，昌加米尔一再受到由祖鲁国家分裂出来的北恩戈尼各部族的蹂躏而终被灭亡，津巴布韦文化遂遭到彻底的破坏而终止发展。

马篷古布韦文化

与津巴布韦文化一样，马篷古布韦文化也是一个争论很多的历史问题。它位于德兰士瓦境内，紧靠林波波河的南岸。19世纪末，殖民主义者的"古玩公司"曾在这里盗卖古物。1933年正式发现了这个古文化遗迹，接着进行一系列的考古发掘。马篷古布韦是一座四周都是峭壁的小山，山顶是平坦的。山上的出土物包括有金、铜饰品、玻璃珠和中国瓷器等，同时还发现有墓葬。墓中发现有骨骼，这在赤道以南的非洲是罕见的事。考古学者断定这些墓葬和出土物的年代为14、15世纪。

在马篷古布韦的南边有一个班奔德亚纳洛山，在它的西南还发现有一古居

---

① 参看戴维逊《昔日非洲》第167—169页。

民区。①他们留下了一个直径为60余米、高达6米多的堆积物。发掘的出土物表明这里曾不断有人居住，因为各堆积层都有文物出土，最早的居民在时间上比马篷古布韦山上的更早，始于11世纪。

考古学家最初认为马篷古布韦文化是班图人文化，和津巴布韦文化有密切联系。可是，在山上和居民区的墓葬中发现的74具骨骼都不是班图人的骨骼。多数学者认为他们是科伊人的骨骼②，于是有人断定这一文化是科伊人的文化。出土物证明当时的居民拥有牲畜，经营农业，有由泥土建筑的房屋而形成的村落，有很好的陶器和陶制动物形象和金、铜饰品，有为数不多的铁制品，其中包括箭头、矛头、锄和饰品，还有大量的玻璃珠子和其他输入品。这一切又都不是只从事游牧生活的科伊人所能有的，更不是萨恩人所能有的。而且，出土物证明这一文化和津巴布韦文化有许多类似之处，显然彼此是有联系的。当时的居民已进入铁器时代，离马篷古布韦约80公里的默西纳铜矿已经被开采利用。由此可见，在11—15世纪时，这里已产生了相当发展的定居的铁器文化。

那么，究竟谁是这一文化的主人呢？有些学者根据出土文物初步得出了如下的结论：在1000年以前，业已进入铁器时代的班图人即已渡过林波波河，他们属于班图人中的哪一族尚难肯定。他们是少数，而占多数的是当地的原有居民科伊人。他们彼此混合起来。马绍纳人迁入南罗得西亚以后，也有一部分渡过了林波波河，同时还迫使一部分苏陀人南迁到这里。这些迁徙大概发生在11—14世纪时。这时科伊人在人口中仍然占很大比重。一般居民住在山下，14世纪时才有统治阶层住在马篷古布韦山上，大约在1500年时，他们最后放弃马篷古布韦山顶。15世纪时，马篷古布韦文化的发展由于其他民族的不断迁入而遭到破坏。以上只是目前作出的推论，还不是最后的结论，有关马篷古布韦文化的研究仍在进行中。

---

① 关于马篷古布韦和班奔德亚纳洛的考古研究，参看费根《格里夫斯沃德的堆积层：班奔德亚纳洛和马篷古布韦》载《非洲历史杂志》1964年第3期第337—361页。

② 甚至有人认为是萨恩人或远古时代博斯科普人的骨骼。

第二编　西方殖民列强对非洲的侵略与掠夺

第六章　资本主义上升时期西方列强对非洲的侵略

第一节　资本主义上升时期西方殖民列强侵略非洲的特点

新航路的发现和西方殖民列强开始对非洲各国的侵略与掠夺

我们可以按照西方资本主义的发展，把近代西方殖民主义之掠夺非洲分为三大时期：资本原始积累时期、自由资本主义时期和帝国主义时期。前两个时期构成资本主义发展的上升阶段，这就是本章所要考察的时期。帝国主义是资本主义的最高阶段，即垂死的资本主义。就其对非洲的侵略而言，可分为三期：帝国主义分割非洲时期、非洲转化为帝国主义后方时期和非洲转化为反帝前线及民族解放斗争高涨时期。其中只有帝国主义分割非洲时期属于非洲近代史范围，这一时期，帝国主义对非洲的侵略加剧，我们将在第八章里来考察它。

据目前材料看来，在15世纪以前，欧洲人对于赤道及其以南的非洲是十分陌生的。由于阿拉伯商人控制了撒哈拉商路的贸易，欧洲人对撒哈拉商路网的情形也知道得很少。法国某些学者说法国第厄普（Diepe）商船曾于14世纪中叶到达西非沿海，甚至远至"黄金海岸"。这些说法早已被否定。当时有关非洲沿岸航路的知识，以阿拉伯人掌握得最为丰富。他们在东非沿岸经常远航到索法拉以南，但在14世纪以前他们在非洲西北沿岸的航程可能未超出今摩洛哥南端。据奥马里的记载，1337年时曾有阿拉伯商船到达塞内加尔河口以北不远的黑人居住地区[①]。15世纪上半期中，葡萄牙人在侵入摩洛哥的同时，开始向非洲沿岸探寻新航路。他们一再向南航行，于1460年到达塞拉利昂。1471年，他们继续西航，次年到达斐南多波岛。再过十多年，他们到达刚果河口（1484年）。接

---

① 罗·科纳万《非洲史》第1卷第396页。

着是迪亚士到达好望角（1487—1488年）和瓦斯科·达·伽马绕过好望角，沿东非沿岸航行，从马林迪港东航至印度（1497—1499年）。

资产阶级史学家夸大了葡人"发现新航路"的功绩。其实，自塞内加尔以北一段，只是重复了古代迦太基人和阿拉伯人的航程，不过葡人的航海技术已较先进，可以远离海岸航行，因而占领了亚速尔群岛和佛得角群岛。瓦斯科·达·伽马之所以能够沿东非北航和东通印度，完全是靠阿拉伯人领航——他在莫桑比克时找到两名领航员才能北行，在马林迪找到一名领航员方能东通印度；这些领航人员大都是通过暴力而得到的[1]。诚然，葡人是最早绕行非洲南端的，但要考察葡人探索新航路的真相，关键问题在于了解它的侵略本质。他们每到达一个地方，在可能的情况下，开始就是劫掠，继而是占领或建立据点以便于长期的掠夺。互通有无的等价贸易自始就不曾有过。1443年他们到达布朗角南边的阿尔巾岛，5年后就在那里建立堡垒；同时，开始了奴隶贩卖。1471年，他们到达圣多美岛，10年后就在那里进行殖民统治，建立种植园，把本国的罪犯和被逐的犹太人押到那里。在佛得角群岛也是如此。1469年，葡萄牙政府把"几内亚沿岸"[2]的"贸易专利权"租给哥麦斯为期5年，以每年向西探察150公里为条件。1471年葡人到达今加纳沿岸时，就从那里运走了第一批黄金，并于1482年建埃尔米纳堡[3]。葡人在东非的侵略活动，从来就没有停止过。此外，我们已经叙述了他们在埃塞俄比亚和刚果的侵略活动。这一切都清楚地说明了"新航路发现"的真实意图。由此不难理解，在"新航路发现"以后，紧接着就是西方殖民主义对非洲人民的长期侵略与掠夺。

资本原始积累时期的侵略特点

自"新航路发现"直到18世纪末英国产业革命时为止，是西方资本主义的原始积累时期。在这时期中，西方殖民列强对非洲人民进行了无情的劫掠。

马克思曾指出，在征服与劫掠亚洲、美洲、非洲各国的同时，殖民列强以地

---

① 见弗里曼-格伦维尔编《东非沿岸文献选编》英文版第52、55页。

② 在很长时期中，所谓"几内亚"是指西非西南沿海地区；自布朗角到塞拉利昂称"上几内亚"，由此到加纳一带称"下几内亚"，不可与今日的"几内亚"混淆。

③ 按mina意即"矿区"，一般认为这个名称的起源是由于当地富于金矿。但在事实上，它的附近并没有金矿；可能是因为当地已广泛使用黄金或者易于得到黄金而吸引人们到此交换黄金。（参看沃德《加纳史》第66页注）。

球为战场展开了商业战争；按照时间的顺序，这些商业战争先后发生在西、葡、荷、法、英等国之间。① 这些商业战争就是资产阶级史家的所谓"殖民战争"。非洲是战争的主要战场之一。西班牙虽然早已侵入北非，并且开始侵占加那利群岛（1402 年），但它未曾参加在非洲的商业战争。因为在"地理大发现"的过程中，西、葡的冲突由罗马教廷仲裁而划定两次"教皇子午线"（1493 年和 1494年），把西班牙的势力范围划在分界线以西，即非洲以外的地区。这是殖民列强争夺殖民势力范围的第一次划分。西葡两国平分天下，得到暂时满足，但是被排斥的其他各国并不理会这一划分。不过在 16 世纪中，非洲还不是列强争夺的主要目标；葡萄牙在非洲的"独占"虽一再受到挑战，但是它基本上保持了这一"独霸"局面达百余年之久。首先起而摧毁葡萄牙"霸权"的是荷兰。17 世纪是荷兰在非洲的极盛时期。到了 17 世纪下半期，优势开始逐渐转入英国手中。18 世纪主要是英、法竞争时期，葡萄牙和荷兰都已处于次要地位。

列强在非洲的角逐，主要是争夺贸易权。所谓"贸易"实质上是通过欺骗和暴力对非洲人进行掠夺。掠夺的情况依时依地而不同；欧洲人踏上西非沿岸，就按他们主要掠获物给沿岸地带取上"胡椒海岸"②、"象牙海岸"、"黄金海岸"和"奴隶海岸"等名称。这些名称表明当时殖民掠夺的商业特点。其实，欧洲商人在每个地区所掠夺的并不限于一种货物；奴隶的输出更不限于奴隶海岸。欧洲人最初所重视的掠夺物是黄金和其他贵重物资。他们每踏上一块新的土地，第一件事就是追求黄金，因为当时欧洲商品经济的发展和国家、贵族开支的增加，特别需要铸造货币的贵金属，对黄金也就产生了强烈的需求。由于非洲盛产黄金，葡人在西非除从黄金海岸运走黄金之外，还力图到达以盛产黄金著称的马里国家（1534 年）。他们到达东非沿岸时，莫诺莫塔帕国家正在发生内战，故在索法拉所得黄金不多。然而他们抱着贪婪的幻想。一个葡萄牙商站职员在 1506 年估计：倘若在和平时期，每年由索法拉出口的黄金可装载 3、4 艘船，其价值当在 12 万—14 万英镑之间。③ 为了获得内地金矿，葡人一再冒险深入莫诺莫塔帕国家。荷、英、法诸国对黄金财富也一样贪得无厌。16 世纪中叶，英国在西非虽还没有组织特权合股公司和建立堡垒，但在 1553 年、1555

---

① 参看马克思《资本论》第 1 卷《马克思恩格斯全集》第 23 卷第 819 页。

② 胡椒海岸（Grain Coast）。按 Grain 指胡椒，是一种香料而非谷物，不能译作"谷物海岸"。

③ 弗里曼 - 格伦维尔编《东非沿岸文献选编》第 123 页。

年也已从黄金海岸运回大批黄金，仅 1555 年的一次，就运回黄金四百磅。为了探求班布克产金地，英人曾于 1619 年、1660 年、1720 年三次溯冈比亚河而上，深入内地三百余英里。18 世纪初，法国人为了同一目的，上溯塞内加尔河四百余英里，并在那里建立了堡垒。班布克金矿的探索终于落空了，欧洲殖民者也只好暂时限于掠夺黄金海岸的黄金。1637 年荷兰人从葡萄牙手中夺得埃尔米纳堡后，得到了不少的黄金，但仍不满足，因为在这里只能得到沿河冲流而下的沙金，至于最好的金矿还在黄金海岸的内地，无法深入[①]。尽管如此，在美洲和澳大利亚的金矿还没有开掘以前，欧洲所需要的黄金很大部分还是来自非洲。在出现金铸硬币以前，砂金在欧洲曾作为货币使用[②]。英国的金币自始即称为"几尼"（Guinea），就是因为铸币的黄金最初是来自"几内亚"之故。自 17 世纪初以后，奴隶已代替了黄金而在贸易中居于首要地位，但是黄金仍在源源不断输入欧洲。直到 18 世纪初，从西非运往欧洲的黄金，每年仍达 25 万磅左右。

　　为了进行掠夺性贸易，葡、荷、英、法诸国以及后起的丹麦、瑞典和普鲁士等国都争先恐后在非洲沿岸设立了商站或堡垒。这些商站同时也是欧洲殖民势力东通亚洲的中途站。此外，它们还占领了离海岸较远的岛屿作为航海中途站，如阿森松岛，圣赫勒拿岛和毛里求斯岛等。葡萄牙殖民帝国衰落以后，东非沿岸北部各地逐渐失去其作为前往印度、中国的中途站的重要性；欧洲其他国家的东航船只很少通过莫桑比克海峡而是由好望角经毛里求斯等岛直航东方。这就是列强争夺东非沿岸时间推迟的原因之一。葡萄牙的商务是操在王室和贵族手中，里斯本的大商人分享了一部分利润。荷、英、法等国的商务则掌握在大商业资产阶级或资产阶级化的贵族手中。他们组织特权垄断公司来进行贸易，特权公司从国家得到特许状和各方面支持。它们从东方掠夺到的财富，不像西、葡两国那样消耗在王朝战争和王室贵族的靡费上面，而是作为资本集中在私人手中，所以垄断公司是"资本积聚的强有力的手段"[③]。特权垄断公司有开设商馆、建筑堡垒的权利；有发行货币、组织武装及进行战争和媾和的权力；在某些地区还能对当地居民行使司法权和征税权。垄断公司实际上就是一些"小专制王国"，殖民列强当时就利用这个强有力工具来进行征服与掠夺。欧洲商人同

① 戴维逊《昔日非洲》第 217—218 页。

② 哈里逊·丘奇《西非洲》中译本第 246 页。

③ 马克思《资本论》第 1 卷《马克思恩格斯全集》第 23 卷第 822 页。

非洲人进行"贸易"，特别是从事奴隶贸易，主要是通过这些公司来进行的。它们在非洲靠掠夺、奴役和杀人越货而夺得的财富是构成西方资本原始积累的重要因素之一。殖民列强在非洲沿岸建立的堡垒和商站，一般占地面积较小。葡萄牙对安哥拉和莫桑比克的占领，也只限于沿海地带，其目的只是为了垄断奴隶贸易，并没有建立葡人大批移民居留地。在原始积累时期，只有荷兰人在好望角（开普地区）建立了欧洲人居留地，最初也是作为补给站而建立的。这并不是说其他欧洲殖民列强当时在非洲没有领土野心，而只是因为它们此时没有这种经济需要而已。在绕行好望角通往东方的新航路发现以后，非洲北部沿地中海和红海各港在东方贸易中的商业地位一落千丈。同时，摩洛哥对葡萄牙的侵略进行了有效的回击；土耳其人又在同一时期侵入了北非，从而阻遏西葡在那里的扩张；埃塞俄比亚严格禁止欧洲人入境。因此，在原始积累时期，西方殖民主义的势力没有能够向北非和东北非扩展。在以贩运奴隶为主的"贸易"中，受害最烈的是黑非洲。

如上所述西方殖民主义国家对非洲的侵略是以掠夺性的"贸易"为主，它们一般不曾在非洲进行生产活动。葡人虽曾在圣多美岛上办过种植园，但因受巴西种植园的有力竞争，不久就归于失败，该岛遂变为一个贩运奴隶的转口中心。荷属开普殖民地是当时非洲唯一有欧洲大批居民进行农、牧业生产的地方，这里生产的蔬菜、水果、谷物、牲畜，只是供应过境船只的需要。

由于欧洲人占领的土地不多，他们还没有同非洲各地区人民发生直接的、全面的冲突。但从西方殖民主义侵入的第一天起，不甘心受掠夺和奴役的非洲人民就开始了反抗殖民主义侵略的斗争。在这一时期中，葡萄牙人在非洲侵略的范围最广，所以它所遭到的非洲人的反抗也最多。它除了在摩洛哥和埃塞俄比亚遭到反击外，在非洲其他地区也遭到非洲人民的有力反抗。殖民列强的竞争集中在西非地区，西非沿岸酋长经常利用欧洲的矛盾来进行反殖斗争。许多酋长坚持行使自己的主权而不屈服于殖民列强的武力。例如在 17 世纪末，黄金海岸的阿克瓦姆人酋长就因不满于丹麦人的专断行为而夺取了他们修建过的克里斯琴堡（1694 年），杀死了一些丹麦殖民者。只是在丹麦人付出了相当数量的黄金以后，才被允许回到原地。[1]

---

[1] 戴维逊《昔日非洲》第 178 页。

自由资本主义时期的殖民侵略特点

18 世纪中叶以后在英国开始的产业革命标志着西方资本原始积累时期的终结。从列强侵略非洲的历史来看，我们不妨把 1815 年作为原始积累时期和自由资本主义时期的分界。这一年拿破仑帝国寿终正寝，英法的长期殖民竞争暂时告一段落，列强之间再度调整了它们在非洲的势力范围：英国把它从法国手中夺取的塞内加尔又让给法国，荷兰的开普殖民地正式转入英国手中。在维也纳会议上，列强至少在原则上同意废止奴隶贸易。奴隶贸易的废止正体现了列强对非洲的侵略进入了一个新的阶段——自由资本主义时期。

在自由资本主义时期中，殖民列强逐渐把非洲转化为它们的商品市场和原料产地。废止奴隶贸易的原因之一就是欧洲殖民国家看到，随着资本主义的发展，把非洲人作为商品消费者和原料生产者留在非洲对它们更加有利。为了寻找市场和原料，殖民列强在非洲的探险考察和接踵而来的传教活动顿时活跃起来。在"废止奴隶贸易"的口号下进行的狂热的探险与传教活动，是这一时期殖民主义侵略活动的一个重要特点。

为了争夺市场和原料，殖民列强已不满足于占领沿海的据点，而要向非洲内地扩张。1815 年时，列强在非洲大陆上占领的领土是不多的：西班牙在北非除梅利利亚外，从葡人手中得到了休达，这些都只是沿海城市。葡萄牙人在几内亚、安哥拉和莫桑比克占领的领土面积较大，但也只限于沿海广大地区。荷兰和丹麦在黄金海岸占领了一些据点。法国占有塞内加尔和西非南岸的某些据点。英国除从荷兰接收了当时非洲面积最大的开普殖民地以外，在西非占有冈比亚和塞拉利昂，以及黄金海岸的一些据点。除此以外，殖民列强还占领了一些沿海岛屿。1815 年以后，殖民列强对非洲的领土野心日益膨胀。它们从原有的据点或殖民地向内地扩大，商站变成扩张领土的侵略基地，非洲内地领土成为殖民列强争夺的目标。北非诸国也成为列强侵略的对象，法国侵占阿尔及利亚是个最突出的例子。到 1876 年时，非洲已有十分之一的地区沦为列强的殖民地。列强间的矛盾十分尖锐，然而不像前一时期中那样不断地进行商业战争，而往往是在"协商"、政治交易的形式下钩心斗角，最终以实力为后盾来解决它们之间的冲突。英国用这种方式把丹麦和荷兰最后挤出了西非。在自由资本主义时期，英、法成为侵略非洲的主角，葡萄牙降到次要地位，荷兰则逐渐被排挤出整个非洲。

随着原始积累时期的结束，作为使资本积聚的强有力手段的特权垄断公司已失去了它的存在价值。自由资本主义时期的殖民侵略活动不是特权公司所能胜任的，而更有利的方式是由政府通过新型的贸易公司、各种形式的"学会"和披着宗教外衣的教会等机构来完成。由一小撮上层人物和大商业资本家一手垄断的"贸易"早已遭受破坏，名存实亡。参加侵略掠夺非洲的资产阶级的队伍扩大了，新兴的工业资产阶级的经济、政治势力日益强大，坚决反对特权公司对非洲的垄断，这就促成了特权垄断公司的解体。到了18世纪末，特权垄断公司一个一个地先后解散。代之而起的是新型贸易公司，它们受政府的直接控制，不能像旧型垄断公司那样自成为一个"独立王国"。正是这个时期，为了给工商业资产阶级侵入非洲内地开辟道路，殖民列强在非洲的探险考察活动在18世纪末期开始活跃起来。为了达到侵略目的，除了解非洲的自然地理环境外，还进行了关于地质、动物、植物以至社会制度的调查。殖民列强在科学的幌子下，开始了侵略非洲的新阶段。在自由资本主义时期，殖民列强对非洲的侵略手段仍然是以商业为主，只是奴隶已非"合法商品"，虽然奴隶贩运尚未完全禁绝。在有些地方，如塞内加尔、阿尔及利亚北部和南非，欧洲殖民者已在大规模侵夺土地，从事生产活动。不过，就一般而论，非洲已沦为殖民地的地区的经济情况还没有显著的变化。欧洲商人的绝大多数还是住在沿海城市，深入内地的为数不多。

随着殖民列强对非洲侵略的加剧，非洲人民反抗殖民主义的斗争，无论在规模和在组织上，都达到了新的水平。这些斗争都沉重地打击了殖民侵略者，有的还推迟了殖民主义侵略、扩张计划的实现。在被法国侵占以后，阿尔及利亚人民进行了长期的反法斗争。由于人民的敌视和反抗，英国在埃塞俄比亚、英法在马达加斯加，都未能达到原定的侵略目的。同时，在这一历史时期，在西苏丹乃至中苏丹广大地区，在殖民侵略威胁临近的形势下崛起了一些强大的穆斯林国家，它们的崛起反过来又遏制和有力反击了殖民主义势力的扩张。所有上述反抗斗争和活动，都是在封建主和酋长领导下进行的。

第二节　列强在掠夺非洲中的竞争

葡萄牙企图独霸非洲及其"霸权"的衰落

在探索通往东方的新航路的同时，葡萄牙对非洲一些地区几乎已展开经济、政治、文化的全面的侵略。教皇子午线更纵容了它企图独霸非洲的野心。16世纪是葡萄牙独霸非洲的时期。它对非洲的侵略，自始就是政治、经济、军事、文化等侵略手段同时并用的。

葡萄牙在摩洛哥和埃塞俄比亚的侵略虽遭到可耻的失败，但它在赤道非洲及其以南的沿岸地区的侵略是颇为得手的。最先遭受其侵略的是西非。葡人在1446年正式占有佛得角群岛作为基地，并进行移民，由此侵略触角向西非几内亚湾沿岸扩张。不久，它自佛得角到塞拉利昂沿岸都设立殖民据点，企图从佛得角东通古马里国以攫取黄金产地（1534年）。如前所述这时的马里王国已是一个奄奄一息的小国，提供不了多少黄金。葡萄牙人与佛得角群岛居民通婚。他们的混血后裔后来在西非沿岸居民中构成一个小商人阶层，在奴隶贸易中起了中介作用。当时欧洲对奴隶的需要不大，柯拉果亦不畅销，西非的胡椒又不如印度的受人欢迎，象牙的产量也不多，故葡人在西非的贸易主要是获得黄金。他们从黄金海岸获得了大量黄金，所以最先在这里建立了圣·乔治·达·米纳堡（1482年），即埃尔米纳堡。葡人曾试图在埃尔米纳附近（1622年）及安柯布拉河沿岸（1636年）开采金矿，遭到非洲人的反对而未果。在奴隶海岸及其以东地区，因为非洲人不许欧洲人建立坚固的堡垒，葡人只能在贝宁附近建立格瓦托商站，以搜购奴隶去交换黄金海岸的黄金。在1598年以前，葡人几乎独占了西非的贸易，其他国家还不曾在这里建立商站。从16世纪初起，葡人每年从这里运走黄金的价值约合当时的十万英镑，占当时全世界黄金供应量的十分之一。[①]黄金及其他物资大部分是来自西非内地，几内亚湾沿岸诸国的统治阶级是这一贸易的中介人，他们阻止葡人深入内地。

刚果和安哥拉沿海所提供的经济利益不及西非，更不产黄金。在刚果，葡萄牙以建立所谓"平等"的外交关系为幌子，企图把刚果变成一个信奉天主教的葡属殖民地。刚果国王痛恨葡人在本国进行奴隶贸易，但又须借助于葡人的火器和军队来平服其附庸国的叛乱，只得容忍其活动。另一方面，由于葡萄牙当时所

---

① 费奇《西非史简编》英文版第54页。

最注意的还是在亚洲和巴西的殖民地，因而不能拿出更多的力量来扩展它在刚果的势力。安哥拉没有像刚果那样的国家组织，葡人起初唆使其反抗刚果（1556年），继而在沿岸建立罗安达（1575年），作为向安哥拉内地扩张的基地。

在东非，葡人自始就是以海盗劫掠的方式进行侵略。当瓦斯科·达·伽马第一次东航印度时，就在东非沿岸任意劫掠东方船只，威逼马林迪素丹提供东通印度的领航员。他从印度回航时，又曾炮轰摩加迪沙（1499年）。自他第二次东航印度时起（1502年），便开始了葡人对东非沿岸城邦的逐一武力征服。在此后10余年中，葡人即已控制了自摩加迪沙以南直到索法拉的东非沿岸的重要城市和港口。葡人力图迅速控制东非沿岸的目的，不仅是要劫掠财富和从沿岸向内地扩张，而且在于企图在东方建立一个垄断印度洋贸易的大殖民帝国。这个殖民帝国以印度的果阿为中心，东非沿岸构成其重要的组成部分。葡人对东非的控制，开始是以蒙巴萨、基尔瓦和索法拉为中心，16世纪中叶才以莫桑比克为大本营。此外，它还一度占有马达加斯加的东南部（1506年）。

葡萄牙合并于西班牙的时期（1580—1640年）是葡殖民帝国遽尔衰微的时期。在这一时期中，荷、英、法诸国的乘机争夺使它丧失了在东方的大部分殖民地和印度洋贸易的垄断权，它在非洲的"霸权"也遭到严重的削弱，对埃塞俄比亚的侵略以失败而告终。葡萄牙参加殖民侵略的是以王室为首的贵族军人和上层教士为主。从殖民地掠夺的无数物资和贵金属，或则消耗在王朝战争上，或则因挥霍浪费滥购奢侈品而流入其他国家手中，不曾形成资本原始积累用来发展本国的资本主义。在当时，葡萄牙仍然是一个封建国家。荷、英诸国在争夺殖民霸权中对葡萄牙的胜利就是资产阶级殖民政策对封建贵族殖民政策的胜利。葡萄牙也没有足够的兵力来保护庞大的殖民帝国。例如，埃尔米纳堡最初是它侵略西非的大本营，可是经常只有50—60人驻防。进入17世纪以后，它已无法与后起的荷、英、法竞争。

17世纪上半期，葡萄牙在非洲的霸权所遭到的挑战，主要是来自荷兰。葡萄牙在西非沿岸的重要殖民据点，相继为荷兰所夺，只保留了佛得角群岛和今葡属几内亚的沿海地区。葡萄牙丧失了它在黄金海岸的所有堡垒，在整个几内亚湾只保留了几个小岛。在脱离西班牙独立以后，葡萄牙人依靠它的巴西殖民地的支持，打退了荷兰人在安哥拉和莫桑比克等处的进攻（1648年）。至于葡萄牙在东非沿岸的殖民统治，更由于当地人民日益激烈的反抗而削弱和趋于瓦解。1740年以后，葡人在东非只能维持在莫桑比克的统治，鲁伍马河以北的殖民据点，丧失殆尽。

在列强的殖民竞争中，葡萄牙是一个失败者。但直到帝国主义列强分割非洲以前，却仍以它在非洲所占的领土为最大，包括佛得角群岛、葡属几内亚、安哥拉、莫桑比克和其他一些岛屿。自17世纪中叶以后，葡殖民帝国在东方的殖民地只剩下果阿等几个据点，在美洲只剩下巴西，此后只得锐意"经营"它在非洲的殖民地、特别是安哥拉和莫桑比克。综上所述，在西方殖民主义对非洲的侵略中，特别是对黑非洲的侵略中，葡萄牙起了先锋的作用：是它首先在

非洲夺取领土，是它首先在非洲猎获奴隶并建立奴隶贸易制度，是它首先向非洲进行数量不多的移民。在侵略非洲的过程中，也是它首先使用了政治渗透、经济掠夺、欺骗、传教和武力侵略等各种手法。此外，为了获得贵金属和奴隶，也是它首先派人深入非洲内地。后来的"葡属非洲"基本上就是在当时奠定下来的，只是各个殖民地的疆界是在帝国主义列强瓜分非洲时确定的。

荷兰殖民势力的侵入及其被挤出非洲

16世纪末，荷兰的商船就已到达非洲，在黄金海岸建立了布特里商站（1598年）。17世纪上半期，它夺取了葡萄牙在西非沿岸的堡垒，继葡萄牙而独占了西非的贸易。17世纪中叶是荷兰劫掠非洲的极盛时期，它一度占领安哥拉，进攻葡属东非。在资本原始积累时期，它已在好望角建立了有欧洲移民的开普殖民地（1652年）。

荷兰的殖民政策已经是资本主义性质的。参加殖民掠夺的主要是几个大城市的特别是阿姆斯特丹的商人。他们分属两大特权垄断公司。好望角以东属东印度公司（1602年成立），开普殖民地的殖民侵略活动都是受它控制的。好望角以西属西印度公司（1620年成立），它的主要业务是从西非向美洲贩卖奴隶。

荷兰的优势没有保持很久。奴隶贩卖的暴利诱使其他诸国加入竞争，竞争的场所是西非。除葡、荷、英、法诸国外，瑞典、丹麦和刚刚成立海军的勃兰登堡也都蜂涌而来，纷纷建立堡垒和商站，从事奴隶贩卖。这些堡垒几乎全都集中在黄金海岸。瑞典不久被迫退出竞争。勃兰登堡发展为普鲁士王国以后，因注目于欧洲大陆而将其在西非的据点卖给荷兰。17世纪下半期，英、荷在世界各地进行殖民竞争，西非的竞争只是这一全球竞争的一部分。17世纪末，荷兰从布朗角到塞内加尔河一带的堡垒又全为法国所夺。它在黄金海岸的优势则为英国所摧毁。18世纪上半叶，它在这里虽仍保有50%的贸易额，但到18世纪下半期，优势已完全转到英国手中。开普殖民地两次为英国所占领，继而根据维也纳和约正式转让给英国。19世纪初，荷兰在黄金海岸还保全有18个商站。自禁止奴隶贸易以后，这些商站，已不起作用了，于是全部出让给英国（1872年），而换得在苏门答腊岛上的一些权利。侵略非洲约370年的荷兰，从此完全被挤出非洲。但是荷兰人的后裔——布尔人仍在扮演掠夺南非人民的重要角色。

原始积累时期英、法在非洲的劫掠与争夺

在原始积累时期，英国对非洲的侵略集中在自西非冈比亚河到黄金海岸一带。从 16 世纪中叶起，英国商人已在西非进行贸易，和葡人发生摩擦。17 世纪初，他们才开始建立商站和堡垒。在与荷兰的竞争中，英国从荷兰夺取了圣赫勒拿岛（1651 年）作为中途站，继而夺取了荷兰的开普殖民地。

在这时期中，法国已在觊觎马达加斯加岛，占领了留尼汪岛（1654 年），但是它的主要侵略活动也集中在西非。17 世纪初，法国侵入塞内加尔，建圣路易堡（1637 年）作为继续扩张的中心。它夺取了荷兰在西非西岸的一些据点以后，即以果雷埃岛作为军事据点。17—18 世纪之交，法国殖民者一再从圣路易派出探险家、商人和传教士深入塞内加尔内地，企图占有班布克产金区；因遭到非洲人民的反击，未能得逞。塞内加尔地区没有特产，人口也不多，掠奴不易，人民的反抗又使建在内地的商站难于维持。塞内加尔贸易利润的最高额虽曾一度达到 50 万英镑，但仍不足以偿付其侵略活动的开支。因此，法国的特权垄断公司难于长久维持。

在西非，英荷竞争和英法竞争是交织在一起的。大致说来，17 世纪末英荷竞争已近尾声而转入以英法竞争为主的阶段。英法在西非的竞争只是它们在世界范围内殖民竞争的一部分。在 1689—1815 年间，英法经过 7 次战争，有时西非也成为战场之一。英国的海上势力日强，法国在西非的据点一再为英国所夺。最后，根据 1815 年和约，英国把战时所占领的塞内加尔还给法国；1817 年，法国正式接管。

自由资本主义时期英、法对非洲的侵略

进入自由资本主义时期以后，英、法是侵略非洲最猖獗的两个国家。英国是最先进的工业国家，在其世界霸权确立以后，力图在非洲争夺商品市场和原料产地。法国是前一时期殖民竞争中的战败国，它在印度和美洲的殖民地先后为英国所夺，想加强对非洲的侵略以为补偿。英国的侵略目标这时已不限于西非和南非，它还积极向埃及、苏丹、埃塞俄比亚和东非渗透。法国除扩大其在西非的侵略外，占领了阿尔及利亚，并企图控制埃及和渗入埃塞俄比亚等地区。除在侵入马达加斯加岛时发生摩擦以外，当时英、法两国在侵略非洲中的矛盾尚未尖锐化。

西非原是英法发生冲突最多的地区。但是在自由资本主义时期中，它们在各自不同的地段进行扩张；1879 年以前，两国基本上不曾发生冲突。塞拉利昂以北地区，除冈比亚外，基本上是法国活动的范围。自此以西直到喀麦隆一带，几为英国所独霸——丹麦和荷兰在黄金海岸的堡垒都先后转让给英国。西非的出口商品开始以热带产物为主，1840 年时英国人运走的棕榈油已值百万英镑。英国在西非原只有冈比亚、塞拉利昂和黄金海岸 3 个根据地。如今开始向内地及其他地方扩张，但立即受到西非沿岸诸国的有力回击。英国人借口禁止奴隶贩卖来干涉这些国家的内政，扶植自己的傀儡，1851 年炮轰拉各斯城，10 年后占领了这个地方作为其侵略尼日利亚的基地。

法国再度占有塞内加尔后，试行种植棉花，但是没有收到预期的效果，又改为从事贸易。当时它向内地扩张是比较困难的，因为西苏丹正在兴起强大的穆斯林国家——尤其是哈只·奥马尔的兴起。在 1830—1850 年间，法国仍需集中最大的力量来镇压阿尔及利亚人民的反抗，兵力不足，它在塞内加尔只能采取缔结条约的方式而不敢诉诸武力。法国殖民主义者有一套善于拢络当地上层人物、学会其语言和骗取条约的本领。他们从塞内加尔、象牙海岸、达荷美、尼日尔和加蓬等处的酋长手里骗取了许多条约，作为进一步侵略的根据。当时法国着重经营塞内加尔。为了独占塞内加尔，法国以退出冈比亚作为英国放弃塞内加尔利益的交换条件，与英国订立协定（1857 年）。在这一时期中，法国不仅巩固了在塞内加尔的殖民统治，为以后分割非洲时奠定了侵略西非的基地，并且已经产生把塞内加尔与阿尔及利亚联结起来霸占西北非一大片领土的野心。

1860 年，法国在红海口用"购买"的方式取得奥博克，作为侵略埃塞俄比亚和索马里的基地。

第三节　深入腹地的"探险"与传教活动

"探险"活动的加速进展

欧洲人深入非洲腹地的"探察"活动是自由资本主义时期殖民列强侵略非洲的一个重要环节。在已往 300 余年中，除个别地区外，欧洲人一般不曾深入内地。虽然有过一些"探察"工作，只是试探性质。葡、英、法等国都曾一再派人深入非洲内地，寻找黄金；当找不到黄金时，"探察"活动就随之而中止。

内地的交通困难，热带气候和疾病，加上非洲人民的反抗，这些都是促使"探察"活动中止的原因。未曾深入内地的最根本的原因是欧洲殖民主义者正大肆经营奴隶贩卖，开辟美洲的种植园和亚洲的商务，对非洲内地还不具很大兴趣，同时也缺乏"开发"内地的资本。所以直到18世纪末，欧洲人对非洲内地知道得很有限：除阿特拉斯山外不知有另外的高山，更不知有大湖。他们在尼日尔河河口沿岸进行了长期的贸易，却不知道它就是尼日尔河河口，而以当地盛产优质棕榈油而称之曰"油河"。

欧洲人深入非洲内地的"探察"活动是在18世纪末开始的。进入自由资本主义时期后，殖民列强迫切要求在非洲争夺市场与原料产地，急于了解腹地的情况。西方各国几乎都派人参加这一活动，最积极的是英、法，尤其是英国。"探察"活动始于18世纪末，且以英国人为主，决非偶然。因为英国当时在非洲的商业利益最大、开辟市场的要求最为迫切，1720年时，英国对非洲的出口货物只值130,000英镑；到1775年时，已上升到866,000英镑。英人布鲁斯在1768—1773年间在埃塞俄比亚探索了青尼罗河的河源。当英国在塞拉利昂替废除奴隶贸易中获得自由的黑人寻找"移民地"（1787年）以后，[1] 接着便成立了"非洲内地调查协会"（1788年简称非洲协会）。这些事件的接连发生，突出地表明禁止奴隶贩卖与寻求市场的紧密联系。英国殖民主义者并不隐讳其"急于要推销曼彻斯特货物"的意图[2]。1831年，"非洲协会"合并于"皇家地理学会"。它和法国的同类组织"巴黎地理学会"都在鼓励和组织"探察"非洲的工作。在多数场合下，"探察"队是由各国政府尤其是英国政府直接派遣的。

苏联学者波铁辛曾把18世纪末以后100年中欧洲人在非洲"探险"次数，按十年为一期，列为下表[3]。从这个表中可以看出，在19世纪的50年代和80年代中，"探察"次数骤然增加。前者标志着自由资本主义极盛时期中殖民列强之急于要深入非洲内地；后者则表明在进入帝国主义时期后，列强之急于要分割非洲。为了这样一些目的，殖民列强不断地派遣"探察"队，深入非洲去了解内地的情况。在短短的几十年中，欧洲人几乎走遍了非洲各地。我们现在按

---

① 英国于1772年废除国内奴隶制，把被释放的，获得自由的非洲黑人奴隶，遣送到塞拉利昂"殖民"，1787年塞拉利昂殖民地建立。

② 约翰斯顿《非洲的殖民》英文版第314页。

③ 《非洲各族人民》第22页。

四大地区来分述这些冒险家在非洲的主要"探察"活动。

年　份	探险次数
1791—1800	3
1801—1810	2
1811—1820	2
1821—1830	8
1831—1840	3
1841—1850	6
1851—1860	27
1861—1870	29
1871—1880	47
1881—1890	84

首先看西非。欧洲人自来认为以廷巴克图为中心的广大苏丹地区是一个人口众多的良好市场。自中世纪以来欧洲人与西非内地的间接贸易一向通过阿拉伯人,如今他们要求直接开辟这个广阔市场。"巴黎地理学会"曾提供奖金来征求前往廷巴克图探察的人(1824 年)。英国的非洲协会曾三次组织旨在了解尼日尔河流域情况的"探察"队,都先后遭到失败(1788—1793 年)。最先了解尼日尔河的人是英人蒙哥·帕克。他的第一次西非"探察"是受非洲协会派遣的,从冈比亚出发,到达塞古,为战事所阻不果而还(1795—1797 年)。但他肯定尼日尔河是向东流的。他的第二次"探察"(1805—1806 年)是由英政府派遣的,目的在于尽可能深入到尼日尔河最远处"探察"该河流并考察在当地居民中进行贸易的前景。以帕克为首的探察队到达尼日尔河下游后杳无消息,后来断定他们是死在布萨急滩。英政府派遣的由克拉伯顿诸人所组成的"探险"队,从的黎波里出发,越过撒哈拉沙漠到达波尔努,考察乍得湖的南岸,西向经卡诺城到达索科多(1823—1825 年)。后来克拉伯顿又第二次到西非

（1825—1827 年），其目的是要"探察"尼日尔河下游，以便侵入索科多素丹
所控制的地区。这一次他是从尼日利亚沿岸的巴达格里（在拉各斯）出发，在
布萨急滩渡过尼日尔河，经卡诺而到达索科多。他病死在索科多。他的仆人兰
德尔想继续前进而未果。1830 年英政府再派兰德尔兄弟循旧路到达布萨，沿尼
日尔河而下，直达河口。至此尼日尔河的"探察"告一段落。法人棱纳·卡叶
从西岸出发到达廷巴克图，北向经撒哈拉商路而抵摩洛哥（1827—1829 年），
带回了直接考察所得的材料。据说他是第一个到达廷巴克图而能生还的欧洲人。

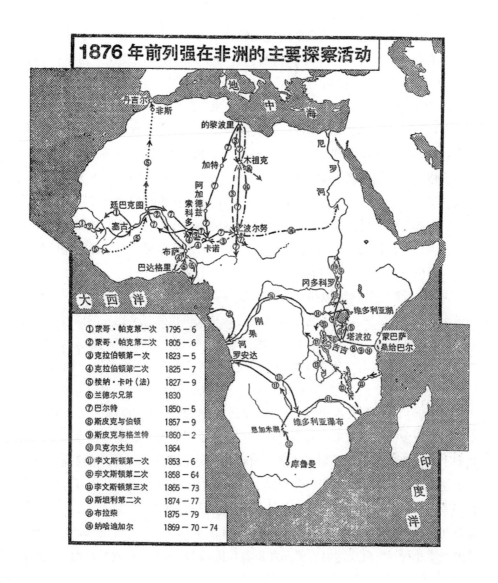

1849 年，英政府再次派遣了旨在了解尼日尔河流域和中非市场情况的探察队，其中有德国人巴尔特。探察队从的黎波里出发，通过撒哈拉到达卡诺。巴尔特在苏丹地区探察 5 年之久（1850—1855 年），西达廷巴克图，东到乍得湖，南抵贝努埃河上游。他根据他的"探察"所得材料，对证阿拉伯文献，作出了可靠的报告。他的著作为以后的"探察"工作提供了有用的参考资料，也给我们今日研究西非史提供了一些史料。经过这 60 年（1795—1855 年）的探察活动，西方国家基本上已了解了尼日尔河域的全貌、以廷巴克图为中心的西苏丹内地和撒哈拉商路的情况。

其次看东非地区。在蒙巴萨附近传教的隶属英国教会的德国传教士克拉普夫和雷布曼，先后看见了终年积雪的乞力马扎罗山和肯尼亚山（1848—1849 年）。他们还报告说，东非内地有长达 800 英里的大湖。当时欧洲人普遍认为赤道附近耸立雪山是件不可思议的事。英国皇家地理学会注意到这些消息，派了斯皮克和伯顿前去考察大湖地区。这次他们到达坦噶尼喀湖北部（1857 年）和维多利亚湖南岸（1858 年）。1860—1862 年，斯皮克第二次往东非"探察"，同行有格兰特。他们绕行维多利亚湖西岸，深入布干达，到达了维多利亚湖水注入尼罗河之处，又继续沿尼罗河而下。他们到达冈多科罗时，碰到了溯白尼罗河而上的英国人贝克尔夫妇。贝克尔根据他们的报告和所绘的地图，又往南探察，到达阿伯特湖（1864 年）。至此，尼罗河主流白尼罗河河源问题已基本解决，但仍有待于进一步的证实。

再次，看对赞比西河域和刚果河域的"探察"。葡萄牙的奴隶贩子早已在这一带活动。19 世纪初，他们在这里业已完成从安哥拉到莫桑比克的横过大陆的旅行。葡萄牙是一个资本主义不发达的国家，所以这一活动不曾引起任何重视。直到 19 世纪中叶，英国人李文斯顿的"探察"活动才轰动一时。他于 1849 年渡过了卡拉哈里沙漠，到达恩加米湖。后来，从 1852 年至 1856 年他因得到马科洛洛人的帮助，从利尼安提出发，经赞比西河上游西行，到达西岸的罗安达；再东返沿赞比西河到达东岸的克利马内。在这次横贯非洲大陆的"探察"中，他考察了赞比西河上游，看到了迪洛洛湖和维多利亚瀑布。此后，他接受英国政府的派遣，进行第二次"探察"工作（1858—1864 年）。这次"探察"的目的在于考察赞比西河的通航及贸易条件。他溯赞比西河支流夏尔河而上，探索了尼亚萨湖的西岸。他在第三次探察（1865—1873 年）时，溯鲁伍马河而上，绕亚萨湖南岸北行；先后到达姆韦鲁湖和班韦乌鲁湖。他到达了卢阿拉巴河，但他不知道这就是刚果河的上游。1871年，他在乌吉吉碰到了前往寻找他的斯坦利。他留在非洲继续"探察"，终因健康不支而死在班韦乌鲁湖附近（1873年）。李文斯顿死后不久，斯坦利第二次到非洲探察（1874—1877年）。他绕行维多利亚湖一周。肯定这是一个大湖而不是若干小湖的集聚。他到达爱德华湖，深入布干达，并沿卢阿拉巴河而下，直达刚果河口。至此，有关赞比西河域、大湖地区和刚果河域的地理情况，基本上已了解清楚了。

最后，北非内地。殖民列强并没有忽视北非的"探察"工作。不过比起上述三大地区来，北非的探察活动就显得不很突出了，因为欧洲人对北非早已了解不少。"探险"队虽多，其中只有普鲁士派遣的纳哈迪加尔在费赞、乍得湖、科尔多凡之间进行的考察（1869—1874年）提供了不少知识。

欧洲人在非洲探察活动的侵略实质和后果

以上所述只限于一些主要的探察活动，在时间上也止于自由资本主义时期。这些探险家解决了地理学上的重要问题，在语言学、人类学、民俗学和历史学方面也提供了很多重要的资料。但是，应当指出的是，这一切基本上都是为殖民侵略服务的。没有足够的地理知识，殖民主义决不敢深入腹地。有关语言学等知识，也是进行殖民侵略和殖民统治所必不可少的。必须指出，所有的"探察"工作都是在役使非洲人的条件下进行的。没有非洲人的参加，决不能完成任何"探察"工作。到了帝国主义时期，"探察"的次数虽然加多了，却更谈不上有什么科学意义；"探察"家和冒险家已变成同义语，他们的活动就是赤裸裸的殖民侵略。

"探险""考察"活动是殖民侵略的一个组成部分。除了极个别的人如卡叶以外，所有这些"探察"活动都以国家和资本家的商业组织为后台；而教会和"学会"只是一种幌子。教会和"学会"也是殖民侵略的工具。为了侵略，殖民列强、特别是英国，不惜以巨资来装备"探察"队，接连不断地派遣"探察"队。探察家报告其考察收获的著作，都着重谈到商业情况，连卡耶也不例外。这正是殖民主义者所迫切需要的材料。有很多探险家自始就充当了殖民主义的鹰犬，他们在非洲内地横冲直撞，其中有许多人在殖民侵略活动中也起了重要的作用。布鲁斯原是英国的外交官，在"探察"了青尼罗河源以后，他撰写小册子宣传英国应当占领埃及（1775年）。贝克尔利用在尼罗河上游及湖区"探察"的知识，后来以为埃及政府服务的名义，打着禁止奴隶贩卖的幌子侵略苏丹。格兰特参加过英国对埃塞俄比亚的侵略战争。参加过李文斯顿第二次探险的柯克正是英国侵略桑给巴尔的主角。斯坦利当时就已经是一个很凶恶的帝国主义分子，他在刚果河流域的活动就是武力征服。凭着他所装备的武器，在"探察"过程中先后打了32次仗，大量屠杀了非洲人。他的野蛮行为引起了英国人民的抗议。桑给巴尔是当时"探察"家首先注意的地方。伯顿、斯皮克、格兰特、李文斯顿和斯坦利，都是经由桑给巴尔才深入东非腹地的。在北非活动的纳哈迪加尔自始就是普鲁士（德国）的侵略工具。

伴随着探察家而来的还有欧洲猎人、矿权追求者、商人和成批的传教士。在他们之后，接踵而来的便是殖民国家的军旗。

为西方殖民侵略服务的传教活动

葡萄牙原是个政教合一的国家，它的殖民势力伸展到哪里，天主教也跟到哪里。但是，葡教会所留下的影响不大。在西非，只在佛得角群岛还留有些势力。天主教在刚果国家的传播只是表面的。刚果宣布放弃天主教（1615年）以后，"刚果主教"的名义虽仍然存在，但是由葡人充任，经常驻在安哥拉。圣多美岛是葡人奴隶贩运中心，同时也是传教中心；在这里就出现了天主教会和奴隶贩子的联盟。罗安达的耶稣会士修道院拥有12,000黑奴；运往巴西的奴隶非接受罗安达主教的祈祷或施洗不得离境。神父们用"拯救黑人灵魂"等怪论来掩盖奴隶贸易的罪行，他们自己就是奴隶主或奴隶贩子。在莫桑比克以北的东非沿岸，葡人的传教活动也不曾留下什么影响。在莫桑比克，天主教的势力传布到塞纳和太特，并企图深入莫诺莫塔帕国家。在埃塞俄比亚，正是由于神父们的干涉内政而导致了他们之被驱逐。总之，作为一种侵略手段，葡人曾在非洲各地广泛传播天主教，但是，传教活动并未收到它的效果。到18世纪中，葡人在非洲基本上放弃了传教活动。

基督教新教各派[①]在18世纪以前也不曾在非洲传教。开普殖民地的荷兰人利用加尔文派新教"上帝的选民"的理论来论证他们的"种族优越性"，所以他们

---

① 有些人把天主教和基督教对立起来，这是错误的，因为天主教也是基督教。西欧宗教改革后，基督教分裂为新旧两大支。我国习惯把旧教称为天主教。新教有许多教派，传入中国后，我国民间统称之为耶稣教；但目前很少有人用这个名称，所以我们用"基督教新教"（或简称新教）这个名称以别于天主教。

始终不曾向非洲人传教。后来的法国胡格诺教徒，企图向非洲人传教，遭到荷兰东印度公司的制止。

　　基督教之再度传入非洲是始于新教各派的传教活动。路德派新教摩拉维亚兄弟会在 1737 年派人往南非和黄金海岸传教，为新教在非洲传教之始；但是直到 18 世纪末，才有其他教会继起。18—19 世纪之际，"伦敦传教会"在南非，"教会传教会"在西非和东非，"美以美教会"在西非相继传教。这些都只是试探性的。19 世纪 50 年代，随着"探察"活动的陡然开展，传教活动才趋于活跃。不少传教士同时就是"探察"家，如克拉普夫和雷布曼等。其中最突出的还是李文斯顿。他第一次返回英国的 1856 年，标志出传教活动之进入高潮时期，接着就有"大学传教会"等组织进入非洲。"探察"家的活动又为传教士开辟了道路，二者是交互推动的。在传教活动中，又是以英国为主。上述这些教会组织都是英国的；克拉普夫和雷布曼虽然是德国人，却是为英国的教会服务。英国在西非的传教活动是以塞拉利昂为中心，通过被释放奴隶来传播基督教。当地的基督教协会（1827 年成立）的神学班后来发展为福拉湾学院（1845 年），培养非洲牧师；通过他们而使基督教新教在英属西非广泛传播。受过教会教育的非洲人，还以代理人或书记的身份为英国的商务与殖民统治服务。在东非，各新教传教会的总部都在英国。他们在"禁止奴隶贸易"的幌子下，利用被释放的奴隶之接受基督教而向内地传教。在南非，英国传教士用同情受布尔人虐待的科伊人的手法来传教，从而使英国势力向北深入。李文斯顿的岳父莫法特早已进入南罗得西亚，自 1829 年以来，即与马塔贝莱人酋长姆齐利卡齐交好。李文斯顿北上传教的道路正是后来称为"大北路"的一条传教士与商人经常通过的道路。

　　天主教也跟着再度深入非洲。在 19 世纪以前，法国的传教活动是不活跃的。1848 年，改组后的"圣灵神甫团"进入塞内加尔，从而在西非地区、加蓬及下刚果一带传教。1868 年在阿尔及尔成立"白神父团"（"非洲圣母会"之通称），它的神父们深入西非及大湖地区。这两个组织也有外国人参加，并且和旧有的僧团如圣芳济会，耶稣会等合作。60 年代中，葡萄牙也恢复其已放弃约 200 年的传教活动，并且容许新教在安哥拉传播。美国的传教士同时进入非洲。他们以利比里亚为中心，接着深入加蓬、刚果和安哥拉。甚至连俄国的东正教也派遣牧师渗入埃塞俄比亚。

　　50—60 年代的传教活动是为帝国主义时期的传教活动开辟道路和奠定基础

的。首先，他们在摸清非洲的情况中可起很大的作用。他们进行探险活动，搜集殖民侵略所急需的有关语言学和人类学的知识。许多传教士以这样一些"学术工作"来掩盖其侵略实质；但是有人却认为，"传教士不会满足于这种赞赏（指"学术工作"），因这意味着对他的终身工作（指传教）有所怀疑"①。这就是说，传教士正在从事不守本分的活动。他们和非洲人生活在一起，"比其他白人易于得到非洲人的信任"②。他们训练非洲人，特别是训练被释放的奴隶而深入内地。他们经常充当酋长们的顾问，充当殖民侵略者和非洲人之间的居间人和翻译。他们是殖民侵略的先驱。酋长们原是部落宗教生活的首脑，一般不愿改奉基督教；传教士便努力争取他们的合法继承人。拢络部落上层人物，在侵略活动中就可收事半功倍之效。传教士有本国政府的保护，一旦"殉道"，就成为直接侵略的借口。在殖民统治中，传教会更是一个不可少的工具。对非洲人而言，传教站就是"新生活的中心"；在那里，"传教士的权威是没有问题的，他是教师、医生、雇主，有时还是立法者和法官"③。在殖民当局尚无力顾到教育时，教会就来行使教育权，进行奴化教育，在文化侵略中起主导作用。"到非洲去的人只有一小部分人相信基督教，绝大多数是与它无关的或甚至否认它"④改奉基督教的非洲人，在生活和习惯方面表明他们自成一个脱离了部落生活的阶层，也就是容易被殖民主义者利用的阶层。在数量上，传教士比商人和殖民官吏多，他们又是携眷长期住在非洲人社会里，与非洲人的接触最多，了解情况最深，通过教育与医药工作等又取得一些非洲人的信任。因此，殖民统治必须利用传教士这支队伍。在此后的所有侵略活动中，几乎没有一次与传教士没有关系；所有传教士几乎都与各国的殖民侵略有关。殖民当局往往只容许本国的传教士活动；有些地方虽然容许外国传教士，但其活动"必须符合殖民政府的政治目的"。"基督教是超国家的宗教"这一臆说是不存在的⑤。教会在一定程度上可以影响宗主国的殖民政策，同样，教会的活动也受殖民政策的制约。在

---

① 韦斯特曼《非洲和基督教》英文版第 163 页。韦斯特曼在非洲传教近 40 年，后来成为德国的非洲学权威之一。本书（原为讲演稿）目的在于告诉传教士如何在非洲进行传教活动；可是却给我们提供了不少暴露传教活动侵略本质的证据。

② 同上书，第 62 页。

③ 同上书，第 61、129 页。

④ 同上书，第 61、129 页。

⑤ 韦斯特曼《非洲和基督教》第 57—58 页。

伊斯兰教占绝对优势的一些法属殖民地中，法国政府为了争取穆斯林上层保守势力的支持、为了要利用当地原有的统治阶级和穆斯林法典来维系殖民统治，并不鼓励基督教的传播。进入帝国主义分割非洲的时期后，一些传教士就起坐探和向导的作用。帝国主义甚至利用宗教矛盾来挑动所谓"宗教战争"，从而进行征服，例如在乌干达。

在穆斯林国家中，基督教的传教事业遭到了顽强的反击。"白神父团"原是在阿尔及尔组织的，但是它只能在尚未穆斯林化的撒哈拉以南非洲（黑非洲）活动。19世纪中期，伊斯兰教的势力在西非已传播到热带森林边沿，在东部则通过苏丹南部而深入乌干达，在东非则由沿岸而向内地发展。穆斯林注意日常生活，没有种族歧视，不要求黑人改变生活习惯，他们的知识能受到黑人酋长们的重视。这些就是伊斯兰教易于传播的原因。基督教在黑非洲也受到抵制。非洲人民一般拒绝接受它，因为一旦信仰基督教，他就要改变原有的生活方式，要脱离部落组织。传教士既然是白人，他们的传教又是配合着殖民侵略的需要，他们自然就被视为殖民侵略的代表。拒绝接受基督教在这个意义上就是反殖民主义的表现。姆齐利卡齐和洛本古拉父子之不接受基督教，不仅因为他们自己是大酋长，最主要的原因是害怕接踵而来的白人的进一步的侵略。正是因为有这样一些阻力，所以许多基督教会不择手段、甚至利用殖民统治的压力来推动传教活动。

第七章　西方殖民主义者贩卖非洲黑人始末

第一节　"奴隶贸易"罪行的直线上升 ①

欧洲殖民主义者把非洲转化为商业性地猎获黑人的场所

黑奴贩卖是资本原始积累时期西方殖民主义者侵略非洲的主要内容。它维持达 500 年，关系到亿万非洲人的生死和许多非洲国家和部落的存亡；是非洲史上最黑暗的一页。

自侵入黑非洲之日起，西方殖民主义者就开始把非洲转化为商业性地猎获黑人的场所。许多资产阶级学者企图抹杀这一事实。他们说，奴隶贩卖是非洲社会早就有了的，而且阿拉伯人在非洲贩运奴隶已有 1,000 多年的历史。这些论点丝毫不能为欧洲奴隶贩子的罪行辩护，因为在本质上它们是完全不同的。非洲原有的奴隶买卖规模很小，而且只限于少数地区。大多是把战俘沦为奴隶，但是从来不曾因为把奴隶当作商品而进行大规模的猎奴战争。由于原始公社制的残余仍然起很大的作用和没有绝对的土地所有权，所以任何人不能大量占有土地来进行奴隶制剥削。在非洲黑人的社会里，不可能出现象希腊、罗马那样典型的奴隶制和古代东方国家那样的奴隶制。在许多黑人部落中，如喀麦隆南部及加蓬的部落，在殖民主义侵入以前，不知有所谓奴隶；他们的语言中无"奴隶制"一词。我们已说过，刚果国王阿芳索一世曾试图禁止奴隶贩卖。贝宁原来不许把奴隶卖给外国人。甚至到了 18 世纪末塞内加尔还有一个酋长曾经坚决不受法国奴隶贩子的物质诱惑，毅然禁止贩运奴隶过境，冈比亚河沿岸的黑人曾

---

① 戴维逊的《黑母亲》是一本有关黑奴贸易的较好的综合著作。唐南的《奴隶贸易文献》除了提供了大量文献外，每卷有综合性的导言。

消灭前来掠取奴隶的英国贩奴船上的殖民强盗。① 达荷美国王曾捕获一名英国船长，想以此来减少猎奴的威胁②。这些都说明，奴隶"贸易"显然是欧洲殖民主义者强加于非洲人民的。下述奴隶贸易直线上升的情况，更足以证明这一点。

诚然，阿拉伯人和印度人早就从事罪恶的黑奴贸易，尤其是阿拉伯人。他们从事这一"贸易"确实比欧洲人早 1,000 年，或者更早一些。时间虽然很长，数量却少得多。阿拉伯人最初是由撒哈拉商路贩运黑奴。从 9—10 世纪起，才从东非输出黑奴，为数都不多。伊斯兰教诸国是容许使用奴隶的；但是它们的奴隶绝大部分是购自亚洲和欧洲诸国，也有不少是来自北非；黑奴只占少数③。在 19 世纪以前的阿拉伯文献中，很少提到大规模的黑奴贸易。输往阿拉伯国家的奴隶，并非用于从事商品生产，而是用来操持家务、当兵和充当宫廷的阉仆，需要量是很有限的。当时绝大部分的黑奴是运往近东国家，但是在近东任何一个国家的人口中，黑人所占的比重都不显著，可见其数量是不多的。只是在 19 世纪西非开始禁运奴隶以后，阿拉伯人在东非的奴隶贸易才大规模地发展起来。这是欧洲人贩卖奴隶的继续，而且有欧洲人伙同贩运，时间上不过持续几十年便最后结束了。西方资产阶级学者过分夸大阿拉伯人贩卖奴隶的事实，其目的在于掩盖欧洲奴隶贩子的罪行并为殖民主义侵略东非辩护。

与阿拉伯人的买卖奴隶相比，欧洲人的黑奴贸易完全是另外一回事。自欧洲殖民者侵入非洲之日起，黑人就成为他们贪得无厌、多方搜求的"商品"。他们用"黑色象牙"这样侮辱性的名词来称呼黑人奴隶。随着美洲殖民地的开发和种植园的发展，运往美洲的黑奴数量不断增加。马克思在《资本论》中指出"非洲变成商业性地猎获黑人的场所"就是原始积累的主要因素之一。④ 在说明了利物浦的发展和奴隶贸易的关系以后，他接着说，欧洲工资劳动者的隐蔽的奴役制，事实上就是以新世界的赤裸裸的奴隶制作为基础。欧洲人的黑奴贸易证实了他这一不朽名言："资本来到世间，从头到脚，每个毛孔都滴着血和肮脏的东西。"⑤ 只是由于残酷地榨取非洲人的血汗，欧洲诸国在美洲殖民地才能广泛建立起采矿业和种植业。欧洲移民把奴隶制度从西印度群岛推广到南北美洲

---

① 戴维逊《昔日非洲》第 232—233 页。

② 戴维逊《黑母亲》第 202 页。

③ 希提《阿拉伯史》英文版第 341—525 页。

④ 马克思《资本论》第 1 卷《马克思恩格斯全集》第 23 卷第 819 页。

⑤ 同上书，第 829 页。

大陆以后，美洲各殖民地就日益增多地吞噬着大批非洲人。除非洲以外，欧洲人也在其他地区猎取奴隶，但是从贩奴时间之久、地区之广、数量之大、为害之惨来看，则黑非洲均居首位。

基督教会对奴隶贸易的发展，起了很大的作用。教皇子午线无异表明罗马教廷容许葡萄牙天主教徒在非洲劫运黑人的专利权。由于得到教皇的允许，里斯本才出现了黑奴市场；1537 年，这个市场出卖的黑奴约 10,000 至 12,000 人[①]。在拉斯·卡萨斯主教倡议下（1517 年），西班牙政府在法律上容许在美洲殖民地使用黑奴，接着天主教神父们又鼓吹从非洲把奴隶直接运往美洲[②]。1610 年，罗安达的耶稣会院长布兰达昂公开宣布贩运奴隶并不受良心的谴责，他说，所有在圣多美岛和佛得角群岛的神父们"从来不认为这种贸易是违法的。所以我们和巴西的神父们都毫不犹豫地购买这些奴隶来为我们服役"[③]。17 世纪中，法国著名神学家博絮埃主教引用"圣经"上要奴隶安于其命运的说法为据，公然表示拥护贩奴行径。基督教新教的神学家也是一丘之貉。例如海德格就悍然宣称黑人注定要遭受奴役。口头上强调德行的道貌岸然的英国清教徒，在北美殖民地新英格兰厚颜无耻地大做黑奴贩卖的生意[④]。甚至到了 19 世纪中叶，当奴隶贸易已受到公众的普遍谴责时，基督教会中仍有不少人在引证基督教经典来为贩奴罪行辩解。[⑤]美国在南北战争以前，在长达 30 年的应否废奴的争论中，美国有许多教派也在竭力支持奴隶主[⑥]。他们说教会认为奴役黑人是"符合上帝的意旨"，是"拯救黑人的灵魂"；贩运奴隶无异是替上帝进行一次十字军，所以"慈善"的教会既已首肯，贩运奴隶当然更为法律和习俗所允许了。16—18 世纪时，新旧教会控制了欧洲各国的舆论；奴隶贩子既然不为舆论所谴责，他们就越发肆无忌惮地从事这一罪行。可见，基督教会既是黑奴贸易的帮凶，又是同犯。葡萄牙人把奴隶从非洲运走时，神父们在码头替奴隶洗礼；新旧教会中的神职人员，有许多本身就是奴隶主，或奴隶贩子。奴隶贸易一方面受到暴利的诱惑，一方面又有教会为之辩护，它一经开始，就扶摇直上，猖獗几个世纪。

---

① 博维尔《摩尔人的黄金贸易》英文版第 226 页。

② 唐南《奴隶贸易文献》英文版第 1 卷第 15 页。

③ 唐南《奴隶贸易文献》第 1 卷第 123 页。

④ 富兰克林《从奴隶制到自由》英文版第 100—110 页。

⑤ 参看舍尔歇《奴隶地位和殖民化》法文版第 4—5、124—125 页。

⑥ 富兰克林《从奴隶制到自由》第 200 页。

葡萄牙人与黑奴贸易

葡萄牙人贩卖黑奴的罪行并不比英国人厉害，但是他们的名声最坏。这是因为他们是最先从事这一罪恶勾当而又是最后一个宣布废除奴隶贸易的国家。即使在宣布废止以后，它还一直保持着变相的奴隶贸易。早在 1434—1441 年，葡人就把从非洲猎获的奴隶带到里斯本，当时尚未从事贸易。葡人的奴隶贸易始于 1444 年。葡萄牙原是一个容许蓄奴的国家，但奴隶限于家用，需要不大。当时运奴已经有利可图，贵族之家以蓄有黑奴为时髦；故在 15 世纪中叶，每年输往葡萄牙的黑奴约 700—800 人。此后与年俱增，黑人在里斯本人口中占相当比重，至今仍能从里斯本一些居民的肤色上看出黑人血统。

葡萄牙人也把奴隶输往其他欧洲国家。但是，当时欧洲并不缺乏劳动力。一直到 15 世纪末，奴隶贸易一直没有显著的发展，只是为下一时期的发展准备了条件——在非洲沿岸找到了获得奴隶的地区和发展了一套获得奴隶的"贸易"方法。西班牙在美洲的殖民地奴役印第安人失败以后，采纳了天主教神父们的建议，转而奴役非洲的黑人。黑人耐热带劳动，熟谙农业，运到美洲以后人地生疏，不易逃亡，而且价格低廉，数量巨大。这就是西方殖民主义者此后在美洲大量使用黑奴的基本原因。教皇子午线限制了西班牙人不得到非洲劫掠黑人，这就为葡人贩卖黑奴提供了垄断机会。1513 年，西班牙王正式颁发执照，允许商人在缴纳一定数量的捐税后，可把西非黑人输往西属美洲殖民地。这个办法不久就发展为臭名昭著的称为"契约"（Asiento）的贩奴特权[①]，这个特权最初为佛兰兑斯商人所取得，其后相继转入德、葡、意、法、英诸国商人手中。16 世纪是葡人独霸非洲时期，他们几乎垄断了黑奴贸易。特别是在西非，自布朗角以南一直到圣多美岛都有葡人商站，他们与当地酋长们建立了奴隶贸易关系。16 世纪初，他们开始把黑奴输往美洲，首先是输往西印度群岛的圣多明各。1537 年里斯本奴隶市场待运的奴隶为数在一万以上。在 1550 年以前，葡人在西非的埃尔米纳堡以奴隶贸易为主；圣多美岛已成为葡人输出黑奴的中心。在西、葡合并的年代（1580—1640 年）中，西属美洲殖民地的奴隶主要是由葡萄牙人输入。1592 年葡人雷纳尔取得"契约"特权，规定他在 9 年中承运 38,250 人，平均每年 4,250 人。

在 16 世纪中，奴隶已成为葡人从非洲运走的主要"商品"。除圣多美岛外，

---

① 参看唐南《奴隶贸易文献》第 1 卷第 17 页注。

佛得角岛是它另一个转运奴隶的中心。从佛得角西运的主要是运到西印度群岛，从圣多美岛西运的主要是运往巴西。这是葡人在大西洋运奴的两条主要航线。16世纪单是从西非运走的奴隶，有人估计达500,000人。掠取奴隶是促使葡人占领安哥拉的主要原因。在1575—1591年间，从安哥拉运往巴西的奴隶达104,000人。葡在非洲的霸权被摧毁以后，仍保全了安哥拉和莫桑比克两地作为它获取奴隶的主要地区。葡属东非的奴隶原以运往东方为主，但在荷人占领安哥拉沿岸主要港口时（1640—1648年），东非的奴隶也开始西运，但为数不多。葡既拥有巴西这个容纳奴隶最多的广大市场，所以它的奴隶贸易额一直很稳定，并不因殖民霸权的衰落而下降。1486—1641年间，它从安哥拉运走1,389,000奴隶；在1680—1836年间增至2,000,000，如包括私人偷运及从刚果输出的在内，数目已达3,000,000[1]。这些数字只是粗略的估计。葡人从莫桑比克（在16—17世纪中还包括莫桑比克以北的东非沿岸）运走多少奴隶，已难于估计。

自17世纪初以后；除葡以外，荷兰也是在非洲贩卖奴隶的主要国家之一。两国先后脱离西班牙以后，西班牙政府因不愿把"契约"特权交给荷、葡商人，曾经一度中止颁发"契约"，1662年又开始让意大利的热那亚商人承包。他们经营这一贸易达7年之久，他们的奴隶却是来自荷商。17世纪末，西班牙政府终于不得不再度依靠葡萄牙人来贩运奴隶。葡人虽然最早从事奴隶贸易，却是最晚才组织合股公司（1692年）。这时西欧诸国均已先后加入奴隶贸易的竞争行列。葡人竞争不过新兴的国家，因它国内缺少可用来交换奴隶的货物。在18世纪的贩奴高潮中，葡人在奴隶贸易中已退居第三、四位。但是葡人对黑奴的剥削丝毫未放松。在巴西和葡属非洲的庄园、种植园和城市中，葡人都广泛地使用奴隶劳动。他们对黑奴的敲骨吸髓的剥削达到这样地步，甚至当奴隶在港口候船待运时，也不放松剥削机会，驱赶奴隶去修建公共工程。

列强在西非"奴隶贸易"中的竞争

英国的奴隶贩子霍金斯早在1563年就从塞拉利昂把300名奴隶运往美洲，为英国参加奴隶贸易之始。此后霍金斯还继续贩运过两次（1564和1567年），但是英国的奴隶贸易并未随之广泛发展起来，因为当时英国在美洲还没有广大殖民地。17世纪初期西班牙独占美洲的局面结束。荷、英、法、丹等国先后在

---

[1] 戴维逊《古老非洲的再发现》英文版第120页；达菲《葡属非洲》英文版第142页。

美洲占有大片殖民地。随着种植园的发展，对劳动力的需要日益增加。西印度群岛各殖民地的开拓自始就使用黑奴劳动，不久便成为美洲奴隶贸易的转运站。其中最引人注目的一些岛屿有英国占领的巴巴多斯岛（1625 年）和英国夺自西班牙的牙买加（1655 年），法国占领的瓜德罗普岛和马提尼克岛（1635 年），荷兰占领的库拉索岛（1634 年）以及丹麦所占领的圣托马斯岛（1671 年）。到了 17 世纪中叶，美洲大陆各殖民地除个别的以外，一般都已使用黑奴劳动。甘蔗、烟草、棉花、蓝靛和水稻等种植园的相继发展起来，需要越来越多的劳动力，同时种植园主也有足够的产品物资用来交换奴隶。种植园的广泛发展极大刺激了奴隶贸易的发展。奴隶成为西方国家在西非沿岸"购买"的最大宗商品，欧洲商人趋之若鹜，此后列强在非洲的殖民竞争就体现为奴隶贸易的竞争。

首先是葡、荷的竞争。荷兰在 16 世纪末即已侵入非洲，1611 年始在黄金海岸建纳索堡。荷兰之所以能够打垮葡萄牙在非洲的霸权，不仅是由于它的海上优势，而尤在于荷兰的资本主义经营方式。葡萄牙把奴隶贸易包给个别商人经营，这些商人决不是荷兰垄断特权公司（西印度公司）的对手。欧洲其他各国陆续加入竞争以后，葡萄牙就逐渐被排出西非市场。它虽然仍在维达保存一个堡垒[①]，但在奴隶贸易上已不起重要作用。当时巴西所需要的奴隶已非安哥拉的葡商能够满足，而须取给于荷、英商人。列强在非洲的奴隶贸易竞争集中在西非沿几内亚湾一带，自布朗角到刚果河口长达 3,000 余公里，而以黄金海岸与奴隶海岸沿海地区竞争最为激烈[②]。这些地区的人口多，文化程度较高，商业发达，易于获得所需要的奴隶，而前往美洲的航船又都需要经过这一带沿岸。荷兰与葡萄牙在非洲的争夺也集中在西非这一地带。17 世纪中叶荷兰在西非南部海岸的势力最强，拥有 40 多处堡垒和商站，把从葡人手中夺来的埃尔米纳堡作为它的大本营。当时荷兰是海上运输业最发达的国家，有"海上马车夫"之称，它的贩奴船四出活动，出现在美洲的各个港口。法属马提尼克岛和瓜德罗普岛的奴隶靠它供给，英国的弗吉尼亚殖民地的第一批奴隶也是由荷商输入的。甚至当时尚未承认荷兰独立的西班牙，也不得不从荷商那里输入奴隶。西印度群岛中的荷属殖民地成为荷兰在美洲转输和分配黑奴的中心。17 世纪 70 年代是荷人

---

① 1961 年，独立后的达荷美（现改名贝宁）从葡萄牙手中收回维达。

② 黄金海岸和奴隶海岸所处地带当时又称"背风海岸"，由于风向和水流的关系，从黄金海岸向东去的海船都必须近岸驶行到斐南多波岛，而后才能转向驶往美洲。

奴隶贸易的极盛时期。荷兰的优势虽然不久以后就被英国所挫败，到 18 世纪末它在奴隶贸易上已退居第三位；但是直至 19 世纪它在西非仍保全有 12—13 个贩奴商站。此外，荷兰还曾一度占领毛里求斯岛（1598—1712 年称摩里斯）作为向马达加斯加岛掠取奴隶的根据地。荷兰经营奴隶贸易，时间的长久仅次于葡萄牙。究竟它从非洲共运走多少奴隶，确切的数字难以估计。一般认为它从非洲运走的奴隶的数字仅次于英国，这大概是符合事实的。

从 17 世纪中叶起，列强在西非的奴隶贸易的竞争益趋激烈。荷兰不仅遭到英、法这样的劲敌，就是瑞典、丹麦和勃兰登堡也来分沾奴隶贸易的利润。各国活动的范围很广，但是它们的堡垒和商站大都集中在下几内亚；特别是在黄金海岸，各国的堡垒和商站鳞次栉比地排列在沿海地带。瑞典的非洲公司（1647 年成立），实际上是由受荷兰西印度公司排斥的荷商资本组织的。它的堡垒不久为丹麦所夺，1661 年以失败而收摊。勃兰登堡（1701 年改称普鲁士）是最后加入奴隶贸易的国家。1680 年它才正式成立几内亚公司（总部设在埃姆登，故又称埃姆登公司）。普鲁士崛起以后锐意在欧洲扩张，到 18 世纪，便退出非洲，先后将其堡垒出让给荷兰。在奴隶贸易竞争中，丹麦虽非主角，但它持续时间较久。1642 年，丹麦人即与荷人合作在西非从事奴隶贸易，不久也组织了西印度公司，在黄金海岸建立了一些堡垒，以克里斯琴堡为中心。在 18 世纪上半期，丹麦人的奴隶贸易仍很活跃，1754 年运走 4,727 奴隶，可能是丹麦运奴额最高的一年。[①]丹麦人从事贩奴活动一直延续到 1850 年，才将它的堡垒出让给英国。比较地说，这些小国在奴隶贩卖的罪恶活动中，不是主要的角色，因为它们在美洲没有多少殖民地，而它们的海上势力又不很发达。

在西非奴隶贸易竞争中，法国也是一个重要角色。它的活动范围广，时间长，但所贩运奴隶的数量则不及英、荷，甚至比不上葡萄牙。1664 年以前，法国人已在塞内加尔及其以南地区进行商业活动，并已从事奴隶贩卖。当时这些业务操在以诺曼底省商人为主的一些小商业组织中，1661 年才正式改组为西印度公司，法国商人以塞内加尔为活动中心，排除荷兰势力，独占这一带的奴隶贸易。但是这块地区人口稀少，输出奴隶的数目不多，最高的年份也只有 8,000人。加以所辖地区辽阔，开支过大，特权公司难于长久维持，屡经改组。例如塞内加尔公司到 1729 年就改组六次。1685 年成立的几内亚公司，也同样一再改

---

① 唐南《奴隶贸易文献》第 2 卷第 XVI 页。

组。这些公司开支过大，入不敷出，还由于进行了用费浩大的"探察"侵略活动。法国的奴隶贸易，特别受到政府的支持：政府采取了免税和贩奴津贴等办法来鼓励贩运，但是仍不能满足法国在美洲殖民地的需要。法国殖民地所需的奴隶，17 世纪中一部分靠荷兰供应，每名奴隶的价格曾由 2 千磅糖上涨到 15,000 磅糖①。18 世纪中则靠英国供应。法国奴隶贩子在加蓬和刚果一带也很活跃。由于公司经营不善，贩卖奴隶的垄断特权一再开放，所以参加贩奴的一般商人很多。如同英国的利物浦等港一样，奴隶贸易也大大促进了法国的卢昂、波尔多和南特等港的繁荣。法国奴隶贩子运走的非洲奴隶，最高的估计数字是 18 世纪中叶的每年 36,000 到 45,000 人②。法国商人也在东非沿岸及马达加斯加岛把奴隶运往毛里求斯和留尼汪岛。18 世纪 80 年代，仅在基尔瓦一地，据不完全统计，法商在三年中就运出奴隶 15 批，平均每批为 280 人③。北美独立战争时，法国奴隶贩子在东非更趋活跃，乘机从这里把奴隶大批运往美洲。法国在东非的贩奴活动直到 19 世纪历久不衰。

列强在奴隶贩卖中的竞争主要是通过特权合股公司来进行的，这些取得垄断权的合股公司有权建筑堡垒或设立代理机构（这些机构通常称为"商站"④），特权公司的垄断权排斥各国国内的新兴商人阶层。这些商人要参加这一贸易，只能自己购买或者租赁船只，独自经营以冲破特权公司的垄断权。他们没有条件建立堡垒和商站，但是可以充分利用西非便于他们活动的条件。欧洲人在西非获取奴隶的重点地区是由西向东发展的。它西起冈比亚以北地区，在黄金海岸维持最久；18 世纪初维达成为重点地区；19 世纪初重点已移到尼日利亚和喀麦隆一带，以拉各斯和卡拉巴尔为中心。在长达数千公里的漫长的海岸线上，有许多空隙地带便于私人商船的活动。自冈比亚到塞拉利昂的沿海，有一些小港和小岛便于商船停泊。当地又有葡萄牙血统的混血种商人从事中介业务，可以替任何一国的商船搜罗奴隶；他们熟悉当地情况，不受任何国家的约束，善于招徕被特权公司所排挤的商船。此外，今利比里亚和象牙海岸的沿海居民自来与欧洲人接触较少，由于他们不愿与欧洲人进行大规模的贸易，特权公

---

① 唐南《奴隶贸易文献》第 1 卷第 102—103 页。

② 唐南《奴隶贸易文献》第 2 卷第 115 页。

③ 弗里曼 - 格伦维尔《东非沿岸文献》第 196 页。

④ Factory 意即代理人（Factor）的所在地，不应理解为"工厂"，似以译为"商站"较妥。

司从这里得到的奴隶数量不多，一直不曾在这里建立堡垒，这也给私人商船的活动大开方便之门。自"奴隶海岸"至加蓬一带，是更便于私人商船从事贩奴活动的场所。自 17 世纪末起，各国奴隶贩子都辐辏而来。由于这一带所能提供的奴隶数量较多，各国特权公司无须建堡以保证获得所需要的数量，同时也因为当地酋长不许欧洲人在沿海建立坚固的石头堡垒，奴隶贩子只能设立称为 barracoon 的"屯舍"，作为临时收容奴隶的场所。因此，这一带一直不曾为各特权公司所垄断，英、法、荷、葡各国的小公司或个体商人纷至沓来分享贩奴油水。欧洲各国的大小奴隶贩子正是这样无孔不入地渗入整个西非沿海地区。

欧洲奴隶贩子一般都是从非洲把奴隶直接运往美洲。仅葡萄牙人最初（16 世纪）曾把奴隶运往里斯本转口输往美洲。17—18 世纪中，各国从事这一贸易的商人，多半采取三角航程，英国的商人尤其是如此。一艘商船满载着廉价的货物从欧洲港口"出程"，到西非换得了黑奴，经大西洋而西航美洲，这就是臭名昭著的"中程"。有人研究了法国商人所留下的一千次"中程"记录以后认为，从几内亚到加勒比海的航行期平均为五周[①]。奴隶船在美洲口岸用奴隶换得殖民地的蔗糖、棉、烟草等物后，再走上"归程"。一次三角航程一般需费时 6 个月左右，可以做三次买卖，利润高得惊人。

英国是贩卖黑奴的罪魁

在奴隶贸易的竞争中，英国取得了最后的胜利。在这一过程中，它争得了世界范围内的海上霸权；在美洲占有了广大殖民地；国内的资本原始积累过程迅速发展，出现了资本主义工场手工业。英国从事罪恶的贩奴活动，在时间上虽比葡、荷、法诸国要晚并且短，然而它是罪魁。据估计，它从非洲运走的奴隶要比其他诸国运走的总和还多四倍。[②]

虽然早在 1563 年霍金斯就从非洲运走了第一批奴隶，但是英国正式从事这一贸易却是始于 17 世纪初，到 17 世纪中叶才进入活跃时期。1660 年以前，它在美洲的殖民地使用奴隶劳动的还不多，17 世纪后半期才相继使用奴隶劳动。最初是使用奴隶种植甘蔗。英属巴巴多斯岛 1643 年始建制糖工业，到 17 世纪末

---

① 戴维逊《黑母亲》第 72 页。

② 福斯特《美洲政治史纲》中译本第 95 页。福斯特同意赖丁在《他们带上锁链到来》一书中的估计。

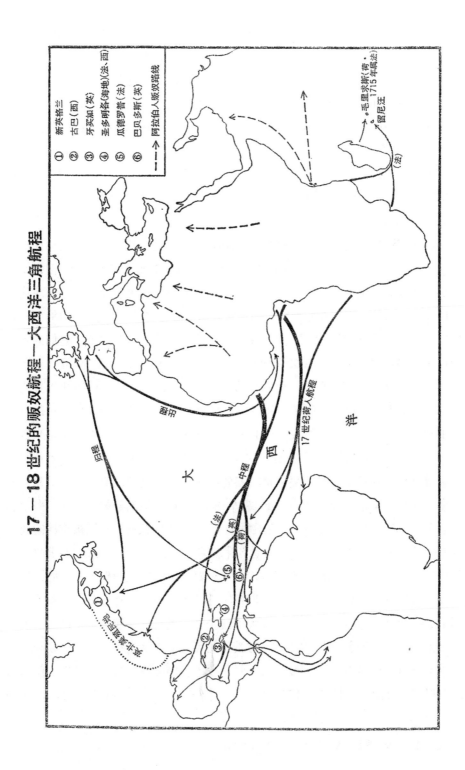

17—18世纪的贩奴航程—大西洋三角航程

① 新英格兰（西）
② 古巴（西）
③ 牙买加（英）
④ 圣多明各（海地）（法·西）
⑤ 瓜德罗普（法）
⑥ 巴贝多斯（英）
——→ 阿拉伯人贩奴路线

输往英国的蔗糖，其价值已等于其他英属美洲殖民地输出额的总和。这就是奴役黑人给英国创造的第一批财富。美洲其他种植业相继发达，小种植园扩展为大种植园，需要黑人奴隶的数量迅速倍增，特别是英国北美殖民地黑奴供不应求。18 世纪是欧洲人贩卖黑奴的极盛时期，也是英国奴隶贸易最猖獗的时期。当时牙买加岛已成为英国的最大产糖区，有奴隶 300,000,1700—1786 年间输入黑奴共达 60 万。北美大陆上种植棉花、烟草的英国殖民地黑奴的数目猛增。弗吉尼亚在 1708 年时只有 12,000 名黑奴，1715 年增至 23,000 人，1760 年高达 200,000 人，占全境居民的一半。英国北美 13 州殖民地在独立战争前夕已有黑奴 46 万 2 千人。

英属美洲殖民地的黑奴，除 17 世纪初短时期中有极小一部分是由荷商输入的以外，全部是由英国奴隶贩子输入的。英国人奴隶贸易由私人经营，但自始就得到英国政府的批准与支持。1660 年是英国奴隶贸易史上重要的一年。在这一年以前，英国曾一再向在非洲贸易的合股公司颁发特许状（1588，1618，1624，1631，1651 年），但是根据这些特许状组织的公司经营并不很成功，它们的贸易项目尚非以奴隶为主。在 1660 年这一年成立了一个称为"皇家冒险家公司"的合股公司。这个公司不只是一个商人的组合，入股的还有资产阶级化的贵族和王室；国王查理二世本人就是该公司一个大股东。在 1663 年给予该公司的特许状中第一次正式提到贩运奴隶。到 1665 年，该公司所得利润，有一半是来自贩运黄金，而奴隶贸易的利润还只占 25%[1]。但是 17 世纪 60 年代以后正是英国的奴隶贸易日益猖獗的年月。皇家冒险家公司着手恢复英商以前在西非所建立的堡垒，1665 年它在西非已有堡垒或商站 18 处。1672 年该公司改组为"皇家非洲公司"，极力要把荷、法商人挤出西非。公司的垄断权遭到本国被排斥的商人和殖民地商人的反对。他们以"偷运"来破坏公司的垄断权，同时要求政府开放奴隶贸易。1698 年的法令取消特权公司对奴隶贸易的垄断权，全国商人只要纳税均可经营奴隶贸易；但是皇家非洲公司仍继续存在，并力图恢复垄断，直到 1726 年为止才放弃这种企图。至此，这个公司进行这一肮脏贸易已达六十余年。政府一直对公司予以大力支持，称赞它是英国商人所组织的公司中赢利最多的一个公司。1698 年垄断权废止后，西非各堡垒仍由该公司负责维持，使它从政府得到大批津贴：1730—1744 年间每年为 10,000 镑，1744 年增加到 20,000

---

① 唐南《奴隶贸易文献》第 1 卷第 87—88 页。

镑，1746 年才不再获得津贴。1750 年的法令，承认所有英国人今后"自巴巴利以南的萨勒港直到好望角的非洲各地区，各港口的贸易都是合法的"[①]。同时，另行成立"商人对非洲贸易公司"以代替"皇家非洲公司"。法令规定凡纳税者均可在非洲贩卖奴隶。至此，英国的奴隶贸易完全解脱了一小撮上层人物的垄断而变成了全国商人的合法贸易了。正是这个时候——18 世纪中叶英国的奴隶贸易发展到了巅峰。

英国奴隶贩子为扩大奴隶市场，获得更多利润，极力向其他国家的殖民地输出奴隶。英国对西班牙的"契约"特权垂涎已久。1713 年的乌特勒支条约使英国如愿以偿。有些人过分强调英国取得这一"契约"特权的作用，认为这一特权才促使英商向西属美洲殖民地输出奴隶。其实，急需获得奴隶供应的西属殖民地，早在 1642 年，就已由英商提供奴隶了。[②]热那亚人和葡萄牙人在获得"契约特权"时，也都是从英国公司获得奴隶转输西属美洲的。巴巴多斯和牙买加两岛的总督都曾准许西班牙人前来购买黑奴，1690 年英国政府正式允许两岛可以自由对西贸易。这些虽然只涉及英国公司与"契约"持有者的贸易关系，实际上是得到英国政府的支持和保护的，英、西政府都默认这一事实。[③]1713年"契约"特权的取得只是使英商向西属殖民地贩运奴隶正式合法化。在这一"契约"的掩护下，他们还可输出其他利润丰厚的违禁商品，所以英人认为争得这一特权是他们在美洲的一大胜利。按这次"契约"规定，英国能够运输的奴隶数目每年为 4,800 人，30 年中共达 144,000 人。实际上英国每年所运奴隶数目高达 15,000 人。英国政府将这一"契约"特权交给"南海公司"，"南海公司"则从"皇家非洲公司"获得奴隶，以牙买加岛为奴隶交易市场。1750 年英人丧失"契约"特权后，西班牙殖民地的奴隶大部分仍是来自牙买加岛。在1702—1775 年间，运到牙买加岛的黑人共计 497,736 人，其中以 1726 年为最多，达 11,708 人。[④]南海公司也在古巴设立商站。七年战争时，英国曾占领古巴半年（1762 年），在短暂的半年中，英人输入古巴的黑奴多达 10,700 人[⑤]。1770 年时，从非洲经过大西洋运来的奴隶有一半以上是由 200 艘英船贩运的。

---

① 唐南《奴隶贸易文献》第 2 卷第 474—475 页。

② 唐南《奴隶贸易文献》第 1 卷第 84、121 页。

③ 同上。

④ 唐南《奴隶贸易文献》第 2 卷第 XI、XIVI 页。

⑤ 同上。

1785 年从西非运走的 64,000 黑人中，有 38,000 是由英船运走的。1789 年从尼日尔河口运走 14,000 人，其中 11,000 是英商运走的。在 1783—1793 的 10 年中，仅仅是利物浦的商人就从西非运走 303,737 人。当时英人贩运的黑奴，有 2/3 是运往其他国家的殖民地，主要是西属殖民地。在七年战争时，运往法属瓜德罗普的有 40,000 多人。英属美洲殖民地的种植园主，对此曾一再提出抗议；他们的抗议是徒然的，因为既然奴隶在外国的殖民地可以卖到更高的价钱，英国奴隶贩子对自己"同胞"的抗议便置若罔闻了。

由以上事实看来，18 世纪后半期确是英国奴隶贸易的极盛时期。美国的独立使英国丧失了大片殖民地，但是它的奴隶贸易并未因此衰退。据比较可靠的估计，在 1795—1804 年间，利物浦商人运奴仍高达 323,770 人，伦敦商人运奴为 46,505 人，布里斯托商人运奴为 10,718 人[1]。英国资产阶级从奴隶贸易中获得了难以估计的巨额利润。英国商人拥有利用三角航程的最有利的条件·英国有着足够的商品用以交换奴隶，在西印度群岛和北美殖民地又可获得大量的农产品。一艘运奴 305 人的船，可得净利 11,039 镑，平均每名获利约 36 镑。[2]1770 年时伦敦商人贝克福特炫耀三角航程的"大巡回"贸易使他的儿子每年赚得四万英镑。[3] 在 1783—1793 的 11 年中，利物浦的商船曾航行 900 次，贩运的奴隶价值为 15,000,000 镑，从中获利 12,000,000 镑，平均每年获利超过 1,000,000 镑[4]。这是何等惊人的暴利！难怪利物浦的贩奴船只由 1730 年的 15 艘，猛增到 1792 年的 132 艘[5]。利物浦的繁荣就是建筑在奴隶贸易之上。伦敦、布里斯托、兰卡斯特等城市的发达，也多少是依靠奴隶贸易。在这个西方资产阶级利欲熏心的时代里，英国的"政治家"并不认为奴隶贸易是一种应予谴责的罪行；恰恰相反，当 18 世纪后期英国公众已经发出禁止奴隶贸易的呼声时，他们仍竭力为这一罪行辩护。诺斯认为废止奴隶贸易是不可能的，大庇特认为奴隶贸易是英国国家力量的支柱，纳尔逊也是奴隶贸易的支持者。甚至在禁止奴隶贸易已成事实的时候，著名文学家卡莱尔仍在支持这一罪行。从恩格斯的《英国工人阶级状况》一书中，我们了解到英国资产阶级如何虐待本国同胞。有一个西印

---

① 戴维逊《黑母亲》第 64 页。

② 戴维逊《黑母亲》第 77 页。

③ 戴维逊《非洲历史指南》英文版第 71 页。

④ 戴维逊《古老非洲的再发现》第 120 页。

⑤ 马克思《资本论》第 1 卷第 64 页。

度种植园主在参观了英国工厂之后说，他们剥削奴隶的程度还不如英国工厂之剥削童工。为了追求暴利，英国资产阶级既然可以不择手段地折磨英国儿童；那么，英国社会一部分势力热衷于为贩奴罪行辩护，就是不难理解的了。

美国人贩运黑奴的罪行

美国剥削黑奴的残酷和它以榨取黑人血汗来奠定现代经济基础，是众所周知的事。由于美国原是英国的殖民地，而英国在当时又垄断了对殖民地的奴隶贸易，从而使人们忽视了美国殖民主义者贩卖奴隶的罪行。美国因为大量使用黑奴而促进了奴隶贸易，美国奴隶贩子的罪恶活动在黑奴贩卖史上也占有重要的地位。

英属北美殖民地新英格兰的商人参加奴隶"贸易"时间之早，令人惊讶。1638 年，他们就有船只从事黑奴贩运，直到独立战争时期为止，他们的贩奴活动一直在继续发展。[1] 新英格兰的移民大都是道貌岸然的清教徒，他们恬不知耻地根据"神意"来为自己的罪行辩护。他们竟宣称"黑人是一个被诅咒的民族，使用他们为奴隶，才是使他们获得上帝恩宠的适当方法"[2]。他们的船只少而小，竞争不过欧洲合股公司，因而不能经常驶往大公司称霸的西非沿岸而多在东非沿岸贩奴。他们所贩运的奴隶，大部分是卖给南部各州及其他美洲殖民地。新英格兰商人的贩奴活动，以马萨诸塞州居首位，波士顿、普罗维登斯和新伦敦各港的繁荣都与奴隶贸易有关。中部各州的贩奴活动虽不及新英格兰，但有其特点：纽约是夺自荷兰（1664 年）的殖民地，自始就从事奴隶贸易；17世纪末，纽约州贩运的奴隶不仅满足本地的需要，而且运往南部殖民地。纽约和费拉德尔菲亚等城经济因奴隶贸易的收益而更加繁荣。南部各州的经济完全靠剥削黑人的劳动，并为大西洋的奴隶贸易提供了广大市场。南部各州商人也积极从事奴隶贩卖，只是在数量上不及北部各州[3]。南卡罗来纳州在 17 世纪中叶，制定法律鼓励输入黑奴：凡输入男奴 1 名的移民可以得地 20 英亩，女奴 1名得地 10 英亩[4]。为了抵制英特权公司对贩奴的垄断，北美殖民地商人曾采用

---

① 富兰克林《从奴隶制到自由》第 100—103、104 页。
② 富兰克林《从奴隶制到自由》第 104 页。
③ 唐南《奴隶贸易文献》第 4 卷第 235、241、242 页。
④ 唐南《奴隶贸易文献》第 4 卷第 235、241、242 页。

了种种方法。他们除在西非从事偷运外，集中在东非活动。他们与那些以马达加斯加岛港湾为根据地的海盗进行交易，有时他们自己也从事海盗活动来获得奴隶。北美使用的来自马达加斯加岛的奴隶就是他们运来的。北美殖民地若干州对进口奴隶课以重税，并不是为了反对奴隶制，而是为了鼓励获得免税优待的本地商人自行贩运奴隶；同时也为了增加各州的财政收入①。英国取消"皇家非洲公司"的贩奴垄断权和从西班牙取得"契约"特权这两件事极大地刺激了北美殖民地奴隶贩子的活动，18世纪上半期是新英格兰商人从事奴隶贸易大发其财的时代。他们的贩奴船把大批非洲奴隶运往西印度群岛，形成了一个新英格兰——非洲——西印度群岛——新英格兰的小三角航程的奴隶贸易②。在独立以后，美国奴隶贩子的活动更加猖獗。《美国独立宣言》并未谴责贩奴及奴隶制度。独立后的美国宪法（1787）也未触动奴隶制度。美国直到南北战争（1861—1865）的后期才宣布废止奴隶制；比英国晚数十年。战后，才把废奴载入宪法。诚然在1807年，美国已明令禁止奴隶贸易，但在实际上这不啻一纸具文，美国政府并无意执行它。当英国倡议在非洲沿海搜捕贩奴船只时，美国政府对这种冠冕堂皇的行动也不予合作。直到美国内战前夕，贩奴船只始终可以在美国星条旗的掩护下明目张胆地航行③。在独立以后，美国贩奴船只继续出没于西非沿岸和西印度群岛④。1792年发明轧棉机后，植棉更加有利可图，美国南部许多种植园主纷纷使用奴隶劳动改种棉花，并增辟土地扩大经营。对黑奴需求急遽增加。1803年，有2万名黑奴输入佐治亚州和南卡罗来纳州。同年，美国从法国购得"路易西安纳"大片土地。这片土地原是利用黑人劳动种植甘蔗的地区，它的并入美国更加强了美国奴隶主的声势，贩奴活动有增无已。因此，在19世纪上半期欧洲人贩运奴隶已近尾声时，美国的贩奴活动却变本加厉。美国的"向西开发运动"一方面固然是靠美国的穷苦农民充当先驱；但是，正如美国黑人学者富兰克林所指出："没有奴隶制和奴隶贸易，西进运动是不会成功的。正是移民和商人带来的奴隶才使……荒野地区变为繁荣的棉花和甘蔗种植园。"⑤官样文章的法律的制裁和舆论的谴责，都没有阻住美国商人广泛从

---

① 唐南《奴隶贸易文献》第4卷第235、241、242页。。

② 富兰克林《从奴隶制到自由》第102页。

③ 参看马克思恩格斯《论殖民主义》第217页。

④ 唐南《奴隶贸易文献》第2卷第614、XIVii页。

⑤ 富兰克林《从奴隶制到自由》第183、182页。

事黑奴贩运。据美国驻哈瓦那领事的报告，美国船只经常从非洲把黑奴运到古巴，再转运到美国大陆去。运经得克萨斯州的奴隶每年达 15,000 人。墨西哥湾的贝岛经常有 16,000 黑奴待运。道格拉斯指出，1859 年输入的黑奴数，比任何一年都高；他曾目击数以百计的刚刚运到的黑奴[1]。

　　尽管许多国家都通过了 1807 年的禁止奴隶贩卖的法令，但 1854 年时，美国奴隶贩子和奴隶主们竟公开提出废止禁贩奴隶的法令，并争取把从非洲贩运奴隶的活动合法化。在独立以后，美国奴隶贸易如此猖獗是美国政府屈从于为数不过 30 万的奴隶主寡头统治的结果；"联邦事实上已成了统治南部的 30 万奴隶主的奴隶"[2]。马克思论到美国内战时指出，南部同盟所进行的战争不是一个防御战争，而是一个侵略战争，一个为了扩展和永保奴隶制度的战争[3]。

　　尽管黑奴的死亡率高得惊人，但是美国在独立后黑奴人数的增长速度就足以表明美国奴隶贩子的罪行已达到令人发指的程度。据富兰克林估计，1790 年时美国黑奴为 700,000；1830 年超过出 2,000,000；1860 年则已超过 4,000,000[4]。这与谢泼德所列举的下列数字是基本相符的：648,640 人（1790 年）；1,996,065 人（1830 年）；3,948,713（1860 年）。[5]也有人估计，从非洲运走的黑人奴隶总数中，有 5% 是由美国奴隶贩子运走的。[6]看来，这个数字是不会偏高的。

第二节　"奴隶贸易"给非洲人民带来的灾难

奴隶贩子从哪些地区劫走了非洲人？

　　奴隶贩子广泛地从非洲各地劫走奴隶。大致说来，非洲受害的有五大地区。第一受害最烈而又为时较久的是西非地区：北起布朗角，南达刚果河口，包括整个西苏丹内地。受害的程度取决于当地是否有强大的国家组织。如莫西诸国

---

①　富兰克林《从奴隶制到自由》第 183、182 页。

②　马克思《北美内战》《马克思恩格斯全集》第 15 卷第 352 页。

③　马克思《美国内战》《马克思恩格斯全集》第 15 卷第 358 页。

④　富兰克林《从奴隶制到自由》第 185 页。

⑤　谢泼德《历史地图》英文版第 204 页。

⑥　威德纳《非洲史》英文版第 70 页。

自卫能力较强,能够有效地打击外来的猎奴队[①]。在沿岸地区受害较浅的是塞拉利昂和今利比里亚一带,因为这一带不是列强激烈争夺的目标,而当地的非洲人又比较善战[②]。总之,从西非劫走的黑人为数最多,西印度群岛和北美的黑人主要是从这里去的。现在占美国人口约十分之一的黑人的祖先主要是西非人。19世纪初禁止奴隶贸易的活动首先在这一带展开,可是直到19世纪中叶,效果不大。当时在非洲探险的巴尔特说,不仅内地如卡诺等处仍然盛行奴隶贸易,而且美国的贩奴船只还在贝宁湾一带大肆活动。

第二是葡属安哥拉和莫桑比克。这两个人口不多的地区受害最久,直至脱离葡萄牙殖民统治之前仍然保存着变相的奴隶制。葡萄牙的奴隶贩子从东西两岸向内地猎奴,内地居民受到他们的夹攻。奴隶贩子深入内地把非洲人辗转买卖,17世纪荷人达珀尔曾提到在刚果出卖的奴隶有的是来自莫桑比克的[③]。葡属东西非的奴隶主要是运往南美,莫桑比克的奴隶有一部分运往东方和南非开普殖民地。

第三是桑给巴尔素丹国势力所及的东非地区。阿拉伯人虽早就在东非贩卖奴隶,但到19世纪中叶才进入高潮。1840年阿曼的素丹赛义德·赛德迁都桑给巴尔后,他所辖地区包括自鲁伍马河以北至摩加迪沙的沿海诸城市及岛屿。在他的统治时期(1840—1856年),东非的奴隶贸易进入高潮。这是因为当时西非业已开始禁止奴隶贩运,东非的奴隶从此主要不是运往东方国家,而是大量运往西印度群岛和美洲大陆。除阿拉伯人外,葡萄牙人、印度人、法国人、英国人和美国人都参加了这一活动。桑给巴尔岛的奴隶市场每年成交额在15,000到20,000人之间。桑给巴尔成为深入大陆内地猎取奴隶与象牙的武装商队的中心。印度巨商往往给这些商队提供资本。商队深入大湖地区,北抵乌干达,西迄今扎伊尔东部,南达尼亚萨湖沿岸。他们有时从非洲人酋长手中购买奴隶,有时亲自猎奴,有时使用火器对各部落进行袭击,有时也伙同非洲人部落进行猎奴战争。他们强令掠来的奴隶头顶他们搜刮来的象牙长途跋涉地运到沿海城市。欧洲人对阿拉伯奴隶贩子的暴行经常大事宣扬,仿佛阿拉伯人奴隶贩子是非洲奴隶贸易的罪魁祸首。当然阿拉伯奴隶贩子是应受谴责的,但是他们的贩奴

---

① 戴维逊《黑母亲》第200页。

② 朱利恩《非洲史》法文版第86页。

③ 戴维逊《黑母亲》第107页。

罪行，从事奴隶贸易的规模，与欧洲和美国的奴隶贩子比较起来，是小巫见大巫。大量地把东非黑人当作奴隶运往美洲的是欧洲人和美国人。阿拉伯人深入东非内地猎获和贩运奴隶的时间延续不长。据欧洲"探察家"斯皮克的记载，作为内地商路中心的塔波拉的建立不早于 1830 年；1842 年，商路才伸展到乌辛格，乌季季要到 1858 年始成为一正式商站。通过乌干达的商路要到 70 年代才广泛应用，这时东非的奴隶贸易已经近于尾声了。因此，阿拉伯人所贩运的奴隶数量远比不上欧洲人。然而东非内地原是人口不多的地方，阿拉伯人的猎奴罪行给东非内陆人民带来了很大的灾害，尤其是他们在猎奴战争中屠杀了不少的人。

第四是马达加斯加岛。荷兰人占领的毛里求斯岛（1598 年）和法国人占领的留尼汪岛（1642 年）上的种植园，很早就使用马达加斯加岛输入的奴隶作为劳动力。17 世纪中叶，法人为了猎获奴隶，两年时间内曾在马达加斯加岛上摧毁了 50 余座村落。17 和 18 世纪，岛上的奴隶有一部分经阿拉伯商人之手通过桑给巴尔运往中东诸国；大部分则由欧洲人运往莫桑比克转输南非和西印度群岛。美国商人所贩运的奴隶，大半是从该岛运走的。在马达加斯加和好望角之间航线上经常有奴隶船航行。

第五是东苏丹和埃塞俄比亚地区。这一带的奴隶贩卖持续得最久，到 20 世纪初期仍有正规的奴隶贸易。这里的奴隶大多是运往中近东诸国。这些奴隶不是用于生产，数量较小。阿拉伯奴隶贩子在苏丹的贩奴罪行不亚于东非。他们不断向南深入，19 世纪中叶以后，已沿尼罗河上游抵达乌干达，几乎要与从桑给巴尔出发沿湖区北上的阿拉伯奴隶贩子迎头相遇。

整个非洲几乎没有一处能够逃出奴隶贩子的魔掌，没有一处不受奴隶贸易的影响，北非诸国很久以来就通过撒哈拉商路运走奴隶；南非虽无奴隶输出，它却是一个输入莫桑比克和西非奴隶的地区。在奴隶贸易时期，西非受害最烈。其中尤以离海岸不远（约 100—200 公里）的内地地区受害最严重。但是随着猎奴战争范围的扩大和非洲奴隶商人的深入内地，非洲的一些心脏地区也遭受到奴隶贸易的威胁和蹂躏。

"奴隶贸易"和所谓"贸易制度"

欧洲人经营的奴隶贸易是通过一整套所谓"贸易制度"进行的。这个惨绝人寰的"制度"是在西非逐渐形成起来的。欧洲人只是在最初时期曾在西非沿岸亲自登陆猎奴。葡萄牙人曾在布朗角附近亲自猎获 12 人，这就是 1441 年他们第一次输入欧洲的奴隶。继而在阿尔巾岛猎获 29 人（1443 年）。白人上岸亲自猎获的奴隶为数不多；这种海盗行径往往遭到非洲人的反击，死伤狼藉。此后，欧洲奴隶贩子一度采取与非洲酋长"结盟"的方式来获得奴隶：利用非洲人的部落战争，以提供枪械和兵力帮助沿岸的部落酋长向内地攻略，乘胜猎取奴隶。这只是一个过渡的方式，后来就发展为"贸易"。欧洲人采用买卖方式稳定地获得更多的奴隶供应———一匹马换十几个奴隶，一支枪换一个奴隶———以后，便很少采用亲自猎奴和"结盟"的方式。这种"贸易制度"是在什么时候完全建立起来的，尚难确定。显然这种"制度"是逐渐发展起来的，大概在 15 世纪结束以前，一整套"贸易制度"就已由葡萄牙人建立起来了。1563—1567 年间，英人霍金斯在塞拉利昂登陆猎奴或"结盟"掠奴，大概只能算是偶而的例外。

在非洲人方面，奴隶贸易权完全操纵在沿岸的国王、酋长和上层统治集团手中。凡是沿海存在着有力量向内地掠奴的强大的部落或国家组织的地方，奴隶贸易就比较兴盛。在这些地区欧洲奴隶商通过当地统治阶级获得许多奴隶。后者是奴隶贸易在非洲的组织者和垄断者，是内地和沿岸贸易的中介人。他们不让内地人与沿海欧洲人直接贸易。他们在内地设站购买奴隶或进行猎奴战争。欧洲商船抵岸后要先购买他们所能出售的全部奴隶，然后才能收购其他商人的奴隶。欧洲人利用他们的贪婪，首先用交税和赠礼等方式取得在沿岸建堡或设置商站的权利。欧洲商人用以交换奴隶的货物主要是枪械、火药、丝毛棉麻织物、酒类、珠子或小型饰物、铜铁等金属、食品和少数非洲统治阶级所需要的奢侈品。有时也用黄金和贝壳。这是一种把活人当商品以物易人的"贸易"。非洲沿岸各地无统一的币制。作为交换价格单位的，一般是用金砂、贝壳、布块或铜铁棒等。如酋长们需要枪械等物，则用上述物品来折合奴隶与枪械的等价。计算是很复杂的。于是双方都产生了一种具有"专业"知识的经纪人。这一"贸易制度"也通行到非洲的其他地区。在葡属东非和安哥拉，商人在内地建立了堡垒，收购酋长和奴隶贩子运来的奴隶。葡人与非洲人常有战争，把战俘没为奴隶。葡萄牙殖民当局所收的税有时也用奴隶折合缴纳。奴隶价格依时依地而不同，很难列举数字来说明。最初的价格是不高的，17 世纪中才逐渐涨价，18 世纪中叶，每名价约 20 镑甚至到 30 镑[1]，19 世纪上半期达到最高峰，因为这时已进入禁运时期。女奴价格通常比男奴价格低 25%。但是在斯坦利列举的东非奴隶价格中，青年女奴的价格为男奴之四倍，那么，由此推断：当时（1876 年）东非的奴隶贸易可能已不是以提供强劳动力为主[2]。

把火器输入非洲本身就是一桩赚钱的买卖。正是由于输入武器，才使奴隶"贸易"发展到罪大恶极的地步；火器促使各部落进行无休止的，杀伤力更大的猎奴战争。非洲统治阶级最初只出售他们原来手边所有的为数不多的奴隶。但这远不能满足欧洲商人所需要的数量；于是继以绑架，最后发展为大大小小的猎奴战争。被侵袭的部落为自卫计，也采取同样的手段以为报复。为了战争，非洲统治阶级需要更多的枪械火药。在 18 世纪奴隶贸易高潮时期中，单是从英国伯明翰输往西非的枪，每年就达 10 万—15 万支，并且有"一支枪、一个奴隶"的说法[3]。上述的数字和说法虽可能有所夸大，但却表明了武器输入对奴隶贸易的特殊意义。新武器的不断输入，急剧地改变了非洲人部落战争的原来性质。战争的目的在于获得战俘来充当奴隶而不在于真正的胜利。甚至战败者也可以捕获俘虏。部落战争很少正面交锋来较量实力，往往是在正面避开敌人而突然袭击毫无防卫的村庄，在劫掠和放火的同时捕捉俘虏。战争越来越频繁，受害的地区在日益扩大。最常见的猎奴活动是在深夜进行的，乘全村熟睡时，猎奴队在布置了埋伏以后，鸣枪纵火，趁机捕捉逃出的人。猎奴战争经常使整村甚至整个部落趋于毁灭，弱小的部落只有逃入森林才能保全下来。猎获的奴隶一对一对用铁链锁着，带到沿岸卖给欧洲人，或者卖给非洲的经纪人。

通过"贸易制度"，欧洲人只须待在堡垒或商站里等待这些经纪人或酋长的代理人来进行交易。欧洲奴隶贩子雇有专职的医生，对奴隶进行严格的体格检查。凡年龄在 35 岁以上，唇、眼有缺陷，四肢残缺，牙齿脱落及头发灰白而有疾病者，均不收购。成交以后，在奴隶身上烙印为记，以便识别和防止更换。然后，把奴隶关进堡垒的地牢里，等待商船到达。堡垒都是建在沿海，地牢面海有门，通过这个门就可把奴隶押上商船。在不曾建堡的地区，则在沿岸修建关押奴隶的"屯舍"。商船到达时，并不一定能立即得到足数的奴隶，往往须在

---

[1]　富兰克林《从奴隶制到自由》第 55 页；戴维逊《昔日非洲》第 228 页。

[2]　马什和金斯诺思《东非史简编》英文版第 27 页。

[3]　戴维逊《黑母亲》第 201 页。

一个港口停舶 2—3 星期，有时要经过两三个港口甚至要把相当于 100—200 名奴隶价格的商品交给非洲经纪人到内地去收购，才能得到足数的奴隶。沿海贩奴船对奴隶的需求，决定着内陆掠夺奴隶战争的频繁程度。如果"某一年，欧洲商船的收购情况胜于往年，就可预料次年会有更大数量的奴隶从内地运来"。另外，内陆掠奴战争决定奴隶市场的行情，据法国公司的一名代理人说，他在 1678—1682 年间曾两次到西非，一次只购得 8 名，因为当时内地没有战争；另一次在阿克拉一处就买到 200 名，有些离海岸较远的人，愿意用 2 个奴隶来赎回他们的亲属。[1]

在得到足数的奴隶以后，商船就扬帆离岸开始臭名昭著的"中程"。"中程"的运奴船舱是人间地狱。商人为了多得利润，往往超过限度载运过多。一艘 90 吨的小船竟载运奴隶 390 人，此外还有船员及所带食品。奴隶在舱里两个两个锁在一起，每人只有一席容身之地。饮食恶劣，卫生条件很坏，连足够的空气和水也没有。天花、痢疾、眼炎是几种经常发生的传染病；眼炎的传染曾使全船奴隶皆瞎而被抛入大海。"中程"的航程漫长而风浪险恶，死亡率高，有时高达 40%。曾经有过 500 奴隶在一夜之间死去 120 人的例子。死亡率虽高，但是商人仍可得到惊人的利润。有一艘造价 30,000 美元的船，第一次航行即获利 200,000 美元。英、法商人每次航程的利润通常为 100%—300%。[2] 买进和卖出的差价通常是很高的，在殖民地卖给种植园的奴隶的价格一般为在非洲买进价格的 30 倍，甚至高到 50 倍。[3]

酷爱自由的非洲人从他们被捕获第一天起，就利用一切可能的机会来进行斗争。最常见的反抗方式是逃走和自杀。在"中程"的运奴船上，奴隶的手脚都带上了锁链，奴隶贩子对他们的防范又很严密，所以抢夺武器举行集体起义是不多的。抗议和暴动事件却是经常发生的。有人列举在 1700—1845 年间的英、美贩奴船上发生的这类事件不少于 55 次。[4] 在镇压了暴动以后，奴隶贩子对于健壮的奴隶即使是首倡者也只予以鞭笞、刺伤或吊打而不杀死，因为越健壮的奴隶卖价越高，用酷刑处死的往往只是体弱者和妇女。[5] 不堪虐待的奴隶们只要

---

① 戴维逊《昔日非洲》第 232、212 页。

② 富兰克林《从奴隶制到自由》第 57 页；戴维逊《黑母亲》第 64 页。

③ 约翰·根室《非洲内幕》中译本第 865 页。

④ 福斯特《美国历史中的黑人》中译本第 21 页。

⑤ 戴维逊《黑母亲》第 84 页。

一有可能，便使用暴力反抗来争取自由。北美新伦敦的贩奴船只，至少有两艘船上曾发生过奴隶起义，这两艘船的船长都被起义奴隶处死——船长费戈特死在 1764 年，船长威格纳尔死在 1791 年。[①]1700 年在贩奴船"顿·卡洛斯"号上的奴隶，趁餐后下舱的机会，利用他们所能获得的小刀、铁棒和其他可用作武器的东西起义。这次起义是经过预先计划的。奴隶们砸碎了锁链，杀死了贩奴船上最强壮的船员或将他们抛入海中。奴隶贩子使用优势的火器残酷地镇压了起义，但是最强壮的奴隶宁死不屈，纷纷跳海牺牲。[②]1750 年时一艘载有 350 名奴隶的利物浦的船只，将驶达瓜德罗普岛时，放风的奴隶们被押到甲板上呼吸一下新鲜空气。奴隶们伺机杀死了船长，把十余人抛入海中，夺取了船只驶入大海。岸上得到消息后，派船追赶；经过几个小时的搏斗，船被捕获。[③]贩奴船上奴隶起义事迹见于记载的可说是凤毛麟角。许多可歌可泣的英勇斗争事迹随着同归于尽的船舶永远埋没在大西洋海底。这些见于记载的事例，不但有力驳斥了殖民主义者说的黑人甘受奴役的谰言，同时表明贩奴船上非洲奴隶生死斗争的严酷性。黑奴在美洲的死亡率是极高的，由于过重的劳动和恶劣的生活待遇，在到达后第一年内非洲奴隶一般死去 1/3。加上"黑人法"的迫害，反奴役斗争中的牺牲和起义被镇压后的屠杀，死亡率更大。在圣多明各岛，从非洲来的黑人有 1/3 在到达后 3 年中死去，他们在这里的生存时间没有超过 15 年的，平均每年要死 30,000 人。安的列斯群岛的奴隶人口如果没有经常大批补充，会在 40 年内死绝。[④] 正是由于这样高的死亡率，所以美洲种植园的奴隶主经常要从非洲源源输入大批的奴隶。

"奴隶贸易"是造成黑非洲落后的根本原因

尽管奴隶死亡率极高，但每年从非洲运进美洲的奴隶人数很多，加上奴隶人口的自然增殖，所以留在美洲各地的非洲奴隶的数字仍然是很大的。18 世纪末，法属西印度群岛就有 50 多万人，西属美洲有 776,000 人[⑤]。委内瑞拉有 493,000

---

① 唐南《奴隶贸易文献》第 3 卷第 2—3 页。

② 戴维逊《昔日非洲》第 214—215 页。

③ 唐南《奴隶贸易文献》第 2 卷第 485 页。

④ 参看让·徐雷·卡纳尔《贩卖黑人的社会背景及其结果》，译文载《亚非译丛》1965 年第 6 期第 6 页。

⑤ 马什和金斯诺思《东非史简编》第 33 页。

人，超出当时当地人口的一半以上。圣多明各岛有 60,000 人。19 世纪上半期，巴西的黑人人口仍在激增：从 1798 年的 2,000,000 人（其中有 400,000 自由黑人）增加到 1847 年的 420 万人（其中有 1,100,000 自由黑人），始终占全部人口的 60% 以上。美国的黑人人口到南北战争时，已由独立战争前夕的 462,000 人增加到 4,000,000 人[①]。这些数字表明欧洲奴隶商劫走的非洲人数目是大得惊人的。

在这 400 多年的黑奴贸易中，包括运往东方国家的奴隶在内，究竟使非洲损失了多少人口呢？这可能是一个永远不能彻底解决的问题，因为已不可能获得全面而可靠的数字。现在只能试图作出近似的估计。关于欧洲人运走非洲人的总数许多著作都引用了 15,000,000 这个数字，1915 年时，杜波伊斯引用了下列估计数字：在 16 世纪运走 900,000 人，17 世纪运走 2,750,000 人，18 世纪运走 7,000,000 人，19 世纪运走 4,000,000 人[②]。可能这些数字是出自邓巴。这些数字的总和接近 15,000,000。这只是指运到美洲的黑人数目，但一般都认为这个估计是过低一些。隆西尔认为不会少于两千万。林尚神甫估计，仅从刚果运走的黑人就有 13,250,000 人[③]。实际上猎奴战争中的大屠杀，从内地到沿海长途跋涉中的倒毙，船上的大批死亡以及为争取自由而死等所构成的牺牲总数，远远超过运抵美洲的数目的总和。李文斯顿估计要得到 1 个奴隶须牺牲 10 个非洲人。杜波依斯估计要牺牲 5 人，他认为奴隶贸易使非洲人口损失 100,000,000 人；其中 60,000,000 人是因运往美洲而牺牲的，其余 40,000,000 是因运往东方国家而牺牲的[④]。他的这一估计是在几十年前作出的，可能保守一些。他把运往东方各国的数目估计为 40%，肯定是太高。运往东方国家的奴隶既然不是用于生产，不可能占这样大的比重。杜加斯曾认为奴隶贸易使非洲人口损失 150,000,000 人。[⑤]非洲人口自近代以来所以稀少的原因就在这里。一般估计在 1800 年时全非人口只有 100,000,000 左右，1850 年时仍然停留在这个数目上，直到 1900 年才增加到 120,000,000 人。[⑥]

---

① 富兰克林《从奴隶制到自由》第 119 页。

② 让·徐雷·卡纳尔《黑非洲》法文版第 160 页。

③ 让·徐雷·卡纳尔《黑非洲》第 160 页。

④ 让·徐雷·卡纳尔《黑非洲》第 161 页。

⑤ 同上。

⑥ 施内伯《十九世纪》法文版第 124 页。

人口的经常大量损失必然会破坏生产力的发展。何况运走的非洲人都是最壮健的人，其中男子要比女子多一倍。男子的年龄一般是 10 到 35 岁，女子则到25 岁。这就使非洲丧失了最好的劳动力。猎奴战争使许多地区的收成、畜群、手工业和村镇房屋遭到惨重的破坏。它还不断地威胁着非洲人的日常生活，打击非洲人的生产积极性。不断地发生饥荒原是非洲社会所罕见的事，但在奴隶贸易时期，非洲人经常处于朝不保夕的气氛中，只求勉强能够糊口，生产力长期无法提高，因而陷于一再遭受饥荒的地步。只有奴隶贸易这样一种"商业"才会彻底摧毁非洲人原有的手工业，使非洲人不得不仰赖于从欧洲输入的廉价工艺品。非洲人原有的工艺技术水平不但不能提高，反而逐渐衰退。已往的商路也失去作用，昔日繁盛的城市变成了荒凉的村落。在殖民主义侵入以前，黑非洲各地存在着不同程度的物质文化；正是奴隶贸易促使这些文化停止发展、甚至趋于消灭。西苏丹遭受的损害特别显著。伊本·巴图塔所见到的西苏丹的繁荣景象已不存在了。西苏丹原是黑人文化最发达的地区，但自有奴隶贩卖以后，文化发展就受到了严重阻碍。

人口的大量损失也使非洲丧失了最有能力捍卫祖国的优秀儿女。殖民主义者侵占非洲领土和分割非洲的时候，非洲人虽然进行了英勇的反击，但最有效的反击力量，早已被摧残殆尽了。奴隶贸易阻碍了非洲国家的正常发展。为了获得奴隶，欧洲人不择手段，利用并挑拨非洲人的部落矛盾。部落战争既转化为猎奴战争，有些部落联盟的组织就蜕变成力量强大的猎奴机构。17 世纪中出现在几内亚湾沿岸的一些国家，在一定程度上是因猎奴战争而发展起来的。国王只是一大群猎奴者的头目。以高度雕塑艺术水平著称的贝宁，在供应奴隶最多的时候，被视为"流血之城"。阿散蒂和达荷美原来都不是出卖奴隶的国家，并且曾经反对过奴隶贸易；可是欧洲人挑起的猎奴战争，迫使它们不得不起而自卫，这种战争的残酷逻辑迫使它们也向内地猎奴以求强大起来[1]。这些国家都曾进行过英勇的反殖民主义斗争，可是猎奴战争削弱了它们反侵略斗争的力量，同时还破坏了团结，加剧了它们之间的矛盾，以致不能联合起来对付共同的敌人。

奴隶贸易是西方殖民主义者强加给非洲人的。这种"贸易"并不是非洲内部社会发展的产物而完全是来自外部的侵略。因此，它对非洲社会不可能有任

---

[1]　戴维逊《黑母亲》第 174 页。

何进步意义而只能使非洲社会倒退。奴隶贸易使非洲的一些部落出现了进一步的阶级分化，从而走向阶级社会。可是，这不是非洲社会发展的结果，因为它的生产力正在衰退。控制出卖奴隶权的酋长们的势力最后也衰落了，因为非洲人口减少。只要美洲殖民者还需要奴隶，非洲的猎奴战争就不会停止，非洲各地就不可能有宁静，从而黑非洲社会就不能有正常的发展。殖民主义者不仅把奴隶贸易强加于非洲人，他们还使奴隶制和奴隶贸易制扩散到非洲各地。非洲各地并不是广泛地存在奴隶制的。奴隶贸易兴起以后，甚至在以前不知有奴隶买卖的地方也出现了奴隶市场。葡萄牙人的经纪人深入内地往返时间在一年以上，带回成百奴隶；西非的经纪人则深入到远至索科托一带内陆深处。猎奴战争人为地推广了奴隶制。19世纪中阿拉伯奴隶贩子在东非内地的猎獗活动也恶劣地影响了非洲人，使某些部落如尧（yáo）族成为他们猎奴的帮凶。1851年李文斯顿看见马科洛洛人出卖奴隶，其实这只是受奴隶贸易的影响在前一年才开始的①。最后，我们还要指出，奴隶贸易在滋长白人种族主义思想方面所起的恶劣作用。为了替奴隶贸易辩护，白人剥削阶级炮制了一种诬蔑非洲人为劣等民族的"理论"，1796年英国的一个哲学学会上，有人断言黑人"比其他任何人种更接近于动物"，以此证明白人有权奴役和剥削非洲黑人。种族主义思想在欧美社会的泛滥，使西方资产阶级越发肆无忌惮地侵略和压迫黑色人种。

第三节　"奴隶贸易"的废止及其后果

殖民主义国家为什么要废止黑奴贸易

不能否认资本主义国家里曾经有一些反对奴隶贸易的先进人士。他们的努力曾产生了一定的效果——发动了舆论，对奴隶贩子和奴隶主有一定的压力。在这压力之下，英国法庭不得不于1772年判决给予一名被奴隶主企图押回牙买加的黑人以自由，从此英国本土废止了奴隶制度。英国议员威尔伯福斯和一些人组织了争取废止奴隶贸易的机构（1787年）。他们在议会中提出禁止奴隶贸易的法案（1789年），遭到利物浦等城市商人的激烈反对。经过了20年的斗争，1807年才迫使英国议会通过这个法案，并于1824年确认贩运奴隶是海盗行为，应予

---

① 西蒙斯《李文斯顿和非洲》英文版第38页。

追捕。这样就开始在国际间开展了废止奴隶贸易运动。但是，不能认为奴隶贸易的废止是先进人士斗争的结果。事实上，美国的先进人士不能阻止美国宪法中继续保全奴隶制度，法国的雅各宾党也未能使废止奴隶制的法令（1794年）付诸实行。

奴隶贸易的废止正如它的发生一样，是资本主义发展决定的。丹麦比英国更早地宣布废止奴隶贸易（1792年），因为废止措施已无损于它的经济利益。废止奴隶贸易运动的高潮只可能出现在产业革命的影响业已显著之后。英国是最先发生产业革命的国家；在美国独立以后，英国更无维持奴隶贸易之必要。亚当·斯密早已肯定奴隶劳动不如自由劳动有利可图（1776年）。英国再不需要把黑人当作商品从非洲运走，而要把他们当作劳动力留在非洲来生产原料，并为资本主义国家准备市场。这就是废止奴隶贸易的最基本的原因。奴隶的反抗，也是废止奴隶贸易的一个值得注意的因素。据阿普特克的研究，美国先后发生过250次奴隶起义。比美国频繁的奴隶起义更震撼世界的是海地奴隶起义。1791—1803年，由几十万黑人奴隶发起的海地独立革命运动，经过长期斗争，终于赢得了胜利，打掉了海地广大黑人奴隶身上的枷锁，给美洲和世界各地的黑人奴隶以争取自由的新希望。此外，非洲人口减少，获奴已经不易。18世纪末，到西非的运奴船只已难于得到足数的奴隶。同时，在欧洲各国已经出现了日益扩大的雇佣劳动后备军，纷纷向需要劳动力的地区特别是美洲迁移。就是这样一些社会经济条件彻底动摇了绵延数百年的奴隶贸易。因此，我们不难明了：为什么作为贩奴罪魁的英国会首先出来废止奴隶贸易，并且为这一目的进行了积极的活动；为什么在美国南北战争时英国又反而支援美国的奴隶主；为什么在高唱废奴运动的同时英国正在把济贫所的幼童送进工厂当雇佣奴隶。

由于各国的经济发展程度不同，有些国家仍然需要剥削奴隶劳动和保全奴隶贸易。美国、巴西和古巴等国正在扩种棉花和甘蔗，仍然需要使用大批奴隶劳动。就是在英帝国范围以内，各殖民地的奴隶主也不会自愿释放奴隶。英属殖民地牙买加是在受到奴隶起义一再冲击后才废止奴隶制（1833年）。法国是在1848年的革命高潮冲击下，才最后废止了奴隶贸易。美国虽然紧接着英国之后宣布禁止奴隶贸易（1807年），但是因为奴隶主势力强大和奴隶制经济尚有利可图，奴隶贸易活动仍在继续进行。奴隶制度在美国扎根已深，只能通过革命的手段才能最后废除它；即使在南北战争以后，美国的黑人也未得到彻底的解放。拉丁美洲诸国，除巴西迟到1888年外，其他各国在1870年以前已先后废止了奴隶制度。只有到了这些主要依靠黑人劳动力的国家废除了奴隶制度以后，国际市场上的奴隶贸易才基本终止。

对奴隶贩运的追捕及其掩盖的侵略活动

英国在禁止贩运奴隶以后，希望其他国家也跟着它走。在1815年的维也纳会议上，英国提出了禁止奴隶贸易和在海上搜捕贩奴船的问题；但是其他国家害怕英国的海上优势，只同意发布一个宣言：在原则上同意废止奴隶制度，让各国自己去选择废除的日期。此后，英国通过会议后的外交活动，先后迫使法国（1818年）及巴西（1825年）宣布奴隶贸易为非法，又迫使葡（1815年）、西（1817年）等国缩小各自的奴隶贸易的范围，最后终于迫使这些国家同意相互搜捕贩奴船只。英国利用这些条约关系，仗着它的海上优势，开始派遣舰队在非洲沿海横冲直撞进行追捕。英国首先集中力量在西非。40年代经常有20艘英国兵舰在西非沿岸活动，追捕贩奴船只。40年代以后，英国又迫使桑给巴尔素丹接受英国的干涉，从此经常有7—8艘英国的巡洋舰出现在东非沿岸，英国甚至派遣队伍侵入内地。

奴隶贩运不是靠追捕所能禁止的。马克思早就指出英国的这一政策是徒劳的，不过是英国的外交部长"选择了奴隶贸易作为战场，把它变成了在英国与其他国家之间挑起争端的简单工具"。[①]美国遵循奴隶主的意旨，在1862年以前根本不同英国签订任何有关搜捕贩奴船的条约，而自认追捕；实际上美国奴隶贩子始终在美舰护航下进行奴隶贩运。西、葡也不曾因为条约的约束而终止其奴隶贸易。法国在同意互相搜捕的条约满期以后（1845年）未予续约，反而在东非沿岸用兵舰护航。第二共和国虽已废除了奴隶制度，路易·波拿巴却"以恢复奴隶贸易收买了庄园主"[②]。在西非实行追捕以后，奴隶的价格上涨，刺激东非的奴隶贸易转趋活跃。18世纪末，桑给巴尔每年输出奴隶6,000—10,000人，到了19世纪中叶则增加到25,000—45,000人。除阿拉伯人外，法、美、西、葡、巴西商人都赶来参加。莫桑比克每年输出由10,000人增加到25,000人[③]。60年代是东非贩奴活动的最高峰。1862—1867年间，从基尔瓦运走的就

---

① 马克思《英国政府和奴隶贸易》《马克思恩格斯全集》第12卷第543页。
② 马克思《英国政府和奴隶贸易》《马克思恩格斯全集》第12卷第546页。
③ 戴维逊《黑母亲》第161页。

有 97,000 人。葡属东非以征收每名黑奴七美元出口税为它的主要收入。英国的追捕与搜查并没有产生预期的结果。1870 年在其所搜查的 400 艘阿拉伯商船中，只发现 11 艘为贩奴商船。在 1867—1869 年间，通过搜捕而释放的黑奴只有 2,500 人，实际上从东非运走的却达 37,000 人。在西非搜捕的结果也不比东非更有效。1810 年，从西非输出的奴隶有 85,000 人，1830 年反而增加到 125,000 人，1840 年更增加到 135,000 人。英国舰队的追捕在最顺利的情况下也只能截住 25%。1825—1865 年间，在西非搜捕的商船共计 1,287 艘，总共只释放了 130,000 人，而在这一时期中被运走的奴隶估计为 1,800,000 人。1846—1848 年间，每年运往巴西的就有 50,000—60,000 人。追捕不但不能消灭奴隶贩运，在某些场合反而使已沦为奴隶的黑人遭到更惨的命运。实行追捕以后，贩运奴隶是冒险的买卖，于是船上每次装运的奴隶人数更多，以致每人占地不过一平方英尺，只能对膝而坐，甚至不能起立。1832 年时，一艘 80 顿的商船运载了 290 名奴隶，在一个月的航程中，死了 110 人。[1] 从东非运往美洲的奴隶，因为航程更长，死亡率高达 50%。[2] 贩奴船遇到追捕的军舰，躲避不及时船主和商人们就把所运的黑人投入海中，以图灭迹。

搜捕不能消灭奴隶贸易，但是英国却能在禁止奴隶贩运借口下对非洲肆行侵略。英国之侵入桑给巴尔、马达加斯加、埃及和苏丹，都是用禁止奴隶贸易作为幌子。在西非，英、法两国都曾先后迫使酋长或国王签订禁止奴隶贸易的条约，然后借口破坏条约而干涉其内政，以致用武力来实现侵略野心。当奴隶贸易趋于衰落时，某些殖民国家（如丹麦与荷兰）就退出了西非，而英国反而更加积极地侵入西非。倡导废止奴隶贸易的威尔伯福斯等人借口彻底废止奴隶贸易，主张推行其包括"传教、通商、殖民"三者相结合的侵略政策。这里所指的"殖民"是指把获得释放的黑人奴隶送到非洲去，实际上就是建立英国的殖民地。

"殖民"与"遣反"：塞拉利昂殖民地和利比亚国的建立

英国人把他们已不需要的或不再受其奴役的黑人送到非洲去，称之为"殖民"；而美国人把这些黑人送到非洲去，美其名曰"遣返"。塞拉利昂殖民地和

---

[1] 舍尔歇《奴隶地位和殖民化》法文版第 44 页注。

[2] 库普兰《东非及其入侵者》英文版第 189 页。

利比里亚共和国就是由此产生的。法国也在加蓬建立了利伯维尔（1849 年）——意即"自由城"，作为被释放的黑人居留地，但是没有发展下去。

废除奴隶制度以后，英国社会中有 15,000 名自由黑人。美国独立战争结束后，曾为英国作战渴望得到自由的黑人不能再回到美国去。英国人不能再以奴隶制形式剥削他们，遂决定清除他们。为此目的而建立塞拉利昂殖民地的工作，是在所谓"人道主义者"的主持下得到政府资助进行的。1787 年初建殖民地时，只遣送 450 名黑人，此外还有用欺骗方法在伦敦收罗的 60 名白人妓女。英国人用从当地酋长购得的 20 平方英里的土地和 6 个月的存粮来安置他们。这些不幸的人在途中就病死了 1/7。塞拉利昂对他们完全是陌生的环境，他们不习惯那里的生活和水土，加以管理不善，又遭受当地部落的袭击，到 1790 年时，遣送到这里的人已完全散失。1791 年英国成立了"塞拉利昂公司"来管理这个"殖民地"，公司除收集了那些散失的黑人外，在此后两年中，还把留居英国的黑人几乎全部遣送到这里。此后，从美国逃往加拿大的黑人、牙买加起义失败后的黑人和英国舰队在海上追捕贩奴船所释放的黑人，统统被送到塞拉利昂。

这个黑人"居留地"实际上成为英国侵略西非的基地，英国势力从这里渗透到西非各地。英国侵略军和殖民官吏曾几次把这块"自由地"作为殖民侵略据点。为了便利英国舰队在西非海上活动，1808 年英国把弗里敦（1792 年建成）建设成海军根据地；同时，英国政府从公司手中接管该殖民地，1821 年正式宣布为直属殖民地。英国殖民者用威胁和利诱的方法，与当地酋长们签订条约，不断扩张领土。19 世纪中叶，这里已居住着说英语的黑人 50,000 人。上文已经指出这里是英国在非洲传教的中心之一。黑人的上层因为受了英国人的宗教麻醉和欺骗，不自觉地充当了英国殖民主义的工具；特别是那些出生于尼日利亚的约鲁巴人，他们被英国人派遣到塞拉利昂去充当为英国服务的传教士、公司雇员、行政机构的官吏，成为扩大英国影响的代理人[①]。

同时，英国人也利用这些"移民"与当地土著居民的矛盾，从弗里敦附近一隅之地继续向沿海和内地扩大塞拉利昂殖民地的领土。

利比里亚共和国也是在类似的情况下建立起来的。1820 年时，美国的被释放的自由黑人为数已达 20 万人。当时美国仍是一个盛行奴隶制度、奴隶主寡头统治占很大势力的国家，奴隶主认为为数日益增多的自由黑人对他们是一大"威

---

① 奥里弗和费奇《非洲简史》第 156 页。

胁"，既然不能再以奴隶制方式剥削他们了，最好是把他们送走。1816年成立的"美国殖民协会"，仿效英国人的办法在西非购置土地，遣送黑人。这一组织得到美国政府的特许与资助，也得到南部各奴隶州的支持。自从海地黑人大起义以后，各奴隶州的报刊就极力鼓吹要把自由黑人送走。有些州成立了协会分会。在"美国殖民协会"成立前一年（1815年）就有人把38名黑人送往非洲。1821年，协会开始遣送，次年建蒙罗维亚城；到1830年时已遣送1,420人。这就是利比里亚（意即"自由人之乡"）的起源。1831年以后，协会仍然继续活动，但已进入低潮；在美国南北战争前十年，已接近停止活动。总计运往利比里亚的黑人人数不过1万5千人，其中12,000人是由协会负责运走的，大多来自南部奴隶州[1]。从这个为数不多的数字来看，美国统治阶级企图完全"清除"自由黑人的阴谋未能得逞。失败的原因是多方面的，如黑人移民在利比里亚的生活困难和管理不善，运送和维持费开支巨大，支持协会"遣返"的人的看法也不一致——有些人只想"清除"自由黑人，有些人想借此向非洲传播基督教，有些天真的人则是从废奴的单纯愿望出发等等。但失败原因中最主要的一条是这一阴谋遭到美国黑人的反对，特别是美国北部黑人的一致反对。协会一开始活动，费城就出现了3,000黑人集会（1817年），指出"这一暴行除有利于本国奴隶主的利益以外，别无其他目的"。此后10年，在波士顿、纽约等大城市常有此类黑人集会。他们认为这种"殖民"是"文明人所曾庇护过的最野蛮的计划之一"；并宣称协会是"黑人的敌人的最恶毒的组织"，"其目的只在于把黑人清除出美国"；"协会首领们都是一些臭名昭著的伪善者"。[2]他们义正词严地抗议说："难道美国没有足够的土地吗？……这里是我们的血泪灌溉的土地，这就是我们的祖国，我们要留在这里"[3]。正是由于美国黑人的坚决斗争，揭露了"协会"的反动本质和不可告人的目的，在几十年中被协会"遣送"的黑人为数不多。

被遣送到利比里亚的黑人，先后成立一些彼此不相联系的居留地。到1837年，这些居留地（除西南部的马里兰外）开始统一在以蒙罗维亚为中心的管理机构之下。欧洲商人并不尊重"美国殖民协会"的权力，认为它没有控制沿海的

---

① 富兰克林《从奴隶制到自由》第236页。

② 富兰克林《从奴隶制到自由》第237—238页。

③ 《非洲各族人民》中译本第368页。

权利，时常与协会发生冲突。美国政府出于种种考虑不愿在法律上承认对利比里亚的保护。这些居留地的代表们于 1847 年在蒙罗维亚举行会议，决定建立独立的共和国，发布了独立宣言，制定了模仿美国的宪法。1857 年，马里兰邦也加入了这个国家。这个共和国成立后先后得到英、法等国的承认，但是屈从于奴隶主寡头意志的美国政府一直到南北战争时才予以承认（1862 年）。到 60 年代，从美国遣送来的黑人还不到 20,000 人。这些黑人移民自视为"有文化的"黑人，过着美国式的生活，他们的后裔成为利比里亚的统治阶级，对当地的土著居民进行压迫。虽然美国很晚才承认它，但是在美国承认后不久它就逐渐变成美国的附庸国；因为黑人统治阶级每当遇到经济困难和对当地土著居民进行压迫和讨伐时都要依靠美国的财政和军事的支持。

第八章 帝国主义列强分割非洲概况

第一节 列强分割非洲的经过

列强相率加入分割非洲的竞争（1876—1884 年）

我们可以把进入帝国主义时代以来西方殖民主义侵略非洲的历史划分为三个时期：一、帝国主义分割非洲时期（1876—1917 年）；二、殖民主义者把非洲转化为帝国主义后方的时期（1918—1945 年）；三、非洲觉醒并转化为反帝前线的时期（1945—现在）。后两个时期属非洲现代史范围。在这一章里，我们把帝国主义列强分割非洲的历史，作一个全面的概括；至于其中的一些重大历史事件，则留在第三编有关各章去叙述。

根据列宁的指示，我们把 1876 年作为这一时期的开端。地理学家阿·苏潘指出：1876 年时，西方殖民列强只占领非洲土地的 10.8%，到 1900 年时，则已占领了 90.4%。列宁认为，1876 年"这一年选得很恰当，因为这个时候正是西欧资本主义垄断前的阶段整个地说来已经发展完毕的时期"。列宁把下限定到 1914 年。列宁说正是在这段时期中，开始了夺取殖民地的大"高潮，"分割世界领土的斗争达到了极其尖锐的程度。所以资本主义进到垄断阶段，进到金融资本阶段，无疑是同分割世界的斗争的尖锐化联系着的。①

在这段时期里，列强对世界其他地区的分割，基本上已接近尾声；因而相率加入分割非洲的竞争。在 1876 年以前，除在南非和阿尔及利亚外，殖民列强在非洲一般只占有沿海地带。法国在塞内加尔、葡萄牙在安哥拉和莫桑比克虽已深入内地，并未实际占领。在 1876 年到 1884 年间，列强争先恐后加入了分割非洲的竞争。到 1884 年末召开瓜分非洲的柏林会议时，它们已占有非洲领土

---

① 列宁《帝国主义是资本主义的最高阶段》《列宁全集》第 22 卷第 246—250 页。

的 25%。英国除在南非和西非继续扩张外，在东非也加快了侵略活动的步伐。
1882 年，它占领了埃及。法国除在西非和阿尔及利亚继续扩张外，又于 1881 年
占领了突尼斯。英、法势力已深入马达加斯加。葡萄牙也向非洲内地扩展。这
时新加入的竞争者首先是以利奥波德为首的比利时垄断资本集团，继而有德、

1876 年前殖民列强在非洲占领的领土

地图图例：

（斜线）	英国殖民地
（竖线网格）	法国殖民地
（横线）	葡萄牙殖民地
（黑色）	西班牙殖民地
（方格网）	奥斯曼帝国领地

1 斯威士兰
2 巴苏陀兰
3 南非共和国（德兰士瓦）
4 奥兰治自由邦

地图标注：马德拉群岛（葡）、休达（西）、加那利群岛（西）、摩洛哥、阿尔及利亚、突尼斯、的黎波里、昔兰尼加、埃及、苏丹、埃塞俄比亚、塞内加尔、冈比亚、葡属几内亚、法属几内亚、塞拉利昂、利比里亚、象牙海岸、黄金海岸、奴隶海岸、西属几内亚、加蓬、卡宾达、安哥拉、奔巴岛、桑给巴尔岛、莫桑比克、伊麦里那国家、开普殖民地、纳塔尔、祖鲁兰

意两国。德国首相俾斯麦最初只注意欧洲而不打算向欧洲以外扩张，他曾向英国表示不加入殖民竞争。为了转移普法战争后法国对德国的仇恨，他怂恿法国向外扩张。但是产业革命使德国变成了一个重要的工业国，正是这一情况决定了德国、从而也决定了俾斯麦采取帝国主义的殖民政策。在殖民竞争中，德、意来迟了一步。在世界其他地区的分割已近尾声的时候，非洲便成为它们侵略的主要目标。德意志在非洲的殖民帝国几乎是在短短的 6 年之内（1884—1890年）形成的。意大利是一个经济基础很薄弱的帝国主义国家，直到八十年代初，还只在红海沿岸占领了阿萨布（1882 年）。

1876 年标志着列强分割非洲竞争的开端。正是在 1876 年 9 月，比利时国王利奥波德二世在布鲁塞尔召开了所谓"国际地理学会议"。参加会议的有比、英、法、德、意、俄、葡、奥匈、美等国的地理学家和探察家。会议的目的，在表面上是讨论"开化非洲所应当采取的最好方法"，[①] 实际上却是殖民列强分割非洲的序幕。这些国家都对非洲很感兴趣。除英、法、葡、比、德、意诸国外，美、俄、奥也想插手非洲，奥国曾一度企图在南非德拉戈阿湾建立据点（1776—1781 年）[②]。不过它们未能在非洲占有殖民地。在进行科学考察和传播文明的幌子下，会议决定成立"国际中非考察与文化协会"，通称"国际非洲协会"。总会设在布鲁塞尔，各国可以设立委员会。除英国外，各国都成立了这样的委员会，纷纷派遣人员到非洲进行探察工作。其中以比利时委员会最为活跃，因为利奥波德急于想通过这个机构来实现其殖民主义的野心。1878 年 11 月，他纠集了一批以比利时资本家为主的人物，筹措了 1,000,000 法郎的资本，成立了"上刚果研究委员会"；实际上这是一个实行殖民侵略的垄断资本合股公司。后来"探险家"斯坦利第三次到非洲，就是这个"委员会"派遣的。1882 年，正当斯坦利在刚果河流域活动的时候，"上刚果研究委员会"改组为"国际刚果协会"，完全控制在利奥波德一人手里。利奥波德更加明目张胆地利用"国际"的名义来进行殖民侵略活动。

利奥波德不但是一个野心勃勃的殖民主义者，而且是一个八面灵通、狡猾透顶的市侩。他密切注意斯坦利第二次在非洲探察的消息。当听到斯坦利要回到欧洲时，他就派人到马赛去迎接斯坦利（1878 年 1 月）。斯坦利原想为他的出生国

---

① 米德尔顿《对非洲的掠夺》英文版第 36 页。

② 达菲《葡属非洲》英文版第 202 页。

英国效劳。他到达英国后，竭力怂恿英国侵略刚果。他在曼彻斯特商会演讲时说：如果刚果的非洲人都穿衣服，英国就可以在那里每年销售价值约 26,000,000 英镑的布匹。由于英国当时无暇兼顾，他才投靠比王，成为利奥波德二世的侵略鹰犬。与此同时，法国的布拉柴也从另一方向溯奥戈韦河而上，探索到刚果河域（1875—1878 年）。利奥波德也想收买他，但未成功。接着布拉柴得到法国政府的支持，再度到刚果河域进行侵略活动（1880—1885 年）。于是，比、法两国垄断资本在分割刚果河域的竞争就体现为斯坦利同布拉柴在刚果河域探险和骗取条约的竞争。

斯坦利第三次到非洲（1879—1884 年）完全是为利奥波德在中西非建立一个殖民帝国。为了掩饰此行的目的和便于征募运输人员，他和他所率领的一批欧洲亡命徒首先到达桑给巴尔，然后再到中非西岸刚果河口用五艘小船溯刚果河而上。到达刚果河的急滩以后，齐船陆行，深入刚果河上游和刚果盆地。斯坦利一行全付武装装备又携带有"礼品"，他运用武力和欺骗两种手法，骗取了 450 多个条约，建立了 22 个商站和据点，作为"国际刚果协会"占有刚果的根据。

1881 年年底，当斯坦利到达刚果河下游即后来称为斯坦利维尔的附近地区时，他看见了在河的北岸已飘扬着法国旗帜。布拉柴早已先他而到达那里，这就是后来的布拉柴维尔所在地。斯坦利只好满足于占据南岸的据点——后来的利奥波德维尔（今金沙萨）。布拉柴在刚果河下游所骗取的条约经法国政府批准，1882 年，法国正式宣布建立"法属刚果"殖民地，由此，与"协会"发生了争夺刚果，特别是河口地带的冲突。对于斯坦利在刚果的活动，葡萄牙也提出了抗议。它根据 15 世纪以来侵略刚果的历史，认定自己是刚果河口地区的当然"主人"。这时，英国也决定插手刚果事务，它利用英葡历来的同盟关系，与葡签订了 1884 年条约：英国承认葡萄牙对刚果河口的主权，但英国可在这个地区享有同葡萄牙相等的商业权利。这无异是宣布英、葡共同控制河口地区。英、葡这一举动，促使法国和利奥波德妥协，分别向英、葡提出抗议。俾斯麦支持法国，抗议英葡条约；当时德国已与英国在西非及西南非发生纠葛，同时也想借此投好法国，改善法、德关系。在法、德压迫之下，英国不得不放弃英葡条约。自1876 年以来，列强因分割非洲曾一再发生冲突，都经过双方协商而暂时得到解决，如法之占领突尼斯、英之占领埃及和德之占领西南非（1884 年）。但是在刚果河域的争夺中，已非两方而是多方，牵涉的国家较多，不是双方协商所能解决的了。柏林会议就是在这种情况下召开的。这是列强因分割非洲而召开的第一次国际会议。

柏林会议（1884 年 11 月 15 日至 1885 年 2 月 26 日）

柏林会议是由俾斯麦召开的。会议为期 104 天，参加国有英、法、德、比、葡、意、奥匈、丹麦、西班牙、俄、瑞、挪、土耳其和美国。柏林会议原是为解决刚果问题而召开的，但是老奸巨滑的利奥波德利用列强间的矛盾，进行会外交易，先后与列强取得妥协。法国承认"国际非洲协会"的领土主权，但规定在它万一出让领土时，法国有优先购买权。"协会"同意法国占有刚果河以北和以西地区，惟刚果河口除外。德国和美国都支持"协会"的要求，因为它们不愿英国控制刚果河口。关于"协会"与葡萄牙的争端，"协会"同意葡萄牙占有刚果河口南岸地带并保有北岸的卡奔达，但将河口以北三十六公里的地区划归"协会"。在会议期中，"协会"先后与英、意、奥匈、荷、西、俄、瑞、挪、丹麦，甚至与比利时都签订了协定。这些协定的内容大致相同：各国承认"协会的旗帜"——"协会"对刚果的主权；协定中并无一字提及"国际管理"，这就为利奥波德的个人统治取得了条约根据。

刚果问题实际上是在会外交易中解决的，柏林会议席上集中讨论有关侵略非洲的一般原则。会议签订的议定书共 38 条，长达 60,000 多字。议定书规定在刚果河流域地区内，包括法属刚果南纬 2° 30' 以南和葡属安哥拉的南纬 8° 以北为自由贸易地区。自由贸易地区可以一直伸展到印度洋沿岸，但须取得当地"主权国家"的同意。刚果河由国际监督实行自由通航。上述原则亦适于尼日尔河，由英、法当局自行"保证"。在刚果境内，不得让予垄断权。所有这些规定事实上都没有兑现。此外还空洞地讲到禁止奴隶贸易，和所谓"改善"非洲人生活等问题，作为议定书的点缀。

柏林会议议定书的灵魂，全在于第 36 条的规定上。条文规定此后列强在非洲沿岸占领土地或建立保护国时，必须通知其他在"本议定书上签字各国，俾使它们能够及时提出其要求"，才能视为有效占领[1]。这意味着列强在非洲有所谓"势力范围"。在此后分割非洲的竞争中，列强一再引用这个条文进行所谓"有效占领"来实现其疯狂夺取领土的野心。

---

① 比尔《非洲土著问题》1928 年英文版第 2 卷第 907 页。

柏林会议开了以国际会议来解决分割非洲纷争之端。柏林会议后，非洲出现了一个由一小撮欧洲垄断资本所统治的"刚果独立国"。在会议进行期间，俾斯麦口袋里已装有臭名昭著的德国殖民主义者彼得斯从东非骗取来的那些条约；议定书一经签字，俾斯麦立即根据议定书的第36条通知各国：德已占有德属东非。甚至西班牙也乘机宣布其占领里奥·德·欧罗，即今西撒哈拉的南部。这样，如上所述在柏林会议结束时，西方列强在名义上已占领了非洲土地的25%。

奴隶贸易此时虽然已基本上结束，但是在非洲内地并未禁绝，仍然有不少非洲人被猎获当作奴隶外运。这对于列强把非洲开发为市场和原料产地是不利的。因此，在英国的倡议下，由比利时召开了有英、比、法、德、意、西、葡、奥匈、荷、俄、瑞、挪、美、土、波斯、桑给巴尔和"刚果独立国"参加的布鲁塞尔会议（1889—1890年）。会议议定书对于废止奴隶制度和奴隶贸易、禁止猎奴和陆上运奴，进行海上搜捕（包括马达加斯加岛在内）都作了详细具体的规定。会议也讨论了禁止武器和酒类输入非洲的问题。虽然欧洲人的奴隶贸易已经终止，但欧洲军火商仍源源不断地把军火输入非洲。会议冠冕堂皇地以消除猎奴战争为幌子，同意在一定条件下禁止把军火输入非洲；作出这个决定实际上是因为害怕非洲人获得武器来进行越来越激烈的反殖民主义武装斗争。除信奉伊斯兰教诸国以外，非洲人受欧洲各种酒类的毒害很深；欧洲人除以酒类作为"赠礼"以外，甚至用它来作为购买货物和雇佣劳力的"钱币"[1]。在这个问题上，有些国家，特别是已被挤出非洲而又大量输出酒类的荷兰，竭力反对用高关税来限制酒类的输入。经过讨价还价，会议议定书最后决定从北纬20°到南纬22°之间及其两岸100海哩内为禁止输入武器和酒类的地带。布鲁塞尔会议是柏林会议的补充，它的议定书形同虚文，也同样不曾为各签字国所遵守。殖民列强只是在它们认为对自己有利的时候才引用这些条文。柏林议定书为帝国主义在非洲占领殖民地提供了便利，布鲁塞尔议定书则为它们统治殖民地提供了口实。

帝国主义列强分割非洲完毕（1885—1914年）

在柏林会议后，列强分割非洲的竞争进入最高潮。在不到30年中，它们几乎把非洲分割完毕，并且进入了再分割的阶段。除比、德、意外，早已侵入非洲

---

① 米德尔顿《对非洲的掠夺》英文版第101页。

的英、法两国的侵略活动比以前更加活跃。1891 年，英国外交大臣索尔兹伯利说："当我在 1880 年离开外交部时，谁也没想到非洲。当我在 1885 年回到外交部时，欧洲各国几乎总是为着它们所能获得的非洲地区进行争吵。"[①] 他的头一句话是不符合事实的，第二句话却道出了当时在非洲争夺殖民地的紧张气氛。到 1900 年时，列强已占领非洲土地的 90.4%；到 1912 年，则已占领了 96%。列强争夺各地区的经过，我们将在以后的有关章节中叙述。为了使读者对列强分割非洲有一个整体的印象，先在本节把它们争夺非洲各地区的基本情况概括如下：

（一）在刚果河流域，主要是英、法、比、葡、德之间的矛盾。这些矛盾在柏林会议时已基本解决。柏林会议以后，法、比、葡继续扩大其殖民地领土；德国在摩洛哥危机最后解决时，扩大了它在喀麦隆的领土。

（二）在东非的肯尼亚、乌干达、坦噶尼喀以及马达加斯加等岛屿，主要是英、德、法之间的矛盾。1890 年三国相互订立协定，划分了势力范围；到 19 世纪末，东非的分割基本完毕。

（三）在埃及、苏丹、埃塞俄比亚和索马里地区，主要是英、法、意、俄之间的矛盾。沙俄极力想在东北非插一手，频繁派遣"考察团"到埃塞俄比亚大肆活动，妄图染指非洲之角。沙俄军官列昂提也夫等人于 1898 年率领一支拥有 1,200 支枪和 7 门炮的殖民部队向卢多尔夫地区入侵，枪杀居民，抢劫象牙。列昂提也夫公然宣称他所侵占的土地都是他的"封地"，并企图独占该地区的金矿开采权。此外，沙俄还利用与埃塞俄比亚在宗教信仰上的接近，积极进行政治渗透活动。沙俄军官渗入埃塞俄比亚军队，并钻营赤道省省长职位，以扩张势力。这一切都是为了实现沙俄对埃塞俄比亚的野心。沙俄的南进侵略意图是妄想在红海沿岸和印度洋上取得一个有力阵地，从而把英国压制在印度的边缘，以保证沙皇舰队扬威于东方水面。

意大利为埃塞俄比亚挫败（1896）以后，英、法矛盾变成了主要矛盾，双方激烈争夺苏丹东部而以法绍达事件为最高峰。1899 年法绍达事件解决以后，列强在这地区的分割竞争告一段落。

（四）在南部非洲，主要是英、葡、德之间的矛盾。英国是侵略南非的主角。当它的势力深入到赞比西河流域以后，英、葡矛盾尖锐起来；而德国势力渗入盛产黄金的德兰士瓦，更使英、德在非洲的关系达到最紧张的地步。这些

---

① 斯坦格：《十九世纪末殖民帝国主义》，《非洲历史杂志》1962 年第 2 期第 471 页。

矛盾都通过双边协定做成交易而得到解决；英布战争（1899—1902 年）标志着列强分割南非的终结。

（五）在西非，主要是英、法、德之间的矛盾。英、法早已侵入西非，这一时期的矛盾只是前一时期矛盾的继续与扩大。德国的侵入使矛盾更加复杂化。1900 年时，列强分割西非完毕，各殖民地的疆界基本划定。

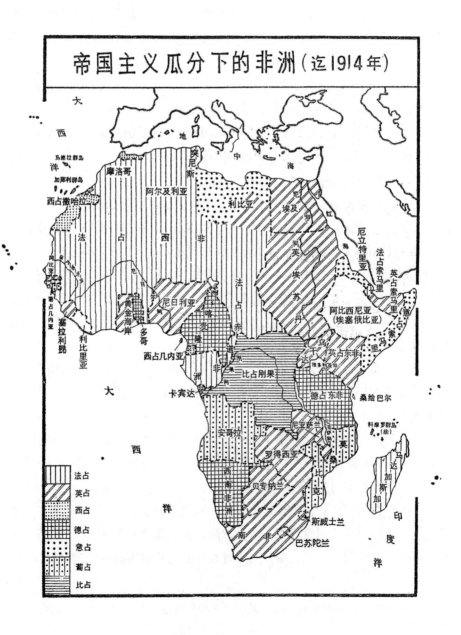

（六）在北非，主要是英、法、德、意、西之间的矛盾。意大利在与列强取得妥协以后才占领利比亚（1911 年）。摩洛哥成为列强争夺非洲的最后焦点，竞争最为激烈，以致造成两次所谓摩洛哥危机。摩洛哥问题的最后解决（1912 年），结束了这一时期中帝国主义列强对非洲的分割。

英、法、德、葡都有打通其在非洲的各个殖民地，以建立连成一大片地区的殖民帝国的野心。它们激烈争夺、互不相让，出现以英国为中心的英法、英德、英葡三对主要矛盾。英国提出所谓"开普—开罗"计划，想把英国南非殖民地与埃及连接起来。法国也提出所谓佛得角红海计划，即从塞内加尔东北向横贯非洲以达红海。这一矛盾的焦点出现在苏丹南部，而以法绍达事件为顶峰。法绍达事件解决以后，接着有 1904 年的英、法条约，英、法在非洲各地的冲突基本上得到解决。英国的开普—开罗计划，与德国想连接德属东非和西南非的企图也是抵触的。1890 年英德协定容许德属东非扩展到坦噶尼喀湖，遂使开普—开罗计划一时难于实现；然而英国占领了南北罗得西亚及其在英布战争中的胜利也阻碍了德帝国野心的实现。葡萄牙要连接安哥拉和莫桑比克，也由于英国占有南北罗得西亚而不可能实现。英国既然不能通过占领坦噶尼喀来实现其开普—开罗的中段计划，遂与刚果国订立条约（1894 年），企图以出让苏丹的一部分土地为条件，从刚果租借从坦噶尼喀湖到阿尔伯特湖之间的宽达 25 公里的走廊地带。但是由于德、法诸国的抗议，英国不得不放弃这一企图。在第一次世界大战以前，英国未能实现其贯通非洲南北的野心。

从 1914 年的非洲政治地图上，我们可以看出列强分割非洲的结果。当时，它们在非洲所占殖民地的面积，大致如下表：

	所占殖民地面积 （平方公里）	占非洲总面积 百分比	同本国领土面积相比	
英国	9,020,920	30%	大	37 倍
法国	10,387,521	35%	大	18.8 倍
德国	2,447,018	8%	大	6.8 倍
意大利	2,397,260	7.9%	大	7.9 倍
比利时	2,345,809	7.9%	大	77 倍
葡萄牙	2,061,720	6.9%	大	20 倍

关于列强在非洲所占殖民地面积，各书的估计互有出入。上表所列数字基本上可以说明问题。列宁所列出的列强各殖民地的人口的数字如下：[①]

法属殖民地 38, 500, 000 人；比属殖民地 15, 007, 000 人；

英属殖民地 51, 660, 000 人；葡属殖民地 8, 352, 000 人；

德属殖民地 11, 527, 000 人；意属殖民地 1, 368, 000 人。

当时非洲的总人口约为 136, 559, 000 人[②]。英、德、比三国所占殖民地都是人口比较稠密的地区。英属殖民地拥有更大的战略和经济意义。从南非联邦到北罗得西亚一带是当时非洲最大的矿区；自埃及到肯尼亚则有正在迅速发展的种植业；而苏伊士运河和英属索马里扼地中海和红海的出口，控制了通东方的要道。英属西非虽分散为四个彼此分隔的殖民地，其价值却高于连成一片的法属西非。法属非洲殖民地除索马里和马达加斯加等岛屿外，在非洲西北部的广大殖民地有连成一片的优势，惟赤道非洲为德属喀麦隆所隔断。这些殖民地的经济价值虽不如英属非洲，但它们使法国控制了北非沿地中海的大部分地区。也具有重要的战略和经济意义。比属刚果连成一片，经济价值最高。葡、意、德的殖民地都是分散的，当时的经济和战略意义都不重要。意属非洲的面积大而人口少，地多沙漠，经济价值最小。

在分割非洲的竞争中，西班牙不是一个重要国家，在以后各章中将不着重提到它，拟在本节综合说明一下。在 1885 年以前，它在非洲沿岸占有一些零星据点和岛屿：早在 1495 年时它占有西非沿岸的加纳利群岛作为它西航美洲的中途站。18 世纪中，它从葡萄牙得到斐南多波和安诺本等岛（1778 年）；继而占领里奥·莫尼（1843 年），这些地方合并构成今日的赤道几内亚。1860 年它从摩洛哥得到伊夫尼，但到 1912 年才实际占领。在列强分割非洲时，西班牙占有了里奥·德·欧罗（1885 年）；继而因参加瓜分摩洛哥而将该地扩大为今西撒哈拉；同时取得摩洛哥北部地区（1912 年），其中包括它久已占领的休达和梅利利亚。总计西班牙所占领土约为 33 万平方公里，占非洲总面积的 1% 强；地小而分散，经济和战略意义均不大。

美国在列强瓜分非洲的过程中扮演了重要的角色。在自由资本主义时期，美国早已通过通商和传教侵入非洲，进入帝国主义时期后，美国的势力渗到非

---

① 《列宁全集》第 39 卷第 805 页。

② 同上。

洲的各个地区。在柏林会议，布鲁塞尔会议及以后解决摩洛哥危机而召开的阿尔几西拉斯会议中，美国都是重要的角色。美国国会没有批准柏林议定书，事后美国派遣提斯德尔到刚果考察有关美国的商业利益。美国垄断资本不久就渗入刚果。1906 年，它和英国密切合作，迫使利奥波德在刚果进行"改革"。美国垄断资本也渗透到东非、埃塞俄比亚和南非，而特别致力于对利比里亚的控制。它使利比里亚事实上成为它的附属国。总之，在分割非洲的竞争中，美国绝不是一个局外人。它在名义上不曾占有殖民地，然而它的隐蔽的侵略活动已为日后进一步对非洲侵略扩张准备了条件。

这样，到第一次世界大战前，非洲只剩下埃塞俄比亚（不包括厄立特里亚）和利比里亚两个名义上独立、实际上仍受帝国主义束缚的国家，它们的面积一共只有 1,170,000 平方公里，约占非洲总面积的 4%。利比里亚变成美国的附庸，而埃塞俄比亚则处于各国殖民地的包围之下，经常遭到殖民侵略的威胁。

帝国主义是战争的根源。这在列强分割非洲时表现得格外突出。作为资本主义最高阶段的帝国主义是在 1898—1914 年间最终形成的；非洲的英布战争是这一历史新时代的主要标志之一[1]。在《关于帝国主义的笔记》中，列宁列举了 1871 到 1914 期间的七次"列强国际政策中最主要的危机"，其中有三次就发生在非洲：在法绍达事件中英国同法国，在两次摩洛哥危机中德国同英、法都只"差一点"就发生战争。[2]1914 年以前，列强在分割非洲中的冲突，终于通过谈判而得到暂时的妥协。这是由于欧洲列强间业已形成了协约国和同盟国的两大集团，互相牵制；而同时它们还可以拿非洲人的土地来进行交易，相互补偿。列宁说："当非洲十分之九的面积已经被占领（到 1900 年时），全世界已经分割完毕的时候，一个垄断地占有殖民地、因而使分割世界和重新分割世界的斗争特别尖锐起来的时代就不可避免地到来了。"[3]摩洛哥危机得以解决（1912 年）就是靠重新分割非洲的部分殖民地（喀麦隆）。要求重新分割非洲是 1914 年世界大战爆发的原因之一。大战爆发后，非洲转化为帝国主义战争的一个战场；大战终于导致对非洲的再分割。

---

① 列宁《帝国主义和社会主义运动中的分裂》见《列宁全集》第 23 卷第 104 页。

② 《列宁全集》第 39 卷第 775—776 页。

③ 列宁《帝国主义是资本主义的最高阶段》第 113 页。

第二节　帝国主义列强分割非洲时期的基本特征

金融资本在分割非洲的竞争中的主导作用

帝国主义是资本主义的垄断阶段。与资本原始积累时期和自由竞争时期不同，这个时期列强对非洲殖民侵略的特点就在于它的垄断性。在分割非洲的竞争中，起主导作用的不再是商业资本和工业资本，而是金融垄断资本。法国的工业资本不如德国，但它在非洲所占有的殖民地却4倍于德国，其中80%是在这一时期占有的。因为在这个时期的初期，法国的金融资本力量要比德国的强几倍。工业资本不如德国的比利时，在非洲的殖民地面积也几乎同德国所得相等。这是法、比的金融资本的垄断组织活动的结果。列宁说："金融资本是一种在一切经济关系和一切国际关系中的巨大力量，可以说是起决定作用的力量。"[①] 现在我们来看看它在分割非洲竞争中的作用：

第一，帝国主义列强的殖民政策完全取决于金融资本。资本原始积累时期的商业资本必须依赖政府。当时各国特权合股公司在非洲从事奴隶贸易竞争中的成败，在很大程度上取决于能否得到其政府的有力支持。自由资本主义时期的工商业资本能够影响政府的政策，但是不能操纵政府。当英国政府面对着阿散蒂人的反抗而要退出黄金海岸时，英国资本家只好自己担负维持在"黄金海岸"的殖民地的责任，而不能迫使政府改变这一决定。进入帝国主义时期以后，情况就不同了。政府已成为听命于金融资本的工具，是侵略活动的直接组织者。在两者看法不一致时，往往总是政府屈从于金融资本。例如英国之侵占乌干达、侵略北尼日利亚、再度侵入苏丹消灭马赫迪国家，以及罗得斯集团在南部非洲的侵略活动，都是英国金融资本垄断组织集团决定的。其中最突出的例子是侵略乌干达，英国政府当时迫于事态的发展不利于英国，想退出乌干达，但是控制英国东非公司的垄断资本通过舆论、教会和政界国会关系等力量，终于迫使英国政府改变态度，听命于它。在论到这一事件时，一位资产阶级的学者不得不感慨地说："当我们看到泰晤士报、（坎特伯雷）大主教和洛恩侯爵（维多利亚女王的女婿）联同一起来支持一群'突出的英国资本家'的政策时，我们就无须再去追寻为什么突出的资本家的政策会体现为英国各届政府的政策的原因

---

① 列宁《帝国主义是资本主义的最高阶段》第73—74页。

了。"①英国政府想实现的开普—开罗计划就是大垄断资本家罗得斯所极力鼓吹的。我们只列举英国的例子，因为这些典型例子最能说明问题。我们业已指出过俾斯麦最终是如何屈从于德国垄断资本的意志，而利奥波德本人就是比利时垄断资本的代表。

第二，金融资本控制并指挥探险和传教等活动，制造舆论，为政府执行侵略政策提供了种种方便条件。这时期的探察事业几乎完全是在金融资本集团的策动与支持下进行的：斯坦利、布拉柴、白特尔斯及其他诸人在非洲的探险都是如此。探险家和冒险家已变成为同义语。他们的活动纯粹是侵略勾当。在金融资本的指挥之下，传教士的活动也明显地增加了，仅在1880—1900年间，他们的活动就增加了1倍。从1925年的估计数字，我们大致可以看出传教士在列强分割非洲时期的活动概况：当时欧洲各国新教教会在非洲的传教士有6,600人，占分布在全球的3万人中的22%；天主教会在非洲的传教士有8,600人，几乎占全球天主教传教士29,200人中的30%。②其中黑人传教士尚未计算在内。传教士的被杀是帝国主义发动侵略的借口。传教士的活动与政府的侵略行动密切配合，英、法传教士在乌干达和德国传教士在喀麦隆都是如此。金融资本掌握了舆论，豢养了一批为殖民侵略辩护的学者和政论家。这些"御用文人"大肆制造蛊惑人心的舆论。例如他们经常鼓吹这样一些滥调：占领某一殖民地是"不可避免的"，是"我们合法的要求"，是"为了本国人民的光荣"，"为了文化"，"为了世界其他地区的利益"等等。臭名昭著的殖民主义者罗得斯本人就是一个厚颜无耻的帝国主义宣传家。他认为英国必须取得殖民地来安置它的"过剩的人口"，他露骨地说："帝国就是吃饱肚子的问题。要是你不希望发生内战，你就应当成为帝国主义者。"③霍布森曾指出帝国主义如何利用舆论来麻痹人民，他说帝国主义"把对国家的统治发展成为高明的技术：选举权之广泛授与所受教育已能阅读印刷品的人，大大有利于凶狠的实业政治家的计划，他们控制报纸、学校，并在必要时控制教会，在动人的爱国主义的托辞下，把帝国主义强加于群众。"④

---

① 伍尔夫《帝国与非洲商业》英文版第320页。

② 比尔《非洲土著问题》第2卷第981—982页。

③ 转引自列宁《帝国主义是资本主义的最高阶段》第71页。

④ 约·阿·霍布森《帝国主义》1902年英文版第382—383页。

第三，金融资本垄断组织控制了资本输出。列宁指出："垄断占统治地位的最新资本主义的特征是资本输出。"又说："从假借的意义来说，输出资本的国家已经把世界分割完了。但是，金融资本又引起了直接的分割世界。"[①] 在这时期中，资本输出首先是夺取殖民地的手段，通过借款及取得租让权的形式来干涉非洲国家的内政，从而使这些国家沦为殖民地。我们以后将看到英、法两国如何通过债务的关系进而占领埃及和突尼斯；英、法、德、意等国如何通过资本输出来侵入埃塞俄比亚和摩洛哥等国。1897 年伦敦金融资本所组织的"新非洲公司"就明确规定其"目的"为："向任何主权国家……去交涉并获得绝对的或有条件的租让权、特权与权利……。单独地、或者与任何其他公司或个人合作向任何国家……交涉各种债务。为着资助各种探勘、促进各种探勘，以及促进向任何国家或殖民地移民而提供款项"。[②] 这些为其他公司规章所一再重复的词句，突出地表明了金融资本在分割非洲中所起的作用。当时资本输出也应用在"开发"非洲殖民地方面，主要是修建铁路。修建铁路具有战略和经济的双重意义，当时是以战略意义为主，非洲几乎没有一条河流可以全部通航，列强为了便于抢先夺得领土、准备战争和镇压非洲人民的起义，需要靠铁路来联系各地区。1913 年，列强在非洲各殖民地修建的铁路有如下表：[③]

英　　国	27,364 公里
法　　国	9,600 公里
德　　国	4,176 公里
意大利	155 公里
葡萄牙	1,624 公里
比利时	1,390 公里
总　　计	44,309 公里

从铁路的长度与殖民地面积大小的比例来看，德国建筑铁路的速度已远远超过了法国。法国虽然是高利贷性质的帝国主义，在非洲的铁路投资仍然是不少的。

---

① 列宁《帝国主义是资本主义的最高阶段》第 55、60 页。

② 伍尔夫《帝国与非洲商业》第 206 页。

③ 列宁《关于帝国主义的笔记》《列宁全集》第 39 卷第 540 页。同书第 334—335 页所列数字与此表所列，略有出入。

英国名列前茅，这是与它力图实现开普——开罗计划的野心分不开的。这些铁路也都具有不同的经济意义。罗得斯指出，开普——开罗铁路决不只是为了便于人们旅行，"目的在于从（非洲）中心贯通非洲，这条铁路将掌握整个沿线的贸易。将来与东、西海岸连接后，这些连接线就是这条通过非洲中心干线沿途商品的出路"。[①] 因此，铁路路线的选择也是为了方便帝国主义国家对非洲物资的掠夺，已修成的铁路在这时期中已起了一定的作用。在尚未沦为殖民地的国家中，攫得铁路修建权本身就是一种侵略手段。铁路修建权和签订其他租让条约又有联带关系；修建铁路所需的铁路器材又为列强的钢铁厂提供了利润丰厚的定货。金融资本通过铁路及其运输条件，最终把非洲各个地区卷入世界资本主义市场的流通范围。不过在非洲的大部分地区，资本主义的发展还刚刚在开始。

最后，金融资本通过特权公司来进行侵略活动。资本原始积累时期的特权公司，到 18 世纪末业已结束，它们被一般的贸易公司所代替。但在进入帝国主义时期以后，特权公司又死灰复燃；因为在分割非洲的竞争中，特权合股公司是一种便于争夺和临时管理殖民地的工具。在表面上看，它们与旧式特权公司是差不多的：同样有权在殖民地贷款、移民、拓地、筑路和进行各种建设；公司也具有外交、军事、行政、司法、经济开发等权力，公司等于"小王国"。但在本质上，却有明显的差别。新的特权公司是金融资本垄断组织一手控制用以分割非洲的工具，不像非洲的旧特权垄断公司那样只代表一小撮商业资本家的利益而又大多限于垄断贸易。如在非洲的奴隶贸易。由于历史条件的不同，新特权公司的活动范围更为广阔：资本输出主要是通过它来实现的，它能进行土地投机，地下资源的勘探与开发，修筑铁路，从事探险和骗取条约等。帝国主义列强利用这些公司来占领殖民地，或者在占领殖民地以后交给这些公司来管理。列强都先后成立了这种特权公司。利奥波德二世组织的"上刚果研究委员会"，实际上就是一个这样的公司，德国的非洲协会分会在改称为"殖民协会"以后，于 1885 年正式称为德国东非公司。1883 年，德国又成立西南非公司。法国、意大利甚至葡萄牙也成立了这样的公司。英国金融资本所组织的公司最多，在分割非洲竞争中发挥了最大作用的有下列三大公司：皇家尼日尔公司（1886 年改称）、英国东非公司（1888 年）和英国南非公司（1889 年）。这些公司的侵略活动留待

---

① 伍尔夫《帝国与非洲商业》第 182 页。

以后有关章节中去叙述。在这里，只须指出这些公司是帝国主义用来分割非洲的工具，所以当分割完毕时，它们的使命也就完结了，它们的行政权力相继由政府接管。只有英国南非公司的行政权力延续时间较长，一直维持到 1924 年。

新型特权公司是由金融资本指挥的侵略工具，它们的活动范围取决于金融资本的扩张野心而不局限于公司名称所标志的地区。前面提到的新非洲公司和与它有关的两个公司的经营地区原是埃及、苏丹和埃塞俄比亚，但是这些公司后来又在德兰士瓦和南部非洲取得了采矿权，在莫桑比克和刚果取得了铁路建筑权。再如罗得斯后来通过英国南非公司来实现其对南部非洲以北广大地区的侵略野心，其范围早已超出"南非"以外。金融资本在非洲活动的范围几乎是无限的，麦金农（W. Mackinnon）原是英印邮船公司的董事长，东非公司成立后，他出任董事长。1889 年，他又与比、德银行家集资组织比属刚果的铁路公司，1891 年他又参加了加丹加公司[①]。活动范围扩展到整个中非。在分割非洲的竞争中，这些特权公司充当了有效的工具：英国通过新非洲公司同法国争夺在埃塞俄比亚的铁路建筑权，通过东非公司同法、德争夺乌干达；通过皇家尼日尔公司同法国争夺尼日利亚，通过南非公司来兼并南非布尔人共和国和遏制葡、德、比在赞比西河流域一带的势力等等。

疯狂地不择手段地夺取殖民地

当垄断代替了自由竞争，为了保证垄断组织的掠夺，金融资本家就必然要夺取和占领殖民地。因为只有占领殖民地，才能垄断殖民地市场，保护最有利可图的资本投放场所和充分保证原料的来源。只要做到这样，"垄断组织就巩固无比了。"因此，到帝国主义时期，列强占领非洲领土往往不是事先对该地的资源、人口进行调查和了解，而是先占领了再说。它们惟恐在争夺这块世界上尚未分割的最后的大陆的斗争中落后于他人，总想尽量夺取更多的土地，不管这是一些什么样的土地，也不管采取什么手段。意大利占领的利比亚，有 80% 的土地在当时是毫无用处的沙漠。所谓占领，并不一定真是"有效占领"。在宣布"占领"时，只不过是插上国旗而已，在很多场合，只是插上特权公司的旗帜。

帝国主义列强在占领非洲土地时，使用了各种新旧手法。帝国主义时期，列强对非洲各国直接使用武力达到了前所未有的程度——瓜分整个非洲领土；

---

① 伍尔夫《帝国与非洲商业》第 243 页。

除了直接使用武力以外，还采用了种种欺骗伎俩作为补充的手段。一般而论，在埃塞俄比亚和北非诸国中，列强采取的手段大多是前面提到过的先经济渗透后军事占领，即借口保护经济利益或债权利益，而实行政治控制，一俟时机成熟则肆行武力占领。在黑非洲则往往采取旧的侵略手法，如传教、通商，继而骗取割让和租借条约。斯坦利、布拉柴和彼得斯等人就是通过骗取条约，为金融资本的特权公司、各国政府占领了中非和东非的大片殖民地的。

从彼得斯自述，可以看出他是通过什么手段骗取条约的：在抵达一个酋长的所在地以前，他先派人赠送礼物，要求暂住。在到达以后，他便请酋长吃饭，殷勤劝酒，又赠送更多的礼物。然后他要求酋长在一张据称是与德国友好的文件上画押。文件是用德文写成的，酋长根本看不懂。签字画押后，他和酋长热烈握手，竖立德国国旗，鸣放礼炮，接着又是一场痛饮。这样他便为德国取得了一个"保护领"。随后，他又到其他地方去如法炮制。在不到三个月时间内，他骗取了十多份条约。条约内容大多千篇一律。一般包括以下内容：订约一方有选择任何地点开辟种植园、建房、修路和采矿等权利；有利用地上地下资源、森林和河流的专有权；有移民、设立行政和司法机构、征税和设立海关关卡等特权。而订约另一方的酋长或国王们所得到的只是他们素来不需要的"保护"。[1]英国在东非和南部非洲也广泛使用这一手法。下面是一份用英文和阿拉伯文书写的此类条约的样本："×× 地方酋长 ×××，考虑到英帝国东非公司承诺给予他，他的国土和臣民以保护，并使他们蒙受该公司管理和统治的利益，因而宣布他已把他本人、他的所有国土和臣民置于该公司的保护、管理和统治之下，并将他对其国土和臣民的一切主权和统治权让与上述公司。此外，他将要升起和承认该公司的旗帜。"[2]骗取条约的殖民冒险家，往往带着印好的同一格式的"空白条约"，到时候只须把酋长所在地的地名和人名填上、签字画押，便算签订了一份条约。英国声名狼藉的殖民行政官吏和"非洲学权威"约翰斯顿在1889年就是带着这种"空白条约"在尼亚萨兰进行欺骗的。

被列宁称为"最无耻"的帝国主义者罗得斯曾派人向今津巴布韦境内的马塔贝莱人国王洛本古拉骗取条约（所谓"拉德租让书"），后来别的传教士把文件重新念给洛本古拉听，他才知道自己上当受骗了。他写信给英国维多利亚女

---

① 伍尔夫《帝国与非洲商业》第 237—238 页。

② 伍尔夫《帝国与非洲商业》第 239 页。

王提出严重抗议。信中有几句话颇为生动地揭露了殖民主义者的欺骗手法。他说："不久前有一群人来到我国……，他们向我要求一块地采掘黄金，并且说会给我一些东西来交换这种权利。我叫他们把东西拿来，我就会告诉他们我愿给什么。一份文件写好了，叫我签字。我问它的内容是什么，他们说里面写下了我的话和他们的话。我画了押。3个月后，我从另外一些来源知道，由于这个文件，我已把我国所有的矿权都'出让'了"。[1]1889年洛本古拉取消了这项让与权，然而他得到的答复是战争。这场征服战争最终使津巴布韦380,000平方公里土地沦为英国的殖民地。洛本古拉的遭遇并非孤立的事件。事实上，在帝国主义时期西方帝国主义列强根据"条约"进行实际占领时，发动了数以百计的大大小小的战争。殖民主义史学家把这一使用武力占领非洲人土地的时期称为"绥靖时期"，而把征服战争以后的殖民统治时期称为"和平时期"。霍布森的评论，为这种"绥靖"与"和平"作了入木三分的注释，他说："英国统治下的和平常是可耻的虚伪，成为伪善的怪物；在我们的印度国境，在西非、苏丹、乌干达、罗得西亚，战争几乎是不停的"。[2]

在所谓"绥靖时期"，德、法、比、意、葡等国都进行了同样的征服战争，武力占领了非洲领土。德国在西南非洲（纳米比亚）对赫雷罗人进行三年的"绥靖战争"（1904—1907年）使这个民族的人口从60,000—80,000人减少到15,000—16,000人，残存的人口被赶到缺少水源的荒漠，德国殖民者侵占了最肥沃的土地。

在分割非洲进入最后阶段时，帝国主义者甚至连以"条约"做借口也不需要，而进行赤裸裸的武装侵略。例如，意大利侵占利比亚，事先发出一个最后通牒，厚颜无耻地宣布意大利的目标就是要对的黎波里塔尼亚和昔兰尼加进行军事占领，土耳其必须在24小时内宣布对此行动将不表示反对。接着意大利就把早已整装待发的军队开进利比亚。

列强用武力侵占非洲各殖民地，大都是在列强间彼此达成妥协之后进行的。例如马达加斯加岛原是英法争夺的目标，但根据1890年英德协定和英法协定，英德划分了东非的势力范围，法国承认英国对桑给巴尔的保护权，英国则承认法国对马达加斯加的保护权。协定既经达成，法国武力征服马达加斯加的远征

---

① 穆恩《帝国主义与世界政治》英文版第169页。
② 霍布森《帝国主义》第99页。

军也就接踵而至了。

由于帝国主义列强疯狂地不择手段地抢夺非洲土地，它们在25年到30年时间内就把非洲全部分割完毕。各个殖民地的边界，很多是在欧洲谈判桌上，由列强的外交家在非洲地图上按经纬度任意划分的。这些人为的"边界"任意割裂了历史上形成的同一民族聚居的地区，分裂了人种上相同的族群，从而破坏了民族和国家形成的正常的过程。例如，西非的埃维族就被分割在英属黄金海岸、德属多哥和德属达荷美三个殖民地中。富尔贝人和豪萨人居住地区也被英（尼日利亚）、法（尼日尔）、德（喀麦隆）三国恣意分割；约鲁巴人则被分属于尼日利亚和达荷美。东非的马萨伊族也分属于英（肯尼亚）、德（坦噶尼喀）两个殖民地。今日非洲各国的疆界基本上是列强分割非洲时形成的。这不仅留下了殖民主义的深深烙印，并且给今日非洲各国遗留下不少的边界争端的历史问题。

帝国主义殖民统治的反动性

为了保证对非洲人的剥削和掠夺，帝国主义列强在非洲各殖民地建立了极端反动的统治。殖民主义史学家因袭古代"罗马和平"的说法，把这种统治美化为"不列颠和平""拉丁和平"等等。他们把通过血流成河的屠杀以后建立的严酷的民族压迫，称之为"法律与秩序"时期。这些无耻的谎言旨在混淆视听，欺骗世界舆论和本国人民，但掩盖不了这种统治的极端反动的本质。所谓"和平""绥靖""法律与秩序"正是为了保证对非洲人民进行无情的掠夺和奴役。

殖民政权的职能，是旨在保证对物资、人力和土地的掠夺。此类掠夺原不是新东西，但是到了帝国主义时期却又有了新的内容。拿征税一项来说，以往的目的主要是为殖民机构提供行政用费。现在则除此以外，还须提供"建设"用费；更主要的是用税收来迫使非洲人提供劳动力①。在以前，南非的通行证法一度曾经取消；到了帝国主义时期，由于采矿工业需要劳动力，不仅税捐愈加愈多，通行证法也更为严酷。土地掠夺已不限于夺取土地而已，更重要的是占有住在这些土地上的劳动力。在自由资本主义时期，欧洲人只在南非和阿尔及利亚夺取土地，如今则几乎到处如此。土著保留地完全被利用来把非洲人排挤到一小块无法生存的土地上，迫使他们不得不走出保留地来出卖劳动力。在自

---

① 非洲人为了获得货币缴税，不得不外出做工，充当雇佣劳动力。

由资本主义时期，欧洲人一般还只限于掠取地面物资，到帝国主义时期则发展到掠夺一切地下资源。种植园、矿山和铁路，都是依靠非洲人的劳动力。迫使非洲人为欧洲资本家提供"便宜的驯服的劳动力"，这就是殖民统治反动性的根本原因。

为了完成上述诸项职能，殖民政府首先必须通过暴力来实行专制的统治。尽管在形式上有殖民地、保护国、"独立国"（如刚果）的不同名称，甚至还有"作为土耳其一个行省"的埃及，可是实质上都是不折不扣的殖民地。统治方式上虽有"直接统治""间接统治"或其他形式（如在埃及之通过英国的总领事进行统治）之区分，实质上都是凭借暴力的专制统治。专制统治这一特点对任何非洲殖民地都是毫无例外的。英国资产阶级一些学者吹嘘他们殖民地统治的代议制和民主性，可是在无情的历史事实面前，霍布森不能不指出英帝国主义"扩大了英国专制政治的领域"，他并且说："我们所并吞的土地和人民，在我们统治的范围内，我们显然是用主要由唐宁街支配的专制方法统治的。"[①] 这一专制的反动统治是通过武装镇压来实现的。欧洲殖民者需要武装力量来保护他们的据点和殖民利益，更需要大量武装力量来镇压非洲人民的坚强反抗。这就是特权公司后来要将管理权转归殖民国家的原因之一，因为各国政府掌握着一套完整的侵略手段。在动用武力的同时，各殖民政权也一如既往地利用非洲人部落间的矛盾；因此，非洲人的部落矛盾在殖民统治下不仅没有消除，反而因殖民统治者的挑拨而更加尖锐。在反动统治中，传教士一直起着显著的作用。在所谓"绥靖"时期中，殖民当局根本不顾非洲人的教育事业。例如英属东非在 1909—1910 年的总开支为 669,000 镑，用在四百万非洲人的教育经费只有 1,835 镑，只占总开支的 0.27%。[②] 这仅有的教育权也完全落在传教士手中，加上他们掌握了医疗工作等，所以帝国主义加强了它对广大群众在精神上的控制。为了进入"天国"，教士们劝非洲人学会忍受和服从。所以在帝国主义时期传教士之作为殖民主义入侵的鹰犬，所起的作用比以往更加恶劣。最后还有种族歧视。"民族斗争，说到底是一个阶级斗争问题"[③]——毛泽东同志这一著名论断揭露了种族歧视的实

---

① 霍布森《帝国主义》第 131 页。
② 伍尔夫《帝国与非洲商业》第 344 页。
③ 1963 年 8 月 8 日毛泽东同志《呼吁世界人民联合起来反对美帝国主义的种族歧视、支持美国黑人反对种族歧视的斗争的声明》。

质，适用于非洲的任何一个殖民地。殖民主义者根据他们所臆造的种族主义理论而制定的种族歧视政策，不仅体现在政治和社会生活中，更恶毒的是在经济上用所谓"必须教会劣等民族劳动"的口号来实行强迫劳动，残酷剥削非洲人。掠夺土地、榨取重税、划分土著保留地等都是为了强迫非洲人为白人劳动遭受殖民剥削的重要手段，这就是各种种族歧视措施的阶级实质。因此，种族歧视政策无例外地通行于非洲各殖民地，只有形式上和程度上的不同而已。种族歧视最厉害的地区是那些白人移民较多、夺取非洲人土地和矿藏资源最多的地方，因为白人移民中的剥削者需要剥削非洲人劳动力来经营他们所夺得的土地和矿藏，这就是种族歧视在南非最严重的原因。

帝国主义分割非洲时期，是反动殖民统治在非洲逐步建立的时期。为了建立和巩固这种统治，殖民列强必须制定不同的"土著政策"来解决不断出现的不同形式的"土著问题"。所谓"土著问题"实际上就是因非洲人进行的反剥削、反压迫斗争而产生的问题；所谓"土著政策"实际上就是企图缓和和消灭非洲人反抗的政策。通过一系列"土著政策"的实施，尽管殖民统治还处在建立和巩固的阶段，但是它已收到了一定的统治效果：帝国主义列强已逐渐把非洲转化为它们的后方。在第一次世界大战中，欧洲各国的殖民政权已使非洲殖民地为宗主国提供了大量的人力、物力、特别是提供了兵员。

帝国主义殖民统治的反动性也影响了宗主国人民。为垄断资本服务的帝国主义侵略活动是在借口"全国利益"的幌子下进行的，但是垄断地占有殖民地的后果只是加强了垄断资本对本国人民的反动统治。"任何民族当它还在压迫别的民族时，不能成为自由的民族"。[①]在这一时期中，法国就曾利用由非洲人组成的军队来镇压本国人民。垄断的高额利润使统治阶级有最大可能来强化本国的国家机器。它也使统治阶级有最大可能来控制舆论和豢养资产阶级的御用文人。同时，它更有可能收买无产阶级中的上层分子，把他们拉到资产阶级方面来。列宁说："帝国主义国家因分割世界而加剧的对抗，更加强了这种趋向。于是形成了帝国主义同机会主义的联系。"[②]由此可见，垄断资本从殖民地所获得的高额利润，一方面加强了垄断资本家对本国工人（因为这些工人都向工资较高的国家迁移）的剥削，一方面则使本国工人容易受到机会主义的影响。英国

---

① 马克思和恩格斯《论波兰》《马克思恩格斯选集》第 1 卷第 288 页。
② 列宁《帝国主义是资本主义的最高阶段》第 115 页。

是其中最突出的例子：英国工人不但长期难于摆脱工联主义的势力，他们甚至把工联主义带到非洲殖民地，首先是南非，从而使英国在南非的一些工人充当了执行种族歧视政策的工具。这种严重后果的影响是极为深远的。

非洲人民反殖斗争的新阶段

在帝国主义分割非洲的时期中，非洲人民对殖民侵略、压迫和剥削，进行了英勇顽强的斗争。这一斗争是已往数百年反殖民主义斗争的继续。随着欧洲殖民侵略进入帝国主义阶段，非洲人民的反殖斗争也进入了新的阶段。这是当时历史条件决定的，具体体现在下述两个方面：

第一，武装斗争仍然是反殖斗争的主要形式，但它已不限于孤立的部落起义，而是发展为有组织的、更大规模的、持久的武装斗争，有时甚至发展为带有全民性的卫国战争。从另一种意义上来说，所谓"绥靖时期"，实际上也是非洲人的武装反侵略斗争时期。这类武装斗争几乎都是由封建统治阶级或部落酋长领导的；民族矛盾上升为主要矛盾，为了保卫国土，统治者和人民在反抗外来侵略上的目标是一致的。统治阶级愈能意识到这一点，就愈能团结人民进行长期的抵抗，甚至赶走入侵者。例如西苏丹的萨摩里和阿赫马杜、中苏丹的拉巴赫和东苏丹的马赫迪国家就是如此，它们都狠狠地打击了帝国主义，迫使法国对西非和英国对苏丹的侵占延迟了 20 年。同样，由封建主阶级领导的埃塞俄比亚的卫国战争取得了胜利，揭穿了意大利帝国主义这只纸老虎而保全了国家的独立。应当指出，比较发达的国家组织是领导武装反殖斗争的一个有利条件。但是当封建统治阶级害怕人民而不愿抵抗时，这一条件便不起作用，也就不能进行有效的抵抗。埃及、利比亚、突尼斯和摩洛哥的封建统治阶级就是如此。虽然这些国家的腐朽的封建统治者自甘屈辱，不战而降，但是不甘屈辱的人民和一些爱国的封建主，担当了武装反殖斗争的责任，其中以摩洛哥人民的反法斗争持续最久。

在上述诸国（埃塞俄比亚除外）和东非索马里等国的武装反殖斗争中，伊斯兰教起了一定的号召作用。19 世纪中，在基督教加紧渗入非洲的同时，伊斯兰教的传播不但在地区上更扩大了，而且比基督教更深入群众。19 世纪以前，伊斯兰教在某些地区的传播，如在西非，几乎只限于统治阶级和商人。自 1800年以后，伊斯兰教传播的速度远过于基督教；皈依伊斯兰教的非洲人不像基督教那样只限于个人，而是整个部落，有时甚至是整个地区。伊斯兰教容易被非洲人所接受，非洲统治阶级后来在反帝斗争中充分利用这一宗教作为工具来联系和团结非洲人民。当然统治阶级最初是想利用伊斯兰教来建立或巩固其封建政权，但是在客观上却起了团结非洲人来进行武装反殖斗争的作用。利比亚和摩洛哥人是在塞努西派和其他伊斯兰教教派领导下进行反殖武装斗争。索马里的阿卜杜拉领导的东北非人民反帝斗争和东非某些地方的反殖武装斗争也是充分利用了伊斯兰教作为发动和组织人民的手段。

在黑非洲和马达加斯加岛，这一时期的反殖武装斗争也已不限于个别部落的孤立的反抗。帝国主义的侵略使一些国王和酋长们认识到帝国主义对民族生

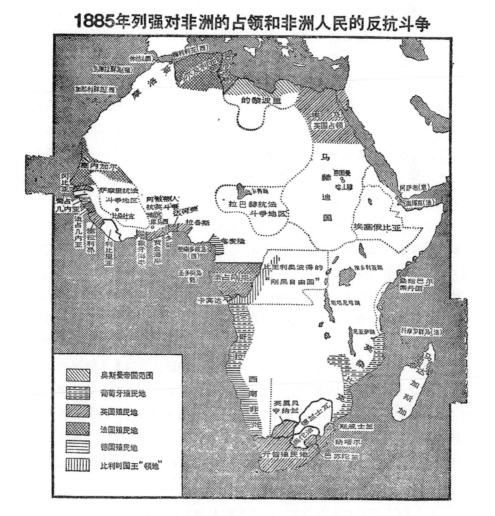

1885年列强对非洲的占领和非洲人民的反抗斗争

存的威胁，必须领导人民进行武装反抗，并且开始认识到大敌当前要捐弃部落间的仇隙而一致对敌。正是由于非洲人能够团结对敌，所以自称未费一兵一卒而在非洲"取得"殖民地的德国，在实际占领东非和西南非时，面对非洲人的顽强抵抗不得不付出极高的代价。在黑非洲其他各地，帝国主义国家在实际占领时几乎都必须付出程度不同的代价来进行"绥靖"。在有发达的国家组织的达荷美、乌干达和马达加斯加等国，非洲人武装反殖斗争给予侵略者以更沉重的打击。

当时非洲人民的反殖斗争，除埃塞俄比亚以外，都以失败而告终。这是许多原因造成的。殖民侵略者在武器方面占绝对优势，把当时才发明的马克沁机关枪等新式武器首先在非洲来实验，进行惨绝人寰的屠杀。同时，他们还使用欺骗的一手，或则借缔结和约来争取喘息和各个击破的机会，或则使用挑拨离间的手段，使非洲人打非洲人。在非洲人方面，由于缺少反帝斗争的经验，还不可能发动人民战争陷敌于人民战争的汪洋大海，还不曾意识到必须团结可能团结的友邦来战胜共同的敌人。尽管伊斯兰教在一定程度上起了号召反帝斗争的作用，但它并不能使各派的统治者团结一致，因而侵略军能够把它们各个击破。法国侵略军征服西非，便是施展了这一惯技。尽管如此，在敌我力量非常悬殊的情况下，非洲人民敢于斗争的精神是十分可贵的。他们的反帝斗争事迹是非洲各国历史上应当大书特书的光荣篇章。

第二，在这一时期里，非洲还出现了民族解放斗争的新力量和其他新形式。这些斗争新形式的产生和运用，在不同程度上促进了非洲人的觉醒和壮大了非洲人的反帝力量。列宁指出："帝国主义最主要的特性之一，正在于它加速最落后的国家里的资本主义发展，从而扩大和加剧反对民族压迫的斗争。这是事实。这就不可避免地导致：帝国主义往往要产生民族斗争。"[1]帝国主义殖民统治的每一措施都会给它自己制造对立面。资本主义的发展必然会产生非洲无产阶级和非洲民族资产阶级的民族主义组织。在这一时期里，非洲工人阶级的队伍虽然尚在形成中，然而有些地方的工人已在使用罢工的手段进行斗争。第一次世界大战时，非洲已出现铁路工人的工会组织。殖民统治所推行的奴化教育，目的原在于宣扬欧洲生活方式，为殖民统治来培养工具；然而它也必不可免地要产生一批反殖民主义的民族主义知识分子。在北非诸国、西非沿岸、南非和马

---

① 列宁《无产阶级革命的军事纲领》《列宁全集》第 23 卷第 74 页。

达加斯加等资本主义较发达的地区，已经出现了资产阶级民族主义的组织。它们一般采用"合法斗争"的手段，但有些组织并不反对武装斗争。值得重视的是：它们在这时已提出了"非洲人的非洲""埃及人的埃及"等口号，有了要把殖民主义者赶出非洲的最初要求。帝国主义者用非洲人当炮灰，却使非洲人在战争中学会了使用新式武器的技能。殖民统治者用重税来强迫非洲人劳动，然而抗税却往往成为反殖民统治斗争的信号。为了消灭非洲人民的反抗，有些殖民统治者企图消灭当时尚能领导人民反抗的部落组织；但正是部落结构的衰落促成了民族主义的诞生。为了剥削，殖民者的工矿企业和种植园集结了大批的非洲劳动力；然而也正是这些非洲人把反殖民斗争的思想传播给广大非洲人民群众。殖民主义为了剥削的需要发展了交通，而交通的发达却加强了非洲人各族和各部落的联系，便利了民族主义思想的形成。总之，由于资本主义的发展，非洲人社会中出现了新的阶级：工人阶级、小资产阶级和资产阶级。资产阶级主要是以受欧洲文化教育的资产阶级知识分子为代表，因为在当时情况下，除北非一些国家以外，大部分非洲国家还不可能产生非洲的民族资产阶级。这些新的阶级逐渐成为反殖斗争的重要力量、有时甚至是主要力量；因而在反殖斗争中出现了上面所述的前所未有的斗争形式和新的力量。

殖民主义者利用基督教来麻痹非洲人，企图通过传教来使非洲人驯顺地遭受奴役；可是，甚至传教事业也产生了它的对立物——反对殖民剥削的"土著教会"。在非洲工人阶级和资产阶级尚未成长到足以领导群众进行反殖斗争以前，"土著教会"在这方面起了重要作用。在非洲被瓜分完毕以后的 20 余年，正是土著教会在反殖斗争中发挥显著作用的时期。土著教会产生的渊源可以追溯到更早的年代。遭受压迫和剥削的非洲人，在接受基督教以后，自然会从基督教教义中去寻找他们要求摆脱殖民剥削的根据。"旧约"中的许多故事激起他们渴求解放的希望，他们憧憬着"平等"的未来，首先是在教会中摆脱白人教士的束缚争取黑人教会的自治，于是有"土著教会"产生。19 世纪 80 年代，这一运动兴起于南非，称为"埃塞俄比亚运动"。19 世纪末，南非各地普遍产生，有些自称为"埃塞俄比亚教会"；至 1905 年时，南非已有这样的教会 15 个，并且与日俱增。这不是一个单纯的宗教运动，而是一种特殊形式的争取独立的斗争。运动受到广大人民甚至酋长们的支持，发展迅速；但因各地区自建教会，不相统一，当时还未能形成全民族的统一教会组织。在东非和西非也发生了类似的运动，西非的运动具有比较明显的民族主义色彩。土著教会一经摆脱欧洲传教士的控制并得到广大人民的支持，它的明显的反殖民主义色彩使它逐渐在宗教范围以外领导人民的反殖斗争。尼亚萨兰土著教会的领袖奇仑布韦所领导的抗税斗争（1911 年）和反殖起义（1915 年）是当时最突出的例子。1918 年，比属刚果的金班古自称"先知"，预言在 1921 年 10 月 21 日天火将要烧焚白人。成千的信徒追随着他。非洲的许多地区都有类似的事件发生。当然非洲人民绝不可能通过宗教迷信运动来求得解放。但是，在非洲被分割完毕后的初期，民族主义组织方在酝酿之中，土著教会却是一个号召非洲人民进行反殖斗争的过渡性组织；后来，"土著教会"发展为"民族教会"，它对非洲人民族主义的形成起了一定的促进作用。

帝国主义殖民统治使整个非洲最终卷入了资本主义的世界市场，这必然给它自己制造对立物，产生它自己所无法解决的矛盾。这是历史发展的必然结果，是不以人们意志为转移的。但是，在近代史时期结束以前，这种对立物和新的矛盾所激起的斗争在非洲正方兴未艾。

第三编　非洲各国近代史

第九章　东北非诸国

第一节　18—19世纪的埃及

18世纪的埃及和法国的入侵

土耳其统治下的埃及，在17—18世纪时更趋衰落。土耳其的索丹集中力量去应付与欧洲各国的战争，在埃及只求保全贡赋。马木路克的势力重新抬头，18世纪下半期他们数度想摆脱土耳其统治（1764年，1776年，1786年，1791年）；马木路克阿里·贝伊曾联俄反土，一度宣布埃及独立，停止向土纳贡（1768—1771年）。马木路克总共不过10,000余人，上层分子为数更少；他们得不到埃及广大人民的支持。土耳其政府又利用他们的内部矛盾，制造纠纷，因而他们始终未能使埃及彻底摆脱土耳其的控制。马木路克上层分子间的争权夺利，形成了长期的混战局面。

在这一时期，封建制度日益加强，绝大部分土地已控制在封建主手中。马木路克上层、阿拉伯族长、寺院及土耳其军人上层都成为封建主。当时，在埃及普遍实行租税承包制，即政府把对国有土地所应征收的租税包给承包人。这种租税承包人被称为穆尔塔津。他们预先把税款交给政府，其数额最多只占全部租税的40%，从而取得对一定地区的土地征收租税的权利。这种制度过去早就有了，到了土耳其统治时期普遍推行。承包人的权利世代相传，事实上就成了这块土地的地主。他们所征收的并不限于地租，同时包括其他税收，因而他们又等于是地方税收官吏。全埃及租税承包人为数约5,000—6,000人，其中有些是商人。他们拥有这些权力，恣意妄为，对农民的剥削异常残酷。农民在名义上是自由人，实际上已沦为农奴。在埃及农村里村社是普遍存在的，他们共同租种土地，相互保证缴纳租税。租税名目繁多，据法国学者的考察，在18世纪末，有时一个村社的农民要担负70多种税款。随着农民状况的恶化，农民起义的次数也益加频繁。18 世纪中，在坦塔、阿布提吉和曼费卢特先后爆发了三次大规模的农民起义。农民拒绝缴纳租税并攻打封建主的住宅。这些起义都遭到了马木路克的武力镇压。

封建战争、水利失修和残酷剥削造成了农业的衰退，缩小了国内市场。新航路的发现早已给予埃及的国际贸易的中介地位以重大打击，加上国内交通困难、旅途不宁和统治阶级的勒索摊派，遂使对内、对外贸易更形衰落。埃及的经济又退回到自给自足的状态。有名的手工业城市逐渐荒凉，甚至亚历山大里亚港也不再是工商业中心。18 世纪末，全国人口从中世纪的 5,000,000—6,000,000 降低到 2,500,000 人。亚历山大里亚港的人口不过 15,000 人，开罗也只有 25,000 人。18 世纪中，埃及的几个大城市已开始出现资本主义萌芽的迹象。例如开罗已有棉纺织、榨油、制陶等手工工场，使用雇佣劳动；此外还有 5,000 商人经营对外贸易。但是，全国的经济衰退阻遏了资本主义关系的发展。商人阶层最关心国家的政治稳定和经济发展，他们渴望结束马木路克统治的混乱局面，因而积极支持资产阶级性质的改革。

正是在这个时期，拿破仑·波拿巴统率法国侵略军侵入埃及，短期中占领了埃及（1798 年 7 月—1801 年 9 月）。此间开罗人民举行了两次反法武装大起义（1798 年 10 月和 1800 年 3 月），其中第二次起义坚持了 50 余天。起义遭到了法军的残暴镇压。法国的入侵开始了英、法在埃及的激烈角逐，改变了埃及在国际关系中的孤立局面。同时也带来了欧洲资产阶级革命的反封建的影响，使埃及人民更加认识到马木路克是一股不容再予保存的反动势力。法军入侵时，在金字塔战役中给予马木路克以沉重的打击[1]，大大地削弱了马木路克的武装力量，客观上为以后消灭他们准备了条件。有些埃及学者认为，法军入侵的一个客观后果是导致了埃及与法国以后的文化交往，埃及的资本主义发展在很多方面是从法国吸取经验的。[2]

---

① 1798 年 7 月 20 日。法军在开罗附近的金字塔下，与马木路克骑兵主力相遇。拿破仑指挥的骑术不精但很有纪律的龙骑兵打败了擅长单人格斗、漫无纪律的马木路克近卫骑兵。拿破仑后来在回忆录中说，2 个马木路克兵绝对能打赢 3 个法国兵，100 个法国兵与 100 个马木路克兵势均力敌，300 个法国兵大都能战胜 300 个马木路克兵，而 1000 个法国兵则总能打败 1500 个马木路克兵，生动地说明严守纪律保持战斗队形的重要性。

② 巴拉维、乌列士合著《近代埃及的经济发展》中译本第 45—46 页。

穆罕默德·阿里的改革及其争取独立的失败

法国侵略埃及时，土耳其派军队到埃及作战、其中包括有由阿尔巴尼亚人组成的雇佣军。法军撤退后，因对法作战而侵入埃及的英军也于 1803 年退出埃及。于是在埃及出现了土耳其军、阿尔巴尼亚军和马木路克三者鼎立的局面，形势相当混乱。为了结束这种混乱局面，开罗的上层人物要求阿军统帅穆罕默德·阿里（1769—1849 年）出任拥有帕夏称号的总督（1805 年），[①] 并请土耳其政府予以正式任命，这样就开始了穆罕默德·阿里的事业（1805—1849 年）。土耳其士兵的骚扰和马木路克的互相火并，都有利于阿里取得政权。1807 年，英国借口土耳其亲法，又派军侵入埃及，占领亚历山大里亚港，但为埃及军队和埃及人民志愿军所挫败。英军与阿里订立和约，退出埃及，阿里的威望日隆。

穆罕默德·阿里要把埃及建成为一个强大的集权帝国。首先他要消灭马木路克的势力。在这一点上，他得到埃及各阶层人民，特别是商人的支持。因为他们要求结束封建混战状态以利于经济发展。1811 年土耳其素丹命阿里派军前往镇压阿拉伯半岛的人民起义。阿里利用举行出师仪式的时机，召集了 480 名马木路克的首要人物，预先埋伏武力，趁游行时把他们屠杀殆尽。接着又在开罗以至全国捕杀马木路克。1820 年时最后消灭了在埃及肆虐 600 年的马木路克势力。与此同时，他又在征服了阿拉伯半岛的战争中取得了胜利，占领了麦地那和麦加。继而又南向侵略苏丹（1819—1823 年），建喀土穆，势力远抵科尔多凡。从此开始了对苏丹的统治。

为了建立以埃及为核心的大帝国，穆罕默德·阿里进行了一系列的改革和建设工作。首先是控制全国的土地。从 1808 年起，他在各种借口下将一部分封建主的土地收归国有。继而没收被歼灭的马木路克封建主的土地。1809 年，他先令租税承包人呈报他们每年所代缴的土地租税数额。自然，他们所呈报的数额都是很低的，阿里就依据他们所呈报的数额而予以年金，然后把他们所管辖的土地收为国有。对于寺院的土地，阿里要求提出文契证明，没有文契或管理不善的土地概予没收。土地名义上收归国有，实际上成了阿里本人的财产。到 1814 年时，阿里已经是全埃及最大的地主。阿里的改革，并没有消灭封建地主阶级。除仍然保存一部分旧地主外，阿里也把土地赐给他的亲信。国家没收的土地仍由村社农民使用，农民以其份地的产物按连环保制缴纳租税。由于兴修水利和

---

① 帕夏是土耳其帝国高级军政官员的称号。

奖励种植新的作物，播种面积扩大了 50%，棉花及其他工业原料的产量迅速增加。在工业方面，他先后开设了纺织厂、糖厂、纸厂和玻璃厂等。1837 年时，埃及已有棉、羊毛、丝、麻等纺织厂共 29 个，工人总数达 30,000 人。阿里特别注意军需上的自给。他设立了兵工厂和造船厂，1831 年 5 月埃及自造的兵舰下水。这些工厂都是"国营企业"，使用机器。同时还有私营的手工工场。商业实行国家垄断制度，农产品和手工业品大部分由国家按定价收购。1836 年时，出口货物的 94% 和进口货物的 40% 由国家掌握。在交通方面，他开辟大道，挖掘运河，并计划修建铁路。阿里看到主要由阿尔巴尼亚人和土耳其人组成的雇佣军日益腐败，丧失了战斗力。他征募埃及农民建立新军，一反数百年来埃及农民不当兵的传统。他聘请法国人主持军事学校、训练新军。到 1838 年时，埃及已有受法国式训练的陆军 200,000 人，海军 20,000 人，兵舰 32 艘，成为当时近东的最强大武力。他也改组了行政机构，仿照欧洲国家，成立各部，归中央政府管辖。为了满足国家建设的需要，增设了非宗教性的专业学校，派遣留学生到欧洲国家留学，其中多数被派往法国，接受西方资产阶级的文化。1828年，开办了印刷所，发行了报纸。

穆罕默德·阿里一切改革的主要目的是为了富国强兵。他自己说，一切是为了保证军事的需要。他虽然摧毁了旧的封建势力，但在农村里并没有改变封建关系。在国有土地中，农民变成了国家的农奴，他们除缴纳租税外，每年还须为国家服劳役 60 天。为了维修尼罗河的水利，每年就征调 400,000 农民服 4 个月的无偿劳役。农民还必须服兵役，兵役是终身的。兵役负担繁重，农民难以承受。在埃土战争时，农民往往自毁右眼、右手和门牙[1] 来逃避兵役。工厂施行军事管理，工人也是征调农民充当，为了防止他们逃跑，对他们采用体罚和文身等残酷手段。这些措施，曾一再引起工人的反抗，发生过工人捣毁机器的事件（1826 年）。主要的工商业由国家垄断，原有的商人难于转化为民族工业资产阶级。这样的改革既符合于阿里为首的统治集团的要求，也利于新兴商人和封建地主。农民处境最苦，于是一再爆发农民起义。1820—1821 年在克纳附近爆发的农民起义，据说有 40,000 人参加，持续两个多月。1822—1823 年又在卢克索附近爆发了规模更大的起义，要求阿里下台。在下埃及的开罗附近，也爆发了农民起义（1823—1824 年），甚至发展到迫使阿里亲自率兵去镇压。

---

[1]　19 世纪初期使用的枪械，装弹时须用门牙咬去弹皮。

穆罕默德·阿里的改革，在客观上起了一定的进步作用。它使埃及成为当时近东最进步的国家，为埃及的资本主义发展打下了基础。它发展了生产，活跃了埃及的经济生活，使埃及的人口增加到 4,500,000（1847 年）。亚历山大里亚港和开罗等城市的人口增加 10 倍左右。尤为难能可贵的是，这些改革是在一

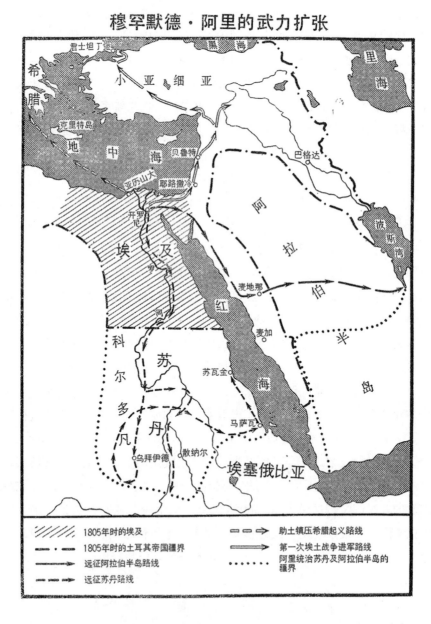

穆罕默德·阿里的武力扩张

个已陷入极度政治混乱的国家里进行的，而且是在没有借外债的情况下完成的，马克思称赞穆罕默德·阿里统治下的埃及是土耳其帝国"唯一有生命力部分"。[①]

阿里统治下的埃及仍然是土耳其的一个行省。可是穆罕默德·阿里的目的是要争取独立，甚至要取土耳其素丹的地位而代之，这势必同素丹发生严重冲突。但在当时这一斗争的成败并不取决于埃及和土耳其力量的对比，而要取决于欧洲列强的态度，尤其是英国的态度。这时英国的势力已伸入近东，它不愿土耳其势力强大，更不愿在通往东方的道路上，出现一个强大的埃及民族国家。这就使埃及的独立和资本主义发展遭到难于克服的阻力。

1821 年希腊人反土耳其统治的革命爆发后，1822 年土耳其素丹要穆罕默德·阿里出兵帮助镇压，许诺事后给克里特岛以作为报酬。阿里派遣他的新军前往镇压（1824—1828 年），占领了整个希腊南部。但因俄、英、法的武装干涉，土耳其屈服了，埃军撤退，因而也没有得到克里特岛。阿里为了迫使土耳其素丹履行其割让土地的诺言，找了个借口，发动第一次埃土战争（1831—1833 年）。在这次战争中，土军腐败，不堪一击，埃军以少胜多，占领了叙利亚全部，深入小亚细亚，威胁君士坦丁堡。[②]得不到英国援助的土耳其，不得不求助于其传统的敌人俄国。俄国海、陆军开到土耳其，引起了英、法的不安。英、法会同俄国共同进行"调停"，逼土、埃签订裘塔兴协定。根据协定，叙利亚、黎巴嫩、巴勒斯坦和克里特岛划归阿里，但阿里仍承认土耳其的宗主权。这是一个埃、土双方都不满意的停战协定。它们双方都在等待时机再次较量。1838 年英、土签订了商约，英国取得许多贸易特惠权。阿里反对这项商约，宣布该约在他所辖土地上无效。同时，阿里的商业垄断政策也使英国无法在阿里所辖的广大领土内行使贸易特惠权，因而英国力图消灭这个中东的新兴势力。英国采用借刀杀人的惯技。土耳其素丹估计他那支经过普鲁士人训练的新军足以战胜埃及，于是在英国的挑唆下发动了第二次埃土战争（1839—1841 年）。战争发生后，土军又遭到惨败，君士坦丁堡再度受到威胁。开往亚历山大里亚港的土耳其舰队也投降了埃及。埃及的胜利促使英国决定武装干涉。英国在伦敦召开了没有法国参加的俄、奥、普、英四国会议，决定对阿里施加压力。当时，阿里仍以为可以得到法国的支持，不肯屈服。1840 年 9 月，英军在黎巴嫩登陆，

---

① 《马克思恩格斯全集》第 9 卷第 231 页。

② 即今伊斯坦布尔。

占领了贝鲁特。叙利亚各地人民爆发了反埃及统治的起义，埃军后路有被截断的危险，只得匆忙撤退。1841年英国舰队进逼亚历山大里亚港。在英国武力的压迫之下，阿里接受了屈辱的和约（1841年）。和约规定：埃及仍为土耳其帝国的一个行省，帕夏一职由穆罕默德·阿里家族世袭，由最年长者继承；除埃及外，阿里只保留了苏丹；埃及海、陆军限额定在18,000人之内；埃及必须交出海军舰只，销毁造船厂；埃及国库收入的1/4送往土耳其。还规定英土商约的条文同样适用于埃及。这样，阿里除在埃及维持了一个压迫埃及人民的封建王朝以外，他创建大帝国的计划完全因欧洲列强的干涉而破灭了。

英国殖民主义的侵略也阻遏了正在发展中的埃及资本主义因素。英土商约实行后，英国在埃及的对外贸易中跃居首位，四倍于法国。埃及初创的工业本来就存在着成本高、管理不善和劳动力不足等缺点，如今更敌不上英国进口货物。埃及军队数目受到限制以后，军事订货顿时减少，严重地打击了军需工厂的生产。阿里所建立的工厂相继关闭，到1849年底只剩下一个。埃及逐渐成为一个只出产原料的国家，在经济上开始依赖殖民主义国家。

埃及对欧洲资本的依赖，苏伊士运河的开凿

穆罕默德·阿里死后，阿拔斯一世（1849—1854年）、赛义德（1854—1863年）和伊斯迈尔（1863—1879年）相继即位。阿里在其统治的末年，已放弃了国家垄断工商业的制度而代之自由经营政策，使埃及进一步卷入了世界市场。1854年以后政府所颁布的一些法令，允许人民继承、典押与买卖土地；1871年法令又规定凡付年租六倍者，耕地即为私有。这样就产生了一批小农和新兴中、小地主，他们大多是埃及人；但也便利了外国人在埃及购买土地。农民缴纳租税的连环制也取消了，改用货币地租。农民生产积极性提高，耕地面积在1852—1877年间扩大了1/7。在阿里当政时期，政府就已奖励种植棉花，产量倍增，英商大量收购。美国南北战争时，由于棉花供应的缺乏，英国从埃及增加棉花进口，这时埃及棉花出口量激增五倍，价格也相应提高，诱使许多人举债购买土地种植棉花，甘蔗的种植面积相应减少，美国南北战争结束后，棉价大跌，造成了危机。埃及人民吃到了种植单一作物的苦头。

阿里以后的埃及执政者进行了一系列的建设工作，如兴办教育、建筑铁路、敷设电线、修建水利、建设港口、疏浚运河等。但是，埃及本身并不具备兴办这些事业的经济力量，而要依靠外国资本。外国资本逐渐渗入埃及社会。埃及

政府日益依靠法、英等国的外债，外国金融资本在埃及的影响日见显著。英、法等国在埃及相继设立了银行。

苏伊士运河的开凿是外国金融资本控制埃及的关键。穆罕默德·阿里在位时，法国人曾一再向他提出开凿运河的计划，均被拒绝；因为他害怕列强势力由此渗入埃及。曾任亚历山大里亚和开罗的法国领事莱塞普斯本是赛义德的朋友。赛义德即位以后，他就取得组织公司开凿苏伊士运河的租让权（1856 年）。英国反对这个计划，因为英国当阿拔斯在位时已取得了从亚历山大里亚港到苏伊士湾的水陆运输的控制权，并且已完成了从亚历山大里亚港到开罗的铁路修建。英国政府公开宣布运河将危害英国的利益，拒绝投资，并且多方阻挠，促使土耳其素丹不批准这个租让契约。公司不待土耳其素丹的批准（1860 年）而先行动工（1859 年），运河于 1869 年通航。苏伊士运河的开凿给埃及人民带来了无比的灾难。原签订的租让契约规定：在租期 99 年内，运河完全由公司管理，埃及只能得到其收入的 15%。公司负责开凿运河，埃及须无偿提供所需的土地和劳动力，免税输入所需要的机器。这些条款表明埃及在运河区丧失了主权和土地而只取得运河收入中的微少的份额。公司利用埃及的廉价劳动力，减少机器的使用，多用人工，经常有 20,000 到 60,000 埃及农民在恶劣的条件下工作，造成了无数民工的死亡[①]。伊斯迈尔即位后，利用英、土的支持，抗议公司故意不使用机器，以致一度停工（1864 年）。公司借助于拿破仑第三的“仲裁”，改用机器，却强迫埃及因“违约”而赔偿 3,363,000 英镑。苏伊士运河的通航，使孟买到伦敦的航程缩短了 4,840 公里，到马赛的航程缩短了 5,940 公里，大大地降低了资本主义国家商船的航运费用。公司的收入在 1870 年为 264,000 英镑，1907 年已达 4,800,000 英镑，而埃及政府却因负担着繁重的外债而沦为列强的附庸。运河通航后，埃及进一步成为殖民列强争夺的目标。在通过运河的船只中，英国自始即占一半以上，原来它所阻挠开凿的运河如今成为它所争夺的目标。当埃及政府为债务所迫而出售其全部运河股票（计 176,602 股，占全部股票的 44%）时（1875 年），英首相狄斯累利竟不待议会决定而先向私人借款，以 3,976,400 英镑抢先购得埃及的全部股票。英国从此参加了公司的管理。埃及完全丧失了对公司的股权。

埃及借外债始于赛义德。1862 年他第一次借外债 293 万英镑，到他死时，

---

① 一般认为在修建苏伊士运河期间，埃及民工的死亡数字为 12 万人。

留下长期债务达 15,000,000 英镑。伊斯迈尔在位时期，由于外债日增而使国家财政陷于破产。即使饮鸩止渴、出售了苏伊士运河股票也无法支持下去，在他统治的末期，埃及政府的长期、短期的外债已近 35,000,000 英镑。[①] 伊斯迈尔生活奢侈，挥金如土，浪费了不少的钱。他为了举行苏伊士运河通航典礼就花了 1,000,000 英镑。他先后三访君士坦丁堡，贿赂土耳其素丹及其左右，所费亦在 1,000,000 英镑左右，这笔巨额贿费为他换得了"赫迪夫"的称号[②]（1867年）和缔结条约权。他继续穷兵黩武、侵略苏丹。他两度进攻埃塞俄比亚（1875年，1876 年）均遭失败。伊斯迈尔不顾国家的财力，完全依赖外债大兴土木。在这时期中，修建了 112 条运河，长达 135,000 公里；增修了 1,456 公里铁路，此外还有修建港口和敷设电线等建设。这些建设项目都不是一时能见效的。但是，外债须付很高的利息，通常为 7% 甚至高达 20%，在取得债款时扣去利息及手续费以后，实际所得一般只有债额的 70% 左右。例如 1873 年的 32,000,000英镑大借款，实际到手的只有 20,700,000 英镑。在涉及债务或契约纠纷时，欧洲资本家利用领事法庭的裁判总是胜诉；仅在 1863—1867 年间，埃及政府因败诉而付出的赔偿费就达近 3,000,000 英镑。

在外国金融资本的压迫之下，埃及人民的负担是很沉重的。为了偿还巨额的债款，政府不断开征新税。在 1863—1875 年的 12 年中，农民的负担增加了4 倍。当时埃及人口已近 6,000,000，每年须负担税款 730,000 英镑。农民中普遍存在着抗税的情绪。伊斯迈尔在位时，上埃及农民不断发生起义斗争，一直延续到英国人占领时期，未曾终止。

第二节　埃及沦为英国殖民地

埃及财政的国际监督

在侵略埃及的西方列强中，英国是最嚣张的一个。它曾扼杀埃及民族国家的诞生。它曾因抢购苏伊士运河的埃及股票而攫得对运河的控制权。苏伊士运

[①] 关于埃及政府所借外债数目，各书所载互有出入。这里引用的数字是采自巴拉维和乌列士合著《近代埃及的经济发展》第 128、131 页。

[②] 按 Khedive 一词原意为"亲王"，一般把它译成"总督""国王"均不甚贴切，似以音译为妥。

河的通航使埃及成为通往远东的枢纽。英帝国的谋士们看到，英国如果占领埃及，就易于控制印度和向远东扩张，极大加强它在中近东的地位，并在与俄、法争夺该地区中居于优势。英国侵略埃及的步子大大加速。

通过债务来干预内政是西方列强侵略埃及的基本手段。1876 年，埃及政府因财政困难不得不宣布经济破产，停付国债。这就为列强直接干涉埃及内政提供了借口；紧接着成立了由英、法、意和奥匈帝国四国出面组成的"埃及债务管理委员会"。四国的委员名义上虽由埃及赫迪夫任命，实际上都是他们本国垄断资本的工具。英方的委员就是出身于银行家族的巴林。

委员会把埃及短期债务折算为长期债务，总额共达 91,000,000 英镑。年息 7%，分 65 年还清，以埃及海关收入和其他税收为担保。同时，又规定把埃及的国家收入分为两个部分：一部分划归国债局，作为偿还债务之用；另一部分划归埃及财政部，供国家开支。如果财政部的收入超过支出，应将余额交国债局。英、法原来在处理埃及债务问题上的矛盾十分尖锐，经过妥协以后，建立了两国对埃及财政的"双重控制"（1876—1882 年）：英国派员管理埃及的国家收入（巴林任此职），法国派员管理支出。从此，埃及丧失了有关国家财政上的税收、支出和举债等权力。

1878 年 8 月 28 日，列强迫使伊斯迈尔成立所谓"欧洲内阁"。从列强的舆论宣传来看，这似乎是实行限制专制王权的内阁制，但实际上这个内阁是一个为欧洲垄断资本服务的工具。首相努巴尔是效忠于英法资本的傀儡。英国人威尔逊任财政大臣，法国人布里尼尔任公共工程大臣兼管埃及的铁路和邮政，他们拥有很大的否决权。意、奥匈两国也提出了参加内阁的要求。经过协商，由意大利人担任总审计官，另任命一名奥地利人为财政大臣助理。[①] 政府各部门大量任用欧洲人员，他们的薪金比埃及人员高出十倍。"欧洲内阁"千方百计地增加政府的收入，压缩正常的支出来还债，它决定降低军队的薪饷，裁减 2,500 名军官，并且采取直接的强迫征税办法来榨取埃及农民。国家收入的 3/4 用于偿还外债。列强的蛮横干涉引起埃及军队和人民的愤慨，特别是农民的反抗；他们的负担最重，加上 1877 年以后的连年旱灾和畜疫，使农民生活于水深火热之中，各地普遍存在着爆发反抗和起义的一触即发的形势。伊斯迈尔在人民的压力下，于 1879 年 4 月解散"欧洲内阁"，成立了以自由派地主谢里夫为首的埃

---

① 费·阿·罗特施坦因《对埃及的占领和奴役》俄文版第 66 页。

及人内阁。这当然触怒了英、法殖民主义者，他们在不能迫使伊斯迈尔让步以后，就压迫土耳其政府废黜伊斯迈尔，把他放逐国外，由他的儿子杜菲克继任埃及赫迪夫（1879 年）。杜菲克完全是一个听命于英、法的傀儡，他恢复了英法"双重控制"，任命亲英的内阁，对于表示不满的人民则实行严酷镇压。

阿拉比领导的抗英战争

杜菲克的反动统治和列强对埃及内政的干涉促使埃及人民发动以爱国军官集团为中心的反殖民主义斗争。陆军是当时埃及社会唯一有组织的力量。在一定程度上，埃及军队能代表埃及农民的意愿，因为它主要是由农民组成的，部分军官也出身于农村。这些军官在军队中接受了西方的教育，萌发了爱国主义思想，比较激进。军队中有威望的领袖人物是出身农村的艾哈默德·阿拉比（1842—1911 年）上校。他是一个激进的民族主义者，擅长演说、善于鼓动。1880 年 5 月，他领导了要求改善军队待遇的请愿活动，从此成为军队所信赖的代言人。他和他的同僚们积极倡导，组织了祖国党（1879 年），提出"埃及人的埃及"的口号，要求驱逐殖民势力，维护国家主权，实施宪法。这个纲领富有号召力，埃及的知识分子、开明地主和当时力量还很小的资产阶级参加了祖国党。

1881 年 1 月，阿拉比和一批青年军官发动请愿，要求把亲英的陆军大臣撤职。杜菲克诱骗阿拉比等前来会商，当阿拉比等到达陆军部时，立即被逮捕。军队闻讯后，迅速前来营救，冲入陆军部，释放了阿拉比及其同僚。在军队的推动下，2 月 1 日开罗发生了声势浩大的示威游行，迫使杜菲克罢免了亲英的陆军大臣。英、法殖民主义者授意杜菲克向埃及军官们伪装让步，以缓和人民的不满情绪，接着就策划把具有爱国情绪的埃及军队调出开罗。阿拉比获悉这一阴谋后，就于 1881 年 9 月 9 日率领开罗卫戍部队起义，包围王宫，要求实施宪政。这时，以阿拉比为首的爱国军官已不仅是军队的代言人，而且是领导着整个埃及的民族主义运动。在群众爱国运动的压力下，杜菲克被迫接受了他们的要求，委任自由派地主谢里夫再度组阁。1881 年 12 月召开了议会，着手制订宪法。动摇不定的谢里夫同王室和英、法妥协，在制宪问题上步步退让，提出一份包含着政府不对国会负责的条文的宪法草案。祖国党人占多数的议会，坚持主张议会有权审理国家的财政，反对谢里夫的对外妥协的政策，1882 年 2 月谢里夫被迫辞职，接着成立民族主义者组成的内阁，阿拉比在新内阁中任陆军大臣。

民族内阁得到广大人民的支持。它实行了宪政改革，规定政府对国会负责，辞退外国顾问和官员；没收逃亡国外的埃奸的财产，废除"双重控制"制度。1882 年 5 月，英、法派遣舰队到亚历山大里亚港示威，向埃及提出最后通牒，要求杜菲克解散内阁，放逐阿拉比。对帝国主义卑躬屈膝的杜菲克，立即接受这个要求，下令解散民族内阁。开罗等大城市群情激昂，相继举行了反殖民侵略的大会和示威游行。人民要求废黜杜菲克，赶走外国舰队。有些地区农民提出了分配地主土地和勒令地主归还土地的口号，农民拒绝偿还债款。外国资本家和农村里的反动地主纷纷逃离埃及。杜菲克也在 6 月逃往亚历山大里亚港，置身于英舰保护之下，面对着外国入侵的严重威胁，阿拉比下令修建亚历山大里亚港的炮台，积极准备抵抗，并义正词严地拒绝了英国要求拆毁炮台的通牒（7月 6 日）。此时英、法之间的矛盾急剧尖锐化，法国原来坚持共同出兵干涉，英国则企图独占埃及。但是在英国舰队炮轰亚历山大港的前夕（7 月 10 日），法国与英国发生分歧，法国舰队突然奉命退出亚历山大里亚港。法国这个行动是种种原因促成的。此时法国正值普法战争之后，需要全力对付德国；1881 年它已经占领了突尼斯，正在侵入摩洛哥，这些扩张已引起了德、意的不满；法国内阁一再更迭，举棋不定，终于作出退出亚历山大里亚港的决定，这便形成了英国单独入侵埃及的局面。7 月 11 日清晨，英国舰队炮轰亚历山大里亚港。英国舰队拥有大小舰只 14 艘，配备大炮 200 门以上。炮轰持续 10 小时左右，全城顿成一片火海，居民死伤很多，数目无法统计。埃及军队坚持抵抗了 2 日。7月 13 日英军二万五千人登陆，15 日占领全城，大肆劫掠[①]。

阿拉比领导埃及军队守卫开罗，决心抗击侵略者，积极作好西线的布防工作。英军南下之势受阻。不幸的是，阿拉比忽视了苏伊士运河地区的防务。他轻信英国的诺言：如果埃军不在东线设防，英军即不在运河区作战；后来又被法国作出的英国不会破坏运河区中立的保证所迷惑，从而放松了东线防务。英国背信弃义，8 月中旬在运河地区发动攻势，占领塞得港，英国舰队直抵伊斯梅利亚。沃尔斯利率领二万五千名英印军队登陆，越过沙漠向开罗挺进。阿拉比仓促组织力量布防，在通往开罗的要冲泰尔·阿尔·克比尔坚守半月，终于 9 月 13日为英军所攻陷。阿拉比回师退守开罗，可惜为时已晚。9 月 15 日开罗陷落，阿拉比及其他领导人兵败被捕。接着英国军队又攻下西线并镇压了各地的抵抗

① 罗特施坦因《对埃及的占领和奴役》第 183 页。

1882年英国武装进攻埃及和埃及军民抗战

地 中 海

红 海

及

西奈半岛

伊斯梅利亚

苏伊士河

苏伊士

苏伊士湾

塞得港

達米德塔

坎塔腊

伊

大苦湖

大米埃特

门萨来湖

马塔里亚

连朱腊特

沙漠地带

马哈朔达

干薇斯

米哈邑麦

塞尔·厄尔·格比尔

开罗

尼罗河

曼扎拉

马哈拉·库布腊

坦塔

希莫库姆

本哈

艾布基尔

布鲁卢斯湖

马雷奥特湖

依德科湖

达曼胡尔

艾夫尔

三角洲地带

库夫拉

斐尔勒特特湖

亚历山大

埃

及

图例
- 阿拉比的西部防线
- 英军进攻路线
- 西战场埃及抗战据点
- 东战场埃及抗战据点

部队。阿拉比等被放逐到锡兰（今斯里兰卡），许多抗英领袖被处死刑。抗英战争的失败是由于封建统治阶级的叛卖活动，埃及资产阶级的力量还过于弱小，未能提供坚强的领导，军队缺乏周密的作战计划，又未能真正发动农民，各地斗争带有很大的自发性。但是斗争坚持了两个多月，唤醒了埃及的民族意识，暴露了英帝国主义武装侵略者的狰狞面目，对以后埃及民族解放运动有深远的影响。

英国在埃及的殖民统治

1882 年英军镇压阿拉比抗英斗争、侵占埃及以后，英国宣称它对埃占领只是暂时的；一旦杜菲克的权力得以恢复，"一旦这个国家的情况……允许的话"，英军即撤出埃及。这只是施放烟幕，英国决不会退出埃及，军事占领苏伊士运河区是英国的既定政策。英国之所以不敢正式吞并埃及，没有像通常那样以"不列颠统治下的和平"的名义宣布征服，是担心这会引起觊觎埃及的列强的强烈的反对，特别是法国和土耳其的反对；更担心列强会在奥斯曼帝国其他地区如法炮制，损害英国的利益。1883 年，英国取消了对埃及财政的"双重控制"，引起了法国的抗议。英、法在埃及的矛盾一直到 1904 年签订英法协约时才最后解决。根据这个协约，法国放弃了对埃及海关和铁路的监督权。从此埃及国民经济的命脉完全操在英国手中。在 1914 年以前，名义上埃及仍然是奥斯曼帝国的一部分，事实上它已经是英国的殖民地。英国在埃及是通过一种特殊的方式来进行殖民统治的。埃及名义上仍然保存它原有的王朝和政治机构。英国在埃及设置总领事兼外交专员一人，他同时又是埃及赫迪夫和首相的顾问，掌握着国家的实权，实际上是英国驻埃及的总督。此外，英国顾问安插在埃及政府的各个部门，他们的意见等于是命令。英语几乎代替了阿拉伯语成为官方语言。经过改编的埃及军队的总司令和高级军官以及全国警察的高级人员，均由英国人充任。曾任"整理债务委员会"的英国专员及参加过"双重控制"的巴林[①]，担任了英国驻埃及的第一任总领事，是全世界权力最显赫的一个"总领事"，他统治埃及达 24 年（1883—1907 年）之久。

英国殖民当局为了避免列强插手埃及，照顾各国债权人的利益，首先"整顿"埃及的财政；颁布债务法令，增加预算支出中的还债拨款，指定国家收入

---

① 1892 年封爵后改称克罗默。

的专款作为还债之用。在英国统治的最初几年中，埃及政府的收支未能达到平衡，难于支付债务。克罗默后来大肆吹嘘他曾使一个业已破产的国库，不仅偿还了债务，而且逐渐有了剩余。这个"奇迹"是通过什么"魔术"取得的呢？原来，1885 年克罗默经过与英、法、奥、意、德、俄、埃七国的协商，由埃及向其他六国举债 9,000,000 英镑；除"赔偿"各国在亚历山大里亚港所受"损失"及补还已往欠款外，实际上埃及拿到手的只有 1,000,000 英镑。[1] 克罗默精通搜刮之道，看中了尼罗河三角洲的沃土、埃及农业的潜在力量和埃及费拉赫（农民）的勤劳，他把这 1,000,000 英镑投资到兴修水利和其他发展农业的措施上，使出口作物大量增加，从中刮取巨额税收。羊毛出在羊身上，首先得利的是欧洲垄断资本，特别是英国的垄断资本获得了最大的利润。

克罗默也用其他手段来搜刮民脂、增加国库的收入。他利用埃及人不愿当兵的心理而大征免役税，仅此一项每年又增加了 600,000 英镑的收入。他禁止埃及农民种植烟草，以此每年征收烟草进口税 200,000 英镑。[2]

1885 年的货币改革使埃及通行的银币降为辅币，此后在埃及经济中起主要作用的是英镑。英国垄断资本家把埃及当作理想的投资场所。据不完全的估计，到 1913 年为止，英国输入埃及的资本共达 44,900,000 英镑，每年利润不少于 3,500,000 英镑。

克罗默千方百计阻碍埃及的工业发展，为了英国的经济利益，他极力提倡在埃及大种棉花。为使棉花等作物能得到终年灌溉，建造了阿斯旺水坝等水利灌溉工程[3]。英国人经常夸耀克罗默的统治，宣称他废止了徭役而代之以自由劳动。实际上有许多水利工程就是用强迫劳动完成的[4]。1900 年征集了 15,000 人，1903 年征调了 11,000 人；在克罗默统治时期，徭役并未彻底废除。[5] 至于后来徭役之所以能够逐渐废止，绝不是由于克罗默的"德政"，而是资本主义雇佣关系发展的后果。徭役原是封建剥削的形式，在埃及因为管理尼罗河需要劳力，有其历史根源；在封建生产关系发生变化而社会上有了自由劳动力供应以后，徭役就自然逐渐为雇佣劳动所代替了。

---

① 罗特施坦因《对埃及的占领和奴役》第 215 页。

② 同上书，第 219—222 页。

③ 阿斯旺水坝于 1902 年建成开始使用。

④ 《剑桥现代史》英文版第 12 卷第 446 页。

⑤ 罗特施坦因《对埃及的占领和奴役》第 232 页。

在英国的殖民统治下，埃及的经济日益走上了畸形发展的道路。埃及原是盛产棉花的国家，如今棉花则变为它的单一出口作物。到第一次世界大战前夕，棉花的播种面积比 1884 年时扩大了一倍，单位产量也增加了 60%。埃及棉花出口量大约增加了 110%，棉花和棉籽出口数额几占埃及全部出口总额的 90% 以上。埃及农村的经济命运，完全取决于世界市场上的棉花价格。棉花播种面积的扩大，挤掉了甘蔗的耕种面积，糖的出口量锐减。粮食播种面积更是大量减少，大麦面积缩小了 60%，小麦面积缩小了 20%，小麦进口价值从 1885 年的 125,000 英镑增加到 1913 年的 2,196,000 英镑。素有"谷仓"之称的埃及，在粮食上从此要依赖帝国主义国家的进口。

随着棉花种植面积的扩大，埃及的土地关系逐渐发生了变化。小土地占有者人数激增，从 1894 年的 660,000 人增加到 1914 年的 1,560,000 人。这并不意味着农民状况的好转，而只意味着英国垄断资本对埃及农民的进一步控制。英国殖民统治者利用农民渴求获得小块土地的心理而鼓励小土地制；目的在于把小农牢固地束缚在小土地上，以保证出口作物的生产。外资土地公司乘机用贱价购买破产农户的土地，略经改善水利条件以后，即以高于原价十倍以上的价格把土地分成小块卖给农民。1894 年小土地占有者平均每人占地约 2 费丹[①]，1914 年时降至只有 1 费丹，在同一时期内，大地主占有的土地由平均每人 178 费丹增加到 192 费丹。于是形成了两极分化的尖锐的对照：在埃及的土地占有者中占 90% 以上的小农，只占有耕地的 26%，而为数不及 1% 的大地主，却占有 44% 的耕地。中农人数急剧下降，在土地占有者的比重中，从 1894 年的 9.3% 下降到 1914 年的 3.6%。广大农民被束缚在难以糊口的小块土地上备受煎熬。

在外国商品充斥国内市场的情况下，埃及原有的工场手工业日益衰退。大型近代工业企业操在外国资本手中，外国资本在运输和公共事业等企业中获得了经营特权。只有在加工工业部门中，外国人办的工厂较小，才有埃及人办的少数轻工业工厂。"根据所谓'条例'的特权制度而享受全部免税权的外国企业，很轻易地就支配了正在兴起的埃及商业阶级。"[②]

民族资产阶级的发展受到严重的阻碍，他们苦于外国资本的竞争和资本不足，又得不到本国政府的支持。尽管如此，埃及的民族工业还是缓慢地发展起

---

① 1 费丹等于 0.42 公顷。

② 纳赛尔发表在《外交季刊》（1955 年 1 月）上的文章。

来了。埃及民族资产阶级多从事商业和农业方面经营，投资工业较少。埃及资本家兴办了榨油厂和肥皂厂（1889 年）；并把小型糖厂合并，成立了埃及糖业总公司（1897 年）；创办了第一个水泥工厂（1900 年）。这些工厂雇佣的工人多半是季节性工人，工人大多住在附近的乡村，农闲时来工厂作工。外国工业企业和本国资本的工厂虽然使用了雇佣劳动，但是直到 1907 年时，埃及工人人数还是不多的。工业就业人口只有 380,000 人，其中有 286,000 人是外国人。[①] 因此，在第一次世界大战前夕，埃及虽已经出现了近代产业无产阶级，然而工人阶级队伍还是较小的。

埃及资产阶级民族解放运动的兴起和第一次世界大战

19 世纪末，埃及出现了由资产阶级知识分子领导的民族解放运动。民族运动经过了曲折的道路。在很长时期中，不发动群众，仅限于用合法手段进行斗争。资产阶级知识分子开展教育和文化的启蒙运动。为了对抗英、美、法诸国对埃及民族文化的蔑视，他们自创民族学校，1908 年开办埃及大学，即今开罗大学；发行《旗帜报》等报刊。但是他们与工农群众有很大的距离，不敢进行武装斗争，把自己的活动严格地限制在合法斗争的限度以内。

民族运动的代言人是穆斯塔法·卡米勒（1874—1908 年）。他在法国留学时期就善于使用演说和文字手段对殖民主义进行斗争，回国后创办《旗帜报》（1900 年），抨击英国人的专断与横暴，要求实行立宪改革和实现内部自治。他对法国长期存有幻想，1904 年的英法协定才使他对法帝国主义的幻想破灭。他的宣传活动起了唤醒埃及的民族意识的作用。他把民族主义者团结起来，组织了新的"祖国党"（1907 年）。20 世纪初，"亚洲觉醒"所掀起的东方革命浪潮促使埃及的民族主义者走上了政治舞台。当时发生的丁沙维村事件，使埃及民族运动开始具有群众运动的性质。

1906 年 6 月 13 日，一批英国军官到丁沙维村打猎。他们破坏庄稼和伤害村民的暴行，激怒了当地农民，农民们以棍棒自卫，赶走了英国军官，其中有一人因中暑毙命。英国殖民者的法庭判处了 4 名农民死刑，9 人苦役。这一无理判决激起了全国的愤慨，各地群众，纷纷举行民众大会和示威抗议。卡米勒猛烈抨击克罗默的专横统治。1907 年英国当局被迫免去克罗默的英国总领事职务，

---

① 巴拉维和乌列士合著《近代埃及的经济发展》第 190 页。

结束了他在埃及的长期统治。

卡米勒于 1908 年 1 月逝世，开罗有 10 万人送葬。葬礼成为一次人民向帝国主义的大示威，英国当局大为惊慌。新建的祖国党很快被英国当局宣布为非法组织，祖国党人转移到国外活动。但国内资产阶级领导的民族解放斗争并未停止。在人民运动的推动下，一向受制于英国人的埃及议会，也敢于否决将苏伊士运河租期延长到 2008 年[①] 的提案（1909 年）。激进的民族主义者公开提出了英军撤出埃及和驱逐英国统治者的口号。

在第一次世界大战期间，英国借口对土宣战，正式宣布埃及为英国的保护国（1914 年 12 月 18 日），埃及赫迪夫改称"素丹"。埃及处于战时状态，禁止一切集会，报刊须受严密检查。埃及处在英国的军事专制统治之下。

大战爆发后，埃及成为帝国主义战争的战场，特别是苏伊士运河区成为交战国必争之地。所谓"中立化原则"化为乌有。苏伊士运河的控制权原操在英、法两国手中。英国占领埃及后，曾拒绝参加列强关于苏伊士运河国际化的谈判。1888 年 10 月，德、法、意、奥匈、土、俄等国在君士坦丁堡缔结了国际公约，规定运河向一切国家开放，在运河地区内不得有军事行动。英国不愿加入这个公约，任意破坏苏伊士运河的自由通航和中立化原则。英国在运河地区增兵设防，以防德、土军队进攻。德土深知埃及的资源和战略地位对英国具有极大重要性，势在必夺。1915 年初，土军 50，000 人企图从西奈半岛渡过运河进攻埃及，被英军击退，但土军占领了运河以东的埃及领土。1916 年，英国集结大量兵力，越过运河攻入巴勒斯坦，1917 年 11 月，占领耶路撒冷，继而又攻进叙利亚。在战争期间英国以埃及作为向阿拉伯国家宣传的中心，拉拢中东国家。在作战中，英国不敢使用埃及军队，而调动英国各殖民地的军队云集埃及，加重了埃及人民的负担。英国充分利用埃及的劳动力，用暴力把埃及壮丁编成"劳动军团"，迫使数十万埃及人去建筑工事与要塞。英军繁重的运输任务则驱使由埃及人组成的"骆驼军团"担任。

大战期间，外国工业品进口减少，价格上涨。埃及民族资产阶级利用机会积极向加工工业部门投资，特别是棉纺织和制糖工业，使民族工业获得一定程

---

① 原为 1968 年到期。按《关于建筑和开发苏伊士运河及其附属物的埃及总督租让合同和项目清册》第 16 条规定"公司的期限为 99 年，自工程竣工和可通巨轮的海运运河通航之日算起"。运河通航之日为 1869 年 11 月 17 日。

度的发展。民族资产阶级力量壮大，埃及民族解放运动也有了相应的发展。资产阶级在战时提出了改组政府的要求，并建立了新的资产阶级政党——华夫脱[①]（1918 年成立）。埃及工人运动也逐渐开展起来，早在 1899 年，开罗烟草厂工人发动了埃及工人的第一次罢工，从此到大战爆发，不断有不同规模的罢工事件发生。然而当时的斗争只限于经济斗争。埃及工会组织数目随着工业的发展逐渐增多。大战结束时，全埃及已有 90 多个工会，这些都为战后反英斗争高潮地到来准备了条件。

第三节　近代苏丹

埃及征服苏丹及其统治

在穆罕默德·阿里派易卜拉欣率军远征苏丹（1819—1821 年）以前，苏丹不是一个统一的国家。北部是阿拉伯人和努比亚人或他们的混合部落所建立的一些小国。多数还处在部落联盟阶段，其中以住在尼罗河第四瀑布附近的舍基亚人较强，对入侵的埃及军进行了坚强的反抗。芬吉人所建立的散纳尔王国 18 世纪中叶以后已趋衰落，丧失了对苏丹北部诸邦的控制。统治阶级内讧的结果，使它在入侵的埃军面前，只能不战而降（1821 年 6 月）。西南部的达尔富尔王国较强，虽然丧失了科尔多凡要地（1821 年），还能同埃及势力对峙了 50 余年，直至 1874 年才被埃及兼并。

早在 1812 年，穆罕默德·阿里就曾借口有马木路克逃往苏丹，派人往散纳尔国交涉，目的在于了解苏丹的内部情况。阿里征服苏丹的目的是控制那里的商务和掠夺黄金，尤其是获得奴隶来扩充军队。在 1819—1821 年期间，他的远征军先后征服了栋哥拉、柏柏尔等地，灭散纳尔国，建喀土穆为首府，更西取乌拜伊德。1840 年，他在苏丹发动最后一次远征，占领卡萨拉而向红海沿岸扩张。穆罕默德·阿里的继承人继续执行其在苏丹的扩张政策，东向占有红海沿岸的苏瓦金地区（1865 年），同时更集中主要力量大事侵吞苏丹西南部赤道地区；今日苏丹南部的达尔富尔、上尼罗河、赤道省、巴赫尔·卡扎勒等省都是这一时期征服的（1863—1874 年）。埃及封建统治者的侵略，在苏丹各地普遍

---

① Wafd 意为代表团。

遭到反抗。这些反抗都是孤立行动，很快就被配备有火器的远征军各个击破。埃及军已在西征达尔富尔及南向猎奴时，遭到了更顽强的反抗。在马赫迪起义以前，埃及在这些地区的统治一直是不稳固的。与此同时，埃及统治者曾两度从苏丹向埃塞俄比亚发动侵略（1875 年、1876 年），都遭到失败。

埃及统治者在苏丹勒索繁重的税收和贡赋。在喀土穆及其以北地区，他们利用当地的上层贵族来征收贡赋。由于当时埃及统治者已不能从苏丹获得大量黄金，向来用现金交纳的税收开始用奴隶来代替。此外，埃及封建主还掠走牲畜、树胶和象牙。埃及的统治使苏丹地区的奴隶贸易获得进一步的发展。奴隶贩卖在埃及也是由国家垄断的，掠来奴隶被运往埃及和近东诸国。苏丹北部的阿拉伯人也从事猎奴活动，尤其是其中巴卡拉族。巴卡拉族包括若干游牧部落，广布于苏丹南部白尼罗河到乍得湖一带。他们含有黑人血统，勇武善战，后来成为马赫迪武装的一个重要组成部分。巴卡拉族上层人物组织武装猎奴队，深入乌干达北部掳掠黑人。欧洲商人和冒险家加入了奴隶贸易活动，把武器和装备供应给猎奴队，换取奴隶和象牙。在穆罕默德·阿里晚年放弃国家对贸易的垄断以后，埃及和欧洲诸国的商人更相继渗入苏丹；他们的活动范围越过了埃及统治地区。在这些商人中不久就出现了少数"商人王"，他们不仅拥有仆从、骆驼商队和代理人，而且拥有军队和设防据点。其中最著名的人物就是祖贝尔。埃及就是利用他的势力先后吞并巴赫尔·卡扎勒和达尔富尔的（1874 年）。50 年代时，埃及政府曾一再颁布禁止奴隶贸易的法令，但是并未能认真执行。到 60 年代末，英国借口查禁奴隶贸易，侵入苏丹；埃及对苏丹的多年统治已为英国的侵入铺平了道路，这时埃及本身已因财政破产而受英国的控制。英国通过埃及侵略苏丹如同囊中取物。

穆罕默德·阿里的远征军曾雇佣欧洲人和美国人，其中以法国人为最多；在征服苏丹的过程中，欧洲人起了很大襄助作用。到伊斯迈尔统治时期（1863—1879 年）开始正式任命欧洲人充任苏丹地区的行政长官，英国人的地位超过了法国人。苏丹人习惯把从埃及来的外国统治者通称为"土耳其人"，这不仅是指土耳其人和埃及官吏，后来也包括英国人。被称为"土耳其人"的英国探险家，深入苏丹腹地，探索尼罗河源。其中布鲁斯曾极力鼓吹英国侵入埃及、苏丹等地区；贝克本人就是利用埃及官吏身份而充当英国侵略苏丹的鹰犬的。贝克在任赤道省省长的 4 年中（1869—1873 年），打着"禁止奴隶贸易"的幌子，溯尼罗河而上，深入乌干达；在他所征服的地区，建立一连串的哨所。在苏丹南部巩固埃及统治并继续向南扩张的英国殖民主义者，就是曾在中国镇压太平天国起义的刽子手戈登。1874年，他继贝克任赤道省省长，1877年改任全苏丹总督。戈登是一个疯狂的帝国主义者，他大量雇佣欧洲人统治苏丹南部地区。在英、埃统治的压迫下，苏丹人民负担着沉重的税收，商人的正常活动也受到损害。苏丹人民不断进行反对外国统治的斗争。戈登使用各种狡诈手段统治苏丹。当祖贝尔被埃及政府扣留在开罗以后，他的儿子苏里曼在苏丹仍保持着相当的势力。戈登一方面任命苏里曼为巴赫尔·卡扎勒省的省长来安抚他，另一方面又挑拨各部落来反抗他，最后派兵去消灭他。苏里曼举兵反抗，斗争坚持两年之久（1877—1879年）；苏丹人反抗"土耳其人统治"的浪潮波及了达尔富尔和科尔多凡。这些反抗先后都被戈登用武力挫败了。戈登心狠手辣，为了截断苏里曼的供应，他曾纵容巴卡拉族的某些部落去劫掠商队。1879年，戈登认为他已征服了苏丹。可是就在他于1880年辞职返国以后的第二年，苏丹爆发了马赫迪起义。

马赫迪派大起义

苏丹的马赫迪派大起义是苏丹人民反殖反帝斗争史上最光辉的一页，也是非洲近代史上规模最大的一次反殖民主义斗争。它坚持20年之久，狠狠地打击了英帝国主义。

马赫迪起义运动的领导人是穆罕默德·阿赫麦德。他是一个伊斯兰教宣教师，出身贫农家庭，幼时在尼罗河沿岸过着流浪生活，深悉民间疾苦。1871年，他定居在尼罗河上的阿巴岛，从事布教工作，在贫民中间宣传朴素的平等观念：在真主面前，人人平等。这位贫苦宣教师谴责富人、官吏和"土耳其人"的贪婪，号召人民不纳税。他敢于抨击伊斯兰教的上层，受到高级僧侣的谴责，最后他毅然与他们决裂，自称马赫迪①。他由宣教师一跃而为社会革命的首领。追随他的人被称为马赫迪派。他的影响日益扩大，引起了英埃统治者的不安。当苏丹总督召唤他前往喀土穆时，他坚决地说："根据真主和先知的旨意，我就是这个国家的主人，我决不会到喀土穆去解释我的行为"。1881年8月，苏丹总督派遣200名兵士乘汽船到阿巴岛去逮捕他。马赫迪的信徒早有戒备，用木棍和石头打退了军队。阿赫麦德进入科尔多凡的卡底尔山区组织起义。他们缺乏

---

① Mahdi 意即救世主。

武器装备，但有广大穷苦群众的支持；依靠人民群众的力量，同时也利用了当时正在高涨的埃及民族运动，多次击败苏丹总督的讨伐军（1881年12月）。①

1882年3月在埃及取得政权的以阿拉比为首的民族主义者，虽然是反英的英勇战士，但在苏丹问题上却不放弃埃及的大国主义传统。在抗英战争紧急之时，阿拉比不曾调回留在苏丹的埃及军队来参加反英战争，反而命其继续讨伐马赫迪派。埃及军在苏丹一再遭到挫败。1882年3月，一支前往讨伐的埃及主力军被起义军击败，6,000人全军覆没。苏丹西部居民涌入卡底尔山区参加起义军。在英军侵占埃及的同时，苏丹起义军解放了科尔多凡全省，首次攻陷了大城市乌拜伊德（1883年1月18日）并以它为政治中心。起义军把政府的命令、埃及商行的债户账本、卖身契等都付之一炬，大大振奋了苏丹人民的斗志，散纳尔和达尔富尔省各部落相继响应。起义浪潮迅速向北席卷。英国打败阿拉比，

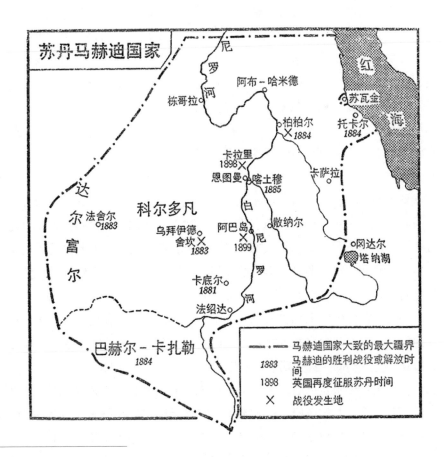

---

① 参阅西克·安德烈《黑非洲史》第1卷第360页。

在埃及初步建立殖民统治以后，便准备直接征服苏丹。英将希克斯任埃及军总司令，统率一万人大军，企图一举扑灭马赫迪派起义。这时的马赫迪派已壮大成为一支拥有4万人的大军，配有从英、埃军缴获的步枪和大炮。1883年11月5日在乌拜伊德附近的舍坎一战，大败侵略军。除少数人逃生外，英埃军全军覆没，希克斯也被击毙。这是一次具有决定性意义的战役。在此以后，苏丹南部各省的"土耳其人"的统治再无法继续维持。起义军先后解放了达尔富尔（1883年12月）和巴赫尔·卡扎勒（1884年4月），至此把苏丹南部各个地区的起义军连成一气了。起义军并乘胜向红海沿岸挺进，进逼苏瓦金。开罗殖民当局派英将瓦伦丁·贝克率3,700余人前往营救被围困的托卡尔，遭到为数不到千人的马赫迪军队的袭击，损失2,300余人，贝克仅以身免（1884年2月5日）。英国海军部队虽然在苏瓦金附近取得小胜，然而只能在一再增援的情况下，固守苏瓦金港。至此，整个苏丹只剩下喀土穆和它以北的地区尚未解放。

面对着这样声势浩大的起义，英埃军队连遭败绩，英国政府暂时不得不考虑让埃及放弃苏丹。埃及放弃苏丹也就是英国暂时放弃苏丹。英国政府看到：历次派遣英、埃讨伐军实际上只是给马赫迪派输送了不少的枪支、大炮与其他军备。起义军已是一支人数众多、有决心全部赶走侵略者的士气旺盛的军队。在这种情况下，要镇压起义，非投入很大兵力不可。英国原来的如意算盘是想用非洲人打非洲人，利用改编后的埃及军当炮灰。但这些埃及军多半是曾经参加阿拉比抗英战争的，不愿为英国作战，他们在营救托卡尔一役中甚至自动放下了武器。英国不但没有可用的军队，也缺乏军费，英国企图让"埃及政府"负担战费，但当时埃及的财政尚未稳定，把埃及仅剩的一点税收投入旷日持久的战争只会引起其他国家债权人的不满。此外，英国在埃及的殖民统治远未巩固，为了防止起义向北蔓延，英国必须把主要军事力量用来稳定埃及局势。英国决定暂时退出苏丹，但并非真正放弃苏丹，只是在不得已情况下的一种权宜之计。同时，英国继续采用借刀杀人的手法：促使意大利和埃塞俄比亚去攻打马赫迪派。英国绝不愿坐视苏丹在重要的尼罗河盆地发展为一个独立的民族国家，但在20世纪80年代中期迫于形势它需要暂时后退一步。

英国作出这个决定以后，选择了戈登这个最熟悉苏丹情况的冒险家来办理撤退的善后工作。英国政府对这个殖民干将寄予厚望，戈登本人却有自己的冒险家打算。戈登再度以苏丹总督的名义于1884年2月18日来到喀土穆。他所注意的不是撤退工作，而是想方设法赖在苏丹。途经开罗时，他曾和被软禁在埃及的苏丹封建主兼奴隶贩子祖贝尔商洽，希望利用他在苏丹的影响组织一支对抗马赫迪派的武力。这一计划因英国政府不同意而未能实现。到达喀土穆以后，他积极筹划另一阴谋：与马赫迪接触，妄想扶植他在北苏丹建立一个脱离埃及而亲英的傀儡国家，而把包括卡扎勒省和赤道省在内的南苏丹划归英属东非殖民地。马赫迪坚决拒绝了戈登的诱降，决心彻底清除在苏丹的外国侵略军。戈登用挑拨离间手段来分化起义军的阴谋也未能得逞。1884 年 4 月，起义军占领了柏柏尔等地区，切断喀土穆和埃及的通路。刚愎自用的戈登，至此完全被起义军围困在孤城，只有等待英国的援兵。1884 年年底，英国集中大批援军在库尔提，分水陆两路出发去营救戈登，都为起义军所阻。马赫迪及时部署兵力，决定用 40,000 大军在英援军到达以前攻克喀土穆。1885 年 1 月 26 日马赫迪大军攻克喀土穆，戈登被起义军的长矛刺死在总督府前。正在兼程南下的英国援军赶紧缩回到埃及。1885 年夏天，起义军继续占领了栋哥拉、卡萨拉、散纳尔等地，除苏瓦金外，几乎解放了苏丹全境，赶走了所有外国军队。在此后 11 年中，受到起义军沉重打击的英国不敢出兵侵犯苏丹。

马赫迪派国家的建立及其被英国消灭

1885 年 6 月，穆罕默德·阿赫麦德因病逝世，年仅 37 岁。他的事业由老战友阿卜杜拉继承。阿卜杜拉在胜利的基础上着手建立统一的国家组织。由于阶级的分化，部落的迁徙和融合，新市镇的产生和军队大兵团的经常调动，在起义过程中苏丹国家的形成已初具轮廓。阿卜杜拉按地区特征划分行政区划，全国分为 20 个省，省设大埃米尔，省下分区设埃米尔。大埃米尔是全省的军政首脑，分别由中央的四个哈里发节制。中央设比特—马勒（中央金库）掌管全国财政、工农业和国内外贸易，各省设分库。阿卜杜拉成为国家元首，称"哈里发"（最高的哈里发），他把中央权力集于一身，建立中央集权统治。他以巴卡拉族牧民为主，建立常备军，给养由中央金库发给，成为他的权力的基础。这个新国家放弃了苏丹的旧政治中心，而以恩图曼①为首都。阿卜杜拉是一个坚定的、不同侵略者作任何妥协的领袖，也是一个杰出的组织者和军事家。他知道敌人必然会采用一切手段来扼杀苏丹新生的国家，因而极力整顿武备，训练新军，设立兵工厂。苏丹建立了一支十万人的军队，除旧式武器外，4 万人装备

---

① 也作乌姆杜尔曼。

有步枪，并拥有 70 余门大炮。英国唆使埃塞俄比亚来进攻苏丹。埃塞俄比亚皇帝约翰四世派兵占领尼罗河上游，遭到阿卜杜拉的有力反击（1885 年）。后来约翰四世为了要对付意大利的侵略，曾于 1888 年致函阿卜杜拉，希望两国恢复和平友好关系，共同对付欧洲人。不幸阿卜杜拉囿于反对基督教的成见，竟要求约翰四世改信伊斯兰教，致使两邻国未能握手言和。1889 年埃塞俄比亚军再度侵入苏丹。3 月 9 日，150,000 埃塞俄比亚军队与 8 万 5 千苏丹军队展开决战。苏丹军队击退了埃塞俄比亚军，但双方损失均极惨重，约翰四世阵亡，埃塞俄比亚军从苏丹境内退却。

建国以后，马赫迪派运动的性质发生了很大的变化。在这以前，马赫迪运动基本上是一个以宗教为外衣的群众革命运动：对外驱逐外国势力，对内进行社会改革。马赫迪废止埃及统治时的极不得人心的税收制度。战时政府的收入主要靠战利品，马赫迪制定的严格纪律和他自己的以身作则，能使各将领把战利品解交国库；把从"土耳其人"手中所夺得金银铸成货币以资流通。当时人民负担的税收较轻。马赫迪实行军事民主，经常和士兵在一起，与人民也常有接触，他常常根据伊斯兰法典亲自处理司法案件，秉公判断，颇得人心。他所制定的政策符合苏丹人民的基本利益，因此，以武装起义为核心的马赫迪派运动能够迅速发展壮大起来。资产阶级史学家往往认为马赫迪运动的高涨是由于宗教狂热，这种看法是完全错误的。甚至连戈登本人在其被围时的日记（1884年 9 月 12 日）中也不得不承认："根据我所看到的来判断，……我不认为这只是由于一般的宗教狂热，……在更大程度上，这是一个有关财产的问题，像是要在宗教旗帜下来宣传共产主义"。[1] 穆罕默德·阿赫麦德本人是否有建立封建国家的倾向，因缺乏史料已无从断定；但是，他在"圣战"的号召下的确奠定了现代苏丹民族国家的基础，所以现代苏丹人称他为"独立之父"，[2] 并非溢美之词。马赫迪派封建国家的形成，是他去世以后的事。起义军上层军官和部落酋长构成了这个新国家的封建统治阶级，他们占有了逃亡的埃及官吏的田庄土地，各省的统治者也成了大土地所有者，开始过着奢侈的剥削生活。农民必须为土地的新主人耕种土地。阿卜杜拉和他周围的宗教、军政领导人构成国家的最高统治集团。阿卜杜拉甚至向奴隶贩子让步。新国家禁止奴隶输出，但不禁止

---

① 《戈登日记》伦敦 1885 年英文版第 119 页。

② 霍尔特《苏丹现代史》英文版第 77 页。

奴隶贩卖，并在很大程度上恢复了外国人统治时期的官僚机构和税收制度。新国家内部的阶级分化削弱了起义军的力量，严酷的阶级对立代替了起义初期平等朴素观念所建立起来的团结。人民继续负担着沉重的赋税。统治集团内部，也展开争权夺利的斗争，阿卜杜拉所属的西部巴卡拉族上层集团取得了明显的优势，使西部集团与尼罗河集团之间的斗争益趋激烈。马赫迪生前所任命的首长，最后只有一人能够保全职位。这些内部矛盾和激烈的内讧之争为英国侵略者造成了重新征服苏丹的机会。

在退出苏丹的 11 年以后，1896 年 3 月，英国政府决定重新侵占苏丹。1885—1896 年这个时期正是帝国主义列强在柏林会议以后疯狂分割非洲的时期。1894 年，英国竟以苏丹土地的主人自居，与利奥波德的"刚果自由国"签订了条约，悍然以苏丹的土地来换得它实现开普—开罗计划所需的走廊地带，促使比利时从刚果（今扎伊尔）侵入苏丹。在埃塞俄比亚为苏丹所败以后，英国又唆使意大利从厄立特里亚侵略苏丹，夺取了卡萨拉。在这个危急时刻，阿卜杜拉仍然拒绝与同样受意大利威胁的埃塞俄比亚新皇帝孟尼利克二世结盟。1896 年 3 月 1 日，埃塞俄比亚在阿杜瓦战役击败了意大利的侵略以后，法国在埃塞俄比亚的影响大大加强。法国觊觎尼罗河上游谷地，正在猛烈插入这块心脏地区。在东部它以埃塞俄比亚为基地，向尼罗河上游派出军队，在西部则从法属刚果派出远征军，企图在苏丹会合，来实现建立其横贯北部非洲东西大陆的殖民帝国计划。法国的"宏图"与英国的开普—开罗计划是针锋相对的，英法在非洲的矛盾陡然尖锐起来。在这种殖民瓜分与争夺的紧迫形势下，英国遂再度亲自出马侵略苏丹。这时，英国在埃及的统治已经巩固，它决定要不惜一切力量抢在法国前面占领尼罗河上游。英国这次军事远征仍然是用埃及的名义进行的。它冠冕堂皇宣称是埃及"收复它自己的领土"，战费应由埃及负担。法、俄两国以捍卫自己所代表的债权人的利益为理由，反对英国从埃及国库提款。最后，英国政府迫不及待地由伦敦贷款 800,000 镑给埃及政府，作为侵占苏丹的战费。

1896 年 3 月，英国派遣基庆纳将军率军进攻苏丹。这是一支由 8,200 名英军和 17,600 名埃军所组成的大军，配备有大炮和当时最新式武器马克沁机关枪。陆上运输有七千余头骡、马和骆驼组成的运输队。尼罗河上除十艘炮艇外，还有五艘运输轮。在帝国主义列强侵略非洲的军事行动中，这是一支空前庞大而装备完善的侵略军。基庆纳采取步步为营的战术，侵略军的进展十分缓慢。为了保证运输，英军修建从瓦迪哈勒法到柏柏尔的铁路。1897 年元旦铁路开工，

10月铺轨到阿布哈迈德，沿尼罗河向柏柏尔推进。阿卜杜拉估计英军主力会走过去援救戈登的沃尔斯利沙漠纵队的老路，因而把自己主力布置在马塔马赫河上。迁延了时日，还消耗了大量给养。最后，阿卜杜拉决定阻止基庆纳部从柏柏尔继续往南推进，遂令部将马哈茂德率主力12,000人渡到尼罗河右岸，在阿特巴拉河畔设防阻击。1898年4月8日，英军发动猛烈进攻。马赫迪军战士英勇奋战，坚守阵地，但在英军优势炮火下，损失惨重，首战失利，通往首都的道路被打通了。8月底，侵略大军22,000人到达喀土穆以北60公里处。9月2日，两军在恩图曼以北九公里处的卡拉里决战。马赫迪战士奋不顾身，猛扑英军。在马克沁机枪和速射步枪的火力下，苏丹军遭到严重的损失，死伤2万多人。恩图曼陷落，马赫迪的陵墓被摧毁，不少俘虏遭到英人的残杀。阿卜杜拉率残部往西退却，退守科尔多凡省，进行游击战争，1899年11月在起义的策源地阿巴岛以南不远地方，被英军偷袭，阿卜杜拉及其战友们大部战死。只剩一员大将奥斯曼·迪克纳撤到红海沿岸，坚持斗争到1900年1月。马赫迪派国家就这样被英帝国主义扼杀了。

苏丹马赫迪大起义延续了20年。1885年建立国家组织是整个起义的转折点。在这以前，它是以部落联盟形式展开的全民性的武装起义；在后一阶段，则是由部落联盟发展而成的封建国家所领导的反侵略战争。这次起义在非洲近代史上具有十分重大意义，它是非洲历史上规模最大、组织最强、持续最久的一次反殖民主义武装斗争。它影响了邻近地区各族人民的反殖民主义斗争，如乌干达的起义。在苏丹历史上，它留下了反殖民主义斗争的光辉传统。在第一次世界大战爆发以前，苏丹各地不断爆发武装起义（1900年，1903年，1904年，1908年，1912年）。这些起义的规模都不大，先后被英国殖民当局用强大的武力镇压了下去。在世界大战时期中，达尔富尔人民爆发了反英起义。在延续一年多的斗争中（1915年4月—1916年11月），为数不过万人的起义军，使英国殖民当局如临大敌，调动了14,000名埃及军队，并动用大炮和飞机才将其镇压下去。

法绍达事件和英国在苏丹的殖民统治

几乎是在扼杀马赫迪国家的同时，发生了法绍达事件。法国为了要实现佛得角—红海横贯非洲东西大陆的计划，派出了三支远征队，企图在尼罗河上游苏丹南部地区会师。由法属索马里往西的两支远征队先后经过了埃塞俄比亚国土

（1898 年），其中一支的前锋曾到达距尼罗河上游约 100 公里的地方，终因交通困难和缺乏运输工具，两支远征队都不得不中途折回。从法属刚果出发由西往东的一支是由马尔尚上尉率领的。这是一支由 8 名法国军官和 120 名塞内加尔士兵组成的远征队，1896 年出发以后，溯乌班吉河而上，在不到两年时间里，跋涉 5,000 公里，于 1898 年 7 月 12 日到达苏丹南部尼罗河畔的法绍达村①。马尔尚远征队抢先在法绍达升起了法国的国旗，声称法国已经占领了加扎勒河省的所有在尼罗河以西直至法绍达的土地，当地舒卢克酋长已将他的国家置于法国保护之下。

在英国侵略军占领恩图曼以后，基庆纳才得到法国远征队东来的消息。他立即率领英埃军队自喀土穆兼程南下，赶往法绍达。9 月 18 日英、法两军在此相遇，形成了紧张局势。双方相持不下，几乎要爆发战争。英国当时已在苏丹投入巨大军事力量，坚持要法军撤退，并以战争相威胁。英国高级官员扬言"有比战争更恶劣的不幸"。法国的实力不如英国，又得不到俄国的实际支持，不敢同英国决裂，终于不得不召回马尔尚，同年 11 月法国撤走在法绍达的军队。1899 年 3 月 21 日，英、法就苏丹问题发表共同宣言，确认苏丹南部和白尼罗河流域是英国的势力范围。法国放弃在苏丹或尼罗河沿岸的要求，英国则承认苏丹以西的赤道非洲为法国势力范围。1909 年，英国与法国交涉划定了苏丹西部的疆界。

法绍达事件解决以后，苏丹事实上已完全沦为英国的殖民地，但名义上却称"英埃苏丹"。1899 年 1 月 19 日，在英国的操纵下，签订了所谓"英埃协定"。这个协定是由克罗默精心策划的。英国是用"苏丹属于埃及"的口实出兵去消灭马赫迪国家并在法绍达事件交涉中对抗法国的。但是在苏丹建立殖民统治时，它就收起了这个口实。克罗默认为：如果再用这个口实，则在埃及享有特权的国家，都有权插手苏丹事务；甚至土耳其也可以利用其对埃及的宗主权来干涉苏丹事务。为了排除其他国家的干涉，这个协定规定苏丹由英、埃共管：苏丹设兼管军事与民政的总督一人，由埃及国王任命，但须由英国政府提出，非得英国同意，不能罢免。第一任总督就是基庆纳，以后的总督也都是英国人。又规定非得英国政府同意，其他国家不得在苏丹设立领事。埃及的法律不适用于苏丹。英国在苏丹的殖民统治是直接统治，行政部门的主要职务皆由英国人担

---

① 即今科多克。

任,下级行政职务则由埃及人担任。驻扎苏丹的埃及军队受英国军官指挥。只有达尔富尔省的情况比较特殊,直到 1916 年起义失败以前,它一直是受英国的间接统治;达尔富尔的酋长(称素丹)在内政上有自治权,并拥有一支 6,000 人的军队。

英国费了很大的力量才把马赫迪派镇压下去。因此,在苏丹建立直接殖民统治后,英国一方面决心使用武力镇压任何起义,另一方面为了能够更稳定地剥削和统治苏丹人民,也不得不采取一些安定居民生活和尊重伊斯兰教的措施。苏丹经过长期战争,人口锐减,元气大伤。殖民当局为了掠夺的需要,利用尼罗河上游的水利,发展农业,特别是棉花的种植,以便把苏丹变为英国纺织工业的棉花供应基地。1907 年,苏丹棉花出口价值为 45,000 英镑,经过 10 年,到 1917 年跃增到 579,000 英镑,即增加了 12 倍。种植棉花的土地大部分掌握在英国公司手中。对于苏丹南部黑人居住地区,英国殖民当局采取不同的政策。它虽也依靠武力,但更多地通过酋长来进行间接统治,甚至容许他们在苏丹国内搞奴隶贸易。殖民当局时常更换酋长,从而削弱他们的势力;同时挑拨部落间的矛盾来减弱他们的反抗。英国殖民当局故意使南部各族和北部地区隔绝,北部商人非经特许,不得到南部活动。在经济政策上,殖民当局采取不许私人投资的办法;在第一次世界大战以前,苏丹南部的社会经济没有多大变化。英国殖民当局的政策是使苏丹南、北两部隔绝,形成明显的差异,以便利用其矛盾而进行殖民统治。今日苏丹民主共和国南北两部的矛盾,就是英国在当时造成的;到 1918 年以后,这种矛盾突出暴露出来[①]。

第四节　索马里和厄立特里亚沦为殖民地

法英意三国瓜分"东非之角"的沿岸地带

"东非之角"的沿海地带,历来是东西方交通的要冲。特别是苏伊士运河通航(1869 年)以后,红海及其出口处的非洲沿海地区,在商务和战略上更显重要,而位于这一地带的索马里和厄立特里亚,就成为帝国主义加紧争夺和控

---

① 参阅科林斯和赫佐格:《英国在苏丹的早期行政管理》,《非洲历史杂志》1961 年第 1 期第 119—135 页。

制的目标。在中世纪初伊斯兰教即已在索马里传播起来。索马里人分为若干游牧部落，直到帝国主义侵入时期，还不曾形成为一个统一国家。只有沿海有些城邦，受一些小封建主统治，其中南部沿岸有一部分地区名义上属桑给巴尔素丹管辖。厄立特里亚也是受一些小封建主统治，其居民人种比较复杂，除埃塞俄比亚人外，还有索马里人、阿拉伯人及其他少数民族。19 世纪 70 年代时，埃及曾侵占红海沿岸马萨瓦一带和索马里的从泽拉到柏培拉沿岸地区，并深入哈拉尔。埃及受帝国主义入侵以后，先后放弃了这些地区；苏丹马赫迪派起义时它退出哈拉尔及附近地区（1884 年）。

1862 年，法国在奥波克"购地"，但直到 1883 年才正式经营这个殖民地。它通过和酋长们缔结条约的手法继续扩张领土。1884 年宣布其为法国保护国，称"法属索马里"，它是法国的"佛得角—红海计划"的东端起点。吉布提建港以后，法国即以它代替奥波克为殖民统治中心，由此向西渗入埃塞俄比亚。英国也很重视沿亚丁湾的索马里地带的战略意义，因和它已经占领的亚丁（1839 年）遥遥相对，扼红海的出口。在 1884—1886 年间，英国通过一系列的欺骗性条约，建立了英属索马里保护国（1887 年）。1888 年英国与法国就划界问题达成协议。1886 年，英国宣布索科特拉岛为其保护国。

在分割非洲的竞争中，意大利来迟了一步。这个"后来者"企图以全力侵略埃塞俄比亚，为了达到这个目的，它首先占领沿海地区。1870 年，一个意大利探险家用鲁巴迪诺公司名义在红海沿岸购得阿萨布，但直到 10 年以后（1888 年），意大利才正式占领这个地方。1884—1885 年时，英国为了便于从苏丹撤退英埃驻军，曾短期占领马萨瓦港。英军撤退后，英国让意大利占领马萨瓦一带，但以意大利必须派兵进攻苏丹马赫迪派为条件。意大利从这两个殖民据点相向扩张，并向内地侵占埃塞俄比亚的领土；1889 年 5 月意大利与埃塞俄比亚皇帝孟尼利克二世订立乌查理条约，该条约把埃塞俄比亚北部若干地区包括阿斯马拉划归意大利，从而建立了意属厄立特里亚。

同年，意军在奥比亚登陆，意大利通过与索马里诸素丹订立欺骗性条约而建立了意属索马里。意属索马里当时只限于窝舍克以北沿岸地区。窝舍克以南为桑给巴尔素丹辖地，当时称贝纳迪尔海岸。1892 年，英国驻桑给巴尔总领事以桑给巴尔素丹的名义将贝纳迪尔海岸租给意大利。条约规定租期 25 年，事实上却由意大利无限期侵占，遂使意属索马里扩张到朱巴河。1894 年，英、意划定了两国分割索马里的疆界，1915 年的英意条约，使意属索马里进一步扩张到基斯马尤。意大利政府把索马里先后交给两个由垄断资本组成的公司来经营，虽由政府给予支持与津贴，后来这两个公司仍都失败了。1905 年由意大利政府接管这个地区。意大利利用厄立特里亚和索马里这两个殖民地作为侵略埃塞俄比亚的基地，妄想侵占埃塞俄比亚，把这三块地区联成一气。

索马里人民的反殖民主义斗争

索马里当时不曾形成为一个统一的国家，不能联合抵抗殖民主义的侵入。但是索马里人民不甘心接受殖民主义的"保护"。1896 年 11 月，摩加迪沙的居民起来反抗意大利的殖民统治，杀死殖民官吏 10 余人，殖民当局从马萨瓦调来军队，经过了剧烈的战斗，起义被镇压。

最大的反殖民主义斗争发生在英属索马里。起义是由毛拉穆罕默德·本·阿卜杜拉·哈桑领导的。1899 年 8 月，他号召索马里的游牧民参加反殖民主义的"圣战"，从此他与英意侵略军战斗了 20 年（1899—1920 年）。最初他在柏培拉等沿海地区活动，起义渐波及整个英属索马里地区。战争失利后转入靠近意属索马里边境的内地。1901 年，起义军扩大到 5,000 人，采取游击战方式，声东击西。英国联合埃塞俄比亚军投入巨大兵力，在费尔迪丁打败了哈桑，迫其转移到意属索马里。不到一年，他又卷土重来，继续斗争。队伍扩大到 12,000人，屡次击败英军。后来，英国人收买一些反对他的酋长，供给武器，制造索马里人打索马里人的内战（1910—1913 年）。阿卜杜拉担当起团结索马里人民，消除部落间内讧的任务。1920 年，英国动员了大批军队，使用了海军和飞机，使他的起义部队受到严重损失。哈桑被迫退入埃塞俄比亚，1921 年死去。

第五节　近代埃塞俄比亚

国家的统一和英国的入侵

十九世纪中叶，埃塞俄比亚帝国仍然处于四大邦对立的混战局面。结束这一混乱局面的是皇帝狄奥多尔二世（1855—1868 年），他原是塔纳湖畔某寺院的一个僧侣，出身于小封建主家庭，因参加抵抗从苏丹侵入的埃及军而逐渐成为一个军事领袖。他结集了依附于他的武装部队，控制了冈达尔以西一带地区，取得阿姆哈拉邦的政权。在 1852—1855 年间，他依靠小封建主的支持，先后战胜了戈贾姆、绍阿和提格雷各邦的封建主，宣布他自己为全国的皇帝（1855 年），定都马格达拉。他把冈达尔 44 个教堂的宝物和 900 件珍贵文献都搬到新都。1860年时，全国的混战局面已基本结束，然而封建割据势力尚未全部摧毁。他需要完成所面临的三大艰难任务：消灭封建割据势力，同化盖拉人，迫使伊斯兰教徒改奉基督教。他试行一系列的改革：统一国家的军队，建立一支纪律较好、兵员较多的军队；改革税收、稍微减轻农民捐税，由中央掌管税收，改革司法与行政，招聘欧洲的技工，限制高级僧侣的势力。他希望废除奴隶制，但不能采取彻底的措施，而是花了很多的钱从奴隶贩子手中买下奴隶予以释放。他是近代埃塞俄比亚最早提出改革的人，但是这些改革在当时条件下注定是要失败的。因为要完成这些改革，必然会触犯世俗和僧侣两部分封建主和其他阶层的利益，必然会遭到他们的顽抗。他在改革过程中异常残暴地镇压一些不时起而反抗他的叛乱。为了征讨反叛的封建主，他不得不加捐加税，这就使某些封建主得以鼓动广大农民来反对他。他受到孤立。埃塞俄比亚的史家把他看成是一个"僭窃者"，因为他不属于"所罗门皇族"；但是承认他的统一事业为帝国的复兴铺平了道路。[1]虽然狄奥多尔二世的多数改革未能实现，但已实行的改革促进了埃塞俄比亚的经济发展。

正当狄奥多尔二世厉行改革这个时期，殖民主义特别是英国的势力再度侵入埃塞俄比亚。英国探险家和商人早已深入埃塞俄比亚，并与埃塞俄比亚的大封建主签订商约。英国在占领亚丁（1839 年）以后，与阿姆哈拉邦签订了商约（1849 年），经常派人驻在冈达尔。英国与几个地方大封建主勾结很紧。狄奥多尔二世并不排斥欧洲人，但他已看穿了殖民主义者的阴谋和威胁手法。他拒绝法国人的传教要求，他说："我知道欧洲政府想要占领一个东方国家所惯用的手法。首先他们派出传教士，接着就会派出领事来支持传教士，随后派军队来支持领事。我不是一个可以随意被愚弄的印度王公，我宁肯直接对付军队。"[2]他希望与英国政府建立友好关系，甚至想联合英国来对付土耳其。只是由于英国政府图谋侵略埃塞俄比亚，长期不答复他在 1862 年致维多利亚女王的信件，并对他进行侮辱，狄奥多尔才把英国领事及其他英国人员等拘禁起来。1867 年底，英国政府借口营救被拘禁的人，派遣了 1 万 5 千名军队，另有 1 万 2 千名

---

① 多雷斯《埃塞俄比亚》1959 年伦敦和纽约英文版第 198 页。

② 伍尔夫《帝国与非洲商业》英文版第 145 页。

运输人员，侵入埃塞俄比亚。英国出兵目的在于摧毁狄奥多尔二世的中央集权统治，力图使埃塞俄比亚重新恢复到分裂的局面，所以悍然拒绝他所提出的和议请求。狄奥多尔得不到全国封建主的支持，只能凭借自己所统率的 6000 军队来对抗英国侵略军。埃塞俄比亚人这支军队虽是久经锻炼的卫国战士，但由于双方力量悬殊太大，遭到惨败。狄奥多尔退守马格达拉。1868 年 4 月 13 日英军攻陷马格达拉要塞时，他宁死不做俘虏，自杀殉国。

狄奥多尔的失败使埃塞俄比亚又陷于四年的混战状态（1868—1872 年），最后才由提格雷邦的王公卡萨即位，称约翰四世（1872—1889 年）。这时苏伊士运河业已通航，埃塞俄比亚的战略地位更加重要；英、法、意三国在埃塞俄比亚展开激烈的角逐。埃及封建统治者也乘机派大军从南北两路侵入埃塞俄比亚。埃及侵略军在北部山区遭到两次挫败（1875 年，1876 年）；但在红海沿岸占领了马萨瓦等地并沿亚丁湾的索马里沿岸，深入埃塞俄比亚内地，占领哈拉尔（1875 年）。苏丹马赫迪起义后，埃及不得不撤走侵略军；但是它的侵略活动已为接踵而至的帝国主义列强对埃塞俄比亚的侵略提供了条件。

埃塞俄比亚的卫国战争（1895—1896 年）

英、法、意三国先后侵入埃塞俄比亚，其中意大利最为猖獗。这时埃塞俄比亚的国内形势给列强以可乘之机。约翰四世虽然称帝，但南部绍阿邦大公孟尼利克并不完全服从他，而是不断扩大自己的势力。1884 年，英国诱使约翰四世进攻苏丹，声称如果埃塞俄比亚出兵进攻苏丹马赫迪国家，英国可将埃及所占领的索马里沿岸让给埃塞俄比亚。约翰四世受英国的唆使，于 1885 年进攻苏丹，双方投入了 20,000 军队。这场战争使两国都蒙受巨大损失。英国并不履行诺言，却把索马里地区划为自己的保护国，又把马萨瓦交给意大利。意军开入马萨瓦后，变本加厉蚕食埃塞俄比亚领土，连占萨蒂、瓦阿等地。1887 年 1 月意大利军 500 余人侵入埃塞俄比亚的提格雷省，在加多利地方为提格雷军民所败，全军覆没。同年 12 月，意军再次入侵，约翰四世率 100,000 大军迎击。此后意大利侵略者转而采取了扶植孟尼利克以反对约翰四世的侵略手法。1888 年，双方缔结了条约，由意大利供给孟尼利克武器，共同对付约翰四世。接着又签订了有名的乌查理条约（1889 年 5 月 2 日）。1889 年，约翰四世在同苏丹军队作战时阵亡，孟尼利克登上了帝位，称孟尼利克二世（1889—1913 年）。意大利乘机重建其在提格雷省的一些殖民据点。

　　孟尼利克是一位有才干和卓识远见的外交家和军事家，他与意大利打过多年交道，深知意大利怀有侵略埃塞俄比亚的巨大野心。他积极从事改革，积蓄力量，准备随时抗击侵略军。首先他建立了比较巩固的中央政权，定都亚的斯亚贝巴，重新完成了国家的统一，镇压了戈贾姆、阿姆哈拉和提格雷各省的分裂势力。此时意大利企图利用孟尼利克的登位和乌查理条约来扩大其对埃塞俄比亚的侵略。乌查理条约正式名称为"意大利—埃塞俄比亚永久和平友好条约"，共 20 条。上文提到这个条约划定了埃塞俄比亚和意属厄立特里亚的疆界，把埃塞俄比亚北部一部分土地割让给意大利，作为意大利供应军火的报酬。同年十月又签订了补充条约，由意大利提供 4,000,000 里拉的借款，而以哈拉尔的关税作为担保。意企图篡改条约第 17 条条文的文字，把埃塞俄比亚变为其保护国。依据阿姆哈拉文本，乌查理条约第十七条规定："埃塞俄比亚万王之王皇帝陛下在与其他列强或政府发生交涉时，可以借助于意大利国王陛下政府。"意大利却私自篡改条约中的文字，意大利文本将"可以"改为"务必"。1890 年 2 月，意大利政府将意文本条约全文公布在"绿皮书"中，并根据柏林会议的原则，通知列强，宣布埃塞俄比亚已接受意大利的保护。当时的法国正企图通过埃塞俄比亚向尼罗河上游扩张，也力图扩大其在埃塞俄比亚的势力，所以立即把这一情况通知孟尼利克。孟尼利克痛恨意大利的欺诈手法，1891 年 4 月向意提出严重抗议，并于 1893 年 2 月宣布将从 1894 年 5 月 2 日起废止乌查理条约。从此埃、意两国进行紧张、复杂的交涉：意大利妄想以 2,000,000 发子弹的赠礼来换得对条约的承认，孟尼利克收下了子弹，付了现款；意大利要求割让提格雷省，也没有得到满足。埃意关系紧张，法国乘机向埃塞俄比亚提供军火，派出教官。1894—1895 年，俄国的"科学考察团"的到达，更使意大利不安。英国唯恐法国势力扩大，极力支持意大利；在 1894 年意英协定中，英国同意将埃塞俄比亚和厄立特里亚划为意大利势力范围。1894 年 7 月，意大利从苏丹的马赫迪手中夺取了卡萨拉。又侵入提格雷省，占领了阿斯马拉到阿杜瓦一带地区，意大利自信发动侵略战争的时机已成熟，向孟尼利克提出最后通牒。1895 年 9 月 17 日孟尼利克发布了告全国人民书，号召全国人民参加保卫国家独立的战争。埃塞俄比亚人民为抗意战争贡献了自己的力量，他们捐衣献粮，几天之内就捐款近 2,000,000 银圆，踊跃参军入伍。意大利低估了埃塞俄比亚的力量。孟尼利克二世团结了全国的人民和封建主，建立了一支包括有盖拉人骑兵在内的、人数达 112,000 人的大军，并拥有 44 门大炮。

1895 年 12 月，埃军在安巴阿拉吉战役中首传捷报，击败了 2,500 名意军，接着，1896 年 1 月又夺取了意军修筑的马卡累要塞。取得初步胜利后，孟尼利克仍提出了条件，要求和谈，意大利却仍然气焰嚣张，妄想征服埃塞俄比亚，继续增兵，大举入侵。1896 年 3 月 1 日在阿杜瓦进行了决定性的战役。战斗从清晨开始，埃塞俄比亚军队依靠良好的士气，正确的指挥，在三个多小时战斗中，大败意军。意军几乎全军覆没，溃不成军。17,700 名意军中（其中意大利人占 60%，余为非洲人）伤亡达 11,000 名，被俘 4,000 人，大炮全部损失。5 月，战争结束。10 月，意大利不得不在亚的斯亚贝巴和约上签字。和约规定：意大利承认埃塞俄比亚独立，放弃其所侵占的土地，不得将厄立特里亚出让给他国，并赔款约 2,000,000 美元。鉴于意大利已往的欺诈手段，和约仅以阿姆哈拉文本和法文本有效。埃塞俄比亚的胜利是非洲人民反殖民主义斗争中的一件大事。它不但打垮了意大利的侵略军，并且戳穿了意大利帝国主义色厉内荏的本质，鼓舞了非洲人民的反殖反帝斗争。

抗意战争后的埃塞俄比亚

孟尼利克希望通过一些改革，使埃塞俄比亚成为一个近代国家。他首先大力发展这个山国的交通，除利用外资修建铁路外，还修建驿道，架设电报线，兴办邮政。此外，他开办学校，设立医院，鼓励种痘；他修订了法律，统一了全国的税则；他还下令废止奴隶贩卖。可惜这些措施没有收到应有的效果，这是两个原因决定的。首先是他不敢触及封建主的利益，未能改变埃塞俄比亚仍然保存着奴隶制残余的封建生产关系；在封建关系重压下，国家的经济发展十分缓慢，南部尤其落后。另一原因是他未能把全部力量用在国家的改革上，他既要在外交上应付列强，同时他自己又在扩张领土，他把大部分精力和国家的财富用在军事上。埃塞俄比亚的版图达到今天的规模，主要是他在位时扩疆拓土的结果。[①] 在 1881—1907 年间，他使埃塞俄比亚的西界推进到白尼罗河流域，南界则抵卢多尔夫湖以北，东则深入索马里。今日埃塞俄比亚的西南边界地区和东部领土，是他用武力征服的。为了圈定其领土，他先后与英、法、意三国的殖民地订立了划界的条约。他的扩张领土的军事行动，有时是与帝国主义的侵略活动有关的。法国争夺尼罗河上游的两支远征队能够得到他的支持而穿行

---

① 只有厄立特里亚是在第二次世界大战后并入埃塞俄比亚的。

埃塞俄比亚本土，正是因为这也符合他西向扩张的愿望。

在意大利战败以后，西欧各国的使团纷纷来到埃塞俄比亚进行种种渗透活动；由于孟尼利克的警惕，列强的野心未能得逞。英、法两国都想拉拢孟尼利克。1897 年英国派使团到埃塞俄比亚，会商疆界问题。英国提出了由它控制尼罗河上游的要求，未达到目的，当时只划定了与英属索马里的边界。法国使团取得较多的利益，因为法国承认埃塞俄比亚对白尼罗河右岸的权利。法国公司取得建筑从吉布提到哈拉尔铁路（1915 年延长至亚的斯亚贝巴）的修建权。法国修建这条铁路的目的在于使吉布提控制埃塞俄比亚的贸易出口。瑞士、希腊、俄国、奥匈等国的官方或非官方使团也接踵而来。俄国利用两国宗教信仰比较接近的关系和法俄友好的政治关系，在埃塞俄比亚进行了拉拢活动。俄人列昂节夫伯爵所率领的使团被称"法俄使团"。列昂节夫受到孟尼利克的重视，1897 年被任命为埃塞俄比亚赤道省省长。赤道省的地理位置并不明确，这一任命意味着孟尼利克有意依靠法国和俄国向西南扩张。另一俄人托维奇中尉曾参加了孟尼利克军队的南征。南征部队中还有法国军官和法国兵士；南征使孟尼利克占领了卢尔多夫湖以北地区。[①]

法绍达危机以后，英、法在东北非的矛盾趋于缓和。1902 年，英国和孟尼利克就划界问题达成协议，协议规定青尼罗河河源地区属埃塞俄比亚，白尼罗河流域全部归英埃苏丹。埃塞俄比亚只有征得英国同意后才能在青尼罗河上建筑水利工程，因为此种工程将严重地影响苏丹和埃及的水利。孟尼利克也同意给予英国在埃塞俄比亚修筑铁路权利，以便修建苏丹—埃塞俄比亚—乌干达铁路网。[②] 不久，英国又帮助埃塞俄比亚建立了国家银行，此后，埃塞俄比亚在财政上既依附法国也依附英国。英、法、意三国并未放弃对埃塞俄比亚的领土野心，1906 年它们订立了三国协定，表面上是尊重埃塞俄比亚的独立，实际上是划定三国的势力范围，以便一旦机会到来就可实现它们分割埃塞俄比亚的野心。[③]

美国垄断资本也力图侵入埃塞俄比亚。美国商品早就输入了埃塞俄比亚。1899 年，美国资本家艾里斯到达埃塞俄比亚，从孟尼利克得到一大片土地，经营棉花种植园。他回国后与华盛顿政界人士一起鼓动美国资本渗入埃塞俄比亚，

---

① 参阅伍尔夫《帝国与非洲商业》第 197—207 页。

② 参阅伍尔夫《帝国与非洲商业》第 202—203 页。

③ 琼斯和门罗《埃塞俄比亚史》英文版第 152—153 页。

老罗斯福总统对此密切注意，派出斯金纳为驻亚的斯亚贝巴的第一任总领事。1903 年和 1914 年，美国和埃塞俄比亚两度订立商约，美国人获得在埃塞俄比亚境内通商及旅行自由等权利。

德国的势力也于 1905 年伸入埃塞俄比亚。在埃塞俄比亚南部盖拉人地区中，特别是在孟尼利克新征服的伊斯兰教地区中，封建主的势力仍很强大。德国和土耳其利用了这些封建势力渗入埃塞俄比亚。孟尼利克晚年多病，未能亲理国政（1913 年死），其外孙雅苏于 1909 年继承帝位。他是一个狂热的伊斯兰教信徒，自称是穆罕默德的后人而不是所罗门的后人。他任用了一批信仰伊斯兰教的地方当权者，执行了亲土、亲德的政策。伊斯兰教当权派入主中央，把持朝政，这严重违反了埃塞俄比亚的信仰传统，从而使统治阶级的内部矛盾又尖锐起来，埃塞俄比亚北部发生了内战（1914 年初）。此时，正当第一次世界大战爆发，列强无暇干预埃塞俄比亚的内政。1916 年 9 月，绍阿省诸封建主乘雅苏不在首都的时机，举行政变，推翻雅苏政权，立孟尼利克的女儿佐迪图为女皇，由哈拉尔省总督塔法里亲王（1930 年即位的皇帝海尔·塞拉西一世）摄政。这次政变改变了埃塞俄比亚的外交路线，使英国避免了德土同盟国假道埃塞俄比亚进攻苏丹的威胁。

第十章 马格里布诸国

第一节 18—19世纪的马格里布诸国

马格里布诸国的衰落

进入18世纪以后，马格里布诸国逐渐衰落。马格里布各国衰落的原因是多方面的。

17—18世纪中，摩洛哥的经济几乎没有什么发展，不能形成为一个摩洛哥民族国家。国内分为两类地区：一为"中央直辖区"，居民以阿拉伯人为主，名义上受中央的素丹控制，实际上却经常分裂为若干封建割据势力；一为"分离地区"，这是柏柏尔部落居住的地区；特别是在阿特拉斯山一带，那里始终保持着军事部落组织，对抗素丹政府。素丹政府的统治完全靠武力来维持，而使用武力最终只是促使国家分裂。与许多穆斯林国家一样，摩洛哥素丹的继承制没有明确的规定。素丹死后，常常发生争位的内讧。争位者有时多至三四人。军事首领上下其手、从中操纵，甚至勾结外敌，一再发生内战。这就给西方殖民主义以可乘之机。当时摩洛哥的国际环境是：休达和梅利利亚仍然在西班牙人手中；英国取得直布罗陀（1704年）后，时时觊觎摩洛哥；摩法商约①（1767年）规定受法国人雇佣的摩洛哥人，不受摩洛哥法律制裁，从而使法国有了干涉摩洛哥内政的借口。

---

① 法国在路易十四统治时期（1643—1715年）就力图扩大法国在摩洛哥的势力以取得领事裁判权；1767年法国派一特使率舰队到摩洛哥缔结一项全面条约。摩法商约规定，对于在摩的法国人之间的纠纷，法国领事有权进行初审，摩洛哥地方法官无权过问法国人与摩洛哥人之间的纠纷。

在土耳其统治下的利比亚、突尼斯和阿尔及利亚三国中，进入 18 世纪以后，利比亚的的黎波里和突尼斯贝伊①的治理区都已变为世袭的统治区。的黎波里的卡拉曼里朝（1711—1835 年）所统治的地区只限今日利比亚的西北部。东北部的昔兰尼加在名义上属土耳其，实际上处于外来冒险家的军事统治之下。突尼斯的幅员和边界已与今日差不多。在侯赛因朝（1705—1757 年）的初期，突尼斯曾有一度繁荣；后来也由于继位之争和殖民主义入侵而日趋衰弱。突尼斯原来的经济和文化都达到较高水平，统治阶级中的土耳其人多被同化，19 世纪时，侯赛因朝已基本上是一个突尼斯王朝。

阿尔及利亚的情况恰恰相反。土耳其人在这里始终是征服者，他们分布在沿海地区，与内地人民一直很少接触，不曾融合。1689 年以后，阿尔及利亚是一个寡头共和国，统治者称"德伊"，由海盗首领及近卫军上层选举产生。"德伊"具有极大权力，但也受制于这些上层分子组成的会议。所谓选举，往往就是武力争夺和阴谋的倾轧，所以死于非命的"德伊"几达半数。"德伊"所直辖的地区只限于阿尔及尔城附近地带，在这以外地区分为西方（以奥兰为首府）、中央（以麦迪亚为首府）和东方（以君士坦丁为首府）三省，均由"德伊"任命"贝伊"统治，实际上是三个割据势力。统治集团势力所及之地，不及今日阿尔及利亚国土的 1/6；此外的山区和南部广大地带分属于各独立部落和不同的伊斯兰教派。进入 18 世纪以后，阿尔及利亚已丧失了昔日的繁荣，贸易衰落，加上饥荒与瘟疫，人口锐减。17 世纪时，阿尔及尔城有人口 10 万，到法国侵入时（1830 年）只剩三四万人。

18 世纪中，马格里布诸国的经济发展都没有达到形成统一的国内市场的程度，因而也延缓了民族国家的形成。在马格里布诸国，团结的唯一纽带是伊斯兰教，当受到外来势力入侵时，在圣战的号召下，他们往往能暂时团结各阶层人民进行卫国战争。但是和以往一样，阶级斗争和封建内战也是通过教派之间的斗争来体现和进行的；因此，宗教上的分歧同时也成为促使民族分裂的力量。

---

① ·16 世纪土耳其远征军征服突尼斯，赶走西班牙人以后，把突尼斯作为由土耳其总督或帕夏治理的土耳其省份。帕夏由土耳其素丹任命，任期三年。但后来突尼斯权力落在负责税收和部落行政的文官贝伊手中，此后，突尼斯最高统治者便称贝伊，世袭，但仍以土耳其素丹的名义统治。阿尔及利亚的最高统治者是陆军长官，称德伊，地方官则称贝伊。

西方殖民列强的侵入

18—19世纪之交，西方殖民列强侵略的矛头也指向马格里布。侵略的借口是要"扑灭海盗"；其实，当时马格里布诸国的海盗活动已成强弩之末，大量减少。阿尔及尔在1816年遭英舰炮轰击时，有被海盗掠获的白人俘虏1,600人，到1830年法军入侵时，只有122人。西方诸国为了保证商运安全，虽照例向这些国家缴纳贡款，然而数目微不足道；1816年时英国每年付给阿尔及尔600镑，美国每年向阿尔及尔缴纳21,000美元。

美国独立后，摩洛哥是最先承认美国的国家之一，与美国签订了条约（1786年），美国允诺每年纳税一万美元。马格里布其他诸国也同美国签订了条约，由美国缴纳税款。可是美国在建立了自己的海军以后，立即向马格里布诸国发动侵略。它在侵犯突尼斯遭到失败（1799年）以后，转而侵略的黎波里（1801—1805年）。在交战中，美国的战舰"费城号"被俘；但它最后还是迫使的黎波里缔结了和约，允许在的黎波里港进行贸易。1815年，美国再度派分舰队驶入地中海，侵略马格里布诸国，击败阿尔及利亚舰队。美国当时是一个新生的国家，没有力量提出苛刻的要求；但是它的入侵进一步削弱了马格里布诸国的海上力量。

1816年，英国召开伦敦会议，企图联合各国对马格里布海盗采取共同行动。但其他国家害怕英国的海上优势，只愿"保持现状"，结果英国只联合了荷兰舰队共同行动。1816年，英荷舰队以要求释放俘虏为名，炮轰阿尔及尔，发炮34,000余发，焚毁阿尔及利亚舰队，同时还迫使突尼斯和的黎波里屈服，偿付赔款。1817年，摩洛哥被迫取消全部舰队。1827年，突尼斯舰队因参加土耳其镇压希腊革命的诺瓦里诺之役而覆灭。从此，失去海军的马格里布诸国几乎完全丧失了海上防御的力量。

1830年法军侵占阿尔及利亚，开始了殖民主义侵入马格里布的一个新阶段。法国的侵略一方面加剧了殖民主义列强在北非的角逐，一方面则使与阿尔及利亚毗邻的摩洛哥和突尼斯受到直接的威胁。摩洛哥素丹起初坐视法国侵入阿尔及利亚，直到阿尔及利亚的民族英雄阿布德·卡德尔抗法失败以后，他慑于国内的舆论压力才公开支援阿尔及利亚（1844年）。可是为时已晚。摩洛哥的丹吉尔和摩加多尔两城遭受法国的炮轰，驻扎在摩、阿边界的4万摩军，又为法军所败。由于英国的干涉，摩洛哥才免遭法军的入侵，与法缔结了屈辱的和约。摩、阿边界一直未划定，法国一再寻找借口入侵（1852年、1859年、1870年、

1881 年、1882 年、1897 年）。殖民列强乘机迫使摩洛哥签订了一系列的不平等条约：美国取得治外法权（1826 年）、英国取得最惠国商约（1856 年）、西班牙则以武力入侵而取得伊夫尼（1860 年）。摩洛哥已不能有效地抵抗殖民侵略，只是由于列强之间利益的矛盾，才使它延缓了沦为殖民地的时间。

突尼斯和阿尔及利亚的统治者彼此不和，势同水火。法军侵占阿尔及利亚时，突尼斯的统治阶级曾向法国提供情报。但唇亡齿寒，从此突尼斯国土受到法国的直接威胁，其他列强亦相继入侵。突尼斯政府企图摆脱国土沦亡危机，自 1840 年以后，推行一系列的改革，如军事改革、废奴、颁布新法典和宪法、进行建设等。这些改革完全依靠欧洲资本和欧洲人员来进行。法、意资本大量渗入，雇佣的欧洲人则肆意贪污。突尼斯统治者把许多经济权益拱手让给外国资本家，法国取得水利和邮电建设的权利，英国取得修建铁路的权利。国库空虚，外债日增，1863 年借款达 35,000,000 法郎。为了偿还债务，政府增辟财源，一再加税，使突尼斯的出口税增至 8% 到 25%，本国的国内市场毫无保障；增税引起人民的反抗；几乎每次大借款之后都发生了人民的反抗斗争和起义（1840 年、1842 年、1843 年、1864 年、1866 年）。外国资本家获得的许多建设租让权实际上并未动工，却借口因社会无秩序受到损失，要求赔偿。政府为了"赔偿"这类"损失"和偿付利息，不得不再向外国借款。借款数目庞大，其中大部分是以物资和陈旧的武器支付的，实际到手的现款很少。于是在债务和租让权—加税—起义—干涉—新债和新租让权的恶性循环之下，突尼斯日益受制于欧洲资本。法国对突尼斯的侵略野心最为露骨。它是突尼斯的最大的债主，突尼斯又与阿尔及利亚国土相接，60 年代末，法国企图利用突尼斯财政困难，将其沦为殖民地。但遭到英、意的联合对抗。当时正是普法战争前夕，法国本土战云密布，法国不得不实行妥协，与英、意共组"国际财政调查团"（1869 年）来共管突尼斯的财政。据调查团统计，突尼斯债务累累，仅年利就达 19,000,000 法郎。国家宣布财政破产。突尼斯的全部债务被折合为 125,000,000 法郎，利息额降到 6,250,000 法郎。每年为了偿付利息，就需要动用国家全部收入的一半以上。法国占债务总额 80%，即 100,000,000 法郎。突尼斯统治阶级已失去了反抗的力量。突尼斯随时可能沦为法国的殖民地。

的黎波里海上优势衰落以后，土耳其利用骚乱和人民起义恢复了它对的黎波里的直接统治（1835 年）。列强欢迎土耳其恢复统治，因为土耳其早已衰落，而当时列强中任何一国吞并利比亚的时机尚未成熟。土耳其的势力仅限于的黎

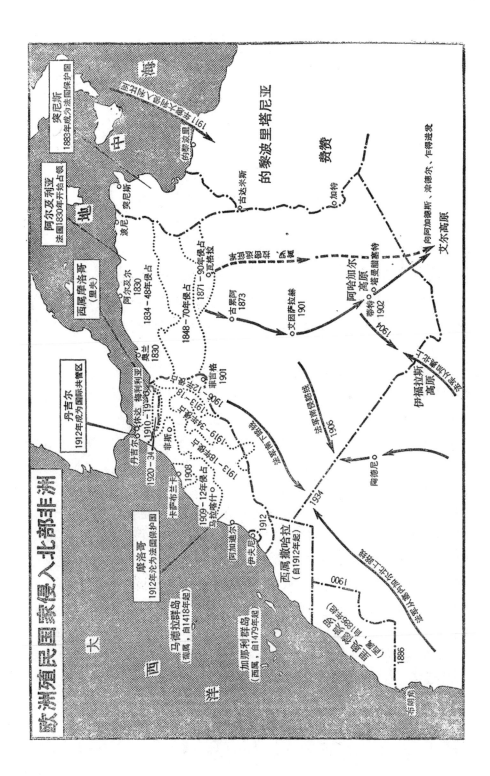

波里沿海地带；在昔兰尼加则有塞努西教团崛起抗击土耳其。这个教团是因塞努西①创立而得名，它以恢复原始伊斯兰教为外衣，号召举行反抗土耳其统治的圣战。它的势力日渐壮大，因受土耳其统治的压迫，不得不向内地发展；但是它得到了柏柏尔和阿拉伯各部的支持，在绿洲地带建立了小清真寺网②，成为后来反抗意大利帝国主义的主要力量。

第二节　法国侵略阿尔及利亚和
阿尔及利亚人民的抗法斗争

法国侵占阿尔及利亚

埃及和突尼斯都是由于欠了外债，国家财政受控制而沦为保护国的。阿尔及利亚的情况则恰恰相反。早在法国资产阶级革命和拿破仑统治时期，法国政府因由阿尔及利亚商人供应粮秣而欠下了他们巨额债务，到1815年时总计达13,800,000法郎。阿尔及利亚德伊侯赛因要求法国复辟王朝偿还这笔债款，一直没有得到解决。1827年4月29日，在一次会见中，德伊询问法国领事德瓦尔，为什么法国政府对他索还债款的要求不予答复。领事以粗暴地语气回答说："我国政府将不给你信件，你的要求无效。"德伊大怒，叫领事离开。德瓦尔不予理睬，德伊气急，用扇子（一说蝇拍）敲了德瓦尔两下。这就是著名的"扇击事件"。法国政府借口这是对法国的侮辱，吵吵嚷嚷要进攻阿尔及利亚。可是，当时法国舰队正忙于希腊事件，无法驶往阿尔及尔，法国更害怕英国的干涉，不敢贸然发动战争。在两三年时间里，法国只是虚张声势在海面上耀武扬威。到1830年法国复辟王朝已经摇摇欲坠，查理十世决定以军事冒险来转移国内人民的视线，以征服阿尔及利亚的"武功"来巩固自己摇摇欲坠的王位。1830年5月25日，法国派遣了7千军队远征阿尔及尔。拿破仑早年策划侵入阿尔及利亚时所留下的有关阿尔及利亚的地理和防卫的研究材料，大有助于这场侵略战争。6月14日法军登陆，经过20天战斗，7月5日德伊战败被迫投降。侯赛因全家逃往那不勒斯，土耳其军队撤回到小亚细亚。法军在侯赛因宫中劫去黄金15,000

---

① 1969年被推翻的前利比亚王室就是其后裔。

② 即所谓扎维亚，这种清真寺筑有工事，是穆斯林的避难所。

磅，白银 220,000 磅，加上其他虏获物共值 55,000,000 法郎，而法国远征军费开支仅 43,500,000 法郎。"许多麻袋的西班牙金币，许多塞满金子的钱币和许多嵌镶钻石的怀表，落到一些军官手中，而所有的东西都被送到国库中去了。"

查理十世的军事冒险并不能挽救复辟王朝的厄运。这是波旁王室、内阁和军人一小撮人的冒险，得不到法国人民的支持，甚至得不到工业资产阶级的支持。7 月 29 日查理十世被赶下台。在阿尔及利亚的"胜利"和复辟王朝的倒台之间仅相隔 23 天。

1830 年七月革命以后，七月王朝对阿尔及利亚的政策是摇摆不定的，因为它本身还不稳固。但是资产阶级的掠夺本性，使新内阁表示要"建立一个重要的殖民地"。一份又一份"调查报告"充满了占领只需要少量的费用和人员、而阿尔及利亚将成为法国的财源的乐观估计。最后，虽然决定保有阿尔及利亚，继续进行征服，但在 1837 年以前只限于局部地区的占领。七月王朝是一个资产阶级王朝。三十年代末，法国的资本主义经济已有很大的发展，工业资产阶级要求殖民扩张。1840 年后，法国对阿尔及利亚的征服更趋积极。在此以前，法国侵阿的军队曾经九易统帅，但是在 1841—1847 年间，法国资产阶级决心要镇压阿尔及利亚人民的抵抗。在这六年中担任侵略军统帅的布若，一直得到政府的信任。法国征服阿尔及利亚的第一阶段，就是在这几年中完成的。

阿布德尔·喀德尔领导的反法斗争

侯赛因投降以后，法国估计在 15 天内就可以使阿尔及利亚屈服。但事实上却花费了 15 年时间，法军才结束征服的第一阶段（1847 年）。至于到法国巩固殖民统治时，已经花了 50 年时间（1881 年）。在侯赛因王室溃逃以后，侵略军所遇到的对手已不是土耳其军队，而是阿尔及利亚的人民。东部君士坦丁地区在阿哈默德的领导下，自始即坚持反法斗争。但是反法侵略斗争的主力是在西部。西部抗法斗争是由阿尔及利亚民族英雄阿布德尔·喀德尔（1808—1883 年）领导的。他出身于阿拉伯宣教师家庭，曾随其父前往东方朝圣。当他回到阿尔及利亚时，法军已占领奥兰等城市，西部陷于敌人入侵的混乱状态。他号召人民在圣战的旗帜下进行反侵略斗争，他领导的斗争坚持达 15 年之久（1832—1847年）。他决心赶走法国侵略者。这是一个艰巨的任务，因为他缺乏物资，同时还要克服各封建教派之间的对立。阿布德尔·喀德尔有良好的教养，生活朴素，在人民中威信很高。他又是一个出色的反侵略斗争的组织者和战士。他依靠农牧民和小封建主，对内努力克服部落社会的散漫性，对外则结好摩洛哥等邻国。他的军队最初只是为数不多的骑兵。军队给养依靠实物征发，加上运输困难，因此只能随地设营，用迅速的行动袭击敌人，藉以获得物资，并避免被敌人围歼。在这样的不利条件下，他同以奥兰为中心的4,000名法军转战经年，迫使法军与他签订了第一次和约（1834年）。法国人以为喀德尔只要建立一个满足个人野心的封建政权，妄想把他变成一个受法国利用的傀儡。喀德尔却利用这个和约所带来的时机加强他的抗战力量。他进行一系列的改革和建设，发展手工工业，建立三个军火工厂，组织正规军，扩大非正规军。他的影响扩展到阿尔及利亚中部和阿尔及尔省。1835年法军违约进攻，两度攻打穆阿斯凯尔，占领特莱姆森，都被喀德尔所挫败。喀德尔的影响深入卡比里亚地区，激起了当地人民的普遍起义。1836年喀德尔军队大败法军，威信大著。同时，法军进攻君士坦丁也遭到艾哈默德的严重打击，死亡3,000多人。

法军认识到一时无法同时对付两支强大的反法力量。为了东向消灭君士坦丁的抵抗力量，不得不再度与喀德尔缔结第二次和约（1837年5月）。法国退出奥兰省大部分地区。和约缔结后，法军立即集中全力进攻君士坦丁，在交战中法军统帅丹累芒被击毙。经过激烈的巷战以后，艾哈默德被迫撤出君士坦丁（1837年10月13日），在奥雷斯山区继续反法斗争，然而力量受到很大削弱。喀德尔与法国签订的第二次和约规定，喀德尔辖有东部、中部两省。法军只保有奥兰以西的沿海城市，这些地区处于喀德尔反法力量的包围之下。喀德尔还支持其他地区的反法斗争，他的影响深入到内地撒哈拉的艾格瓦持，东抵比斯克拉。法国因其侵略活动如军事运输等经常受到喀德尔的阻碍，曾提出修改和约的要求，遭到喀德尔的拒绝。1839年底，法军违反和约企图打通阿尔及尔—君士坦丁通道。喀德尔认识到法国不会遵守和约，决心应战。他说："我们要进行战争，因为从法国人的准备看来，我了解到他们最后所追求的并不是和平。等待几年……，实际上只会使敌人比我们更强大。"[①]1839年11月，喀德尔对法宣战。他的军队狠狠地打击了法国殖民主义者，使他们到处挨打，备受重创。次年春天，法军新统帅自称为"热心的殖民者"的布若到任后，才逐渐扭转局势，转守为攻，对起义军展开机动性的进攻。1844年侵占了喀德尔的首府马斯卡拉，摧毁兵工厂和仓库，喀德尔进入摩洛哥境内。

---

① 埃斯凯《阿尔及利亚史》法文版第29页。

　　此后法军之所以能够几次打败喀德尔，并不完全由于军事装备上的优势，主要由于它采用了最恶毒的、毁灭性的战术。喀德尔采取游击战术，虽有穆阿斯凯尔等城市作为中心，但部队到处为营，机动灵活。法军占领的只是沿海城市，起初在内地只能建立沿线据点来保护通道，仍时常受到袭击而损失大量物资。后来法军了解到只夺取城市并不能挫败喀德尔，于是采用毁灭喀德尔抵抗力量的经济来源的办法来加以扼杀。他们一方面破坏生产，使阿尔及利亚人民不能播种、收获和放牧；一方面则实行抢光政策，劫掠牲畜与粮食作为自己的给养，并大量毁坏树林使游击队无法藏身，法军采用这种抢光、烧光的残暴手法，跟踪追击，深入内地，逐渐缩小包围圈，把喀德尔压到摩阿边境。法国又利用伊斯兰教各教派的矛盾，鼓动并收买这些教派的封建主上层，利用他们来反对喀德尔，借以破坏阿尔及利亚反法力量的团结。1844 年，法军经过了 4 年多的残酷战争，迫使喀德尔退往摩洛哥。法军越境追击，接着发生了法摩战争。战败的摩洛哥无法继续支援喀德尔。但是，喀德尔在摩洛哥穆斯林中的威望很高，他居住在乌杰达，储备力量待机反攻。1845 年春，达赫拉（Dahra）山区部落在布马扎（Bumaza）领导下发动抗法起义。喀德尔马上回国继续领导抗战。在杰马 - 加扎韦特获得大捷，向东挺进。法军以 18 个机动纵队跟踪追击。喀德尔坚持与法军周旋了六个月，累败法军，最后再度退往摩洛哥（1846 年 3 月）。此后，他仍不时从摩洛哥出击，一度进占特莱姆森。到 1847 年年底，法军已先后镇压了阿尔及利亚的各派反法力量，同时并迫使摩洛哥军队阻击喀德尔军队，不让入境。喀德尔终于兵败被俘。①

　　喀德尔是在极其艰苦的条件下坚持抗法武装斗争的。法军的毁灭性的劫掠战术能够得逞，说明喀德尔部队缺少一个经济发达的后方，阿尔及利亚内部又有分裂的力量。喀德尔虽然在西部能充分依靠农牧民，但是在卡比利亚却得不到柏柏尔人部落的支持。阿拉伯部落内部又有其他教派的封建主和他对抗。他的改革曾引起这些大封建主的不满。他和东部的艾哈默德始终未能取得一致的行动，使法军得以各个击破。在力量对比上，法军不但在装备上占绝对优势，并且由于从法国本土逐年增援，在兵员数目上法军也占优势。1837 年法军为 42,000 人，到 1847 年总数达到 107,000 人，远超过喀德尔军的人数。喀德尔缺少外力

---

　　① 另一说法，1847 年 12 月喀德尔在前有追兵后无退路的进退两难情况下，向法军司令奥马尔投降。

的支援。在这样不利条件下，喀德尔始终坚持要赶走法国殖民主义者，不愿意为自己建立一个偏安的王朝而与法国妥协。他是一个伟大的反殖民主义战士。喀德尔的抗法斗争虽然失败了，但这位民族英雄的传奇性的业迹一直留存在阿尔及利亚人民记忆中，它唤醒了阿尔及利亚人民的民族意识。

法国在阿尔及利亚的殖民统治

从 1830 年起，法国开始向阿尔及利亚移民，为欧洲人在非洲开辟了第二个居留地。[①]1833 年欧洲人为 7,812 人。跟着法国军队后面来的，有法国商人和投机家。他们组织公司，掠夺土地。在法军占领的城市地区周围出现了一些法国农场。到 1840 年时，阿尔及利亚的欧洲人已达 30,000 人（有人估计为 27,000人），从事农业者只占 1/10。1841—1847 年间是法国向阿尔及利亚大批移民的时期。布若自称是一个"热心的殖民者"，他曾公开宣称：只要那里水源好，土地肥沃，就要把移民安顿在那里。他从阿尔及利亚人手中夺取了大量的肥沃土地，有计划地推行移民政策。他为移民准备房屋，给予每户 12 公顷土地。后来他进一步实行用退伍军人来移民的办法（1841 年），认为这样做可以加强殖民者的军事力量。他也招引天主教僧团来经营农场（1843 年）。在他的积极推动下，仅在 1844—1845 年中就移入 46,000 名欧洲人；到他离职时（1847 年），阿尔及利亚已有 109,000 欧洲人，其中法国人占 47,000 人[②]。法国政府在镇压了本国的 1848 年革命以后，把巴黎失业工人和政治犯遣送到阿尔及利亚，人数达 2万 1 千人；但最后留在阿尔及利亚的不到一半。1851 年，131,000 名欧洲人中，有 25,000 人从事农业。1852 年，拿破仑三世建立殖民银行，鼓励移民，同时又把反对他的人放逐到这里。到 1861 年时，阿尔及利亚的欧洲人已超过 200,000人。普法战争后，法国政府把不愿留在割让给德国的阿尔萨斯和洛林的居民，遣送到阿尔及利亚。10 年之中，迁到阿尔及利亚的约有 22,000 户，但最后留下的只有几千户。巴黎公社失败后，阿尔及利亚又成了法国政治犯的流放所。1872年，移来的欧洲人总数已达 290,000 人，其中法国移民占 130,000 人。由于欧洲人的生产技术和物质条件较好，移民人口增殖率高，到 1876 年已达 344,000人，其中法国人占 189,000 人。欧洲人已占阿尔及利亚总人口的 1/10。在欧洲移

---

① 第一个欧洲人居留地是荷兰殖民者于 1652 年开辟的开普殖民地。

② 另外，西班牙人 31,528 人，意大利人 8,500 人，德国和瑞典人 8,624 人，马耳他人 8,780 人。

民中，法国人始终占 50% 到 60%，其他则来自德、意、西等国和地中海各岛。他们多数是为生活所迫而迁来的，法国殖民统治者鼓励他们前来，逐渐强迫他们归化，成为法国人。

移民政策是与掠夺阿尔及利亚人的土地密切结合的。掠夺土地自始是法国在阿尔及利亚的殖民统治的一个主要内容。阿尔及利亚的土地所有制原分国有、教产、部落和家族公有四类。所谓国有土地实际上就是"德伊""贝伊"及其他统治阶级上层所享有的土地。他们出走以后，法国侵略军即用法令宣布这些土地为"国有"（1830 年）。1840 年法国颁布敕令，凡拿起武器反对过法国或投向法敌人的人的土地，概予没收。1843 年，殖民当局宣布过去属于德伊和贝伊的土地，正式变成"法国的国有财产"；借口各清真寺管理不善，用法令宣布教产为"国有"，伊斯兰教的教育、救济及信仰用费改由"国家负担"。部落及家族所有的土地基本上是公有制，殖民政府用特种法令来夺取其中最好的土地。1844 年法令规定部落未使用的轮休地须提出文件证明，否则宣布为"空闲无主地"，由政府没收。1846 年又规定"凡是无法以文件证明 1830 年 7 月 1 日以前的土地所有权的无主土地"概予没收。1851 年法令借口改良农业，只分给游牧部落每个成员 8—10 公顷土地，迫使牧民转化为农民，这样就腾出了许多土地，由殖民国家征购或没收。殖民政府通过破坏土地公有制，来瓦解部落组织，进而消灭在当时社会条件下阿尔及利亚的反殖民主义的组织力量。同时，部落所有制转化为私有制以后，更便于欧洲资本家进行兼并。1863 年法令在表面上仍承认公有制，但进行土地测量，并把土地分给家族领有，鼓励向个人私有制转化。此外，又借口土地所有权不明确，把许多土地收为"国有"，特别是森林。1873 年的土地测量还没有完毕，殖民政府又颁布法令，借口人民要求私有和改良农牧业而正式宣布土地私有制。法国殖民统治者又利用镇压起义后的惩罚措施来没收阿尔及利亚人的土地。1841—1847 年间的征服行动使布若夺走了大量土地用来进行有计划的移民。1871 年阿尔及利亚人民起义遭到失败，法国又夺取了450,000 公顷的土地。由于投机和高利贷盛行，有不少阿尔及利亚人的土地转入富有的欧洲移民和土地公司手中。法国殖民统治者夺取土地的速度是惊人的，1850 年时为 15 万公顷，1860 年达到 365,000 公顷，再过 10 年，即 1870 年高达 765,000 公顷，已超过阿尔及利亚耕地面积的 1/10，而且这些土地都是水源最好、最肥沃的好地。以阿尔及尔附近的米迪扎平原为例，在 1857 年时，该地全部 201,000 公顷土地中，只有 3 万 8 千公顷土地仍为阿尔及利亚人所有，其余则分属于欧洲移民或由殖民政府掌握。法国资本家组织土地公司进行土地投机。1830 年时，法国人所掠夺的土地有 30% 集中在两大公司手中。一般公司拥有土地都在 2 万公顷以上。这些公司并没有利用土地，而是留待高价出售，搞土地投机活动。欧洲移民中的穷人也不能逃避欧洲资本家的剥削，有许多移民不久就穷得待不下去而离开阿尔及利亚，他们的土地为大殖民主义者所兼并。公司和大地主并没有在这些土地上进行资本主义的经营，他们充分利用阿尔及利亚的丧失土地的农民的廉价劳动力，而对他们实行封建式的剥削，许多阿尔及利亚农民和牧民沦为农奴和牧奴，或转化为农业无产者。

法国殖民当局在阿尔及利亚实行军事统治，总督和各省长官都是现役军人，各省首府都设有阿拉伯局，受军事首长指挥来统治阿尔及利亚人民。军人的专横跋扈甚至引起欧洲移民的反感，法国不得不在移民较多的地区设置文官管辖区（1845 年）以缓和欧洲人的不满。可是在这些管辖区内的穆斯林却仍毫无政治权利可言。1848 年后，法国推行"同化政策"，在名义上要在阿尔及利亚施行法国法律。它把阿尔及利亚全国分为三郡，设置郡长和市政组织，推选代表出席巴黎议会。但是又规定只有法国公民才能享有公民权利。后来 1865 年的法令宣布所有穆斯林都是法国人，但只是法国的"臣民"而不是"公民"。1871 年后，在名义上虽然废止了军事统治，可是总督仍由军人充任。在法国的殖民统治下，阿尔及利亚人民在政治上无权，经常被置于军事监视之下，没有任何自由和权利。1866—1868 年的三年中，阿尔及利亚相继发生蝗虫、霍乱、旱灾。阿尔及利亚人死亡 500,000，欧洲移民人口所占比例迅速上升。

阿尔及利亚人民的反殖民统治斗争

法国殖民统治给阿尔及利亚人民带来了沉重的灾难，引起阿尔及利亚人民的激烈反抗。与早期喀德尔的反法斗争相比，这些起义的规模要小得多，持续的时间达较短。这是因为 1847 年以后法国殖民统治力量已大大加强，双方力量对比更为悬殊。阿尔及利亚人民起义仍很频繁。起义者战斗很顽强。1849 年扎查绿洲的起义，曾抗击 8,000 名法军达 50 天之久。1851—1857 年间以卡比利亚为中心的山区起义蔓延到沙漠地区，法军调动了 35,000 名军队，采用了各个击破的战术，经过激烈的战斗才陆续把起义镇压下去。在这次起义中，出现了不少的英雄事迹。女英雄娜拉·法提玛的英勇斗争使她博得"阿尔及利亚的贞德"之荣称。1864 年在西部靠近摩洛哥边界的乌列德·西迪·舍克部落发动起义，参加人数众多，波及整个奥兰省南部，经过一年的艰苦战斗以后，起义虽被暂时镇压，但是他们的零星的反抗行动一直持续到 1882 年。

比起上述这些起义来，1871 年的起义规模最大。起义是 3 月 4 日在君士坦丁省爆发的，参加起义的主要是柏柏尔人的卡比利族，由封建主莫克拉尼（Mokrani）领导。莫克拉尼本人起先并没有驱逐殖民者的决心，在人民的压力下他才坚持进行了反法斗争。4 月 6 日，他和以哈达德为首的拉马尼亚教派实行联合以后，才使起义具有鲜明的民族斗争性质。在"圣战"的号召下，他们提出了驱逐殖民者的要求，有 20 多万农牧民参加起义，与 85,000 名法军进行殊死的战斗。在大小三百多次战斗中，他们狠狠地打击了法国殖民主义者。起义波及阿尔及利亚整个东部并越出了卡比利亚山区。最后席卷了西部几个省，并深入撒哈拉地区。阿尔及利亚大起义期间，正值法国爆发巴黎公社革命。在阿尔及利亚的法国移民中的共和派和革命派密切注视着普法战争后法国局势的发展。他们在阿尔及利和其他城市也先后建立了国防委员会和公社组织，对抗法国反动派的统治。但是，他们对同时爆发的阿尔及利亚人民的起义，却不予以支持。小资产阶级的本质和民族偏见使他们在阿尔及利亚人民起义面前退缩下来。他们谴责阿尔及利亚封建势力利用宗教号召圣战，认为反对法国殖民统治是反动的。阿尔及利亚人民则把他们看成殖民者。因此，在巴黎公社尚未失败以前，这些移民中的"叛乱者"因得不到当地阿尔及利亚人民的支持，他们就已向凡尔赛当局屈服了。法国反动派镇压巴黎公社以后，便集中军事力量来镇压阿尔及利亚人民的起义。起义首领接连阵亡或被俘。法军利用起义军兵力分散，孤立作战，占领了起义的几个主要中心。到 1872 年之初，攻陷了撒哈拉的反抗据点，才最后把起义镇压下去。殖民军对起义者实行血腥镇压，没收了他们最好的土地 446,000 公顷，没收了 180,000 支枪械，索取了赔款 36,000,000 万法郎。这次起义是 1847 年以来规模最大的一次起义。

法国对阿尔及利亚发动的野蛮的侵略战争，也给法国人民带来了深重的灾难。有人估计在 1830 年后的 51 年中，法国为了征服和镇压阿尔及利亚人民，共用兵 2,160,000 人，其中死亡 100,000 人。如以移民阿尔及利亚的 25,000 户殖民者计算，则为了每户殖民者的利益就要丧失 4 个法国士兵的生命，同时还需要用 2 名士兵来保护他[①]。实际上法国在殖民地穷兵黩武，只是为了一小撮资

---

① 伍尔夫《帝国与非洲商业》第 29 页。

产阶级、投机商、地主和高级军官的利益。法军在阿尔及利亚的长期暴行，为法国制造了一批镇压法国国内人民的最反动的军人政客。就1830—1876年这一时期而论，镇压1848年巴黎革命的卡芬雅克、拉摩里塞尔和尚加涅尔，作为第二帝国支柱的圣。阿诺和蓓利西尔，镇压巴黎公社的刽子手麦克马洪，都是在阿尔及利亚征服战争中培植出来的。这种情况也说明了压迫其他民族的民族是得不到自由的。这些征服战争也终于把阿尔及利亚人民锻炼成为反殖民主义的英勇的、富有经验的战士。

第三节　沦为法国保护国的突尼斯

法国侵占突尼斯

法国侵占突尼斯的方式与英国侵占埃及的方式一样，都是先通过债务和控制国家财政，然后寻找借口，干涉内政和进行武装占领。法国驻突尼斯领事卢斯坦扮演了克罗默在埃及所扮演的角色。法国是突尼斯的最大债权人，在1869年成立的"国际财政调查团"中占重要地位。但是由于法与英、意的尖锐矛盾，使它在当时还不能下手独占突尼斯。意大利对突尼斯也抱有很大的野心，两国相距很近，西西里岛与阿达尔角之间仅隔突尼斯海峡。在突尼斯的意大利侨民数目远远超过法国人。1881年，意大利人有11,200名，法国人仅700名。在争夺租让权方面，意大利也不肯落在法国后头。1880年7月，意大利不惜出最大的价钱从英国人手里购买突尼斯—古累特[①]铁路修建权，并在武器交易中领先。[②]意大利在突尼斯的猛烈扩张引起法国的嫉视。法国首先通过外交途径取得英国对法国在突尼斯利益的谅解。在为解决近东问题而召开的柏林会议（1878年）上，由于法国已同意不阻挠英国对塞浦路斯的侵略，英国也暗送秋波声称它对突尼斯并无特殊利益。德国也鼓励法国侵略突尼斯，一来可使法国把注意力更多地转移到欧洲以外，二来可以利用愈益加剧的法、意矛盾来控制意大利。

1878年柏林会议后，法国几次逼迫突尼斯承认法国的保护，但均未得逞。法国随时都能找到借口来占领突尼斯。居住在突尼斯西部边境的克劳密尔部落

---

① 即今哈勒格瓦迪。

② 伍尔夫《帝国与非洲商业》第90—100页。

与居住在阿尔及利亚东部的部落素有冲突。一旦时机成熟，法国便可利用这种冲突作为出兵的口实。1881 年 2 月，据阿尔及利亚的法国殖民当局报告，克劳密尔部落民越境进入阿尔及利亚。这本是微不足道的边境事件，法国迫不及待抓住时机，大动干戈。4 月 24 日，法国政府派兵 30,000 名由阿尔及利亚分兵两路侵入突尼斯，另派陆战队 8,000 人在比塞大登陆（4 月 30 日）。腐败透顶的突尼斯政府无力抵抗。1818 年 5 月 12 日，法国统帅闯进宫殿向突尼斯统治者宣读一项在巴黎拟好的条约，要求他接受法国的保护。如果他拒绝签字，就由法国领事卢斯坦已物色的突尼斯傀儡王公来代替他担任贝伊。法军统帅补充说，卢斯坦已陪这位"候补者"坐在马车里，在宫外等候。他只给贝伊 5 个小时考虑的时间。两个小时以后，突尼斯贝伊被迫在条约上签字①。根据这个条约，法国"暂时"占领突尼斯，尊重以前突尼斯与列强所订的条约，此后由法国管理突尼斯的财政和外交。显然这是避免列强特别是意大利干涉的手法。1883 年 6 月 8 日，法国迫使突尼斯订立新约，正式把突尼斯沦为法国的保护国。

突尼斯统治集团不作任何反抗就投降了，突尼斯人民并不屈服。5 月，他们在"圣战"的名义下，发动了反抗法国侵略的武装斗争，起义席卷了中部和南部地区。起义者占领了加贝斯、斯法克斯、凯鲁万等地，并北向进军突尼斯城。法军用突尼斯政府的名义进行血腥镇压，7 月，对斯法克斯城炮轰血洗，占领该城，11 月法军占领全部中部地区，南部地区的抵抗一直坚持到 1883 年。

在争夺突尼斯的斗争中，由于意大利的失败，法、意矛盾尖锐起来。这不仅促使意大利加入三国同盟，同时也加速它对埃塞俄比亚的军事冒险活动。

法国殖民统治下的突尼斯

在征服阿尔及利亚时，法国付出了很大的代价。因此，法国在占领突尼斯后，不再采取直接统治方式，而保全一个完全受法国支配的突尼斯傀儡政权。法国在突尼斯设常驻使节，他的地位是"为处理有关两国事务时，联系法、突两国政府的居间人"，②实际上就是法国驻突尼斯的总督。第一个担任该职务的就是卢斯坦。他主持突尼斯的阁议，直接负责外交和国内治安。在政府的各个部门都安置了法国的高级人员，军事大权也完全掌握在法国人手中。这样一种

---

① 这项条约因在巴尔杜宫殿里签订，故以"巴尔杜条约"闻名。
② 拉维斯《法国现代史》法文版第 8 卷第 344 页。

统治形式，由于一切都是用突尼斯政府名义执行的，所以为法国节省了大量的金钱和大批的人员，并避免了许多麻烦。

法国首先采取措施稳定突尼斯的财政。为节省开支，限制了贝伊的宫廷费用，裁减了军队。为增加收入，加强了突尼斯的原有的税收（人丁税、地产税、实物什一税等）工作和对烟草、盐的专卖的管理。它保证突尼斯政府以举债来清偿旧债，调整债务利息为4%。1883年，取消了国际财政调查团，并通过外交方式使英、意等国放弃了领事裁判权，而由法国独揽对突尼斯的控制权。

与在阿尔及利亚不同，法国在突尼斯的殖民侵略主要是金融资本在起作用，不是由大批移民起作用。首先表现在土地掠夺方面。1881年以前，贝伊政府就已允许欧洲人购置地产，其中以法国人所购为最多，共计107,000公顷。法国殖民统治建立以后，法国垄断资本通过制定法令和法律等手段来继续夺取土地。1885年7月，法国殖民当局颁布了《土地登记法》，规定突尼斯人民必须缴验土地私有的证明文件，重新登记注册。无法提出证件的土地称为"无主土地"，由政府没收。法律又规定土地可以自由买卖，从而便利法国人收买突尼斯人的地产。对于素来不许买卖的教产土地，则以法令使之转化为租赁地（1886年），只须付少量租金即可占有这类地产。1903年颁布的《森林法》，借口保护森林，将许多农民逐离他们原有的土地。通过上述方式夺来的土地不像过去在阿尔及利亚那样分给从法国和欧洲迁来的移民，而是大量落入法国土地投机家手中。1892年，法国已在突尼斯夺得443,000公顷土地，其中有416,000公顷落到16个大地主或"公司"的手中。[①] 在突尼斯的法国人原是不多的。1881年时只有700多人，1901年也只增加到24,204人，占突尼斯的欧洲人的1/5，其中决定长期定居在突尼斯的法国人更少，大部分法国人是官吏、商人和职工。1901年在突尼斯的欧洲人的总数为111,101人，其中意大利人71,600人，占一半以上，马耳他人占1/10。[②]1892—1912年间法国鼓励移民，按"官方移民"计划，殖民当局在突尼斯建立了300多个中心，把土地分成若干大块，分给移民。这样，在突尼斯发展了法国少数人的大地产制。到1912年时，欧洲人占地1,000,000公顷以上，占突尼斯的可耕地的36%，其中2,913户法国地主共占有774,000公顷

---

① 塞巴格《突尼斯》法文版第38页。

② 同上书，第144页。

土地，平均每户约 300 公顷；其他欧洲地主为 1,854 户，占地 135,000 公顷。[①]
其中 87,000 公顷属意大利人，48,500 公顷属其他欧洲人。法国人口增加缓慢，
所以法国移民一直不多。在第一次世界大战前夕，实行了强制土生的欧洲人入
法国籍的归化法，才使"法国公民"在当地居民中占有较大比重。掌握着大量
土地的少数法国地主并不住在突尼斯，他们依靠代理人来经营大片地产，在殖
民地同样表现了法国垄断资本的寄生性。欧洲人大地主手中的大部分土地，分
成小块租给突尼斯无地或少地的农民，按封建的分成制收租。这些租地的农民
还不得离开土地或拒绝地主分配给他们的工作，实际上陷于农奴的地位，法国
人占有的土地只有很小一部分采取资本主义农场方式经营。

　　法国高利贷垄断资本侵略的性质也体现在工业和商业方面。法国垄断资本
多半经营突尼斯的公共工程及交通事业，投资集中在磷酸盐、铅、锌等采矿业
方面。这些都是容易赚取最大利润的企业。磷酸盐是突尼斯的最大矿藏之一，
完全为法国垄断资本公司所操纵。1895 年获得磷酸盐租让权的一家公司，在
1899 年生产磷酸盐 70,000 吨，到 1913 年增加到 1,355,000 吨。几乎为法国完
全垄断的突尼斯对外贸易总额由 1885 年的 45,000,000 法郎，增长到 1913 年的
322,000,000 法郎。[②] 进口商品泛滥成灾，严重压抑突尼斯民族资本的发展，并
使大批手工业者破产，突尼斯城的手工业者人数在 19 世纪末 20 世纪初减少了四
分之三。突尼斯的社会结构和阶级成分开始发生一些变化。失去了土地的农民
沦为对分制佃农和农业无产者，无地的农民数目日益增加。在殖民化过程中穆
斯林封建主和地主失去一些土地，但也从村社公有地中取得了补偿，从高利贷
者中出现了新地主阶层。有一些地主开始转化为农业资产阶级或小资产阶级。
广大人民承受最大的殖民压迫重担，除须纳税受剥削外，还被迫服兵役。他们
是反殖民主义的主要力量，但在当时还缺少领导他们进行民族斗争的组织。

　　19 世纪末，突尼斯开始出现反殖民主义的民族主义运动。90 年代，突尼
斯一些开明地主和知识分子组织了青年突尼斯人运动，出版阿拉伯文刊物进行
宣传鼓动。1905 年，他们与一部分法国小资产阶级知识分子一起成立了"共和
党"，争取突尼斯人与法国人权利平等。1907 年，由于法国籍的党的领导人表现
出大国沙文主义，突尼斯党员分裂出来，成立独立的"突尼斯党"。1911 年突尼

---

　　① 拉维斯《法国现代史》第 8 卷第 347 页。
　　② 拉维斯《法国现代史》第 8 卷第 348 页。

斯党人领导了反对意大利侵略的黎波里的群众运动。同年，在突尼斯城发生了反对迁移坟墓事件。当年 11 月，突尼斯城的居民同法军发生冲突，法军开枪，约有 50 人死亡，几百人被捕。这一流血事件推动了突尼斯人的反法斗争。1912 年 2 月，突尼斯党在突尼斯城组织了抵制法资电车公司的群众性运动和群众示威游行，遭到法国当局镇压。突尼斯党被取缔，刊物被禁止，党的领导人全部被驱逐出境。突尼斯党人在巴黎和瑞士继续进行着反对法国殖民统治的斗争。

突尼斯的工人阶级正在诞生。资产阶级民族主义的活动只限于上层人士和知识分子。农民还不曾发动起来，因而这些反殖民斗争还不能从根本上动摇法国的殖民统治。

第四节　法国殖民统治下的阿尔及利亚

法国殖民掠夺和征服的继续

阿尔及利亚是一个法国移民最多的法国殖民地。1876 年以后，移民的数目加速增长，从阿尔萨斯和洛林迁来大批法国移民。关于移民数目增长的情况，各家估计不一，但出入并不很大①。1881 年时，阿尔及利亚的欧洲人已从 1876 年的 344,000 人增加到 450,000 人，1891 年增加到 530,000 人；1911 年则已超过 750,000 人。在 1889 年以前，法国人一直只占欧洲人的 50%—60%；1889 年以后，法国人的比重开始大为增加。这并不仅仅由于法国移民增加得快的缘故。还由于"归化律"（1889 年）实施的作用。这个法律规定在阿尔及利亚出生的成年外国人均属法国籍，除非他本人提出异议。法籍居民人数大增使法国移民人数在欧洲移民总数中的比重提高到 70%（1906 年）和 80%（1911 年）。后来，虽然法国的官办移民终止了，但是法国私人移民仍在继续，特别是在阿尔及利亚的地中海沿岸的葡萄种植业发达以后。② 这些法国移民多半长期定居下来，因为住在这里享有特权，生活优裕，生活水平也比在法国高，而他们所缴纳的税

---

① 拉维斯《法国现代史》第 8 卷第 329—333 页；德普瓦《阿尔及利亚》法文版第 199—204 页；埃斯凯《阿尔及利亚史》法文版第 52 页。

② 1878 年法国的波尔多和普罗旺斯葡萄产区发生严重的葡萄根瘤蚜虫害，很多葡萄农迁住阿尔及利亚。

款又比在法国低。这种欧洲人生活优裕的状况是长期殖民掠夺的结果，也是继续扩大殖民掠夺的原因。

尽管移民在殖民掠夺中起很大作用，但是到19世纪后半期以后法国在阿尔及利亚的殖民掠夺是高利贷垄断资本在起主导作用。19世纪末，法国的工业已降到世界的第四位，本国工业不够发达，对殖民地原料的需要量就不很多，阿尔及利亚就不像埃及那样迅速地变成为宗主国提供原料的经济作物产地。法国资本也不重视阿尔及利亚的工业。在阿尔及利亚，磷酸盐矿发现得比较早（1873年），但到了90年代才开始较大量开采，其产量还不如突尼斯。阿尔及利亚的煤直到1917年才开始开采，石油则更晚。法国资本只经营少数轻工业，主要是食品加工工业。阿尔及利亚没有独立的银行，它的银行实际上是法国许多银行的分行。银行和进出口贸易都掌握在法国高利贷垄断资本手里。

在继续掠夺土地和土地大量集中的过程中，法国高利贷资本的活动相当猖獗。1876年以后，殖民当局主要是通过法律手续来夺取阿尔及利亚人民的土地。1876年以前所夺得的765,000公顷土地，主要是在北部地区；此后逐渐向南侵夺。法国侵入撒哈拉以后，中部高原地带及其他绿洲地区的牧场也遭受法国殖民主义者的掠夺。牧场原是部落居民共同放牧的地区，1893年殖民当局颁布了法律，把牧场划为"无主地"，由政府处理。通过这样颁布法律进行掠夺和高利贷的兼并，1910年时法国人所侵占的土地已达1,847,000公顷，到1917年时增加到2,300,000公顷；占全国已经登记的土地的55%。19世纪70—80年代时，法国官办移民尚未停止。通过官办移民而来的殖民者[①]都分得一些土地来建立小农庄。然而，在阿尔及利亚的法国移民中，却不曾出现法国国内那种类型的小农经济。这些殖民者有许多人本来就不是农民，他们不善于经营农业，再加上受高利贷的压迫，纷纷出让土地，于是在禁止出让土地的限期（一般为5年）满了以后，就有60%的人出卖土地而流入城市。这些土地大多集中在少数人手中。1873年土地法实行以后不到20年，1891年时已有1/4的部落公有土地转归法国个人私有；当时私有制原则尚未确立，当地居民怀疑土地所有权的可靠性，法国投机商乘机向他们低价购买土地，这些土地也大量转移到高利贷垄断资本手中。加上几家公司原先所获得的大量土地，遂使法国移民中的大地产制压倒了小农制。法国人所掠夺到的土地有90%集中在10,000家地主之手；一般殖

---

① 按"殖民者"（Colon）这个词原来是指农业移民，现在则通用于一般移民。

民者所占有的土地只有 10%。大地主把土地分成一小块一小块，出租给本地农民。即使是经营种植园的大地主，也往往把农场业务委托给代理人经营，而自己住在城市，成为遥领地主。法国移民的农业主要是种植葡萄、蔬菜、鲜果、烟草等，大部分农产品行销法国。高利贷资本通过运输与销售来控制这些法国移民的生产。阿尔及利亚的谷物的种植面积已相对地缩减。由于许多牧场改为农场，牲畜数目也显著减少，到 20 世纪初，已减少了 20%。1878 年以后，阿尔及利亚的葡萄种植面积迅速扩大，由 1880 年的 2,300 公顷，增加到 1900 年的 154,000 公顷。1908 年一度因价格低落和病虫害而增长较缓，但到 1914 年又增加到 181,000 公顷。[①] 种植园和酿酒厂都是大企业，规模比在法国本土的大得多，平均土地面积在 10 公顷左右，有大到 1,000 公顷的。法国垄断资本的酿酒业一方面靠榨取阿尔及利亚的廉价劳动力，另一方面也靠控制移民的小种植场而发展起来。阿尔及利亚的酿酒业的发展还打击了法国的小农，因为阿尔及利亚法国移民生产的酒大多是返销法国的。

1876 年以前，驻扎阿尔及利亚的法国侵略军已经侵入撒哈拉沙漠北部的绿洲地区。随着镇压奥兰省南部的部落反抗的进军，1881 年时法国势力已达到艾因·塞弗拉。1900 年时，法国已征服了撒哈拉全境。法国侵略撒哈拉的主要力量是放在西部接近摩洛哥的边界地区，它企图在西部修建通过撒哈拉的铁路（1878 年），并且以此为基地，侵入摩洛哥领土。1903 年利奥特担任了阿摩边防军司令，更加紧在这一带的侵略活动；这个驻阿军事头目后来成为侵略摩洛哥的主角。在东南部，由富罗拉米率领的远征队，通过了图列格人地带到达乍得（1898—1899 年）。法绍达事件解决后，法国加紧侵占撒哈拉地区，从三个基地同时进军撒哈拉；除北面从阿尔及利亚外，西面从塞内加尔，南面从法属刚果。这三支远征军在乍得会合，打败了拉巴赫所领导的抗法武装斗争。在 1914 年以前，法国并没有实际占领今日阿尔及利亚所属的撒哈拉地区，只是依靠一些哨所和流动的绿洲部队来维持其统治。

民族压迫和反殖民主义斗争

法国施行"同化政策"的目的在于消灭阿尔及利亚人作为民族的存在。由于财产和信仰等种种条件的限制，只有很少的阿尔及利亚人出于自己的要求取得

---

① 德普瓦《阿尔及利亚》第 359—360 页。

"法国公民"的资格。阿尔及利亚人民只有 1/100 的人能有上学的机会。因此，广大的穆斯林居民，仍然受《土著法典》的管制。尽管法国移民的数目迅速增加，他们在当地居民中所占的比重始终只有 10% 到 15%。法国移民中的一小撮大地主和垄断资本家，既要继续掠夺阿尔及利亚人民而又害怕阿尔及利亚人民，是实行这种表面上互相矛盾的政策的原因。他们与宗主国的垄断资本的利益也不是完全一致的，他们要求宗主国保护他们的殖民利益；在"为了我们的安全"的殖民口号下，这些殖民主义者变成了穷凶极恶的极端的种族主义者和沙文主义者。

1876 年以后，法国在阿尔及利亚的行政制度虽然一再改变，但始终坚持种族歧视的民族压迫原则。1879 年，法国政府曾停止对阿尔及利亚的军事管制，但这只限于住在多数法国移民的地区。1881—1896 年间，为了使阿尔及利亚的行政和法国全国各郡一体化，法国把阿尔及利亚的行政事务分属于巴黎各部管辖，总督的职权也大大缩小，只限于执行法国政府的命令。1896 年以后又在阿尔及利亚恢复总督的原有职权，代表宗主国，只听命于法国内政部。阿尔及利亚各城市一直保存着根据种族成分不同而划分的三类市政组织：（一）法国移民多的城市称"全权市"，由法国公民选举市议会及市长，穆斯林只能选出极少数市议员。（二）移民较少的城市称"混合市"，由总督任命行政官来治理。（三）当地居民居住的"土著市"则由法国军事长官治理。1898 年设置了一种叫财政代表团的咨询机构，分别由 24 名殖民者（农业移民）、24 名其他纳税的法国移民和 24 名土著组成[①]，他们分别负责起草预算，提出报告。阿尔及利亚人在政治上是无权的，即使是上层封建主也不过是充当法国殖民统治的助手而已。在镇压 1871 年起义后所实行的《土著法典》，到了 1881 年，被宣布为正式法典。法典规定将司法权交付各地行政官吏；行政官吏可以不经司法手续任意处罚穆斯林居民。这个法典适用于一切非军事管制地区。

失去了土地的农民，多沦为雇农、分成制佃农和季节性的农村短工。因为工业不发达，城市就业机会少，他们不可能大量流入城市，只能留在农村，忍受封建剥削。在阿尔及利亚除法国地主外，还有 5,000 多土著封建主；这些封建主一般已不能领导农民进行反殖民主义斗争。他们充任了殖民统治的下层官吏，逐渐成为倚仗帝国主义力量来剥削本国人民的保守反动势力。这就是在 1881 年

① 财政代表团中的 24 名阿尔及利亚代表，有 9 名不由选举产生，而由法国总督任命。

以后，阿尔及利亚较大规模武装起义偃旗息鼓的一个重要原因。在法国资本的严密控制下，阿尔及利亚的民族资产阶级无法壮大起来。阿尔及利亚也没有产生一个买办资产阶级，因为当地充斥着法国移民，法国资本不需要利用本地人来充当中介人。牧区的土地已为部落上层所控制，封建关系发展起来，但是由于牧场仍由部落民集体使用，保全了部落公有制的传统，因而延缓了部落氏族制的瓦解。

阿尔及利亚人民的反殖民压迫的斗争从未停止过。经过法国屡次残酷的武装镇压并实行日益严酷的殖民统治之后，阿尔及利亚人民的武装斗争暂时进入低潮；有的史学家错误地以为阿尔及利亚人放弃了斗争而进入"缄默时期"。其实，武装斗争并未完全停止，1901 年和 1916 年卡比利亚人中都曾爆发过零星的武装斗争来反抗殖民统治。只是阿尔及利亚的封建主已经不能领导这些斗争了。解放运动的领导权落到民族资产阶级的肩上。20 世纪初，开始出现了以小资产阶级知识分子为中心的民族主义运动；他们成立了"法兰西穆斯林""法兰西土著联盟"等组织（1905—1906 年）。这些组织要求阿尔及利亚人与法国人平等，但是还没有提出推翻法国殖民统治的口号。1912 年成立的"青年阿尔及利亚党"，主要是一批在北非受过宗教教育和在法国学校受过教育的青年人，他们向法国政府提出了批评法国殖民主义制度的请愿书，开展了民族主义的斗争。在资产阶级民族解放运动的最初阶段，这批青年知识分子与封建主已经形成了明显的对立。例如，在对待兵役问题上，他们的态度截然不同。法国虽然早已利用阿尔及利亚人当炮灰，但是到 1912 年才正式公布义务兵役法，这引起了人民中一部分人的不满和反抗，也引起了封建主的反对。但是"青年阿尔及利亚党"却接受了这个法令。他们企图借承担义务兵役作为理由，要求取消阿尔及利亚人在政治和税收上的不平等，取消《土著法典》。在第一次世界大战期间，有 173,000 阿尔及利亚人参加法国军队，青年阿尔及利亚人曾为帝国主义战争出力，幻想殖民主义者在战后会作出某些让步。这种幻想破灭以后，他们才开始考虑依靠群众的武装斗争方式。在大战期间，阿尔及利亚在国外的侨民成立了两个政治组织，一个是在柏林建立的"穆斯林阿尔及利亚独立委员会"（1916 年），与土耳其和德国有联系，在阿尔及利亚战俘中进行反法宣传。另一个组织是在瑞士成立的"阿尔及利亚和突尼斯独立委员会"，它具有明显的反对法国统治的政治倾向，受到多数阿尔及利亚进步知识分子的支持。

第五节 摩洛哥遭受列强分割

摩洛哥的衰落和垄断资本的侵入

摩洛哥封建国家在 19 世纪中叶以后，日益衰落；然而并不像一些西方史学家所说的那样处于无政府状态。素丹穆莱·哈桑（1873—1894 年），对内仍能维持中央的权力，对外则促成召开 14 国的马德里会议（1880 年），他企图借此会议来限制外国领事对摩洛哥雇员的保护权。马德里会议虽然"保证"了摩洛哥的独立和主权，但是哈桑意识到殖民主义的威胁迫在眉睫，力图改革，以维护国家独立。他派遣留学生，雇用各国专家，并建立新式海陆军，创办兵工厂。由于封建势力的反对，改革未能彻底实行，摩洛哥没有成为一个近代国家。他的继承人阿济兹（1894—1908 年）是个羡慕欧洲生活方式的年轻君主，受一群欧洲冒险家的包围。欧洲人来者日多，这些欧洲人和受领事保护的摩洛哥雇员横行霸道，引起了人民的严重不满。1901 年，阿济兹政府实行税收改革，用一种全国统一的财产税来代替传统的各种税收，并规定由专人征收。这项税收改革触动了原来享有免税待遇和负责收税的那些封建主的利益，遭到他们的强烈反对，引起了内战。当时摩洛哥还能勉强维持独立，只是由于西方列强彼此之间的矛盾与互相牵制。英国在摩洛哥的对外贸易中占首位，它想占领摩洛哥以保证对直布罗陀海峡的控制。西班牙因与摩洛哥国土相望，并且早已侵入摩洛哥，一直把摩洛哥视为禁脔。德国垂涎摩洛哥的铁矿储藏，既想往这里移民，又企图在这里建立海军基地作为向海外扩张的据点。意大利由于在突尼斯和埃塞俄比亚的失败，更想把未被占领的摩洛哥当作自己的扩张对象。但当时，还是已吞并了阿尔及利亚和突尼斯的法国对摩洛哥的野心最大，侵略活动也最疯狂。

自 1844 年以来，法国就利用阿尔及利亚同摩洛哥未划定边界的机会，不断从阿尔及利亚向摩洛哥侵蚀。法国一小撮高利贷垄断资本（包括在阿尔及利亚的法国资本）的代言人埃济恩在 1898 年时就公开叫嚣要侵占摩洛哥："阿尔及利亚既然引导我们到突尼斯，它就更应当引导我们到摩洛哥"，公然提出了要把摩洛哥"突尼斯化"的要求，甚至鼓吹用武力实行兼并。[①] 法国力图垄断对摩哥的债权。1903 年摩洛哥借的 22,500,000 法郎的外债是由英、法、西三国分担的，

---

① 阿亚舍《摩洛哥》法文版第 61 页。

以法国资本为最多。但在 1904 年借的 62,500,000 法郎的债务中，则完全由法国银行团承担，以摩洛哥关税的 60% 为担保。这就加深了摩洛哥经济上对法国的依赖。法国银行团是以巴黎荷兰银行为主，债务是通过它们所控制的摩洛哥公司进行交涉而成交的。该公司就是特别为侵略摩洛哥而组织的，法国垄断资本所取得的租让权即由它经营。它在摩洛哥拥有大量的土地。1902 年，法国与摩洛哥素丹订立了新的不平等条约，规定法国协助摩洛哥素丹消灭"叛乱"，法国军队可以根据条约开进摩洛哥。1904 年 12 月，法国政府宣布它对摩洛哥享有特权，接着在 1905 年 1 月，法国派出使团到摩洛哥"协助"改革内政，由法国训练警察，由法国银行团来建立摩洛哥国家银行，并修建道路和矿山，等等。法国当时敢于采取这样明目张胆的侵略行动是因为它已同英、意、西、俄等国秘密地取得了谅解。1902 年的法、意协定规定，法国不反对意大利占领利比亚；法国可在摩洛哥获得行动的自由。1904 年的英法协定，法国以承认英国独占埃及而换得英国承认法国在摩洛哥的"特殊利益"。根据 1904 年 10 月的法、西协定，法国和西班牙划分了在摩洛哥的势力范围，摩洛哥北端归西班牙，其余绝大部分属法国。俄国是法国的盟国，同意法国侵占摩洛哥。

摩洛哥危机

法国宣布在摩洛哥拥有特殊利益后，接着向素丹提出"改革"方案。德国政府坚决反对，1905 年发生了第一次摩洛哥危机。德国利用日、俄战争中俄国战败的时机，立即对法国进行恫吓。1905 年 3 月底，德皇威廉二世到达丹吉尔，发表威胁性的演说，要求一切国家在摩洛哥拥有同等的权利，并强调摩洛哥素丹是"绝对独立的君主"，德国是伊斯兰教的朋友和保卫者，这就否认法国在摩洛哥拥有特殊的权利。德国派使团到非斯，促使素丹拒绝法国所提出的"改革"。德国坚持要由国际会议来解决摩洛哥问题。这就等于是迫使法国承认这是一个国际问题。美国不愿法国独占摩洛哥，支持德国的要求，并提出摩洛哥"门户开放"和"无差别的经济自由"等原则。[1]1906 年 1 月 16 日至 3 月 31 日在西班牙的阿耳黑西拉斯召开了国际会议。会议重申摩洛哥的"独立"和"主权完整"，列强在摩洛哥享有同等的经济权利；同时，又承认法国在摩洛哥拥有"特殊的利益"，关于组织国家银行和建立沿海城市警察，法国虽不能独占，但它取得了

---

① 威廉斯《美国对外经济政策》英文版第 306 页。

控制权。这样一些折衷的决议使德、法双方都不满意。法国的野心未能如愿以偿，但它毕竟取得了一些特权作为进一步侵略的根据。

列强任意宰割摩洛哥的命运，激起了摩洛哥人民的愤怒，一直不曾平息过的反侵略的人民运动更加高涨。1907 年 3 月，法国以一名法国医生在马拉喀什被害事件为借口，从阿尔及利亚派兵占领了摩洛哥东部的乌杰达地区。同年 5 月，因卡萨布兰卡①的铁路工程破坏了穆斯林墓地，有几名欧洲人被杀，法国又以此为借口派兵在西海岸登陆，占领了卡萨布兰卡及其附近地区。法军的入侵和摩洛哥统治者的投降媚外政策，使反侵略的人民运动日益扩大；地方封建主又乘机发动了争夺中央权力的内战。他们把素丹打跑了。其弟哈费德继为素丹，进驻非斯（1908 年），得到了列强的承认。哈费德违反人民的意愿，仍然奉行投靠法国的政策。他不仅宣布承认前素丹所给予列强的一切特权和所欠的债务，并于 1910 年 3 月又向法国举借新债 100,000,000 法郎，以摩洛哥关税的其余 40% 为担保。为弥补财政的不足，他还增加人民的租税负担。地方封建主利用人民的不满再度发动内战（1910 年）。哈费德正式向法国乞援。

1911 年 5 月，法军派 15,000 人进驻摩洛哥首都非斯，占领了梅克内斯、马拉喀什等重要城市。西班牙也同时派兵进驻摩洛哥北部。法国的军事行动使德、法矛盾再度尖锐化，发生了第二次摩洛哥危机。德国认为法国破坏了阿耳黑西拉斯的协议，1911 年 7 月 1 日，派炮舰"豹子号"开到摩洛哥的阿加迪尔示威。德国国内资产阶级报刊叫嚷："用 4,000,000 把刺刀支持曼纳斯曼。"所谓曼纳斯曼是指德国的曼纳斯曼兄弟公司，它于 1908 年获得摩洛哥铁矿的租让权。德法战争大有一触即发之势。英、俄坚决支持法国，意大利虽已加入三国同盟，但它在瓜分马格里布问题上已与法国取得谅解，并不积极支持德国。德国只得坐下来和法国进行谈判。谈判拖延了 4 个月，1911 年 11 月，法、德最后达成协议：德国承认法国对摩洛哥的保护权，法国则以邻近德属喀麦隆的法属刚果的 275,000 平方公里的土地割让给德国（1912 年）为交换。割让给德国的地带把法属赤道非洲割裂为三，德属喀麦隆遂与比属刚果接壤。1912 年 11 月，法国与西班牙彻底瓜分了摩洛哥，法国占领的面积为 572,000 平方公里，西班牙为 28,000 平方公里。

---

① 今达尔贝达。

摩洛哥沦为殖民地和摩洛哥人民的反殖民主义斗争

第二次摩洛哥危机过去以后，法国垄断资本在摩洛哥可以为所欲为了。在短短时间内它猛烈扩张，摩洛哥公司的资本迅速增加到 10,000,000 法郎（1912年），并得到巴黎联合银行的支持。为了全面"开发"摩洛哥，法国各银行在巴黎、荷兰银行的领导下又于 1912 年 2 月成立了"摩洛哥总公司"。3 月 30 日，法国政府迫使素丹哈费德签订了"非斯条约"。条约规定摩洛哥为法国的保护国，素丹王位与宫廷仍然保留，实际上只是法国的傀儡而已。法国在摩洛哥设常驻使节，他是摩洛哥的实际统治者。只有他才能提出法律，并由他直接管理外交和军事。第一个担任这一职务的就是统率侵略军的利奥特元帅。法国殖民当局立即着手采取各种统治措施：改组摩洛哥的行政机构以保证剥削的顺利进行，建立现代财政信贷机构以保证投资；掠夺土地以便进行移民；加紧建设工程和组织垄断商业机构来为垄断资本服务。阿耳黑西拉斯会议表面上所保证的三项原则——素丹的主权、摩洛哥领土的完整和各国平等的经济利益——全都化为乌有，连形式上都不存在了。摩洛哥已沦为法国和西班牙的殖民地。

非斯条约的签订引起了摩洛哥人民极大的愤慨。4 月，非斯的居民与驻军首先起义，不久被法军镇压。5 月间，部落起义军攻到非斯近郊，8 月间，一度光复了马拉喀什。摩洛哥起义军利用德、法矛盾，得到德国人的接济。法国殖民者感到哈费德已不能再起作用了，遂于 1912 年 8 月 12 日将他废黜，起用更为听话的优素福来代替他（1912—1927 年）。当时法国侵略军须同时在几个地区作战。它用素丹的名义来进行"讨伐"，同时使用了收买政策。直到 1914 年夏，它才把在摩洛哥的东西两大占领区连成一片。第一次世界大战爆发后，摩洛哥变成了法国的第二战场。世界大战结束后，摩洛哥人民继续进行抗法斗争，一直坚持到 1934 年，法国的征服战争才算告一段落。仅在 1912—1915 年间，法国在摩洛哥所耗费的军费已超过十亿法郎[①]。1913 年时，法军增加到 70,000 人。法军死伤的数目前后达 40,000 人，其中真正法国人只有几千，大部为阿尔及利亚人、突尼斯人和塞内加尔人、还有摩洛哥人。法军把在阿尔及利亚使用过的那套野蛮战术使用到摩洛哥：杀死或掠走牲畜，毁坏谷物，破坏水井，焚毁田庄，最后还使用了大炮与飞机剿灭人口。在这样极其艰难的条件下，阿特拉斯中部山区的农牧民始终坚持斗争，出现了不少可歌可泣的英雄事迹。可惜他们

---

① 阿亚舍《摩洛哥》第 335 页。

自守一地，未能超出部落的限制，不能形成为全国规模的、有组织的斗争，因而不能重创法国侵略军。

根据 1912 年法国和西班牙订立的协定，西班牙不仅占领了摩洛哥的北部；西班牙资本还参加丹吉尔—非斯铁路的建筑与经营。1923 年列强同意丹吉尔由国际共管。西属摩洛哥在名义上由素丹任命哈里发统治，实际上是西班牙高级专员统治的殖民地。西班牙人在这里遭到了更有力的抵抗，不得不投入更多的兵力，1914 年时驻军已达 121,000 人。在一次大战期间，摩洛哥人民的反殖民主义斗争深入发展，战后，这里爆发了规模更大的里夫起义。

第六节　意大利侵占利比亚

利比亚在土耳其帝国再度统治时期（1835—1911 年）遭到更加残酷的掠夺。19 世纪末，西方列强在非洲的侵略活动日益加紧，意大利已在准备武装侵略。法国侵占突尼斯以后，意大利就已着手策划武装占领利比亚。为了防止法国人抢先占领的黎波里塔尼亚，早在 1887 年意大利分别与英、德、奥匈等国订立协定，维持地中海现状共同对付法国。后来由于侵略埃塞俄比亚的失利，意大利不得不暂时延缓实现其侵略利比亚的野心。1902 年意大利与法国签订了巴列尔 - 普林涅齐协定，意承认法对摩洛哥的要求，法国则承认意大利对的黎波里和昔兰尼加的要求。此后意大利曾计划派兵远征，后又决定先采取经济渗透和收买阿拉伯部落酋长的手法来逐步侵蚀。意大利银行和罗马银行相继在利比亚投资，意大利垄断资本竭力宣传利比亚是意大利最好的移民地区。[①]第二次摩洛哥危机时，意大利认为再不能错过时机，于 1911 年 9 月 28 日借口恢复秩序，向土耳其政府提出最后通牒，实行武力占领。

土耳其帝国在利比亚的防守力量是很薄弱的，只配备一个师约 7,000 名的驻防军。意大利却动员了 90,000 名军队，并派舰队封锁了海岸线，使土军无法增援。在这次战争中，意大利第一次出动了空军。意大利吸取了在埃塞俄比亚失败的教训，这次作战计划制订得比较周密。意军很快地控制了的黎波里塔尼亚和昔兰尼加的沿海重要据点，但在内地遭到了阿拉伯部落的有力抵抗。

---

① 克罗瑟《意大利史》英文版第 259 页。

1912 年 7 月，土耳其国内发生政变，巴尔干半岛上又爆发了反土耳其统治的战争，土耳其政府自顾不暇，不可能继续同意大利作战。1912 年 10 月 28 日，土耳其和意大利订立了洛桑和约。和约规定土耳其召回在的黎波里塔尼亚和昔兰尼加的驻军和官吏，放弃对这两个地区的主权；事实上就是承认了意大利对利比亚的占领。

阿拉伯部落对意大利侵略者的抵抗并不因洛桑和约而结束。直到 1914 年，意军才镇压了的黎波里塔尼亚境内的抵抗。而在昔兰尼加境内，阿拉伯部落没有屈服，塞努西教团所领导的反意战争始终进行着。意军遭到自阿杜瓦战役以后最惨重的失败，被击毙 3,000 人，被俘 2,400 人。随着第一次世界大战的爆发，抗意战争进一步扩大。利比亚人得到德国和土耳其人的物质支援，摧毁了意军在费赞设立的哨所，1915 年把意大利占领者逐出了昔兰尼加，并攻入埃及。直到 1917 年，在英军帮助下，意大利才再度占领昔兰尼加。大战结束时，意军始终局限在胡姆斯、的黎波里、祖瓦拉、班加西等沿海城市。

意大利把的黎波里塔尼亚和昔兰尼加合并为一个殖民地，称利比亚。意大利侵略利比亚，是帝国主义国家不惜牺牲本国人民利益来掠夺尚无明显经济价值的土地的一个典型例子。这一侵略"是一场完善的文明的人类大屠杀，是用'最新式的'武器对付阿拉伯人的大杀戮"①。阿拉伯人死亡 14,800 人。意军的伤亡也很大，包括死伤、失踪与生病者在内共达 20,000 人。仅在 1911—1912 年间，意大利所用去的战费即达 8 亿里拉。②当时利比亚的经济价值还是较小的，1921 年时，它的总贸易额还只有 200,000,000 多里拉，这个数目还抵不上利比亚殖民地每年行政预算的赤字。这些耗费都是由意大利人民负担，然而意大利垄断资本却已开始从利比亚取得一些利润。③

---

① 列宁《意土战争的结局》《列宁全集》第 18 卷第 330 页。
② 《列宁全集》第 18 卷第 330 页。
③ 穆恩《帝国主义与世界政治》英文版第 223 页。

第十一章　西非诸国

第一节　西非的穆斯林国家

富尔贝人在西苏丹的分布及其意义

桑海帝国被摩洛哥人灭亡以后，在17、18世纪中，西苏丹稀树草原地带分裂为无数小国。豪萨诸邦和莫西人诸国的发展比较稳定，不曾受到摩洛哥军队的蹂躏。在西非西部班巴拉人所建立的塞古和卡尔塔国较为强大，它们摆脱了摩洛哥人的束缚，但彼此间长期战争阻碍了自己的发展。在18世纪以前，富尔贝人①虽早已定居在西苏丹，但在政治上不曾起重大的作用。进入18世纪以后，他们在西苏丹建立了一些穆斯林国家。西方殖民主义的入侵使它们不能发展成为像桑海那样强大的帝国；但在反殖反帝斗争中，它们起了十分突出的作用。

富尔贝人的起源是一个众说纷纭而至今尚未彻底解决的问题。现在，比较为多数人所接受的有两种说法，二者都是某种偏见造成的。一说认为他们是源于来自北非的含姆族，根据是富尔贝语有点近似古含姆语。其实，富尔贝语是属于典型的苏丹黑人语，富尔贝语与塞勒尔语、沃洛夫语同族，属于大西洋语系的一支，共同流行于塞内加尔河和冈比亚河一带。另一说认为他们是来自尼罗河上游埃塞俄比亚和努比亚一带的游牧人。在殖民主义的非洲学家中，流行一种游牧民族往往统治定居民族的怪论，由于稀树草原地区以南多萃萃蝇，不宜畜牧，就更助长了这种怪论。由此出现一种说法：富尔贝人的远祖是来自犹

---

① 关于富尔贝人的译名有多种不同的译法，这是由于根据不同的欧美著作。法国文献中多用 Peul 或 Peuhls，中文译作"颇尔人"，这是源于沃洛夫 Pulo 一词；多数作 Fulhe 或 Fulbe，中文作"富尔贝人"。豪萨人称他们为 Fulani，多为英美文献所采用，中文译作"富拉尼人"。此外，根据其他民族语言尚有 Felata、Fula、Fuli、Fila、Filani 等。

太——叙利亚人。其实这类"理论"是毫无文献根据的。就外貌形态来看，富尔贝人与西苏丹黑人是有些不同，他们没有苏丹黑人面貌的那些特征，而皮肤也不那样黑，基本上是介于埃塞俄比亚人和苏丹黑人之间。[①]他们是土生土长的非洲人。在本书绪论里曾介绍过塔西里的岩壁画，洛特就曾断定：属于公元前3500—2500年间的壁画中的牧羊人，其形态就很类似今日的富尔贝人。他们可能是富尔贝人的祖先。他们作为游牧人，西苏丹的广大稀树草原地区是可供他们迁徙的广阔天地。在9世纪以前，他们迁徙的途径已无法考证。9世纪时，他们已迁徙到塔克鲁尔。塔克鲁尔原是一个黑人国家，8世纪时被逐出加纳的白人逃到这里与黑人混合起来。富尔贝人又与他们通婚，形成了今日的图库洛尔人。因此，有人把图库洛尔人列为富尔贝人的一支。[②]塔克鲁尔的南部富塔托罗成为富尔贝人的中心，他们又由此向富塔贾隆迁徙，东向抵马西纳。13—15世纪他们更向东迁徙到达豪萨诸邦。16世纪抵达乍得湖畔。17—18世纪之间，他们征服了今日几内亚的某些地区和莫西诸国。19世纪他们深入喀麦隆的阿达马瓦。

富尔贝人分两类，一类是不曾与黑人血统混合的，他们从事游牧，保持原有的宗教信仰，不改奉伊斯兰教。他们杂居在黑人地区，过着和平的畜牧生活，人口数目不多，所起的作用也不大。另一类是到处与黑人通婚的富尔贝人。他们已定居各地，先后皈依伊斯兰教，成为西苏丹近代穆斯林国家的肇建者。两类富尔贝人都使用共同的语言，称"富尔富尔德语"，属黑人语系大西洋语分支。富尔贝人分布地区虽广，但人数不多。据1953年的估计，总数不过5,000,000人，他们在任何西非国家的人口中都不占很大比重，但比较集中。在尼日利亚有2,000,000，不及全国人口7%，但都集中在北部。在几内亚占全国人口的36%，在塞内加尔占23%，其余分散在尼日尔河沿岸地区。

不管富尔贝人的起源如何，他们已经是西非各族人民的一个重要组成部分。他们在近代史上起着重要作用。18世纪中叶，他们的迁徙已基本上告一段落。他们定居在黑人国家里，仍然保全他们的部落组织，有自己的酋长；但是这些酋长并不是拥有独立主权的君主。富尔贝人掌握着代表财富的大量牲畜，在各地区经济地位日益重要，人数也日益增多，所以他们能在宗教外衣下发动"圣战"建立自己的国家。伊斯兰教是通过商路传布到西苏丹的，信徒以统治阶级

---

① 关于富尔贝人的起源问题，可参阅奥尔德罗格《15—19世纪的西苏丹》俄文版第1章。

② 默多克《非洲各族人民及其文化史》英文版第413页。

为主，但在 18 世纪以前不曾建立过强大的穆斯林国家。

桑海帝国的阿斯基阿·穆罕默德曾企图利用伊斯兰教来建立神权统治，但是终于不曾达到目的。因为桑海广大居民仍然崇拜精灵，反对信仰伊斯兰教的曼迪（曼丁哥）统治者。正如马格里布那些穆斯林王朝一样，富尔贝人的某些穆斯林部落当自己力量强大以后，利用宗教作为团结纽带，以"圣战"名义进行征服，而在征服以后便利用神权来巩固统治。在这些国家中，政权的首脑就是宗教的首脑，他们实行穆斯林法律、教育和税收制度。18 世纪中，富尔贝人通过"圣战"先后建立富塔贾隆（1725 年）、富塔托罗（1776 年）等穆斯林神权国家，但到了 19 世纪才建立起较大的帝国。

富尔贝人诸大国的建立

19 世纪初，在今尼日利亚西北部出现了以旧豪萨城邦为中心的富尔贝人大国。13 世纪时，富尔贝人就已来到豪萨地区，其中的图库洛尔人是在 18 世纪才迁来的。迁徙到这里的富尔贝人接受伊斯兰教较晚，18 世纪时仍有许多部落保全原有信仰。他们是作为臣民而住在豪萨诸邦的。在戈比尔邦的富尔贝人中产生了一位杰出的宗教领袖乌苏曼·丹·福迪奥（1754—1817 年），他曾往麦加朝圣，回来后大力传播伊斯兰教，吸收了不少信徒。为了反对戈比尔统治者的迫害，1804 年他号召对异端进行"圣战"，自称"穆斯林首脑"（沙金·穆苏米），团结富尔贝人信徒，大败豪萨军队（1804 年）。他的追随者并不限于富尔贝人，其中有奴隶也有豪萨贫民。由于利用了豪萨诸邦的内部阶级矛盾，不到十年时间，他已征服了所有豪萨诸邦。他的将领们东征西讨，或南向征服努佩，远及伊洛林和洛科贾，或东向深入喀麦隆。他曾企图征服同信伊斯兰教的博尔努国，但遭到了挫败（1808—1810 年）。在他领导下，富尔贝人建立了一个以索科托为首都的大国，包括今天尼日利亚的三分之二。他的儿子穆罕默德·贝洛（1815—1837 年在位），在镇压各部落反抗的同时，继续进行征服。穆罕默德·贝洛具有卓越的学术素养，曾写出了有关历史、地理和神学的著作。[①] 豪萨诸邦原是比较发达的国家，被征服以后，虽然行使了伊斯兰教法律，但在行政上仍然保持了豪萨的传统体系。商业仍操在豪萨人手中。穆斯林上层变成了封

---

① 可惜穆罕默德·贝洛的武力征服摧毁了豪萨诸邦的档案，使历史学家失去许多有关西非的有价值的史料。

建主，这一阶层并不限于富尔贝人。被征服地区的豪萨人仍是自由人。战俘和原有的奴隶仍然处于奴隶地位，并未得到解放。虽然由于豪萨诸国间争斗的结束，一度促进了工商业繁荣，但神权政治并不能持久地促进国家的经济发展，"圣战"也不能使征服者与被征服者融合为一个民族。到19世纪末全国各省的埃米尔（省长）又都变成为独立的小君主，只是在宗教上承认中央的领导权而已。埃米尔的逐渐坐大和腐化，猎奴活动，被征服者的反抗等，削弱了这个富尔贝人大国的力量，便利了后来英国殖民者的入侵。但是毕竟由于建立了穆斯林大国，具有相当的抵抗力量，使英国殖民主义者的侵略遇到了很大阻力，从而把英国侵入西非内地时间推迟到20世纪初。整个19世纪期间，英国殖民主义者只能在这一带进行一些探险调查活动。

富尔贝人在尼日尔河上游也建立了穆斯林马西纳国家。自14世纪以来，他们就已定居在马西纳，先后臣服于桑海和摩洛哥的帕夏。但是他们保全自己的部落组织，与摩洛哥人进行长期的斗争。18世纪中，他们曾受制于班巴拉人的塞古国，北边又受图阿列格人的侵袭。1812年，阿赫马杜·洛博领导富尔贝人进行了反异教徒的"圣战"。他原是奥斯曼·丹·福迪奥的部将，这时仍接受奥斯曼的领导。他凭借武力征服，建立了马西纳穆斯林国家，建都哈姆达拉希，使当地的富尔贝人和许多班巴拉人皈依了伊斯兰教。他的权力最远及于廷巴克图。他在位的时间较长（1810—1844年），征服的地区并不很广阔，他在马西纳地区虽没有豪萨地区那样的传统行政系统可资利用，但仍能卓有成效地建立起巩固的中央集权的封建神权统治，并长期坚持进行对奥马尔的战争。

奥马尔（1797—1864年）是19世纪非洲的伟大人物之一。他是富塔托罗的图库洛尔人，23岁时前往麦加朝圣，加入了提江尼亚教派[①]，被任为西苏丹的哈里发。回国后，威望日高，称哈只·奥马尔[②]。归途中，他在博尔努和索科托都受到该地统治者的礼遇，索科托的穆罕默德·贝洛把两个女儿嫁给他。但是马西纳和塞古对他却很冷淡，塞古的统治者甚至一度把他囚禁起来。他在富塔贾隆开始传教事业，建立拥有军事组织的宗教团体。他的势力日大，遭到富塔贾隆的伊斯兰教统治者的妒忌，1850年被迫迁往丁吉腊耶，并宣布"圣战"，进

---

① 接近原始伊斯兰教的教派，1781年首创于摩洛哥，观点上战斗性较强，并有一定的民主性。19世纪中叶以后传入西苏丹。

② 曾往麦加朝圣的穆斯林称"哈只"（Hadji）。

行武力征服。奥马尔的提江尼亚教派信徒发动圣战的目标不只是针对异教徒，他们与穆斯林的统治阶级也有矛盾。奥马尔的基本群众是富尔贝人与黑人混血的图库洛尔人，但也得到富尔贝人和其他民族下层的支持。他的教派遭到穆斯林国家富尔贝人统治阶级的反对。在 1850—1857 年间，他攻占了班巴拉人的卡尔塔国。他企图联合马西纳国夹攻塞古国。遭马西纳拒绝后，他转而西向攻略塞内加尔河上游的哈索和加拉姆。

19 世纪 50 年代，正是法国殖民军头目费德尔布上校沿塞内加尔上游扩展法国殖民统治地区的时期。费德尔布一方面从当地统治者中骗取条约，另一方面使用武力。他在塞内加尔河上游建立了马坦、贝克尔、麦丁内等堡垒，作为东侵的基地。他征服了富塔托罗，占领了达喀尔（1857 年），并派遣传教会作为先遣队去刺探富塔贾隆情况，一直深入到塞古地区。塞内加尔地区唯一未被他征服的国家只剩圣路易以南的卡约尔。卡约尔虽是个小国，始终顽强地抵抗着法国的侵略，1863 年 12 月曾大败法国殖民军。拉特·迪奥尔国王坚持抗法斗争30 年，一度退往沃洛夫族地区坚持斗争，直到他于 1886 年战死，卡约尔才被法国吞并。费德尔布一心为法国殖民商人攫取西非财富，他野心勃勃，企图把塞内加尔与阿尔及利亚之间广大地区连成一片，并东向扩张到红海。他是一个十分残暴的殖民主义者，有一套狡猾的侵略手法：[1] 根据当地人民的人情习俗而改组行政机构，利用非洲人组成军队充当法国对外战争的炮灰。塞内加尔步兵就是他一手募集训练起来的；推行文化侵略，开设学校收纳酋长上层人物的子弟，为法国培植傀儡，倡导法国人与非洲人"接近"，搞好表面关系。这些措施为法国在西非的进一步扩张准备了条件。费德尔布是西非人民的狡黠的敌人。阻止费德尔布的殖民势力东向扩张，具有重大的意义。奥马尔以 20,000 人围攻法国人所建的麦丁内堡，久攻两月不下，西向之势被阻。法军所以能够阻止奥马尔西向，并非由于法国的军事优势，而在于它能勾结富尔贝人的统治阶级来对抗奥马尔。但法国殖民军当时也只能把奥马尔力量赶出富塔托罗，并没有力量追击奥马尔。奥马尔军挥师东向，征服塞古（1861 年）和马西纳（1862 年），并远及廷巴克图（1863 年）；继桑海之后在西苏丹建立了穆斯林大国，以尼奥罗为首都。马西纳的富尔贝人上层拒绝与奥马尔合作，坚持反奥马尔的战争，奥马尔于 1864 年战死。奥马尔的后人阿赫马杜·塞库等内讧，彼此争斗不休，同

---

① 费德尔布精通当地居民的语言，编有《沃洛夫语辞典》。

时又须分兵镇压被征服民族的反抗；这使奥马尔所建立的国家受到长期战争的破坏，不可能得到巩固和发展。这个国家是西苏丹的最后一个穆斯林大国，虽尚能利用宗教信仰作为统一和团结的号召，但其经济基础却由于频繁的战争的破坏而更加脆弱。这个穆斯林大国建立于帝国主义时期的前夕，法国殖民主义在西非的侵略已成为西苏丹地带面临的最大的威胁；奥马尔的后人虽没有完全放弃反殖民主义的斗争，但终因内部不团结、力量分散，而未能有效地抵御法国侵入尼日尔河流域。

西非穆斯林国家的征服活动造成兵连祸结，给人民带来了很大的灾难，但是它们起了抵抗殖民主义列强侵入西非的作用。这些非洲穆斯林开始建国的 19 世纪，是西方殖民列强向西非内地侵入的时期，正是由于西苏丹出现了这样一些强大的穆斯林国家，而不是处于 17—18 世纪的分裂状态，才使殖民列强的侵略受到了有力的阻遏。进入帝国主义时期以后，正是由于西非屹立着一些强盛的国家，帝国主义列强付出了很大的代价才挫败西非人民的坚强抵抗。

第二节　几内亚湾沿岸诸国

几内亚湾沿岸诸国的兴起

西非南岸沿几内亚湾一带是一片热带森林地带，只有沃尔特河口一带出现一个缺口。热带森林把西苏丹稀树草原和海洋隔开。由于骑兵无法在森林里驰骋，而且还有萃萃蝇对马匹的危害，西苏丹诸帝国的势力始终不曾深入这些地带。但是这些帝国又需要这一地带的黄金、奴隶和可拉果等因而很早就与这一带有频繁的商业往来，特别是豪萨商人、迪奥拉商人在这些地区早有活动。黑人早已生活在这一带的沿海地区，他们可能是从北部逐渐渗透过森林迁徙而来的。西苏丹诸帝国的政治演变，使许多失败者南下避难，他们与当地原有居民混合起来，这样就形成了沿海地区的土著居民。在阿散蒂和达荷美人的社会里，有一些风俗习惯和仪式表明，他们显然是深受西苏丹诸国的影响；尼日利亚南部和三角洲一带无疑也受到北来文化的影响。这些居民使用同属于黑人几内亚语系的各种方言。但是，目前尚缺少足够的材料来阐明他们在 17 世纪以前的社会发展。大概在欧洲人到达这个地带以前，他们是处在原始公社末期到封建社会初期之间的社会发展的各个阶段。氏族部落制仍很盛行。这些国家的经济都是以农业和渔业为主。各部落信仰不同的神祇，但都存在着不同程度的祖先崇拜。酋长或君主们的政治权力，在很大程度上是源于他们在宗教上的权力。在欧洲人入侵以前，他们不知有所谓奴隶贸易。欧洲人的奴隶贸易促使一些部落扩展为许多小国，仅在黄金海岸就出现了十几个国家。在这些国家中奴隶占有制起很大作用。为了与欧洲人进行这项以活人为商品的贸易，这些国家企图从北部获得奴隶，然而在它们的北部都是些比较强大的国家。自从欧洲殖民者向沿岸国家输入近代火器——枪械，以换取大批奴隶以后，残酷的猎奴战争日益频繁起来。为了猎奴和自卫，这些国家都热衷于从事以奴易枪的交易。从欧洲输往西非的枪械数目越多，从西非运走的奴隶数目也越多。到了17世纪，枪械的大批输入促使几个原来经济比较发达的国家变成了几内亚湾沿岸的强国，其中以贝宁、奥约、达荷美和阿散蒂四国最为强大，可称几内亚湾"四强"。

贝宁是西非几内亚湾沿岸历史最悠久的国家。它位于尼日尔河三角洲附近的地理位置使它能控制内地诸国与欧洲人的贸易。枪械的大量输入使它在17世纪时达到极盛时期，其西界扩抵拉各斯以西，东达博尼。这个国家原来就常发生王位争夺战争，17—18过纪又加上频繁的猎奴战争，给人民带来了难以言喻的灾难。尼日尔河口原来臣属于贝宁的诸小邦的酋长们也群起效尤，同样用奴隶从欧洲人那里换得枪械，日益强大，渐不臣服，拉各斯诸邦相继独立，西邻又有强大的奥约国崛起。贝宁国土缩小，人口减少，获得奴隶更加不易，沿海和约鲁巴地区之间的贸易也不再通过贝宁进行了。到了19世纪初，昔日为欧洲人所称道的繁荣的贝宁已衰落成一个荒凉的城市。曾经放出异彩的、高度发达的铜和青铜的雕塑艺术也趋于没落。

奥约是约鲁巴人建立的最大、维持时间最久的国家。约鲁巴人是今尼日利亚西南部的主要居民，他们大概是从东北部内地迁徙来的。他们的历史可以追溯到公元6世纪。这原是一个生产技术较高、武力较强的民族，迁到这块人口不多的地区以后，建立了一些以城市为中心的国家，其中以伊费城为最早。奥约原是北部的一个小国，在今奥约以北80英里地方。16—17世纪时为了与欧洲人建立贸易关系而向南扩展。18世纪时，国势强盛，幅员辽阔，领土包括今尼日利亚的奥约省和伊洛林省及其以北地区，西部还包括今达荷美的东南部。它始终未能扩展到沿海地带，只好通过沿岸诸小国与欧洲人进行间接贸易；不过在这些小国中（如拉各斯和巴达格里）有奥约的"居留地"。奥约虽已强大，但实际上只是若干约鲁巴人小国的"联邦"，这些小国还互相争战不休。与其他约鲁巴人国家一样，奥约国王①虽然享有最高尊严和巨大权力，但他也受制于由大贵族组成的"七人会议"。这个会议决定国家大事，拥有从王族中遴选国王和废黜国王之权。奥约是一个全国壮丁皆兵的尚武国家，拥有强大的民军，自从以奴隶交换枪械以后，武力更臻强盛。它征服了约鲁巴人诸国，后者都承认它在政治上居于首位。18世纪初时一再侵犯达荷美。内战与猎奴战争的交织更迭，阻碍了国家的政治生活和经济生活的正常发展。19世纪初北部又兴起了富尔贝人国家，它干涉奥约内政，夺取伊洛林，并进占奥约城（1817—1830年），使奥约从此一蹶不振。西邻达荷美也日益强大，摆脱了对奥约的附庸地位。奥约人南迁伊巴丹，重建奥约国家，这样虽挡住了富尔贝人的进逼，但国土日蹙，掠奴愈加不易，而内战更加频繁。1816年，英国占领拉各斯以后，奥约已经没有能力阻挡英国的侵略。

达荷美国曾出现于中世纪旅行家利奥·阿弗里加纳斯的记载中。这是芳族人建立的国家，原为阿德拉国，1620年时分裂为二，一为波多诺伏（今诺伏港）；一为达荷美。达荷美以阿波美为首都。17世纪奴隶贸易发达以后，达荷美进入北部小邦猎奴，换取欧洲人的枪械。它与欧洲人的贸易关系受到沿岸诸小国，特别是维达的百般阻拦，维达是当时这一带沿岸（原奴隶海岸）的主要港口。18世纪初，达荷美先后征服了维达（1727年）等诸小国，才建立了与欧洲人直接通商的关系；同时，它也迫使波多诺伏向其纳贡。达荷美与奥约的关系几经起伏，早先它一再遭受强邻奥约的侵犯，当它在沿岸的附属国向奥约求救时，达荷美曾被迫一再向奥约称臣纳贡（1712年、1747年），以维持对属国的控制。18世纪末，奥约渐衰，1818年达荷美停止向它纳贡。19世纪中，日益强大的达荷美在盖佐统治下（1818—1858年）转而侵入奥约，一度占领阿贝奥库塔、巴达格里。达荷美的军队中设有女兵（阿霍西）。关于这种女兵的起源有种种说法，尚无定论。她们被称为"国王之妃"，大概原来只是国王的女侍卫，有"王妃"的地位，以守贞为诫。可能是由于不断战争造成兵力的严重不足，或是看到她们在王位争夺战中表现出的特殊忠诚，从18世纪起开始用她们来作战。她们体格健壮，骁勇善战。然而，这支娘子军毕竟不是达荷美军队的主力。达荷美国王独自控制一支常备军，这使他比约鲁巴族的国王拥有大得多的权力。达荷美

---

① 奥约国王称号为"阿拉芬"。

势力的西向发展，后来受到强大的阿散蒂国的牵制。

阿肯人建立的阿散蒂国位于黄金海岸的内地。在它立国以前，沿海地区已有许多小国同欧洲人进行贸易。阿散蒂是几内亚湾"四强"中建国最晚的国家，但是阿肯人迁徙到森林地带却是很早的事。他们同一些在西苏丹诸大国——特别是加纳帝国——衰落后南迁的部落混合起来，先后建立了许多小国。其中最强大的登基腊国是17世纪初（1620年？）建立的。登基腊国向各小国勒索贡赋，引起诸小国不满。同时，这些小国也有必要联合起来对抗其他强大部落的猎奴活动，这样就产生了阿散蒂国家。阿散蒂国家实际是一个以库马西为首都的"联邦"。库马西国早在1600年时就已建立，但是阿散蒂人的联合，却是国王奥塞·图图（1697—1730年）在位时期完成的大业。这个国王得到一位颇有政治远见的祭司埃诺克耶的强有力的辅佐。他精心策划，广泛散布预言：天神要使阿散蒂变为一个大国。据说，某一天当各小国君主和人民齐集在库马西之时，忽然天昏地黑，雷电大作，从漆黑天空落下一个金饰凳子。金凳子恰恰落在奥塞·图图的膝前。埃诺克耶当即宣布，这个金凳子就是阿散蒂民族的灵魂和力量；它的安全就是民族的安全，失去了它，阿散蒂民族就会衰落。这就是有名的金凳子的故事。它在人民心理上起了团结全民的作用，特别是表现在后来的抗英战争中。从此各小国团结在阿散蒂国王的周围。国王获得"阿散蒂赫内"（意为阿散蒂首领）的称号。在埃诺克耶的辅佐下，奥赛·图图致力于民族团结，建立一支全民族的军队。这支军队在1701年打败了登基腊，取得了独立。从此，阿散蒂联邦不再是一个松弛的联盟，而形成为一个具有复杂的政府组织的中央集权的国家。阿散蒂国王从王族中遴选产生，可以废黜。他须受制于由母后、大酋长和军事首领组成的会议。这是一个实行军事贵族政治的国家。阿散蒂国在加强了内部的团结统一以后就开始向外进行武力扩张。虽然联邦的成立原先是为了自卫，当西非进入了奴隶贸易最猖獗和猎奴战争最频繁的时期，阿散蒂联邦也转而参与猎奴活动，以换得更多的枪械。黄金海岸虽以产金著称，但是地处内地的阿散蒂缺乏金沙，只能用土法从金矿表层采金，限于技术，掘进不深，所得黄金不多。因此阿散蒂主要依靠掠取奴隶来交换枪械。为了直接同欧洲人进行贸易，阿散蒂人南下征服沿岸诸国。18世纪初灭登基腊后，18世纪中继续向南扩张，企图把同属于阿肯语系的芳蒂人诸国并入版图。与此同时，阿散蒂也向北扩张，因为北部地区是它获得奴隶的主要来源。18、19世纪之交，是阿散蒂幅员最大、国势极盛的时期，几乎所有运到黄金海岸的奴隶和黄金都来自阿散蒂控制区，所有从欧洲输入的商品都通过阿散蒂市场。阿散蒂已经具有成为西非的强大帝国的趋势，但是它被殖民主义势力的侵入所阻遏。

阿散蒂等国的反殖民侵略斗争及其后果

在奴隶贸易时期，西方殖民列强在几内亚沿岸的势力只限于一些堡垒和商站及其附近地区。贸易通过非洲人中间人来进行，他们还不需要向内地深入。所以，当英国宣布废除奴隶贸易时，它在西非除占有冈比亚和塞拉利昂的沿海地区外，只占有黄金海岸的若干个堡垒；法国已放弃它在几内亚沿岸的若干据点。进入自由资本主义时期以后，西方殖民列强对非洲的侵略、扩张活动大大增强，而医药的进步也便利了它们深入内地的侵略。金鸡纳霜（奎宁）的发明使疟疾对殖民侵略者的威胁大大减轻。例如，1832年赖德（Laird）率领的上溯尼日尔河的商情探险队一行48人，因得病仅9人生还；而20年后贝奇探险队远达富尔贝人国境而无一人死亡。正是在这个时期，法国卷土重来，与象牙海岸及其以东的沿岸君主签订了许多条约，重建了一度放弃了的维达商站，从而与达荷美建立了商业关系，并觊觎波多诺伏。1851年法国又取得科托努作为侵入达荷美的基地。但在1876年以前，侵略几内亚湾南岸地区的主角还是英国，在殖民力量对比上英国占绝对优势。

欧洲列强着手掠夺西非原料产地。英国在西非内地扩张的目标之一，是控制和侵占内河通商航道（当时主要是尼日尔河和沃尔特河），掠夺当地生产的棕榈仁、棕榈油、棉花等。英国的侵略手法大多是利用取缔奴隶贸易作为借口，向几内亚地区国家渗透，干涉各国内政，进而深入内地，侵占大片领土。几内亚地区的四个大国是欧洲列强实现上述侵略目的的主要障碍，它们为了保卫国土和既得的经济利益，同列强首先是同英国的矛盾日益尖锐，终于爆发了多次战争。

在这一时期中，英国对阿散蒂发动了七次侵略战争（1807—1874年）。战争是在种种不同的借口（如禁止奴隶贩卖和保护条约利益等）之下发动的。根本原因是：英国为了达到深入内地的侵略目的，企图分裂黄金海岸，不许在这块地区出现一个统一强大的阿散蒂国家，因为这种统一国家势必妨碍英国扩大保护权范围和深入内地。被阿散蒂征服的小国的反抗行动和阿散蒂对它们的武力惩罚，给英国人提供了多次侵略口实。英国人充分利用了非洲人之间的部落对立，特别是极力支持对抗阿散蒂的芳蒂人。英国人的武装侵略遭到了阿散蒂人的坚决的抵抗。在这七次战争中，有三次比较重要。1824年（第四次），英国驻塞拉利昂的总督麦卡锡纠集了与英国勾结的非洲人大举进攻，为阿散蒂人所挫败。麦卡锡本人被阿散蒂人武力包围，在邦索战败，他统率的250名欧洲兵只有少数人逃生，他自己也丧了命。这次战争严重打击了英国的威望，迫使它不得不暂时收敛，停止扩张政策，甚至打算撤退在黄金海岸诸堡的驻军。但是英国商人坚决主张保全这些据点。英国政府最后决定把黄金海岸诸堡交给英国商人组织的机构去管理。1831年，英国同阿散蒂缔结了和约，阿散蒂放弃了对沿岸某些小国的宗主权，英国确认它的独立。从1831年到1863年（第六次战争）期间，英国与黄金海岸的贸易有很大的进展。英国输出货物额从1831年的70,000镑增加到1840年的325,000镑，输入货物则从131,000镑增至423,000镑。1843年，英国政府又从商人手里收回沿岸诸堡的管理权，并在沿海诸小国境内行使英国的法律。1850年，英国在黄金海岸设置总督（以前由塞拉利昂总督兼管），接管了丹麦所转让的那些堡垒。50年代，英国继续向东扩张，炮轰拉各斯（1851年），迫使其接受英国"保护"后又宣布其为英国殖民地（1861年）。但是在黄金海岸，英国的扩张因受到阿散·蒂的坚决抵抗，未能取得迅速的进展；在第六次战争中，英国不敢全力支持他的傀儡，威势大降。伦敦政府甚至一度又考虑放弃黄金海岸，最后决定撤销黄金海岸的总督设置，使其仍受塞拉利昂总督管辖。进入70年代以后，因为接收了荷兰所出让的埃尔米纳堡垒，英国与阿散蒂的关系更趋复杂。阿散蒂人如今不能继续利用英荷矛盾从荷兰人那里得到枪械。过去荷兰人一直依据条约缴纳租金，现在阿散蒂要求英国人像荷兰人一样，履行条约义务，英国不允，从此阿散蒂与英国发生更多的冲突。芳蒂人诸国乘机联合起来攻打阿散蒂控制下的埃尔米纳堡。这时英国露出帝国主义的凶恶面目，企图趁机给阿散蒂以毁灭性的打击，扫除这个阻挡英国向西非腹地扩张的主要障碍。于是发生了第七次战争（1873—1874年）。英国除了动用非洲人军队及它在黄金海岸的驻军以外，还从本土调来了2,500名军队，配备着包括远战炮和榴霰炮的优良装备。阿散蒂军队在阿曼克瓦·迪亚指挥下，在埃尔米纳战场上屡创敌军，击溃了芳蒂人军队。由于部队感染了痢疾和天花，加上补给困难，阿散蒂军队于1873年10月以后退回本土。英军在沃尔斯利率领下以最精锐团队突入阿散蒂国土。在保卫首都库马西的战斗中，阿散蒂战士英勇奋战，痛歼英军苏格兰高地军第42团。但在英军优势炮火下，阿散蒂军在外围战中失利。英军于1874年2月5日进入阿散蒂首都库马西。英军认为阿散蒂会乞和。可是一夜之间，库马西居民全部撤走，并带走了全部粮草。英军孤军深入库马西，只携带4天给养，又遇大雨，害怕交通线被截断，不敢久留，6日晨即下令撤兵，行前放火焚烧了库马西城。阿散蒂文化许多珍品都毁于火海。最后双方缔结了1874年和约，英国迫使阿散蒂放弃对沿岸诸国的统治权和赔款黄金五万盎斯，但不得不承认阿散蒂的独立。第七次战争的失败几乎使阿散蒂联邦瓦解，许多邦相继脱离联邦。五万盎斯黄金巨额赔款是阿散蒂无力支付的。经过两年时间，阿散蒂逐渐恢复了元气，开始收复沿岸若干失地，并停止支付赔款。阿散蒂仍然是西非地区抵抗英国侵略的一支巨大力量。

在欧洲列强侵略和分割非洲时期，几内亚沿岸诸国人民英勇地抵抗了殖民侵略，但终于不能避免沦为殖民地的命运。从内因上看，这在一定程度上是由它们的社会发展处于较低阶段决定的。这种不利情况又由于奴隶贸易的恶劣影响而更加严重。在长期奴隶贸易中，虽然非洲人方面也不乏得利的阶层，但是他们得到的金钱没有能够转化为从事生产的资本。这些金钱绝大部分都用去购买枪械弹药进行自相残杀的猎奴战争；除此以外，这些金钱只是提高了少数上层分子的享受水平，增加了他们的权势，不能成为资本的原始积累。达荷美、贝宁和豪萨诸邦都有相当发达的手工业，尤其是纺织业，但是欧洲商品的输入迅速导致非洲手工业的衰落。内战和猎奴战争破坏了农业，促使人口的锐减。繁荣兴盛的城市（如贝宁城）变成一片荒凉。在这样的经济基础上不可能发展中央集权的国家，殖民列强也不允许出现强大的中央集权国家，它们的政策就是要扼杀一切这样的国家。例如，1868—1872年亲英的芳蒂人企图建立自己的邦联，其目的本来是要改造非洲社会和对付阿散蒂的骚扰，却遭到了英国人的压制，因为殖民主义者从根本上要阻挠一切非洲国家力量的发展。所以，欧洲人在政治上一直支持非洲人的保守和落后的势力或分裂民族的力量，其目的是使非洲永远保持落后和分裂，处于各部落互相仇视、对立的状态，使他们不可能联合起来对抗欧洲殖民主义者。几内亚湾沿岸少数几个大国虽然由于奴隶贸易而暂时强大起来，但是奴隶贸易又从根本上腐蚀了它们，使这些国家得不到进一步的发展。长期的奴隶贩卖使这些国家统治阶级对自己人民的痛苦漠不关心，在血腥的奴隶买卖中变得更加残忍。他们之中的绝大部分人成为欧洲殖民主义影响的传播者和殖民势力的支柱。可见，奴隶贸易造成的西非广大地区人口锐减，经济衰落，国家组织分崩离析，统治阶级腐化，为19世纪的殖民侵略打开了方便之门，也为最后的帝国主义瓜分奠定了基础。

第三节　列强瓜分西非和西非人民的反侵略斗争

德国侵占多哥和喀麦隆

19 世纪 80 年代以前，除塞内加尔河流域以外，欧洲列强不曾深入西非内地。只是在 19 世纪最后 20 年中，它们才迅速地把西非分割完毕。新兴的德国帝国主义侵入非洲加剧了列强的竞争。德国与西非原已有巨额的贸易往来，每年运往西非的货物达 30 余万马克，由西非输入德国的货物达 700 多万马克[①]。在西非的多哥、利比里亚等地设立多处商站。十字架更走在前头。40 年代，不来梅和北德传教会就已把传教士派到多哥。在柏林会议前夕，俾斯麦派遣了"国际非洲协会"德国分会头目纳赫蒂格尔等乘兵舰来到西非，先在多哥（1884 年 7 月 5 日）继而在喀麦隆（7 月 15 日）插上了德国的国旗，宣布这两个地方为德国保护国。在这两块地方德国人都是用欺骗和收买手段诱使酋长们签订保护条约的。在德国宣布拥有对喀麦隆的保护权五天之后，抱着同样侵略目的的英国密使海威特也来到杜阿拉；但他来迟了一步，英国没能占领它长期占有贸易优势的喀麦隆。英国商人和传教士无奈相继离开。这件事使英帝国主义深受震动。事实上，在纳赫蒂格尔口袋里还有俾斯麦更庞大的计划：德国还想占领从尼日尔河三角洲到加蓬河口一带地区。

德国在多哥和喀麦隆的殖民统治是十分残暴的。德国是个后起的殖民国家，急于开拓殖民地。在多哥，德国殖民当局规定，每个男子满 16 岁就必须付人头税，并须服劳役来参加"建设工作"。[②] 德国人占领喀麦隆后即强占土地，经营了 78 个种植园，开设 266 家商业企业对非洲人进行剥削。[③] "南喀麦隆公司"占有 900 万公顷土地。德国殖民统治立即引起了多哥和喀麦隆人民的反抗。缺乏殖民经验的德国人，不像老奸巨猾的英国殖民主义者，还不懂得利用酋长们进行统治的手法，而一味相信暴力。多哥和喀麦隆的部落不堪忍受压迫，纷纷起义。部落起义的规模不大，但持续时间很长。多哥爆发了 6 次起义，到 20 世纪初才平息；在喀麦隆有些族进行了激烈的反抗，起义持续到 1910 年。德国政府碰得头破血流，才了解到必须实行一些"改革"，但不久就爆发了第一次世界

---

① 穆恩《帝国主义与世界政治》第 48 页。

② 卢加德《英属赤道非洲的双重委任统治》英文版第 257 页。

③ 弗兰克尔《非洲的资本投资》英文版第 352 页。

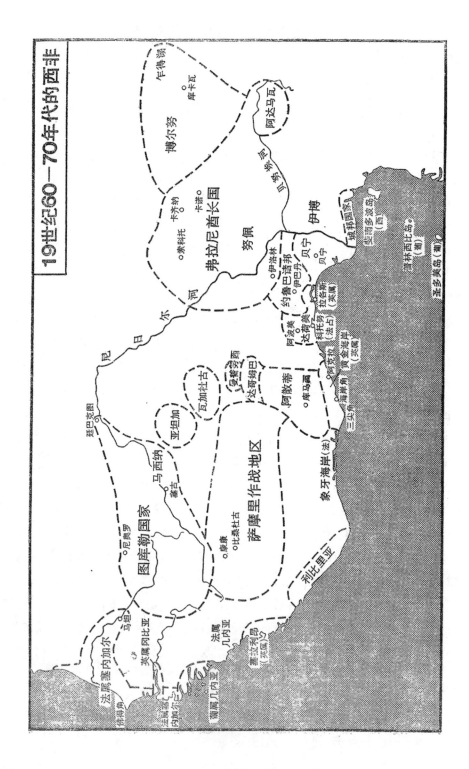

19世纪60—70年代的西非

大战。在大战期间，多哥和喀麦隆都成为帝国主义的战场。德国在多哥的力量很薄弱，迅即被英法军队攻占（1914年8月）。在喀麦隆，战争延长一年半，终被英法军队占领（1916年2月）。双方都使用非洲人当炮灰。协约国方面除在喀麦隆使用印度兵一营外，其余全部是用非洲人；德国在喀麦隆的8,800名军队中有7,000名是喀麦隆人[1]。

英国侵占黄金海岸和尼日利亚

英国这时期在西非的侵略主要集中在黄金海岸和尼日利亚。它在西部的两个殖民地——冈比亚和塞拉利昂——日益受到了法国殖民地的包围，不可能有很大扩展；在1889年两国签订划界协定以前，只有塞拉利昂的版图扩大了一倍多。

1874年第七次阿散蒂战争以后，有20多年时间英国不敢再对阿散蒂用兵。在这一时期中，阿散蒂人坚持不向英国屈服，并逐渐用武力重新征服了脱离"联邦"接受英国保护的部落。英国支持这些部落的对抗行动，阻挠阿散蒂重新成为一个统一的国家。到80年代中期，英国看到德国正由多哥渗入黄金海岸内地以及法国正在尼日尔河中游和象牙海岸迅猛扩张，深恐落后于德、法，遂决定抢先占领黄金海岸的北部。英国向阿散蒂提出要它承认是英国的保护国的要求（1895年），为阿散蒂所拒绝。阿散蒂要求谈判，1895年4月英国借口阿散蒂未履行1874年条约，向它提出最后通牒。1896年1月数千英军第二次占领库马西。国王普兰佩坚决拒绝签订亡国的条约。他和所有反英的酋长们都成了英国人的俘虏，统统被流放到塞舌尔群岛。英国为了瓦解阿散蒂联邦，分别与某些部落酋长签订接受英国保护的条约。

阿散蒂人失去了国王，但并不屈服，他们把象征王统和民族团结的金凳子埋藏了起来。从1896年至1900年，阿散蒂的形势一直处于紧张状态。英国驻黄金海岸总督霍奇森妄图攫得金凳子，1900年3月28日他窜入库马西，召集酋长开会，宣布英国对阿散蒂的殖民统治，并勒令他们交出金凳子。他极傲慢地责问："金凳子在哪里？为什么现在我不能坐在金凳子上面？……为什么你们不趁我来到库马西的机会把金凳子拿出来，让我坐在上面"[2]这个无理要求是对阿

---

① 卢卡斯《非洲的瓜分和殖民化》英文版第178页。

② 沃德《加纳史》第308页。

散蒂民族的最大侮辱，因为甚至阿散蒂国王从来也不曾坐过这个金凳子。当天晚上，在库马西的酋长们秘密集会，发誓绝不忍受英国的统治。3 天以后爆发了第八次阿散蒂战争。从 1900 年 4 月 25 日起，起义军围攻库马西堡近 4 个月，英国调来的大批援军一路上遭受起义者的不断袭击，伤亡惨重。英军最后采取欺骗手法才解了库马西碉堡之围。持续一年的起义终于被英国镇压下去。英国打败了阿散蒂，但阿散蒂人始终没有把金凳子交出来。接着英国通过与各部落酋长缔结条约的手法，继续向北扩张，直到今日加纳的北界。

英国对尼日利亚的征服也是在 19 世纪末完成的。拉各斯早已成为英国的殖民地（1861 年）。德国侵占喀麦隆以后，英国迫不及待地宣布从拉各斯到喀麦隆的沿海地带为"油河保护国"（1885 年）。1887 年 7 月至 9 月三角洲地带最大的棕榈油贸易中心奥波博国的国王贾贾率 4,000 战士奋起抵抗，被英国海军用猛烈炮火镇压下去。1893 年英国把"油河保护国"改称为"尼日尔海岸保护国"。拉各斯以北的奥约国这时已日趋分裂，其中阿贝奥库塔和伊巴丹两邦激烈争夺通往沿海贸易的中介权，给予英国可乘之机。为了防止法国从达荷美向东扩张，1888 年英国强迫奥约国王接受英国"保护"。奥约国王不甘受英国压迫，一度起而反抗，但终于在 1895 年被英国征服。在东部，"尼日尔海岸保护国"的势力名义上远达洛科贾，但实际上为贝宁所阻挡。英国决心要消灭贝宁，便以禁止奴隶贩卖和"人祭"为幌子，于 1897 年 1 月调来了 1,500 名陆军和近十艘军舰进攻贝宁。[①] 贝宁当时已是一个衰弱的小国，但守军奋不顾身地进行了顽强的抵抗，重创侵略军。同年 2 月，得到增援的英军经过猛烈的炮轰和激战以后，才占领贝宁城。京城成了一片火海，艺术珍品被掳掠一空。贝宁国王被放逐到卡拉巴尔。

英国对伊洛林、洛科贾等地以北的广大尼日利亚地区的征服，主要借助于英国商人特别是皇家尼日尔公司的积极活动。19 世纪英法各贸易公司在尼日尔河下游及贝努埃河流域的竞争异常激烈，德国也同时渗入。1877 年，英国退职军官乔治·戈尔迪来到尼日尔河下游策划侵略活动。为了与法、德商人进行有效的竞争，他把英国各公司联合起来，于 1879 年成立了"联合非洲公司"；1882 年又改组为"国民非洲公司"，资本增为 100 万英镑[②]。法国在这一带进行扩张活

---

① 伯恩斯《尼日利亚史》英文版第 172 页。
② 埃文斯《英国在赤道非洲》英文版第 141 页。

动的公司有法国赤道非洲公司和塞内加尔公司。英法双方展开了激烈的商业竞争，英国公司用降低价格 25% 的手段打击法国公司，终于在 1884 年迫使两家法国公司将其所取得的许多条约权利与设备出卖给英国公司。从此，国民非洲公司完全掌握了尼日尔河中下游的贸易，它与尼日尔河流域的酋长们订立许多条约，获得了大片土地租让权。1885 年国民非洲公司获悉德国派人深入豪萨诸邦的消息以后，赶忙派人抢先去与索科托等地素丹签订了条约。在柏林会议上，英国就利用这些条约作为它已占领尼日尔河下游地区的根据，要求承认该地区为英国的"势力范围"。公司在进行这一系列侵略活动以后，1886 年正式取得了英政府的特许状，改名为"皇家尼日尔公司"。

皇家尼日尔公司除了不能垄断贸易以外，它与过去的特许垄断公司几乎没有差别。它的侵略活动不断扩大，与各地酋长总共订立了 400 多个条约。①1887 年，英国宣布这些条约所涉及的地区为英国的保护国。80 年代中期，公司的活动主要是在南部，目的在于阻止法、德经济势力渗入尼日尔河口三角洲。进入 90 年代以后，公司以武力为后盾，侵占北尼日利亚。在镇压了三角洲地带的非洲人的反抗（1895 年）以后，接着攻占了伊洛林和努佩的富尔贝人诸国（1897 年），同时与法国人争夺同达荷美相邻的博尔吉地区。这时公司的武装力量显得不足。1897 年英国建立了为数 2,000 余人的西非边防军，由英国政府管辖，用以支持皇家尼日尔公司的侵略活动。1890 年和 1898 年，英、法终于达成协议。1898 年协定划定了今尼日利亚西面和北面的边界。公司的侵略先锋使命告成。同时，由于公司的专横行为受到各方面的抨击，英国政府决定撤销公司的特许状。经过政府与公司协商，1899 年年底达成协议。公司放弃有关政治、军事和司法的权力，把所占领的土地和采矿权以及各种建筑物和船舶等都交给殖民政府。公司从此成为一个纯商业性的组织，它从政府那里得到 865,000 英镑作为补偿，并享有 90 年内在北部某些地区采矿税减半的优越权利。1900 年 1 月 1 日，公司的权力正式转交给英国政府。英国把"尼日尔海岸保护国"连同公司所辖的南部土地改称为"南尼日利亚保护国"，把皇家尼日尔公司所辖的北部地区称为"北尼日利亚保护国"。拉各斯于 1906 年并入南尼日利亚。1914 年南北尼日利亚合并，以拉各斯为首府。

---

① 穆恩《帝国主义与世界政治》第 100 页。

法国的殖民侵路和"法属西非"的建立

法国对广大"法属西非"的征服是在 19 世纪末的 20 多年中完成的。在这以前，法国在西非只有塞内加尔沿海及上溯塞内加尔河约 900 公里的沿岸地区。在象牙海岸，它取得了阿西尼、大巴萨姆等据点（1842 年），但在 1870 年又将驻军撤退。在达荷美沿岸，它取得了诺伏港（1863 年）、科托努（1864 年）和维达（1870 年）等地，但未能实际占领。由于达荷美人民的激烈反抗，法国事实上已放弃了对这些地方的"保护权"。在 1800 年以前，无论在几内亚、象牙海岸或达荷美，法国虽已取得了一些条约根据，但都不曾实际占有这些殖民地。

法国在西非进行殖民扩张的手法与英国颇不相同，这是历史条件决定的。经过费德尔布的长期经营以后，塞内加尔已成为法国在西非向内地扩张的基地。法国不像英国那样经常使用海军力量从沿海来进攻，除在达荷美外，法国几乎都是从塞内加尔出动陆军进行侵略活动。塞内加尔河是西非水路交通最方便的河流，在雨季有 736 公里河段可以通航，法国已在沿河及其支流地带筑有碉堡，溯流而上可以达到富塔贾隆地区和尼日尔河中游谷地。法军深入内地以后，殖民军的军官热衷进行殖民冒险活动，以便充当"殖民英雄"，往往跑在了巴黎指令的前面。他们肆意挑起一系列战事，尽量扩大侵占地区。法国商人一般是跟在军旗后面接踵而至，不像英国大商人在尼日利亚经常起侵略先锋的作用。此外，利用西非各部落间的矛盾，借"结盟"的方式来骗取条约，也是法国在西非取得殖民地的惯用伎俩之一。殖民冒险家班格尔在一年半的时间内（1887—1889 年），以探险为名，窜入内地，从尼日尔河上游出发，历经上沃尔特西部和象牙海岸而到达沿海，行程千里，通过送礼，"结盟"，从当地酋长手中骗取了一大批条约，使这些地区接受法国的"保护"。当酋长们还不了解"保护"的含义时，法国已经把殖民枷锁套在他们的脖子上。当他们明白"保护"的真正意思而奋起反抗法国的殖民统治时，法国便以"绥靖"为名把讨伐队派进去进行血腥镇压。

1884 年，德国人一度企图侵入几内亚，经法国严重抗议后，这项争端终以缔结关于多哥划界条约而妥协（1885 年）。接着法国由海上占领科纳克里（1887 年）并向沿岸扩张；先后与葡（1886 年）、英（1898 年）签订了有关殖民地的划界条约；最后宣布几内亚为法国殖民地（1889 年）。1883 年法国再度占领象牙海岸的大巴萨姆等港和达荷美沿岸的诺伏港；柏林条约后加派军队进行实际占领。班格尔之流骗取条约的活动，终于使法国建立了象牙海岸殖民地（1893

年），同时法国又与英属黄金海岸划定了边界。但几内亚和象牙海岸的内地征服是在萨摩里反法武装斗争失败以后进行的。法国在达荷美遇到了顽强的抵抗（1890—1894 年）。法军在打败达荷美的抵抗以后，继续向北深入而同自塞内加尔东来的法军在达荷美北部相会。

向西非内地的扩张是法国在西非殖民侵略的主要部分，也是法国实现横贯非洲东西大陆殖民计划的重要步骤。在这里，它最先遇到两个强大国家的顽强抵抗。一个是奥马尔建立而由其子阿赫马杜继承的以图库洛尔—富尔贝人为主的国家。它以塞古为首都，国土包括尼日尔河上游及其以北的广大地区，拥有巴马科、尼奥罗、廷巴克图等重要城市，大致相当于今日马里共和国的西部和中部。另一个是萨摩里·杜尔所建立的，以曼丁哥人为主，称为乌阿苏鲁的国家。它位于巴马科以南地区，大致包括今日几内亚东部、马里南部、象牙海岸北部和上沃尔特的西部，以比桑杜古为首都。进入 80 年代以后，法国采取"分而治之""各个击破"的狡猾伎俩，利用沃洛夫人与图库洛尔人的不团结，联合卡约尔国进攻奥马尔的后人阿赫马杜，1875 年在科基城下打败了阿赫马杜的图库洛尔人军队，控制了富塔地区。80 年代初，法国反过来进攻卡约尔国。沃尔夫人进行顽强抵抗，战争延续多年。1886 年，拉特—迪奥尔老国王在作战中牺牲，卡约尔国被法国吞并。法国在完成了塞内加尔境内的征服后，便从凯斯向东侵袭西苏丹两大强国。法军首先企图占领巴马科作为东向侵略的前哨。从塞内加尔河上游的凯斯到尼日尔河上游的巴马科相距 550 公里，交通困难，因此，法国人在这里积极修建公路和铁路。铁路是使用摩洛哥人和华工劳动力修建的。[1]后来只完成了 55 公里即因用费昂贵而停工（1884 年）[2]。1883 年法军占领巴马科。阿赫马杜国家的人民抵抗法军，坚持达 12 年之久（1881—1893 年）。在打败阿赫马杜以后，法军继续向东扩张，进占廷巴克图（1894 年）。法军沿尼日尔河而下，占领塞伊（1896 年），作为进一步扩大侵略的据点。同时又从塞古出发侵占瓦加杜古（1896 年），萨摩里坚持抗法斗争 18 年（1881—1898 年），延缓了法国侵占西非内地时间近 20 年。此后，法国南下进入达荷美北部，与英国在尼日利亚的殖民势力发生冲突。英法的 1898 年条约签订以后，法军继续向东扩张，占领津德尔（1899 年）。法国征服乍得是东、西、北三路远征军会合

---

① 让·徐雷·卡纳尔《黑非洲》中译本第 168 页。

② 这条从凯斯通往巴马科全长 412 公里的铁路后来继续修建，到 1906 年才竣工。

的结果，但主要是法国在西非扩张的继续。在这里，法军遇到最后一个抗法力量——拉巴赫国家的抵抗（1899—1902年）。进入20世纪时，法国在西非的侵略军事行动基本上已告一段落，但结束殖民征服和巩固殖民统治还需要很长一段时间。1903年法国侵占毛里塔尼亚，1907—1909年才完成征服工作。乍得的塞努西教团直到1913年还在进行顽强抵抗。在第一次世界大战期间，法国在西非内地的殖民统治仍然很不巩固。

西非人民的反法侵略斗争

在列强占领和瓜分西非时期，法国侵略军遭到西非人民最广泛、最顽强的抵抗。法军的装备精良，战列训练有素，兵力资源丰富。在这样实力对比法国明显有利条件下，西非人民能够坚持长期斗争是由种种原因决定的。法军采取了以战养战的办法，到处劫掠。自费德尔布任塞内加尔总督以来，法军就已采用了以非洲人打非洲人的手段。主要由非洲人组成的法国军队的成分是非常复杂的。除了由各殖民地酋长征募来的正规军以外，还有利用部落矛盾而争取到的五花八门的"盟军"。在兵员缺乏时，法国人甚至从奴隶贩子手中购买奴隶当兵，美其名曰"募兵"。这些入伍的来自各个部族的非洲人还不理解他们的共同敌人是法国殖民主义者。他们远离家乡，在法国军官的教唆下，与法军一起参加洗劫。法军在西非用"俘虏"来充军饷，把"俘虏"分给士兵，作为奴隶。法国军官的暴行是骇人听闻的。率领乍得远征军的沃勒和夏努安沿途洗劫屠杀，像瘟神一样，把灾难带给每个村寨，造成成千上万人的死亡[①]。法军的所谓"俘虏"并不是战俘，而是村庄的和平居民；法军往往把全村的居民押走，老弱遭屠杀，青壮年被抓去当"俘虏"充军饷。法军所到之处，尸骨成堆，庐舍为墟。面对着这样令人发指的殖民灾难，非洲人民认识到唯一的生路就是顽强抵抗。法军征服的广大地区，有些是已有强大国家组织的，能够统一组织和领导人民进行抵抗。有些国家的伊斯兰教也发挥了号召和团结人民进行斗争的作用。法军从塞内加尔出发向西非内地侵略，首先遭到奥马尔后人阿赫马杜·塞库领导的图库洛尔国人民的普遍抵抗。与奥马尔时期不同，这时阿赫马杜已不能控制国内各封建主的势力（如卡尔塔·马西纳等），随着统治阶级内部的分裂，在宗教和民族矛盾掩盖下的国内阶级矛盾也很尖锐。法国利用这种情况得以挑动图

---

① 让·徐雷·卡纳尔《黑非洲》第227页。

库洛尔人与班巴拉人之间冲突①。这个国家所以能同法军对抗达 12 年之久，主要是由于分布在各地的领导人物和人民能同仇敌忾，共同抗敌。法军承认，图库洛尔人作战极其勇敢，他们经常奋不顾身，迎着法军密集炮火冲锋。在阿赫马杜拒绝给予法国商人特许权并驳回法国关于建立保护国的要求后，法国立即派军入侵，占领巴马科为基地（1883 年）。1887 年，阿赫马杜被迫与法国订立了保护条约。1887—1889 年间，富塔地区的图库洛尔人不愿受法国统治，整村整村地迁移到阿赫马杜治下的东部领土上。到 90 年代，法国已修通塞内加尔河上游与尼日尔河上游之间的公路，将炮艇陆运到尼日尔河，部队可以水陆兼程并进。1890 年 2 月，法军又发动攻势。阿赫马杜先后放弃了塞古、尼奥罗等地向东撤退，各地人民一直未停止战斗。在乌塞布古，图库洛尔人进行了气壮山河的抵抗，1,200 名图库洛尔人全部阵亡。守卫要塞的图库洛尔战士宁死不当俘虏，把堡垒炸毁，同归于尽（1890 年 4 月）。尼奥罗失守后（1891 年 1 月），阿赫马杜率残部在马西纳一带坚持抵抗，1893 年所有领土失守后，他退往尼日尔河中游的索科托，1898 年死于该地附近，家族迁往麦加。

与阿赫马杜的国家不同，萨摩里所建立的乌阿苏鲁国是一个中央集权、组织严密的国家。萨摩里·杜尔（1830—1900 年）是曼丁哥人，行伍出身，笃信伊斯兰教，1874 年他自称阿尔马米（教长）。萨摩里国家的领土是在 1870—1880 年间以比桑杜古为中心，逐渐扩展起来的。萨摩里控制布雷产金区，把全国分为十省，财政靠征收黄金和农产品赋税。每省拥有兵员 1 万人，经常维持 5 千人；但因给养困难，每次战役征调的军队不过 2 万人，以常备军为核心，骑兵在军队中起很重要的作用。萨摩里用黄金从阿拉伯人和英国人那里购买武器。他也创设兵工厂，能修造枪械。他还奖励农业，提倡宗教教育。1879 年法国开始侵入尼日尔河流域。1881—1887 年间，萨摩里国家遭到法军侵略。1885 年萨摩里军与法军在尼日尔河岸展开激战，曼丁哥战士打得十分顽强，法军的塞内加尔狙击兵损失不少，一度退到塞内加尔河上游的堡垒。萨摩里国家原先同阿赫马杜等非洲人军作战时，是靠散兵线相继推进的战术而屡败敌人的；在装备新武器的法军面前，这种战术很难经常取胜。1886 年 1 月，萨摩里军与法军在塞内加尔河上游展开决战，法军集结一千多人，人数超过萨摩里军，后者使用的又是旧式

---

① 图库洛尔人享有一些特权如免缴捐税，唯一义务是当兵，能参加骑兵；而班巴拉人既要纳税也要当兵，但只能当步兵。

燧石枪，遭到失败，被迫向南撤退，并与法国订立和约（1887年）。萨摩里深知和平只是暂时的，他利用暂息时机加强军备，从塞拉利昂购买几千支步枪；并暗中派人到法国的塞内加尔狙击兵中去学习近代化的作战方法。萨摩里把军队分为三大支：装备较好的一支用来打击法军，但不与法军打正规的阵地战而采用突袭和迅速撤退的战术；在必须放弃某一据点时，先将全部居民和一切物资撤走，使敌人得不到任何给养和人力补充。第二支军队则向东南掠地，使撤退的居民有广大的后方可以转移。第三支军队则用来保护撤退。1891年法军在赶走阿赫马杜以后，调军到尼日尔河右岸，集中兵力进攻萨摩里军。萨摩里采用新的战术，在水陆交叉地带以突袭伏击和坚壁清野的方法来困扰和拖垮敌人。法军在攻占其首都比桑杜古后不得不就在当天退出。由于战友们的团结[1]和人民的支持，他用这种战术与法军周旋七年之久（1891—1898年），使敌人陷于被动，损失惨重。在这期间，1892年1月，萨摩里军在米洛河地带与1,000多法军展开激战，索发战士顽强抵抗[2]，法军伤亡二百多人，震动法国。1893年，在乌阿苏鲁本土被法军占领以后，萨摩里的主力逐渐东移到上沃尔特，南下象牙海岸森林地带。1892年英、法达成谅解以后，萨摩里很难再从英人手中获得武器。进入森林地带以后，他的骑兵失去作用。加上长期转战的迁徙，士兵疲劳不堪。法国集中兵力，加强对萨摩里军队的进攻，并大肆破坏其后方，迫使萨摩里后退。即使在极其困难条件下，萨摩里军仍坚持战斗，1895年3月在孔城包围4连法军，迫使法军退回海岸地带。在最后一次媾和谈判中，萨摩里拒绝充当法国的傀儡君主。在象牙海岸坚持5年以后，萨摩里最后被迫向西撤退到利比里亚边境，在森林中被法军包围，1898年9月29日，萨摩里被法军俘获，流放到加蓬沿海的一个小岛上。在圣路易被押解上船之前，他企图自杀殉国，未遂。两年后他死于该岛。

萨摩里的坚持抗战鼓舞了象牙海岸的人民，各部落人民纷纷起义反抗法国侵略者，屡败法军。1896年，阿西卡索率领的一支法军被起义军围攻达两个多月之久。[3]萨摩里失败以后，象牙海岸的抗法战争仍在继续。起义虽然缺乏统一组织，但是此起彼落，频繁出击，使法军疲于奔命。直到1908年时，法国只能

---

① 萨摩里的几个部将卡里·阿尔发、索利巴都很有军事才能。

② 萨摩里的曼丁哥战士称索发。

③ 汤普森和阿道夫《法属西非》英文版第118页。

占有象牙海岸沿海狭长地带，一直无法控制内地。第一次世界大战结束时，法国才最后镇压了持续 20 年的象牙海岸人民反法起义。

19 世纪末，达荷美国家虽已衰落，在西非沿岸诸国中仍是坚持抗法斗争最顽强、最有组织的国家。法国占领科托努和诺伏港时，曾迫使达荷美国王吉利（1858—1889 年）同法国订立条约，让出了大片沿海地区（1878 年）。此后法国在沿海不断扩张，一直伸展到多哥。1888 年又借口达荷美不遵守条约发动进攻，企图迫使达荷美的新国王贝汉津（1889—1893 年）让步。贝汉津曾留学法国，认识到法国殖民者贪得无厌，必须奋起抵抗殖民侵略。他购买英制和德制步枪，建立了一支 15,000 人的军队；他不承认法国有控制沿海地区的权力，法国百般威胁和利诱都不能迫使他屈服、退让。在 1890 年 2 月发生的第一次战争，法军烧毁沿海许多村寨，当地芳族人奋起反击。4 月贝汉津率领包括女兵在内的 5,000 军队猛攻波多诺伏，迫使法军后退。这次战争达荷美坚持抵抗法国达九个月之久，法军遭受严重损失，但双方都没有取得决定性的胜利，最后缔结了 1890 年 10 月条约。根据条约，法国可以无限期地占领科托努和波多诺伏港等地，每年须向达荷美付出 20,000 法郎，以示尊重达荷美对该地区的主权。法国政府认为这个条约是"屈辱"，决定重启战端。1892 年 3 月，法国借口边境冲突和法舰遭到炮击，企图挑起新战争。尽管贝汉津一再表示希望维持和平，并答应补偿"损失"，但法国的政策是要吞并达荷美，法驻波多诺伏的使团头目奥代乌在报告中认为必须消灭达荷美。法国议会拨出军费 300 万法郎。贝汉津积极备战，利用列强矛盾，向英德商站购买新式武器，征召人民入伍。1892 年达荷美除拥有战时军队 15,000 人外，还有女兵 10,000 余人，大炮 6 门、几挺机关枪和 2,200 支新式步枪，这些装备都是阿赫马杜和萨摩里所没有的。1892 年 9 月，3,500 名法军在炮舰掩护下，沿韦梅河向北推进，贝汉津领导达荷美人民进行顽强抵抗。在通向首都阿波美的道路上与法军展开激战，给予法军沉重打击，法军损失 740 多人。1892 年 11 月，贝汉津退出首都阿波美，继续在北部抗战，坚持一年多时间，终因粮械供应困难以及上层分子的叛变（他的兄弟投降法国登上王位），无力再战。1894 年 1 月，贝汉津被废黜后流放到马提尼克岛，后又被押禁阿尔及利亚。他死于 1906 年，遗嘱要归葬达荷美，但法国慑于他生前的威望，一直拖到 1927 年才不得不让其归葬。贝汉津失败后，法国把达荷美沦为法国的保护国，两年后改为殖民地。

在乍得湖畔，法国进行了征服西非的最后战争，消灭拉巴赫国家。拉巴赫原是苏丹境内苏里曼·祖贝尔的助手。苏里曼失败后，拉巴赫拒绝向英埃军队投降，从加扎勒河率残部西进，1894年占领博尔努，建都迪科阿，在乍得湖附近地区建立一个组织严密的国家，统治中苏丹地区达22年（1878—1900年）。1898年法军自西苏丹侵入乍得湖地区，向拉巴赫发动进攻。拉巴赫本人富有军事才能，拥有强大兵力，部队训练良好，从埃及等地得到武器供应，曾多次歼灭小股法军。法绍达事件以后，法国急于占领乍得湖地带以囊括中苏丹地区，不断增兵。1899年，在库诺城下，拉巴赫军两次大败法军。1900年初，法国从尼日尔河流域、法属刚果和阿尔及利亚等地调集三支远征军进攻拉巴赫。1900年4月，拉巴赫在库塞里被这三支法军击溃。4月22日，在激战中拉巴赫和法军的司令拉米都战死。拉巴赫的儿子联合塞努西教团继续抵抗法军，最后在1901年为法军所消灭，塞努西教团的抵抗一直坚持到1913年。

第四节　英法在西非的殖民统治

直接统治和间接统治

　　法国在西非实行直接统治。19世纪中期费德尔布已在西非建立了法国直接统治的传统。法国在征服西非过程中遭到西非人民的顽强抵抗，为了稳固统治，它决定消灭所有可能领导人民进行反抗的力量——国王或酋长、非洲人原有的国家和部落组织；它划分行政区丝毫不考虑非洲人的种族、民族关系。由于殖民扩张进展迅速，领土广大，法国不可能马上调齐足够的人力和财力进行直接统治，所以起初在多数场合仍须利用酋长们。有许多殖民地是通过保护条约建立的，在初期法国也不得不按照条约让一些国王和酋长继续统治。但等到直接统治条件具备以后，法国殖民当局便借口增强行政效率，撕毁条约，建立由法国官员统治的行政机构。大酋长一旦亡故，便不再任命继承人，迳将管辖地区交给殖民当局派遣的官吏直接管理。到20世纪，只有极少数地方仍然按条约形式上保存了原有的土著国家[①]。法国本身是高度集权国家，殖民地当局须听命于巴黎；一切法令都以总统名义公布。1895年法国设置了西非大总督，但西非各殖民地彼此互不联系。为了克服过分集权和彼此又互不联系的弊病，法国建立

---

　　① 多在西非腹地，如莫西、亚登加、巴吉尔米等，也是朝不保夕的。

法属西非联邦，通称"法属西非"。联邦包括8个殖民地：塞内加尔、毛里塔尼亚、苏丹、几内亚、象牙海岸、达荷美、上沃尔特、尼日尔（乍得则划归法属赤道非洲管辖），各设置总督，下辖若干专区（其中有若干专区仍为军事管制），在各殖民地总督之上设一大总督，由塞内加尔总督兼任，驻跸达喀尔。他代表宗主国，有权发布命令；但各殖民地总督对下属人员和酋长的更换任命仍有全权。殖民地的行政官吏都是来自法国，人数众多，薪给较薄，贪污讹诈之风盛行。县和县以下的行政人员任命部落上层分子担任，这是依据他们对法国殖民当局的效忠程度而决定任命的。这些人不再是土著酋长，而是隶属于法国的地区官员，成为殖民政府的工具。此外，也有一些不是出身酋长和王室的非洲人因忠于殖民当局而被任命为殖民官吏。自1856年以来，法国就在塞内加尔设立了培养非洲上层分子子弟的专门学校。学校的制度和名称虽一再改换，但其目的始终是培养一批为法国殖民统治服务的工具。他们在校学习法语、法国史地和法国典章制度法令，毕业后服兵役半年，使他们取得"法国公民"资格而充任公务员，遇缺便可以递补为"酋长"。

直接统治下的非洲人都是法国的"臣民"，他们毫无政治权利，受殖民官吏的严酷统治。法国的"同化"政策只让极小数非洲人可以成为法国公民。依据1912年"入籍法"，凡任公职十年，拥有财产、受法国教育或服军役获得奖章者可以取得法国公民权。名义上他们享有选举权和被选举权，但很长时期只有欧洲血统的人才能当选。法国利用这种手段也拉拢和培养了一部分亲法的非洲知识分子。在司法上，普通非洲人的诉讼案件由行政人员掌管的土著法庭审理。此外，还保留一种专门适用于"土著"的速决裁判制度，这是从征服时期留下来的一种可以由行政官吏任意处罚非洲人的严酷制度[①]。按规定，西非人民必须为法国服兵役，充当炮灰。早在1828年，殖民当局就曾派遣两个连的塞内加尔兵参加侵略马达加斯加岛的战役。此后的克里米亚战争、墨西哥远征、普法战争以及对阿尔及利亚、摩洛哥和马达加斯加岛的侵略战争，都曾派遣西非军队参加。1904年法令规定，如募兵不能足额，可在西非实行征兵制，以便使法国人的兵役期可以缩短到2年。[②]第一次世界大战爆发后，殖民当局用各种威胁利

---

① 比尔《非洲土著问题》1928年英文版第1卷第1007页。

② 比尔《非洲土著问题》第2卷第5页。

诱的手段迫使非洲人当兵。在整个大战期间，西非共被征发兵员 181,000 人[①]。

英国在西非不是一开始就采用间接统治，也不是在所有殖民地都采用间接统治。英国有长期丰富的殖民统治经验，对殖民地的统治不像法国那样要求划一和集中。它对西非殖民地最初也曾实行过直接统治，只给予殖民地的欧洲居民以有限的立法权。英属西非各殖民地都先后成立了立法会议：冈比亚（1843年），黄金海岸（1850年），拉各斯（1862年），塞拉利昂（1863年）。立法会议的成员不多，大部分是行政官吏，另外加上总督任命的若干名英籍商人和传教士。1890年才开始让一些受过欧洲教育的非洲人参加会议，数目极少，起不了多大作用。英国人所吹嘘的所谓宪政改革，是在第一次世界大战后才开始的。在此之前，除在尼日利亚以外，在西非基本上都是实行直接统治，特别是在遭到阿散蒂人顽强抵抗的黄金海岸。

间接统治是卢加德首先在北尼日利亚推行起来的。他于1894年为皇家尼日尔公司服务，主持军事侵略活动；1897年任西非边防军司令，1900年又任北尼日利亚高级专员，1906年始调任香港总督。尼日利亚的间接统治就是这个毕生担任殖民地行政官吏的卢加德总结推广的。初期，由于扩张速度太快，他不可能立即拥有足够的人力和财力来进行直接统治。后来，卢加德侵略乌干达的经验，使他深知利用土著权力进行统治既容易取得当地统治阶级和上层分子的支持，又可减少国内外舆论的指责，缓和当地人民的反抗。豪萨—富尔贝人的发达的国家组织，为英国的间接统治提供了有利条件：这些国家拥有一套土著政权和行政系统，有法律、法庭和监狱，还有税收制度和国库。英国人利用这些权力来统治非洲人，只需要由英国殖民当局在国王或酋长的首府设置驻扎官进行监督，通过统治"统治者"的办法来统治非洲人。英国在北尼日利亚用以进行统治的土著政权一共有151个，其中如索科托和卡诺等大国拥有上百万人口，小的部落只有万人左右。

间接统治收到了殖民主义者所预期的效果：行政费用减少而统治有效。1912年卢加德再度任尼日利亚总督时（1912—1919年）便把这个办法推行到南尼日利亚。1914年，南北尼日利亚合并，卢加德任大总督。他着手在南部推行间接统治，但遇到一些困难。南部长期受到奴隶贩卖和欧洲人侵略的影响，许多部落已经瓦解，居民有八分之五住在城市，拥有1万人口的城市有84个。除约鲁巴

---

① 比尔《非洲土著问题》第 2 卷第 10 页。

人诸王国外,能够找到的原统治者已经很少,特别是在尼日尔河口一带。英国人勉强拼凑一些傀儡,但不受非洲人的尊重。直到第一次世界大战以后,借助于为殖民主义服务的某些人类学的研究,英国才在南尼日利亚建立了 224 个傀儡政权[①]。在卢加德主持下先后制定的三大法律:"土著政权法"、"土著法院法"和"土著收入法",成为英国间接统治制度的基本原则。在第一次世界大战后,英国把它认为行之有效、花费甚少的这一套统治方法推行到西非其他殖民地。

间接统治的本质与直接统治一样也是极端反动的。在这种制度下,国王和酋长只是英国的傀儡,他们要誓忠于英王,英国用物质利益和种种封建性的"荣誉"来收买他们。他们实质上是英国的官吏,不再代表非洲人民,除极少数例外,基本上不再领导人民进行反殖民主义斗争。凡政治机构的组成、人员的任命均须由英国驻扎官批准。这些权力机关并不具有立法权,行政和司法权也必须遵行英国官员的意志,一切政策都取决于宗主国的法令。总之,最高权力掌握在殖民者手中。间接统治的极端反动性更表现在它恢复已趋瓦解的氏族部落组织,扶植和利用已经腐朽的王室和封建上层分子。这些上层分子为了自己的利益,有不少人死心塌地为宗主国效劳,成为本国社会进步的阻力。

总之,直接统治和间接统治的首要目的都在于保证殖民的经济掠夺,并无本质上的区别。严格地说,并不存在纯粹的直接统治和间接统治,因为任何直接统治都不能不利用一些当地的统治阶级上层分子,而间接统治中的国王或酋长们,如果违反殖民当局的意志,也必定遭到废黜和流放,而由非传统的上层分子取而代之。

西非的土地关系和小农经济

在沦为殖民地以前,西非各地虽已在不同程度上向封建制度转化,但基本上仍然保存着氏族部落公有制的土地关系。部落酋长是土地监护人。即使在图库洛尔—富尔贝人征服的国家里,也没有彻底破坏这种土地公有制的实质。[②]对法属西非土著土地关系进行了深入研究的德拉弗斯已作出了众所周知的结论:在西非,没有一寸土地是没有主人的;酋长只在法律上代表集体,无权出让土

---

① 比尔《非洲土著问题》第 1 卷第 689 页。
② 拉布雷《西非的农民》法文版第 2 章。

地，所有权是公有的。[1]英属西非也存在同样情况：尼日利亚的土地也是部落公有制。1910 年任命的委员会在调查后所提出的报告，证明整个尼日利亚的土地关系都是如此[2]。黄金海岸的土地情况也是如此[3]。英法殖民主义者为了掠夺土地，榨取劳动力，力图摧毁这种土地关系而代之以私有制，但是这种企图遇到了当地盛行已久的土地制度的阻力。

英属非洲殖民地的土地关系可分为三类：王土、土著地、王土和土著地的混合。所谓王土是指由殖民当局掌握的土地，并为英国王室所有[4]。英属西非各殖民地土地基本上是土著地，即土地属非洲人所有，殖民当局不得任意征用。北尼日利亚从一开始就实行保全土著制度的间接统治，所以未触动原有的土地关系，但是这一带的封建关系已经比较发达。南尼日利亚除贝宁是经过武力征服外，其余多半是通过条约取得保护权的，以后又实行间接统治，所以土地基本上也仍在非洲人手里。殖民当局除因接管皇家尼日尔公司而掌握了一些土地以外，并没有多少土地可以出让给欧洲人，即使是从尼日尔公司手里接管的土地，出让给欧洲人的也不多。[5]根据英国政府所颁布的有关尼日利亚的土地法令，总督无权出卖土地，只能出租土地，其年限和数目都有一定限制；事实上出租的也不多。黄金海岸的情况也是如此，殖民当局没有征地采矿之权。但是黄金海岸有些土地原属非洲人王室家族管理，这类土地称"凳子地"（Stool land）；19世纪中叶，有些酋长曾擅自将其出让，金矿开采发达后，出让土地事件经常发生。英国政府为了控制这类土地出让，曾颁布《公共土地法案》（1897 年），遭到非洲人上层反对而罢。最后代之以 1900 年的租借法令。这个法令规定土地可否出租，应先由双方私人交涉而将结果提请法庭裁决，所租土地不得用于农业，只能用于矿山开掘或木材砍伐和橡胶采集，面积也受一定限制，期限不得超过99 年。但是由于酋长的贪婪，欧洲人的勒索，某些地方出租土地日渐增多，引起了人民的反对。

法国殖民者在西非也不可能大量地掠夺西非人民的土地。有些学者错误地

---

[1]　比尔《非洲土著问题》第 1 卷第 1021 页。

[2]　伯恩斯《尼日利亚史》第 261 页。

[3]　《沃德加纳史》第 354 页。

[4]　为避免混淆，Crown Land 译作"王土"，而不译为"王室土地"，以示区别。

[5]　比尔《非洲土著问题》第 1 卷第 756 页。

认为这是吸取了在阿尔及利亚的教训[①]。其实，法国殖民当局自始就力图掠夺西非人民的土地。在塞内加尔早在 1865 年法国就已用欧洲人的土地私有的法律观念来否定非洲人的土地公有制；后来在 1887 年又宣布土地是殖民地财产，可以出租给欧洲人。在西非的法国人故意曲解非洲人的土地关系，他们假定土地一概属于酋长；酋长既被征服，作为征服者的法国即可从被征服的酋长手中接管土地。在通过条约吞并的地区，法国虽然维持酋长的权力，但也曾以颁布法令来夺取土地。法国侵略者不顾西非"没有一寸土地没有主人"的事实，公然以法令宣布"空而无主土地"属于"国家"。1900 年 7 月 20 日法国颁布法令，宣布法兰西国家是一切"未占和未经营的"土地的所有者，以剥夺非洲人的土地。法属西非成立后所颁布的 1904 年法令，概括了以前的各个法令，重申"空而无主土地"属于"国家"的原则，把全部土地分为不可出让的"公地"和可以出让的"私产"两类；总督和大总督有权处理私产出租事件。1906 年又公布《土地登记法》，规定土地占有者可依法申请登记，公布 3 个月后如无争执，土地即归申请人私有。这个法令的目的首先是使土地向私有制转化，以便于法国资本购置土地；其次为掠夺土地准备条件，以便招徕大量欧洲殖民者而把非洲人转化为佃农[②]。非洲人不相信 1906 年的《土地登记法》，申请登记者为数不多；到 1915 年止，经登记而发出的土地契据仅 1,267 件，土地共计 12,000 公顷。[③]尽管用尽种种手法，法国人毕竟不能在西非掠夺到大量土地。殖民当局掌握任意征用土地的权力，所付地价远远低于市价。

由于西非存在这样的土地关系，所以当时的西非几乎没有白人的大种植园，甚至小种植园数目也不多。19 世纪初，法国人在塞内加尔曾试办种植园，可是遭到失败。1894 年法国政府在象牙海岸曾把 500 万公顷的土地租给康格公司，这项租让权成为 1894 年象牙海岸人民大起义的原因之一；同时也引起其他法国资本家的嫉视，终于迫使法国政府不得不取消原约，而仅在象牙海岸开拓小型种植园。此后，在象牙海岸建立的欧洲人的咖啡种植园，租地最多不超过 5,000 公顷，一般为 200 公顷。在英属西非，白人种植园所占土地比重更小。西非的白人种植园没有大规模地发展起来，除土地关系方面的原因以外，还有其他原

---

① 黑利《非洲概览》第 743 页。

② 比尔《非洲土著问题》第 1 卷第 1022—1024 页。

③ 比尔《非洲土著问题》第 1 卷第 1031 页。

因：1. 西非人民坚决反抗掠夺自己生计所系的土地，使欧洲人不易获得土地。2. 非洲人既然能保有自己所使用的土地，欧洲人种植园就难以雇佣农业劳动力。3. 西非地处热带，气候极其炎热潮湿，不能吸引大批欧洲居民。这些情况使欧洲资本家不愿在种植园事业上投资。此外，殖民者已在西非建立商业掠夺的体系，进行了长期的不等价交换贸易，欧洲资本家通过这种商业关系来进行剥削和掠夺，已证明是一种更为方便可靠和利润丰厚的方法。

西非农村是以非洲人的小农经济为主，生产除自给外，逐渐开始大量生产出口的经济作物。在尼日利亚，北部以畜牧业为主，南部以农业为主，均由非洲人经营。棕榈树是野生作物，在 19 世纪初，禁止奴隶贸易后，渐以棕榈油（棕榄油）为主要出口物。1839 年出口达 13,000 吨，此后棕榈油和棕榈仁的出口量迅速增长①。尼日利亚的出口经济作物不是单一作物，除棕榈外，花生、可可和棉花也占相当大比重，北方还有畜牧业生产的皮革、羊毛等。黄金海岸的出口经济作物最早趋向单一化。19 世纪中叶奴隶贸易停止时，它还没有形成主要的出口经济作物，野生橡胶因采割过度和国际市场价格下跌，已趋衰落。1879 年开始种植可可，不久就有少量出口，此后产量猛增，1901 年达 526 吨，出口额的价值已超过黄金，1913 年已占总出口额（500 万英镑）的二分之一②。可可成为农民收入的主要来源。黄金海岸迅速成为英国在西非的最富有的殖民地。塞拉利昂的出口作物主要靠棕榈油，其次是可拉果。1913 年这两项出口贸易达 137.5 万英镑（660 万美元）。冈比亚在英属西非殖民地中最为穷困，只有花生可供出口，本地又缺少劳力，主要靠招雇法属殖民地（塞内加尔）的劳动力来种植花生。

法属西非面积广袤，农业经济却比不上英属西非。内地可耕面积和已耕面积很小，这是缺乏灌溉系统，耕种方法原始，工具落后，交通困难诸因素造成的。但最主要原因还是奴隶贸易和法国殖民侵略战争所造成的农业破坏和人口锐减。内地的农作物自给尚感不足。出口经济作物集中于沿海地区。花生占主要地位。花生最早成为塞内加尔的单一作物，从 19 世纪中叶起已大量输出。花生种植逐渐沿着铁路向内地扩展，后来又推广到其他殖民地。其次是棕榈仁和棕榈油，主要产区达荷美，次为象牙海岸和几内亚。在第一次大战前夕，这两

---

① 伯恩斯《尼日利亚史》第 285 页。
② 沃德《加纳史》第 397 页；费奇《西非简史》第 188 页。

种油料作物已占法属西非全部出口作物的三分之二。[①]至于象牙海岸的可可和咖啡，几内亚的香蕉，当时虽有出口，但在出口作物的总量中还不占重要地位。西苏丹内地的棉花，仍处试验种植阶段，尚未出口。

英法在西非的殖民掠夺

西非小农遭受英法垄断资本的严重剥削。英法各公司主要采取贸易方式剥削西非人民。西非各国经济隶属世界资本主义市场，具有典型的殖民地经济性质——为宗主国提供原料。殖民当局采取经济强制方式和超经济强制方式迫使西非小农种植宗主国所需要的出口作物。主要方式是：1. 通过土地政策进行控制，农民只有答应种植出口作物，受殖民当局控制的土著政权或酋长才把土地分配给他们；2. 捐税压迫；3. 调节市场价格。当农民经济变成极其狭窄的片面的单一经济以后，就不得不完全依赖那些操纵市场的英、法资本家。资本家为了获得高额利润，总是想方设法压低价格收购农民的出口作物。西非农民为了获得宗主国的棉织品和其他工业品，特别是已不能自给的粮食，通常要付出比在宗主国市场高数倍的价钱。

在西非英法垄断资本家通过这种不等价交换，剪刀差的剥削，获得的利润率通常高达 100% 以上，有的竟高达 700%。这种剪刀差的剥削是西非农民贫困的重要原因。长期处于贫困状态的西非农民无力改进极其落后的耕作技术，生产发展缓慢。西非人民生活更无法得到改善，法属西非内地的农民生活最为贫困。欧洲输入的日用工业品严重打击了西非原有的手工业，卡诺的有名的纺织业日趋衰落，塞内加尔的土布手工业也遭到同样命运。

捐税苛重是西非殖民地的普遍现象。英属西非殖民当局主要抽取间接税，而直接税由土著当局征收。法属西非间接税和直接税的税率都很高。人丁税额依地区而不同，有些殖民地，妇女与小孩也不能幸免；在以畜牧业为主地区还额外征收牲畜税。整个西非都盛行具有强制劳动性质的无偿劳役，劳役主要用来修筑和维修道路。法属西非劳役繁重。全境 35,000 公里公路的修筑和维护任务，90% 是靠抽调劳役来完成。[②]

开发殖民地矿藏是英国资本掠夺西非殖民地财富的另一重要渠道。在第一

---

① 拉维斯《法国现代史》第 8 卷第 375 页。

② 比尔《非洲土著问题》第 1 卷第 1039 页。

次大战前，英国垄断资本家已从西非攫得大量地下矿藏。尼日利亚锡矿开采始于1910年，1913年时年产已达4,000吨，占全非洲锡开采量的66%。殖民政府直接掌握的西非最大煤矿——尼日利亚的埃努古煤矿，1916年产量为24,600吨。黄金海岸的内地金矿——塔克瓦金矿区，在塞康第至塔克瓦的53公里铁路修通后，产量迅速提高，1913年黄金出口价值达1,650,000英镑，1915年出口了13吨黄金。1914年黄金海岸发现内乌特锰矿，每年输出锰矿石3万吨。英属西非采矿业主要靠雇佣劳动，为了满足矿业资本家对劳动力的需求，殖民当局也实行变相的强迫劳动。

为了输出矿业和农业原料，19世纪末开始在西非大修铁路。所有铁路的路线走向都是从沿海地带通往农业和矿业原料的主要产区。法国修筑西非铁路除大量役使当地非洲人进行强制劳动以外，还诱骗大批华工前来修筑。凯斯至巴马科铁路和圣路易至达喀尔铁路都有华工参加。1881年还输入中国泥水匠和木匠183人。1883年成立"法华公司"，专营输入中国劳动力的业务。1899年又输入一批华工。这些中国人由于过度劳累和感染疾病，多半死在西非。[①] 到1913年时，英属西非铁路总长为1,405英里，平均每320平方英里的领土面积上有1英里铁路；法属西非铁路总长为1,545英里，平均每1,160平方英里的领土面积上有1英里铁路；德属多哥铁路长203英里，平均每190平方英里的领土面积上有1英里铁路。[②] 铁路网的修建使西非原料出口量猛增，1900—1914年间原料出口量增加3倍。铁路不仅是榨取西非人民财富的吸血管，也经常用来载运军队到起义地区镇压西非人民的反抗。

西非的社会发展和反殖民统治斗争的新形式

英法在西非的殖民统治，把西非进一步纳入世界资本主义经济体系，对西非的社会发展产生重大的影响。20世纪最初20年，西非经济已发生重大变化，社会结构也发生多方面变化：土地逐渐向私有制转化，新的阶级关系开始形成，资产阶级和资产阶级知识分子正在产生。西非开始出现了反殖民主义统治斗争的新形式。

一般地说，法属西非的变化不如英属西非显著。法属殖民地中塞内加尔变化

---

① 比尔《非洲土著问题》第2卷第26页。
② 费奇《西非史简编》第200页。

最明显，但塞内加尔资产阶级的力量也不如英属黄金海岸，因为塞内加尔中介人（他们发展成为商业资产阶级）中有许多外国人（叙利亚人、黎巴嫩人）。法国的"同化"政策产生了一批取得法国公民权的非洲人资产阶级知识分子（教师、欧洲公司职员、自由职业者）。塞内加尔的"法国公民"在法国议会有一席位。1914 年非洲人迪阿尼出来竞选，取得胜利。他利用世界大战时期法国需要征召更多非洲人入伍的机会，于 1916 年在法国议会中为达喀尔等城市的非洲人争得扩大公民权的胜利。法属西非的资产阶级知识分子的力量正在逐渐加强。

英属西非的社会发展变化主要表现在土地私有化和非洲资产阶级开始形成这两方面。尼日利亚南部由于城市发达和对外贸易历史悠久的缘故，土地私有化的过程出现较早。出口经济作物的发展需要使小农的土地使用权长期固定下来，而长期使用权经过登记以后几乎变成了私有权。例如，可可树是多年生的植物，必须固定土地的长期使用权才有利于发展这种作物的种植。农村开始向两极分化，受高利贷压迫的农民把土地使用权典押给中介人，但中介人并不经营土地，仍让典押的农民继续使用土地，使他们实际上变成中介人的佃农。黄金海岸农民所使用的土地一般为 2—6 英亩，富农通过租地来扩大自己的土地使用面积，并使用雇佣劳动力，出现了土著农场主。在生产出口经济作物的领域内，民族农业资产阶级的成长比较顺利，阻碍较小。

尼日利亚对外贸易发达较早，商业资产阶级的形成也比较早，其中很大部分是出身于中介商人，他们早已脱离部落生活，其中上层人物已与部落酋长形成对立；他们在出口贸易业务上同欧洲垄断资本有矛盾。商业资产阶级曾企图自己向世界市场运销可可，以打破英国公司的垄断。

殖民当局和教会为了殖民侵略的需要，早在 19 世纪下半期就在各殖民地开办学校，培养懂欧洲语文的职员和传教士，有些学生，多是上层子弟被送往欧洲的学校继续学习。他们毕业后成为律师、教师、医生和新闻工作者。西非出现了资产阶级知识分子；随着也出现了他们所创办的非洲人的第一批报纸，如《阿克拉先驱报》《拉各斯日报》《塞拉利昂时报》等。

资产阶级和资产阶级知识分子的出现，使非洲人的反殖民主义斗争开始走向资产阶级民族主义的道路。知识分子积极参加反对剥夺当地居民土地权的运动。在黄金海岸，1897 年反对英国殖民当局剥夺非洲人土地的《公共土地法案》运动中，成立了"保护土著权利协会"。协会的活动迫使当局取消《公共土地法案》。该协会主要是酋长，商人和知识分子的组织，协会各成员每年必须交纳的会费高达 10 镑，说明它是一个上层组织。它在反对英国掠夺土地方面起过相当大的作用。[①] 协会领导人有约翰·沙尔巴、约瑟夫·海福德和格拉夫特·约翰逊等。沙尔巴曾作为非官方成员进入立法会议（1888 年）。随后，在尼日利亚的拉各斯和塞拉利昂也成立了"保护土著权利协会分会"。1908 年在拉各斯还成立了"保卫非洲人权利民族联盟"，它们的主要任务都是反对殖民当局没收当地人民的土地和对土地征税。1905 年，由于塞拉利昂分会的斗争，殖民当局被迫拒绝一家英国公司申请土地开办种植园的要求。在资产阶级知识分子和酋长们领导下，各地区先后发生了有广大群众参加的反对英国殖民统治的斗争。1898 年在塞拉利昂，非洲人为反对 1896 年开始施行的征收房捐令，爆发了长达 3 个月的暴力运动，据说有 1,000 名英国殖民者被杀。[②] 1895 年在拉各斯发生了抗征房捐和地产税的示威运动，参加者达 5,000 余人。1912 年，南尼日利亚掀起了一个新的大规模运动，抗议把北尼日利亚所实行的土地法推行于南部各省。土著代表团前往伦敦活动，使该法律未得施行。1915 年又爆发了反对自来水捐的群众运动，有 7,000 人参加群众大会。[③] 1913 年，英属西非各殖民地的资产阶级分子企图联合各殖民地的反殖民力量，计划召开黄金海岸、尼日利亚、塞拉利昂和冈比亚四殖民地的社会活动家会议，共同制订反对殖民当局没收土地的联合斗争的计划。后因第一次世界大战爆发未能如期召开。

20 世纪初西非开始出现工人阶级。在修建铁路和工矿企业的地区首先出现了工人阶级队伍。1912 年南尼日利亚城市公用事业工人在拉各斯成立了的第一个工会。1915 年，在塞拉利昂出现了第一个铁路工人工会；同年在黄金海岸成立了"汽车司机工会"，有会员 8,000 人。最早一批的西非工会组织的力量还很薄弱。

在本时期，西非资产阶级和工人阶级仍处在发展的最初阶段，但这是一股新兴的力量。他们的出现意味着此后西非的反殖民主义斗争不再只是由部落酋长来领导。资产阶级领导人物与部落上层在政治立场上形成对立，部落上层日益倾向于同殖民政府合作，殖民当局也更进一步利用和依靠酋长们为代表的保守势力。广大非洲人民对欧洲殖民统治的日益增长的不满情绪，促使他们去寻

---

① 比尔《非洲土著问题》第 1 卷第 831 页。

② 比尔《非洲土著问题》第 1 卷第 863 页。

③ 比尔《非洲土著问题》第 1 卷第 662 页。

找新的领导力量。此后西非反殖民主义斗争的领导权逐渐转移到民族资产阶级手中。

第五节　利比里亚

列强在利比里亚的角逐

利比里亚是幸免于列强瓜分而能保全名义独立的两个非洲国家之一。它不像埃塞俄比亚那样一度击败过侵略者，而是始终处在列强的威胁之下。贸易在利比里亚的经济中占有主要地位。早在 19 世纪 50 年代，德国汉堡、不来梅、卢卑克诸城市的商人就同利比里亚有着发达的商业关系，直到第一次世界大战时为止，利比里亚的对外贸易主要掌握在德国人手中。德国资本在利比里亚设有公司、工厂，在蒙罗维亚开设了德国—利比里亚银行。由于德国垄断资本在利比里亚拥有强大的势力，利比里亚政府曾企图委托德国资本创办一家利比里亚政府银行。[①] 尽管德国经济势力强大，但操纵利比里亚政府的还是英国金融资本。利比里亚国库的财政收入很少，财政一直很困难；在 1912 年以前，政府的财政完全仰赖英国银行家。1870 年向英国借债 100,000 镑，1906 年再借 100,000 镑。英国以极其苛刻的条件——30% 的回扣和 7% 的高利息——贷款给利比里亚政府，从而控制了利比里亚的海关。外债导致领事裁判权制度在利比里亚的建立。利比里亚的主要产品橡胶也由英国人经营。1890 年英商取得出口橡胶的专利租让权。英国和法国还一再蚕食鲸吞利比里亚周围的领土（1882 年、1884 年、1892 年、1910 年）。到 1911 年，它已丧失 1/3 领土。法国利用象牙海岸和利比里亚之间未定边界不断向西南渗透，并在利比里亚内地大肆活动，在那里招募工人和雇佣军，企图把它变为自己的保护国。

利比里亚之所以还能保存独立国的形式，一方面是由于英、法、德三国的竞争，另一方面是由于美国对利比里亚不肯放手。美国直到 1862 年才正式承认利比里亚并与它签订了条约。条约第八条规定，如果利比里亚政府不能保护美国公民的生命财产时，美国政府可应利比里亚政府请求予以援助。此后，美国开始正式干预利比里亚的内部事务。1879 年，法国驻蒙罗维亚总领事曾打算迫使

---

① 比尔《非洲土著问题》第 2 卷第 796 页。

利比里亚接受法国的保护，因美国的干涉而未能实现。1890年，美国代表在布鲁塞尔会上强调利比里亚是一个独立国家，暗示列强不得吞并。1910年，美国国务卿路特更直言不讳地说："利比里亚是美国的殖民地。"但是在19世纪最后30多年中，美国资本对利比里亚不感兴趣，直到20世纪初，美国在利比里亚经济中还不占重要地位。在利比里亚的进出口贸易中，美国所占的比重只有十分之一左右。1909年，美国派出一个调查团去利比里亚考察，到1912年才决定给予170万美元的贷款，贷款由美国和欧洲各银行共同提供。通过这笔借款，美国获得了控制利比里亚陆军的特权。此后，利比里亚政府日益依赖美国，英国在利比里亚财政上的地位也逐渐为美国所取代。1912年，在美国的干预下，最后划定了利比里亚与法属及英属殖民地的边界。

美国帮助利比里亚统治阶级镇压土著居民的起义

利比里亚虽是黑人国家，但其统治阶级是由美国遣返的黑人及其后裔组成。由于殖民主义的控制和历史上造成的复杂原因，他们未能使国家的经济得到发展，没有经费开发内陆，连一条铁路也没有修建，交通不便使他们长期不能到达内陆地区，对内地居民的影响极小。"美国化"的统治阶级与土著居民的矛盾很尖锐。统治阶级自视"文明"，不断掠夺土著居民，他们还经营变相的奴隶贸易，把土著黑人当作"契约劳工"输送给欧洲国家。1890年，法国从利比里亚招募大批黑人去修建巴拿马运河，法属刚果也从这里运走劳动力去修筑铁路。1897年，利比里亚给予一家德国公司以招募工人的特许权。1903年，利比里亚政府正式规定代外国招工的手续费，每名收手续费5美元。这些都是剥削土著居民的血汗钱。1914年，利比里亚同西班牙当局订立协定，把大批利比里亚土著人运往斐南多波岛。利比里亚统治阶级对土著居民的残酷剥削使国内阶级矛盾和民族矛盾极其尖锐，经常激起土著居民的起义。1875年，在圣·彼得罗沿海地区发生了土著部落大起义，起义者建立了自己的王国，要把"美国化"的统治阶级驱逐出去。战争持续了一年，最后由于美国军舰的武装干涉，起义才被镇压下去。1893年，各地又发生好几次土著起义，围攻城市，给予利比里亚政府沉重的打击。

土著部落起义的频繁使统治阶级非常惊慌，甚至要求政府把首都由蒙罗维亚迁到内地，以便就近镇压。1905年，利比里亚政府为了加强统治，在土著居民地区推行酋长制度。但起义并未因此停止。1910年，克鲁部落发动了起义，美国派出巡洋舰"伯明翰号"参加镇压。起义居民被判处集体罚金和集体劳役。但起义仍此伏彼起，最后酿成了由克鲁部落发动的 1915 年大起义。起义军公开宣布反对"美国化"的统治阶级，围攻锡诺城，杀死政府的税吏。1915 年 11 月美舰驶抵蒙罗维亚，胁迫起义军同利比里亚政府进行谈判；由于政府要求克鲁人放下武器和交出起义领导者，战事再起。利比里亚政府终于在美国的武力支持下，把起义镇压了下去。克鲁人在战争中几乎被消灭了 1/10，被俘的领导者多被绞死。利比里亚政府的对内统治要依靠美国的庇护，而财政上也日益依赖美国；于是，美国便在利比里亚逐渐排挤了其他列强的势力，日益增加独自支配利比里亚内部事务的权利。

第十二章　刚果河（扎伊尔河）流域诸国

第一节　扎伊尔 [①]

利奥波德制度统治下的扎伊尔

利奥波德二世在柏林会议中取得列强对他占有扎伊尔（刚果）的承认以后，就丢弃了"国际"这块招牌。1885 年 8 月 1 日他通知列强，正式宣布成立"刚果独立国"（在英文文献中一般称为"刚果自由邦"）[②]，他为元首。他宣布这个国家是中立国。在 1884—1885 年间刚果自由邦分别与德、法、葡、英等国签订条约，划定疆界。同时，"刚果自由邦"外交部也照会中国要进行通商，1898 年 7 月派员来中国与清廷签订通商条约二条，为中国与黑非洲国家最早签订的条约之一。[③] 利奥波德在扎伊尔派遣总督进行直接统治。重要的行政人员都是欧洲人，但不全是比利时人。1908 年时，约有欧洲官吏 3,000 人，其中比利时人有 1,700 人[④]。利奥波德在巩固他在扎伊尔统治的同时，还在继续扩张领土。1885—1894 年间，他一方面派兵消灭阿拉伯人在东部的势力（1891—1894 年）并向东南方向扩张（1891 年）；同时又利用马赫迪派起义形成的复杂形势侵入苏丹西南地区（1894—1895 年），与英国订约，企图以东部走廊地带换得苏丹南部邻近扎伊尔的领土（1894 年）。为了防止英国罗德斯的北侵，他通过加丹加公司（1891 年成立），以武力威胁和骗取条约的手法占有了加丹加，实现了

[①] 当时统称刚果。

[②] 利奥波德在巴纳纳附近举行的一次典礼上宣布成立的这个"新国家"的正式名称是"刚果独立国"，但后来文献中更多地是使用"刚果自由邦"这一名称。

[③] 《清史稿·邦交》之八。

[④] 比尔《非洲土著问题》第 2 卷第 419 页。

所谓"有效占领"。① 于是"刚果自由邦"的面积超过 200 多万平方公里，相当于比利时国土的 80 倍。

利奥波德在扎伊尔推行一种最黑暗的殖民制度——所谓"利奥波德制度"。它的主要特征是利用租让制方式，通过私人资本来对非洲人进行最残酷的剥削。这种制度是以掠夺刚果人民的土地为基础的。1885 年，殖民当局宣布一切"空地"属于"国家"，所谓"空地"包括一切未耕地、无人居住地和森林。这正是法国人在西非无视非洲人土地关系肆意掠夺土地的理论。在掠夺到大量的土地以后，利奥波德就通过租让的办法，把大片土地租给他自己的股份大公司去经营。利奥波德所以采取这种制度，一方面是由于"刚果自由邦"不是属于比利时国家的殖民地而是利奥波德的个人财产，比利时政府不能为"开发""刚果自由邦"拨付经费。另一方面，租让制是对他个人最有利的制度，通过这个制度他可以得到双重利益。作为土地出租者和承租者之一，他都可得到巨额利润。1887 年成立的刚果工商业公司由于承担下刚果铁路的勘测任务而得到 100,000 公顷土地。公司有权修建并经营这条铁路 99 年，每修建 1 公里铁路，还可租到 1,500 公顷土地。公司在全国各地所得到的土地超过 1,000,000 公顷。公司把在这些土地上所掠得的物资输出，可免出口税 20%。公司从总利润中划出 40% 交给殖民政府。为了修建铁路及经营所取得的土地，公司又另外组织了两家附属公司。在修建这条下刚果铁路时，不仅从西非各地招募劳动力，还输入 530 名华工。在总数达 7,000 名的工人中，除遣送回籍的 1,500 人外，在开工两年后只剩下 2,000 人；其余 3,500 人有的劳累而死，有的因不堪忍受而逃亡。② 在加丹加省进行侵略活动的加丹加公司从利奥波德手中得到了该省 1/3 的土地。这些大租让公司在所租得的土地上，有权征收以象牙和橡胶缴纳的实物税，并有权维持武装力量来强行收税。这些公司所取得的利润高到惊人程度。有一家公司在 6 年中就获利 300 多万美元，而它的资本只有 45,000 美元。③ 利奥波德不仅从这些公司取得双重利润，还秘密地通过法令于 1896 年划出 110,000 多平方英里的最好土地，划为"王室地产"（王室领地）。④ 所谓"王室地产"实际上就

---

① 今沙巴地区。利奥波德占领加丹加不惜采取最卑劣的手段，他所雇佣的斯太尔斯当姆西里国王表示不愿承认利奥波德的宗主权时，便悍然把姆西里杀害，占领加丹加。

② 比尔《非洲土著问题》第 1 卷第 421 页。

③ 穆恩《帝国主义与世界政治》第 87 页。

④ 同上。

是利奥波德私人的地产，10 年之内（1896—1905 年）它所获得的纯利达 7,100
万法郎，而当时"刚果自由邦"政府却亏欠 1 亿法郎以上。

扎伊尔(比属刚果)大租让公司的分布

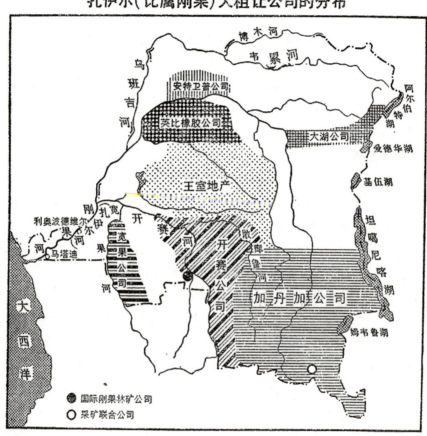

扎伊尔当时的出产是以象牙和橡胶为主。利奥波德宣布这些物产概归国家
垄断，私人不得收买；强迫非洲人必须用象牙和橡胶缴纳实物税。税额由行政
机构任意规定，各村不同，有的每月 2—4 公斤橡胶，有的多达 9 公斤。对缴纳
不足的村民，就派武装队伍进去勒索，甚至施以截肢等酷刑的惩罚，苛重的税
额迫使扎伊尔人不得不出卖劳动力来赚取纳税所需现款，以致无力耕种自己的
土地，造成经常的饥荒与人口逃亡。扎伊尔人还需要为殖民政府服兵役。"刚果
自由邦"的武装队伍是在 1885 年创立的，最初是由扎伊尔以外的非洲人组成，

后来征募当地人当兵，1898 年时为 14,000 人。兵役期由 5 年延长到 7 年（1900年）。殖民当局规定扎伊尔人替政府采集实物时限为每人每月 40 小时，实际上远远超过此数。官吏征收及军队强行勒索时，人民还须供应食宿和提供运输。扎伊尔人民除担负这样繁重的税收与兵役外，每年还须为殖民政府服力役 60 天来修建公共工程如公路等。这种惨绝人寰的残酷剥削与勒索是非洲史上极其黑暗的一页。广大农村地区被摧残得十室九空，居民人口减少了近一半。殖民主义者用这样残酷的、令人发指的手段取得了大宗出口物资，在 1891—1900 年的 9 年间，象牙出口价值由 2,800,000 法郎增加到 5,300,000 法郎，橡胶由 30万法郎激增至 39,900,000 法郎。[①]1897 年法令还强迫非洲人在"刚果自由邦"土地上无偿劳动，1903 年法令规定非洲人必须种植商品作物来满足国内市场的需要。

利奥波德在刚果的统治引起其他国家的抨击。这主要是因为他所推行的这一套垄断制度触犯了其他列强的利益。反对最强烈的是英国，1893 年英国舆论对此提出抗议，1903 年英国要求进行国际调查。这些批评在长时期内没有引起人们的注意。只是到了国际垄断组织之间的矛盾冲突达到白热化程度以后，"刚果自由邦"的黑暗内幕才被彻底揭露。曾在刚果英国商行供职的莫累尔于 1904年出版《利奥波德国王在非洲的统治》等书以后，"利奥波德制度"的暴行才公之于世。在莫累尔和其他人所揭发的事实中，有许多是骇人听闻的：村民如不能缴足实物税，即派军膺惩，往往带回砍断的手臂作为"讨伐"成果的证明；村民不能缴纳实物税时，扣留其妻室做抵押；对反抗者，则施以更残酷的镇压；被处死的人，数以千计；广大地区人民非死即逃，过去是鸡犬相闻的村庄变得荒芜寥落，渺无人烟。欧洲资产阶级报刊群起而攻利奥波德，掀起一场反对"利奥波德制度"的剧烈运动。为了应付国际舆论的压力，利奥波德假惺惺地派出他自己的调查团（1904 年）前往"调查"。这个调查团虽竭力掩饰暴行，为"利奥波德制度"辩护，在 1905 年公布的报告中也不得不表示必须：停止施行租让制；租让公司不得使用武力；驻军勒索必须停止，土地法和强迫劳役必须修改；等等。但这些拟议中的"改革"不能满足列强的要求；除英国外，美国政府也积极插手进行干涉。同时，比利时的一些资本家，有的因过去未能参加"利奥波德制度"的掠夺，有的因不满利奥波德对外国资本的让步，而对利奥波德统治的

---

① 穆恩《帝国主义与世界政治》第 87 页。

现状极为不满，便在比利时议会中提出要把"刚果自由邦"转为由比利时政府管辖的殖民地。利奥波德不得不放弃他对扎伊尔的独占。1908 年 8 月比利时议会通过了把"刚果自由邦"并入比利时的法案。利奥波德二世在办理"移交"之前（1908 年），赶忙将大块土地租让给 4 家他拥有股份的大公司和新成立的公司。这四大公司都有大量的外国资本，它们就是此后掠夺扎伊尔的上加丹加采矿联合公司（英国资本占半数）、国际刚果林业和矿业公司（有美国资本）、下刚果上加丹加铁路公司（有法国资本）和美国刚果公司。他们租让得的土地，有的多到 140,000,000 公顷，在这些土地上它们有多种权利，主要是采矿权。[①]利奥波德力图保全他的"王室地产"，几经讨价还价，取得了一笔很大的现金补偿后，他才放弃这些地产。同时，比利时政府还分别承认国际刚果林业和矿业公司、美国刚果公司和几家在刚果已有长期经营历史的大公司的租让权。

在利奥波德统治时期，美国资本业已渗入扎伊尔。早在列强争夺扎伊尔时（1883 年），美国总统给国会的咨文就曾指出，应保护美国在刚果河流域的利益。美国参加了柏林会议，承认"国际刚果协会"的旗帜是一个友好政府的旗帜，"符合美国的传统政策"。[②]1891 年美国同刚果订立条约，获得在刚果境内自由经商的权利。当英国指责利奥波德制度的黑暗时，美国联合英国出面干涉，迫使利奥波德和比利时对国际资本让步。1906 年，与美国摩根集团有联系的美国银行家里安·古根海姆集团加入了国际刚果林业和矿业公司，占其总资本的 25%。[③]美国刚果公司与该公司中的美国资本有联系，它在下刚果取得了在 1,200,000 公顷土地上收集橡胶等产品的为期 60 年的特权。扎伊尔由比利时政府接管后，美国资本在扎伊尔的地位更为巩固。比利时政府加入了美国刚果公司，在公司内拥有股份 2,500 股。在扎伊尔的采矿业中，美国资本已起重要作用。

掠夺扎伊尔的利奥波德制度产生了相当深远的影响。它壮大了比利时的垄断资本，使其能够向俄国、中东和中国大量输出资本，承修中国的京汉铁路。随着比利时垄断资本在扎伊尔的掠夺，英、美资本也渗入扎伊尔，并取得了举足轻重的地位，从而开了各帝国主义国家争夺扎伊尔的先声。利奥波德制度的目的集中于夺取扎伊尔的自然产物，不像英法在西非那样奴役非洲人，种植供

---

① 比尔《非洲土著问题》第 1 卷第 442—443 页。

② 威廉斯《美国对外经济政策》英文版第 308 页。

③ 比尔《非洲土著问题》第 2 卷第 443 页。

出口的作物。利奥波德时期殖民主义者也曾强迫扎伊尔人民种植商品作物，但只是用来满足国内市场的需要而不是输出。由比利时政府接管扎伊尔以后，这种情况才开始改变，出现了资本主义的种植园。扎伊尔的经济由采集自然产物为主转向以采矿业为主，陆续出现了第一批工厂，在新情况下，掠夺土地又成为迫使扎伊尔人民提供工业劳动力的一种手段。

比利时政府接管后的扎伊尔

1908 年年底，比利时政府正式接管了扎伊尔，改称"比属刚果"，取消了由一小撮垄断资本家所控制的"利奥波德制度"。这是国际垄断资本和部分比利时资本家施加压力的结果。新统治当局虽然恢复了自由贸易制度，但并没有废除原有的租让权，只是取消了垄断权和削减了租地面积。原已取得大面积土地租让权的垄断资本家所以肯做些让步，是当时扎伊尔的经济情况决定的。到 1908 年以前，象牙和野生橡胶的资源已经枯竭，出口数量和价值已在迅速下降，加上扎伊尔已被掠夺得民穷财尽，不能再用实物税和暴力向当地人民勒索更多东西。在这种情况下，种植出口经济作物更为有利。于是，棕榈仁和棕榈油的生产迅速发展起来。1911—1915 年间，棕榈仁平均每年出口 7,788 吨，比 1901—1905 年的每年平均出口数增加 60%；同一时期中，棕榈油平均每年出口 2,428 吨，也较前增加了 40%。[①] 租让制仍继续实行，受英国利弗公司资本操纵的"比属刚果炼油公司"于 1911 年租得 1,875,000 公顷土地（这个数目以后有所削减），用来开辟种植园和建立炼油厂，在扎伊尔的五个地区发展了炼油业。这是扎伊尔最后一次出租大片土地。[②] 除棕榈外，可可、棉花、水稻等的种植也在陆续推广，但在出口总额中还不占较大比重：例如 1917 年棉花出口量为数甚少，只有 22 吨，为了发展农业，比利时政府鼓励移民，在加丹加建立了白人农场，但是没有收到预期的效果。

经济作物虽已有所发展，但扎伊尔的经济发展还是以采矿业为主，矿产品输出几乎占总输出的 75%[③]。在采矿业中，加丹加省的铜矿居首位；它主要是操在英、比资本各占一半的联合矿业公司手中。这个公司自 1906 年成立以后，1912

---

① 弗兰克《非洲的资本投资》英文版第 300 页。
② 黑利《非洲概览》第 751 页。
③ 比尔《非洲土著问题》第 2 卷第 517 页。

年即生产铜 3,490 吨；1914 年增加到 14,042 吨，战后的增长速度更快[1]。铜矿使加丹加省成为扎伊尔工业最发达的地区，它的中心城市伊利莎白维尔[2]是 1910 年前后建立起来的。其次是 1912 年在开赛省发现的钻石矿。它是由国际林业和矿业公司垄断的，1913—1922 年间已生产钻石 1,390,500 克拉。[3] 此外还有金矿、锡矿，1915 年已经发现了铀矿，但在当时还不占重要地位。铁路建设随着工矿业的建立而迅速发展，主要是修建在矿区和连接扎伊尔河上不通航的地段。在第一次世界大战时，铁路修建总长度已超出 1,000 英里。扎伊尔在 1901—1905 年间平均每年输出品价值只有 52,000,000 法郎，1916 年以后上升到 186,600,000 法郎。各公司的股东除分得巨额红利外，股票的市场价格也在迅速上涨，有的涨到票面价值的 100 倍以上。[4] 同时，扎伊尔变成了欧洲工业品的广大市场，输入除棉布、酒类、武器及其他货品外，还有大批的矿业机器。显然，取消利奥波德的统治只是对欧美各国垄断资本最为有利的，大大增加了他们的利润。

扎伊尔人的生活是怎样的呢？比利时政府接管以后，为了避免外国的再度干涉，进行了一些"改革"：用货币税代替实物税，停止了派军队勒索实物税的做法，总督须受制于比利时政府的殖民部和国会。这些措施并没有减轻扎伊尔人民所遭受的殖民压迫。比利时殖民官吏仍然滥用职权，胡作非为。据一个美国传教士报道，在比利时统治期间一种"隐蔽的奴隶制"仍然存在。目击者说"6 月，一个国家官员在卢埃博附近，进行了一次奴隶抢劫。抢走了许多青年男女；村落被掳掠一空，其中两个村落被焚毁；妇女们遭奸污……。"如今殖民当局通过恢复酋长权力的方式来统治他们，即采用了英国人的分而治之的间接统治。恢复和保存落后的部落制度是一种反动的措施。比利时殖民当局所选拔的酋长大多是一些甘心充当殖民主义鹰犬的非洲人，他们并不真正代表各部落的传统权力。他们的辖区一般很小，有的小区只能管辖 50 个纳税人；酋长和头人的数目激增，1909 年已有 1,068 个，1917 年则增加到 6,095 个，[5] 这造成很大的混乱，使扎伊尔人民多遭受一重地头蛇的压迫。扎伊尔人民仍然要负担纳税、军役和力役。力役每年不少于 60 天。力役原来只用于修建公路等公共工程，现

---

① 穆恩《帝国主义和世界政治》第 92 页。

② 即今卢本巴希。

③ 穆恩《帝国主义与世界政治》第 2 卷第 517—518 页。

④ 比尔《非洲土著问题》第 2 卷第 517—518 页。

⑤ 黑利《非洲概览》第 553 页。

在则被使用于种植园。欧洲资本所雇佣的工人的工资低得很，在一本鼓励比利时人移民的小册子上说：每月只要花 25 到 31 个法郎就可以不供食宿而雇到一名非洲劳动力①。殖民主义压迫下的扎伊尔人口迅速减少，有人估计自殖民主义侵入以后，到 1919 年时，扎伊尔人口减少 1/2。这主要是"利奥波德制度"和比利时殖民主义者蹂躏和残酷镇压造成的结果。殖民者带来的传染病如肺结核等，萃萃蝇传播的嗜睡病也大面积扩展开来，过去这种病只限于扎伊尔西部近海地区，自欧人侵入以后，随着人口移动的频繁，遂传播到了整个扎伊尔。②

在第一次世界大战爆发后，1916 年比利时帝国主义者派遣了"比属刚果"军队到德属东非去参加对德战争，从而在战后的分赃中又取得对两块新殖民地——卢旺达和布隆迪的统治。

第二节　法属赤道非洲 ③

法属赤道非洲的殖民统治

法国早就占有加蓬（1843 年），但它深入刚果河④流域内地却是 1876 年以后的事。在柏林会议以前，布拉柴在刚果河下游进行多次侵略活动，建立了 26 个据点。法国称这一带为"加蓬·刚果"。在 1885—1887 年间，法国先后与德、葡诸国和利奥波德划定殖民地的疆界。进入 90 年代以后，法国继续向北扩张。马尔尚上尉就是从这里出发远征法绍达，虽然后来在苏丹南部遭到英国的打击，但还是占有了乌班吉地区。在打败了拉巴赫反法力量以后（1901 年），法国势力到达乍得湖盆地，进一步北向深入撒哈拉沙漠，远达提贝斯提高原。1910 年，法国仿西非之例，把加蓬、中央刚果、乌班吉和乍得四个殖民地联合为"法属赤道非洲"，以布拉柴维尔为首府。法属赤道非洲本来是连成一片的，但在第二次摩洛哥危机时，法国把中央刚果的 280,000 平方公里土地割让给德国后，法属赤道非洲遂被插入其中的德国殖民地割裂为三块。

---

① 穆恩《帝国主义与世界政治》第 95 页。

② 比尔《非洲土著问题》第 2 卷第 461、574 页。

③ 包括今日的加蓬、刚果、乍得和中非诸国。

④ 刚果河有两种不同名称：扎伊尔称之为"扎伊尔河"；刚果仍称之为"刚果河"。

法属赤道非洲的总面积4倍于法国，但人口稀少，平均每平方公里只有一个半人。当时它的经济价值也是不大的，只有象牙、橡胶和稀有木材等野生物产。这种情况当然不能吸引法国高利贷垄断资本前来投资，法国政府一度也考虑采用"利奥波德制度"。当这个建议仍在法国议会中讨论而未做出决定的时候，法国殖民部秘密地将下刚果土地11,000,000公顷租让给"上欧果韦公司"，规定在30年中公司有权采集租让地区内的一切物产。消息泄露以后，引起了国内舆论的激烈反对（1895年），政府被迫与公司交涉，把租地面积缩减为30多万公顷，改为永远管业。其后，由于各垄断资本家的继续要求，并看到了租让制已在"刚果自由邦"收到了殖民掠夺的效果，法国政府遂决定正式地采用"利奥波德制度"。1899年，法国政府把665,540平方公里土地租给40个租让公司。这些公司所租得的土地的绝大部分是位于刚果河流域，而在加蓬和乍得湖盆地的只有9万多平方公里。租地最多的一家达到14万平方公里。租期均为30年，除矿产外，公司有权经营商业、农业和工业，有权采集当地的所有物资；只须缴付极低的租金和15%的利润。这些公司的资本并非完全来自法国。如1907年时的37家公司，共有资本6亿多法郎，其中法国资本占72%，比利时占26%，荷兰占2%。原规定公司有开辟农场和帮助殖民政府进行"建设"的义务，但是所有这些公司都未履行这些义务，几乎全是靠采集象牙和野生橡胶来获利。[1]

实行租让制以后，在头5年中，进出口贸易几乎增加了1倍；[2]有6家公司获利265万法郎，投资的资本家都发了大财。可是这一制度给法属赤道非洲人民带来的灾难在某些方面甚至超过了"刚果自由邦"。租让制首先对非洲人土地进行大规模的掠夺。法国在刚果河流域的领土主要是通过条约骗取来的，如今它违反条约上尊重当地土地权的规定，把所谓"空而无主地"划归国有；非洲人所占有的土地只限于正在耕种的土地。这样，当地非洲人就被剥夺了发展小农经济的可能性。殖民当局通过各公司向非洲人民征收以实物缴纳的人头税，并强迫人民采集实物就地交给当地的公司。在收购物资时，公司不付给现金，而只付给从法国进口的布匹等物，并高抬物价，价格甚至高过市价几百倍之多。[3]当地人民所遭受的残酷迫害甚至也比"刚果自由邦"的人民所遭受的还有过之而

---

① 比尔《非洲土著问题》第2卷第230页。

② 同上书第235页。

③ 比尔《非洲土著问题》第2卷第233页。

无不及。人民不愿无休止地采集那些收购价格低的野生物产，一再进行反抗，每次都遭到武装镇压。各公司都拥有武装部队，以追索欠税为名强迫非洲人劳动，对整个村庄施加罚款，监禁非洲人，不给水喝，不给吃食，用河马皮鞭拷打他们，甚至任意开枪打死非洲人。"刚果自由邦"所曾出现的暴行都重现在法属赤道非洲：扣留人质（一般是妻女）、砍臂、烧屋都是屡见不鲜的，甚至还把非洲人作为练习枪击的靶子。[①]后来在国际舆论的压力下，法国政府装模作样地派遣调查团去当地进行"调查"（1905年），而调查团的报告始终没有发表。法国实行的这种租让垄断制妨碍了英国在下刚果原有的商业活动。所以英国也提出了强烈的抗议。当法国开始推行租让制时，就有40个公司争先恐后来租赁大片土地，显然是把它看作一种投机性的行业的缘故。后来虽然有6家公司获得巨利，但另外26家公司却没有达到预期的效果。舆论的压力和英国的抗议，再加上租让制本身的失败，终于使法国政府不得不考虑放弃这一制度。1909年殖民当局废止了以橡胶纳税的办法，征收现金税。从1910年起，殖民政府进行"改革"：以分别交涉的方式使各公司放弃其所租赁的大片土地，而把较少的土地作为它们永远管业的地产，经营农业生产。多数公司接受了这类调整，仍有少数公司坚持原约。

1910年开始的"改革"，甚至还不如"比属刚果"的"改革"。殖民政府仍然让一些租让公司租占15万平方公里的土地，继续对非洲人民进行残酷的榨取；而那些已经放弃大片租赁地的公司，也未能发展当地经济。它们所占的土地虽然减少了，但是它们却取得了永远管业的权利，从而更能为所欲为，不受租期的限制。垄断资本家发了大财，殖民政府的收入却一直很有限。以致殖民行政管理机构长期未能完备建立起来。

法国在赤道非洲也是实行直接统治的，但因缺乏经费来维持所需要的行政人员，所以常常有职无人；1911年时还只有257名各级行政官吏和512名代理人。[②]各租让公司本来没有行政权力，但因为殖民官吏不足，公司的代理人往往就兼任行政人员的职务，指挥警察来压迫非洲人民。由布拉柴维尔到海口的铁路，1888年开始勘测以后，也因为缺乏经费而不能动工；经过一再举债以后，直到1921年才正式动工。人民的生活情况，更是悲惨。除租让制的蹂躏和政府

---

① 穆恩《帝国主义与世界政治》第114页。
② 拉维斯《法国现代史》第8卷第380页。

的人头税的勒索以外，还有造桥、筑路、运输等无偿力役的沉重负担。例如担任政府的运输工作是当地非洲人的最沉重的负担之一。交通不便，运输主要靠人力，殖民政府迫使非洲人经常担任远离家乡的长途搬运差役。如马尔尚的横贯大陆东西的远征队和远征乍得湖盆地的远征军的搬运工作完全是由非洲人承担的。非洲人几乎没有现金收入，因而也几乎没有购买力。法属赤道非洲人民贫穷到极点。人口锐减尤为惊人。据估计，在1900年时，那里的人口超出8,000,000人，到了1921年，剩下不到3,000,000人。[①] 除了大量死亡以外；还有许多人逃亡到西属几内亚，甚至逃往比属刚果。法属赤道非洲（特别是法属刚果）与比属刚果一样，都是欧洲殖民统治下的"人间地狱"，只是前者是在一个欧洲大国统治之下而不是隶属于一个小国君主，因此它的殖民统治的同样骇人听闻的劣迹，没有在欧洲舆论界中掀起轩然大波，甚至法国政府派遣的布拉柴调查团的调查报告也可以拒不发表。[②] 而在这以后，法国殖民者只是使他们的剥削技巧更加"巧妙"而已。

在法属赤道非洲中，乍得的情况略有不同。乍得北部广大面积的沙漠和半沙漠地区，居民中很大一部分是信伊斯兰教的阿拉伯人，经营牧业。干旱牧区的特点不能吸引租让公司。沙里河以南地区属于苏丹草原，居民主要是黑人，有的地区还保持着原始公社的社会关系。租让制在南方部分地区一度实行过，但是普遍推广种植棉花已经是第一次世界大战以后的事了（1929年）。

法属赤道非洲人民的反法斗争

法属赤道非洲除乍得部分地区以外没有像萨摩里领导的那样大规模的、真正有组织的反抗斗争。在许多地区，当地非洲人分成几十个部落，每个部落同邻近部落互相敌对，而与较远的部落又缺乏联系，一般都只是局部地孤立地进行抵抗。

在刚果地区，法国的殖民占领沿着两条中心线进行：一是由卢安果到布拉柴维尔的陆地中心线，一是由布拉柴维尔到韦索的、以南北的河流为中心线。刚果各族人民不断对殖民军进行伏击，迫使法军步步为营，沿线建立哨所，缓慢地向

---

① 穆恩《帝国主义与世界政治》第114页。

② 布拉柴在给法国议会议长的电报中说，按照议长的指示以法国的行为与"刚果自由邦"的制度作一比较，"是困难的，也是危险的"。

前推进。在从卢安果到布拉柴维尔的道上，巴松迪人进行顽强的阻击，经过两年（1886—1887 年）的战斗，马尔尚上尉才打通了这条后来通往法绍达的必经之道。为了占领这条道路的以北地区，法军费了多年时间，1907 年在上卢埃塞附近打了好几仗，才把本贝族的反抗镇压下去。在法军沿河（刚果河盆地）向北进军中，1890 年在诺拉一带（今中非共和国境内）遭到巴雅人的袭击，被迫折回。法军经过 1902 年和 1904 年的两次军事行动才打通了桑加河上游地区。1910 年，森贝地区又发生巴科塔人起义，起义者袭击殖民商人和官员，修筑堡垒对法军进行顽强抵抗。接着在 1913 年利夸拉河上游莫萨卡地区的非洲人也发生起义。一直到第一次世界大战爆发，法国在刚果的征服和"绥靖"工作尚未完成。所以法国在喀麦隆的对德战争中，还不能招募刚果人来加强法属赤道非洲的非洲籍部队。

法国在推行"租让制"中，以残酷无情的野蛮暴力和强制办法对待当地居民，引起了一连串起义。1904—1905 年间起义频频爆发，以洛巴耶盆地和沙里河上游地区（在今中非共和国境内）最为激烈。当地居民反对强制劳动和变相奴隶制度。曼贾人和邦佐人捣毁欧洲人的商站，杀死替法国承租者做事的人。起义者把橡胶塞进已死的商人的头颅，以表示他们对殖民者租让企业的仇恨。起义遍布广大地区，起义者进行了长期抵抗。从 1909 年到 1912 年，法国殖民军通过残酷的军事行动"一条一条地夺回峡谷，一个一个地夺回村庄，重新占领这块领地"，但并不能把当地居民的反抗行动完全镇压下去。

在乍得，拉巴赫领导的斗争失败以后，位于东部的瓦达伊国非洲人对法国殖民侵略进行了激烈的抵抗。由于瓦达伊国内部大贵族争权夺利发生内讧，大大削弱了瓦达伊的抵抗力量，但瓦达伊军民仍奋勇作战，保卫国土。尽管在 1909 年首都阿巴歇失守了，瓦达伊人民仍继续坚持抗战。1910 年 11 月 8 日在多罗太村附近与法军进行决战，瓦达伊人出动 4,000 人猛烈围攻莫尔中校率领的法国殖民军，法军受重创，莫尔中校被击毙。这一战役在法国引起强烈震动。议会增加军事拨款加强对乍得的军事侵略行动。瓦达伊统治者投降以后，塞努西教团继续在博尔库地区抗战，1913 年经过激烈战斗，艾因加拉卡被占领。但法国殖民军一直到第一次世界大战期间才得以把瓦达伊人的反抗行动最后镇压下去。当瓦达伊仍弥漫着战火的硝烟时，在瓦达伊的南部和东部边区达佐人又掀起反法起义。法国派遣 800 人部队前去镇压，达佐人进行了极其英勇的抵抗。法军经过多次战役才把起义镇压下去。

第十三章　东非诸国

第一节　桑给巴尔素丹国

近代桑给巴尔素丹国家的建立

自 17 世纪末，依靠阿曼的武力援助赶走葡萄牙人以后，鲁伍马河以北的东非沿岸各城市，都臣服于阿曼，由阿曼素丹任命总督（埃米尔）来统治。这些总督多半选自这些城市中的阿拉伯大家族，他们不甘心臣服于阿曼的素丹，往往乘阿曼内部封建主内讧的机会，争取独立，拒绝纳贡。到 18 世纪末，仍然臣服于阿曼的只有桑给巴尔、奔巴、马菲亚和基尔瓦。马茨鲁依家族统治下的蒙巴萨是那些独立城邦中最强大的一个，自 1741 年以来，它就不受阿曼的管辖，自行其是，甚至占领毗邻臣属阿曼素丹的领土。它的势力一度北抵马林迪，南迄潘加尼（Pangani）。不过经过葡萄牙殖民者的那一场浩劫以后，昔日繁荣富有的东非沿岸诸城邦已沦为人烟寥落的小镇。它们的高度文化已荡然无存，摩加迪沙已衰败不堪，布腊瓦和马林迪几乎只剩下一些湮没在荒漠漫草中的石建遗迹，就是桑给巴尔和蒙巴萨也显得衰落了。促成东非诸城市衰落的更主要的原因是它们已丧失了过去有利的经济条件，因为自从新航路发现以后，印度洋贸易的控制权日益转移到欧洲人手中。

桑给巴尔的再度崛起是得力于赛义德·萨伊德（1806—1856 年）素丹。1804—1806 年间，阿曼又发生继承之争，他是这一斗争中的最后胜利者。这时英国的殖民势力已伸展到中东，并与阿曼建立了条约关系（1798 年）；萨伊德与英国人联合击败了波斯湾的海盗。19 世纪初，英国借口禁止奴隶贸易开始侵入东非，这一侵略是通过若干条约而实现的。按照英国和赛义德·萨伊德签订的第一个条约（1822 年）：东非的贩奴船只不得超过德尔加杜角以南，不得把奴隶运往印度和毛里求斯岛（1810 年属英）。这当然有损于萨伊德的收入，但是英国承认了他对东非辖地的主权。赛义德·萨伊德在阿曼的统治巩固以后，就开始行使这个主权。起初他还没有力量控制蒙巴萨，但在经过了两度战争之后（1817 年、1822 年），他终于遏止住蒙巴萨的扩张，把马茨鲁伊军队赶出奔巴岛，并平定其他不顺服的埃米尔，奠定了他在奔巴、布腊瓦等地的统治权。为了对抗萨伊德，蒙巴萨的马茨鲁依家族不惜勾结英国。英国海军冒险家欧文乘机以肃清奴隶贩卖为名，宣布蒙巴萨为英国保护国（1823 年），并派军深入内地进行侵略活动，企图将其势力扩大到拉木等地。欧文的行动原不曾得到英国政府的批准，经萨伊德强硬抗议以后，英军才于 1826 年放弃其保护权。1837 年，萨伊德利用蒙巴萨的内战机会最后推翻马茨鲁依家族的统治，建立了对蒙巴萨的统治权。从此，从拉木到德尔加多角的沿海地区都归桑给巴尔素丹国统治。

桑给巴尔是赛义德·萨伊德统治东非沿岸的首府，自 1832 年以来，他时常在这里驻跸，1840 年正式迁都桑给巴尔。迁都是由很多因素决定的。桑给巴尔的气候良好、土地肥沃、有良好的港口。这里，远离波斯湾，可以避免在阿曼时常发生的家族倾轧和阿拉伯各部落的反抗。桑给巴尔地位适中，既便于控制东非沿岸的领土，又便于向到达东非沿岸的各国海船征税。赛义德·萨伊德还可以利用东非的有利条件来发展经济，扩大对外贸易；在这里，易于装备运输的船只，扩大对非洲内地的贸易。赛义德·萨伊德注意发展东非沿岸地区经济。他招徕印度商人，将政府的金融财政委诸他们经管，但是他们在商业上没有特权。萨伊德简化对外贸易手续，除 5% 的进口税外，免去其他税收。关税征收采用包税制，主要是包给印度人。萨伊德依靠阿拉伯人和斯瓦希里人来经营深入东非内地的贸易。大湖地区商路与商站的开辟主要与贩卖奴隶有关，但内地贸易也不只是为了贩卖奴隶，象牙、树胶、可可果、椰子、橄榄油等商品也占很大的比重。萨伊德大力奖励种植丁香。东非原不产丁香，萨伊德首先在他自己的地产上种植丁香，然后鼓励桑给巴尔的居民大量种植。丁香不久就成为大宗出口品，其重要性仅次于象牙。萨伊德恢复了东通印度的商务，扩大了与欧美的贸易。象牙和丁香主要行销欧美国家。从欧美和印度输入的货物，主要是棉花、花布、串珠、枪械、大米和其他工业品。除大米和枪械外，其他物品主要用作内地贸易的交换品。对外贸易额迅速增加，1859 年时进出口总额已达 1,371,250 英镑。关税是萨伊德的最大收入，在他统治的 20 年中，至少增长了 8 倍[1]。19 世

---

① 库普兰《东非及其入侵者》英文版第 318 页。

纪初已经衰落到只是一个渔村的桑给巴尔城，到 1859 年时又发展成一个有 6 万人口的大城市，规模比葡属东非首府莫桑比克城大 10 倍，成为印度洋西岸地区的海运和贸易的中心。

桑给巴尔对东非沿岸辖地的统治和英国的侵入

桑给巴尔素丹在东非沿岸的领土并无明确的疆界，大概包括北起瓦尔谢克，南达鲁伍马河一带的沿海地区，当时没有别的国家与它争执这些地区的主权。沿海各城市均由桑给巴尔素丹任命总督来统治，有时配有少数的武力。只要各城市缴纳关税，素丹一般不干涉它们的内政，各城市有很大的独立性。素丹对蒙巴萨及其以南的几个小城，控制得紧一些；在耶稣堡驻扎军队 150 人。在沿岸的内地，班图人所建的国家只有乌珊巴拉国比较强大。它在坦加以西，位于今坦桑尼亚东北与肯尼亚交界处。这是来自南部的商巴人所建的国家，19 世纪中叶最为强盛，约有 50 万人，东西横亘 140 英里。它和沿海城市的关系很好，彼此进行正常的贸易。据传教士克拉普夫说："如果不是在交战时刻，我相信在欧洲任何国家中不会比这里更安全。"[①] 此外大部分是一些大小不等的黑人王国和部落。阿拉伯人只要求商路畅通，便于押送奴隶和运输货物，一般并不去干涉它们的内部事务。阿拉伯人向湖区所开辟的商路和商站也就是桑给巴尔向非洲内地的扩展，但其性质并不是政治的征服和兼并。向内地扩展是由阿拉伯人和斯瓦希里人所组成的商队进行的，商站就是他们在内地建立的居留地。商站所在地，也就是桑给巴尔素丹势力所及之处。素丹及其宠信大臣都是大奴隶贩子。受桑给巴尔控制的阿拉伯人，在东非内地进行了猎奴的罪恶活动，他们与非洲部落的统治阶级互相勾结；居留地的阿拉伯人按成例经常向酋长们缴纳通行贸易税。这些居留地都接受桑给巴尔素丹的管辖。前往内地旅行的欧洲人必须持有素丹的护照才可得到通行的便利，所以到南部非洲内地探险的欧洲人往往要从桑给巴尔出发。19 世纪末西方殖民主义者以素丹对于这些地区"不曾实际占领"为口实，而否认他的主权，这显然只是为他们侵略寻找借口。诚然，在桑给巴尔的领土上不曾形成一个中央集权国家，但是赛义德·萨伊德确实第一次在历史上把这片广大的东非沿岸地区统一在一个政治与经济体系以内，建成一个封建—奴隶制国家，并使非洲内地也深受到这一体系的影响。这一体系并

---

① 库普兰《东非及其入侵者》第 349 页。

不是中世纪僧祇文化的恢复与继续，有些西方学者仍然使用"僧祇"一词，显然是不恰当的。东非各城市已不是各自独立的城邦，它们是通过桑给巴尔素丹国而参加国际贸易的。但是，与中世纪时期不同，这一国际贸易的中心已经不是印度洋，控制这一国际贸易的也不再是阿拉伯人。欧美资本主义国家在这一贸易中占更重要的比重，它的贸易网（尤其是奴隶贸易）已经与大西洋连接起来了。每年运到桑给巴尔岛上的货物主要已经不是中国的瓷器、丝绸和印度的棉布、串珠，而是从基尔瓦基西尼运来的 10,000 名以上的奴隶。桑给巴尔先后被迫与美（1833 年）、英（1839 年）、法（1844 年）诸国缔结不平等的商约，让这些国家在桑给巴尔设置领事，享有领事裁判权等特权。西方列强通过领事的干涉来侵略东非。所以，桑给巴尔的对外贸易尽管一度相当繁荣，但它形成东非资本主义的原始积累与资本主义的萌芽的可能性，却由于殖民主义势力的急剧入侵，从一开始就被扼杀了。

英、美、法、德诸国都受到商业利益的吸引，争先恐后侵入东非。它们的商人利用不平等条约所得到的权利相率来到东非沿岸，接踵而来的是传教士和探险家。他们在领事的协助下渗入内地。其中最活跃的是英国殖民者。他们在禁止奴隶贩卖的幌子下，干涉桑给巴尔的内政，逐步扩大侵略范围。他们不满足于 1822 年条约的规定①，又在 1845 年迫使萨伊德签订了另一项"限制奴隶贸易条约"。按照这个条约，东非的奴隶不得贩运到萨伊德在亚洲的领土阿曼；只许在东非沿岸城市与桑给巴尔岛之间贩运奴隶。在禁止奴隶贩卖的借口下，英国的巡逻舰队横行于波斯湾、阿拉伯半岛和东非沿岸，甚至派出小炮艇进入东非沿岸的小河流，深入内地"探索"几天甚至几个星期，但截获的奴隶并不多，如 1867—1869 年间，仅截获 2,500 多名奴隶，而运走的奴隶却达 37,000 多名。所以，英国这种做法的真正的结果是，欧洲殖民者对东非的渗透越发加剧，武力侵占的东非土地逐渐扩大。实际上，在美国和美洲国家及殖民地仍保存奴隶制的情况下，要在非洲禁止奴隶贸易是难以收效的。英国在东非"禁止奴隶贸易"的结果是英国对东非渗透的加剧和英国殖民势力的急遽澎胀。而真正在非洲内陆抵抗和制止奴隶贩卖的是非洲人。例如瓦尼亚姆维齐族的领袖姆恩瓦·塞勒和米兰博在维多利亚湖地区同奴隶贩子进行了几十年的艰苦斗争。

桑给巴尔素丹国的主权受到英国很大损害。英国在东非的势力甚至发展到

---

① 1822 年的莫尔斯比条约的实际目的是要萨伊德素丹不向印度和毛里求斯输出奴隶。

干涉素丹的继承问题。1856 年赛义德·萨伊德死后，由于英国领事出面干涉，使他的第四子赛义德·马吉德（1856—1870 年）继位。最后 1861 年又由英国驻印度总督坎宁出面"仲裁"，使素丹所辖的领土一分为二：马吉德成为桑给巴尔的素丹，阿曼素丹则由其长兄继承。1873 年，英国又打着反对奴隶贸易的幌子，强迫素丹国签订一项协定，真正的目的是要使桑给巴尔素丹国归属于英国。素丹反对签订这项协定，一是因为素丹与英国所支持的美国南部奴隶主一样，拥有许多完全靠奴隶劳动的丁香种植园；二是因为继承其兄马吉德的巴加希素丹（1870—1888 年）不愿完全受制于英国，听英国领事的摆布。英国领事柯克对他实行武力恫吓：如不签订新约，英国海军就要封锁桑给巴尔本岛。在武力恫吓下，巴加希素丹终于签订了新约。桑给巴尔素丹国的半殖民地化进一步加深。

随着殖民主义而兴盛起来的奴隶贸易已经不能适应西欧资产阶级社会的需要。欧洲贸易发展的新方向，废奴运动的勃兴和奴隶起义、暴动的频繁，一句话，世界资本主义的进一步发展使欧洲诸国逐渐以至最后完全放弃了奴隶贸易。东非与非洲大陆其他地区一样，奴隶贸易和奴隶制逐渐消亡，但继之而来的是帝国主义列强的穷凶极恶的掠夺和瓜分。

第二节　19 世纪末的桑给巴尔

桑给巴尔在东非大陆领土的丧失和英德瓜分东非

在柏林会议以前，英、法、比、意都在觊觎桑给巴尔素丹在东非大陆上的领土。1877—1884 年间，比王利奥波德二世曾一再派人侵入东非内地，直到他侵吞整个刚果（今扎伊尔）以后，才放弃其在东非沿岸的野心。法国同时也向东非渗入，但为英国势力所阻，仅能满足于取得科摩罗群岛（1886 年）。英国在借口禁止奴隶贸易而频繁干涉桑给巴尔的内政以后，已占有侵略东非大陆的基地，拥有最大的殖民势力。1872 年，英国的"英印轮船航运公司"开辟了德班、桑给巴尔和亚丁之间的航线。1884 年，英国人约翰斯顿进行了乞力马扎罗山的探险，同当地酋长订立了一系列条约，强迫一些部落接受英国"保护"。但在 1884 年以前，桑给巴尔素丹国表面上仍为独立国。与英国在东非竞争的主要对手是德国。1884 年前，德国曾一再派人到东非探险，德国的商人与东非已有频繁的商业关系。1884 年初，德国殖民协会成立，同年 10 月即派冒险家卡尔·彼得斯等人到东非活动。为了避免英国人的注意，彼得斯等人改名换姓，扮成了穷苦工人的模样，于 11 月初到达桑给巴尔岛对岸的大陆内地，从乌萨加腊等部落的酋长那里骗取了 12 项保护条约，"保护"面积达 15 万平方公里土地。他的侵略活动得到了俾斯麦的支持，当柏林会议闭幕以后，德国才正式宣布取得这一地区的保护权（1885 年 3 月 3 日）。德国殖民协会改组为"德国东非公司"（1885年），取得了特许状，获得经营和统治这一地区的特权。德国的侵略活动引起英国的嫉视，它怂恿桑给巴尔素丹提出抗议，因为德国企图侵占的这一地区原来都是属于素丹国的，正面对着桑给巴尔岛，既扼住通向东非内地的孔道，又是未来开普敦到开罗的铁路必经之地。德国借口柏林会议"有效占领"的原则予以"反驳"，并进一步根据另一冒险家邓哈德特与东非塔纳河口维图素丹所订的条约，宣布维图及其附近地区也受德国保护。1885 年 8 月，德国舰队驶达桑给巴尔海面，迫使桑给巴尔素丹承认德国对上述两个地区的保护权，并把达累斯萨拉姆和庞加尼两港租让给德国。

　　80 年代，素丹赛义德·巴加希实际上已成为英国领事柯克的傀儡。1877 年柯克向素丹建议，由英国负责训练一队 500 人的新军，新军司令为英人马修斯。虽然英国在控制素丹国方面占明显优势，不过，自 80 年代以来英国正忙于在苏丹镇压马赫迪起义，并在阿富汗对付俄国军队南下的威胁（1885 年），所以愿与德国划分在东非的势力范围。1885 年年底，英、德、法三国组织了一个委员会来研究并划定桑给巴尔素丹领土的界限。委员会虽不曾解决英、德的争端，但是它提出的报告成为 1886 年英德东非协定的基础。根据这个协定（1886 年 11 月1 日），双方承认桑给巴尔素丹的领土，除桑给巴尔、奔巴、拉姆、马菲亚等岛外，在大陆上还有南起吞吉湾、北抵塔纳河口的基皮尼之间东西仅宽 10 英里的狭长地带，此外还包括有在基皮尼以北的基斯马尤、布腊瓦、摩加迪沙及瓦尔谢克等地区。这一长达 1,000 英里的狭长地带，划为南北两部，分别作为德、英两国的势力范围；德、英两国可各在其势力范围内向内地扩张。这条划分势力范围的界线，基本上就是现在坦桑尼亚和肯尼亚的分界线。此线以北的维图仍为德国的保护国。法国承认了英德东非协定，而以获得在马达加斯加岛的行动自由为交换条件。英德达成协议后，由英国政府通知素丹巴加希，迫其承认。英德两国各自把其所得领土交给它们的东非公司经营。英国的公司是 1885 年成立的，当时称"英国东非协会"。英、德垄断资本的扩张并不到此为止，它们还要取得沿海地带，把各自的"势力范围"变为其独占的殖民地。1887 年 5 月，英国迫使桑给巴尔素丹同"英国东非协会"缔约，把划在英国势力范围之内的沿海地带"租"给英国；1888年4月，"德国东非公司"也照此办理，同样"租"得沿海地带。英德各缴纳一定数额的租金，所谓"租让"实际上就是强迫割让。在与英国公司缔结租约的交涉中，代表素丹负责交涉的就是前面提到的那个英国将军马修斯。[①]

1886年协定并不曾彻底解决英、德的矛盾。"英国东非协会"改组为"英国东非公司"并领到特许状（1888年）以后，继续向内地扩张，干涉布干达内政。德国于1877年成立维图公司，从维图向外扩张，与英国发生冲突。1889—1890年间，卡尔·彼得斯曾率军从维图出发，经过肯尼亚高地深入乌干达，诱使布干达国王签订保护条约。布干达在经济上和战略上都很重要，它扼住尼罗河的河源，俯瞰地中海广大地区，英国视为帝国利益所在之地。英、德在东非的矛盾又尖锐起来，但是德国当时为了要对抗俄法的联合势力而宁愿向英国让步。两国于1890年订立"赫耳果兰条约"，德国作了很大让步。它放弃了对维图和布干达的保护权；并承认英国对桑给巴尔本土的保护权。德国还放弃了对尼亚萨兰的要求，并与英国划定了多哥与黄金海岸的边界。英国则把北海上的赫耳果兰岛让给德国作为海军根据地，德国在西南非的东北角得到了一条宽约20英里，伸展到赞比西河的狭长地带。德属东非包括了坦噶尼喀、卢旺达和布隆迪全部，因而阻碍了英国开普——开罗计划的实现。此外，英国答应说服桑给巴尔素丹把德属东非沿岸地带领土卖给德国；同年年底，在英、德的压力下，素丹即以400万马克（20万英镑）的代价将其卖给德国。这样，在柏林会议结束后的短短5年时间里，英、德两个帝国主义国家便将东非瓜分完毕了。另外，在1892年英国又迫使桑给巴尔素丹把摩加迪沙等地租给意大利，于是桑给巴尔素丹丧失了它在东非大陆上的全部领土。

沦为英国保护国的桑给巴尔

1890年英德瓜分东非的条约是在7月1日签订的，11月4日英国即宣布桑给巴尔及其所属各岛为英国保护国。在此以前，桑给巴尔素丹已经是英国的傀儡，英国总领事柯克（1873—1886年）就是桑给巴尔的主人。沦为英国保护国后，英国除派遣总领事外，又为素丹设置了首席大臣一职；名义上是素丹的大

---

① 伍尔夫《帝国与非洲商业》第250页。

臣，实际上是执行英国命令的官员。担任首席大臣的就是已担任新军司令的英国人马修斯。这是一种既非直接统治，又非间接统治而介于二者之间的新手法。素丹仅保有提出他的继承人的权利，但先要经英国同意，新素丹并须向英王宣誓效忠。桑给巴尔使用的英国官吏，非经总领事同意不得更动。素丹不能过问外交、军事、司法、财政等。素丹的宫廷用费也受到英国的严格限制。出卖给德国那片土地所得的 200,000 镑，也全部交给英国东非公司，作为英国政府接管肯尼亚的行政权时给予英国东非公司的巨额报偿。英国的借口是公司放弃了对沿海地带的租借权，因而必须从素丹那里取得补偿。可是素丹却不能收回这块租借地[①]。1896 年发生了素丹的继承问题。不为英国所欢迎的巴加希之子赛义德·哈利德不顾英人的反对而自立为素丹，英国看中更听话的赛义德·哈穆德，遂对哈利德提出警告，哈利德置之不理。三艘英舰发炮轰击，打死 500 多名阿拉伯人。哈利德被赶下台，投奔德属东非，后来成为德国人的工具。英国人另立他们所中意的赛义德·哈穆德为素丹。1913 年英国政府把桑给巴尔由外交部移归殖民部管辖，裁撤总领事和首席大臣而代之以驻剖官，受英属东非保护领的总督管理，而原由素丹任命的各区地方官（莱瓦利）也渐由各区的英国专员所代替。

为了同德属东非的港口竞争，英国殖民当局宣布桑给巴尔为自由港。丁香日益成为桑给巴尔的主要出口作物，占出口贸易的第一位[②]。在 1914 年以前，主要是输往印度和美国[③]。丁香种植园仍然掌握在阿拉伯人地主手中，分成小块出租给非洲人。有些地主把种植园交给代理人经营，自己住在城市，成为遥领地主。种植园一直使用奴隶劳动；1897 年的法令从法律上否定使用奴隶的合法地位，奴隶可依法赎取自由，种植园逐渐开始依靠自由劳动力。种植园主感到劳力严重不足，虽然能从印度和东非大陆上招募劳工，但是仍不能满足需要。于是英国当局通过法令来实行强迫劳动，迫使居民为丁香种植园工作[④]。

① 马什和金斯诺思：《东非史简编》第 163 页。

② 库普兰《东非的开发》第 320 页。

③ 皮尔斯《桑给巴尔》第 302 页。

④ 比尔《非洲土著问题》第 1 卷第 275 页。

第三节　乌干达

布干达王国

布干达位于维多利亚湖的西北沿岸地区。它是一个居民比较单一的班图人国家，因为尼罗特族是经西部向南迁徙的，渗入布干达的为数不多。干达人是在 15 世纪迁来的。他们可能是最后迁来的一批班图人，与早已定居在这里的班图人混合而建立布干达王国①，共操属于班图语系的卢干达语。布干达宫廷有专司王国历史的官吏。史官凭着口耳相传，能够准确地背诵王室的世系和一些重大事件。传说中的第一个君主是金图。到 1876 年已传 30 余君。可以断定，这个国家在 16 世纪初即已建国，17 世纪时已经强盛。它先后征服了布索加和南边的布杜，侵吞了布尼奥罗②和安科累的部分领土，并南渡卡格腊河，向卡拉圭、基齐巴等小国索贡。布干达极盛时期是国王叶苏纳二世（1836—1860 年）和穆特萨一世（1860—1884 年）在位时期。穆特萨执政时是疆域最大时期。当时疆域东起埃尔冈山，西至阿伯特湖，北接基奥加湖，南抵卡格腊河。托罗和安科累都成为布干达的附庸，维多利亚湖北部的岛屿也括在王国境内。

布干达国家所以强盛，首先由于它有一个相当集权的中央政府。国王称卡巴卡，是最高祭司，也是最高法官。他是全国土地的最高控制者。他具有神性和特殊的尊严，宫中经常燃着象征王权的圣火，只有在国王死时才熄灭。新君是由王族和大臣们从王子中选出的。长子不能继承王位，因他已任"契维瓦"，这是专司监督诸王子的职务，意即诸王子之长。因争夺王位经常发生继承战争，但这并不损害王权。新王即位立即拥有国王一切权力。国王通过设置一种类似秘密警察的人员来监督和了解大臣们的行动。王国向外拓疆扩土时，国王任命军事首领为被征服地的主管官员，这就逐渐破坏了各地的酋长世袭制。全国分为十省（萨扎），均由国王任命省长（巴萨扎）治理；他们的主要职责是征集军

---

① 布（Bu）是卢干达语中表明"国家"的接头字，Buganda（布干达）意即"干达国"。而斯瓦希里语中表明"国家"的接头字则为 u（乌），欧洲人通过斯瓦希里人的翻译而称干达国为"乌干达"，并将它的范围扩大到布干达以外地区，包括今乌干达全境。本文所称"布干达国"只是指维多利亚湖与基奥加湖之间地带以及维多利亚湖的西北地带，相当于今日乌干达共和国中的"北布干达省"和"南布干达省"。至于"乌干达"则用来指当时乌干达全境，范围比今日略大。

② 布尼奥罗自称是基塔腊古国的继承者。一说布干达原是基塔腊南部一个省，随着 18 世纪基塔腊国的衰落，布干达的作用愈来愈大。

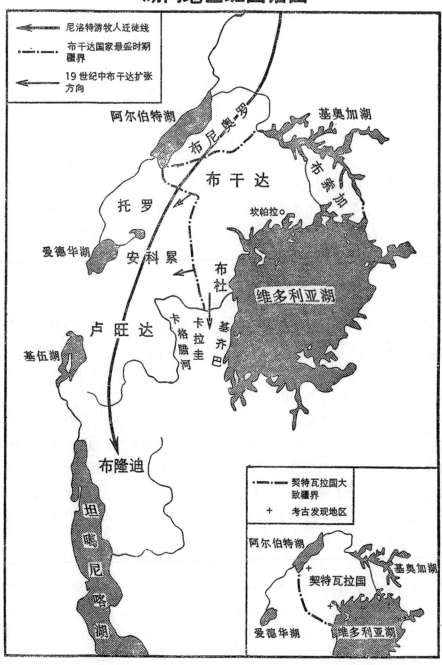

湖间地区班图诸国

队，收集税款和征募修路的力役。他们在各省俨然是小君主，然而其职位不是世袭的。他们每年须有几个月住在京城坎帕拉的王宫附近，名曰参加国务会议，实际上是防止他们常年住在萨扎发展为割据势力。每省下辖各县的主管官吏也是由国王任命的。国王还经常派遣官吏代表中央到各省襄理征税和行政事务。这一套集权组织有助于使布干达发展成为一个军事国家。各省负责维修的道路一般宽达4米左右，条条道路都与首都连接，中央政府便于利用这一道路网来调动全国的军队。中央通过税额能大致了解全国的人口数目，根据人口数目来征集兵员。布干达有一套很发达的"鼓语"，用不同的鼓声来迅速传递消息，调动军队。军队既用于战争，也用于维护统治阶级的特权。国内主要城镇和居民点以及边境要地都驻扎军队。阿拉伯人的贩奴活动扩展到湖间地区以后，为布干达势力所阻，转向阿伯特湖一带活动。布干达通过这些深入湖区的阿拉伯人发展了对外贸易。阿拉伯人不断输入枪械，加强了布干达的军事装备。布干达需用奴隶去交换枪械，逐渐发展成为一个猎奴国家。在布干达宫廷中，有阿拉伯人为国王提供军事方面的服务。由于以上这些原因，布干达成为一个有严密组织和强大武装力量的国家。穆特萨国王建立一支6,000人的常备军，有一次出征时，参加战役的兵士竟达15万人。在维多利亚湖上还建立一支拥有300多艘船的舰队，大船可载数百名士兵。这些战船是国王的工场建造的。

从布干达拥有这样发达的集权组织和武装力量来看，布干达大概有相当发达的经济作为基础。不过我们还没有掌握足够的材料来说明它。布干达位于大湖沿岸，境内又有几条较大河流，很早就发展了农业、渔业和畜牧业。南部各区农业、渔业较发达，向布干达国内市场供应谷物和鱼产。布杜生产树皮纤维编织的布和服装，布武姆制造陶器。中部各区生产木料、芦苇和草等的制品，木雕艺术品（人像和动物像）具有颇高水平。造船业以及与造船有关的手工业都达到相当高的水平。到19世纪中叶，各地市场使用考黎贝壳作为货币使用。市场有专人管理，征收贸易税。

布干达的社会性质，是一个尚待继续研究的问题。苏联学者认为，国王把一片片土地连同土地上的农民封赐给大臣（称巴汤哥尔），是一种封建土地所有制；生活在这些土地上的农民要替他们劳动和缴纳佃租，是佃农身份。另有一些离开公社土地的农民未能在其他公社定居也去做封建主的佃户。佃户从封建主手中领到土地和实物贷款后，就形成了对封建主的人身依附关系，并须为封建主劳动，但他们又非农奴，保持人身自由，在清偿了封建主的债务后就可离开封建主。有的苏联学者认为，19世纪后半期"封建关系成了生产关系的基本形式"①。另外一些苏联学者认为，早在18世纪，布干达国内已开始形成封建土地所有制。布干达统治者把大块土地分给有公职的显贵（称巴孔古）使用，而居住在巴孔古领地上的农民要为封建主劳动和缴纳佃租。

但是，从理论上讲，国家全部土地属于国王。"巴汤哥尔"和巴孔古的土地只是大臣们职位的酬劳。虽然他们可以在这些土地上进行封建剥削，但是他们对于土地并无绝对所有权，这种非绝对的所有权一般也只限于终身而不能世传。而且，这类土地在全国只占极小一部分。布干达的主要土地占有形式是氏族公社所有制：家族领有的土地称"布塔卡"土地，居民称巴塔卡。布干达的农民主要是由巴塔卡组成的。布塔卡土地已非纯粹的氏族公社公有制，而是由族长掌管，通过份地制而分给巴塔卡使用。在布塔卡土地上，族长可以利用其控制土地的权力而对巴塔卡农民进行轻微的封建剥削，但是族长对土地也并无绝对所有权，他不能把土地出让，也不能擅自把份地分给本部落以外的成员。国王可以随时征用土地。巴塔卡农民是公社居民的主体，他们是自由的，他们在耕种期享有使用份地之权，他们一旦迁出公社到别处去，就丧失原享有的土地上的一切权利。苏联学者所说的"佃农"（巴科皮）实际上是指一小部分因债务关系而被奴役的农民，他们清偿了债务就可以脱离封建主，所以他们的身份介于自由农和奴隶之间。如上所述的这样一种土地所有制基本上不是成熟的封建所有制。只是在英国殖民统治者人为地制造了一个地主阶级后，布干达才出现了以地主阶级和农民阶级矛盾为主的、趋于成熟的封建制度。布干达相当广泛地使用奴隶劳动。也有学者认为布干达存在过奴隶制度，奴隶制度得到了一定发展。布干达与大湖区域其他国家一样，奴隶一般都是过去的战俘，大部分是攻击布尼奥罗和布索加时抢来的。奴隶大多属于王室和大小酋长所有，一般用在封建主和自由农的农庄田地上干各种活，或在国王和酋长的宫廷、家内当仆役。奴隶制具有宗法性质，奴隶可以同自由农结婚，他们的子女取得普通居民的权利。

总之，在英国殖民主义侵入以前，布干达社会已存在一定的封建剥削，已有初步的封建主义生产关系，然而还不是一个成熟的封建社会。只是在英国侵入以后，为了寻求殖民统治的社会支柱，才利用"1900年协定"，在乌干达境内各国"制造"出一个取得土地所有权的地主阶级。

---

① 这是波铁辛的观点，见《非洲各族人民》中译本第526—527页。

乌干达沦为英国保护国

英国在乌干达境内侵略活动的重点首先是布干达国家。当布干达国势鼎盛时期，英国的殖民势力开始渗入乌干达境内。穆特萨在位时，英国探险家斯皮克和格兰特进入布干达（1862年）；不久，斯坦利也来了（1875年）。当时最大的威胁是来自北部——英国殖民势力通过埃及侵略苏丹进而南下深入乌干达。英人贝克任苏丹赤道省总督时（1872—1873年）亲自侵入布尼奥罗，并宣布将其合并于赤道省。但布尼奥罗国王卡巴里在马辛迪一役挫败了英埃侵略军（1872年），把他们逐出国境，贝克只能在苏丹南部边界建筑一些堡垒。戈登继任赤道省总督时（1874—1880年），布干达受到更大的威胁。戈登借口禁止奴隶贩卖，先后四次派人向穆特萨国王施加压力，并在沿阿伯特湖——基欧加湖——维多利亚湖一线建立碉堡网，全面威胁布干达。穆持萨王坚持不屈，戈登估计一时不能征服布干达，暂时退出。他转而加紧入侵布尼奥罗，在其境内建立了若干碉堡。

苏丹马赫迪起义遏止了英国从苏丹南下的野心，但是英国势力却从东面继续侵入。80—90年代，英国利用传教士的活动和通过英国东非公司的侵略把乌干达沦为殖民地。欧洲传教士在非洲各地都曾广泛地进行侵略活动，但以在布干达活动最为典型。布干达是由传教士一手干预内政、煽动内战，导致外国干涉从而沦为殖民地的。

阿拉伯人早已把伊斯兰教传入乌干达，在布干达王国宫廷中具有一定的势力。1876—1879年间，英国新教与法国天主教的传教士几乎同时来到布干达，他们各自拥有一部分的追随者。于是在布干达宫廷中形成了英、法和阿拉伯人三者间的矛盾，各自维护本身的利益；同时，造成了布干达上层分子的三派分裂。国王穆特萨理解到这一分裂的政治影响及其危险性，他尤其怕欧洲人的侵略，因而他想方设法限制传教士的活动，并于1879年年底宣布恢复布干达人原有的信仰（卢巴雷神），排斥伊斯兰教和新旧两派基督教。1884年10月，穆特萨死，其子姆旺加继位。他认识到欧洲传教士的野心，果断地下令断绝通往蒙巴萨的商路，驱逐外国教士，禁止基督教。1888年，姆旺加决定清除阿拉伯人和伊斯兰教势力。1888年9月，基督教两派和伊斯兰派各酋长联合起来推翻姆旺加，另立新君。从此布干达的上层分子，在宗教的旗帜下形成为三派。基督教的两派则分别称为"英国派"和"法国派"，英、法传教士趁机煽动，使布干达陷于连年的"宗教战争"。在这一混战过程的初期，伊斯兰派一再另立新君控制了朝廷，而战胜了基督教的两派。1889年，被推翻的姆旺加又利用基督教的两派击败伊斯兰派，终于重回首都（1890年2月）。姆旺加得到天主教派的帮助较多，所以"法国派"占优势，法人卢尔德耳神父成了他所信赖的主要顾问。这时（1890年2月）德国的卡尔·彼得斯和英国的杰克逊也先后到达布干达，都企图与姆旺加王签订保护条约。卡尔·彼得斯先来一步，法国派和鲁德尔神父希望利用德国势力来对付英国，遂使卡尔·彼得斯获得了他所追求的条约。杰克逊的要求则遭到姆旺加的拒绝。

出乎卡尔·彼得斯意料的是，1890年7月1日签订的英德条约规定，德国政府放弃了对乌干达的侵略计划，英国得到完全行动自由。同年12月英国东非公司根据条约派遣卢加德率领一小队远征军前往布干达。卢加德是一个参加过殖民侵略战争的英国青年军官，曾屠杀过阿富汗人、缅甸人、苏丹人和尼亚萨兰人。到达布干达以后，他利用布干达内部的分裂和英国派的支持，12月24日在咄咄逼人的气氛下迫使姆旺加签订了接受英国保护的条约。[①]姆旺加和法国派深为不满。英国派也反对保护条约中关于信仰自由的规定。失败的伊斯兰派逃往本约罗，积极准备卷土重来。卢加德感到他所统率的远征军太弱（只有50名士兵和1挺机关枪），决定利用艾明帕夏所留下的苏丹军队。

艾明帕夏是一个采用了土耳其人名字的德国冒险家，经戈登任命为苏丹的赤道省省长。马赫迪起义军力量壮大以后，他和埃及的联系被截断了；斯坦利第4次到非洲的使命就是为了营救他。1889年他和斯坦利离开了非洲，却把他所统率的军队留在阿伯特湖的西南地带。这是一群乌合之众，总数约8,000人，只有1,000人是士兵，其余为随从、眷属和奴隶等。卢加德亲自出马去招收这群乌合之众，利用他们在托罗和安科累等处沿途布防，最后带着1,000余人到达布干达（1891年除夕）。他回来后不久，布干达首都就爆发了"英国派"和"法国派"的内战（1892年1月24日），国王出走，战争扩大到全国。在卢加德的支援下，"英国派"取得最后的胜利，国王姆旺加也脱离"法国派"而回到首都结束内战（3月30日）。"英国派"在内战中的胜利确定了英国对布干达的统治权，伊斯兰派和"法国派"的酋长们从此听命于英国人，"英国派"的酋长们成了英国殖民当局俯首听命的工具。通过这一系列的侵略活动，英国的殖民势力

---

① 伍尔夫《帝国与非洲商业》第282页。

扩展到整个乌干达。1894 年 6 月英国政府宣布乌干达为英国的保护国[①]。英国政府是在英国垄断资本的影响下作出这一决定的。英国东非公司的商业活动是微不足道的，只在东非内地建立了几个商站。它主要是一个侵略工具，在肯尼亚和乌干达所进行的侵略活动使它预付出了它所无力担负的大量费用，以致濒于破产。1891 年，它在要求政府资助遭到拒绝以后，即以退出乌干达来要挟，同时发动了由垄断资本所操纵的报刊和教会对政府施加压力，终于迫使政府实现了垄断资本的要求，从公司手中接管了乌干达和肯尼亚，公司从政府得到 25 万镑作为补偿。

英国在乌干达巩固地确立其殖民统治是 1900 年以后的事。在这以前，英国镇压了布干达国王及其酋长们所领导的抗英斗争，1897 年姆旺加离开首都到布杜，发动大批士兵起义抗英，与英军展开几次激战，最后退往安科累，终于兵败被俘（8 月）。其次，英国对布尼奥罗国发动征服战争。支持伊斯兰教派的布尼奥罗国王卡巴里加始终坚持抗英斗争，1893 年 12 月 31 日英军侵入布尼奥罗。卡巴里加往北退入森林地带坚持抵抗，直到 1898 年才最后战败。最后使英国殖民当局深感麻烦的是当初卢加德所招来的苏丹军。这是一支毫无纪律、无恶不作的外国雇佣军，分布在乌干达许多地方。英国人原靠他们来进行侵略战争，占领了乌干达大片土地。英国东非公司撤退以后，对这批雇佣军无任何安置，给养亦无所出，遂激起了兵变。他们抢劫蹂躏的地区主要是在基奥加湖与维多利亚湖之间地带，持续了约 5 个月（1897 年 9 月—1898 年 2 月）；英国调来了斯瓦希里人军队和印度军队才最后把他们平定下来，可是余波一直延到 1901 年。卢加德所招来的苏丹雇佣军不仅蹂躏了乌干达，还带来了嗜睡病，使遭受连年战祸的乌干达人民，又因嗜睡病死去 20 多万人。[②] 这是英国殖民主义者挑动非洲人打非洲人所犯下的另一罪行。

英国在乌干达的殖民统治

英国在乌干达的殖民统治的基本原则是由约翰斯顿定下来的。约翰斯顿是以专家学者姿态出现的殖民主义者，他除了在乞力马扎罗山进行探险外，曾在刚

---

① 乌干达的范围比"布干达国"大得多，包括布尼奥罗、托罗、安科累等王国。90 年代初，英国在征服布干达过程中，殖民军曾进入这些王国部分地区。见本节第 467 页的脚注。

② 穆恩：《帝国主义与世界政治》第 128 页。

果、西非等地活动，也曾担任英国驻葡属东非和突尼斯的总领事，后来被视为英国非洲学的权威之一。他在担任乌干达特派专员时（1900—1901 年），首先和布干达签订了有名的 1900 年协定，确立了间接统治的原则。根据这个协定，布干达的国王和国务会议都保存下来，国务会议兼有一定的立法和司法权，中央和地方的关系没有很大的改变，但国务会议的一切决定均须由英国专员（后改总督）批准。中央和地方官吏由国王任命，但须经英国专员同意。英国也和托罗（1900 年）、安科累（1901 年）和布尼奥罗（1903 年）签订了类似的协定，对它们实行不同程度的间接统治。在取得殖民当局的同意后，各国国王可指定其继承人。布干达协定规定人民须缴纳茅屋税，继而代之以人丁税（1909 年），税额依地而不同，一般为每年 3 卢比；此外还须为政府服无偿劳役若干天。英国实行强迫劳动制（卡桑武制度），规定每个成年非洲人一年必须无偿劳动 30 天。各级酋长负责征人丁税及征调劳役。除布干达外，各级酋长可分享十分之一的税款作为薪给。英国在乌干达能顺利地实行间接统治，正是利用了这里已有的比较发达的国家组织；这一政策使各地上层分子成为英国的统治工具。从 1902 年起，英国在乌干达设置专员，1907 年改称总督。乌干达全国分为布干达、东部、西部、北部和卢道尔夫五省。西部省包括原布尼奥罗、托罗和安科累诸国。卢道尔夫省后来划归肯尼亚（1926 年）。1905 年，乌干达由英国外交部转归殖民部管辖。

1900 年布干达协定的另一重大作用是它破坏了布干达原有的土地关系，确立了封建所有制。如上所述 19 世纪中，布干达的封建关系虽然有所发展，但国王仍能处理全国土地。族长虽然掌握着家族的土地而对农民征收年贡（或称地租），但他们并无转让土地的权利。约翰斯顿根本不顾、也不了解布干达既有的土地关系。英国主要根据他的意见通过了 1900 年协定，确认了土地属于封建主，并在法律上使布干达的已耕地转归私人所有，从而破坏了原来的家族领有制。英国殖民当局把布干达的全部土地估计为 19,600 平方英里（显然估计过高），把其中 10,500 平方英里的"荒地"与森林称为"王土"，划归殖民当局掌管。剩余的 9,100 平方英里，以 500 平方英里作为国王及王室的私产；其余则以大小不等的数目分给中央和地方酋长作为私产或职田。估计地方酋长约为 1,000 人，每人分得 8 平方英里，共约 8,000 平方英里。具体分配工作则由国务会议（卢基科）设立专门机构负责执行。由上层人物组成的国务会议为了满足酋长们对土地的贪欲，肆意侵犯家族的土地领有权。1900 年协定就是这样确立了布干达的封建土地所有制。[①] 地主阶级一经产生，此后的立法和经济发展自然进一步加强了私有制的发展并便利了土地的自由转让[②]。有些酋长分得大面积土地作为私产以后，将土地出卖；也有人从"王土"中购得土地，从而使地主数目日益增加。原来享有土地使用权的公社自由农民丧失了原有权利，沦为遭受封建剥削的佃农。到了第一次世界大战时，布干达已有 10,000 名地主，奴役着 200,000 名农民。英国培植起来的封建地主成为英国殖民统治的有力社会支柱。在乌干达其他各省中，殖民当局也把"荒地"和森林划为"王土"。除以少量土地分给王室外，却未分配其余的土地。"王土"的含义虽经一再改变，但它始终是殖民当局有权自由处理的土地。只是因为以下几方面因素：乌干达的气候太热，不如肯尼亚高地气候那么理想；差不多没有铁路，农产品运输费用昂贵；外人在乌干达购置土地受到一些限制[③]；乌干达是小农经济占优势，不容易获得劳动力等等，使前来购置土地经营种植园的欧洲人不多。乌干达的土地基本是掌握在非洲人手中。

英国殖民当局强迫推行单一种植制，主要是棉花。1903 年，由英国资本经营的乌干达公司把 2.5 吨棉籽运入布干达，翌年，通过酋长分配给农民种植，当年就从乌干达运走了第一批出口棉花 54 包（每包 400 磅）[④]。到 1913 年乌干达运出的棉花达 25,841 包，占出口总值 60% 以上[⑤]。到 1918 年种棉花土地已达 56,000 多公顷。咖啡原是乌干达的土生植物，1903 年时已有输出，但大多野生，非洲人并不在自己的地里种植它。1911 年，英国人从爪哇输入咖啡良种，先在白人种植园中试种，第一次世界大战期间始推广到非洲小农的土地上，迅速成为乌干达的另一主要出口作物。为了控制乌干达和运送进出口物资，英国修建了"乌干达铁路"，铁路通车后大大降低了出口作物的运费。

---

① 比尔《非洲土著问题》第 1 卷第 590—597 页。

② 格拉夫特 - 约翰逊《非洲经济导论》英文版第 43 页。

③ 比尔《非洲土著问题》第 1 卷第 599—601 页。

④ 英格拉姆《乌干达》英文版第 115 页。

⑤ 弗兰克尔《非洲的资本投资》英文版第 274 页。

第四节　肯尼亚

英属东非保护国

英国东非公司移交给政府管辖的，除乌干达外还有肯尼亚，当时称英属东非保护领（1895年），1920年始改称肯尼亚。1895年时，它的面积比现在小得多。它是英国东非公司侵略活动的产物，所以柯克对东非公司感恩戴德推崇备至，他说："倘使不是由于公司的经营，我们现在在东非就不会有立足之地。"[①]英属东非保护领初受外交部管辖，1905年改由殖民部管辖，英国设置总督进行直接统治。

肯尼亚的基本居民是班图人和尼罗特人，他们多半集中住在南部，即今乌干达铁路所经过的肥沃高地。班图人中以吉库尤人为主，他们是发展水平较高的农业民族；尼罗特人中，以马萨伊人为主，他们是游牧民。他们都具有较高的文化，但在肯尼亚还不曾出现象布干达那样发达的国家组织；因此，英国人的侵略没有遇到有组织的大规模的抵抗。但是英、德对东非的侵略引起了东非人民对欧洲殖民主义者的敌视，首先是对欧洲传教士的敌视。零星的反英斗争经常发生，英国东非公司的堡垒经常遭到吉库尤人的袭击。东部的南迪人（1905年）和沿海的吉良马人（1914年），都曾爆发了反殖民侵略的武装反抗。最激烈的反抗发生在维图。英国东非公司根据1890年英、德条约去接管维图，遭到了维图居民的长期反抗（1891—1894年）。英国东非公司虽然凭借武器的优势，肆行屠杀，但终于被迫把维图划归桑给巴尔素丹国统治。这实际上仍是受英国的统治，然而毕竟拒绝了英国东非公司的接管[②]。英国在肯尼亚实行直接统治，不承认部落酋长的权力；不顾民族的分布情况，任意划分行政区域。英国统治的目的在于瓦解部落，削弱其反抗力量以便掠夺土地，分而治之。英国人在肯尼亚同时征收茅屋税或人头税，税额很高，并且一再增加；有时肯尼亚人民要负担双重税收。居民还须每年为殖民政府服无偿劳役24天，从事修补道路桥梁工作；并服有酬劳役60天，包括政府工程及搬运工作。[③]1910年法令使英国总督有权随意动员肯尼亚人去修筑道路或从事其他劳役。

---

① 马什和金斯诺思《东非史简编》第149页。
② 伍尔夫《帝国与非洲商业》第268页。
③ 比尔《非洲土著问题》第1卷第360页。

横贯肯尼亚的"乌干达铁路"是1896年动工的，1901年完成了从蒙巴萨到基苏木的572英里地段。在此以前，维多利亚湖上也开始行驶轮船。这降低了沿海与内地的运费，促进了经济的发展。英国人修建这条铁路的主要目的在于控制大湖西北地区和尼罗河河源，鼓励英国人在肯尼亚高地掠夺土地。铁路的修建使印度商人大量渗入乌干达，也使英国殖民者易于掠夺东非内地的资源。尽管有铁路的巨大收入和高额捐税的收入，但因殖民行政机构庞大重叠，行政费用浩大，在1912年以前，肯尼亚殖民政府每年仍须由宗主国补助行政费25万镑。在肯尼亚，一小撮英国资本家占有大量土地而不去发展生产；英国种植园主生产的原料按原价出售，不像西非土著小农那样被迫贬价出售，因而售价较高，在国际市场竞争力较差。此外，白人移民人数有限，非洲人则无购买力，因而肯尼亚国内市场狭小，没有大量进出口贸易。直到1913年为止，它在英帝国的输出、输入总额中所占的比重仍是微不足道的。①

英国人掠夺土地的暴行

在英国东非公司统治时期，英国移民已从公司或非洲人酋长手中获得土地。变为英国保护领以后，英国殖民政府自由处理土地，但在白人移民大批进来以前仍承认非洲人所占用的土地的所有权。1897年条例甚至表面上规定白人土地租期为21年，并不得侵犯土著的土地。②1901年乌干达铁路通车以后，英国人开始移民，1908年欧洲人的移民规模达到高潮。移民大量地掠夺土地。铁路给肯尼亚人带来的第一个灾难是丧失土地。肯尼亚的土地除沿海2,000平方英里较好以外，只有铁路所经过的高地是最好的土地，那里虽处热带，但气候良好且有高山积雪，土地肥沃。高地面积约占50,000平方英里，非洲居民大部分集中在这一带。其余地区的面积虽占全国面积的四分之三，却几乎全是缺雨或有萃萃蝇的地带；东北部的40,000平方英里是根本不适宜居住的人烟稀少地带。③为便于英国移民掠夺土地，殖民当局制定新法令。1902年法令宣布一切土地为"王土"，殖民政府有权处理，可以把不超过1,000英亩的土地分期出售给移民，租地则以99年为期。从1903年5月起，英国移民先后自南非和英国涌向肯尼亚，

---

① 伍尔夫《帝国与非洲商业》第330页。
② 黑利《非洲概览》第712页。
③ 同上书第1040页。

1904 年年底已有 342 人获得 220,000 英亩土地，另有 3 家公司获得 870,000 英亩土地。大地主德拉梅尔一次获得 100,000 英亩土地，每年所付全部租金只有 200 镑。英国殖民主义者靠一纸法令肆意掠夺非洲人大片的土地。由于法令对"公地"与"土著地"不做明确规定，所以殖民当局不仅可以任意处理"未占用地"，同时也侵犯了休耕地和已耕地。蜂涌进入肯尼亚来掠夺土地的英国移民数目猛增，1911 年时，已达 3,167 人[①]。他们多半不是来经营农牧业的，只是想在土地上搞投机。他们把持了 1904 年成立的土地局，德拉梅尔是他们的代言人。1907 年，成立的由 8 名白人组成的立法会议中，德拉梅尔是由白人选举产生的两名委员之一。英国殖民部为了开发肯尼亚的生产原料，防止土地投机，不得不对移民对土地的掠夺加以若干限制。移民和英国政府之间闹了点摩擦，这个小矛盾到制订 1915 年法令时就得到了初步解决。1915 年法令表明英国政府已完全屈从于移民中的资本家和大地主，把土地租期竟然改为 999 年，租金每 30 年规定一次，这实际上等于永远管业。所谓"王土"也扩大到了土著部落土地，只有条件很差的"土著保留地"才不受侵犯，但在执行时也未遵守。这个法令使英国殖民者拥有劫夺土地的更大自由，只是由于第一次世界大战的爆发，延缓了移民浪潮，才使英国人在当时劫夺土地的疯狂劲头稍有收敛。大战结束以后，肯尼亚的土地问题更趋严重。白人所夺得的土地经真正开辟用作种植园的不到 1/10；其余的土地则任其荒芜，有的暂时用作牧场，平均每 6 英亩养 1 头牛，3 英亩地养 1 头羊，[②] 浪费土地达到惊人程度。

殖民者所夺得的土地根本不是什么"无主的土地"。马萨伊人早已居住在今铁路两旁的裂谷地区，这个地带的沃土正是英国人最觊觎的土地。为了迫使马萨伊人割让铁路沿线的土地，1904 年殖民当局同马萨伊人酋长订立协定，为马萨伊人划定所谓"土著保留地"，这是肯尼亚划分"土著保留地"之始。保留地分为两个部分，位于铁路南北，在两地之间保留一条宽约半英里的走廊。这个掠夺性的协定使马萨伊人原有的土地丧失一半以上。即使这样，英国殖民当局也并不履行 1904 年协定划出走廊，每当发现北部保留地拥有条件更好的土地便一再迫使马萨伊人南迁。1911 年 4 月，殖民当局又强迫马萨伊部落酋长订立"交换土地"的新协定，表面上是以多易少，用南部 6,500 平方英里土地

---

① 1903 年仅 100 人。见霍林沃思《东非的亚洲人》英文版第 79 页。

② 比尔《非洲土著问题》第 1 卷第 303 页。

来交换北部的 4,500 平方英里土地，实际上南部大半是不宜居住的荒芜地方。马萨伊人反对 1911 年协定，告到法庭，并掀起两次起义；但终于被英国人用武力赶出肯尼亚高地（1913 年）[1]。与马萨伊人遭遇同样命运的是阿康巴人和南迪人。阿康巴人大约丧失了一半土地。南迪人曾因白人侵占土地屡次发动了起义（1896—1905 年）。1905 年英国调尼亚萨兰和乌干达军队来镇压南迪人起义。起义被镇压后，殖民当局开始为南迪人规定了保留地。1915—1917 年南迪人又被夺走 32,000 公顷土地。

欧洲人在非洲掠夺土地往往以对土地所有权看法的不同为借口，以欧洲资产阶级的私人财产权来否定非洲人的土地共同所有制。这当然只是掠夺者的一种手法。例如吉库尤人的土地所有制不是公有制，他们的土地也照样遭到掠夺。吉库尤人是从事农业的民族，早在英国人来到肯尼亚百余年以前，他们即已从肯尼亚山麓移居到高地的中心地区。他们的人数比当地原有游牧民万德罗博人多得多，但他们没有采用暴力夺取原居民的土地，而是用和平的手段，以大批牛羊换得这些土地[2]，从事开垦。依据吉库尤人的法律，土地不得转让给非吉库尤人。英国人当时不可能把吉库尤人从多年耕种的土地上驱逐出去，但英国人掠夺了他们的未耕种的土地，并把他们尚未开垦的森林划为公地，禁止吉库尤人到森林里去采伐，从而使吉库尤人丧失了不少的土地。1903 年仅在内罗毕和基安巴，吉库尤人就被夺走 16,000 公顷土地。1915 年法令颁布后，吉库尤人的产权更不受尊重。被剥夺了土地的吉库尤人逐渐沦为英国殖民者的佃农[3]。吉库尤佃农为了耕种欧洲农场主的一小块土地，要给农场主服役 180 天。第一次世界大战后英殖民当局又开始大批驱逐吉库尤人，掠夺其土地。

土地问题是肯尼亚人民的根本问题。非洲人丧失了大片土地，保留地面积小，土地质量坏，气候恶劣，使他们丧失了生活资料的来源。英国人掠夺非洲人土地的另一目的，是为了掠夺非洲人的劳动力，通常的手法是用削减保留地和加重税额的方式迫使非洲人到白人种植园劳动，并采用特种证件方法来制止雇工逃跑。此外，殖民当局还采取直接征调劳动力的办法，征调是通过酋长来进行的，不足之数则由酋长指定；违抗者即予以逮捕和罚款。在英国殖民统治

---

[1] 比尔《非洲土著问题》第 1 卷第 311—316 页。

[2] 马什和金斯诺思《东非史简编》第 174 页。

[3] 比尔《非洲土著问题》第 1 卷第 308—309 页。

下，肯尼亚人民生活在水深火热之中。

第五节　坦噶尼喀

德属东非保护国的建立和东非人民的反德斗争

德国于 1889 年 10 月 22 日宣布成立德属东非保护领。德国是通过德国东非公司侵入东非的，保护领成立以后，短期内仍然交德国东非公司管管。所辖地区除包括今坦噶尼喀全部以外，还有卢旺达和布隆迪。侵占任务完成以后，德国政府即取消公司的特许状而接管在东非的行政权（1891 年）。在公司统治时期，东非人民已不断地爆发反德侵略战争，其中以布什里起义规模最大。公司的蛮横统治和卡尔·彼得斯的残暴是引起东非人民反抗的原因之一。彼得斯被非洲人称为"双手沾满鲜血的人"①。在公司放弃统治权和彼得斯被撤职（1897年）以后，在德国政府接管时期，又爆发了为期最久的赫赫族人起义和规模最大的马及马及起义。德国是一个后起的殖民主义国家，它迫不及待地榨取殖民地人民财富，特别是在富饶的东非，德国人在殖民统治尚未巩固以前即开始移民和掠夺土地，这方面比英国人下手要早得多；同时立即向非洲人征收重税和征调劳动力。非洲人稍有反抗，便用武力镇压。因此，德国在东非遭到的反抗最猛烈，直到 1907 年德国人才基本上镇压和消灭了东非人民的武装斗争力量。

布什里起义是 1888 年在沿海地区爆发的。一般称这次起义为"阿拉伯人起义"，实际上，起义的领导者布什里·本·萨里姆是个勇敢刚强的斯瓦希里人，参加起义军的大部分是斯瓦希里人，此外也有阿拉伯人，人数达 10,000 人。布什里起义军攻克了德国人占据的许多地方，德国人只保有沿海地区的巴加莫约和达累斯萨拉姆两地。布什里想联合乌珊巴拉的班图人酋长西莫德沙，共同对付德国人。但是由于阿拉伯人和斯瓦希里人的奴隶贩子曾压迫过班图人，造成了民族仇恨和隔阂，尽管布什里从来不是奴隶贩子，也未能消除以往的仇恨。西莫德沙还害怕布什里在坦噶尼喀沿岸建立斯瓦希里人的王朝会妨碍自己的统治，遂拒绝布什里的建议。1889 年 1 月，德国派遣了东非远征军由十艘军舰护送，前来讨伐，同时与英国的海军一起封锁了沿海以杜绝武器的输入。起义军展开

---

① 马什和金斯诺思《东非史简编》第 221 页。

游击战，进行顽强抵抗，但各自为战，缺乏统一指挥。萨达尼、庞加尼、姆普瓦普瓦等地相继失守。5月8日，德国海军陆战队1,000多人攻下了布什里设在巴加莫约附近的重要据点，并解了达累斯萨拉姆之围。起义军受挫。1889年12月，布什里被一个头人出卖，12月15日被绞死[①]。此后南部的基尔瓦、林迪等也相继陷落，到1891年起义最后失败。

1891年在坦噶尼喀南部爆发了赫赫族人起义。赫赫人是班图人的一支，居住在鲁菲季河上游以南与尼亚萨湖之间的地带。他们多年以来就同祖鲁人有接触，学到了祖鲁人的作战本领。酋长姆克瓦瓦把经营象牙贸易挣来的钱用于购买枪支、弹药。这次起义持续7年之久（1891—1898年）。1891年6月，德军和土著军约1,000人，从基尔瓦基温杰深入内地，遭到赫赫人的伏击，被歼灭四分之一。德国殖民军对此进行了残酷的报复。1892年赫赫人战士攻下基洛萨要塞。1894年德军围攻其首都卡伦加（今伊林加），这是一座有石建城墙的据点，经过猛烈的炮轰以后德军冲进卡伦加，赫赫族战士展开的逐屋的激烈肉搏战达3天之久。酋长姆克瓦瓦在首都失陷后，继续进行4年游击战，德国殖民当局虽悬重赏5,000卢比来购买他的首级，但人民始终追随他。1898年6月姆克瓦瓦在被德军包围时自杀，宁死不屈。

德国殖民者征服坦噶尼喀以后，强征茅屋税、推行强迫劳动制度以及殖民军侮辱非洲妇女，激起非洲人的极大愤怒。1905年在坦噶尼喀南部爆发了德属东非殖民地规模最大的反殖民主义起义——马及马及起义[②]。起义者相信一经服用恩加贝兰圣水泉的圣水或食用圣水浸泡过的玉米，即可避免枪弹并使敌人枪弹化为水。这次起义虽带有部落起义通常具有的蒙昧色彩，却具有真正的反帝斗争性质。1904年传播圣水消息和群众成群结队去领取"圣药"的行动，实际上是起义的组织和准备阶段。1905年7月马图姆比族人无法忍受德国殖民统治，拔掉种植园的棉苗，赶走德国人委派的地方长官，进攻欧洲殖民者的居住地中心。起义如燎原大火迅速蔓延到鲁菲季河以南各个部落，在6个星期内，西起尼亚萨湖，东至沿海的广大地区都燃起了起义的烽火。波戈罗族、恩金多族、贝纳和恩戈尼族等都参加起义。起义者到处驱逐和歼灭德国的官吏、商人、传教士和种植园主。1905年8月，起义者攻下利瓦勒城堡，8月30日对马

---

① 基曼博和阿特穆《坦桑尼亚史》英文版第105—106页。

② 马及马及是斯瓦希里语 maji maji 的音译，马及是水的意思。

享格展开围攻，占领了林迪和基尔瓦基温杰，焚毁殖民地首府基洛萨。德国殖民者惊慌失措，无法对付马及马及战士的游击战。1905 年底从德国调来的增援部队 1000 多德军和 2 艘巡洋舰到达。从 11 月起德军对起义采取有计划的镇压行动。德军在所到之处实行疯狂屠杀和焦土政策。焚毁村寨和庄稼，消灭牲畜，德国机枪杀害了成千上万非洲人（包括妇女和小孩），据最低估计至少有 12 万人遭到杀害。焦土政策施行的结果使农民没有种子用来播种，以致发生了连年灾荒，又饿死许多人。许多人口稠密、经济繁荣的村镇变成一片杂草丛生的废墟。整个南坦噶尼喀遭到彻底的破坏[1]。德国殖民军用这种毁灭一切的办法终于在 1907 年把马及马及起义镇压下去。

德国的殖民统治和第一次世界大战

德国在坦噶尼喀同时实行间接的和直接的殖民统治方式。在卢旺达、布隆迪、布科巴三处，德国人保留了原有的国家机构；德国总督通过其驻劄官来进行间接统治，但也只是保持虚有其表的"自治"。在其他地区，特别在沿海地区，由于历次起义和德军的残暴镇压，部落组织业已削弱，便于实行直接统治。直接统治方式是把全境分为若干民政区和军管区，派德国官吏管辖，总督拥有最高权力，一般由现役军人担任。但县级官吏仍由阿拉伯人或斯瓦希里人担任，[2]各村落则由头人管理。德属殖民地均派有德军机动部队驻扎，并有由德国军官统率的土著人组成的军队，总数约 5,000 人。1905 年实行茅屋税，1912 年改为人丁税。除纳税外，非洲人须担负修路和养路的劳役，劳役期限无明文规定，可任意延长。

1895 年土地法令宣布德属东非的一切土地均为"王土"，殖民当局有权处理——出租或出卖。但在处理"王土"时划出土著保留地，其面积为"已耕地"的 4 倍。在东非高地上划出了 175 个土著保留地，总共占地仅 756 平方英里。殖民当局把 3,115 平方英里的土地租让给欧洲人，虽仅占全部领土的千分之九，却包括了最好的土地。[3]到 1914 年欧洲移民人数达 5,400 多人，他们所占的土地

---

① 比尔《非洲土著问题》第 1 卷第 450 页。

② 仍保留桑给巴尔素丹国时期的称号："莱瓦利""阿基达"。

③ 黑利《非洲概览》第 213 页。

实际耕种的只占 20%。[①]他们的种植园多半在东北高地，经营出口经济作物——剑麻、咖啡和橡胶。剑麻是在 1893 年从墨西哥传入的，1911 年坦噶尼喀已有 54 个剑麻种植园，面积为 47,625 英亩。[②]在第一次世界大战前，欧洲人在坦噶尼喀有 270 个工商业企业，8 个棉花种植园，60 个咖啡种植园，6 个矿业公司。[③]这些企业都是靠剥削非洲人的劳动力来经营的。

德国在东非的殖民统治史大致可以用 1907 年来划分为两个时期。在这一年以前，不仅在东非爆发了反对德国侵略的起义，在德属喀麦隆和西南非也展开了反德武装斗争。德国殖民者认为单凭武力就可使东非洲人民屈服。武力镇压未能收到殖民掠夺的效果，碰得头破血流的德国殖民当局才不得不改变专恃武力的政策，开始设置单独的殖民部，并采用了其他一些措施，如加强在非洲人中的传教工作。他们一方面竭力使非洲人经营农业来增加出口作物，一方面则改进交通来发展经济，便于运送出口的农作物。为了更多地榨取非洲人，开始更注意非洲人的生产。殖民当局用强迫和奖励方式促使非洲人种植棉花，1914 年的棉花出口量已为 1902 年的 10 倍[④]，剑麻出口量增加 17 倍，橡胶增加 3 倍。德国看到把坦噶尼喀作为德国工业原料产地的巨大利益，此后殖民当局不再像以前那样大规模地把土地租让给欧洲人了，对于白人种植园招募劳动力也予以种种限制[⑤]；并在阿马尼设立了著名的农业研究所。在教育方面，除官办学校 89 所外；尚有教会学校 1,800 所。德国人在东非殖民地的建设，除港口和城市以外，修建最多的是铁路。1907 年，德属东非的两条干线铺轨都已深入内地。北部的一线因已有乌干达铁路，只须修到莫希（1911 年）；中央的干线则直抵坦噶尼喀湖畔的基戈马（1914 年）。其他干线因世界大战爆发中止。铁路工程有好些是由希腊人承包的，因此来了不少的希腊工人，其中有许多人后来就留在东非。

这些措施还不可能很快发生作用。就当时的经济价值而论，德属东非在德国的整个对外贸易中所占的比重是微不足道的。无论是输出和输入方面，东非贸易占德国对外贸易总额都不到千分之二[⑥]。但是，德国是个后起的殖民主义国

---

① 比尔《非洲土著问题》第 1 卷第 486 页。

② 马西森和博维尔《东非农业》英文版第 25 页。

③ 弗兰克尔《非洲的资本投资》第 164 页。

④ 马什和金斯诺思《东非史简编》第 227 页。

⑤ 比尔《非洲土著问题》第 1 卷第 496—497 页。

⑥ 伍尔夫《帝国与非洲商业》第 336 页。

家，急于要开发和掠夺殖民地，特别看重东非，不惜投入巨资。德帝国在东非的投资占其海外投资的21%。东非贸易额虽还很少，但1912年的贸易额已占德殖民地贸易总额的三分之一①。为了更多地榨取非洲人劳力和非洲资源，德国人不像英国在肯尼亚那样日益加剧地劫夺土地，而是在他们拥有的较少的殖民地上从事一些建设工作，以获得长远的利益。在英国人接管坦噶尼喀以后，著名的德国农业研究所变成一个只出售棉籽的机构，德国人所经营的学校也大半停办了②；至于后来英国人所加修的铁路，在其统治的40多年中还不到德国人所修建的一半。

第一次世界大战爆发以后，德属东非成为非洲最主要的战场。欧洲帝国主义列强为了重新瓜分非洲展开了血腥的厮杀。英帝国南非自治领的史末资担任了协约国军东非战区的总司令，指挥英军、印度军、南非军、西印度（加勒比海）军对德作战。其后（1916年）比利时军也攻入坦噶尼喀。葡萄牙军乘机越过了鲁伍马河。英军取得制海权，封锁了东非沿岸。德军统帅丰·李图·伏尔贝克率领德军和土著军进行了顽强的抗击，一度攻占肯尼亚的塔韦塔，袭击乌干达铁路。1914—1915年双方都未取得决定性胜利。德军以殖民地作为补给基地，坚持长期作战。1916年英军转入进攻，攻占坦噶尼喀大部分地区。1917年德军转战于莫桑比克、尼亚萨兰、北罗得西亚等地，到大战停战后东非战事才结束。伏尔贝克的军队除3,000多名德国人外，有近20,000名非洲士兵。英国、比利时和葡萄牙先后共投入30多万兵力。有人曾对这些非洲士兵肯为德国卖命一事感到困惑不解，其实这只是因为德国殖民者在战争情况下采用了一些小恩小惠的政策，让他们享有一般非洲人所不能享有的特权，如容许他们在每一战役胜利后分沾战利品。无论是李图·伏尔贝克的"顽强"抗击，还是史末资指挥的协约国军队的长期战斗，都是帝国主义为重新瓜分非洲而进行的非正义战争，是整个帝国主义战争——第一次世界大战——的一个微不足道的组成部分。它们给非洲人民带来的只是严重的破坏与灾难，特别是战后的饥荒。大战期间，坦噶尼喀在所有非洲殖民地中损失最为惨重，人口大量减少。比利时军队占领了塔波拉，从而开始统治卢旺达和布隆迪；葡萄牙因参加战争而收回了德国人所夺去的鲁伍马河口南岸的基翁加湾三角洲地带；而英国得利最大，占领了整个坦噶尼喀。

---

① 比尔《非洲土著问题》第1卷第426页。

② 比尔《非洲土著问题》第477—479页。

第六节　印度人在东非

印度人在东非各地的分布

印度人在东非经营商业虽然有长期的历史，但是印度人大量涌向东非却是19世纪末才开始的。随着英帝国主义之侵占东非，作为英帝国臣民的印度人就有了更多的前来东非的条件。在此以前，在东非的印度人主要是商人，而且多半是大商人；人数不多，有的已在沿海居住几个世纪了。他们经营进出口贸易，资助阿拉伯人组织商队来参加贸易并使用奴隶。在乌干达铁路修建以前，印度商人使用牛车和搬运快已深入东非内地，不过为数不多。乌干达铁路通车以后，印度人的商务日益发达，小商人的数目日益加多。但前来东非为数更多的却是印度的劳动人民，他们有的以殖民主义者所称为"苦力"的身份前来从事修建铁路等工作，有的替英国人当兵。英国殖民主义者如约翰斯顿、柯克等都认为印度人是英国开拓东非所不可少的因素，说他们能干白人所不能干的事，能够在白人与黑人之间起居间作用，因而鼓励他们前来。印度的劳动人民和小商贩就是这样被英国殖民主义者利用来作为侵略和开拓东非的工具。[①]

印度商人在桑给巴尔继续经营丁香出口贸易和高利贷事业。阿拉伯地主由于不善经营而欠债累累，有不少丁香种植园抵押给印度人，所以也有些印度人成为地主。20世纪初期，阿拉伯地主的欠债问题成为桑给巴尔和奔巴岛的严重社会问题。印度小商人不断深入东非内地，在肯尼亚和乌干达逐渐垄断了零售商，排挤了过去控制商业的阿拉伯人和斯瓦希里人。在称为"杜卡"的印度零售商店里，非洲人能买到他们所需要的来自世界各国的商品。印度商人唯利是图的欺诈手段往往引起非洲人的反感，土著保留地内的非洲人很敌视他们。乌干达植棉业发展起来后，资本较多的印度商人很快转为经营轧棉业，开设轧棉厂，并经营出口贸易。小商人则成为向农民收购棉花的中介人。1917年时，在乌干达的印度人已达 3,467 人[②]；而肯尼亚的印度人在 1911 年时已达 11,886 人[③]。这些印度人并非全是商人，其中有许多是政府及商业机构的雇员和工匠，也有些是农民。在德属东非，印度商人也拥有相当的势力，因为在德国人到达以前，

---

① 霍林沃思《东非的亚洲人》第 54 页。

② 同上书第 68 页。

③ 同上书第 79 页。

他们就已经来到这里。1886 年英德协定订立后，德国向英国保证印度人在德属东非的利益。布什里起义时，印度人曾逃往桑给巴尔，起义被镇压后才回来。印度商人颇受德国当局的欢迎，德国首相加帕里维说："我们要他们，他们同非洲内地有联系。"1913 年时，德属东非有 8,784 名印度人①。

在肯尼亚和乌干达的印度人有很大一部分是印度的劳动人民。他们主要是为修建乌干达铁路而从印度招募来的。他们签订了为期 3 年的合同，期满后有留在肯尼亚的自由。第一批 350 人是 1896 年来的，此后陆续招募，前后共 32,000人。他们在修建铁路时从事艰苦的劳动，生命受到野兽和疾病的威胁，大约有7,000 人成了残废，死亡竟达 2,493 人。②他们有许多在合同期满以后留在肯尼亚。此外，在殖民地的警察和士兵中也有不少印度人，他们退役以后，也多留在肯尼亚。留在肯尼亚的这些印度人，除了少数成为小商贩以外，绝大部分只能从事工艺和农业。在一般印度移民中也有许多农民。英国殖民当局最初想利用印度农民来开拓肯尼亚，在基苏木附近曾有过一个占地 600 英亩的印度农民居留地。

肯尼亚的印度人问题

为了要利用印度人，肯尼亚的英国人与他们的关系原是较好的，但是自从大批白人移民到达以后，情况发生了变化。英国移民要独占高地，不许印度人插足，于是发生了纠纷。1905 年，英国高级专员指定了一个五人委员会来研究这个问题，其中没有印度人。委员会当然完全偏袒欧洲白人，认为应当把"合乎健康要求的"土地留给欧洲白人。印度人深为不满。1906 年 4 月，印度人在蒙巴萨集会，通过一项决议，要求获得与欧洲人平等的占地权利。他们派遣代表到伦敦请愿，英国政府予以驳回，认为要把"适合欧洲人居住的"土地留给欧洲人。1908 年，英国殖民部宣布：肯尼亚高地只留给欧洲白人，那些"不适合欧洲人居住的"低地可以分成小块租让给印度人。肯尼亚的高地从此为欧洲人所独占。

肯尼亚的印度人问题还表现在城市中英国人的种族隔离政策上。1913 年，英国人借口印度移民中有不少劳动人民，生活水平低，"不讲卫生"，建议把城

---

① 同上书第 68 页。

② 霍林沃思《东非的亚洲人》第 47—49 页。

市划分为白人区、印人区和非洲人区。这个建议遭到印度人的反对。与这个问题有联系的是肯尼亚立法会议中的印度代表权问题。1907 年成立的立法会议，由 6 名官方成员和 2 名非官方成员组成，都是欧洲人。由于印度人的力争，1909 年才在立法会议中增加了一名印度人。但是这并不能满足印度人的要求，据 1911 年调查，肯尼亚的印度人已达 11,886 人，而欧洲人只有 3,167 人 ①。

英国殖民主义者利用印度士兵来镇压东非人民也是 19 世纪末年开始的。1889 年，英国东非公司为了统治非洲人，通过英印政府招募了印籍士兵约 300 名。英国政府接管东非殖民地后，组织了正规军称"东非来复枪营"（1895 年），由 300 名印度人，300 名斯瓦希里人和 100 名苏丹人组成。1902 年，"东非来复枪营"并入"皇家非洲来复枪营"。这是一支强大的正规军，除肯尼亚外，在尼亚萨兰、乌干达和索马里等地都由它派部队驻扎。它的兵员主要是由非洲人组成的，但上述各地原有的印度兵也并入在内。英国在征服东非的过程中，还使用了从印度调来的印度军队。在征服乌干达、镇压乌干达和苏丹军的兵变、镇压索马里人民起义等战役中，印度兵都起了决定性的作用。在第一次世界大战中，印度军成为协约国军队的一个重要组成部分 ②。印度人"为大英帝国而战"，为英殖民主义者流了汗与血，所得到的是种族歧视，在东非他们属于"二等公民"。印度的上层政客们又利用印度人所流的汗与血作为政治资本来要求政治权利。这就是东非"印度人问题"的基本内容。东非的"印度人问题"在第一次世界大战以后有进一步的发展。

---

① 霍林沃思《东非的亚洲人》第 79 页。
② 霍林沃思《东非的亚洲人》第 42 页。

第十四章　安哥拉和莫桑比克

第一节　英国保护下的葡属殖民地

葡人的"有效占领"及其与英、德的矛盾

葡属几内亚、佛得角群岛、圣多美岛和普林西比岛总共面积只有40,000多平方公里，人口总数不到1,000,000；在葡属非洲殖民地中不占重要比重。葡萄牙殖民帝国在非洲的主要组成部分是安哥拉和莫桑比克。柏林会议以后列强掀起瓜分非洲的狂潮，这种国际形势使葡萄牙政府急于要把它们连成一片。在这以前，葡人曾完成过横贯非洲的旅行，它的奴隶贩子曾一再横越非洲同内地的酋长们发生交涉。葡萄牙探险队曾前往姆韦鲁湖地区，希图寻找一条由莫桑比克通到安哥拉的道路。1798年7月，葡驻莫桑比克的殖民官员拉瑟达和神父平托从太特出发，希望到达安哥拉的罗安达，开辟一条商路，把两块葡属殖民地连接起来。拉瑟达只到达姆韦鲁湖以东的卡曾贝王国，受到第三代卡曾贝路克维萨的接见，许其通商。拉瑟达死于热病，探险队折回。1806年，两个葡籍混血人巴蒂斯塔和若泽从安哥拉出发，经隆达国到达卡曾贝国。第四代卡曾贝卡累卡（1805—1850年）刚刚即位。这时卡曾贝国已由盛转衰，东部占领地尽失。国王担心由葡萄牙人控制商路对自己不利，不予放行，葡人被留在宫廷达4年之久。这时奴隶贸易刚刚蔓及内地，卡曾贝国尚未受严重摧残。葡商看到该国农产品丰富，沿途有黑人挖铜矿。1830年葡又派一探险队去卡曾贝开辟商路，加米托上尉对此行作了详细记载。他对各个部落的风俗和服饰等方面的差异以及他们的农耕采矿技术都作了详细的描述。他说，该国盛产黄金、锡和铁矿，用女奴开采，矿区不许外人探视。铁工业发达，方法虽较原始，但所生产的锄、斧、刀、箭、矛等，在质量上还胜过有良好工具的太特铁匠。女奴生产规定的

产量以后，有余即归己有。加米托还觐见第四代卡曾贝王卡累卡。接见时，广场上站着 5,000—6,000 手执枪矛和弓箭的战士。国王盛装，头顶撑着几把大华盖，仪式隆重。朝臣的服饰也很华美。加米托说："我们从没有想到会遇到如此壮观而盛大的仪式。"[①] 卡曾贝国王不愿与葡订立贸易协定，也不允许探险队继续西进。在这次失败以后，葡萄牙人在半个世纪内放弃了从莫桑比克到安哥拉之间横跨内陆的计划。

这就是葡萄牙人曾企图打通非洲大陆的"历史根据"。依据柏林会议上所提出的"谁有沿海、谁就有内地"和"势力范围"等原则，葡萄牙政府于 1886 年提出了横贯非洲的葡属非洲新地图。对于在殖民列强中力量比较弱小的葡萄牙来说，这些"历史根据"和原则都是不起作用的。尽管在 1886—1887 年间，葡萄牙分别与法、德两国签订了关于殖民地的双边划界条约，葡在西非地区作了一些牺牲而取得德、法两国的同意；而后宣布恢复与马绍纳人酋长订立的保护条约，该条约规定将赞比西河与林波波河的河间地归葡萄牙保护。但是力图实现开普—开罗计划的英国，必定会使葡萄牙横贯南部非洲的野心无法实现。这时英国的南非公司业已深入北罗得西亚；特别是英国教会早已侵入尼亚萨兰[②]。英国移民用送礼手段从酋长手里得到土地，开辟种植园，种植茶、烟草和棉花。穆兰杰坡地的肥沃土壤和班图人的廉价劳动力，使尼亚萨兰迅速建立起殖民经济。葡不肯善罢甘休，自 1887 年以后，英，葡为尼亚萨兰的归属问题进行了长期的交涉。1889 年葡派一支"探险队"到尼亚萨湖沿岸，企图抢先下手夺取希雷谷地。在英国垄断资本家罗得斯和英国各教会的怂恿下，英国政府决定用武力逼迫葡萄牙退出尼亚萨兰南部。1890 年 1 月 12 日，英向葡提出最后通牒，要求葡在 24 小时内撤出赞比西河流域驻军。葡害怕英国的武力，接受最后通牒，并急令已快抵达布兰太尔的"探险队"停止前进。但葡对萨比河畔的极其肥沃的马尼卡兰仍不肯松手。1890 年 9 月已进入罗得西亚的英军与葡军在马切凯发生武装冲突。冲突持续到 1891 年年中，葡军被挫败。6 月，签订了英葡条约。它规定了今日马拉维与赞比亚，津巴布韦与莫桑比克之间的边界。葡被迫放弃连接安哥拉与莫桑比克的计划。英国迫使葡萄牙于 1891 年签订了划界条约。

---

① 戴维逊《昔日非洲》英文版第 292—297 页。

② 今马拉维。

16－20世纪葡萄牙在安哥拉的殖民扩张

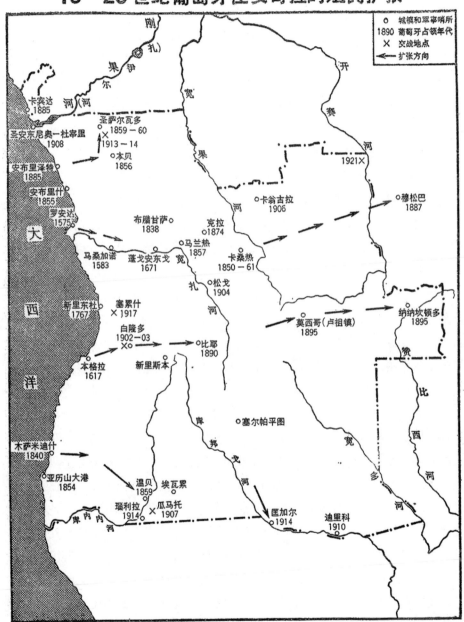

但是，在列强激烈争夺中就连划界条约也不能给葡萄牙的殖民地带来保证。莫桑比克的北边本以鲁伍马河为界，在东非猛烈扩张的德国蚕食了河口南部的基翁加湾地区。德国还梦寐以求想乘葡萄牙财政困难时机与英国一道来瓜分葡属殖民地。1884 年葡萄牙曾将洛伦索马贵斯通往布尔人共和国德兰士瓦的铁路修建权租让给代表英美资本的美国人麦克穆尔多，由于英、葡关系的恶化和布尔人的极力反对，葡政府于 1889 年不得不收回了这一租让权。进入 19 世纪 90 年代以后；德国在南部非洲的野心更加膨胀，在 1894 年曾派军舰在莫桑比克示威，并与英国签订了瓜分葡属非洲的密约（1898 年），还派兵在安哥拉登陆（1899 年）。咄咄逼人的德国势力的威胁迫使葡萄牙再度托庇于英国。在 1899 年 10 月英布战争爆发两天以后，英、葡签订了条约。英国再度负担了保护葡属殖民地的责任，而葡则同意不让布尔人通过莫桑比克得到军火，并允许英军在各港口登陆。但德国并未完全放弃其对南部非洲的野心。1913 年德国仍在积极策划与英国缔结瓜分葡属非洲的密约，直至第一次世界大战爆发后这一局势才完全改变。

葡人侵入安哥拉和莫桑比克虽有 300 余年的历史，但殖民当局所能实际控制的地区只是在沿海一带，而且只限于几个城市附近。葡人只满足于能够从内地获得奴隶，因而在内地只维持了少数据点，并未实际占领。1880 年以前，安哥拉内地各部落始终保持着不同程度的独立，对葡人侵略始终坚持抵抗。莫桑比克也是一样。葡萄牙殖民当局不否认除少数据点外，葡人在内地"并不能行使任何权力"[①]。柏林会议后的形势，尤其是英、德的威胁，才使葡政府决定对安哥拉采取大面积占领的政策。葡派遣"探险队"进入内陆，利用酋长和国王之间的不和，煽风点火，扩大纠纷，又采用欺骗、收买、武力威胁等手段，在许多地区确立葡萄牙的"主权"。这样，在 1890 年后的 20 余年中，它完成了 300 多年以来所不曾完成的占领工作。这些占领工作之获得列强的承认又是通过了复杂的外交斗争。只是由于几个大国发生了尖锐矛盾，葡才得以保住其安哥拉殖民地。葡与比利时（1885 年）、法国（1886 年）、德国（1886 年）、英国（1891 年）签订了殖民地边界条约，确定了安哥拉的边界。但葡对其殖民地的所有权仍处在风雨飘摇之中。1892 年英德秘密协定，规定葡应将其殖民地作为英德贷款的抵押品。1899 年，由于英德矛盾激化，英国又与葡订立协议，确定葡萄牙

---

① 达菲《葡属非洲》英文版第 230 页。

殖民地的边界，英国承担保护葡殖民地的义务。安哥拉和莫桑比克的边界至此才最后确定下来。

安哥拉和莫桑比克人民的反葡斗争

在安哥拉，规模较大而又坚持最久的反殖民主义斗争发生在南部。为了征服库内内河与库邦戈河之间地带及其以东地区，葡萄牙人装备了一支拥有克虏伯大炮和机关枪的远征军，于1885年开始进行远征。当时葡萄牙抱有打通安哥拉和莫桑比克之间广大地区的幻想，采取了步步为营、逐步建堡、深入内地的战术。1885—1888年在南部建立若干要塞。到1890年时，葡萄牙人基本控制了安哥拉的东南部。但是在西南部沿库内内河及接近德属西南非一带，遭到了关哈马人的顽强的抵抗。葡军一再遭到挫败，不得不一再增援。1904年，葡军在关摩托遭到关哈马人的袭击，葡军300人（其中包有120名葡人）全部被歼。1906年，葡又派兵2,000名增援，但关哈马人从西南非洲境内德国人那里得到武器供应，坚持抗击葡萄牙殖民者。一直到1915年，起义才被镇压下去。关哈马人的反葡武装斗争持续了25年。

1901—1902年，安哥拉中部毕赫高原各部落爆发了反对殖民当局征集契约劳工的暴动。在新里斯本附近各地区，非洲人杀死了殖民当局的征工官员，焚毁商站。暴动虽然被残酷地镇压了下去，但葡萄牙殖民当局事后也不得不改革征工制度。在此后的几年内，不敢再征集契约劳工。

在安哥拉北部，居住在离罗安达只有百余公里的丹波斯人，通过多年来同葡萄牙殖民者的接触，对殖民制度的罪恶有切身的体验。自1850年以来，他们拒绝殖民官吏的勒索，反击殖民军的暴行，不断反抗葡人的殖民统治。直到1907年时，只有少数欧洲人获准在他们土地上经商，并要向酋长缴纳重税。[①]自1907年以后，葡军经过3年的征战才占领了各个村庄，从而征服了安哥拉北部，打通了通向扎伊尔边境的道路。

莫桑比克人民的反殖民主义武装斗争在1890年后达到高潮。1894年，洛伦索马贵斯附近爆发了部落反葡起义。起义者围攻这座城市，葡萄牙的警卫部队龟缩于市区要塞内。年底，从里斯本调来了大批援军以后，洛伦索马贵斯方得解围。1895年2月，葡军打败了非洲人起义军。各起义部落的酋长撤到林波

---

① 达菲《葡属非洲》第229页。

波河和彭格河之间的加扎兰，投靠大酋长冈冈雅纳 [①]，得到他的保护。冈冈雅纳就是曾经脱离南非祖鲁酋长恰卡的索香加的后代。他于 1890 年即位，成为尚加内族的大酋长，权力远及伊尼扬加。他一直不接受葡人的殖民统治，拒绝接受英葡瓜分东南非洲的 1891 年协定。他拥有一支组织良好的强大的武力，葡人不敢对他用兵。英国人则千方百计利用他。在平服了洛伦索马贵斯附近的起义以后，葡人依仗有大量援军为后盾，决定出兵征服他。葡军分三路进兵，直逼加扎兰；1895 年 8 月向冈冈雅纳提出最后通牒，勒令他交出他所收容的起义酋长，并要求把加扎兰完全变为葡属殖民地，缴纳年贡，替葡征收人头税，让葡商入境等。冈冈雅纳拒绝了这些要求。11 月 7 日，葡军在科累拉村凭借其武器的绝对优势，打败了冈冈雅纳，焚其驻在地曼扎卡兹村；冈冈雅纳对葡萄牙的斗争是坚决的，但对另一个殖民大国——英国的认识很模糊，一直寄希望于英国的保护。最后他过于大意，在措手不及的情况下于 12 月 28 日被葡军俘获，押往里斯本。两年以后，1897 年加扎兰的部落在冈冈雅纳的部将领导卜再度起义，马孔太内一役失败后，为葡军所镇压。莫桑比克南部的战斗，至此才基本结束。

葡人原未料到能迅速地消灭冈冈雅纳的势力，他们得意扬扬地把 1895 年视为"胜利年"。然而，葡殖民者高兴得太早，他们完全占领安哥拉和莫桑比克，还是在 20 多年以后。在莫桑比克的中部赞比西河域经过了多年征战（1904 年、1910 年），到 1910 年才基本结束。在莫桑比克北部，遭到尼亚萨湖以东各部落的顽强反抗。其中尧族部落在酋长马塔卡的领导下，一再打败葡军的小股入侵军。为了截断各部落从德属东非取得武器的通道，葡人花了 4 年工夫占领尼亚萨湖沿岸，并沿鲁伍马河建立若干小堡（1908—1912 年）。1912 年，葡军主力始和马塔卡进行激战，马塔卡力量不支，渡过鲁伍马河退入德属东非。此后，小规模的部落反抗仍未停止，直到 1917 年葡萄牙才基本上控制了莫桑比克全境。300 余年不能完成的占领工作，到了帝国主义时代，在不到 30 年中完成了。这是帝国主义时期争夺非洲的形势促成的，同时也是由于这个时期已具备了占领内地的各种必要的条件。长时期的奴隶贩卖和契约劳工制大大地削弱了东南非洲人的抵抗力量，所谓"欧洲文化"——特别是烈性烧酒——又深深地腐蚀了非洲人的上层分子。在征服者方面，新的武器（使用机枪）和新的防治热带传染病药物，使他们终于具备了深入内地的条件。

---

① 有些著作拼写为 Gungunhana（冈冈哈纳）。

第二节　葡萄牙的殖民统治

葡萄牙殖民统治的特点

进入帝国主义时期以后，葡萄牙的殖民政策并没有根本性的改变。变相的奴隶制——契约劳工制仍然是葡人掠夺非洲人的主要手段。这是由种种原因决定的。奴隶贸易废止以后，葡人不曾找到其他出口物产来代替奴隶。在搜寻地表的和窖藏的金银等贵金属无甚收获以后，葡人对于地下的矿藏一直不曾进行勘探，更谈不上开采。经济作物刚刚开始种植，不能有大宗出口。同时，宗主国的资本主义工业发展非常缓慢，也不能有大量的工业品输出到非洲殖民地，葡属非洲的进口商品 60% 以上是来自英、德、美诸国。葡萄牙本身资本主义不发达，缺乏资本，不可能在殖民地进行大量投资。1903 年动工的洛比托—刚果（扎伊尔）铁路的资本，80% 以上是来自英国。这条铁路的主要目的是为英国在加丹加和罗得西亚的矿业服务。殖民地既无出口物产，正在开始的铁路修建和邻区的种植园、矿山等工矿企业的开拓又需要大批劳动力，于是，大量输出契约劳工这项买卖便大大兴隆起来。布尔人的德兰士瓦共和国是莫桑比克劳动力的最大买主，它要求每年提供 65,000—100,000 名非洲人劳动力。葡萄牙殖民当局每提供一名劳动力，可赚 35 先令，这项收入成为莫桑比克殖民地最大的一项财政收入。到 1900 年已有 80,000 名莫桑比克人在德兰士瓦做工。此外三四百年来适应于奴隶贸易而建立起来的一套殖民行政机构盘根错节，也有积重难返之势。1900 年和 1907 年葡萄牙曾企图施行过一些行政改革，并未收到显著的效果，这一方面是由于宗主国本身的政治不稳定，一方面则因殖民地官员一贯贪污腐化，抗拒改革。适应于奴隶贸易的行政机构，也完全适应于变相的奴隶——契约劳工的招募。既有经济上需要，又有了一整套行政机构来保证契约劳工制的推行，于是，这一变相奴隶制就得以改头换面保全了下来。

表面看来，葡属非洲在日常社会生活中，种族歧视的情形不像非洲其他地区那样突出。这与葡萄牙推行的所谓"同化政策"有些关系。葡属殖民地的欧洲移民人数很少，增长缓慢。葡为了在非洲人中培养特权阶层，以增强其社会支柱，推行了"同化政策"。其中规定凡土著人具备下述条件者可成为葡萄牙公民：掌握葡语；放弃土著的风俗习惯；能挣钱养活一家人。这种使一些非洲人变为"有文化的葡萄牙公民"的"同化政策"颇得许多西方旅行家的称道。其实，这是一种假象。在饥饿线上挣扎的非洲人，除了极个别的例外，基本上不可能取得葡萄牙公民资格。应该说，葡萄牙殖民主义者实质上也是种族主义者。他们公然宣称必须使非洲人遭受奴役，因为他们根本不会自愿工作。葡属殖民地的奴隶贸易延续时间最长。由于英国舰队的搜捕，安哥拉向外输出奴隶到1850年时已基本结束，但是国内仍然存在着奴隶市场。1850年时莫桑比克向美洲输送奴隶的高潮虽已过去，但是奴隶输出直到1880年尚未完全终止，法国奴隶贩子还继续从这里贩运奴隶。葡政府始终不愿在殖民地彻底废止奴隶制度。1858年法令限定在20年时间里废止奴隶制度。但又规定已非奴隶的"自由者"在头10年之内不能与原来的主人脱离关系（1869年）。后来虽废止了"自由者"这一名称，但又规定他们必须与主人订立2年的契约，这两年被视为"保护期"。由此正式产生了契约劳动制（1875年）。在20年期满以后，虽曾明令废止强迫劳动而代之以"自由劳动"（1878年），但事实上在葡属非洲根本不存在自由劳动。1899年葡萄牙颁布了以强迫劳动原则为基础的"土著劳动法"，其第一条规定"葡属海外各省的一切土著，必须在道德上和法律上履行通过工作来获得生存所需资料并从而改善其社会条件的义务。……如其不曾完成此一义务，政府得强制其履行"。[1] 这就是说，除极少数有财产或固定收入以及无劳动力的人以外，均须履行这个为白人劳动的"义务"。一年必须为殖民者服劳役至少6个月。法令并允许政府、公司及其代理人等有权通过"契约"形式征集劳动力。葡萄牙共和国时期的劳动法（1911年及1914年）也没有触动强迫劳动的原则，只是在契约期限上稍作改变，对雇主略加一些限制而已。1895年出席第6届国际地理学会的葡萄牙代表公然宣称："我认为黑人根本不会自愿工作，迫使他工作的唯一方法就是叫他为了获得少量必需品而付出很大的代价。这就是葡萄牙在非洲的经济政策。"[2] 葡萄牙为了避免他国的指责，不用"强迫劳动"一词而美其名曰"义务"；借口欧洲人有责任使非洲人通过工作来"提高文化"，实际上葡萄牙人搞的这一套是地道的变相的奴隶制。

葡属非洲缺少资本，企业不多，本身并不需要很多的劳动力。它主要是把劳动力作为商品输出到国外。自1870年以后，莫桑比克的非洲人就不断被运到南非纳塔尔殖民地的农场去做工。如上所述1896年莫桑比克当局开始向德兰士

---

① 达菲《葡属非洲》第155页。

② 达菲《葡属非洲》第151页。

瓦的矿区输送劳工。莫桑比克与德兰士瓦政府先后签订了临时协定（1901 年）与正式协定（1909 年）。根据协定，德兰士瓦各矿成立了专门召募劳工的机构，在莫桑比克设立大小召募站 70 多处。当征募不易足额时，葡萄牙官吏就公然利用以往奴隶贸易时期的传统做法进行绑架。输出劳动力的契约期限为一年。每名劳工由雇主向莫桑比克殖民当局缴纳护照费 13 先令；如延长契约，按期加付护照费。自 1904 年以后，每年输往南非的劳工都不少于 60,000 人，1908 年已达 77,000 人。[①] 莫桑比克政府从而得到的收入约为 8 万英镑。劳力输出对于莫桑比克殖民当局是非常有利的：这项进款保证殖民地有一笔可观的经常收入；它还借口防止工人把工资完全花费掉，于 1912 年正式规定由采矿公司将工人的半数工资在契约期满时折成黄金直接交给莫桑比克政府，再由政府用本地货币发给工人，这不仅使殖民当局捞到一大笔外汇，还使各级殖民官吏采取"雁过拔毛"手段大肆克扣中饱。葡萄牙与德兰士瓦的矿山雇主做成交易：德兰士瓦的铁路运输量应有 50% 以上要经过洛伦索马贵斯港出口（这使该港成为一个重要港口）；而德兰士瓦的矿区则可以从葡萄牙殖民当局如期获得足额廉价劳动力。如果"劳工"逃回，应由葡萄牙负责捉拿。劳动力输出对于莫桑比克的非洲人社会是一个致命的打击。它每年都丧失了大批的青壮年劳动力。他们在南非的死亡率很高，有时高达 9%。在 1905—1912 年间输出的 418,000 人中，未能返回莫桑比克的达 87,000 人，几占全部劳工总数的 21%。为了保证向德兰士瓦等地提供劳工的人数，葡萄牙警察常常夜间出动围捕非洲人，实行强制性招募。许多居民为了避免被围捕，大批逃亡。20 世纪初仅逃到尼亚萨兰的，就有 10 万人之多。

在安哥拉，臭名昭著的"圣多美事件"证明它到 20 世纪初还有真正的奴隶输出。圣多美岛的可可种植园使用奴隶劳动，1865 年即已受到舆论谴责。1903 年，曾任葡属几内亚总督的毕克尔予以披露。据他说：圣多美的大部分劳工是从安哥拉买来的，所谓"契约"只是徒有其名；契约规定为期 5 年，但是期满并无一人被遣返；他们在潮湿的热带气候中每天工作 12 小时，遭受奴隶的待遇，死亡率很高；劳工除主要来自安哥拉外，有些是来自其他地区，还有少数中国人。种植园主不让任何一个劳工还乡。[②] 毕克尔的揭发当时并未引起广泛的注意。在

---

① 科尔《南非》英文版第 301 页。

② 达菲《葡属非洲》第 158—159 页。

英国报刊揭露刚果的利奥波德制度以后，英国记者内文逊的《近代奴隶制》一书问世（1906年），引起了国际舆论对葡属安哥拉殖民当局的责难。当时的调查证明：安哥拉始终存在着人口贩卖；每年从与比属刚果交界地区输出的人口有20,000—40,000人；在1908年以前的30年中，每年从安哥拉输往圣多美的带上镣铐的"契约劳工"约有几千人，30年中总数共达70,000—100,000人，始终无一人还乡。世界大战爆发后，由于英、葡关系再度和好，同时也由于战争转移了人们的视线，这一喧嚣一时的争辩才不了了之。圣多美岛事件只是一个最突出的例子，它说明了安哥拉仍然存在着奴隶贩卖制度。在世界舆论的压力下，葡萄牙人虽然不能不有所收敛，作些改善，但是"契约劳工"的奴隶制度的本质却始终没有改变。

葡属非洲的落后状态

葡属非洲始终遭受劳动力输出的巨大损失，经济上一直停留在极端落后状态。葡属非洲是白人罪犯的乐园。在莫桑比克还有不少的印度人从事小商业。葡属非洲对于葡萄牙本土的农民并没有多少诱惑力，在1908—1916年间，葡人移往巴西者达12万人，移居葡属非洲的却只有1,000多人，其中大多是官吏和投机者。他们想在莫桑比克混几年发笔横财，再回欧洲享福，因而拼命搜刮，胡作非为。1880年，有300名布尔人从西南非洲（纳米比亚）迁徙到安哥拉。这是最大的一次白人移民，受到葡殖民当局的欢迎，许其"归化"。他们也像在南非土地上一样，凭着他们的三样法宝[1]来蹂躏欺侮安哥拉人。在第一次世界大战以后，为了对付在西南非洲的德国人，南非联邦政府又把他们大部分接了回去，仍然留在安哥拉境内的布尔人为数不多。葡萄牙人除带来某些新植物品种以外，对于非洲的农业并未起多大的改进作用。[2]

为了"开发"莫桑比克，葡萄牙政府允许成立了三个公司：莫桑比克公司、尼亚萨公司和赞比西亚公司。这三大公司所控制的土地，占莫桑比克面积三分之二以上，主要包括赞比西河流域及其以北地区。莫桑比克公司于1891年取得特许状，它是葡萄牙、西欧国家和南非资本合营的组织，总公司设于里斯本，葡政府占有10%的股份和纯利总额的7.5%。葡政府特许这个公司在62,000平

---

[1] 枪支、马匹和牛车。

[2] 约翰斯顿《东非史前史》英文版第177页。

方英里的土地上拥有采矿、捕鱼和经营商业等特权，并代行某些行政职能，为期50年。尼亚萨公司于1891年获得特许状，1893年正式组成，主要是英国资本。它的特许期是35年，条件与莫桑比克公司相同。赞比西亚公司是1890年成立的，股东是南非、德、法、英和葡萄牙的资本家，主要经营矿山和种植园。与其他两家公司不同，它不是一个特许公司，不负行政责任。三家公司的资本都不多，自始只热衷于搞土地投机，因而成效不大，未能对莫桑比克的经济发展起什么作用。在安哥拉，1917年成立了由英、美、法、比资本合营的安哥拉钻石公司，它在本时期的安哥拉的经济生活中尚未发生作用。

经济的落后更加加重了非洲人民的负担。殖民当局的收入主要靠榨取非洲人民的各种税收，莫桑比克从契约劳工的输出得到大宗收入，安哥拉的收入有时高达50%以上是来自非洲人所缴纳的茅屋税[①]。葡属非洲的城乡对比悬殊极大。旅行家乐于称道葡属非洲拥有很好的沿海城市，特别是卢安达；可是葡属非洲的农村却仍然保存了四百年前的旧貌，由于人口日益减少，反而更加显得凋零破落。随着非洲人原有的经济的衰落，他们传统的生活方式也受到破坏。葡萄牙人输入的烈性酒类，影响了非洲人的健康，也破坏了许多非洲人家庭。非洲妇女经常受到白人殖民者的蹂躏。这十足表现了欧洲殖民者的残暴与腐化。葡属殖民地的教育事业更谈不上，直到独立前夕，葡属非洲的非洲人仍然有99%是文盲。这些情况使非洲人中迟迟还没有产生资产阶级，而资产阶级知识分子数目也极少，因而也延迟了资产阶级民族主义的产生。非洲人英勇地进行了反殖民主义斗争，然而斗争的形式还是落后的零散的——只限于部落起义，未曾发展为大规模的起义。但是前赴后继的起义形成了他们反殖民主义斗争的传统，孕育着后来大规模的武装起义的爆发。

---

① 达菲《葡属非洲》第263页。

第十五章　南部非洲（上）

第一节　祖鲁民族的形成和南非班图各族的再迁徙

恰卡和祖鲁民族的形成

在欧洲人侵入南非以前，班图人中的恩戈尼人早已迁徙到南非的南端。其南支科萨族深入大鱼河，日益强大的祖鲁族属于它的北支。19世纪初，纳塔尔诸部落开始了联合过程，它们正经历着从无阶级社会过渡到阶级社会，正在形成为一个较大的民族。这个过程体现在祖鲁族的崛起及其对其他部落的征服上。这一事业的创始人是姆塞思瓦部落的酋长丁吉斯瓦约（1809—1818年）。他曾到过英属开普殖民地和葡属莫桑比克，认识到必须团结各部落形成为拥有强大武力的组织，才能对付日渐紧迫的殖民侵略的威胁。丁吉斯瓦约死后，他的事业由恰卡继承。

恰卡（1787—1828年）是祖鲁民族事业的组织者和领导者。[1]他是19世纪黑非洲杰出的人物之一。他原是祖鲁一个小部落酋长的儿子，自幼逃亡在外，1800年投奔丁吉斯瓦约。由于他的军事天才和勇敢善战，得到了丁吉斯瓦约的信任与重视。1816年，父死，他得到了丁吉斯瓦约的武力支持，继其父为酋长。丁吉斯瓦约死后，他又继承了姆塞思瓦酋长的职务。在1818年以前，丁吉斯瓦约和恰卡的事业几乎是分不开的：他们都认识到要建立一支强大的武力，通过这支武力来建立一个统一的部落联盟。恰卡所最关心的是训练出一支骁勇善战

---

① 今日为数已超过390万的祖鲁民族是由小小的祖鲁氏族扩大形成的。但是有人说，恰卡继承酋长后，才将这个部落改称"祖鲁"；它的意义是"天"，表明这个部落的高贵。见科内万《黑非洲各民族史》第649—650页。

的军队。[①]班图人各部落原都有按年龄分等级的制度，恰卡利用并改革了这个制度，他将所有男子按年龄大小，分为新兵、战士与有经验的老兵三类。儿童从12岁起就接受半军事训练，随军服勤务——为军官携带用品或照料牲畜。满16岁后入伍为新兵，住在附近的军营里，经过一个时期的军事训练以后，他们被调到各联队去补充缺额，或编成新的联队。联队的成员就是战士，所受的训练是最严格的，经常是长途行军和演习；此外则修造营房和武器。经过多次战役的老兵，只受定期集训，或则调充军官。联队长官称"因杜纳"（Induna），下辖若干分队；分队人数约为50—60人。这一军事改革打破了固有的部落和氏族的界限，把各部落的士兵聚合在一个军营里，使他们脱离部落酋长的控制而形成为一支统一的队伍。军中使用以祖鲁语为基础的各种方言。与以往不同，军营中不许妇女居住。士兵一般非过35岁，不得结婚。在战术上恰卡重视短兵相接，放弃了原有的投枪和掷斧，代之以刺矛和椭圆形盾。班图人作战原是各自为战的，恰卡创造了密集的新月队形，称之为"牛角形"。战斗时以进攻为主，由两角尖突进对敌人实行合围。同时，留有强大的后备队来加强进攻力量。恰卡又组织了出色的侦察工作，侦察员的机智与大胆是令人赞叹的。他们能把敌人的数量、位置、特别是牲畜多少和屯粮地点都精确地侦察出来。军队动员非常迅速，能在几个小时内调集所需要的军队。每征服一个部落，除使这个部落接受他的控制外，并将其青、壮年编入军队。通过这样一支所向无敌的军队，恰卡先后使今纳塔尔境内的100多个部落承认了他的权威，从而由部落发展成了祖鲁民族和国家。

祖鲁的强敌是位于其东北的恩德万德韦部落的酋长兹威德。他虽然曾为丁吉斯瓦约所俘而表示臣服，但他仍不甘休，终于诱杀了丁吉斯瓦约（1818年）。恰卡继续对他进行了三年战争（1818—1821年），才把他逐出祖鲁兰迫其向北撤退。此时恰卡所控制的地区，比丁吉斯瓦约时已增加一倍，统一了祖鲁兰：南界图盖拉河，北界蓬戈拉河，西至伯费茨河，东至于海。首都移到距今埃朔韦约17英里的地方，称为克瓦·布拉瓦约。在此后数年中，恰卡的武力西渡伯费茨河，深入德拉肯斯山脉；南过图盖拉河，将首都迁到图盖拉河以南，称杜库扎（今斯坦格）。杜库扎居纳塔尔中心，恰卡从这里派遣军队东援巴苏陀，南则渡过乌姆库齐库鲁河而深入庞多兰。不久，他被他的异母弟丁刚等刺死

---

① 关于恰卡的军事改革，参看宾斯《末代祖鲁国王》英文版第4—8页。

（1828年9月22日）。

祖鲁民族在深入纳塔尔南部以后，就不可避免地要与业已占有开普殖民地东北部的英国势力接触。1824年，英国商船到达纳塔尔港（今德班），英人千方百计地要会见恰卡，谋求利益。正好这时恰卡第一次遇刺受伤，英人为他治好了伤，乘机"用不值几个先令的礼品"，"怀着欺骗目的"来诱使恰卡签订一个如果他看懂决不会同意的"合法文件"。[①] 连英人布赖恩特也承认，像恰卡这样一位强大的"君主，决不会想到要把他的国土让与给一个鄙俚的陌生人从而牺牲他的主权"。可是英国人却借此假条约取得纳塔尔港及其附近之地。当恰卡

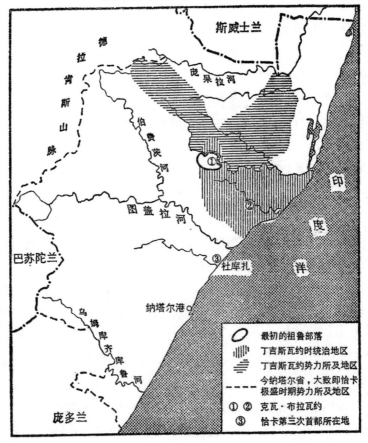

祖鲁民族地区的形成

---

① 引语均布赖恩特（A.T.Bryant）语，参阅里特《恰卡祖鲁》英文版第266—268页。

在世时，英国人还不曾进行明目张胆的侵略活动；恰卡也曾派遣使团携带礼物拟往伦敦会见英王乔治四世。这个使团在中途就遭受英国人的拘留和冷遇，连开普敦也没有到达。这件事更加使恰卡意识到英国人不会以平等态度对待他，而且会侵入他的国土。据说，他在遇刺弥留之际对行刺他的弟弟们提出警告："白人已经来了。"[①]

祖鲁民族的军队是南非班图人前所未有的最强大的武力。[②]恰卡的继承人——丁刚和开芝瓦约等后来继承了这支武力，给予西方殖民主义者以有力的回击。在备有近代武器的布尔人和英国人军队面前，这支军队沉着应战，使敌人遭受严重的挫败。恰卡的统一事业深刻地影响了赞比西河一带的班图各族，他们效法祖鲁的政治和军事改革，国势骤强，使入侵的殖民主义者在这一带都遭到顽强的抗击。恰卡时期，南班图人正处于由部落统一到国家形成的过程。恰卡统一事业的历史作用就在于使南班图的恩戈尼人脱离了以血缘为基础的氏族部落组织，建立了由以地域为基础的部落所组成的祖鲁民族。关于当时祖鲁民族的政治组织是部落联盟还是国家，尚有待于进一步的研究才能肯定。在恰卡所统辖的地区中，还不曾出现对抗性的阶级，虽有战俘奴隶，但未形成为奴隶制社会。各部落酋长虽然丧失了原有的独立性，却仍有不同程度的处理内部事务权力，尤其是关于争讼方面的处理。当时，压迫人民的国家机器尚未完成。土地是公有的，战时所掳获的畜群是民族的财富。恰卡对于土地和牲畜只有最高的支配权。由此看来，祖鲁民族似乎还不曾最后形成为国家。但是，部落已不是以血缘为基础的氏族部落，而已向地域部落转化；它不只是一种自治的政治组织，也是一种军事组织。恰卡（及其继承人）等作为军事首长的权力，已逐渐转化为国王的权力。他有首都，有复杂的宫廷组织。他还是司法的首脑，平时每天都要处理重大案件，首先是有关牧场争端的案件，其次是有关道德纪律和是否效忠的案件。恰卡还是宗教的首脑，他惩处巫蛊，连祈雨的巫师也受其统制，这在班图人中是罕见的。他已摆脱了人民公共权力——人民大会——的控制，军事民主制只体现在由军事首长（因杜纳）上层组成的军事会议。他在一定程度上受这个会议的约制，倾听会议的意见，不过会议是由他的最亲近

---

① 引语均布赖恩特语，参阅里特：《恰卡祖鲁》第 349 页。

② 祖鲁军队的人数估计不一，有说 1 万 5 千人，有说 3 万人，甚至有说达 5 万人，大概把后勤运输人员也算在内。

的"因杜纳"组成的，并不代表部落。由此可见，这时祖鲁民族的政治组织已不是一个单纯的部落联盟。因此，我们倾向于认为：它是处于由部落联盟到国家形成的过渡阶段，也就是处于国家形成的初步阶段，是国家的雏形。下面将要提到的那些脱离恰卡而分裂出去的将领，都采用了恰卡所创立的改革，因而他们所建立的政治组织也是在不同程度上处于这一发展阶段。无论怎样，恰卡的统一事业无疑使南非班图人的历史向前推进了一大步，如果不是殖民主义者的侵入，这一进步必然会进一步向前发展。

南非班图人诸族的北迁与民族融合

恰卡兴起的另一历史作用就是促使一些班图人部落北迁而融合为新的民族。必须指出，恰卡的征服并非使班图各族北迁的唯一原因。当时英国人和布尔人正从开普殖民地向东，向东北侵略扩张，阻挡了班图人的迁徙，剥夺了班图人继续向西南迁徙的自由，有些班图部落既要逃避祖鲁人的征服，又面临西方殖民主义者的侵略威胁，遂不得不转而北迁。这就打破了近两千年来班图人自北向南迁徙的局面。他们的北迁是通过武力进行的，沿途破坏了原有的部落组织，打破了它们原有的血缘关系，引起各地居民的大混合，许多部落名称消失，从而融合成一些新的民族。北迁所经过的地区幅员辽阔。从纳塔尔以北到大湖地区的民族分布情况，都受到这一迁徙浪潮的影响。

首先受影响的是同属于恩戈尼人北支的斯威士人。他们住在祖鲁人的北边，恰卡在其初起时对他们的征服，迫使他们北迁。后来由于恰卡着重经营纳塔尔地区，才使他们幸免于被征服而建立了斯威士兰。

北迁班图人中最重要的一支是从祖鲁民族分裂出来的马塔贝莱人。[①] 这是由恰卡的最得力的一员主将姆齐利卡齐[②] 率领的。他在奉命北征之际，乘机率众出走（1820 年）。恰卡一再派兵追击他，但是未予穷追。姆齐利卡齐采用了恰卡创造的军事组织和战术，沿途征服各部落，吸收其青壮年而融合为新的部落。他率众越过了德拉肯斯堡山，攻略苏陀人。过瓦尔河（1830 年）后，定居于德兰士瓦，他们就被称为"马塔贝莱人"，意即"执椭圆盾的人"。许多贝专纳人和苏陀人的部落都成为他们的附庸。后来，大迁徙中的布尔人侵入德兰士瓦，他们侵

---

① 马塔贝莱人有两种称呼：Matabele 和 Ndebele（恩德贝莱）。

② 姆齐利卡齐（Mzilikazi）有些书作 Moselikatse 莫泽利卡泽。

占马塔贝莱人土地，与马塔贝莱人进行战争（1836—1837年），迫使马塔贝莱人渡过林波波河迁居马托波地区。姆齐利卡齐仿效恰卡的榜样，建都亦称"卡瓦·克拉瓦约"（今津巴布韦的克拉瓦约）。马塔贝莱人的势力扩展到赞比西河流域，征服了马绍纳人。他们在这里建立了"王国"以后，开始了三十年的和平发展时期。马塔贝莱人把居民分为三个阶层：南来的恩戈尼人称阿伯赞西，意即"来自南方的人"；沿途加入的部落称阿本赫拉，意即"北方人"；当地被征服的马绍纳人则称阿马霍利。此外，还有奴隶。姆齐利卡齐死于1868年，两年后才由其子继承，这就是后来领导马塔贝莱人抵抗英殖民主义者的著名的洛本古拉。

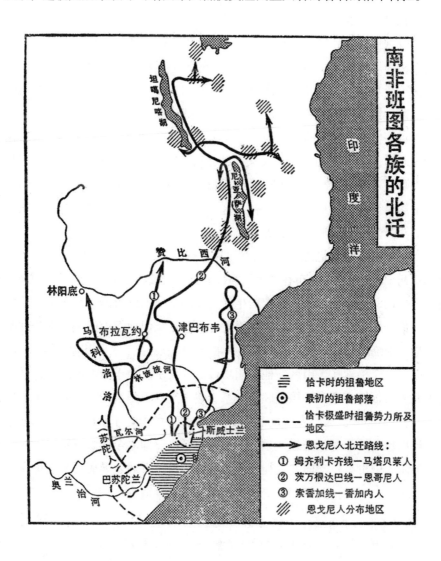

另外两支北迁的恩戈尼人是由索香加和兹万根达巴率领的。他们原是两个部落的酋长，不屈服于恰卡的霸权而投到兹威德一边。兹威德战败后，他们分别出走。他们也采用了恰卡的军事组织和战术，部众逐渐扩大而形成为新的民族。索香加所率一支北上转而东向入莫桑比克，北抵赞比西河沿岸，沿途袭击葡萄牙人。他在林波波河南岸一度摧毁了布尔人的一股侵略军，最后定居在莫桑比克南部的加扎兰，与当地原有居民融合而为香加内族。后来领导抵御葡人侵略的冈冈雅纳就是他的后人。

兹万根达巴率领的一支恩戈尼人走得最远。他们在 60 年中，北行 3,000 公里，远抵维多利亚湖南岸。他们沿途袭击其他班图人部落，特别是苏陀人各部落；吸收它们的青壮年男女来壮大自己的队伍。1834 年，他们到达赞比西河，从此被称为恩哥尼族（Ngoni）。据说，罗兹维族所继承的津巴布韦文化遭到他们的摧毁（1834 年）。过赞比西河以后，他们一度停留在尼亚萨湖（今马拉维湖）北部。兹万根达巴死后（1845 年），内部分裂，部众由他的兄弟们率领分头迁徙：一支到坦噶尼喀湖西岸；一支远抵维多利亚湖南岸。大部分留居在尼亚萨湖北岸，1850 年后，他们又从这里分别南迁到尼亚萨湖东岸和西岸，其中一支①则在湖以西摧毁了契瓦·马拉维国家。今日从尼亚萨湖南岸到维多利亚湖南岸散居着许多恩戈尼人部落，就是这一迁徙的结果。在后来反抗德帝国主义侵略的斗争中，他们是一个主要力量。

以上是恩戈尼人北迁的大致情况。原来与恩戈尼人为邻的苏陀语各族人民，概称茨瓦纳—苏陀人，分布在奥兰治河以北到林波波河地区。祖鲁民族的兴起和恩戈尼人的北迁扰乱了他们的定居生活，打破了他们原有的血缘关系，使他们中有一部分从属于祖鲁，一部分随恩戈尼人北迁。但他们中的绝大部分逃避了恩戈尼人的统治。南部苏陀人在酋长莫谢希②的领导下，收罗其他逃散者，避入巴苏陀兰（今莱索托）山区。他运用巧妙的外交手段免于恰卡的征服，又与马塔贝莱人首领姆齐利卡齐搞好睦邻关系，建立了日益强大的巴苏陀王国（1824年），为以后领导巴苏陀人民抗击英、布侵略的斗争奠定了基础。西部的苏陀人受北迁的恩戈尼人的侵袭最严重，一再向西迁移，构成今博茨瓦纳居民的一部分。苏陀人中也有一支向北迁徙。这就是由酋长塞贝通领导而后来被称为马科

---

① 由蒙贝腊（又称姆贝耳瓦）率领。

② 莫谢希有两种拼法：Mosesh，Moshweshwe，也有译为"莫舒舒"。

洛洛人（Makololo）的一支。他们原是从南苏陀人中分裂出来的，渡过瓦尔河后向北迁徙，沿途遭受马塔贝莱人的袭击，1831 年到达赞比西河上游。渡过赞比西河后，他们征服了那里的洛齐族，占领了巴罗兹兰，以林阳底为中心（1838年）。马科洛洛人没有能够形成强大国家的政治组织，不久内部分裂，不能对殖民主义的入侵进行有效的抵抗。历史事实表明，欧洲人绝不是与班图人同时进入南非各个地区的；在白人侵入南非以前，南部非洲大部分地区已经住满了班图人。他们正在发展为不受血缘关系限制的"国家"或部落联盟，并能给西方侵略者以有效的回击。班图人具有充沛的生命力，早已有人指出："最重要的一点就是要记住，在南非的（欧洲）移民不能像在北美洲一样，把土著居民从他们的道路上扫去。的确，对土著生活的每一次打击都会使白人社会遭到同样的回击。这就是南非历史中的最深刻的真相。"①

第二节　荷属开普殖民地

荷属开普殖民地的建立及其扩张

荷属开普殖民地是西方殖民列强在非洲建立的第一个白人居留地。自葡人发现好望角以后，接着到过这里的有法国人（1581 年）和英国人（1620 年），但都不曾重视这个地方。1648 年有一艘荷兰船在好望角附近遇难，船上的人在今开普敦附近登陆。他们受到当地科伊人的帮助，开辟土地，进行耕耘，住了一个时期以后才搭乘经过好望角的荷船返国。他们报告说，好望角一带气候良好，土壤肥沃，适合于白人居住。荷兰东印度公司决定在这里建立中途供应站来代替原有的圣赫勒拿岛。1652 年，公司派范里贝克率领三艘不大的船到达这里，这就是开普殖民地建立之始，距葡人发现好望角已有 154 年。最初的殖民者是公司退职的雇员、退伍的海陆军人和罪犯，后来才有来自荷兰和德意志等地的农民。殖民地的发展很慢，到 1688 年还只有 600 人。逃到荷兰的法国胡格诺教徒有一部分由公司遣送到开普殖民地（1689 年）。这批法国人有高度的文化和娴熟的工艺技术，他们的到来对开普殖民地的发展有一定的影响；但是经过不到两代的时间这些法国移民就失去自己原来的语言，为荷兰人所同化了。

---

① 基维特《南非史》1950 年英文版第 24 页。

到 1795 年，开普殖民地的欧洲居民约有 1 万 6 千—2 万人，其中约三分之一住在开普敦附近，其他则分布在从非洲人手中夺来的内陆广大土地上。这些欧洲人的后裔被称为"布尔人"，这个词的原意是指农人，用以区别于公司的雇员。到 18 世纪中，绝大部分布尔人已转化为脱离农业而专事侵占非洲人土地主要经营牧业的牧民。

殖民地自始受东印度公司的严格管理，由公司任命总督，他须听命于驻在巴达维亚（今雅加达）的总部。1657 年，公司退职雇员九人各从公司取得 13⅓ 摩尔根 ① 土地，为开普殖民地有布尔农场主之始。移民的土地最初是通过公司取得的，他们须向公司缴纳租税，受公司的种种限制。公司的目的只是为了建立一个能以新鲜食品供应过往船只的中途站，为了垄断与非洲人进行的牲畜贸易牟取厚利，它自始就力图把非洲人与欧洲人隔离起来，所以严禁移民深入内地。同时，为了保全自己的垄断利益，公司还限制移民种植某些作物（如烟叶），禁止他们与非洲人贸易。公司的专横和自谋私利一再引起移民的抗议，甚至武装反抗。有的西方史学家认为这一矛盾是促使布尔人侵入内地的原因，其实并非如此。欧洲移民利用了自己的武装优势，利用了非洲人的纯朴好客、缺乏组织，自始就在侵夺科伊人的牲畜与土地。为了便于管理，公司当局企图把移民限制在殖民地"边界"以内。但是它也把武器发给移民以对付非洲人，又从爪哇运来大量马匹，这就大大地便利了移民向内地扩张和大批侵占非洲人的土地。17 世纪末曾任开普总督的范·德·斯坦尔讲到布尔移民的贪婪时说，"就是整个非洲也不足以容纳他们和满足他们" ②，而他本人就曾利用职权的便利取得 400 摩尔根的土地，成为当时最大的农场主、牧主与奴隶主。布尔移民掌握着枪械、车辆与马匹三样装备，他们就具有在内陆随意迁徙、侵略和运输产品等有利条件。在布尔人的面前，南非高原既无大河、森林和热带病的阻碍，又有掠夺象牙、牲畜和土地的巨大诱惑。按荷兰东印度公司法律，移民非得公司允许是不得占领土地的，但实际上，公司的禁令、划界及其与非洲人部落所订的条约都是一纸空文，均不能约束布尔人。住在"边区"的布尔人，更有极大的行动自由，甚至不受法律的约束。布尔殖民者的掠夺土地和冒险性格主要是在 18 世纪中形成的。1707 年，公司为了降低肉价，实际上采取了鼓励布尔人进入内地占地养羊

---

① 1 摩尔根（Morgen）= 0.855 公顷 = 2.12 英亩。

② 《英帝国史》1963 年英文版第 8 卷第 135 页。

的措施，它不再发给土地领有证而代以"租借农场制"。任何欧洲租地人只要付了租金，就可以取得对土地的所有权，并可以将土地出让。移民所付的租金是微乎其微的，据基维特说，只要付出 5 英镑就可以取得 6 千英亩的土地，有时甚至可达 1 万英亩。[①] 从此，越来越多的布尔人涌入内地，占地养羊，建立大牧场。他们愈是深入内地，便愈可不遵守公司的租税规定；掠到的土地不登记，也不付租金。他们的后代可以不从事任何职业，而只是掠取土地，占有科伊人劳动力，建立大牧场。6,000 英亩土地成了布尔人自认为生而具有的"权利"。18 世纪的布尔人已经不再是名副其实的农民，他们的"农场"往往主要不是从事农业生产，而是饲养牛羊。他们缺乏资本和劳动力，虽然剥削黑人和马来人奴隶劳动，但是不能像在美洲移民那样建立起大规模的资本主义的奴隶制农业经济，不可能生产大宗出口农产品如甘蔗、棉花、烟草等。他们所夺来的土地只是用来建立大牧场实行粗放的放牧。他们也不是好牧场主，管理牧场的水平很低，劳动生产率低下，不能生产大量的优质羊毛和提高牧场载畜量。布尔人深入内陆抢占非洲人大片土地，由于交通不便，僻居内地与外界接触较少，周围是人口众多的班图人，布尔人居少数地位，他们又坚持对广大非洲人的压迫和剥削。这种特定的阶级环境使布尔人极端轻视和仇视非洲人，具有非常强烈的白人种族主义思想。布尔农场主的土地的扩大是靠掠夺非洲人的土地，他们自己不参加体力劳动，完全靠剥削非洲人劳动力，所以随着布尔人的殖民土地扩张，更多非洲人遭受奴役，南非社会中的民族矛盾和阶级矛盾也就愈益尖锐。

开普殖民地是用当地非洲人和外来奴隶的血汗灌溉的。被剥夺了土地而仍留在开普殖民地的科伊人，遭受布尔地主的无情奴役，地位相当于奴隶。民族的苦难极其深重。然而科伊人劳动力还远不能满足布尔人剥削的需要，只有从南非本土以外输入大量奴隶。1658 年以前，输入的奴隶为数不多，从 1658 年起开始有组织的输入。英、法诸国的船只在开普敦停舶的时候，往往用安哥拉或莫桑比克等地的奴隶同荷兰人交换食物。一般估计在 1795 年时，奴隶已达 18,000 人，超过殖民者人数。[②] 在英人正式接管这个殖民地时（19 世纪初）奴隶人数进一步增加，可能达 30,000 人，已远远超过欧洲人的数目。南非的奴隶多半来自马达加斯加岛和莫桑比克；后来由于法国奴隶贩子在马达加斯加岛的竞争，来

---

① 基维特《南非史》第 16 页。

② 1795 年开普殖民地自由民人数为 1 万 5 千人。

自东非的奴隶便越来越多。奴隶贩卖也是荷兰人在东方的主要"业务"。南非的奴隶还有很多来自亚洲,主要来自马来群岛,这些亚洲奴隶具有较高的手工艺技术。南非的手工艺劳动,特别是建筑业的水泥作和木作,基本上是由马来奴隶担负的。输入的奴隶,除公司当局留用者外,都卖给移民。城市中的奴隶多半用于搬运、操持家务及其他手工艺劳动。在农村中,因为不曾采用资本主义的经营方式,外来奴隶和被奴役的科伊人就要在大片土地上担负着耕种园田和放牧牲畜以及各种各样的生产与家务劳动。他们劳动量大,生活待遇极差。白人移民越来越少参加劳动,以至完全不参加体力劳动。这样就使在当时以农场主为主的布尔人逐渐形成轻视劳动的社会心理,成为一个靠剥削为生的反动的地主阶级。

非洲人的反荷斗争和英国夺取开普殖民地

在荷兰人占领的150余年中,开普殖民地由开普敦一隅之地扩张到几十万平方公里的广大地区。自西岸伯费尔斯河口沿海岸南下,往东直到大鱼河口,几乎包括今开普省的整个西南部。北部一直到达奥兰治河(1779年),东北则深入大鱼河的上游。南非人民对欧洲人的殖民侵略进行了长期的抵抗。最落后的从事狩猎的萨恩人虽然不能进行有组织的反抗,但是零星的斗争也是始终不曾停止过。科伊人原是南非西南沿岸的主人,是优秀的牧人。早在1510年,葡萄牙的第一任印度总督阿尔美达载着掠夺东方的财宝回返葡萄牙时,曾在今开普敦以北上岸进行骚扰。他和65名官兵全部为科伊人所歼灭。这一重创使欧洲人侵入南非延迟了140余年。科伊人自始就不断反抗荷兰殖民者的劫掠,1659—1660年间,他们进行了第一次有组织的反荷战争。荷人不遵守和约,继续侵蚀土地,科伊人又在冈内玛酋长的领导下,进行了为期7年的反荷斗争(1670—1677年)。这是科伊人最后一次有组织的较大规模的抵抗,这次他们抵抗得十分顽强,终于迫使荷兰殖民者不得不改用以欺骗性交易为主的手法来夺取土地。荷兰殖民者带来的烈性酒和天花,使科伊人遭到毁灭性的打击。1713年的天花几乎使科伊人死去一半。接着又是1714年的畜瘟。这样接连不断的打击迫使一部分科伊人北移到今天的西南非(纳米比亚)南部。留在南非的许多科伊人部落瓦解了。失去自己部落组织的科伊人散处在开普殖民地境内,遭受布尔人的奴役;在18世纪末为数仅剩15,000人。

布尔人进一步向东扩张时,遭到了被称为"卡弗尔人"的科萨人的有力反击。在 18 世纪中叶以前，属于班图族恩戈尼南支的科萨人早已越过大鱼河；1775 年荷兰东印度公司却蛮横宣布以河为分界线，要把他们赶过河去。科萨人不像科伊人那样部落组织松懈，他们有强固的部落组织，拥有抗击欧洲人的持久的战斗力量。他们与欧洲侵入者进行了为期一百年的"卡弗尔战争"① （1779—1877 年）。史学家一般把"卡弗尔战争"分为 9 次（亦有人分作 8 次）。头两次是发生在荷兰人占领时期（1779 年，1789 年）。第二次战争正值荷兰东印度公司力量已趋衰弱，公司被迫缔和，同意科萨人住在大鱼河以西的楚尔费尔德地带。由于科萨人英勇反抗，阻遏了布尔人的东向扩张，使布尔人在近 40 年时间内未能越过大鱼河，被迫转向北部扩张。当英国人第一次占领开普殖民地时，发生了第三次"卡弗尔战争"（1799 年）；科萨人在阿尔戈阿湾沿岸击败了英国人，并得到科伊人的支持而袭击了开普殖民地。在英国人正式接管开普殖民地以前（1815 年），科萨人始终能够捍卫他们在大鱼河以西的土地。

由于公司坚持其固有的殖民制度，垄断牲畜贸易，公司和移民间的矛盾始终存在。到了 18 世纪末，矛盾更加尖锐。荷兰海上势力衰落以后，东印度公司也随着衰落。它所统治的开普殖民地，本身除牲畜以外无大宗出口货物，而殖民政府开支又大，职员贪污，债台高筑，濒于破产（1794 年）。1792 年，它的"租让农场"全部租金只能收到 25%，殖民政府的财政极端拮据，力量有限，已不能有效地控制内地的布尔移民。第二次"卡弗尔战争"失败后签订的和约限制布尔人向东侵蚀土地，更引起移民对殖民政府的不满。1795 年初，殖民地东部地区的布尔人先后举事，企图摆脱公司的统治。正在这个时候，英国人侵入南非。在法国资产阶级革命爆发后，英国企图占有这个东通印度的重要据点，以扼大西洋和印度洋的航线。1795 年，法军侵入荷兰，英军则乘机占领开普殖民地；英法签订亚眠和约后，英军才退出（1803 年）。英法战争再起以后，英军再度占领开普殖民地（1806 年）。1814—1815 年的和约，迫使荷兰把它经营了150 余年的殖民地永远让予英国。一般著作都说荷兰从英国得到 6,000,000 英镑的补偿，事实上英国并不是仅为取得开普殖民地而付给荷兰这样一笔巨款，② 其中还包括让给英国的荷兰在美洲、亚洲的殖民地。

---

① 荷兰人一般把班图人特别是科萨人称为"卡弗尔"。卡弗尔出自阿拉伯语，原意为异教徒。
② 《英帝国史》第 8 卷第 211—213 页。

第三节 1815—1876 年的南非

英国在开普殖民地的统治和英布矛盾

在英国接管以后，开普殖民地不再只是去东方航线的一个中途补给站，而成为英帝国的重要军事基地，一个听命于伦敦殖民部的殖民地。英国在这里设置了总督，推行旨在为宗主国服务的殖民措施，于是产生了英国人和布尔人之间日益尖锐的矛盾。

英国殖民统治机构巡回法庭的设置（1811 年）和地方行政官的任命（1819 年），迫使布尔人受制于英国的司法权和行政权。英国人的大量移民（1820 年），更使他们忐忑不安。当时英国出现了产业革命后的失业现象，加上对法战争结束后的复员和谷物令（1815 年）造成的粮价高涨，使国内登记自愿移居南非的人达 9 万名之多。英国政府只接受 5,000 人，把他们安置在从科萨人手中夺来的东部土地（楚尔费尔德地区）上；每人给予土地 100 英亩，借此充实东部边界的军事力量，以便镇压科萨人。移民所占的土地是雨量充沛的好地。但这批移民原本大半是工匠而非农民，不谙农事，在接连两年歉收以后，很多人不久就离开了农村而涌入城市。英国移民的到来使开普殖民地日益英国化，接着英国又宣布以英语为通行于政府与学校的官方语言（1826 年）。这些都引起布尔人的不满。英国殖民当局在开普殖民地实行的许多经济措施，如币制改革等，尤激起布尔人的愤恨。开普殖民地的币制原是很紊乱的。印度、西班牙及其殖民地、英国、荷兰和威尼斯的货币同时在市面上流通，最通行的是一种称为里克斯达勒的纸币，流通量太多，日益贬值，排挤了硬币，影响了政府的收入和商业的发展。1825 年的币制改革，规定按最低值将其折换英币，这就使许多布尔人受到经济损失。

在奴役科伊人和使用奴隶上，布尔人也受到英国当局的某些限制。如规定科伊人仆役可以上法庭控告其主人的虐待行为等。布尔人对这种表面上"权利平等"的规定极为反感。科伊人与黑人，欧洲人和亚洲人血统的混合而产生了所谓"混血人"。他们与科伊人一样，不是奴隶，但是他们受制于他们的欧洲雇主，地位等于奴隶。英国颁布的条令中，有一些规定很有利于布尔人对科伊人的奴役，如英国总督颁布的 1809 年法令，借口保护科伊人的权利，不许科伊人和"混血人"自由迁移，实际上开了南非"通行证制度"的先例。这个法令规定他们必须住在一定的地区，与主人订立为期一年的契约；倘若迁移，则须得到当地官吏的许可证，即"通行证"，否则将被视为"无业游民"，遭受逮捕并服苦役。这样一种奴役非洲人的措施，事实上是把科伊人和混血人的劳动力固定在布尔人农场中，听任其采取任何形式的剥削，并不利于初来的英国移民。后来，英国传教士如约翰·菲利普等对此猛烈抨击，要求予以废止，以便于扩大英国商品的市场和劳动力的来源以及基督教在非洲人中间的影响。此外随着英国殖民统治的建立而渗入南非的英国教会大大活跃起来，使信奉加尔文教派的布尔人大为不安。19世纪20年代后，英国的废止奴隶贸易运动已进入它的最后阶段，以菲利普为代表的一些传教士受了废奴运动的影响，呼吁取消对科伊人和混血人的压迫，于是有1828年的"五十号法令"。这个法令宣布"流浪"并不是犯罪，混血人不再需要通行证而可以自由就业。这个法令的根本目的只是为英国在开普殖民地的资本主义经营提供自由雇佣劳动力。但它触犯了布尔农场主的利益，因为布尔人农场的劳动力大半是由被通行证法所束缚的科伊人和混血人担任。接着英国又在开普殖民地废除奴隶制度（1834年）。布尔奴隶主虽然在金钱上得到补偿，但是丧失了奴役非洲人的特权。

英国殖民当局的这些措施扩大了英、布之间的矛盾，是促使布尔人"大迁徙"的一个因素，然而这些还不是最主要的因素。废止奴隶制也不是起决定性的因素，因为殖民地的西部奴隶较多，而向北大迁徙的却是东部边区的布尔人，而且他们在迁徙时并未带走很多奴隶。

促使布尔人大迁徙的根本的原因是英国的统治使他们再不能为所欲为地侵占土地。英国人的领土野心远甚于荷兰人，但是他们为了要巩固殖民地的统治，强调要划定边界，稳定以后再继续扩大。经营粗放畜牧业的布尔人最不愿受边界的限制，因为这使他们不能任意占领大片土地。而且由于英国在土地政策上的新规定，此后从非洲人手中夺得的土地，必须通过拍卖的手续，按年缴付地价，并要经过丈量，才能归私人经营。布尔人担心他们在18世纪中所夺得的土地，也要受到新的限制。殖民当局认为旧"租借农场制"所造成的混乱局面必须整理，土地必须大量登记，其目的一方面固然在于树立行政权的威信和在法律上确定所有权，另一方面也为了按地价征税来保证政府的财政收入。1813年公布了整理地权的法令，把这类地产一律改称为"租地"，租金数额依地而不同。这等于是征收直接税，因而遭到了布尔人的反对。这项规定在实行时进展很慢，效果很小；然而在法律上布尔人的产权则受到了威胁。布尔人更垂涎边界以外的更好的土地；他们企图摆脱英国人的束缚，不受任何限制而可以在任何地方任意掠夺土地。在以上诸方面因素作用之下，布尔人认为摆脱英国的束缚的最好办法就是离开开普殖民地，于是进行了所谓"大迁徙"。事实上，大迁徙就是他们在 18 世纪的殖民土地扩张的继续。

布尔人的大迁徙和南非的经济发展

布尔人的大迁徙不是一次完成的，它持续了若干年，到 1840 年基本上告一段落，但也并未完全终止，1843 年以后又继续一段时间。它们一股一股地从开普殖民地东部边区出发，越过奥兰治河上游和德拉肯斯堡山脉，向东和东北方向多雨而肥沃的地带进发。每股人数不等，在 1836—1837 年间大迁徙进入高潮，先后离开开普殖民地的布尔人达 10,000 人以上[1]。他们把所能带走的动产和老弱妇孺都载在牛拉的大篷车上，男子步行，或骑马走在前面。他们要迁徙到新的，不属于他们的非洲人的土地上去。虽然迁徙的布尔人偶尔也用购买或缔约等欺骗方式从非洲人酋长手中得到土地，但主要是凭着枪、马、车三件优势装备以武力去掠夺土地。最初出发时都是些零星小股，继而在渡过奥兰治河以后汇成若干大股。各大股的布尔人首领们曾在温堡开会（1837 年），企图统一起来，但是彼此间的矛盾使他们未能采取一致的行动，仍然各自选择不同的方向各奔前程。大致说来可分两大支。继续北进的一支在击败马塔贝莱人（1837 年）后，越过瓦尔河，把马塔贝莱人赶过林波波河（1838 年），占领了两河之间的广大地区，即今德兰士瓦。另外的一支则折向东南，越过德拉肯斯堡山脉而进入纳塔尔；他们打败了纳塔尔的祖鲁人，建立了纳塔尔共和国（1839 年）。

大迁徙就是掠夺土地，同时也是一个侵略性的远征。他们所到之处占领大片土地，奴役当地非洲人，甚至把大批班图人儿童抢来当奴隶。非洲人对于他们的侵略进行了顽强的反抗，有时整股地消灭布尔人。但布尔人凭借其拥有火器、马匹等的优越条件，打败非洲人的抵抗，强占大片新土地，奴役非洲人。英国人对于布尔人的迁徙并不是熟视无睹的。殖民政府最初想劝阻他们。在大迁徙的最初几年中，殖民当局的政策是摇摆不定的。1836 年它宣布南纬 25°[2]以南的布尔人仍然是英帝国的臣民，这就是说，它不容许已夺得非洲人大量土地的布尔人脱离英帝国的管辖。但是一开始它还不曾用武力干涉。直到布尔人

---

① 有的史学家估计为 14,000 人。参见费奇《非洲通史》1978 年英文版第 353 页。

② 这条线已划到瓦尔河以北，今德兰士瓦省的北部。

在纳塔尔建立共和国以后，英国才采取武力干涉政策。如上所述，20年代英国人就已渗入纳塔尔。这是一个宜于农作、煤产丰富的地区，又有良港便于东通印度；英国决不让布尔人在这里建立一个拥有出海口的国家。英国人借口非洲人请求保护，以武力为后盾宣布兼并纳塔尔（1843年），接着又把它并入英国的开普殖民地（1844年）。布尔人离开纳塔尔，重越德拉肯斯堡山，再度北迁。英国人在阻止布尔人向东扩张以后，又企图夺取奥兰治河以北之地，它宣布英国在这一带拥有"主权"，直达瓦尔河边界（1848年）。布尔人对此进行了抗争，于是发生了最早的英布武装冲突。战败的布尔人一部分北迁，但是另一部分继续盘踞在奥兰治河与瓦尔河之间的河间地带。英国人还企图进一步兼并德兰士瓦。虽然布尔人在德兰士瓦的统治是不稳定的，内部分崩离析，但是他们坚决对抗英国的兼并。这里离开普敦已经十分遥远（最近的距离也有750英里），交通运输不便，英国不可能调动大量的兵力来对付布尔人。当时发生的"卡弗尔战争"（1850—1853年）和巴苏陀战争又使英国的兵力受到很大的牵制。在这种情况下才迫使英国政府不得不于1852年承认德兰士瓦共和国（1856年又称南非共和国）的独立，并且不能不承认另一个布尔人建立的国家奥兰治自由邦的独立（1854年）。

布尔人的大迁徙是南非史上重要的一页，也是非洲近代史中的重大事件。它的影响是非常深远的。在短短的十几年中，布尔人深入广大的南非内地，为后来帝国主义的侵略瓜分开辟了道路。紧跟着布尔人后面的是英国人。英布矛盾虽然尖锐，但在侵略非洲人这一点上，他们是一致的。人口占少数的布尔人之所以能够到处迁徙，夺占非洲人土地，主要是由于他们拥有强大的殖民暴力——先进的武器，这些枪支弹药是通过开普殖民地得到补充的。英国人实际上利用了布尔人的侵略来实现其扩张政策，纳塔尔之合并就是一个例子。英国人虽然迫于形势承认了两个布尔人共和国的独立，但这只是暂时的。布尔人是贪得无厌的土地追求者，整个大迁徙活动是一次掠夺土地的殖民远征。布尔人大迁徙时的组织及其所制定的法律都是以掠夺和占有土地为目标的。布尔人共和国的国家职能也是首先旨在保护其成员的地产权。在对付非洲人的抵抗时，他们往往得到英国人各种形式的支援。布尔人的迁徙扩张使非洲人的许多部落组织遭到瓦解，大片土地被侵占。但由于非洲人的顽强抵抗，布尔人并不能把非洲人赶出南非，或像在北美清除印第安人那样"清除"班图人。布尔人不能不生活在人数比他们多得多的非洲人中间，非洲人永远是南非土地的真正主人。"大迁徙运动"决不能理解为"革命"①，也不能强调它是对英国殖民压迫的抗议。②布尔人农场主与美国独立时的资产阶级不同，布尔人社会并不具备资产阶级革命的任何条件；他们此时也没有经营任何资本主义自由企业，他们的经济基本上是奴隶占有制和农奴制的经济。布尔人对非洲人的压迫和剥削，引起他们与非洲人的斗争，这种斗争愈激烈，他们就变得愈残暴，愈偏狭；他们愈深入内地，愈少与外界接触，就变得愈顽固，愈保守，他们的文化也非常落后。布尔人逐渐变成了不劳而获的地主阶级，许多失去土地的非洲人成为布尔人地主的雇农或佃农。

英国占领开普殖民地以后，殖民地的经济发展仍然是很缓慢的。南非的出口物不多，购买力不高。尽管德兰士瓦的投资利息一直不低于12%，开普政府借款的利息不低于6%，但贫穷、分裂与战争仍使欧洲资本家不愿在这里投资。进出口税是殖民政府的主要收入。1856年，纳塔尔脱离开普而成为一个单独的殖民地，于是两殖民地在进出口税收上也发生了矛盾。羊毛出口在1869年时，虽值170万镑，但比起澳大利亚来，仍是一个比较小的数字。到50年代纳塔尔开始种植甘蔗，需要更多的劳动力。因为当地非洲人不愿受欧洲人剥削到种植园出卖劳动力，欧洲农场主便从印度输入大批劳动力（1860年、1866年、1874年）。印度人携眷而来，合同期满后仍然留在纳塔尔，有人购置了土地，有人改营小商贩，于是产生了南非"印度人问题"。③在19世纪70年代以前，对于欧洲人来说，南非不是一个很有诱惑力的地方，所以在1820—1860年间，平均每年移入的欧洲人只有750人。前面提到的1820年的一次移民，是英国移民最多的几次之一。开普殖民政府是由总督专断统治，1854年宪法才设立了由欧洲人垄断席位的两院制议会，而总督仍具有解散议会和否决法令的权利。从经济和政治上看，英国的南非殖民地是落后的。可是，1867年在奥兰治西部发现了钻

---

① 布尔人史学家（阿非里卡人史学家）总是把南非布尔殖民者反对英国的行动说成是"革命"，他们甚至把1795年格拉夫赖内特边区和斯韦伦丹区成立"共和国"也都说成是"革命"。他们把"大迁徙"说成是形成布尔人"民族意识"的重要因素。科里在《南非的兴起》一书中也把"大迁徙"说成是布尔人的"伟大的民族自我退出"（第259页）。

② 见西克·安德烈《黑非洲史》英文版第1卷第3编第4章。

③ 到19世纪末，印度人在南非，主要在纳塔尔已有十几万人，大多是种植园里的契约劳工，还有一些矿工、手工业者和商人。他们受到残酷剥削，被视为"有色人种"而受到种族歧视的侮辱和各种无理限制。所谓"印度人问题"就是印度人遭受歧视的问题。

石矿，接着又在德兰士瓦发现了金矿以后，情况就顿然变化了。钻石矿发现以后不久，奥兰治境内就出现了一座拥有 5 万人口的新城市金伯利（1871 年），欧洲移民纷至沓来，南非的欧洲人口迅速增加到近 30 万人。随着钻石矿和金矿的发现而像雨后春笋般出现的采矿工业，逐渐使南非转化为工业社会。商业贸易公司也在南非活跃起来。欧洲资本潮水般涌入，利息降低到 4%。苏伊士运河的通航也没有严重打击南非在世界航运上的地位。1870 年通过南非港口的船舶数比以前只减少 10%。钻石矿原在奥兰治境内，英国人却硬从奥兰治自由邦（实际上是非洲格里夸人住地）那里夺过来（1871 年），而最后付以 90,000 英镑的补偿（1876 年）。南非矿业经济的迅速繁荣使南非在财政上可以自给，开普殖民地的欧洲人取得了自治的权利（1872 年）。开普设置了对议会负责的内阁总理，后来帝国主义分子罗得斯就是利用这一职位来进行侵略活动的。

欧洲殖民者在南非的侵略战争和南非人民的反侵略斗争

英国人在南非的殖民侵略与荷兰人不同，他们不仅使用暴力，还使用传教（荷兰人基本上不向非洲人传教①）、离间等欺骗手段，麻醉非洲人的思想，挑拨非洲人的内部矛盾。英国是发达的资本主义国家，武力强大，可从帝国各处调来正规军。荷兰人武力主要靠当地的民团。此外，英国人还有更丰富的殖民统治经验。在这一时期中，一方面是英国人单独对科萨人进行了 6 次"卡弗尔战争"，另一方面是布尔人通过"大迁徙"而对班图各族人进行侵略战争。

科萨人与欧洲人进行的 9 次"卡弗尔战争"，有 6 次是和英国人打的（1799—1879 年）。英国人从大鱼河东向侵略是荷兰殖民者侵略扩张的继续。英国人首先把 20,000 科萨人赶过了大鱼河（1812 年）。此后，殖民政府屡次划界，但"边界"形同虚设，根本不能阻止殖民者的东向扩张。英国殖民侵略者屡次借口科萨人扰乱边界与"盗窃"牲畜而发动战争，把边界不断向东推移，又往往利用科萨人的内部分裂得到争执一方的支持而赢得胜利。可是在危急的时期，科萨人中有时也出现了能够团结内部的"先知"。第五次战争（1818—1819 年）中的马卡纳，就是这样一个人物。他团结了大部分的科萨人给予英国人重大的打

---

① 荷兰殖民者大多是加尔文教派信徒。加尔文教义中的宿命论观点被布尔人解释为，他们自己是上帝的选民而非洲人的命运注定是当奴隶和仆人。布尔人正是站在这样反动立场上而不向他们认为的"劣等民族"传教。

击，一度进攻格雷厄姆斯敦城，进入开普殖民地，但是毕竟敌不过拥有近代武器的英国军队，被迫退却，遂使边界东移到凯斯卡马河并丧失几万头牲畜。在第六次战争（1834—1835 年）中，马科莫酋长率领 12,000 名失去土地的科萨人，进入被英国占领的土地上，英国讨伐军把他们赶过凯斯卡马河，大肆蹂躏科萨人土地，焚毁庄稼和村寨，兼并了大凯斯河和凯斯卡马河之间的大片土地，并索取 5 万头牲口作为"赔偿"。英国人又把边界推到了大凯斯河。殖民政府把凯斯卡马河与大凯斯河之间的土地交给欧洲人使用，科萨人进行拼死抵抗。开普政府的横暴措施也遭到英国国内人民的反对，殖民政府不得不暂时退出这块土地。第 8 次战争（1850—1853 年）是规模最大的一次。除科萨人外，班图人的其他各族连同为英国服役的"卡弗尔警察"（科伊人组成）也参加了斗争；就是一贯被英国人利用来打击科萨人的某些部落人（如顿布人）也参加进来，形成了南非各族非洲人的共同反英斗争。当时，正是英国企图将其"主权"扩张到布尔人的德兰士瓦共和国的时候，英国军队又同时在侵略巴苏陀，因而兵力分散，无力兼顾。非洲人愈战愈强，战争扩展到从大凯河到大鱼河以西的广大地区。英国殖民政府只是在承认德兰士瓦的独立和侵略巴苏陀的战争失败以后，才重新集结 10 营以上的正规军，并从布尔人中招募几个民团，投入这场战争；最后还是由于利用了非洲人的内部矛盾才取得胜利。战争结束后，边界又进一步东移到巴什河。后来英国把参加克里米亚战役的"德意志军团"复员到这片土地上去定居。一再受到挫败的科萨人转而乞助于祖先的精灵和巫术。1857 年，"先知"姆拉卡扎宣称，根据祖先神灵的指示：科萨人应当把所有的牲畜和谷物毁掉；毁坏这些东西以后，地面上就会长出丰富的谷物和出现大量的牲畜，同时会有暴风雨把所有白人赶下海去。科萨人不幸遵从了这个指示，毁坏了牲畜和谷物，当然，所期待的奇迹不曾发生，这就给自己造成了毁灭性的灾难。科萨人为这种蒙昧行动付出惨重的代价：死于饥饿者估计在 25,000 人以上，逃散而被迫就雇于白人的数以万计。这是一场绝望的斗争，是对科萨人一次致命的打击。逃散的科萨人回来以后，发现他们的土地已为欧洲人所侵占。1860 年移入卡弗拉里亚的欧洲移民有 6,000 人，科萨人变成了他们雇佣廉价劳动力的对象。即使遭受了这样的沉重的民族灾难，在元气稍经恢复以后，富有生命力的科萨人为了保卫自己的土地和自由权利又进行了最后一次（第 9 次）反英战争（1877—1879 年）。战争失败以后，殖民政府解除了他们的武装（1879 年）。从此才结束了他们坚持了一百多年的抗击殖民主义的武装斗争。此后，科萨人继续使用其他方式进行抗英斗争。科萨人的反殖民主义斗争在南非史上是可歌可泣，充满了悲壮色彩的。

"大迁徙"是布尔人对非洲人的侵略战争，英国人扮演了伙同打劫的角色。1850—1853年的第八次卡弗尔战争促使英国于1854年承认布尔人德兰士瓦共和国的独立，在这次战争中英国人召募了布尔人民团，这最足以说明英布矛盾有时是可以妥协的，而欧洲殖民者和非洲人的斗争却是你死我活的斗争。英国人对非洲的侵略便利了布尔人的扩张，布尔人的扩张也为英国殖民主义的侵略活动扫清了道路。正是在这种互相勾结的情况之下，欧洲殖民者才能迅速地打败了非洲人。非洲人、布尔人和英国人这三方面的交织关系不仅表现在"大迁徙"时期，并且贯穿着此后的整个南非历史。1837年底，布尔人进展到今德兰士瓦西部的马里科河流域，遭到姆齐利卡齐所率领的马塔贝莱人的顽强抵抗，经过了为期9天的战斗以后马塔贝莱人被迫北迁。贝专纳人原是遭受马塔贝莱人压迫的，布尔人利用这一矛盾而骗得贝专纳人的巴罗隆部落的支持，从而把马塔贝莱人赶过林波波河。接着布尔人又轻而易举地征服了境内的贝专纳人。1855年，德兰士瓦共和国的布尔人进攻业已北迁的马塔贝莱人，为姆齐利卡齐所败。

恰卡的继承人丁刚（1828—1840年）早就听到布尔人侵夺土地的暴行，也知道他们已经打败了马塔贝莱人，因此，一听到他们侵入纳塔尔，他就认识到必须及时消灭他们。以雷提夫为首的一支布尔人，进入纳塔尔境内，企图通过与丁刚订约来夺取祖鲁人土地。丁刚趁订约的机会，把雷提夫及其所带来的70余人全部歼灭，并派兵袭击业已侵入纳塔尔的布尔人（1838年2月）。盘踞在纳塔尔沿岸的英国人起而支援布尔人，布尔人的迁徙队伍也从各方赶来支援，但都先后为丁刚所败。1838年4月间，丁刚的力量已进展到纳塔尔沿岸，于是开普敦的英国总督就赶忙派兵支援布尔人。可是，由比勒陀利乌斯所统率的布尔人援军比英军更早到达。这支布尔军的人数只有500多人，但装备很好，有小炮，火力猛，既可利用牛车来掩护，又有骑兵相配合。12月16日在因科马河发生了"血河之战"，在敌人的优势火力下，祖鲁人奋不顾身反复冲锋，死了3,000人，把因科马河水都染红了。祖鲁人丧失了图盖拉河以南的土地。祖鲁人新建不久的国家组织不很巩固，经过这次战败以后，又出现了分裂。布尔人利用这种分裂，勾结反丁刚的力量。1840年，丁刚的异母兄弟姆潘达率5,000人叛离丁刚，与布尔人勾结，最后击败了丁刚。布尔人承认姆潘达为祖鲁王。布尔人又从姆潘达手中得到图盖拉河以北到黑乌姆福洛齐河之间的大片土地。英国兼并纳塔尔后（1843 年），祖鲁人只保有今祖鲁兰狭小地区。但是姆潘达之子开芝瓦约（1870—1884 年在位）不甘屈服于欧洲殖民者，他继续恰卡的事业，加强军事力量，力图恢复失地。他说："我不会同意来自纳塔尔的任何法律"，[①]后来，1879 年他领导着祖鲁人与英国进行了最后的决战。

自 1840 年以后，布尔人不断从奥兰治侵略巴苏陀国家，企图占领巴苏陀兰北部卡勒登河流域的肥沃地区。遭到巴苏陀人的英勇抗击。布尔人企图深入莫谢希的山区要地，屡遭失败。巴苏陀人实行坚壁清野，歼灭入侵的布尔人。英国为了争取同布尔人合作，以便保持其对奥兰治的"主权"，讨好布尔人，企图用武力压迫巴苏陀人接受其所划定的界线，把巴苏陀人土地交给布尔人。巴苏陀国王莫谢希领导全国人民抗击布、英侵略军。1852 年，英军 2,500 人侵入巴苏陀兰，在伯列亚被巴苏陀人打得大败，被迫撤出巴苏陀兰。这场战争增强了莫谢希国王抗敌的信心。英国承认奥兰治的独立以后，布尔人一再侵入巴苏陀兰（1858 年、1865 年）。奥兰治的布尔人人数少，经济又有困难，原不是巴苏陀人的对手；但是它联合了德兰士瓦布尔人进行夹攻，迫使莫谢希不得不求助于开普敦政府。英国人一再出面调停，其目的在于牺牲巴苏陀而使布尔人得到适当的满足。1866 年，为战争和饥荒所迫，莫谢希不得不接受灾难性的条约，割地三分之一（实际上占巴苏陀可耕地的一半）给奥兰治。这仍不能满足奥兰治布尔人的野心。布尔人的进一步侵略迫使巴苏陀去与英国订立 1868 年条约，从此巴苏陀兰沦为英国的保护国。

在南非西方殖民列强疯狂掠夺非洲人的土地。非洲人为了保卫自己土地进行了英勇的反侵略战争。班图人虽然武器装备低劣，但是他们决不甘心屈服，因为土地关系到他们的生存。在英国合并纳塔尔时，纳塔尔的班图人至少在 10 万以上。[②]所有欧洲人的农场都是建立在班图人村寨的土地上面。班图人的土地日益减少，所剩之地又往往是水源不好的贫瘠之地。在南非，争水源就是争土地，为了保卫土地，班图人不惜一切手段来进行反侵略战争。正是由于班图人誓死抵抗，所以拥有优良装备的欧洲人也不敢同他们打硬仗，以免牺牲太大，旷日持久。19 世纪，英国人、布尔人在南非进行的侵略战争并不是正规战，而

---

① 《英帝国史》1963 年英文版第 8 卷第 473 页。

② 基维特《南非史》第 74 页。

是毁灭战，殖民军焚毁非洲人田间的庄稼和存储的谷物，杀害或赶走牲畜，迫使班图人陷于饥饿绝境而乞和。在缔结和约时，又压迫班图人"赔偿"大量的牲畜，赔偿数目大到使他们无法担负或维持再生产。英、布侵略者就是用这样的战术来打击和毁灭班图人。此外，他们也用欺骗性的条约和"法律"的裁决来掠夺土地，或者用枪械和烈性酒来交换土地。教会也是英国人掠夺土地的工具。通过这些手段劫夺来的土地，迅速转入欧洲地主手中。欧洲地主取得大片土地几乎不付出任何代价。他们虽然也向殖民当局缴纳赋税，但数额微不足道。1876 年以前，奥兰治每 100 摩尔根土地每年只纳税 2 先令。开普殖民地的情况也差不多。1812—1840 年间，开普殖民政府出让给移民的土地为 31,00 万英亩，移民缴付的地价只有 46,000 英镑；平均每 3,000 英亩土地仅值 5 英镑，每年只纳税 1.3 英镑。欧洲人主要在土地上搞地产投机。在英国兼并纳塔尔的头 12 年中，有 3,000,000 英亩以上的土地落入投机者手中。在布尔人的共和国中，拥有 10,000 英亩以上土地的地主并不是个别的。[①] 有许多欧洲大地主住在城市，成为"遥领地主"。

在殖民主义侵入以前，南非人的部落生活是稳定的：土地为部落公有，使用权属于个人，部落成员使用土地的权利得到了保证，生活有保障。土地是部落生活的基础，失去了土地，部落即濒于瓦解。欧洲殖民主义者到达后，非洲人的土地越来越少，必然加剧原有的部落战争。班图人在饥饿线上挣扎。这正是殖民主义者所期待的。他们起初妄想消灭班图人，继而又企图奴役班图人。与殖民主义者的预期相反，班图人是生命力极强的民族，他们在极其艰难的条件下坚持反殖民主义斗争，并使民族得以蕃衍生息。到 1871 年为止，南非欧洲移民以外的人口增加到 2,778,187 人[②]，几乎 10 倍于在当地的欧洲人。非洲人人口中有 90% 是班图人。班图人为本民族的生存进行了艰苦卓绝的斗争，使他们能够自立于世界民族之林。他们是南非土地的主人，始终维持着反击殖民主义的强大力量。

---

① 基维特《南非史》第 69—73 页。

② 包括印度人在内。比尔《非洲土著问题》第 11 页。

第十六章　南部非洲（下）

第一节　德国在南非的侵略活动

德国侵占西南非和西南非人民的反德斗争

　　早在德国统一以前，德国的传教士即已和英、荷的传教士一道侵入西南非[①]。他们的虚伪言行颇能迷惑非洲人，比较容易取得后者的信任与尊重。在1880—1883年间，俾斯麦曾一再询问英国是否负责保护德国在西南非的传教士和商人，不曾得到肯定的答复。1883—1885年欧洲外交形势对德国非常有利。德国在非洲展开一连串夺取殖民地的活动。德国不来梅商人吕德里茨在得到俾斯麦政府的支持以后，派人前往西南非，1883年4月到达安格拉·拔格纳港——今吕德里茨港；用2,000马克和200支旧枪，从当地酋长处购得附近地带，在那里竖起了德国国旗。此后德国人又分别与各酋长签订购地条约，向南扩张到奥兰治河；向北则扩张到南纬18°地带。这就使英、德两国在这一地区的矛盾日益尖锐起来。早在1878年，英国兼并了西南非的最好港口鲸湾，交开普殖民地管辖，1884年又正式将它划归开普殖民地。英国不曾占领西南非，但是已把统治这一地区视为自己的"合法权利"。只是因为德国已入侵西非，又联合法国对付英国，并且威胁着英国在埃及的统治，英国才不得不承认德国占有西南非，惟鲸湾一隅之地属英（1884年）。直到1890年，赫耳果兰条约才划定英、德殖民地的疆界[②]。

---

　　① 现称纳米比亚。

　　② 即英德条约，德国在东非殖民地问题上对英国作较大让步，而英国则将北海中英国所属的赫耳果兰岛给予德国。参阅第465页。

当时西南非各族人民的分布情况是这样的：南部住着纳马-科伊人①，中部为达马拉人，其北为赫雷罗人，最北为奥万博人。除纳马-科伊人外，其余都是班图人。他们彼此常有部落战争；赫雷罗人和纳马-科伊人更是长期以来彼此敌视的。德国在西南非的殖民统治大致和在东非一样，1907年以前是它的武力征服时期，这个时期又大致可分为两个阶段。1900年以前是第一阶段。当时殖民掠夺刚刚开始，德国人又能利用各部落间的矛盾，所以一般不曾爆发大规模的起义；只有纳马-科伊人首领亨德里克·维特布伊拒绝签订保护条约，于1894年进行几个月抗德战争。1893—1894年间，德国人迫使赫雷罗人和纳马-科伊人先后缔结了条约。1900年以后的第二阶段，起义几乎波及整个西南非，虽然仍有少数部落被德国人利用，但是多数部落都已参加反殖民主义的斗争。赫雷罗人和纳马-科伊人也顿时抛弃了他们之间的仇恨而一致抗德。德国移民到西南非洲的一天比一天多，他们掠夺土地，强迫非洲人服劳役，没收牲畜，使赫雷罗人丧失了一半以上牲畜，再加上商人的欺诈和高利贷，这一切已使西南非洲各族人民对德国殖民主义的侵略有了共同的认识。1903年年底，南部的瓦尔姆巴德附近的科伊族邦德尔人发动起义，规模虽然不大，但是吸住了当地德国军队的绝大部分，给1904年的普遍起义创造了条件。1904年，赫雷罗人和纳马-科伊人先后举事，规模逐渐扩大，使德国人陷于十分困难的境地。赫雷罗人杀死了100多个德国殖民者，但是他们并未杀害妇孺和传教士。起义人数约50,000，几乎包括赫雷罗人的各个部落，他们有枪6,000支，在萨谬尔·马赫雷罗的率领下，与德国人进行了正规阵地战。在头几个月赫雷罗起义者进展顺利，在几次突袭中打垮了德军。6月，德国援军已增加到6,000多人。主要的战役是8月12日在瓦特山附近进行的。他们被德军围困，马赫雷罗率众突围，逃入贝专纳；德军赶不上他们，但是他们中有不少人渴死在沙漠里。德国原打算"歼灭所有造反的部落"，德军司令冯·特罗塔叫嚣："赫雷罗人现在必须离开这个国家，如果他们不离开，我就要用大炮筒强迫他们离开。在德国边界以内，每一个赫雷罗人，不管带枪还是不带枪，都一律枪杀。我不收容妇女和儿童，我不是把他们赶回到他们的人那里，就是让人枪击他们。"在发生了无数令人发指的暴行以后，他们发

---

① 其中一部分科伊人是在荷兰人侵入开普殖民地以后迁往西南非的。

现这个目标无法实现，也了解到必须把非洲人作为劳动力留下来，[1] 但这时赫雷罗人口已从 80,000 人减少到 16,000 人了。于是德国利用传教士设立据点来收集逃亡的赫雷罗人，在软硬兼施的两手之下，才逐步将赫雷罗人的起义镇压下去。纳马 - 科伊人的领袖亨德里克·维特布伊在 1904 年 10 月再度领导反德战争时，已经是一个 80 岁的老人。然而他理解到为了非洲人的生存，必须进行反德战争。他知道不能与德国人打正规战，遂避免兵力过份集中，只同德国人进行无休止的游击战。他们熟悉地形，神出鬼没；德国人以为他们已逃到卡拉哈里沙漠去了，却又突然发现他们在基特曼斯胡普附近。维特布伊就是这样使德人疲于奔命，德国人对他的指挥作战能力也不得不予以很高的评价。他本人在一次突击中阵亡（1905 年 10 月）。但是其他人在酋长雅各布·莫林加领导下仍然在边界坚持战斗，德国人只是利用了英国人从开普和贝专纳兰的夹攻，才最后镇压他们的反抗。总计在 1904—1907 年的反德斗争中，赫雷罗人进行了 88 次战斗，纳马 - 科伊人进行了 295 次战斗，德国人死伤至少有 2,000 多人[2]，可能达 5,000 人以上，而所耗战费为 600,000,000 马克。[3] 非洲人的死亡，据德国人估计为 100,000 人，但是一般估计为 200,000 人，赫雷罗人死亡在一半以上。[4]

德国在西南非实行直接统治。最初由领有特许状的德国西南非殖民公司代管，继而由德国政府接管。1907 年以后，非洲人的武装斗争基本结束，德国的殖民政策有很大的改变，但军事统治的性质并未消失。原有的警察队改组为帝国防卫军，征调非洲人和白人移民服兵役。白人移民的数目到第一次世界大战爆发时，已有 15,000 人，他们在各地享有不同程度的自治权。起义失败以后，非洲人多半失掉了他们的土地，赫雷罗人几乎完全丧失了土地，而沦为雇佣劳动者。在德国移民中，农民约 1,600 人，他们原是些小农，在尚无灌溉系统的西南非洲，非有政府的资助难于发展。对外贸易额在逐年增加，但输入始终超过输出。一些德国公司在地产上搞投机，在采矿方面的成果也不大。当时虽已发现金、锡、铅、铁、铜等矿产，但正式开采的只有铜矿，产量还不多。1908 年在吕德里茨湾发现了钻石矿，这是一个不需要深掘的矿藏，第一年就生产了 40,000 克

---

① 《英帝国史》第 8 卷第 699 页。
② 《英帝国史》第 8 卷第 710 页。
③ 穆恩《帝国主义与世界政治》第 118 页。
④ 米德尔顿《对非洲的掠夺》第 276 页；伍德森《非洲的英雄和女英雄》英文版第 114 页。

拉①，到 1913 年已生产 4,690,000 克拉，值 7,000,000 英镑以上②。德国人在西南非建筑了 1,300 多英里铁路，今日西南非的铁路有三分之二以上是那时建筑的。大战前夕，德国政府每年用在津贴这个殖民地的经费平均为 250,000,000 马克，其中只有小部分是用在教育、传教、医药卫生和科学研究方面。③这显然是为以后更多地榨取非洲人创造条件，可是世界大战中断了他们的计划。

德国与英国在南非的殖民竞争

德、英在南非的矛盾不限于争夺西南非。早在 70 年代，德国就已觊觎南部非洲土地。1876 年吕德里茨等德国商人就向俾斯麦建议在布尔人共和国土地上建立德国殖民地。德国宣传机器鼓吹建立德意志南非帝国。90 年代初，德国沟通东西非计划与英国的开普—开罗计划的矛盾虽因赫耳果兰条约而告一段落，但德国并未放弃沟通东西非的野心。90 年代下半期英、德在南非的矛盾转移到争夺两个布尔人共和国的斗争上。在这一斗争中，德国不但可以利用英布间的矛盾，并且可以利用种族主义联合布尔人来建立所谓"条顿非洲"。④在 1883 年，德兰士瓦共和国官员克鲁格在游历欧洲时，带回了一批德国专家。德国的垄断资本已在布尔共和国进行了广泛的活动。1884 年德国与德兰士瓦签订商约，为德国资本的活动进一步开辟了道路。以克虏伯公司为首的工业垄断组织供应德兰士瓦的全部铁路设备，以德意志银行为首的德国各大银行在德兰士瓦投资，设立分支机构。德国还控制了布尔共和国的军火企业。1888 年德商获得在全境生产火药的权利，后来又进一步获得生产和销售甘油炸药的特权。1886—1896 年间，德国对德兰士瓦的出口贸易从 30 万英镑增加到 1,200 万英镑，10 年中增加了 40 倍。⑤

从赫耳果兰条约到英布战争爆发的 9 年（1890—1899 年）是英、德争夺布尔共和国最激烈的时期，以 1895 年年底的詹姆森事件为最高峰。德国利用英布关系紧张气氛，插手干涉。它佯装以武装力量支持德兰士瓦。德国军舰于 1895 年 1 月开到了德拉戈阿湾示威。德国向葡萄牙提出遇必要时假道莫桑比克的要求

① 《英帝国史》第 8 卷第 708 页。
② 弗兰克尔《非洲的资本投资》第 220 页。
③ 《英帝国史》第 8 卷第 709 页。
④ 布尔人的祖先多数来自荷兰，与德国人同属条顿人。
⑤ 苏斯曼诺维奇：《帝国主义对非洲的瓜分》，世界知识出版社 1962 年版第 103 页。

为葡萄牙所拒绝。德国宣称要召开国际会议的计划也无法实现。在英国发动詹姆森事件遭到惨败以后，德皇威廉二世打电报给克鲁格，祝贺德兰士瓦在"没有友邦的帮助"下打退了外敌而捍卫了独立。这个电报刺激了英帝国主义者，英、德关系更为紧张，两国间有爆发战争的可能。德皇威廉二世甚至想宣布德兰士瓦为德国保护国，即使与英国开战也在所不惜。但是，德国还缺乏一支强大的远洋舰队，不能与英国在南非进行军事较量；而英国也认为在与布尔人的战争中，没有必要与德国作战。英、德双方都想在牺牲第三方面寻求解决，通过长期的谈判以后，1898 年英、德签订了瓜分葡属非洲的秘密协定。1899 年 3月，罗得斯亲自到柏林同德国统治集团进行广泛的接触。[①]英国同意把太平洋的萨摩亚群岛的两个岛屿让给德国。这样，英国便可无所顾忌地发动对布尔人共和国的战争。

第二节　英国从开普殖民地向北扩张

罗得斯和英国在南非的扩张

在分割非洲的年代中，英国在南部非洲的战略目标是以开普殖民地为基地，一方面兼并两个布尔人共和国并侵占祖鲁兰等地而建立南非联邦，另一方面北向侵略占有贝专纳兰并越过林波波河取得南、北罗得西亚（今津巴布韦和赞比亚）和尼亚萨兰（今马拉维）等广大领土。这都是与罗得斯的活动分不开的。

西塞尔·罗得斯（1853—1902 年）是一个野心勃勃的典型的帝国主义分子，一身具有作为帝国主义分子的三重身份——垄断资本家、殖民主义理论家和冒险家。他 17 岁到南非时（1871 年），正当发现钻石矿以后，金伯利附近矿区吸引了不少的垄断资本家。1880 年左右，约有 70 家公司在经营钻石开采。罗得斯和拉德（C.P.Rudd）合作，利用其他公司经营不善或缺少资本而将它们合并，或则购买他们的矿权。他就是这样在 16 年中变成"德比尔斯矿业公司"的主人。1888 年，他打败了最后的一个对手巴尔纳托，兼并了巴尔纳托的"金伯利中央矿业公司"而改组为"德比尔斯统一矿业公司"，垄断钻石开采高价出售。1886年，德兰士瓦又发现了有名的沃特瓦特斯兰德（通称"兰德"）的金矿。这是一

---

① 《史学译丛》1958 年第 6 期第 34 页。

片长 100 英里、宽 70 英里的矿区，立即吸引了无数的淘金者到这里来，不久就在矿区出现了约翰内斯堡这个城市。罗得斯也改组了"南非金矿公司"，在"兰德"经营金矿，用老一套手法合并其他公司后，1887 年改组为"南非统一金矿公司"，在伦敦注册抛售股票。罗得斯同时还掌握其他的企业，成为南非的最大垄断资本家。1890 年仅从钻石矿和金矿，他就攫得 500 万美元利润。

1877 年，罗得斯就留下了遗嘱，狂妄地要把他的遗产用来建立一个秘密协会，其目的在于建立一个包括整个非洲、中东、印度、太平洋和远东在内的庞大无比的大英殖民帝国。他是一个种族主义者，认为盎格鲁·撒克逊人的神圣使命就是统治其他民族。罗得斯在金融上受到英国最大银行家路特希尔德家族的支持，后者对南部非洲各项事业都具有特别巨大的影响。1881 年，罗得斯进入南非的议会，利用他的财富来推行侵略活动，收买舆论来支持英国的侵略政策。他叫嚣向北扩张，要把英国的势力伸展到埃及以实现其臭名昭著的纵断非洲大陆的"开普—开罗计划"。从 1881 年起，他一直在影响殖民地当局甚至伦敦政府来实现这个计划；在他担任开普殖民地的总理时期（1890—1896 年），他成为这个侵略政策的直接执行者。

当时南非的形势给推行这一侵略政策提供了条件，开普和纳塔尔两地的非洲人反殖民侵略的武装斗争已进入尾声。"卡弗尔战争"结束后，祖鲁人的 1879 年战争虽然给予英人很大的打击，但是已不能动摇英国在整个南非的殖民统治的基础。奥兰治河以南的其他地区，都已先后合并于开普殖民地，或则成为英国的保护国。罗得斯参预了这些侵略活动。他所最关心的却是兼并布尔人共和国和向北扩张。

英国殖民者侵入赞比西河流域

英国向北侵略的主要目标是赞比西河与林波波河之间的河间地区，但第一个目标却是贝专纳兰。贝专纳兰的非洲人还不曾建立强固的国家组织，又先后受到祖鲁战争的影响和布尔人的侵袭，力量较弱。贝专纳兰大部分地区是沙漠，干旱缺水，又多是石坡地，当时的经济价值并不高，英国当时急于要占有它，是因为德国在取得西南非洲以后还在继续向东扩张，而德兰士瓦的布尔人也不断向西迁徙；如果他们从东西汇合而形成"条顿地带"，就会把英国阻挡在奥兰治河以南。实际上从 80 年代初起，在 1880—1881 年的英布战争以后，穿过德兰士瓦到河间地区的道路就被截断了，贝专纳兰成为通往河间地区的最方便的通道。罗得斯把贝专纳兰看成是向北扩张的"苏伊士运河",他认为谁占有贝专纳兰和马塔贝莱兰,谁就将占有南部非洲。英国很容易找到侵占贝专纳兰的借口。布尔人也一直觊觎贝专纳兰的土地。布尔人民团介入了茨瓦纳人酋长之间的内战,从战败的酋长手里抢占一大片土地,成立一个所谓"斯太拉兰共和国"(1882年),不久又如法炮制成立另一个"戈兴共和国"(1883年)这两个共和国不久都接受德兰士瓦的保护。在罗得斯推动下,英国议会掀起"拯救贝专纳兰"的鼓噪。1884年12月一支4,000人的英军开抵南非。布尔人撤走。英军开进贝专纳兰,1885年初占领贝专纳兰全境。英国以武力为后盾,与贝专纳兰各酋长缔结"保护条约",把英国最感兴趣的"通道",即南部地区直到马洛波河划为英国殖民地,而北部和西部则作为"贝专纳保护国"(1885年9月)。

在贝专纳兰北部与马塔贝莱人土地接壤处,英国驻扎军队数百名,积极进行侵入河间地区的准备工作,接着英国的殖民势力就侵入赞比西河流域。首先是赞比西河和林波波河之间的广大地区。河间地区不仅是英国实现开普—开罗计划的必经之地;自津巴布韦古代金矿遗迹发现以后,许多人都相信这一带蕴藏着非洲最丰富的金矿;而这一带的肥沃土地,早又引起布尔人的注意。为了夺取金矿和阻止布尔人的染指,英国人要抢先占有这个地区。这里已居住着马塔贝莱人和马绍纳人组成的部落联盟,这时马塔贝莱人正是姆卡利卡齐的儿子洛本古拉国王统治时期。自80年代中期以后英、布、德、葡等国的淘金者,相继来到洛本古拉的首都布拉瓦约来骗取租让权,使他疲于应付。他在1887年初的一封信中抱怨,"白人未得我的允许,就像狼一样前来,修筑道路通进我的国土"。1887年7月底,德兰士瓦派人与他缔结了条约。取得了一系列特权。罗得斯决定要赶快行动,他促使南非的高级专员派遣莫法特前往交涉。莫法特和他的父亲老莫法特都曾在马塔贝莱兰传教,与洛本古拉及其周围的人有很深的交谊,他说服了洛本古拉与英国签订条约(1888年2月11日)。这个条约规定洛本古拉非经英国同意不得与其他国家签订条约及割让土地,从而把洛本古拉的国家划入英国的势力范围。1888年10月罗得斯派遣了拉德等人采取软硬兼施手段,又从洛本古拉那里骗取了租让契约;洛本古拉所能得到的只是1,000支步枪,10万发子弹,一艘旧炮艇和每月100英镑的现金;而他却要出让他所统治的全部领土(马绍纳兰)内的矿权,并同意不再以土地或矿权租让给其他的人。这就是臭名昭著的"拉德租让书"。

在骗得这个契约以后,罗得斯不惜花高价购买所有已经从洛本古拉那里取得的租让权利。同时他返英活动（1888—1889 年），勾结英国当权派。罗得斯采取当时的英国统治者和金融资本家都乐于采取的特许公司的形式来掠夺和统治这片新的领土。罗得斯成立英国南非特许公司，从英政府手中取得了英国南非公司的特许状（1889 年 10 月）。特许状擅自规定在贝专纳兰和林波波河以北地带（北边没有限界），南非共和国以西和以北、葡属东非以西的南部非洲地区，公司有订约、立法、设置银行与警察、修路、开矿、分配土地、经营商业及颁发狩猎执照等权利，为期 25 年，必要时可延长 10 年。恩格斯曾就这件事评述说："非洲已被直接租给各个公司（尼日尔，南非，德属西南非和德属东非）。马绍纳兰和纳塔尔也为了交易所的利益而被罗得斯占有了。"[①]英国垄断资本立即通过这个公司来侵占这个地区。罗得斯一面积极准备用暴力侵入，粉碎任何军事反抗；一面派遣詹姆森医生一再往见洛本古拉。詹姆森曾医治好洛本古拉的风湿病，取得他的信任。他答应约束马塔贝莱人，避免与英国移民发生冲突。所谓"移民"实际上是一批经过骑射训练的冒险分子，被称为"开拓者"。第一批"开拓者"约 200 人于 1890 年 6 月 27 日在 500 名公司骑警的护送下从马克鲁特西出发。他们都骑着马，还用 100 辆车运载所需的物资。他们避免与马塔贝莱人接触而取道东南边界北进，经过三个月的跋涉，于 9 月 12 日到达马绍纳高原的汉普登山，树起了英国的旗帜。索尔兹伯里城就是这样开始建立的。公司"开拓者"的东向侵略与葡萄牙人发生了摩擦和武装冲突，后因 1891 年的英葡协定而得到妥协。马尼卡兰置于英国控制之下。公司控制了林波波河以北地带，詹姆森被委任为该地区的行政负责人。公司更向赞比西河以北的巴罗茨兰扩张，用英国的名义和巴罗茨国王勒汪尼卡订约（1890 年 9 月），国王接受英国的保护。英国南非公司从此开始统治南北罗得西亚。

马塔贝莱人和马绍纳人的反英斗争

当英国人在他们境内肆无忌惮地大规模掠夺以后，洛本古拉才知道是受了欺骗。他写信给英国维多利亚女王，说他所应允的只是一处金矿的开采权，而现在却是侵占他的整个国家。他得到的答复是英国人的进一步侵略。英国人又挑拨马绍纳人的酋长们背叛他。洛本古拉派往惩罚马绍纳酋长的部队遭到英国武力的攻击，被打死数十人（1893 年 7 月）。

---

① 《马克思恩格斯全集》第 25 卷第 1030 页。

罗得斯决心要消灭洛本古拉的政权。当时估计产金地带可能是在马塔贝莱兰，从马弗京北延的铁路也要穿过马塔贝莱兰。詹姆森早已作好战争的准备，罗得斯支持他的冒险行动，允以 5 万英镑作为战费。英国人从索尔兹伯里、维多利亚堡及贝专纳分三路向布拉瓦约进军。英军拥有一支千余人的骑兵队，还有贝专纳人和马绍纳人组成的数千土著兵。洛本古拉率马塔贝莱人进行卫国战争，马塔贝莱战士虽拥有一千多支各式各样的老式枪，但绝大多数战士不会瞄准，命中率很差。1893 年 10 月 25 日在尚加尼河畔，11 月 1 日在本贝西河，他们与英国人进行决战。他们具有反侵略的坚强决心，打得很勇敢；但是在英国人使用了新近发明的马克沁机关枪面前，遭到惨重的伤亡，损失一千多人。洛本古拉最后只得焚毁他的首都布拉瓦约，向北逃亡。英国派兵追击，企图逮捕他。可是派往追击他的一支拥有 30 余人的队伍，在尼扬加齐河上遭到埋伏，全部被歼。追击他的英军主力亦有被围之势，只是由于援军到达才免于覆灭。洛本古拉率众逃往维多利亚瀑布附近，不久去世。林波波河以北地区完全被英国占领了。1895 年春，这片地区正式命名为罗得西亚。

洛本古拉的国家消灭了，马塔贝莱人的反殖民侵略决心并未泯灭。1896 年 3 月他们再度爆发反英起义。起义虽然是由大祭司乌姆卢古卢假托神意发动起来的，但它有更深刻的原因。首先是公司的统治和土著警察的暴行已使当地人民忍无可忍；而干旱和瘟疫更加加重了人民生活的痛苦。其次，詹姆森袭击德兰士瓦的失败，马塔贝莱人觉得反殖民侵略的时机已到；正是由于有这样一些原因，所以起义爆发后，同受压迫的马绍纳人也跟着起义。起义是经过周密计划的。预定 3 月 30 日晚间举事，从三面包围布拉瓦约，留南边一条路让白人退出该地区。但是在 3 月 20 日，人民和警察发生了冲突，打死警察 2 人，于是不得不提前发动起义。3 月 23 日非洲籍警察起义，24—25 日起义波及马塔贝莱兰全境。白人殖民者纷纷逃到布拉瓦约。4 月，马绍纳人也发动起义，马绍纳兰的英国人则以索尔兹伯里为避难所。起义几乎席卷整个南罗得西亚。英国殖民者龟缩在两大中心待援。6 月初，从开普和纳塔尔调来的援军陆续到达，河间地区英军总数已达 3 千人，罗得斯也来到布拉瓦约坐镇指挥作战。英军决定先打垮马塔贝莱人。马塔贝莱人的指挥中心是马托波山，6 月到 8 月，英军曾一度攻夺马托波山，并且使用了大炮，终不得逞。马塔贝莱人吸取了 1893 年战役的教训，采用了利用山区地形而分散作战的战术，使敌人的优势武器不能完全发挥作用。英军因不能速胜和伤亡重大而士气低落，讨伐力量不足。英国不得不同马塔贝莱人进行谈判，企图用谈判的方式来进行收买和分化。谈判由罗得斯本人主持，用欺骗、收买、分化和赠礼等手法，使起义军内部分裂。再加上英国人作出了某些让步，谈判收到了他们所预期的效果。10月13日马塔贝莱人起义停止了。于是英军以全力进攻马绍纳人。马绍纳人分裂为许多小部落，没有大酋长，力量分散，被英军各个击破。英军所到之处，大肆烧杀。马绍纳人避入山洞，英军则用炸药进行爆破，洞中的马绍纳人连同妇女和儿童都被炸死。1897年秋，马绍纳人的起义最后被镇压。

英国在罗得西亚的殖民统治

在尼日利亚和东非，特许公司在完成侵略任务以后都放弃了它们的特许权；可是英国南非公司在罗得西亚的特许权却保持到1924年，即期满后又延长了10年。南北罗得西亚都由公司统治，但两地的行政系统是分开的。1891年詹姆森任南罗得西亚的行政官，兼管北罗得西亚的行政事务。[1]公司在这两地实行直接统治，但有例外——北罗得西亚的巴罗茨王国仍保全了它的国王和议会；司法由议会处理，境内土地划为土著保留地，但白人殖民者可以在境内经商。

侵入罗得西亚以后，英国人立即开始掠夺土地。据詹姆森的指示，每个入侵者有权选择3,000摩尔根的土地。[2]罗得斯曾无耻地向行将解散的武装队伍说："你们业已征服马塔贝莱兰。……现在是你们解散和选择土地的时候。这是你们的权利，因为你们曾经征服了这个国家"。[3]公司当局自始就连特许状中有关尊重非洲人习惯和利益的欺骗性的伪善规定都置之不顾，任意掠夺土地，1894年才考虑设置土著保留地。马塔贝莱人和马绍纳人起义失败以后，他们大半沦为白人农场主的佃农。南罗西亚土地肥沃，白人迁来者又多，到1921年约达34,000人，所占土地约为3100万英亩。为数达80万的非洲人却只有22,000,000英亩土地，这些土地分散为100多个大小不等的保留地，仅占全国土地的23%。保留地与白人土地交错起来，目的在于使白人便于就近获得劳动力。此外，殖民当局还保持有43,000,000英亩土地[4]。北罗得西亚的土地较差，1921年只有白人

---

① 东北罗得西亚和西北罗得西亚到1911年才联合成为北罗得西亚。

② 伍尔夫《帝国与非洲商业》第181页。

③ 同上书第181页。

④ 比尔《非洲土著问题》第1卷第215—220页。

3,500 人[①]。但是已有 7% 的土地（约 8,000,000 英亩）为白人移民和公司所夺取，而且都是最好的土地，105,000,000 英亩土地留作"王土"。北罗得西亚有 30% 为嗜睡病传播地区。以上所列举的虽为 1921 年的数字，但大体也可以反映出二十世纪初年的情况。1896 年法令规定非洲人可以购买土地，这个法令遭到白人移民的反对，同时白人还在鼓动要削减土著保留地。总之，土地问题已经是南、北罗得西亚的主要问题。殖民当局对非洲人征收繁重的人丁税，南罗得西亚为每人 1 镑，住在白人地区的非洲人加一倍。北罗得西亚每人纳 10 先令，东部还要少些。北罗得西亚地瘠民贫，为了纳税，每年有 30,000 名壮丁被迫到很远的加丹加去作工。北罗得西亚人口稀少，30,000 人已占全部壮年男子的 1/7。劳动力大批外出，大大地削弱了北罗得西亚非洲人农村的生产力。

公司同白人移民特别是同南罗得西亚的移民，存在着尖锐的矛盾。移民完全受制于公司所委派的行政权力；移民代表虽能参加立法会议，但一切重要问题都取决于行政官吏。主要的矛盾在争夺土地上。南非公司要把土地出让给其他公司，移民却想得到更多的土地和增加白人移民，以便对付非洲人。1917 年，英国政府宣布所有土地为"王土"，在法律上霸占了非洲人的土地，遂使罗得西亚的土地问题更趋严重。

1914 年以前，罗得西亚的经济还不很发达。垄断资本所迫切需求的黄金，产量还是不很多。[②]其他的矿产也是如此。英国殖民主义者已完成了主要的铁路干线——从贝专纳兰经过布拉瓦约（1897 年）而北达刚果（扎伊尔）边界（1914 年）；东北向一条则经索尔兹伯里（1902 年）而到达莫桑比克的贝拉海口。这就为战后掠夺罗得西亚准备了条件。

第三节　英国的殖民侵略与南非联邦

开芝瓦约领导祖鲁人进行的反英战争

南非联邦是 1910 年才宣布成立的，但是早在 30 年前，英国殖民主义者就在策划建立南非联邦。其目的是要联合欧洲人来对付非洲人，首先是对付祖鲁

---

① 穆恩《帝国主义与世界政治》第 172 页。
② 1914 年黄金年产量价值 350 万英镑。

人。从 19 世纪 40 年代起祖鲁人的国土渐渐遭受白人的包围。祖鲁国王开芝瓦约是一位果敢而有远见的领袖，他认为英国人比布尔人更危险。他整顿武备，恢复恰卡所建立的军事制度，从莫桑比克购买枪械，准备随时应付英国人的侵犯。自从 30 年代末遭受欧洲殖民者的侵略以后，祖鲁人深深地感到牧放土地不足，一直在为收复被布尔人侵占的土地而斗争。加上英属纳塔尔又一再与祖鲁人发生边界纠纷，这些纠纷成为英国人入侵祖鲁兰的借口。当时南非各族部落普遍不满英国的统治，爆发过许多次零星的起义；英国人担心强大的祖鲁国家会发展为他们的领袖，所以决心要消灭这个拥有 4 万武装力量的国家。1877 年 4 月英国兼并德兰士瓦以后，英国不必再利用祖鲁人的力量来吓唬布尔人以迫使其同意建立南非联邦的计划。英国殖民当局更加迫切要消灭祖鲁人力量。1878 年 7、8 月间，开普殖民地当局夸大形势的严重性，一再要求英国本土增援，积极进行征服祖鲁国家的准备。

1878 年 12 月 11 日，英国殖民地当局向开芝瓦约提出最后通牒，要求他解散军队、允许士兵结婚、保护传教士及教徒，并接受英国派遣的总督。这些要求就是要消灭祖鲁国家。在三十天的限期中，开芝瓦约不予答复，决心应战。次年 1 月 11 日，英军 13,000 人，配备 36 门大炮，分四路进兵祖鲁兰。从图盖拉河下游起，战线长达 200 英里，企图一举歼灭祖鲁国家。1 月 22 日在伊桑德尔瓦纳山（Isandhlwana）一役中，英军的主力遭到祖鲁军队的攻击。祖鲁战士奋勇进攻，冲进英军兵营，同英军展开白刃战。出乎侵略者的意料，英军虽有优良的装备，骤遇强攻，措手不及，只好短兵相接，这就使英军遭到惨败。英军死亡 1,300 余人，其中欧洲人有 800 人。这是英军自克里米亚战争结束以来在一次战役中伤亡最惨重的一次。纳塔尔的英国移民人心惶惶，担心祖鲁军乘胜进攻，南渡图盖拉河，进入纳塔尔殖民地境内。当时祖鲁人可以一举收复纳塔尔，可惜开芝瓦约没有这样做，仍希望同英国谈判，并把时间耗费在传统的宗教仪式上，遂使英人能有足够的时间调集援兵进行反扑。3 月，英国的援兵开到了，总数超过 2 万人，其中配备有大炮和骑兵，再度进攻祖鲁人。3 月到 7 月，祖鲁人对英国侵略军进行了不断的战斗，屡挫英军；英军主力向祖鲁兰的首府乌伦迪发动进攻。英军选择利于发挥其火力的开阔地同祖鲁军进行决战。7 月 4 日在乌伦迪附近两军展开激战。祖鲁战士舍生忘死冲锋，但都在英军方阵前 30 米被挡住了，阵亡 2,300 多人。乌伦迪终于失守。8 月底，开芝瓦约被俘，战争结束。

祖鲁人的抗战是在极其不利的条件下进行的。抗击布尔人的长期战争，已使祖鲁人元气大伤。在这次战争中，有不少布尔人参加英军作战。奥兰治自由邦也支援英军。这再一次证明：在对付非洲人的斗争中，英布矛盾是可以妥协的。祖鲁人对抗英军达半年之久，表现了他们英勇不屈的反殖民主义斗争传统。正如恩格斯所说，他们做出了"任何欧洲军队都不能做的事情"。[①]英国首相狄斯累利不得不承认："祖鲁人是一个非凡的民族，它打败了我们的将领，感化了我们的主教，并结束了欧洲一个伟大王朝的命运。"[②]所谓主教是指纳塔尔主教柯伦索，因为他同情祖鲁人而谴责英国人和布尔人；所谓"伟大王朝"是指拿破仑王统，因为拿破仑第三的独生子路易，当时在英军服役，在这次战争中被击毙。可是狄斯累里没有说，这次战争几乎使他的内阁垮台。[③]

英国殖民主义者为了不让祖鲁国家再度强大起来，决定采取分而治之的办法，把祖鲁王国分裂为十三个小酋长国，从而瓦解了恰卡时代所初步形成的祖鲁统一王国。英国人的傀儡充当各小酋长国的酋长，甚至有一个酋长是在祖鲁人中生长的英国人。英国人在这里设置驻扎官作为"耳目"，挑拨离间，制造酋长间的不和，一再挑起祖鲁人的内战。祖鲁人在血腥内战中力量遭到进一步的削弱。1883年英国不得不让开芝瓦约复位，但限制其不得恢复军队，被"捆住双手"的开芝瓦约无力镇压各酋长国的叛乱，1884年在抑郁中死去。祖鲁人的力量在内讧中继续削弱。在英、布矛盾再度紧张后，由于害怕德兰士瓦侵占祖鲁兰，英国于1887年宣布将其合并于纳塔尔，十年以后，纳塔尔正式接管它。

英、布冲突的发展和 1899—1902 年的英布战争

英国政府为了要建立南非联邦，在不曾取得德兰士瓦完全同意的情况下，贸然宣布将其合并（1877年）。德兰士瓦的布尔人最怕祖鲁人力量壮大，1879年并没有利用祖鲁战争的时机来反击英国；等到开芝瓦约失败以后，布尔人的东邻已不存在强大的力量，他们才拿起武器，企图摆脱英国人的统治，恢复德兰士瓦共和国。布尔人以英国当局征收欠税为借口同警方发生冲突。布尔人民团

---

① 《马克思恩格斯全集》第 21 卷第 112 页。

② 《英帝国史》第 8 卷第 488 页。

③ 1880 年保守党人在选举中失败，狄斯累里内阁垮台，格莱斯顿的自由党内阁重新上台。英国在祖鲁战争中的损失是保守党选举失败的重要原因之一。

于 1880 年 12 月 14 日发动首次进攻，歼灭毫无防备的英军 200 多人。英军当时正分散在各地镇压或防备非洲人起义（巴苏陀人起义，科萨人起义，祖鲁局势不稳），无法及时向德兰士瓦增援。布尔人连战皆捷，包围了几个城市的英国驻防军。翌年 2 月 27 日，布尔人在马朱巴与英军展开决战。由纳塔尔总督科利率领的英国援军被布尔人击溃，被歼灭 300 余人，科利本人也阵亡。英国执政的自由党由于国内政治形势极其不利，无法再组织军队远征南非，被迫与布尔人谈判。奥兰治总统怕巴苏陀人乘机进攻白人，出面调停。1881 年 3 月 23 日签订停战协定，8 月达成协议。协定规定德兰士瓦仍为独立国，内政上完全独立，但须承认英王的宗主权。英国保持外交事务的支配权，1884 年布尔人以博茨瓦纳的领土与英国做成一桩政治交易，新签订的伦敦协定不再提英国的宗主权了，但在外交方面仍受英国的限制。该协定第 4 条规定德兰士瓦未得英国同意不得与他国订约；第 6 条禁止德兰士瓦兼并林波波河以北的土地。德兰士瓦共和国恢复称"南非共和国"。关于伦敦协定，英布双方各有不同的解释，布尔人认为他们已完全独立，英国人认为仍保留着英国的宗主权。

80 年代正是罗得斯积极向北侵略的时候，而在德兰士瓦则由反英最强烈的克鲁格当选为总统（1883 年）。罗得斯企图把德兰士瓦纳入他所计划的关税同盟，想修建通过德兰士瓦的铁路来实现其开普—开罗计划，这些都为德兰士瓦所拒绝。同时，德兰士瓦的布尔人仍在继续迁徙扩张，往西渗入贝专纳，北过林波波河，东北渗入斯威士兰及祖鲁兰，并企图在那里打开一个出海口。英国人在侵占贝专纳（1885 年）、罗得西亚（1888 年）和合并祖鲁兰（1887 年）以后，已从西、南、北三方面包围了德兰士瓦，使它无出海的可能。罗得斯计划中的铁路由于克鲁格的拒绝不能通过德兰士瓦，便从金伯利绕道贝专纳边境而入罗得西亚。德兰士瓦则将从其国土通向洛伦索马贵斯港的铁路租给荷兰公司承修，这条铁路于 1894 年完成。德国势力渗入德兰士瓦，更加刺激了英国的侵略活动。

这些原因已使英、布冲突尖锐化，而兰德金矿的开采更使形势急转直下。在发现金矿以前，德兰士瓦是一个极端贫穷的国家，1885 年整个国家的财政收入只有 176,000 英镑。1884 年伦敦协定刚签订几个月，在德兰士瓦的威特瓦特斯兰德地区逐渐发现了世界上蕴藏量最丰富的金矿。淘金人从世界各地涌入矿区，金矿开采遍地开花。在三年时间内，（1885—1887 年）国家的收入增加了 3 倍。到 1889 年时，国家的收入已超过 1,500,000 英镑。德兰士瓦国家顿然富足起来，大大增强他们反英的力量。金矿开采后，相率前来的各国淘金者中以英国人为最多，在人口数目上已超过了布尔人，英、布人数目已成 7 与 3 之比。英国人不仅在数量上占优势，而且掌握了大部分采矿权，德兰士瓦政府对他们实施一些严格限制。英国人被称为"外地人"①，原来定居一年以后即可取得选举权，后来这个期限被一再延长，1890 年规定须住满 14 年始有选举权。德兰士瓦政府担心有朝一日布尔人在白人居民中会变成少数，从而使国家大权旁落到"外地人"手中，因而对"外地人"的选举权予以严格限制。"外地人"的矿主在使用非洲人劳动力上也受到许多限制；运输及购买食品、炸药、燃料等都须付出高价。这些限制造成了"外地人"对德兰士瓦政府的极端不满。罗得斯利用他们的不满对德兰士瓦政府进行颠覆活动。他资助经费和偷运武器来武装"外地人"，策划派遣南非公司的武装警察侵入德兰士瓦，以便里应外合，发动暴乱，推翻克鲁格的政府，把德兰士瓦并入英国。克鲁格早就做了准备以应付这一侵袭阴谋。侵袭是由罗得斯的密友詹姆森执行的。1895 年 12 月 29 日他率领着 500 武装骑警从贝专纳兰侵入德兰士瓦；约翰内斯堡的英国人却不曾起来响应。结果，这支军队被布尔人包围在多尔恩科普的小山谷中，连詹姆森在内于翌年 1 月 2 日全部被俘。这就是上文一再提过的詹姆森袭击事件。阴谋的失败迫使罗得斯不得不辞去开普殖民地总理的职务。南非公司由此丧失了它的最精悍的一支武力，此事也促成 1896 年马塔贝莱人的起义。布尔人受到这一胜利的鼓舞，克鲁格的政权更加巩固了。德兰士瓦与更多的欧洲国家建立了外交关系，从德国输入了大量新式武器。1898 年，奥兰治自由邦再度表示支持德兰士瓦。英帝国主义者决心要以武力吞并布尔人的共和国。在与德国取得妥协后，英国即从中近东调来了 10,000 名军队。布尔人决定在英国未完成战争准备工作时抢先动手。1899 年 10 月 9 日德兰士瓦向英国发出最后通牒。通牒主要内容是：英国和德兰士瓦的所有争议各点均通过第三者仲裁解决；英国把 1899 年 6 月以后调到南非的所有援军撤回；现正由军舰载运到南非的英军均不得在开普和纳塔尔任何港口登陆。通牒规定的最后期限为 48 小时。10 月 10 日英国张伯伦命令南非最高专员米尔纳拒绝接受德兰士瓦提出的条件。翌日下午布尔人发动进攻。于是爆发了具有帝国主义战争性质的英、布战争（1899—1902 年）。

---

① Uitlanders 厄伊特兰德尔或译为"客民""外来人""外国人"等。布尔人把金矿发现后迁到德兰士瓦的白人都称为厄伊特兰德尔。

战争是在有利于英国的形势下爆发的。两个布尔共和国虽能团结对英，但它们在地理上已完全为英国在南部非洲的殖民地所包围。莫桑比克的葡萄牙人是受制于英国的。德国与英国妥协后，不愿为德兰士瓦而与英国交战，布尔人陷于孤立。布尔人农场主对南非非洲人的残暴的压迫和掠夺，使他们完全不可能得到非洲人的任何支持。英帝国主义者比布尔大地主更狡猾，他们利用了非洲人对布尔统治者的愤恨，虚伪地宣传他们在击败布尔人之后将给予非洲人平等权利，从而骗取到熟悉当地情况的一些非洲人的帮助。布尔人在人数上居劣势。

战争爆发后，英军遭到布尔人的猛烈的袭击。布尔人出动了约 50,000 军队，其中骑兵占多数。他们东向包围了纳塔尔最大的城市莱迪史密斯；北则深入贝专纳兰，包围马弗京，切断了开普殖民地和罗得西亚的联系；西路包围了金伯利；南则攻入开普殖民地。战争头 4 个月英国人到处挨打，特别是 12 月中旬，在一周内英军连遭惨败。在纳塔尔战线，英军在斯托姆山战役和科仑索战役连遭败北；在金伯利战线，英军一个旅在马格斯方丹几乎全军覆没；掩护开普省的英军也在斯托姆伯格被击溃。英军不得不一再增援。到 12 月，英军已增至 15 万人，后来再增至 25 万人。1900 年 2 月，英军才转入反攻。英军采取迂回战术，截断了南路和西路布尔军的退路。1900 年 2 月，英军攻入金伯利。3 月，英军攻占布隆方丹，迫使东路布尔军撤退，解莱迪史密斯城之围。5 月，英国宣布兼并奥兰治。英军越瓦尔河向北进攻，6 月英军占领比勒陀利亚。9 月，英国宣布兼并德兰士瓦。从此布尔人转入游击战，坚持了 2 年。他们在南非的多年迁徙生活已把他们锻炼为精悍的骑士。他们熟悉地形，出没无常，分成小部队作战，到处袭击小股英军，破坏交通线，抢夺辎重，使英军遭受重大损失。战争变成旷日持久的消耗战，迫使英国一再从印度、加拿大、澳大利亚等殖民地调来援军，总计调动的兵力共达 45 万人，超过布尔人武装部队 7 倍以上。为了对付布尔人的游击战术，英国采取了洗劫乡村的血腥手段，焚烧布尔人的农场，抢走牲畜，拘捕布尔平民。英军用集中营的办法来消灭敌人有生力量，被拘禁在集中营的布尔军俘虏、妇女、儿童、包括他们所雇佣的班图人共达 260,000 人之多。[①] 布尔人死在集中营的达 27,927 人。英国人用这样一些办法又花了近两年时间才迫使布尔人放下武器。1902 年 5 月订立弗里尼欣和约。和约对布尔人作了很大的让步：两个布尔共和国虽然变为英国殖民地，但英国同意尽快让

---

① 威登勒《撒哈拉以南的非洲史》英文版第 302 页。

布尔人自治；保存他们所发展的"阿非里卡"语①作为第二种官方语文；英国赔偿 300 万英镑，并贷款 1,000,000 镑作为布尔农场主重建农场之用。在这次战争中，英军死亡 21,942 人，共耗战费 223,000,000 英镑，②这就是英国发动第一次帝国主义战争所付出的巨大代价。

诚然，布尔人对英国人进行了顽强抵抗。这种抵抗的性质与非洲人反殖民主义斗争的性质是完全不同的。英帝国主义者和布尔地主阶级同是殖民主义分子，他们的共同目标是剥削奴役非洲人。正因为是有着剥削奴役非洲人的共同目标，所以战争一经结束，英国殖民者和布尔殖民者就能联合起来建立一个统一的、压迫奴役黑人的政权——南非联邦。

南非联邦的建立

英布战争结束后，德兰士瓦和奥兰治先后取得了自治权（1906 年，1907 年）。布尔统治阶级认为必须和英国统治阶级合作，故英布战争中布尔军统帅博塔将军竟能与詹姆森握手言欢，力主联合。英国联邦主义者认识到，如果每一个殖民地都有自己的关税壁垒、铁路系统、行政机构和武装力量，就要增加财政负担而且不利于经济发展。更主要的因素还是为了便于对非欧洲民族施行压迫。英国人和布尔人认识到，在南非黑人居民占绝对多数，要使班图黑人和有色人服从白人的统治，就不能把力量消耗在白人的彼此斗争上。在这一点上，纳塔尔殖民地更感到迫切。它所遭遇到的祖鲁人抗税斗争和印度人问题，都不是它所能单独应付的。1906 年，纳塔尔政府规定凡不纳茅屋税的成年非洲人每年须缴纳 1 英镑的人丁税，这引起了祖鲁人的反抗，反抗者打死两名白人警察。殖民当局处死 12 名祖鲁人，于是激起祖鲁人的抗税斗争，先在北部爆发，继而波及图盖拉河以南。这是一次自发而无组织的起义，逐渐为殖民当局各个击破；英国为镇压起义调动了 5,000 人的军队。英军残杀 5,000 多名祖鲁人，并逮捕 3,000 人，把起义淹没在血泊中。这是祖鲁人最后一次大规模的武装反抗。

1910 年成立的南非联邦，是由开普、纳塔尔、德兰士瓦和奥兰治四个殖民地组成的，而它们则改称四省。英国人和布尔人之间的矛盾，经过 1908 年召开

---

① 布尔人使用的是一种与荷兰语有很大差异的阿非里卡（Afrikaans）语，所以布尔人常被称为阿非里卡人。

② 《英帝国史》第 8 卷第 611 页。

的没有非洲人参加的国民会议的讨论和会后的交涉得到调和，最后终于拟就了双方都接受的宪法。这部宪法经英议会通过，被称为《南非联邦法案》（1909年）。这是一部种族主义的宪法，是一部极其可耻和反动的宪法。除开普省极少数非洲人保留选举权外，其他所有非洲人都被剥夺了选举权和被选举权。根据这个法案，英国任命总督，联邦有自己的内阁和两院制的议会，内政自主，但没有外交权。联邦的三个权力机构分设三处：行政权在比勒陀利亚，立法权在开普敦，司法权在布隆方丹。英语和荷兰语同为官方文字。

南非联邦成立以后，以英国人为主的联邦党的势力是不够强大的。布尔人各政党联合为南非党。它不仅包括德兰士瓦和奥兰治的布尔上层，并且与开普省布尔人的阿非里卡同盟合流①。因此，布尔人在三个省拥有很大的势力。在联邦议会选举时，南非党获得了绝对多数，在 119 个议席中占了 66 席，而联邦党仅占 37 席。南非党的领导人博塔担任了第一任总理（1910—1918 年）。他的密友、亲英的史末资成为内阁最有影响的智囊人物。南非党为代表工业资本家利益的集团所操纵，采取了亲英的政治合作路线，党内也有英国人参加。布尔地主则主张布尔人和英国人应平行发展，不满于南非党领导集团的合作路线。1912 年，布尔地主分子纷纷脱离南非党，另组以赫尔佐格为首的国民党，采取更反动的种族歧视政策和脱离英国的政策。

南非的资本主义关系很发达，在非洲大陆居首位，本应成为工人运动的先进地区，但是在南非的欧洲工人很早就形成了工人贵族。南非的工业是以采矿业为主，它的技术工人多半来自英国。南非矿业资本家将剥削非洲人所得到的高额利润的一部分用来收买欧洲工人上层，给其以优厚的待遇。来自英国的技术工人，也带来了有害的工联主义思想。这就形成了南非工人运动中的一股逆流。1907 年成立的南非工党是一个由欧洲工人贵族把持的政党，它追随英、布剥削阶级，支持压迫非洲工人的种族主义，成为种族压迫的工具。在 1910 年大选中，得到 35 个席位。

南非联邦政府是一个由西方殖民主义分子所垄断的政权。在这个国家里，非洲人只能从事繁重的体力劳动，不能参加熟练工人的技术工作。例如，仅采矿业中就有 51 个工种如司机、司钻等不许非洲人参加。白人政权对非洲人严加防范视如寇仇，非洲人不得持有武器和服兵役。而居住在"南非联邦"境内的 17 岁

---

① 这是留在开普殖民地的布尔人的政党，1879 年成立。

至60岁的白人都有应征参加兵役的义务,以便随时征集镇压非洲人的起义。为了保证能够以任何方式剥削非洲人,通行证法已被广泛推行[①]。联邦法案对通行证制并无明文规定,因而联邦成立后,各省的情况并不一致。纳塔尔的通行证有八种之多。在德兰士瓦境内,非洲人除带有身份证外,还须带有劳动契约。奥兰治的非洲人,在入夜9时以后,非有特别通行证不得留居城镇。为了领取通行证,非洲人还须付出大笔领证费用。这样的横暴制度不能不引起非洲人的反抗。奥兰治省的反抗最为激烈,1912—1913年间曾发展为相当规模的反对通行证法请愿运动,有大批参加运动的妇女被捕。[②] 不久,爆发了第一次世界大战,1914年10月南非联邦政府宣布战争状态,非洲人民更进一步受到了军事统治的残暴压迫。

大战爆发后,布尔统治阶级内部的分裂更趋明朗。极端民族主义者掀起了反英斗争,1914年10月他们受到德国的怂恿在奥兰治、德兰士瓦纠集了11,000人发动武装暴动,但是不久就被3万政府军平服(1915年1月)。英布统治阶级的内部矛盾实质上主要已不是民族矛盾而是工业资本家和地主阶级的矛盾。代表工业资本家的以博塔将军为首的英布白人统治集团,追随英帝国主义的政策,积极参加了这场不义的强盗战争。他们除了派兵参加东非和北非的战役外,[③] 派重兵进入西南非洲,西南非洲的对德战役几乎是由南非联邦军队单独担任的。西南非洲有德军约5,000人,拥有较好的铁路系统;为了镇压非洲人,德国人曾不断运来大量武器,并备有飞机。南非出动50,000人,由具有丰富野战经验的史末资将军指挥,打败了几千名德国人的顽强抵抗。1915年7月,完全占领了西南非洲。南非联邦白人统治阶级热衷参加战争并不只是为了支持英国,而是为了他们自己要分享战果——攫得西南非洲。南非联邦政府害怕非洲人持有武器,故不曾利用他们来作战,但是有50,000非洲人被迫参加了劳动军团。

南非联邦的经济特征

南非联邦是一个经济畸形发展的殖民地,黄金和钻石的开采业是最重要的

---

① 通行证法可以追溯到1809年。当时正是在废止奴隶贸易以后,为了保证殖民者能够剥削非洲人,遂用法令规定科伊人的居住区(实际上是在布尔人的农场内),科伊人和混血人倘无证件不得离境,否则以"流浪汉"论。在十九世纪中,这个制度并未广泛推行,并曾于1828年明令废止,不过没有彻底实行。进入二十世纪以后,通行证法才开始广泛推行。

② 比尔《非洲土著问题》第1卷第69页。

③ 派到东非的南非军队有数万名,派到埃及的为一个师;此外还有一个师派往欧洲,伤亡惨重。

经济部门。这两个部门受外国资本、主要是英国资本的控制。由于采矿业的发达，造成了19世纪最后30年南非经济的空前繁荣。金伯利一带的钻石矿已被罗得斯所控制的德比尔斯矿业公司所垄断。兰德的金矿在布尔战争前夕也已集中在几个欧洲垄断资本家手中。罗得斯是其中的一个，他每年从南非统一金矿公司取得300,000—400,000镑收益。[1]钻石和黄金产量增长的速度都是惊人的。1888年时，钻石每年产值达4,000,000镑；[2]黄金产量每年达3,800,000盎司，值16,000,000镑。[3]布尔战争期间，采矿业曾一度大受影响，但战后不久就恢复了原有水平，并创造了新的纪录。在德兰士瓦和奥兰治的边境又发现了新的钻石矿，先后于1903年和1906年开始开采。1913年，全联邦的钻石产量为5,160,000克拉，值11,390,000镑。黄金产量在1906年为9,300,000盎司，达到了战前的最高峰，1910年时已占世界黄金产量的1/3。[4]

采矿业的迅速发展，推动了其他经济部门的发展。采矿业首先需要一支劳动大军，这个大军需要食品，因而促进了畜牧业和农业的发展。但是南非联邦的粮食不能自给，须仰给于输入。1875年以前的采矿方法是相当原始的，在这以后才大量使用机器。机器几乎完全是从英国输入的。国内市场发达了，人口流动加速了。采矿业和国内贸易都要求铁路建设。在布尔战争前夕已完成的3,000英里铁路，联系着五大港口；英布战争后，铁路建设更为加速。为了满足矿山和铁路的能源需要，煤矿业跟着发展起来，德兰士瓦的煤矿业年产2,000,000吨，纳塔尔年产500,000吨。白人人口迅速增加，19世纪末已达1,000,000人，为30年前的4倍。经济的发展要求国内贸易自由，要求铁路系统划一。这些也是促成联邦成立的重要因素。

南非的其他工业是不很发达的。它所需要的机器和日用器皿基本是仰给西方国家。为了满足当地的需要，1890年建有530个日用品小工厂，数目仍然甚少，不敷需求。南非一般工业的开始发展是第一次世界大战中的事，到1920年时，工厂增加到6,890个[5]。农牧业的输出品以羊毛、皮张、糖、玉米和驼鸟羽毛为主，但都不很重要。南非联邦的农牧业远远落后于英国的其他殖民地如加

---

① 1890年罗得斯从钻石矿和金矿获得500万美元利润。

② 《英帝国史》第8卷第778页。

③ 《英帝国史》第8卷第783页。

④ 《英帝国史》第8卷第801页。

⑤ 穆恩《帝国主义与世界政治》第184页。

拿大与澳大利亚等，这是由南非的土地关系所决定的。

在今日的"南非共和国"，美国资本具有雄厚的势力，这是有历史渊源的。美国的大公司阿克尔·道格拉斯公司在 19 世纪 60 年代就已在南非积极活动。70 年代中，同南非银行界有联系的几家美国公司，在南非驼鸟羽和钻石的出口贸易上有很大的势力①。南非金矿的发现吸引了不少美国冒险家，到 19 世纪末期，已有一千多美国人在德兰士瓦拥有大量产业。1892 年美国开辟了纽约到南非的航线。90 年代中，美国资本的保险业在南非展开活动；美国各大石油公司也在南非销售石油。

在英布战争中，布尔人希望得到美国人的支持，遭到拒绝。战争结束后，美国资本进一步对南非渗透。1907 年，美国政府派遣库斯特为巡回特使，到南非考察市场情况。②从 1910 年起，美国汽车开始输入南非，1913 年一年中输入的汽车达 4,000 辆。作为南非重要矿业公司之一的英美公司是 1917 年成立的，摩根财团在这个公司内占有重要地位。

美国人还直接参加了征服罗得西亚的活动。美籍德意志人亚当·伦得斯在 50 年代就从南非到罗得西亚进行"探险"，津巴布韦古迹就是他发现的（1867 年）。1868 年，美国冒险家勃尔克和巴布等人在这一带探寻矿藏，他们替英国公司从洛本古拉那里取得大片土地的采矿权。美国军官海尼于 1878 年到达南非，先参加英国征服巴苏陀人的战役，继而和其他美国冒险家组织了"金矿先锋公司"（1887 年），从洛本古拉那里骗得了马佐地区的采矿权。他最后投效罗得斯，参加罗得斯的"巴苏陀兰开发公司"。在征服马塔贝莱人的战役中，他指挥英国殖民军队屠杀非洲人民。美国人的这一切活动，为美国垄断资本此后在南非的扩张奠定了基础。

第四节　南非联邦的民族压迫

南非联邦的土地关系

在南非联邦成立以前，欧洲人掠夺非洲人土地的过程基本上已经结束。这主

---

① 罗森塔尔《南部非洲百科全书》1962 年英文版第 272 页。
② 同上书第 273 页。

要是通过对非洲人的战争、布尔人的"迁徙"（殖民远征）、骗取条约和制定法令等手段完成的。欧洲人也曾通过购买方式获得土地，例如教会的土地，但其所占比重是很小的。所谓购买实际上也是巧取豪夺，因为非洲人的土地依法是不能出卖给外人的。南非联邦国家自始就是一个种族主义的民族压迫的机器，它首先对丧失了土地的非洲人实行压迫。这些就是形成南非土地关系的基本因素。

1911 年，南非联邦人口共约 600 万，其中白人占 21%，班图人占 68%，其余为科伊人（包括混血的有色人），萨恩人和亚洲人。[①]欧洲人掠夺土地的结果，留给非洲人使用的土地只有 13, 650, 000 摩尔根，占全部土地的 8.84%，掌握在欧洲人手中的土地达 110, 000, 000 摩尔根，下余则为尚未出让的"王土"，为数已不多。[②]

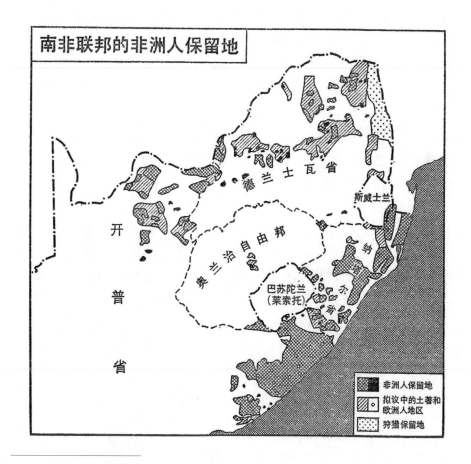

①　比尔《非洲土著问题》第 1 卷第 11 页。
②　比尔《非洲土著问题》第 2 卷第 75 页。

在非洲人所能使用的土地当中，有 1,116 万摩尔根土地为"土著保留地"，占全部土地的 7.13%。土著保留地制度已演变为一种白人殖民者对非洲人实行民族压迫和种族歧视的有效制度。它是殖民主义者在南非最先炮制出来的，继而推行到非洲的其他地区。这个制度是在"保证土人生存"和"协调经济"幌子下大规模推广开来的。它的实际目的有三：（一）使非洲人农庄和欧洲人农场界限分明不混在一起，以便实行种族隔离；（二）使土著保留地零碎地分散在欧洲人的农场中间，以便欧洲人就近取得劳动力；（三）在多数的土著保留地中保全着班图人的公共所有制，借以维持酋长的权力充当殖民统治的工具。特兰士凯是最大的保留地。在这里，根据 1894 年法令实行私有制[①]，以 70% 的土地分给居民作为份地，其余为公共牧场共同使用。份地所有者应交纳地税，份地世袭不得分割，不经州长许可不得出卖。实行私有制的目的在于刺激农业生产和削弱酋长的权力，这个制度实际上是进一步剥夺班图农民的手段。[②] 由于种种原因，这个办法并未广泛推行。在实行公有制的保留地中，土地称"王土"，境内居民只有使用权。纳塔尔因境内祖鲁人反抗斗争最烈，故为非洲人保留的土地最多，设立亦较早。在 200 万非洲人中，有 1/4 居住在祖鲁兰的 21 个保留地中，保留地总面积约 3,882,000 英亩。布尔人起初没有认识到保留地制度是压迫非洲人和实行种族歧视的有效手段，曾不愿为非洲人划出保留地，在德兰士瓦只是在英国政府的坚持下才开始设立（1881 年）；奥兰治在 1884 年才开始设立，占地最少。1916 年时，在南非联邦境内，这些土著保留地大小已有百余个，分布在联邦的东半部，好像是白人土地中的一些"小岛"。土著保留地占地在开普省为 8.4%，在纳塔尔为 22.8%，在德兰士瓦为 3.2%，在奥兰治只有 0.5%。[③]

在这些仅占全部面积 7.13% 的土著保留地中，却住着几乎占南非全部人口 1/3 的班图人。南非联邦人口密度，平均每平方英里为 14.8 人，在保留地里则为 52 人。人口日益繁殖，而保留地的土地却长期没有增加。划归土著保留地的土地多半是贫瘠、缺水，而有的又有萃萃蝇的地区。其中有些只适于"老鹰和狒狒居住"，有的"有如阿拉伯半岛的沙漠"；一家四五口人平均所占耕地仅 0.75

---

① 即个体土地所有的"格林格里制"。

② 实行这种制度的地区，到 1913 年就有 20% 的农民没有份地。没有份地的农民在公共土地上盖房，靠出卖劳动力维持生活。

③ 比尔《非洲土著问题》第 2 卷第 75 页。

英亩。[1] 有的在一个保留地内，平均每225英亩土地中才有一英亩的可耕地。[2] 保留地的耕种方法是相当原始的，而且不可能得到改进。因为班图人缺乏资本，虽有不少的食用牲畜，但却缺乏耕畜。他们饲养很多牲畜，因为牲畜几乎是他们唯一的财富；牲畜多、牧地少，载畜量过大，结果把牧场啃成了光地，经雨水冲洗，土质日坏。班图人也不愿改良土壤，担心土壤经过改良，变成沃土，就会被欧洲人夺去。在所有的保留地中，都出现粮食不足，牲畜瘦弱的现象。经常遭受饥饿的威胁，加上干旱、蝗虫、萃萃蝇和畜瘟等自然灾害，保留地已变成了班图人的地狱。由于保留地不能养活日益繁殖的人口，班图人不得不大批外出谋生。为了使矿区易于获得廉价的劳动力，殖民当局进一步课征苛重的直接税迫使班图人出外工作。人丁税一般是每年一镑，甚至老年人亦不能免。在纳塔尔，凡不纳茅屋税者须纳人丁税，因而一家人须担负两种税。除直接税外，班图人还须担负间接税。日用必需品进口税在联邦海关税收中占很大比重，税率时有增加，这些税是间接加在非洲人身上。在保留地内，欧洲人（包括犹太人）开设了小商店，规定彼此相距5英里；班图人只能与他们进行交易。小商店通常只肯用日用品换购非洲人的产品，而非洲人也只有通过他们才能得到日用品。哄抬价格和失秤等欺骗现象是很普遍的。小商店兼放高利贷，利息有时高达100%[3]。保留地内交通不便，十分闭塞，联邦的铁路虽多，但是很少经过保留地；这就更使其境内非洲人不得不依赖这些小商店。这些小商店还经营代募契约劳工的业务，利用高利贷的债务迫使壮丁出外工作还债。班图人原有的手工业如打铁、编织、制作陶器等，因有外来日用品的竞争而日益消失。保留地内非洲人养家糊口的唯一的出路是出外去出卖劳动力，这正是殖民当局所要求的。只有壮丁才可以充当契约劳工，每年出外的壮丁占成年男子的一半以上，使境内缺乏壮劳动力，而只能把繁重的田间工作加在妇孺身上。契约劳工都是短期的，契约期满又要回到保留地，休息一个时期以后，仍然出外去做契约劳工。他们在矿区既不是基干工人，更不是技术工人；回乡以后，极度疲惫，或身体已被搞垮，需要休养，因而也不再是一个熟谙农活的农民。他们的营养既差，工作又重，经过几度往返以后，未老先衰，在身体条件上有25%的壮丁不

---

① 《英帝国史》第8卷第815页。

② 基维特《南非史》第80页。

③ 比尔《非洲土著问题》第1卷第107页。

再符合矿工的要求。他们也带回结核病和其他传染病。因此，土著保留地又成了老弱病残工人的收容所。契约劳工制就是这样地从各方面促使保留地农业的进一步衰退，生活更加困难，因而又必须有更多的壮丁出外谋生。从而造成了保留地内壮丁外流与农业衰退的互相加剧的恶性循环。同时，货币关系的发展和土地使用权的典押与转让，也使保留地农民开始向两极分化。有些人丧失了土地使用权，有些人则扩大了土地和牲畜的数目。在保全酋长制的保留地内，酋长们因为掌握着分配土地的权力，故能进行一些封建性的勒索，发财致富。但是外流的壮丁已不再受制于酋长。随着土地关系的变化，部落组织已趋瓦解。

除奥兰治省以外，其他各省本来容许非洲人购置土地。非洲人曾用各种方法积蓄金钱购置土地，先后共购置土地100多万摩尔根。这引起了欧洲人嫉视，从而颁布了臭名昭著的1913年土地法令。这个法令的另一目的也在于实行种族隔离和便利白人地主榨取非洲人劳动力。法令规定非洲人不得再在保留地以外购置或租用或取得土地，以免他们的农庄和欧洲人的农场混在一起和减少雇佣劳动力的提供。对于寄居在白人农场主土地上的非洲人的租地佃农①，法令规定租约期满以后，不得再以分成制租用土地，只能与白人订立契约而成为劳役佃农，否则必须离开白人土地。劳役佃农也是殖民主义者在南非联邦制造的一种种族压迫制度。契约规定留在白人土地上的非洲人每年至少必须为白人地主服劳役90天（后来在纳塔尔延长为180天）；非洲人从白人地主所得到的报酬只是几摩尔根土地的使用权和极其有限的放牧权。占地很多的白人随便划出几摩尔根土地，就可以几乎无偿地保有他们所需要的劳动力。这个法令使许多非洲人被固定在白人的农场上，甚至在服劳役期满也不能出外谋生。非洲人劳力不能自由迁徙，这就是工矿区不易从白人农场获得劳动力的原因。非洲人约有40%是住在白人地产上。其中有许多非洲人不愿按1913年法令签订这种奴役性契约，而流回业已拥挤不堪的土著保留地或城市。但不少的人为生计所迫仍留在白人地产上，遭受严酷的半封建性的剥削。在第一次世界大战以前，非洲人所能使用的土地一直没有增加。

白人所夺取的土地，绝大部分是掌握在布尔人地主、欧洲地主和土地公司手中。在南非联邦，除纳塔尔外，近代化的种植园是不多的；一般都是农、牧兼营的农场。大农场占很大的比重。有1/3的欧洲地主的土地在5,000摩尔根以上，

---

① 实际上是一种分成制的佃农。

甚至有超出 40,000 摩尔根土地的大农场。大农场主大部分是布尔人。布尔人地
主容易掠夺到土地，却不善于经营。他们缺乏资本。有些地主只是为了搞土地
投机才购置土地，欧洲人在纳塔尔所夺得的土地有一半以上落在地产投机商手
中。欧洲人占有的土地，已经耕种的只有 5%，其余则用来放牧或抛荒。往往一
头羊占三摩尔根的土地，牛则倍之。有许多大地主住在城市成为"遥领地主"。
欧洲人虽然控制这样多的土地，但亲自经营农场的为数很少，住在农村的始终
不超过白人人口的 25%；白人无地农民出现以后，这个数字还在继续减少。农
场耕种和放牧工作，就靠非洲人劳役佃农来担负。在这样的情况下，农、牧业
都得不到发展，生产力很低下，联邦粮食不能自给；甚至蔬菜水果都靠进口；
由于经营无方，劳动生产率低下，有许多农场不付所得税，因为他们的收入还
达不到纳所得税的标准。由此可见，白人农场主特别是布尔农场主就是在农业
生产上，也没有起什么进步作用。

南非联邦的欧洲人就是通过这样的土地关系来对非洲人进行民族压迫的。
统治阶级的白人有 87.5% 是在南非土生土长的，这些人是最疯狂的种族主义者。
随着种族歧视的日益加剧，联邦中的阶级矛盾就日益以民族矛盾的形式出现。
土地问题是关系到占人口绝对多数的非洲人的生存问题。1906 年纳塔尔抗税运
动以后，非洲人的武装斗争暂时告一段落。在这以后，非洲人完全被解除了武装。
非洲人的反殖民主义斗争暂时只能以其他形式出现。70 年代以后，南非矿业的
迅速发展，非洲人的工人队伍开始形成；到第一次世界大战期间仅加工工业非
洲工人已有 80,000 人；矿业拥有 280,000 非洲工人。最早一批受基督教教育
的非洲知识分子也出现了，教师和牧师的人数增长很快。在非洲人的基督徒中，
增强了反殖民制度的感情。他们利用了宗教来进行反殖民主义的宣传。1884 年
成立了第一个独立的非洲人基督教会——"滕博人民族教会"，后来又成立了
纳塔尔的非洲基督教联盟，成为班图人联合的一种形式。他们也成立了政治组
织来进行斗争。1882 年在开普殖民地东部成立的"非洲人党"是南部非洲第一
个非洲人的政治组织，可惜存在时间很短，就湮没无闻了。班图人也开始创办
报纸，早期存在时间较长的报纸是科萨人 1870 年创办的《卡弗尔人快报》（1876
年改称《基督教快报》）。但它仍是一份传教报纸而不是政治报纸。1884 年开
始出版的《土著的意见报》，编辑虽是非洲人，但出钱办报的是英国自由党人。

1912 年成立的非洲人国民大会，是南非第一个有影响的全国性的非洲人的
政治组织。经历了英布战争和南非联邦成立等一系列事件，非洲人的民族觉悟

有了提高。南非联邦所确立的制度引起非洲人的愤怒。1912 年 1 月非洲人代表聚集在布隆方丹举行南非土著国民大会。后来改称非洲人国民大会，成为一个经常性组织，它制订的纲领表明它已经具有民族主义的意识，它要团结非洲人各阶层进行非暴力的合法的斗争。它的目的在于联合各个部落为一个"政治的统一的民族"，以便采取共同的行动来争取他们的自由与权利，它要求在各个方面消除种族歧视并争得参加议会的权利。^① 约翰·杜贝被选为国民大会主席。非洲人国民大会在初期受各部落酋长的较大影响，它曾派代表去伦敦抗议 1913 年土地法。世界大战爆发后，大会暂时被迫停止活动。1913 年德兰士瓦矿区发生了非洲工人为争取改善生活而举行的第一次罢工。^② 这些情况说明南非非洲人的反殖民主义斗争开始进入了一个新的阶段。

南非联邦的"印度人问题"

南非联邦的"印度人问题"也是一个民族压迫和反压迫的问题。纳塔尔的甘蔗种植园原是依靠由印度来的契约劳工。1866 年一度终止输入，1874 年又恢复印度契约劳工制，并由政府予以资助。当时南非不仅甘蔗种植园，就是其他工业如采矿业等也要靠印度的劳动力，所以殖民当局鼓励印度劳工入境。契约期满以后，按规定印度人仍然可以留在纳塔尔，所以印度人人数日益增多。80 年代时，欧洲移民已开始对此进行攻击。1885 年的调查团建议停止印度人入境。由于种植园主的反对，这一建议未予采纳。直到 1911 年为止，仍然继续有印度契约劳工入境，不过到 1894 年殖民政府的资助已经停止，并开始对印度人采取了民族压迫的措施。

留在南非的印度人，除一部分继续充当工人外，有的改营小商业，有的成为拥有小土地的自耕农。其中有许多人是带家眷来的，已在南非安家落户。此外，有些印度人原来就是到南非来经商的，其中有一些商人颇为富有，他们设立商行，经营对外贸易。印度小商贩不仅在纳塔尔占有相当势力，1881 年以后又相继渗入德兰士瓦和奥兰治；在开普省他们还从事经商以外的其他工作。欧洲移民认为印度人数目的增加和活动范围的扩大是对他们的一大威胁，促使政府对印度人进行种种限制，从而有所谓"印度人问题"的产生。1885 年，德兰士

---

① 比尔《非洲土著问题》第 2 卷第 123 页。
② 比尔《非洲土著问题》第 2 卷第 125 页。

瓦宣布印度人无选举权，并根据种族隔离原则规定了印度人在城市中居住和经商的地段，在规定的地段以外不得购置地产。1891 年奥兰治禁止印度人入境。纳塔尔虽然仍许印度劳工入境，但规定期满必须遣返（1894 年）；继而又规定凡期满仍留在纳塔尔的印度人，每年须纳执照捐三镑（1895 年）。这是很重的捐税，但仍不能迫使印度人大量返国。鉴于已有许多印度人是在纳塔尔出生的，殖民当局规定 16 岁以上的男孩和 13 岁以上的女孩也须纳捐。纳塔尔的 1897 年移民法规定，除契约劳工外，禁止其他印度人入境。尽管如此，到 1911 年时，南非联邦的印度人已有 150,000 人。其中有 84% 住在纳塔尔，印度人人数已超出纳塔尔的欧洲人的数目；有 8% 住在德兰士瓦，印度人住在奥兰治的最少，总共不过 100 人。[①]

在南非的印度劳动人民自始就反抗这类种族歧视和民族压迫的政策和措施。这种反抗发展为有组织的斗争是和日后闻名于世界的伟大的印度民族解放运动领袖莫汉达斯·卡尔姆昌德·甘地（1869—1948 年）在南非的活动分不开的。甘地于 1893 年应南非印度富商之聘，到达南非处理债务案件。事后，他在纳塔尔登记为律师，随即开始了他在南非的政治活动，领导印度人的反民族压迫斗争。1894 年纳塔尔议会通过法令剥夺印度人的选举权，在反对这一法令的斗争过程中，4 月，在甘地的领导下，南非印度人成立了第一个政治团体——纳塔尔印度人大会。[②] 他先后发表《向南非英国工人呼吁》和《印度人的选举权》两本小册子，开始形成他的非暴力主义思想。英布战争时，他曾组织印度救护队为英军服务，希望取得英国人的同情来消除对印度人的歧视。然而，和他的愿望相反，战后对印度人的压迫变本加厉。甘地领导印度人继续斗争；创办了报纸《印度舆论》（1903 年），在德班附近建立"印度新村"来宣传他的非暴力思想。他曾因参加斗争而数次被捕下狱。1906 年，甘地在德兰士瓦领导了第一次非暴力抵抗运动，反对德兰士瓦政府把通行证制度强加于印度人身上。印度人反对强迫登记而在约翰内斯堡举行示威游行，有许多印度人被捕。1909 年，甘地率领印度代表团到伦敦请愿，也不曾收到效果。南非联邦成立后，对印度人的压迫更甚，甚至宣布根据印度仪式而举行的结婚即使是符合一夫一妻制，也是非法的（1910 年）。1913 年南非当局通过的移民限制法案的种种规定，事实

①　《英帝国史》第 8 卷第 656 页。
②　《甘地自传》商务印书馆第 441 页。

上就是限制印度人入境；并且规定住在联邦各省的印度人不能自由出省。在甘地领导下印度人的非暴力抵抗进入高潮：纳塔尔有 4,000 矿工罢工，与警察发生冲突，死 9 人；有 2,700 印度人从纳塔尔出发，坚持进入德兰士瓦，他们先后为警察所阻，后被逮捕押解回来。甘地再度下狱。[①] 经过联邦政府找甘地的交涉及根据调查团的报告，联邦议会通过了一项无足轻重的修正案：承认印度人的婚姻仪式和取消三镑执照捐。在这几次运动中，甘地领导印度人有组织地不服从种族歧视的法律，无论受到怎样的挑衅和残暴镇压，都不采取任何暴力。甘地把这种形式的政治斗争称为"坚持真理"，即非暴力运动。1914 年，甘地返回印度。世界大战爆发后，"印度人问题"暂时被搁置起来。非暴力斗争并未能为南非印度人争得人权与自由。但是，甘地的这种消极抵抗策略和非暴力运动对非洲人的民族运动产生很大的影响，许多非洲人组织采取了这种斗争形式。就当时的情况而论，印度人的命运较非洲人稍好，因为在英帝国范围内他们还有印度政府——虽然也是殖民政府——为了推行"绥靖政策"，笼络印度人上层，不得不替他们说一些话；在南非的印度人中又有一些资产阶级和资产阶级知识分子，印度人还未丧失生产资料。可是，随着南非联邦白人统治的日趋反动，他们和非洲人所受民族压迫的差距，已开始逐渐缩小。

兰德的非洲矿工和契约华工

南非联邦的采矿业，基本是靠剥削非洲人的廉价劳动力发展起来的。非洲劳动力绝大部分来自土著保留地。德兰士瓦金矿的矿工约有一半是来自开普省的保留地，特别是来自特兰士凯保留地。金矿总会特设土著劳工招募机构，派人到开普省和纳塔尔省去进行招募。保留地内的白人小商店就是招募劳工的代理机构，店主没有领取金矿的薪给，但每招到一名劳工即可得 2 镑酬劳金。为了获得大量的酬劳金，他们用高利贷和其他诱骗手段，迫使非洲人签订劳工契约。非洲劳工被运到德兰士瓦以后，即被分配到各矿业公司。1899 年时，150 家公司共雇佣了 108,000 非洲人。[②] 他们主要是充当井下矿工。公司统一规定工资每天为 2 先令，1897 年以后几乎不曾增加过工资，由于物价上涨，他们的实际

---

① 《甘地自传》商务印书馆第 444 页。
② 《英帝国史》第 8 卷第 788 页。

工资日益低落，而白人工人的工资却在迅速增加，[①]南非白人工人的工资，属于世界平均工资的最高一级；这是日益压低非洲人工资的结果。非洲一般工人的工资仅为白人熟练工人工资的 1/12。白人技术工人的工资更高。即使是同工种的工作，非洲人的工资也只有白人的 1/6。工伤事故所得的赔偿费差额更大：非洲人的最高额为 20 个月的工资，白人则可得三年的工资。[②]高工资保持住白人的舒适生活和特殊地位，收买了白人工人贵族，这是加剧民族矛盾和种族矛盾的一个原因。非洲工人住在栅围以内，受严密监视，生活单调，营养不足，经过长时间的地下劳动以后，得不到应有的体力恢复。非洲工人的死亡率一度高达 7%。他们还经常受白人工头的打骂和侮辱。非洲人不甘忍受这样的生活和待遇，经常反抗，以至爆发为自发性的罢工（1913 年），但是由于缺乏领导而不能采取有组织的大规模的行动。

尽管有土著保留地提供劳动力，殖民当局并用重税压迫非洲人出外劳动，然而德兰士瓦的金矿始终感到劳动力的不足。因为非洲人非到万不得已时不愿背井离乡走出保留地。遇到收成较好的年月，他们就更不愿到离家几百英里的矿井底下去作苦工。在英布战争结束后的 1903 年，兰德金矿缺乏劳动力的危机达到了极点。这一方面是因为受了战争的影响，工人走散，难于马上募集。非洲工人较战前少了一半，使 60% 的金矿难于复工。另一方面，英国垄断资本正要利用英国战胜布尔人后开始直接统治德兰士瓦的机会，进一步扩大发展德兰士瓦金矿业。这就需要更多的劳动力。德兰士瓦殖民政府虽然已经从莫桑比克招募契约劳工，但仍然不能满足需要。"印度人问题"正在进入紧张阶段，故欧洲资本家不考虑再从印度输入矿工。有个别矿主主张增加使用白人劳力，并且已经部分实行，但是遭到南非欧洲人的普遍反对。欧洲人不愿南非也出现一个强大的白人无产阶级，虽然这是迟早要出现的。同时，他们也不愿白人工人在南非矿井担任非熟练工种，降低整个白人的生活水平，给种族歧视政策的推行造成困难。就是这样一些情况和考虑，促使欧洲垄断资本企图在兰德金矿剥削他们称之为"中国苦力"的华工。

在 19 世纪中，英国垄断资本即已利用不平等条约，一再在中国招募"契约华工"。1903 年时，德兰士瓦当局一面派人到中国来"了解"招募华工情况，

① 比尔《非洲土著问题》第 1 卷第 44 页。

② 比尔《非洲土著问题》第 1 卷第 47 页。

一面制定了"输入劳工法令",规定契约期限为三年,可以续约,但期满必须遣返。1904 年,招募华工的议案经英国议会通过以后,立即与清政府交涉,迫使中国当局协助其招募华工。此举遭到中国舆论的反对,尤以华南各地反对最烈,但招募工作并未停止。当时除在广东招募 900 名以外;其余都是在直隶(河北)、山东等省招募的。招募工作进行得很快,1904 年 6 月第一批华工即已到达南非,当年到达的共计 9,668 人。此后每年在德兰士瓦的华工数目是:[①]

1905 年	39,952 人;	1908 年	21,207 人;
1906 年	51,427 人;	1909 年	6,516 人;
1907 年	49,302 人;	1910 年	305 人。

1907 年,第一批华工契约期满,遣送返国;同年 6 月,德兰士瓦当局宣布停止"输入"华工,但已在南非的契约华工则须待契约期满后遣返。因此 1906—1907 年间的华工数目达到最高峰,1907 年 1 月曾达到 53,846 人。[②] 此后开始下降,至 1910 年遣返完毕。

由于华工的到达,德兰士瓦各金矿不仅度过了缺乏劳动力的严重危机,采矿业也得到迅速的扩大和发展。矿井的数目、掘井的深度和生产的总值都在大幅度地增长;白人工人和非洲工人的数目也在迅速增加。那么,南非政府和矿主为什么又要停止继续招募华工呢?这主要是华工反剥削、反压迫斗争的结果。

金矿主对待华工并不比对待非洲工人好,因为华工远离祖国,人地生疏,清政府又腐败无能,白人矿主极尽其欺压华工之能事。华工也是住在栅栏内,不许外出,只能在栅栏内购物,其价格高出市价若干倍。矿主不履行契约,诈骗华工,在计算工资上耍弄花招,原议每月 3 镑工资,实际上华工得不到 2 镑。白人在栅内贩卖鸦片,设立赌场,借此放高利贷,使华工劳动三年,却常被弄得身无分文。安全设备和卫生条件都很差,故华工在第一年中即有 469 人死亡,1,167 人残废;第二年死 985 人,而病案则达 57,948 件[③]。死亡残废的恤金不过 10 镑,甚至有死后得不到恤金的。尤其使华工不能容忍的是白人工头的侮辱和打骂。矿区缺乏监察制度,矿主可以为所欲为;华工受到屈侮而无处申诉。清

---

① 陈达《中国人的移殖》华盛顿 1923 年第 131 页。

② 《英帝国史》第 8 卷第 621 页。

③ 陈达《中国人的移殖》第 133 页。

廷虽在那里设有领事（1905 年始到任），但无护侨能力，华工只有依靠自己直接进行斗争。最常用的斗争手段是旷工，第一年的旷工即达 21,205 次。此外，怠工、破坏、袭击看守警察、打死作恶多端的工头等都是常见的事。甚至一度发生有组织的罢工，有 2,000 多人参加。在第一年中，被武力镇压的暴力行动共达 28 次。第二年的反抗斗争更为普遍，华工因进行各种斗争而被判罪的案件达 13,429 件。[①] 博塔曾埋怨说：华工的暴力行动迫使一些欧洲人离开农场。[②] 正是因为华工为反对虐待而进行英勇斗争，迫使金矿主停止招募华工。

第五节　其他几个英国保护国

贝专纳兰（博茨瓦纳）、巴苏陀兰（莱索托）和斯威士兰

1885 年英国吞并贝专纳时，莫洛波河以北之地称贝专纳殖民地，10 年以后，划归开普殖民地管辖。贝专纳兰保护领只限于莫洛波河以北至南纬 22° 地区，22° 以北的地区是 90 年代中才兼并的。贝专纳人（茨瓦纳人）是由各不同的部落组成的，其中以巴曼瓦托人较为强大，曾领导反马塔贝莱人的战争。酋长哈马二世（1875—1923 年）曾团结贝专纳人对抗德兰士瓦的布尔人的西侵。他是一个亲英的酋长，笃信基督教而听命于英国传教师。英国极力挑拨巴曼瓦托人与马塔贝莱人之间的仇恨，制造边界争端。南非公司攻打洛本古拉时，曾唆使哈马二世出兵 2,000 人。贝专纳是一个干旱而多沙漠的地带，经济价值不大，全靠畜牧，所以白人移民迁来不多，不曾发生大规模掠夺土地的事。

巴苏陀兰在接受英国保护（1867 年）后不久，国王莫谢希去世（1870 年），接着 1871 年英国宣布将其合并于开普殖民地。1880 年 9 月英军司令沃尔斯利要求巴苏陀各酋长交出其部落所拥有的一切枪支。巴苏陀人不愿丧失独立，尤其反对开普当局要他们解除武装的法令，遂爆发起义，一度恢复独立（1880 年）；终因迫于布尔人的侵略而再度接受英国保护（1884 年）。巴苏陀兰是一个非洲人的国家，没有英国的"王土"，白人在境内不得占有土地；所以那里的土地关系没有急剧的改变。国王仍由莫谢希的后人继承，保全了原有的会议和法庭。

---

① 陈达《中国人的移殖》第 136 页。
② 比尔《非洲土著问题》第 1 卷第 23 页。

因为布尔人已夺去他们最好的土地，全国又有一半地区不适于居住，故居民密集在较易生存的地区，人口密度每平方英里达48.3人。经济以畜牧业为主，居民须纳10先令的茅屋税，英布战争后又加到1镑，迫使巴苏陀人壮丁外出做工挣钱缴税。巴苏陀兰也成为向南非提供劳动力的主要来源之一，经常有40%的壮丁去南非联邦矿区做工。

斯威士兰长期遭受德兰士瓦布尔人的侵略。虽经伦敦协定（1885年）保证其独立，但是白人来者日多，纷纷向国王骗取各种租让权。国王为了贪得现金收入，违法出让土地，有时一地出让两次，甚至三四次，引起不少纠纷，同时使人民丧失了土地。德兰士瓦共和国曾利用这些租让权企图合并斯威士兰，以便打开一个出海口。1895年，德兰士瓦和英国缔约，正式宣布斯威士兰为德兰士瓦的保护国，但是遭到斯威士人的不断反抗。英布战争结束以后，一度取消保护国名义，而划归德兰士瓦管辖；1906年又确定为英保护国。英国殖民当局着手整理以往的租让纠纷，把全国耕地的三分之一划为土著保留地，其余则租让给欧洲人或作为"王土"由殖民当局掌管。白人所占土地，多半辟为烟草种植场。

这三个保护领都是由英国殖民部管辖，共隶一高级专员；在各保护国内，各设一常驻专员，实行间接统治。联邦法案虽不曾把它们并入联邦，但是已为联邦合并准备了法律根据：英王可根据联邦议会的请求和英国内阁的同意而将它们划归联邦。南非联邦的统治阶级处心积虑想合并它们，但是遭到这些保护国的反对，因为酋长们不愿丧失间接统治所赋予他们的权力，而三国人民更害怕遭受联邦内非洲人所遭受的种族歧视与压迫。可是联邦政府仍在一定程度上控制了它们：三国关税由联邦统一征收；高级专员由联邦总督兼任；三国人民进入联邦境内须受制于联邦的通行证法。在经济上，特别是在交通上，三国都受制于联邦，与联邦有共同的货币制度和关税制度；巴苏陀兰和贝专纳兰经常为联邦提供劳动力；在第一次世界大战时，它们都派出了劳动队。

尼亚萨兰（马拉维）

就地理位置而论，尼亚萨兰应列入东非，但从其遭受帝国主义的侵略的历史而论，它是和南非各国共命运的。跟着利文斯顿传教和探险活动后面来的是英国的传教士、商人和移民。在教会的推动下，英国组织了非洲湖区公司，在尼亚萨兰购置土地和经营商业。随着英国人在南非的扩张，英国南非公司的势力也跟着侵入尼亚萨兰，给英国政府提供了一个既能侵占土地又少花费的工具。1889 年英国人发现了赞比西河的信德河口，从此可以不经过葡属殖民地而进入希雷河。英国在布兰泰尔设置领事，通过南非公司和酋长们订立的商约而取得行政权。通过罗得斯的活动，英国派约翰斯顿以南非公司代理人的身份到尼亚萨兰活动（1889 年），他从酋长处骗取了许多条约，确立了英国的宗主国地位，英国政府任命他为高级专员和总领事（1891 年）。[①] 除了采取同酋长签订欺骗性的保护条约的手段以外，英国在尼亚萨兰同时进行了武装侵略，连续多年进行所谓"绥靖土著居民"的战争。有些战争是在禁止奴隶贩卖的幌子下进行的。阿拉伯商人在这一带拥有强大的武装力量，当地的尧人信奉伊斯兰教，与阿拉伯人联盟对抗欧洲人的侵略。英国侵略者一方面利用桑给巴尔素丹对阿拉伯人施加压力，一方面唆使非洲人打非洲人。尧人对英国殖民者进行顽强的抵抗，1899 年在契卡拉山为保卫卡温加酋长的要塞进行了长期防御战。英国付出了相当代价才最后征服了尼亚萨兰（1895 年），英国因侵略尼亚萨兰而与德国和葡萄牙发生的争端，在 1890 年赫耳果兰条约和英葡划界条约中得到解决。

英国人在尼亚萨兰自始就利用酋长们的贪婪以廉价取得土地。酋长们违反公社土地法出卖土地，往往有一地两次出卖事情，造成很多纠纷。1892 年英国殖民当局进行调整，发给土地所有者以管业契据。尼亚萨兰有 25% 的土地是不宜于耕种的。欧洲人所占土地虽然只有 15%，然而是最好的土地；英国在这些土地上迅速建立种植园，1878 年建立第一批咖啡种植园，90 年代以后又开辟林木、烟草和棉花种植园。住在这些土地上的非洲人成为英国种植园主剥削的对象。英国利用非洲人的劳动力，很快就把尼亚萨兰变为它的原料产地，1893 年始种烟草，1900 年传入棉籽。1913 年尼亚萨兰输出的烟草值 94,000 英镑，占出口总值的 47%；输出棉花 65,000 英镑，占出口总值的 32%。[②]

尼亚萨兰人民利用基督教展开了反殖民主义的斗争。他们根据自己对基督教义的解释，从圣经中抽出他们所需要的东西，在布道时揭露殖民主义的罪恶，表达了要摆脱殖民统治的决心。1906 年尼亚萨兰发生的"望塔运动"（Watch-tower），就是这样采取宗教形式的反殖民主义运动；它以秘密教派组织的形式出现，以神秘的宗教口号和《圣经》词句掩饰了自己的宗旨——把欧洲人统统赶

---

① 当时称为中非保护国，1907 年始改称尼亚萨兰保护国，归英殖民部管辖。

② 弗兰克尔《非洲的资本投资》第 244 页。

出非洲。这个教派运动不久蔓延到刚果、坦噶尼喀和北罗得西亚。受这一运动影响的奇伦布韦起义（1915年），发展成为一次反对白人种植园主的农民运动。奇伦布韦原是尼亚萨兰浸礼会的一名教徒，1892—1897年曾在传教会中工作，后被送往美国教会学校受教育，1900年回国，在契拉德祖鲁他自创一个教派，献身于教育自己同胞的事业，他目睹欧洲殖民者对非洲人的野蛮屠杀，布道时公开号召用野蛮来对付白人种植园主的野蛮，他的传道威胁到白人殖民主义者的统治。奇伦布韦为了建立非洲人国家策划组织一次大规模的武装起义。当他得知英国殖民当局要逮捕他时，他于1915年1月24日夜提前发动起义，率领信徒攻占一座人人痛恨的白人庄园。起义者因内部分歧未向布兰太尔进军，坐失时机。英国迅速组织讨伐队，并调来正规军。起义军退到莫桑比克边境。1915年1月27日至2月3日，英国讨伐队和葡军残酷屠杀起义者。奇伦布韦在战斗中牺牲。这次起义的意义在于它不是在部落基础上由部落酋长领导的起义，而是由农民和农场工人自己队伍中产生的领袖领导的一次反殖民主义的农民起义。

第十七章　马达加斯加

第一节　19 世纪末以前的马达加斯加

历史的追溯

马尔加什人是马达加斯加岛的主人。"马达加斯加"在马尔加什文作 Madagaskara 或 Malagasy，意即"马尔加什人的土地"。[①]马尔加什民族是在这个岛上经过长期的融合过程而形成的，所以当他们在 1960 年独立时即定名为马尔加什共和国。关于这个民族起源的问题有过不少的争论，至今尚未完全解决。大致可以肯定它是有若干外来民族融合形成的。马尔加什民族的基本组成部分是马来—印尼人。在马来—印尼人到达以前，非洲的埃塞俄比亚族和科伊萨人可能早已来到这个岛上。有些学者认为马来—印尼人是经过印度洋中的岛屿直接飘洋过海来到马达加斯加的。多数学者认为这种可能性不大，最可能的是通过锡兰、印度、阿拉伯半岛和东非沿岸经科摩罗群岛而到马达加斯加。他们到达的时间也难确定，最早到达的移民可能是在公元前 10—6 世纪之间，较晚的移民是在公元后 2—10 世纪之间。[②]这一移民浪潮在 12 世纪时业已终止。[③]除了马来—印尼人以外，7 世纪时，阿拉伯人也开始从东非沿岸移来，与他们同时迁来的有僧祇人、波斯人和印度人。班图人的移入要到 14、15 世纪，其中有一部分班图人是当作奴隶运来的；在岛屿西部，东非班图人的影响比较显著。这些先后移入的各族人民，保持着部落组织，不断迁徙寻找肥沃的土地，彼此经常发生战争，同时也通过和平的交往而彼此逐渐融合起来。因此，岛上的居

---

① 德尚《马达加斯加史》法文版第 6 页。

② 腊伯马南扎腊《马达加斯加》中译本第 5 页。

③ 默多克《非洲各族人民及其文化史》英文版第 212 页。

民尽管在体格肤色上，彼此有些区别，但在文化，特别是语言上，却有很多的共同性。马尔加什语属印尼语系，虽然各部落有不同的方言，但根本的差别不大，有的学者认为都是同一印尼语的不同方言。物质文明也是以马来—印尼文化为主；但也有来自阿拉伯和非洲的大陆的影响，特别是在西部。

马尔加什人中人数最多和社会经济发展程度最高的是中部的麦里那人。他们可能就是属于最后一批到达这个岛上的马来—印尼人。根据传说，麦里那人在公元14世纪建立了伊麦里那王国。大约在16世纪中，马达加斯加岛上先后出现了一些王国；这是经过各氏族、部落的长期交往融合和征服战争后产生的；一般还只处于部落联盟阶段。伊麦里那是这些王国中最发达的一个。它于17世纪中建都塔那那利佛后，发展成为以农业为主的封建国家，封建土地所有制和封建土地使用方式逐渐形成，但在18世纪初，伊麦里那国王把国土分封给四个儿子而中断了封建集权国家的发展。肤色较黑的萨卡拉瓦人在岛屿西部的广大平原上建立了若干王国。这些王国的面积大而人口少、社会组织较为松懈；但是因为与东非沿岸进行频繁的奴隶贸易，比较富有，到18世纪中，仍很强盛。此外，在16世纪中，马达加斯加岛的东部有贝希米扎拉卡人的王国，中部山区有贝希略人的王国等，有的只是些部落联盟或国家的雏形。

在16—18世纪中马达加斯加岛诸王国中有些已在经历不同程度的封建化过程，其中以伊麦里那的封建化较为发达。伊麦里那国家的土地属于国王，固定由村社使用，不得出卖。贵族阶级称为安得里安那①，他们拥有大量的土地，有免税及其他特权。平民称为"霍瓦"②，西方学者有时称麦里那人为"霍瓦人"，伊麦里那国为"霍瓦国"，这是因为初来的欧洲人错误地把"霍瓦"当作了种族名称。霍瓦附着于土地，不得离开村社，随着封建化的进展而转化为农奴。最下层为奴隶（Ondevo），他们赎买自由后成为"曼底"（Mainty）。马达加斯加岛西部沿海地区的经济以畜牧业为主；伊麦里那和其他许多王国的经济都是以种植水稻的农业为主，很早就发展了良好的灌溉系统，梯田集约灌溉耕作制在发展农业生产力上起很大的作用，可能也是促成封建化过程的一个重要因素。在18世纪末以前，马达加斯加岛还不曾形成为一个统一的国家；分散在中、西部的各王国处于不同程度的封建化阶段；有些地区，特别是在西南部，仍停留

---

① 安得里安那 Andriana 意为"贵人"。

② 霍瓦 Hova 意为"自由农民"。

在氏族部落制阶段。

13 世纪以前，阿拉伯商人肯定已经知道马达加斯加，他们的地图上已有这个大岛。有的学者（如冯承钧）认为，成书于 12 世纪和 13 世纪的中国宋朝的两部地理书《岭外代答》和《诸蕃志》里所提到的"昆仑层期国"，就是指马达加斯加岛。书中指出该国"在西南海上，连接大海岛"，岛上"常有大鹏飞，蔽日移晷"，土产有"大象、犀角"；又指出"西有海岛，多野人，身如黑漆，拳发，"这可能是对 12 世纪马达加斯加岛及其附近岛屿的确切描绘。14 世纪提到"马达加斯加"的有《马可·波罗游记》。据马可·波罗说，他是从中国知道这个名字的；并且说中国的"大汗"曾两度遣使马达加斯加。马可·波罗只是根据传闻，故《游记》中关于马达加斯加的叙述有不正确的地方；所谓元代两度遣使亦无史籍可考。但是，他的叙述再次证明中国当时已经知道有马达加斯加。[①]1500 年（或作 1506 年），一艘葡萄牙船在去印度的途中曾被风暴吹到马达加斯加海岸，这是欧洲人第一次到达马达加斯加。1529 年，两艘商船上的法国人在岛上登陆，被当地人击退，不曾建立据点。1540 年葡人曾在沿岸建立商站，从事传教和奴隶贸易，不久（1548 年）即为马尔加什人所逐。荷兰人占有毛里求斯岛（1598 年）后，在 16 世纪和 17 世纪之交，为了掠取奴隶，曾一再袭击马达加斯加沿岸诸地。1591 年，英国船第一次驶抵马达加斯加。1640 年左右，英人企图在沿岸建立殖民地，有 400 人登陆，但最终仍为马尔加什人所歼灭。由于当时西方国家商业的重点是放在东方，同时又屡遭马尔加什人的顽强抵抗，所以在 1500 年以后的 100 多年中，不曾在这个岛上建立任何牢固的据点，只留下了有关这个岛屿的一些记载。

17 世纪中叶，西方国家在印度洋上的殖民竞争日趋激烈；法国想占领马达加斯加作为进一步在印度洋扩张的根据地。1642 年，它通过东方公司用武力在岛的南岸建立了多凡堡殖民地，并沿海向北扩张，势力伸展到塔马塔夫。1648 年，公司派弗拉库尔来管理这个殖民地，称"马达加斯加司令"，北取圣马丽岛，南则占领留尼汪岛（1645 年）。弗拉库尔懂得马尔加什文，著有《马达加斯

---

① 《马可·波罗游记》卷 3 第 33 章说"大汗（元世祖）遣使者至该岛，探访上方所言奇事。吾所述者，即使者所告余者也。大汗使者，尝为该岛土人所拘留，故大汗又遣人持金赎回之。两使归国，告大汗该岛各种奇事及大鸟情形……"。见玉尔本 II 第 411—413 页。中译文引用《中西交通史料汇编》第 2 册第 43 页。

加岛历史》，绘制了相当准确的地图，为此后法国侵略这个岛国提供了条件。[①]
由东方公司改组的法国东印度公司成立（1664年）后，开始向岛上移民，并日益向内地扩张。所到之处屠杀居民，勒索贡赋。马尔加什人民同法国殖民者进行了坚决的斗争，歼灭法国移民大部，终于迫使法国放弃了在马达加斯加的殖民地（1674年）。尽管法王一再颁布敕令（1686年、1719年、1720年、1725年）宣布马达加斯加为法国领土，但是在18世纪末以前，法国在马达加斯加岛上始终不曾据有一块殖民地；很长时期法国是以留尼汪和毛里求斯岛[②]为东通印度的中途站。在17世纪下半期中，马达加斯加岛沿岸的某些地方成为英、法海盗的巢穴；但因海盗们的活动是在海上，所建堡垒对内地疏于防备，所以不久都被马尔加什人所清除。

18世纪后半期，法国两次试图占领马达加斯加。第一次曾再度占领多凡堡，但不久即被迫放弃（1768—1770年）。第二次是利用一个波兰冒险家贝内奥夫斯基进行的，他在安通吉尔湾建立了领地，妄自称为"马达加斯加皇帝"，终因得不到法国的支持而失败（1773—1786年）。

马达加斯加的统一及其反英法侵略的斗争

在法国资产阶级革命和拿破仑战争时期中，马达加斯加岛也成为英、法争夺的目标。英、法政府直接出面侵略，代替了已往商业公司和冒险家或海盗的侵略活动。两国争斗激烈。巴黎和约签订（1814年）后，英国占有毛里求斯岛，法国仍保留了留尼汪岛，从此英、法即以这两个岛作为此后侵略马达加斯加岛的基地。1817年，法国再度占领圣马丽岛。在英法长期殖民战争以后，法国丧失了不少殖民地，想从马达加斯加取得补偿，遂积极在沿岸建立据点。对于法国的侵略活动，英国当然不甘坐视，两国在马达加斯加的竞争进入了紧张阶段。

英、法殖民侵略的严重威胁是促使马尔加什人加强团结的外因，英、法殖民者之间的矛盾也为全国统一提供了有利的机会。但是，马达加斯加之趋于统一，主要是由于其内部的社会发展已为统一准备了必要的条件。由于各族人民长期交往和活跃的商品交换的结果，在18—19世纪之交，全岛已通行着只有方言差别的共同语言；有关日常生活的物质文明如耕种方法，手工业技术和房屋

---

① 德尚《马达加斯加史》第68页。

② 1715年法国从荷兰人手中夺得毛里求斯岛，1810年该岛又为英国所夺。

建筑形式等也表现了很大的共同性。① 在马达加斯加，与外界接触频繁的沿海地区反而是比较落后的地区，这是因为长期受到奴隶贩子与海盗劫掠的缘故。为了对抗这些劫掠，沿海居民的部落组织也要求进一步团结起来。18 世纪初，各地已出现了日常生活所需要的各种手工业。手工业分工细密，工匠技艺娴熟。接着出现了不同规模的市集，促进了商品的交换、各地货物的交流。新出现的乡镇和城市成为沟通贸易和手工业的中心。农业生产已经不只限于自给而有了剩余，19 世纪上半期中已有粮食输往毛里求斯和留尼汪诸岛。奴隶贸易中有很大一部分是过境贸易——从东非输入本岛而又从本岛再输出到毛里求斯、留尼汪、南非甚至美洲地区。这一切经济活动都不能不影响国内市场的进一步发展。而上述这些情况就构成了促成国家统一的内在因素。马达加斯加人民面临着统一全岛为一个民族国家和抵抗殖民主义侵略的任务。统一国家与抗击侵略是一个任务的两个方面，任何一个方面取得胜利就会有利于另一方面取得进展，任何一个方面遭到失败也会使另一方面遭受挫折。

在马达加斯加的统一事业中，伊麦里那国家起了主导作用。它原是全岛社会经济和文化发展水平最高的国家，具有担负统一大业的条件。它位于中部高原，当它尚不曾直接受到殖民侵略的威胁的时候，还没有产生统一起来共御外侮的要求，所以国内长期陷于封建分裂局面。18—19 世纪之交的内外形势的发展使伊麦里那统治阶级意识到首先要结束国内分裂局面。这个任务是由国王安德里亚纳姆波伊尼麦里那（1787—1810 年）完成的。他统一了伊麦里那，使塔那那利佛再度成为首都，赶走西来的萨卡拉瓦人，臣服了萨卡拉瓦人的博厄尼和默纳伯等小王国。王权渐趋巩固，国内原有的六大封建主成为中央政权控制下的六个行省的首长。他制定了刑法和其他法律来巩固封建制度。土地最高所有权属于国王，国王有权处置全国土地，他把世袭封建领地分封给三个最大的贵族集团。贵族可以对领地上的居民行使司法权，征税权，召集民军。居民虽被称为"自由臣民"，却被束缚在土地上不能离开领地。国王直接统治的领地上的居民称霍瓦，他们向国王缴纳土地税和服徭役。安德里亚纳姆波伊尼麦里那国王所建立和完善的封建制度一直存在于整个 19 世纪。虽然氏族制度遗留下来的人民会议仍起一定作用，但国王身上已集中了相当大的权力。他在遗诏中给他的

---

① 腊伯马南扎腊《马达加斯加》第 33—34 页。

后人指出了国家发展的方向："海必须是我们国土的边界"①——这意味着要统一全岛、抗击西方列强的殖民侵略。这个愿望由他的儿子拉达马一世（1810—1828年）实现了。当时英国借口禁止奴隶贸易并利用传教的方式加速渗入马达加斯加。拉达马一世于1817年与英国签订了禁止奴隶贸易的条约，这是马达加斯加与欧洲列强签订的第一个正式条约。由此拉达马能从英国得到武器来武装他的军队。拉达马一世是一位有卓识远见的国王，他努力了解欧洲国家情况，熟悉欧洲文化，在殖民侵略威胁面前，他保持清醒头脑。首先他着手建立一支近代化的常备军，制定军官等级，请英、法军官训练。他利用这支武力进行统一全岛的工作：在他父王死后，原已兼并的几乎所有地区又纷纷叛离，国家重新陷入四分五裂。他的征服工作在东面不曾遇到很大的困难，迅速臣服了沿海地区，但在西部，由于萨卡拉瓦人各王国为保存其奴隶贸易进行了顽强的抵抗，他经过三度进兵才得以平服（1811—1816年）。拉达马建立的新军使他在重新征服地区稳固地建立了统治权，只有最南部的一些部族仍保持独立。拉达马一世为了实现他不许欧洲人在马达加斯加岛上占有土地的誓言，先后从法人手中夺回了塔马塔夫（1817年）和多凡堡（1825年）等据点，只剩下圣马丽岛还留在法人手中。除了马达加斯加岛的极南端地区尚未收入版图外，拉达马统一了全岛，从此他改称马达加斯加王。为了巩固统一，消除各地的文化上的差异，拉达马广泛实行武装移民，把伊麦里那人迁到新兼并的地区。这个移民政策促进了马尔加什民族的形成。为了实行改革，他欢迎欧洲人来岛。在前来的欧洲人中，以英国人的势力较大，新教传教士日多。拉达马一世进一步接触了西方资本主义的文化后，认识到除军事外，还必须实施一些文化方面的改革，如奖励教育，文字实行拉丁化、发展印刷业等。这些改革进一步奠定了国家统一的基础，而整个国家的近代化工作也有一个良好的开端。可惜他过早死去（死时年36岁）未能完成国家的改革事业。

在他的继承者拉纳瓦洛纳一世（1829—1861年）②的长期统治中，全国仍然朝着民族国家的方向发展。1829年，法国派遣六艘兵舰载着由塞内加尔人组成的军队前来，妄图利用女王登基伊始的时机再度攻占塔马塔夫，法军遭到围攻，不得不于1831年撤出该岛。与拉达马一世不同，女王认识到基督教的传教

---

① 德尚《马达加斯加史》第72页。

② 拉达马一世生前有11个后妃，拉纳瓦洛纳是他的王后。

是殖民列强进行侵略的一种手段，遂于 1835 年颁令禁止国人信仰基督教，禁止外国人在国内传教和设立学校，但允许他们通商。女王政府坚决实行这一政策并不曾因英、法联合的武装干涉而有所动摇。对于英、法舰队的示威（1837 年），女王采取了禁止人民出海到毛里求斯和留尼汪岛充当劳工的办法，以为报复（1839 年）。法人在西海岸占领贝岛（1842 年）作为基地，对马达加斯加岛的

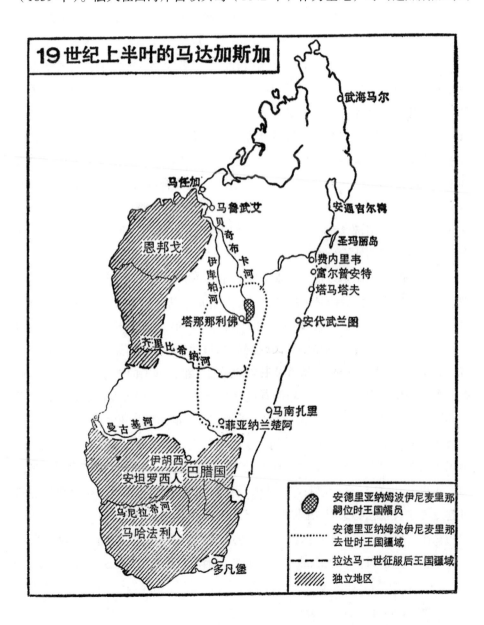

西北角进行骚扰；女王政府压迫法国商人作为报复措施。最后，英法联合舰队炮轰塔马塔夫，为马尔加什人所打退（1845年）。女王政府下令封闭东海岸各港，迫使英国付出1万5千美元的赔偿费以后，才许其继续通商。女王政府加强武备，建立军火工厂，决心用武力来对付殖民列强的进攻。在这一强硬政策面前，英、法殖民势力只好从岛上撤退。欧洲人几乎都离开了。只有极少数人留下，其中之一便是法人拉博德。他是因乘船遇难而来到这个岛国的。他精通科技而又富有计谋。女王并不排斥欧洲的技术，她利用拉博德的技术建立了一个工业中心，其中包括采矿、冶铁、制造武器、火药和某些轻工业等。拉博德也颇谙艺术与建筑，为女王建筑了一座宫殿。他逐渐得到女王的信任以后，被委以教育王储的重任。此后由于需要科技人才，欧洲人来岛的又逐渐增多。1857年破获的宫廷政变阴谋，牵涉了许多欧洲人，这是法国人朗贝尔一手策划的，阴谋推翻女王让王子腊科托登位，拉博德也参与其事。女王再度把所有的欧洲人赶走，拉博德也在其内。[①]女王政府在打退英、法联合侵略的同时，并没有放弃国家统一的事业；她在位时，北部迪耶果·苏瓦雷斯一带已收入版图；南向合并了安泰萨卡人诸部落地区。马达加斯加王国已占有全岛面积的四分之三，只有极南端各部落仍处于分离状态。

马达加斯加国家是以伊麦里那国家为中心不断扩大而形成起来的，19世纪中叶它面临的重要任务仍是巩固统一的成果，把全岛各族人民融合为一个民族。尽管全岛的马尔加什人在经济和文化上有许多共同点，但部落和封建上层的分裂倾向仍然严重存在，马尔加什民族国家的最后形成取决于国内统一的经济发展，而这首先取决是否能摆脱殖民主义的威胁，维护国家的独立。自18世纪以来，英法的殖民主义侵略一直威胁着马达加斯加。19世纪中期恰恰在马尔加什民族国家形成的关头，由法人拉博德一手教育出来的腊科托王子继位，称拉达马二世（1861—1863年）。他一反前人执行的独立政策而奉行了亲法的政策，为殖民主义入侵打开一个大缺口。如上所述，当他还是王储时，就已一再仰仗法国人阴谋发动政变，企图早日夺权来实行亲法政策。他即位以后，欧洲殖民主义者卷土重来，拉博德又以法国领事的身份出现在马达加斯加岛。拉达马二世立即与法国签订了一项不平等条约，允许法人传教、通商、购置财产（1862年）；并且对法国人朗贝尔所组织的"马达加斯加地产工商业公司"给予特许状，许

---

① 德尚《马达加斯加史》第75页。

其拥有开垦土地、采矿，经营商业、金融等活动的专利权。实际上让该公司包办了马达加斯加全岛的自然资源的勘探和开发。而马达加斯加政府从中所能得到的只不过是公司利润的百分之十而已。①此外，拉达马二世还取消了关税，使国家丧失了一笔最主要的收入。这些丧权辱国的措施，特别是让外人购置地产的做法，激起了国人的极大愤怒；1863 年 5 月首都爆发了起义。起义者包围了王宫。5 月 12 日，拉达马二世在宫中被人勒死。

　　从 1863 年政变后直到 19 世纪末法国占领时为止，马达加斯加先后经历了三个女王的统治，她们是：拉梭赫里纳（1863—1868 年），拉纳瓦洛纳二世（1868—1883 年）和拉纳瓦洛纳三世（1883—1895 年）。在这一时期中，从 1864 年起始终由赖尼莱阿里沃尼任宰相，前后执政长达 30 年（1864—1895 年）。赖尼莱阿里沃尼出身安德里安戚拉沃家族，代表一个新贵族集团。从拉达马一世开始，国王为了同封建旧贵族斗争，巩固中央集权国家，有意培植一支新的社会力量，把免税领地赐给非贵族出身的人（霍瓦），形成了一个新的官僚新贵族。此后一个与安德里安戚拉沃家族有联系的新贵族集团把持了朝政，首相一职实际上已被这个家族所垄断。赖尼莱阿里沃尼本人是近代非洲的一位杰出的政治家，是一个爱国主义者。他了解欧洲的形势，知道闭关自守的办法行不通，特别是在拉达马二世引狼入室以后，更不可能再赶走欧洲人。他面临着两个最困难的任务：对内须稳定沿海各省的局势，消灭分裂倾向而使国家近代化，对外则须抵抗英、法，特别是法国的侵略。在内政上，他采取稳健的政策。他没有继续从事征服战争扩大国家的版图，而只是极力加强中央对地方的联系，以此来巩固业已取得的国家的统一。他实行法治，使国内社会秩序井然。在经济上，奖励手工业，同时开办了一些近代工厂。他下令废止奴隶制。由于缺乏资本，他实行租让制，利用外资来开发矿藏，筹办大型企业。他鼓励文化出版事业，兴办教育，派人到欧洲留学。他遵循了马尔加什人的土地不出让给外国人的传统原则，宁肯赔偿法国人 90 万法郎，但使法国人同意废除 1862 年条约和特许状。在出租采矿权时，他坚持了国家对土地的所有权。在外交上，他利用多边外交来制约法国。一方面迫使英、法宣布尊重马达加斯加的独立（1865 年）；一方面分别与英、法、德、意、美诸国订立了通商条约，允许各国人传教与通

---

① 腊伯马南扎腊《马达加斯加》第 60 页。

商，但不得购置地产。他善于利用英、法矛盾，1869 年他宣布新教为国教，使法国天主教势力在马达加斯加难以发展，利用英国的"宗教保护"来对付法国。另外，他在 1868 年又与法国签订了和平和贸易条约，使法国承认了女王及其继承人对马达加斯加全岛的主权。加之，在普法战争以后法国也无力实现其领土野心。他的政策在 19 世纪 60—70 年代中收到了一定的效果。马达加斯加的内政和外交形势在一个短时期内暂时稳定下来了。

第二节　马达加斯加沦为法国殖民地

马达加斯加沦为法国殖民地和马尔加什人民的抗法斗争

19 世纪下半期，马达加斯加国家获得重大的发展。在经济方面，稻田耕种面积扩大了。地域性的分工（西部从事牲畜生产，中部从事稻米生产）促进了商业发展。出口的经济作物（如咖啡）也发展起来了。村社正在加速趋于瓦解，土地私有制已经法律予以肯定（1881 年），出现了无地农民和租佃制。虽然奴隶劳动尚未彻底肃清。在新兴工业中使用了机器和雇佣劳动。国内已出现了统一的市场。在社会阶级构成上开始出现了资产阶级和资产阶级知识分子。国家正在朝着资产阶级民族国家的方向发展。正是在这个国家新生的阶段，马达加斯加遭到了帝国主义的扼杀。进入八十年代以后，西方殖民列强，特别是法国加紧了对马达加斯加的侵略。法国殖民侵略者提出了它在 19 世纪上半期利用马达加斯加内部的分裂倾向而与贝岛对岸的萨克拉瓦人诸酋长签订的保护条约，作为在西北海岸建立保护权的无理要求的"根据"。拉达马二世亲法政策所留下的恶劣影响也未能得到彻底的清除，法国仍能利用拉博德死（1878 年）后的财产继承问题而提出殖民主义的要求。宰相维护马达加斯加的主权，既不容许法国人在沿岸取得保护权，也不许他们在国内拥有地产。但是，占领马达加斯加已经成为法国政府的既定政策，法国便利用这些事端提出割地和赔款的要求。1883 年当法国的最后通牒被拒绝后，法国便悍然发动了入侵马达加斯加的第一次法马战争（1883—1885 年）。5 月 16 日法军炮轰马任加港，攻占塔马塔夫。马达加斯加政府虽然利用英、法矛盾促使英国向法国提出抗议，给了马达加斯加一些军事援助物资；并且在法国舰队的严密封锁下，进行了顽强的抵抗，1885 年 9 月 10

日在法腊法会战中挫败法军，但是终于在武力胁迫下被迫签订了屈辱的 1886 年和约。马达加斯加割让迪耶果·苏瓦雷斯给法国并赔款 10,000,000 法郎；法军退出塔马塔夫，但法国仍在马达加斯加首都派驻统监和警卫队，握有在外交事务方面代表马达加斯加的权利，经常干涉马达加斯加的外交。1885 年柏林会议以后，帝国主义列强掀起了瓜分非洲的狂潮，造成了对马达加斯加更加险恶的形势。听命于垄断资本的法国政府加紧实现占领马达加斯加的计划。1890 年，法国分别得到英、德的谅解，取得在马达加斯加行动的自由。由此法国可以选择适当的时机扩大侵略。

1886 年和约中并没有马达加斯加沦为法国的"保护国"的字样。然而法国以"保护者"自居，肆意干涉马达加斯加内政，它借口对条约解释不同，一再侵犯马达加斯加的主权。法国的警卫队又经常与首都人民发生冲突。马达加斯加人民对政府为履行和约条款而损害国家和人民的利益越来越不满。宰相赖尼莱阿里沃尼鉴于 1890 年以后法国步步进逼和国内人民不满的形势，决心备战，但为时已晚。法国先发制人，通过了 65,000,000 法郎的战费，征调了 30,000 军队。1894 年 9 月，法国在制造一系列挑衅事件以后，向女王政府提出最后通牒，发动了第二次法马战争（1894—1895 年）。法国海军炮轰塔马塔夫，15,000 名法军在马任加登陆（1895 年 2 月）。法国远征军企图长驱直入，迅速占领首都塔那那利佛。装备很差的马达加斯加军队为保卫国土进行顽强的抵抗，在 7 个月时间中，与法军进行了五场激烈的血战，并以快速的突袭和分散的游击战来困扰法军。法军的战略计划被打乱。为了保证辎重运输和给养的供应，法军不得不边前进边修筑公路，热带气候和热病使他们在修路工程中病死很多。据法国官方公布，法军死 5,592 人，其中法国人占 4,189 人。[①] 直到 1895 年 9 月 30 日，法军始进抵塔那那利佛。首都人民自动筑设街垒，进行巷战。法军炮轰王宫。10 月 1 日女王政府被迫签订了和约，马达加斯加正式沦为法国的保护国。宰相赖尼莱阿尼沃尼被免职，流放到阿尔及利亚。马达加斯加失败的原因不只是由于敌人的军事优势，还由于匆促应战，赖尼莱阿尼沃尼长期幻想通过和谈解决纠纷，不敢发动群众起来抗战。法军沿途虽然遇到顽强的抵抗，女王政府却没有去组织首都保卫战，首都卫队不战而降。此外，潜伏在首都的法国间谍纷纷

---

① 拉维斯《法国现代史》第 383 页。

散布谣言，也起了瓦解内部的作用。①

1895 年和约未经法国政府批准就被法国撕毁了。法国垄断资本对马达加斯加沦为保护国地位仍不满足，要求将其完全吞并。法国政府遂又于 1896 年 6 月在议会中用法令宣布吞并马达加斯加及其附近岛屿。

马达加斯加人民不甘沦为殖民地的命运，他们对法国殖民统治者进行了英勇的反抗斗争。早在"吞并"法令宣布以前，马达加斯加人民因为不满于本国政府的屈辱政策已经发动了反法武装斗争。1895 年 10 月和 11 月就在瓦基南卡腊特腊打响最早的几场战斗。到 1896 年 5—7 月间，人民起义已遍及伊麦里那南部地区。8 月 6 日"吞并"法令正式颁布以后，全国各地相率起义，部分封建地主也参加起义。于是开始了第三次法马战争（1896—1897 年）。当时法国侵略军已撤走一部分，起义风起云涌，具有全民性质，法国侵略军陷于到处挨打的困境。人民起义军控制了整个南方地区，前哨直逼京畿附近。法国殖民者、官吏和士兵龟缩在少数几个城市死守待援。1896 年 7—8 月间起义进入高潮时期，法国的殖民统治已处于风雨飘摇之中，法军伤亡惨重。法国赶忙委派屠杀过西非人民和越南人民的加良尼将军统率 15,000 大军前往增援。援军的到达（9 月 6 日）改变了战争形势。加良尼采取极其残酷的镇压手段。他认为起义的日益扩大是与马达加斯加宫廷有关系。他首先杀害了马达加斯加的两名部长（10 月 12 日），继而把女王废黜并押送到留尼汪岛（1897 年 2 月 28 日），最后将其流放到阿尔及利亚。加良尼认为这样处置就可以把起义迅速镇压下去。然而起义并未平息。加良尼自己也不得不哀叹："敌人非常灵活，能够逃避我们的打击。"② 其中东岸森林地带和东南诸部落的抵抗最为顽强。最后，加良尼只好采用逐步扩展的所谓"绥靖手段"，他充分利用这次起义存在的自发而缺乏有组织的统一行动的弱点，进行各个击破；利用原有的分裂倾向和阶级矛盾进行挑拨离间，分化瓦解；他把全岛划分为 23 个军区．利用他所能收买的马尔加什人分化瓦解；组成由法国人统率的民团，作为帮凶军。加良尼花费了整整 6 年时间，直到 1902 年年底才把全岛起义基本上镇压下去。表面上马达加斯加人民的反抗似乎已被粉碎，但是坚持保全独立的南部诸部落，并未屈服：在伊翁古曾重挫法军的塔纳拉人，后来又拿起了武器；1904 年安泰萨卡人也因抗税

---

① 布瓦特《马尔加什民族的历史贡献》法文版第 193—196 页。

② 布瓦特《马尔加什民族的历史贡献》第 207 页。

而进行了一年多的武装斗争；1904—1905 年起义又席卷了整个南方地区。西北部的萨卡拉瓦人于 1908—1910 年也爆发了起义；[①]1915 年南部地区的安坦德罗人又爆发了武装起义。从 1895 年到 1915 年的 20 年中马达加斯加全岛的零星的反抗行动一直没有停息过。这些起义的规模虽不很大，但持续不断，对第一次世界大战后的民族解放运动有很大的影响。在起义过程中，遭受法军屠杀以及因饥饿而死的马尔加什人，一般估计在 300,000—700,000 人之间，而当时全岛人口不过 4,000,000 人。

法国在马达加斯加的殖民统治

1897 年加良尼被任命为法国驻马达加斯加总督。在加良尼统治马达加斯加的时期（1897—1905 年），其统治政策是其征服政策的继续。1897 年法国把马达加斯加列为被"同化"的殖民地，即作为法国领土的一部分，直接受法国垄断资本的榨取。全岛除中部和东北部实行民事管理外，其他地区长期实行军事管制。加良尼为了寻求殖民统治的社会支柱，从地方封建势力和部落残余首领中物色法国的支持者，利用分裂倾向来瓦解马尔加什民族。在经济上为了排挤欧洲其他国家首先是英国的势力，法国先是提高关税来打击其他国家的贸易，迅速地把全岛对外贸易的四分之三操在自己手中。接着是掠夺马达加斯加的土地。用高额的人丁税（每人为 20—30 法郎）和牲畜税（大牲畜每头半个法郎）迫使人民为法国资本提供劳动力。除采矿、林业和种植园的生产外，公路、铁道、运河、港口的建筑，都需要大量劳动力。1896 年，殖民当局颁布了强迫劳动法令：凡 16—60 岁男丁，每年均须服力役 50 天。加良尼深通殖民统治之道，他效法费德尔布在塞内加尔的做法，创设了马尔加什学院，研究马尔加什人的语言、文化和社会制度；鼓励殖民官吏学习马尔加什语。同时又以法语为官方及教学语言，传布法国文化和推行法国的生活方式，力图培养出一批法国化的知识分子。

1905 年以后的殖民统治基本上还是遵循加良尼所定下的原则进行的，只是更加侧重经济掠夺。法国资本家不敢贸然在大企业中投资，除 1897 年创办的金矿外，其他工矿业都不很发达。到第一次世界大战时为止，全岛只有首都塔那那利佛是一座 10 万以上人口的城市。已完成的铁路也只有从首都经东岸到塔马塔夫一线。法国主要发展农业，输出除原有的水稻外，以咖啡为大宗，咖啡生

① 同上书第 214—216 页。

产增加很快，1904 年仅出口 6 吨；10 年后，1914 年已达 272 吨。1913 年全岛的输出总额为 56,000,000 法郎，比 1905 年增加 125%；输入为 46,000,000 法郎，比 1905 年增加 200%。[①] 巨额利润主要落在几个大公司手中，其中以马达加斯加·马赛公司（1898 年成立）和马达加斯加·里昂公司（1897 年成立）获利最多。法国殖民者的土地掠夺也进展得很快。全岛面积不到 60 万平方公里，只有中部和东部宜于农业，是法国殖民者最垂涎的沃土。1896 年土地法规定原则上土地为"国有"，1897 年制定的《土地登记法》企图加速业已开始的土地私有制过程。法国在西非曾用类似手段掠夺土地而不曾收到预期的效果，但在马达加斯加这种手段相当奏效。大批土地迅速转移到法国殖民者手中，当地农民沦为白人的佃农。据加良尼在 1905 年初所作估计，殖民当局出让给法国移民的土地已有 2,385 人次，土地总计超过 400,000 公顷。森林租让地和采矿租让地尚未计算在内。[②]1905 年以后，掠夺土地的规模迅速加大。掠夺土地最多的还是集中于几个大公司：苏柏尔比公司占土地 1,200,000 公顷，法马种植公司占地 200,000 公顷，大岛公司占地 100,000 公顷。[③]

马尔加什人民反法斗争也进入了一个新的阶段。1915 年在自发的武装起义持续不断地发生的同时，马达加斯加也出现了新的斗争形式。1912 年，在首都产生了第一个民族主义秘密组织"维瓦萨"（V.V.S）[④]。它是由以医学院学生为中心的知识青年组成的。[⑤] 他们认识到要摆脱殖民压迫，首先需要民族团结。1915 年安坦德罗人起义后，法国殖民当局派遣刚从马尔加什人中征集的土著军队去镇压起义，爱国青年在人民群众中进行了反殖民主义的宣传鼓动工作。他们揭露法国殖民者利用马达加斯加军队去进行自相残杀的战争。第一次世界大战爆发后，殖民压迫变本加厉；殖民当局利用战时的局势来打击马尔加什人的民族运动，"维瓦萨"组织受到严重的打击。1915 年 12 月，先后有 500 青年被捕。其中 41 名以"鼓动叛乱"罪分别被判处五年到终身的劳役；此外还有 173 人被囚禁在拉瓦岛的集中营里，41 名 16 岁以下的少年儿童被关在"教养院"，受为

---

① 拉维斯《法国现代史》第 386 页。

② 布瓦特《马尔加什民族的历史贡献》第 223 页。

③ 同上书第 208 页。

④ V.V. 为"石"（Vy）与"铁"（Vato）的缩写，用以象征该组织的坚贞与稳定；S 为"树枝"（Sakelika）的缩写，表明组织分为若干支部。

⑤ 布瓦特《马尔加什民族的历史贡献》第 304 页。

期 1—5 年的"教养"。[①] 法国殖民当局这样大规模地迫害知识青年，引起马尔加什人的愤怒。爱国青年虽然受到迫害，但是受到了斗争的初步锻炼，扩大了他们对全国人民的影响。"维瓦萨"为马达加斯加培养了一些著名的政治活动家。在大战期间，殖民当局从马达加斯加运走了大量粮食和肉类，征调了 41,355 人（一作 45,863 人）服兵役，其中 80% 以上马尔加什人士兵被送到欧洲战场当炮灰。此外，法国还征调了 5,535 名劳工赴法担任苦役。[②] 战后回国的士兵，在反殖民主义斗争中起很大的宣传与组织作用。这一切为第一次世界大战后的马尔加什人的民族解放运动的发展准备了条件。

列宁说："帝国主义大战把居于从属地位的人民推上了世界历史舞台。"[③] 到 1918 年第一次世界大战结束时，非洲历史的发展已进入到殖民地半殖民地人民反帝革命时代的前夕。几个世纪的殖民主义的侵略，特别是 19 世纪末 20 世纪初帝国主义列强对非洲的瓜分和重新瓜分对非洲历史的影响是极其深远的。

为了把非洲开发成宗主国的农业原料和矿业原料的供应地，从 20 世纪初开始，欧美国家投入非洲的资本迅速增加。在一些非洲国家中，出口农作物的生产专业化已经奠定基础，产品进入了资本主义世界市场；以黄金和钻石为主的采矿业等早期的现代工业陆续建立；铁路、公路、港口等运输手段逐渐发展；培养熟练劳动力和殖民政权机构下层官吏的教育制度也初步建立起来了。对非洲劳动人民剥削的广度和深度逐渐增加。总之，资本主义生产在非洲殖民地愈来愈迅速地移植进来。

另一方面，帝国主义者又殚思竭虑阻遏非洲社会的经济和文化的发展，竭力保存前资本主义的社会关系，特别是封建关系。然而，非洲历史的发展是同帝国主义者的意志相违反的，非洲社会逐渐地发生了深刻的变化，封建关系受到了破坏，部落制度逐渐衰落或瓦解，阶级分化过程正在加速。在一些比较先进的非洲国家中，新的社会力量开始出现，并引起了阶级力量的重新配置。

临近近代史结束时期，在绝大多数非洲国家中，无产阶级尚未产生，而在少数非洲国家中（如埃及、南非、利比里亚、阿尔及利亚等），无产阶级人数也还

---

① 布瓦特《马尔加什民族的历史贡献》第 305 页。

② 布瓦特《马尔加什民族的历史贡献》第 306 页。

③ 《列宁全集》人民出版社第 31 卷第 204 页。

很少，政治上思想上都很不成熟，20世纪初整个非洲工会寥寥无几，阿尔及利亚和南非的工会主要还是欧籍工人的工会。非洲农民最早起来抵抗殖民侵略，但他们以部落为单位的抵抗受到了严酷的镇压。非洲的封建阶级（包括部落上层）总是让封建剥削披上宗法制的外衣，这样既缓和了阶级矛盾，又能保持住他们对农民的巨大影响，从而限制了农民运动的发展。但是非洲农村中不以人的意志为转移的深刻变化，却使愈来愈多的农民逐渐摆脱了宗法制的束缚和部落组织的限制，卷入了反帝的民族解放运动。农民作为劳工和契约劳工移居国外，或作为季节工往返于保留地和城市或矿山之间，使农民在一定程度上摆脱了闭塞的状态，克服了部落的偏见，增进了团结，并逐渐使他们自己革命化。在非洲政治舞台上民族资产阶级姗姗来迟。帝国主义国家垄断资本千方百计阻挠民族资本的产生和发展，只有埃及和马格里布诸国的民族资产阶级在经济上才有微薄的力量，而在撒哈拉以南非洲国家的商业资产阶级才刚刚出现。非洲知识分子形成的历史比资产阶级的历史要早一些。在19世纪和20世纪之交农民的反殖民主义的起义频遭镇压的同时，知识分子和城市居民的反抗斗争方兴未艾。在埃及、马格里布诸国最先出现了以知识分子为主体的民族主义组织，随后在南非、尼日利亚、黄金海岸、塞内加尔、埃塞俄比亚和马达加斯加等也相继成立了民族主义组织。这样，非洲民族解放运动的组织者和领导者相继从非洲民族资产阶级知识分子的队伍中涌现出来。非洲出现了新兴的社会力量。

到19世纪末20世纪初，以部落为基础、由酋长领导的农民抵抗运动陆续被帝国主义列强残酷镇压下去，虽然零星的反抗持续不断，但在许多地方这种旧式的反帝斗争渐趋平静，反抗的种子深埋在非洲人民的心里。非洲处于一个转变时期。新形式的民族运动正在逐渐取代旧式的暴动和起义。转变时期的特点是新旧两种斗争形式长期同时并存，抵抗运动的色彩五光十色，斑驳陆离。第一次世界大战给了非洲民族解放运动以巨大的推动。在英属和法属非洲殖民地中有数以十万计的非洲士兵参加作战，有几十万民伏被征去修建军事设施。帝国主义大战成为非洲人民的重要的政治学校。战争的经历使他们获得了新思想；战争的结局使他们看到自己潜在的力量（多少所谓"不可战胜的"白人士兵在他们发射的子弹前倒下）；战争还给他们展示了挣脱帝国主义统治枷锁的前景。

非洲正是在这样的历史背景中，结束了暴风雨前的沉寂，重新燃点了斗争的烈火，迈进了现代史时期。